Stb

DOUGLAS MONROE gilt als einer der führenden Vertreter der druidischen Tradition und Naturmagie. Bereits als Zehnjähriger war er Schüler von Israel Regardie, der ihn in klassischer Magie unterwies. Bei vielen Reisen im keltischen Raum Großbritanniens sammelte er Material über das Druidentum, das er in seine Bücher einarbeitete.
Er ist Autor zahlreicher Fachartikel und Begründer des New Forest Centre for Magickal Studies in der Nähe des Ontario-Sees.

Schauplatz der Handlung dieses Buches ist Britannien im 6. Jh. n. Chr. An der Felsenküste Tintangels begegnet Arthur, zukünftiger König von Britannien, seinem Lehrer Merlin, dem großen Druiden, Magier und Hüter der keltischen Überlieferung.
Arthurs Abenteuer entführen den Leser in eine magische Welt, zu sagenumwobenen Kraftorten wie Camelot, Stonehenge und dem mythischen Avalon. Geheime Druidenrituale, die Beherrschung der Elemente und kraftvolle Techniken zur spirituellen Transformation teilt der Lehrer, Merlin, mit seinem Schüler.

Douglas Monroe

Merlins Vermächtnis

21 Lektionen in Druidenmagie

Aus dem Amerikanischen
von Sylvia Luetjohann

Schirner Taschenbuch

Die amerikanische Originalausgabe erschien 1992
bei Llewellyn Publications, St. Paul, MN 55164, USA
unter dem Titel
The 21 Lessons of Merlin – A Study in Druid Magic & Lore

Erschienen bei
Verlag Hermann Bauer KG, Freiburg im Breisgau 1995

ISBN 3-89767-403-3

1. Auflage

Umschlaggestaltung: Murat Karaçay
Satz: Elke Hoffmann
Herstellung: Reyhani Druck und Verlag, Darmstadt

www.schirner.com

Inhaltsverzeichnis

Für Joff
... und den Lehrling in uns allen

Danksagung

Diese Danksagung gilt den wichtigen Beiträgen einiger Persönlichkeiten aus dem britischen Universitätsbereich, dem walisischen Nationalmuseum und Theresa L. Worth, der Leiterin des Center for New Avalon. Sie gilt vor allem aber einer *Erkenntnis*. Ich gehe davon aus, daß Teile dieses Buches widerstreitende Gefühle in seinen Lesern auslösen werden, da etliche der Hauptgedanken die gewohnten Maßstäbe esoterischer und gesellschaftlicher Praxis in Frage stellen. Doch diese Art des geistigen Aufrüttelns entspricht genau jener Art *Schwellengeschehen*, das die Druiden nach ihrer Idee der konstruktiven Unausgewogenheit selbst herbeigeführt hätten. Die Druiden waren keine Konformisten – sie stellten ihre eigenen Gesetze auf, in einer Zeit, wo dies noch möglich war. Da sie heute nicht mehr unter uns weilen, sehe ich es als die Verpflichtung von *Merlins Vermächtnis* an, soweit wie möglich für diese »konstruktive Unausgewogenheit« zu sorgen. Und doch bleibt es dem motivierten Leser überlassen, diese innere Unruhe zu produktiven Zwecken zu kanalisieren und zu nutzen – eine Aufgabe, die kein Buch zu leisten vermag.

Im großen Leitsatz der Druiden: Y GWIR YN ERBYN BYD, »die Wahrheit *gegen* die Welt« steht in der Mitte ein Schlüsselwort, das diese Botschaft in vollkommener Weise versinnbildlicht. Ich hoffe, daß der Leser zu dem Verständnis gelangen wird, *warum* es dort steht.

Einführung

Was wir heute zusammenfassend als *die Kelten* bezeichnen, war in Wirklichkeit eine Mischung aus vielen verschiedenen Stämmen, die eine gemeinsame Kultur verband. Es gab eine Zeit, in der sie fast die Hälfte der damals bekannten Welt beherrschten. Die Kelten gelangten vornehmlich um das Jahr 400 v. Chr. in »Invasionswellen« an die Küsten Britanniens. Zu dieser Zeit fand, so berichten keltische Sagen, die über die Jahre der römischen Besatzung hinweg erhalten blieben, die *Schlacht der Bäume* statt. Dieses Datum hat lange die traditionellen Anfänge des Druidentums markiert.

Historisch lassen sich *drei Zeitalter des Druidentums* unterscheiden, die mit den historischen Ereignissen um die Kelten zusammenfallen:

Erstes Zeitalter: von der »Schlacht der Bäume« um 400 v. Chr. bis zur Zerstörung von Anglesey 61 n. Chr.

Zweites Zeitalter: von 61 n. Chr. durch die Zeit der römischen Besatzung (und dem Tod von König Arthur 516 n. Chr.) bis zur Zerstörung von Avalon 563 n. Chr.

Drittes Zeitalter: von 563 n. Chr. durch das »bardische Mittelalter« bis heute.

Bei ihrer Landung an den Küsten Britanniens trafen die Kelten auf die einheimischen Briten oder *Brythonen,* ein recht friedliebendes und religiös gesinntes Volk, das im Ackerbau und im Errichten einfacher Steinmonumente für seine Götter und Ahnen sehr kundig war. Die Verschmelzung beider Völker brachte ein einzigartiges Stammesgeschlecht hervor, das äußerst geheimnisvoll und abergläubisch, aber auch gesetzestreu und vielseitig bewandert war. Jeder Stamm oder

Clan, gewöhnlich durch Blutsverwandtschaft oder Heirat definiert, lebte in einem Gebiet mit genau festgelegten Grenzen, innerhalb derer er Anbau trieb, auf die Jagd ging und seine Götter verehrte. Jeder Stamm war als autarke Gemeinschaft auf sich selbst gestellt – außer in Kriegszeiten, in denen sich die Stämme gegen einen gemeinsamen Feind oder gelegentlich auch gegen einen fremden Eindringling verbündeten. Der Römer Polybius bemerkt über das Wesen und die Veranlagung der Kelten:

> *Sie sind von hoher Statur, haben blaue Augen und sind sehr schön. Ihre Frauen sind überaus fruchtbar und gute Mütter. Ihre Männer sind kriegerisch, leidenschaftlich und leicht erregbar, aber auch großzügig und arglos. Sie zeigen sich kulturbeflissen und gründen Schulen und Kollegien in ihren Städten. Sie sind von Natur aus Reiter – mutig, loyal und stark. Ihre Häuser sind groß, aus gewölbten Balken erbaut und haben Wände aus Flechtwerk und Lehm. Nur in Religion und Magie zeigen sie Gehorsam und Disziplin.*

In der vormittelalterlichen Zeit war ständig die Bedrohung durch Kriege – um so mehr *vor* und *während* der römischen Herrschaft – gegeben, weil feindliche Stämme in Horden einfielen, um sich auf dem fruchtbaren Boden niederzulassen und die reichen Metallvorkommen zu schürfen. Als das römische Heer im Jahre 425 n. Chr. von Britanniens Küsten abzog, lag das Land im Chaos. Nicht nur, daß die kriegerischen Wikinger, Angeln und Sachsen jährlich zu Tausenden einfielen, es tobten auch Bürgerkriege zwischen winzigen Königreichen im Osten und Westen und gegen die eroberungslustigen Pikten nördlich des Hadrianswalls.

Nicolai Tolstoy beschreibt diese Zeit recht gut in seinem Buch über Merlin:

> *Seinen Höhepunkt erreichte Britanniens Heldenzeitalter in der ersten Hälfte des sechsten Jahrhunderts, als die großen Könige des Nordens ruhmreich herrschten, mit ungestümer Tapferkeit gegen die Angeln und Pikten kämpften und sich gegenseitig befehdeten.*[1]

Mit dieser unbeständigen Phase treten wir in die Anfänge des Arthurianischen Zeitalters ein: Der römische Adler war davongeflogen, die Druiden wurden unterdrückt, und das Land sehnte sich nach Einheit.

Die Druiden waren die Priester der Kelten. Das Wort *Druide* bedeutet in vielen Sprachen »Eichen-Mann«. Die Wurzel *dru* bezieht sich auf die »Eiche«, die bei den Druiden als König der Bäume galt. Sie waren in einem Orden zusammengeschlossen und nannten sich selbst »Ursprüngliche Mystiker«. Für die Kelten waren sie Ärzte, Gelehrte, Rechtsbeistände und Geistliche, die Mittler zwischen Gott und den Menschen. Sie wurden mit großer Ehrfurcht behandelt und waren mit einer Macht ausgestattet, die der von Königen gleichkam.

Selbst aus Darstellungen der römischen Gegner geht hervor, daß die druidischen Kollegien für ihre Zeit sehr einflußreiche und hochentwickelte Institutionen gewesen sein müssen, was besonders auf die Ausbildung der künftigen Druiden-Priester zutraf. Sie waren wie Klöster beschaffen. Die unterrichteten Schüler wurden in den Orden aufgenommen, und jeder Kontakt zu ihren Eltern war den Novizen bis zum Alter von 14 Jahren untersagt. Sie wurden von den Drui-

---

[1] Tolstoy, Nicolai: *Auf der Suche nach Merlin – Mythos und geschichtliche Wahrheit.* 3. Aufl., München (Heyne) 1994, S. 65.

den unter sehr abgeschiedenen Lebensumständen, in Höhlen oder Wäldern, geschult, und ihre Ausbildung war oft erst nach 20 Jahren abgeschlossen.

Solche Berichte beziehen sich auf ein Lehrsystem, das in den walisischen Urkunden *Yr Graddfeydd* (die Stufen) und in irischen Texten *Aradach Fionn* (Fionns Leiter) genannt wird. Obwohl diese beiden Begriffe unterschiedlich sind, werden sie für dieselbe Art von Lehrlingschaft verwendet – ähnlich wie die beiden überlieferten Formen des walisischen und irischen *Ogham*, die gleichermaßen anerkannt waren. Die Stufenleiter der Lehrlingschaft beruhte auf dem *Ogham-Baumalphabet* und hielt sich an dessen Reihenfolge des Aufstiegs, wobei jede »Sprosse« für einen bestimmten Buchstaben und eine Lektion stand. Die Ogham-Schrift, die im vorliegenden Buch noch ausführlicher behandelt wird, war ein symbolisches und magisches Alphabet, das von den Druiden ausschließlich als religiöses Hilfsmittel zu Zwecken der Divination und Offenbarung verwendet wurde. Auf dieser Stufenleiter gab es 20 nach Bäumen benannte »Sprossen« sowie eine namenlose, die mit den drei dazwischenliegenden *Hohen Suchen der Meisterschaft* das Ganze bildeten. Das folgende Zitat veranschaulicht sehr gut die Vorstellung der Alten Welt von der *Leiter des Lernens:*

Aus einer zeitlosen Welt
fallen Schatten auf die Zeit.
Die Seele kann eine Leiter erklettern
von einer Schönheit, die älter ist als die Erde.
Auf Fionns Stufen steige ich empor
zu einer Leere, die älter ist als die Zeit.

Gnostischer Vers der Kuldeer

Nach dem Material des *Book of Pheryllt,* das als Hauptquelle für das vorliegende Buch diente, hatten die Druiden erkannt, daß Kinder einzigartige Lernfähigkeiten haben, die – wenn sie nicht zur richtigen Zeit angemessen gefördert werden – mit dem Erwachsenwerden verlorengehen. Dieser Gedanke weist große Ähnlichkeit mit der modernen Schulpsychologie von Piaget auf, der von entscheidenden Phasen der Kindheit als sogenannten »Fenstern des Lernens« spricht, die für eine intensive und rasche Aufnahme bestimmter Lerninhalte offenstehen und sich dann wieder schließen.

Das druidische Erziehungssystem richtete die gleiche Aufmerksamkeit auf die »sichtbare« wie auf die »unsichtbare« Welt. Im *Book of Pheryllt* heißt es über die hochentwickelte Wahrnehmungsfähigkeit, welche die Druiden bei ihren Novizen bemerkten und für ihre Arbeit einsetzten:

> *Kinder können mit gleicher Gültigkeit sowohl diese Welt als auch die Anderwelt annehmen – Erwachsene haben diese Kunstfertigkeit verloren. Deshalb ist es von größter Wichtigkeit, daß unsere Erziehung auf die Wiederherstellung dieser kindlichen Fähigkeit abzielt.*

Der Mittelpunkt der druidischen Ausbildung und das über Britannien hinaus bekannte Seminar der westlichen Druiden befand sich auf Anglesey, auch *Mona* oder urwalisisch *Muineadh-i* genannt, was »Insel des Lernens« bedeutet. Dieser alte Name klingt noch immer in der Bezeichnung der Wasserstraße nach, die Anglesey vom Festland trennt: *The Straight of Menai.* Dasselbe gilt auch.für die Wurzel *Mona,* die sich aus dem lateinischen *monasterium* ableitet, einem Kloster (unser »Münster«) oder Wohnort für Priester.

Der Austausch von Schülern und Lehrern druidischer Kollegien mit den großen Bibliotheken und Hochschulen Griechenlands und Alexandrias war allgemein üblich. Besonders bemerkenswert ist die Ähnlichkeit zwischen der griechisch-orphischen und der keltisch-druidischen Philosophie. Für die Gegenüberstellung der druidischen und der griechischen Einstellung zur Erziehung von Kindern läßt sich der aufschlußreiche Ausspruch des Philosophen Euripides zitieren:

> *»Wer daher das Lernen in seiner Jugend vernachlässigt, verliert die Vergangenheit und ist für die Zukunft gestorben.«*

Eine interessante Schilderung kann das Wesen der druidischen Bibliotheken veranschaulichen, die von der Priesterschaft in Britannien gegründet wurden.

Zusätzlich zu der großen Anzahl von in Griechisch und Latein abgefaßten Standardwerken gab es auch viele spezifisch druidische Werke, die unter Verwendung der Ogham-Baumbuchstaben (irisch *Bethluisnion)* aufgezeichnet waren und ausschließlich von den Druiden verwendet wurden. In diesen »Büchern« wurde jeder Ogham-Buchstabe durch ein einzelnes Blatt von dem Baum dargestellt, dessen Namen es trug. Die Blätter unterschiedlicher Baumarten wurden auf einer langen Schnur aufgereiht und bildeten so Wörter und Sätze. Auf diese Art und Weise konnten die heiligen druidischen Verse, die durch priesterliches Verbot nicht anders dargestellt werden durften, bewahrt bleiben, denn diese Form des »Schreibens« wurde nicht als »von Menschenhand« angesehen, da Bäume »von den Göttern« abstammten. Besondere Langhäuser oder Bibliothekshallen wurden errichtet, um diese sehr langen »Blatt-auf-Schnur«-Bücher aufzunehmen. Wollte ein Student eines von ihnen lesen, so begann er damit an einem Ende und ging an ihm entlang, wobei er es »durchblätterte«! Diese ungewöhnlichen Bücher wurden von eigenen Bibliothekaren betreut, deren einzige Aufgabe darin bestand, abgenutzte »Seiten/Blätter« zu ersetzen und die Bücher in einem gut leserlichen Zustand zu halten. Dieser Brauch macht zugleich deutlich, warum wir noch heute die Seiten eines Buches als »Blätter« bezeichnen.

Die Druiden gründeten ihr Lehrsystem auf einen abstrakten Begriff, den sie *Autorität* nannten. Damit war nicht Autorität über andere Menschen oder in weltlichen Angelegenheiten gemeint, sondern *über das Ich* und damit über die Welt. Autorität wurde auf genau dieselbe Art und Weise erworben wie »Erfahrung« und »Weisheit«: langsam und allmählich im Laufe der Zeit, durch große Hingabe. Die Grundvoraussetzung dafür war: Je mehr spirituelle Arbeit in einem der vier Elementarreiche von Erde, Wasser, Luft und Feuer geleistet wurde, desto mehr Achtung wurde dem angehenden Druiden von dem entsprechenden Reich entgegengebracht. Jedesmal, wenn eine Lektion auf der Stufenleiter erfolgreich abgeschlossen war, wurde dem Lehrling eine der *Gleini na Droedh* zuerkannt. Dies waren Glasperlen, von denen der Schüler für jede Lektion eine erhielt, auf ein Lederband aufzog und insgeheim als Symbol für seine wachsende Vervollkommnung trug. Solche Perlen wurden auch *Naddred* oder »Nattern/Schlangen-Perlen/Eier« genannt, da ein »wissender Mann«, der in den Geheimlehren bewandert war, als »Schlange« oder »Natter« bezeichnet wurde. Einen vergleichbaren Brauch gab es bei den Indianern, die auf ähnliche Weise erworbene Federn als Kopfschmuck trugen und offen zeigten. Die Auszeichnung hervorragender Schüler mit goldenen oder silbernen Sternen ist eines der vielen noch erhaltenen Überbleibsel der keltischen Erziehung in unserer Zeit. Die Priester trugen Sterne auf den Fußsohlen, den sogenannten *Druidenfuß*, »um überall, wo sie gingen, eine Fährte des Segens zu hinterlassen« – und sie verliehen Sterne an »Sternenschüler« als Zeichen für vorzügliche Leistungen.

Zu ähnlichen druidischen Bräuchen, die überlebt haben,

gehören: das Küssen unter einem Mistelzweig zu Weihnachten, das aus dem älteren Julfest, der nordischen Wintersonnwendfeier, entstanden ist; der Osterhase und das Färben von Eiern (Ostern ist das alte gälische Fest der Göttin Ishtar oder Ostara, deren Totem-Symbol für die Fruchtbarkeit des Frühlings der Hase und die Eier waren, die sinnbildlich für neues Leben standen); das Aushöhlen von Kürbissen an *Halloween*, dem Abend vor Allerheiligen (in Deutschland hat sich dieser Brauch am St. Martinstag erhalten). Ursprünglich wurden Futterrüben oder Kürbisse ausgehöhlt, und zum Schutz des Hauses wurde eine brennende Kerze hineingestellt – ein »Kopf« als Schutz für jedes Kind im Haushalt. Der Kopf stand auch symbolisch für den »Edlen Kopf« von Bran dem Gesegneten, eines Gottes, dessen Kopf im Weißen Hügel *(White Hill)* und später unter dem Tower in London begraben lag, um das Land vor feindlichen Überfällen zu schützen. Halloween oder *Samhain*, das alte Totenfest, war der bedeutendste druidische Festtag des Jahres. Der damit verbundene Brauch, sich in leuchtendbunte Gewänder zu kleiden, wurde einst von der ländlichen Bevölkerung ausgeübt, um die Geister abzuschrecken, die in jener Nacht über die Erde streifen konnten. Auch der Brauch, sich am Valentinstag Herzen zu schenken (an diesem Tag entfernten die Druiden das Herz eines weißen Bullen, um es nach einem Omen für den kommenden Sommer zu überprüfen); das Fällen und Schmücken des Weihnachtsbaumes, der sich aus dem druidischen Julscheit ableitet; das Errichten eines Maibaumes am 1. Mai (das alte keltische *Beltane-Fest*, an dem der erste Tag des Sommers/der lichten Jahreshälfte, personifiziert durch *Belenos*, den alten Feuergott des Lichtes, gefeiert wurde); das dreistämmige Friedenssymbol der 60er Jahre, das den *Drei Strahlen von Awen* der Druiden direkt nachgebildet ist – dies sind nur einige der zahlreichen keltischen Bräuche. Nur noch wenige Menschen wissen heute, wie viele von ihnen auf heidnischer Überliefe-

Druidisches Rad der Jahreszeiten

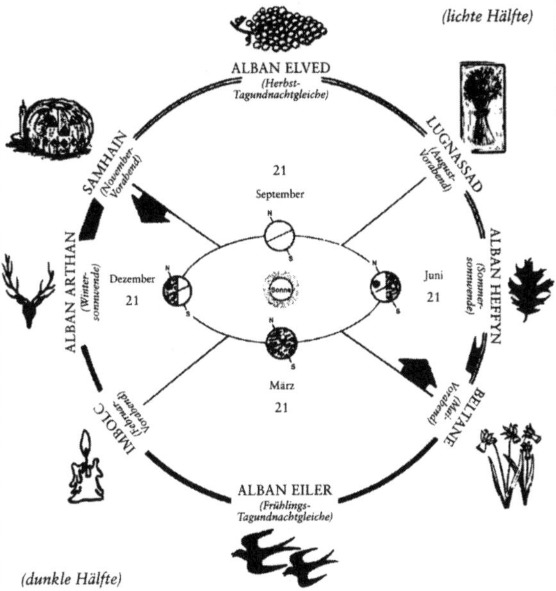

rung beruhen ... und daß ihre Entstehung fest in den Händen der Druiden lag.

Zu Beginn seiner Schulung wurde jeder Lehrling einer bestimmten Gottheit geweiht, die als Ratgeber und Führer in die Anderwelt agierte und außerdem die Reihenfolge der stufenweisen Schritte festlegte, denen sich der Schüler zu unterziehen hatte und die für jeden anders waren. Das Ritual, durch das die geeignete Gottheit ausgewählt und dann eine Verbindung zu ihr hergestellt wurde, bildet eine der faszinierendsten Stellen im *Book of Pheryllt*. Es wird in abgekürzter Form im vorliegenden Buch beschrieben.

Das Studium an den bardischen Kollegien war in drei »Ränge« oder »Klassen« unterteilt:

Ovydd/Vate – Anfangsgrad, manchmal als Ehrentitel verwendet. Die Schüler trugen grüne Gewänder (Grün als die Farbe für etwas Neues, für Wachstum und Entwicklung) und studierten Medizin, Recht, Astronomie, Dichtung und Musik – vergleichbar mit den »freien Künsten« oder »Geisteswissenschaften« in heutigen Lehrplänen.

Barde/Beirdd – diese Schüler trugen blaue Gewänder (Blau als die Farbe des Himmels, für Harmonie und Wahrheit). Sie wurden besonders in den musischen oder schönen Künsten, Instrumenten, Dichtung, Geschichte und Liedzauber ausgebildet. Nachdem sie diese Stufe abgeschlossen hatten, bestand ihre Aufgabe darin, durch das Land zu ziehen, Botschaften zu überbringen, diplomatische Missionen zu erfüllen, Informationen für den Rat der Druiden zu sammeln und das Beste der Kultur durch Erzählkunst und Musik zu bewahren.

Druide/Derwyddon – sie trugen weiße Gewänder (Weiß als die Farbe für Reinheit, Wissen und spirituelle Vereinigung). Sie waren die Seher, Priester und Richter/Rechtsbeistände und hatten die höchste Stellung innerhalb der drei Ränge. Sie richteten das Wort nur alle sieben Tage einmal an das Volk, am »Tag der Sonne« (dies ist der Ursprung für unseren Sonntag), und standen dabei der Sonne zugewandt, »im Angesicht Gottes ... dem Auge der Wahrheit«. Viermal jährlich kamen sie öffentlich zusammen, um Streitigkeiten zwischen Stämmen oder einzelnen Personen beizulegen. Ursprünglich hatten die Druiden das strenge Gelübde abgelegt, nicht zu heiraten – eine Tradition, die sich unverändert bis zur Vorherrschaft des Christentums fortsetzte.

In diesem Zusammenhang sollte auch der Erzdruide als der höchststehende offizielle Vertreter erwähnt werden. Das *Book of Pheryllt* führt drei Erzdruiden in Britannien an: auf Anglesey, Iona und Wyth (die heutige Isle of Wight, die auch als »Dracheninsel« bekannt war). Die keltische Welt wurde geographisch in drei Regionen aufgeteilt: die Druiden Galliens, die britischen Druiden und die irischen Druiden. Zu der britischen Gruppe, die häufig auch als die »Inseldruiden« bezeichnet wurden, gehörten das eigentliche Britannien, Schottland, die Isle of Man und Anglesey. Alle drei Regionen hatten ihr eigenes Verwaltungssystem und ihre Erzdruiden, die sich alle drei Jahre einmal zu einer Ratsversammlung in Britannien (im New Forest in Cornwall) trafen. Nur den Erzdruiden war es erlaubt, Gerätschaften aus Gold als Insignien ihrer Würde zu tragen, und fast alle anerkannten Fachleute stimmen darin überein, daß sie eine Stellung von sehr großem, unbestrittenem Einfluß innehatten.

Wurde der Lehrling dafür bereit gehalten, so wurde er durch drei *Hohe Suchen der Meisterschaft* geführt, die sich nacheinander mit der Struktur von »Vergangenheit-Gegenwart-Zukunft« oder, um die alte gnostische Entsprechung zu verwenden, »Wurzel-Muster-Schicksal« befaßten. Mit dem Abschluß einer jeden Suche erlebte der Novize eine Initiation, die ihm den Weg zu der nächsten Lernstufe bahnte. Dazu das folgende Zitat aus R. J. Stewarts hervorragendem Buch *The Prophetic Vision of Merlin:*

> *Ein Anwärter auf eine Initiation hat viele Monate oder sogar Jahre damit verbracht, die astrologischen und mythischen Beziehungen zwischen den Symbolen und den Sphären zu erlernen. Die meditativen Begriffe sind für ihn zu einem wesentlichen Bestandteil für das Verständnis der Realität geworden. Der Initiand ist ganz und gar erfüllt von den Kräften und Auswirkungen dieses Systems, das auf einem Schöpfungsmodell der vier Urelemente beruht – und er beginnt, die tiefgreifenden Strukturen von Ordnung, Ähnlichkeit, Ganzheit und Vervollkommnung zu erfassen. Das Initiationsritual ist eine dramatische Zeremonie, bei welcher der Anwärter auf die Geheimlehren der Erwartung entgegensieht, in eine neue Erkenntnis von Wahrheit, eine neue Bewußtseinsebene einzutreten, die mit der Erhabenheit und Schönheit der Sternzeichen, der Elemente und Planeten in Verbindung steht. Die Initiationszeremonie beginnt in einem geweihten Hain oder Raum. Jeder der zahlreichen Darsteller in diesem rituellen Drama führt nicht bloß ein weiteres Modell der kosmischen Ordnung auf, sondern eine auf radikale Weise auseinanderbrechende Szenenfolge, ähnlich wie sie am Ende von Merlins »Prophezeiungen« zu finden ist. Es handelt sich dabei nicht um eine chaotische oder wahllose Unordnung. Sie beruht vielmehr auf einer Wahrnehmung von Realität, die durch die Tradition bewahrt und durch individuelle Erfahrung und Einsicht belebt wird. Welche Wirkung hatte ein solches Initiationsritual auf den Anwärter? ...*[2]

[2] Stewart, R. J.: *The Prophetic Vision of Merlin.* Arkana Books 1986.

An dieser Stelle von Stewarts Beschreibung möchte ich gerne einfügen, was ich selbst als eine entscheidende und ungewöhnliche Verbindung zwischen der obigen Darstellung und einem Grundbegriff aus dem *Book of Pheryllt* ansehe, nämlich die *Lehre von der konstruktiven Unausgewogenheit*. Der vierte Teil des *Pheryllt* enthält die folgende Feststellung: *Aus dem Punkt größter Unausgewogenheit geht der Punkt größter Stabilität hervor*. Im Unterschied zu den östlichen esoterischen Systemen, welche die Betonung auf Erleuchtung durch vollkommene Ausgewogenheit legen, erklärten die Druiden, daß der Geist eines Menschen Widerstand und Gegensatz, also Unausgewogenheit in seinem Leben brauche, um sein inneres Wachstum zu fördern. Die walisischen Triaden berichten uns zudem, daß ein Druide alles sehen, alles erforschen und alles erleiden muß, um den Kreislauf der Wiedergeburt zu überwinden. Das Wort »Leiden« steht gewiß für die »Unausgewogenheit« im eigenen Leben. Die Druiden nannten diese Lehre *Eneidvaddeu*. Sie zogen den Schluß, daß vollkommen ausgewogene Kräfte zu keinerlei Bewegung führen – und daß es ohne Bewegung kein Wachstum geben kann. Daher bestand eine der Schlüsselfunktionen des Lehrers darin, in den dafür geeigneten Lebensbereichen des Schülers für Unausgewogenheit zu sorgen oder ihn zu dieser zu ermutigen, damit Bewegung entstehen konnte »in Richtung der Schwäche, wo sie am meisten gebraucht wird«. Dieser Gedanke wird im *Book of Pheryllt so* oft erwähnt, daß es irgendwann einmal einen Grundsatz oder eine Triade gegeben haben muß, die etwa gelautet haben könnte: *Vollkommene Ausgewogenheit führt zu vollkommener Stagnation*.

R. J. Stewart fährt in *The Prophetic Vision of Merlin* wie folgt fort:

> *Die kürzeste Zusammenfassung der Initiation in die Anderwelt könnte also lauten: Ein Individuum wird auf magische Art und Weise in eine andere Welt versetzt, die der Ursprung von allem Leben, Tod und Macht ist. In dieser Anderwelt folgen bestimmte Ereignisse einer besonderen Abfolge, die ihren Höhepunkt in der Vision eines Baumes erreicht, dessen Früchte Weisheit und prophetische Sicht hervorrufen. Während seiner Reise tritt der Initiand in Verbindung mit den Ahnen – eine Tradition, die sich von den frühesten keltischen Wurzeln, dem Totenkult, ableitet. Schließlich gewährt die prophetische Vision eine Folge von Einsichten, von denen manche den Charakter einer Weissagung haben, während andere sich nicht in Worte fassen lassen.*[3]

Eine weitere eindrucksvolle Textstelle, welche die schamanische Initiation beschreibt, findet sich in Ward Rutherfords Abhandlung *The Druids – Magicians of the West* und lautet wie folgt:

> *Mehr als jeder andere kann der Schamane eine Berufung für sich geltend machen, d. h., nicht er wählt den Schamanismus, sondern dieser wählt ihn. Von einer Macht getrieben, der er nicht widerstehen kann, häufig in Gestalt einer Reihe von Träumen, zieht er sich von der Gesellschaft seiner Mitmenschen zurück, um in der Wildnis zu leben, wo er sich fastend und meditierend den seiner natürlichen Umgebung innewohnenden Kräften aussetzt.*

[3] ebenda

Bald wird er zum Opfer schrecklicher Heimsuchungen werden. Er mag selbst annehmen, viele Inkarnationen im Zeitraum weniger Nächte durchzumachen, die in einem furchtbaren Akt symbolischer Selbstopferung enden. Schließlich wird sich ein gänzlicher Stillstand einstellen, und der Schamane wird seine höchste Belohnung erlangen – die vollkommene Vereinigung mit dem Kosmos. Ebenso wie die Geister der Toten wird er sich von seinem Trauma erheben und in Verbindung mit »allen Geistern von Erde und Himmel und Meer« sein, um die Worte von Rasmussens Gewährsmann zu gebrauchen, der selbst ein Schamane war. Sie werden von nun an seine Führer und Helfer sein.

Auf diese Art und Weise wiedergeboren, werden seine ersten Gefährten andere Schamanen sein, die ihn als ihresgleichen anerkennen und ihn an ihren Geheimnissen teilhaben lassen – den Geheimnissen von Tier- und Pflanzenwelt, von Wind und Wetter, von den Sternen und ihrem Lauf, von Kräutern und ihrer Wirkung. Doch vor allem wird er die großen Mythen – die Geschichte seines Volks – erfahren.

Wenn er zu seinen Mitmenschen zurückkehrt, wahrscheinlich unter einem neuen Namen als Zeichen seiner Erneuerung, werden sie rasch erkennen, daß er zu einer anderen Person von besonderer Weisheit geworden ist. Eins mit der Natur und den Elementen, wird er nun vielleicht an einer entlegenen Stelle im Wald leben wollen. Hier wird man ihn aufsuchen müssen, um seinen Rat einzuholen.

Seine Vertrautheit und sein Einssein mit der Natur wird sich an seiner Kleidung zeigen: Wenn er mit Vogelgeistern in Verbindung treten möchte, wird er ein Vogelkleid tragen; um Tiergeister zu erreichen, wird er Tierhäute tragen oder sich mit Hörnern oder Geweih-

sprossen schmücken; wenn er die Geister von Bäumen oder Pflanzen sucht, wird er das Grün des Blattwerks oder die Farben von Blumen oder Früchten tragen. Er ist, so würde man sagen, zu einem »Zauberer« geworden – dieses Wort wird von den klassischen Autoren am häufigsten für die Beschreibung der Druiden verwendet.

Geheimhaltung war ebenfalls ein Grundsatz, den ein Schüler des Druidentums zu lernen hatte wie jedes Mitglied einer Mysterienschule. C. G. Jung hat in seiner bemerkenswerten Autobiographie *Erinnerungen, Träume, Gedanken* dazu folgende Feststellung gemacht:

»Es gibt kein besseres Mittel, das wohlgehütete Gefühl von Individualität zu verstärken, als der Besitz eines Geheimnisses, welches zu bewahren das Individuum verpflichtet ist. Dieser Besitz an Geheimnis hat mich damals stark geprägt. Ich sehe es als das Wesentliche meiner frühen Jugendjahre an, als etwas, das für mich höchst bedeutend war.«[4]

Aus den walisischen Triaden erfahren wir weiterhin:
Drei Gründe, warum einem Druiden die Würde entzogen werden soll:

Wenn er einen Mord begeht oder Krieg führt
Wenn er die Unwahrheit sagt
Wenn er ein Geheimnis ausplaudert

Drei Dinge, die ein Barde nicht enthüllen sollte:

Nachteilige Wahrheiten
Die Schmach eines Freundes
Das geheime Wissen der Druiden

---

[4] Erinnerungen, Träume, Gedanken von C. G. Jung. 8. Aufl., Olten (Walter-Verlag) 1992, S. 28.

Drei Schlüssel zur druidischen Meisterschaft:

Zu wissen
Zu wagen
Zu schweigen

Daher wurde der Verstoß, ein druidisches Gelübde der Geheimhaltung zu brechen, mit dem Ausschluß aus dem Orden bestraft. Die Priesterschaft pflegte bewußt das Selbstbild der »Ursprünglichen Mystiker«. Durch die Atmosphäre von mystischer Geheimhaltung, in der sie sich bewegten, hinterließen die Druiden überall, wo sie auftauchten, ein Gefühl von Ehrfurcht vor der Anderwelt. Diese Gruppe verstand nur allzugut die Bedeutung des mystischen Elementes ihrer Lehre, denn ohne dieses wird Religion transparent – und damit machtlos. Von Synesius, einem Bischof zur Zeit des frühen Christentums, der gleichzeitig ein bedeutender Kabbalist war, sind die folgenden Äußerungen zum Thema »kirchlicher Mystizismus« überliefert, die eine auffallende Ähnlichkeit mit den Einsichten der Druiden aufweisen:

> *Das Volk wird immer über Dinge spotten, die leicht verständlich sind ... Ein Geist, der die Weisheit liebt und Betrachtungen anstellt über die naheliegende Wahrheit, ist dazu gezwungen, diese zu verkleiden, damit die Menge sie akzeptieren kann. Das Volk braucht Geschichten, und für diejenigen, die nicht stark genug sind, die Wahrheit in all ihrem Glanz zu betrachten, wird sie sich tödlich auswirken ... In der Tat, was kann es an Gemeinsamkeit zwischen dem einfachen Volk und höchster Weisheit geben? Die Wahrheit muß geheimgehalten werden, und die Massen brauchen eine Lehre, die ihrem unvollkommenen Verstand angepaßt ist.*

Obwohl Synesius einen hohen geistlichen Rang in der frühchristlichen Kirche einnahm, spiegelt sich doch in seinen Äußerungen eine gnostische Einstellung wider, die auch bei den Kuldeern und anderen Mysterienschulen des neueren, eher heidnischen Glaubens verbreitet war. Aus den von ihm genannten Gründen wird deutlich, warum die Druiden sich die Konzeption der Mysterienschule zu eigen machten – übrigens eine Institution, zu der auch ein griechisches und ägyptisches Gegenstück sowie die späteren Kuldeer und Gnostiker gehörten.

Als Kommentar von außen zum Thema der Geheimhaltung kann schließlich noch der römische Historiker Posidonius angeführt werden, der berichtete:

> *Die geheimen Lehrsysteme der Druiden konnten für viele Menschen vielerlei bedeuten; in ihren mystischen Aspekten waren sie jedoch die ausschließliche Domäne der Druiden, Barden und derjenigen, die mit oder unter ihnen studierten.*

Der druidische Grundsatz *Große Macht liegt im Schweigen* ist einer von vielen heiligen keltischen Versen, in denen es um »Verschwiegenheit und Geheimhaltung« als Mittel zu magischer und persönlicher Ermächtigung geht. Die Menschen fürchten sich stets vor Dingen, die sie nicht begreifen. Es läßt sich also leicht erkennen, auf welche Weise ein solches Mittel der Priesterschaft ehrfurchtgebietende Macht verlieh.

Der Aufbau der Verse führt uns zu der druidischen Affinität zu Zahlen, insbesondere zu der Zahl Drei und ihren Ableitungen. Es gehört zu den bekanntesten Überresten altkeltischer esoterischer Praxis, Weisheit in dreizeilige Strophen zu fassen, die als Triaden oder walisisch *Trioedd Beirdd Ynys Prydain* bekannt sind. Dieses Phänomen zieht sich durch die gesamte keltische Kunst und Literatur und ist auch als das

»Gesetz der Drei Ersuchen« bezeichnet worden. Die Druiden stellten ein Grundprinzip über alles, was sie aus der Beobachtung der Naturkräfte erschlossen hatten, es lautete: *Jede Manifestation vollzieht sich durch drei (Book of Pheryllt)* oder: *Alles Lernen findet in dreien statt (Barddas)*. Sie glaubten, daß die Manifestation des Mystischen aus der vollkommenen Vereinigung von drei ungleichen Teilen hervorgeht. Deshalb kreisten ihre Lehrmethoden um dreigliedrige Grundeinheiten: drei Hohe Suchen, dreijährige Zyklen, drei druidische Rangordnungen usw. Ihr geheimes Wissen faßten sie in triadischen Versen zusammen, was sowohl das Auswendiglernen erleichterte als auch der magischen Weitergabe diente. Nachfolgend zwölf Beispiele für Triaden aus dem faszinierenden *Barddas*, das aus derselben Quelle und Bibliothek wie das *Book of Pheryllt* stammt.

Drei Tugenden der Weisheit:
Aller Dinge gewahr zu sein
Alle Dinge zu ertragen
Von allen Dingen entfernt zu sein

Drei spirituelle Lehrer der Menschheit:
Meisterschaft über das Selbst
Meisterschaft über die Welt
Meisterschaft über das Unbekannte[5]

[5] Dieser Vers ist eine der zahlreichen Variationen zum Thema der »Drei Hohen Suchen der Meisterschaft«, das in der gesamten keltischen Literatur vorkommt. Gewöhnlich ist es nach dem Schema Vergangenheit-Gegenwart-Zukunft aufgebaut, das in der druidischen Überlieferung als die »Drei Alter des Menschen« bekannt ist.

Drei Rechte eines britischen Druiden:
Zu bleiben, wo immer er hingeht
Daß in seiner Gegenwart keine blanke Waffe getragen wird
Daß sein Rat allen anderen vorgezogen wird

Drei Gesetze, denen ein lehrender Barde verpflichtet ist:
Daß er jeweils nur einen Schüler von einem Grad annimmt
Daß sich Männer, die singen, nicht Männern anschließen, die Instrumente spielen
Daß er es seinen Schülern nicht gestattet, Schüler anzunehmen

Drei Stellen am Körper eines Barden, an denen Blut entnommen werden darf:
An seiner Stirn
An seiner Brust
An seiner Leiste[6]

Drei Dinge, die ein Mensch ist:
Was er selbst denkt, was er sei
Was andere denken, was er sei
Was er wirklich ist

[6] Im *Book of Pheryllt* gibt es einen Abschnitt, in dem diese drei Körperstellen als die drei Energiewirbel (»Quellen von Awen«) des Körpers bezeichnet werden. Dies ist eine Entsprechung zu der östlichen Theorie von den sieben Chakras. Im *Book of Pheryllt* wird das Zentrum in der Leistengegend mit den dunkleren, weiblichen, irdischen Energien und den drei dunkleren Spektralfarben Violett, Indigo und Blau gleichgesetzt. Die Brust entspricht dem Zentrum des Ausgleichenden und Androgynen und der Farbe Grün. Aus der Stirn strahlen die helleren, männlichen, himmlischen Energien und die drei helleren Farben Gelb, Orange und Rot.

Drei Dinge, die eine Wiedergeburt für den Menschen erforderlich machen:

Sein Versagen, Weisheit zu erlangen
Sein Versagen, Unabhängigkeit zu erreichen
Sein Festhalten an seinem niederen Selbst

Drei Dinge, die vor allem beherrscht werden müssen:

Die Hand
Die Zunge
Begierde

Drei Zeichen von Grausamkeit:

Unnötig ein Tier zu erschrecken
Unnötig eine Pflanze auszureißen oder einen Baum zu fällen
Unnötig um Vergünstigungen zu bitten

Drei Menschen, die Bewunderung verdienen:

Wer die Schönheit der Erde
Ein Kind
Ein großartiges Kunstwerk mit Liebe betrachtet

Drei Zeichen von Mitgefühl:

Das Klagen eines Kindes zu verstehen
Ein Tier nicht zu stören, das sich hinlegt
Fremden gegenüber freundlich zu sein

Drei Dinge, die der Weise vermeidet:
Das Unmögliche zu erwarten
Über das Unwiederbringliche zu trauern
Das Unvermeidliche zu fürchten

Die Gesamtheit der druidischen Triaden, deren Zahl wohl in die Tausende geht, läßt sich in drei Gruppen aufgliedern: Triaden der Vorrechte und Bräuche, Triaden der Verehrung und Lied-Triaden. Außerdem wurde von den Schülern verlangt, eine große Anzahl (bis zu 20 000) einzeiliger Lehrsätze auswendig zu lernen, von denen zahlreiche Beispiele im Übungstext enthalten sind.

Doch nun zurück zum Umgang der Druiden mit Zahlen. Jede dualistische Philosophie reduziert sich auf zwei grundlegende Unterteilungen: gerade Zahlen, die durch 2 teilbar sind, wie 2, 4, 6, 8, 10, 12 usw., und ungerade Zahlen, die durch 3 teilbar sind, wie 3, 6, 9, 12 bis zu 33, 66, 99 usw. Die geraden Zahlen wurden stets den männlichen Kräften, d. h. der elementaren, konkreten und sichtbaren Welt zugeordnet, die ungeraden Zahlen hingegen den weiblichen Eigenschaften, also der ätherischen, gestaltlosen und verborgenen Welt.

Aus numerologischer Sicht kann die gesamte keltische Religion als ein fünffältiges monotheistisches System bezeichnet werden: die Dreifache Göttin und der Zweifache Gott von Licht und Dunkel, woraus sich die Zahl Fünf ergibt. Und doch ist alles die Widerspiegelung des »Einen, der im Jenseits weilt« und damit monotheistisch. Aufgrund dieser numerischen Schlußfolgerungen wurde der Apfel als »Frucht der Götter« angesehen: Wird er über die Breite in zwei Hälften geschnitten, so kommen fünf Kerne zum Vorschein, die in einen fünfzackigen Stern eingebettet sind – ein Symbol für die Götter, die unter *einem* Schutz vereint sind. Die Birne nahm innerhalb der Priesterschaft von Anglesey eine ähnliche symbolische Funktion ein.

Im Vergleich zu manchen der komplizierten Religionssysteme, wie sie in der heutigen Gesellschaft verbreitet sind, wirkt es wie eine Wohltat, daß sich die Essenz der druidischen Religion mühelos auf eine grundlegende Dualität zurückführen läßt. Für die Kelten war jede Form der Realität entweder eine direkte Widerspiegelung des Sonnenreiches (d. h. der männlichen, ausstrahlenden, aktiven Sphäre) oder des Mondreiches (d. h. der weiblichen, aufnehmenden, passiven Sphäre). Alle Erscheinungen, ob physisch oder mystisch, wurden unter dem Aspekt von männlich oder weiblich, hell oder dunkel gesehen, was an den östlichen Begriff von »Yin & Yang« erinnert. Dieser Kerngedanke hat viele Gelehrte dazu veranlaßt, bei den Kelten von einem dualistischen System zu sprechen.

Der Dualitätsbegriff findet seinen Niederschlag überall im Druidentum und in der gesamten keltischen Kultur. Die religiöse Gemeinschaft der Druiden wurde streng nach dem Geschlecht in zwei sogenannte »geschlechtsspezifische Systeme« und zwei geographische Zentren unterteilt, die beide auf einer Insel lagen: die Mutterschaft von Avalon *(Ynys A ffalon)* und die Vaterschaft von Anglesey *(Ynys Môn)*. Die Druiden hielten Spiritualität ihrem Wesen nach für eindeutig und streng zweifach gegliedert. Für die physische Welt galt das Gesetz: *Gegensätzliche Energien ziehen sich an*, für die geistige Welt: *Gleiche Kräfte ziehen sich an*.

Dieser Grundsatz findet seine Bestätigung auch heute noch in Aussprüchen wie: »Gleich und gleich gesellt sich gern« oder »Wasser sucht sich seinesgleichen« usw. Der römische Philosoph Mark Aurel hat diese Gesetzmäßigkeit mit den folgenden Worten ausgedrückt: *Dinge, die eine gemeinsame Qualität haben, suchen stets rasch nach ihrer Art.*

Die subtile Wahrheit, die hinter solchen Aussagen steckt, rief schließlich das hervor, was im *Book of Pheryllt* als die »Lehre von den Trennungen« bezeichnet wird. Diese Übereinkunft, die der Legende zufolge zwischen den religiösen Gruppierungen nach der Schlacht der Bäume (um 400 v. Chr.) getroffen wurde, legte fest, daß Kinder/Personen, die den Wunsch hatten, Priester oder Priesterinnen zu werden, für die Ausbildung zu ihresgleichen geschickt werden sollten: Jungen oder Männer nach Anglesey und Mädchen oder Frauen nach Avalon. Auch die Lehrsysteme unterschieden sich voneinander, da sie ebenfalls geschlechtsspezifisch waren, obwohl sie auf denselben Voraussetzungen beruhten: zwei Wege vom gleichen Ort aus, die in die gleiche Richtung führten – bei denen nur das methodische Vorgehen unterschiedlich war.

Da gleiche Energie am besten mit gleicher Energie arbeitete (und dies immer noch tut), bezog ernsthaftes magisches Ritual selten, wenn überhaupt, beide Geschlechter ein, wie es heute bei der Wicca-Praxis die Norm ist. Gareth Knight, ein wichtiger Autor der modernen Bewegung des »okkulten Wiederauflebens«, hat diesen Schlüsselbegriff in seinem Buch *The Secret Tradition of Arthurian Legend* scharfsichtig zur Sprache gebracht:

> *Magische Faktoren sind für beide Geschlechter unterschiedlich. Es existiert eine besondere Leblosigkeit, die physisch an einer »unerfüllten Frau« feststellbar ist. Dies erklärt sich daraus, daß das Unvermögen, den Kreislauf der Kraft durch die Aura zu vervollständigen, zu magnetischer Stagnation führt, was bei Männern nicht auftritt. Beim Mann kommt es zu einer Anstauung von Kraft, wenn kein Kreislauf für den Energiefluß gefunden werden kann. Beim Mann wird sich der Überschuß durch die niederen Zentren in irgendeiner ihn stark beanspruchenden Beschäftigung äußern, die körperlich oder*

geistig sein kann. Bei einer Frau werden diese Kräfte niemals auf eine solche Weise nach unten gelangen.

Diese Textstelle illustriert sehr gut die verschiedenen Energiestrukturen bei Männern und Frauen und damit den Impuls, der dahinterstand, zwei getrennte Systeme der spirituellen Entwicklung auszubilden. In einem System, das die Geschlechter vermischt, fließt die Energie in der Tat nach den Gesetzen der *physischen Anziehung* – doch vom Standpunkt der *spirituellen Wechselwirkung* her gesehen, nach dem Gleiches und Gleiches sich anziehen, ist dieser Energiefluß häufig zerstörerisch und verzerrend. Männer verkörpern ausdehnende Energie, Frauen dagegen zusammenziehende oder aufnehmende Energie. Die Energie bewegt sich demnach vom Männlichen zum Weiblichen und kommt hier zum Stillstand; eine Rückkehr zum Männlichen, also ein Kreislauf, findet nicht statt. Dieser Umstand ist unter Okkultisten als »zerstörende Interferenz« bekannt und tritt nicht bei Ritualen auf, an denen nur Personen des gleichen Geschlechts beteiligt sind; hierbei werden Energien derselben Art aufgebaut und dann in einem gemeinsamen Konzentrationspunkt zusammengeführt. Sir James G. Frazer hat in seiner Abhandlung über *Sympathetische Magie* dieses Prinzip das *Gesetz der Ähnlichkeit* genannt und daraus geschlossen, daß in der Magie Gleiches wieder Gleiches hervorbringt.

Allein schon diese Erkenntnis unterscheidet das heute allgemein verbreitete Heldentum, das nicht zwischen den Geschlechtern trennt und dazu neigt, menschliche Energien lediglich als »magnetische Pole« anzusehen, von dem authentischen Druidentum, das sich an genauere Vorschriften hielt, die auf wahrnehmbaren psychischen Gesetzmäßigkeiten beruhten. In der modernen heidnischen Bewegung sind Gruppen, denen Männer und Frauen angehören, die Norm – häufig nur, weil Männer sich zusammen mit anderen Männern nicht wohl fühlen und dies für »unmännlich« halten. Solche kulturellen Klischees wirken sich sehr erschwerend auf die Arbeit von ausschließlich gleichgeschlechtlichen Gruppen aus, da die Strukturen von männlich/weiblich, oberflächlich betrachtet, durch die soziale Konditionierung von Geburt an bequemer sind. In diesem Punkt hat die Gesellschaft dem »Magier auf der Suche« in der Tat einen Rückschlag versetzt.

Die Druiden waren Wissenschaftler sowohl der sichtbaren als auch der unsichtbaren Welt, und sie wußten, daß jede der beiden Welten von bestimmten Gesetzmäßigkeiten beherrscht wird – ja, mehr noch, daß sich diese Welten ebenso wie ihre Gesetzmäßigkeiten voneinander unterscheiden. Ein Beispiel für diese Anschauung sind die beiden Gehirnhälften, »von denen jede für einander entgegengesetzte Funktionen bestimmt ist, wobei keine das Ganze ausmacht, beide jedoch dazu beitragen«, wie Dr. Jason Golden es 1988 formuliert hat. Im gleichen Artikel erwähnt er im Versuchslabor bestätigte Fakten, nach denen die Physiologie von Männern unmittelbar auf die *Sonnenzyklen* reagiert, während die weibliche Physiologie den *Mondphasen* folgt.

Zweifellos hätten die Druiden zu den ersten gehört, die eine solche wissenschaftliche Bestätigung dieser Grundprinzipien freudig begrüßt hätten. Zumal es sich dabei um Grundprinzipien handelt, die von Mystikern wie sie selbst, die es wagten, über die engen Begrenzungen der »normalen« menschlichen Sexualität hinauszublicken und das anzuwenden, was sie dort entdeckten, schon lange vertreten wurden. Selbst die frühchristliche Kirche schien die Vorzüge eines nach Geschlechtern getrennten spirituellen Lebens für all jene zu schätzen, die dazu »berufen« waren.

Eine weitere Erscheinungsform für das nutzbringende Prinzip der Wechselwirkung von gleichgerichteter Energie ist die *Homöopathie*, die Krankheiten nach dem Grundsatz »Gleiches heilt Gleiches« behandelt.

Die Druiden, die sich darauf verstanden, aus der Beobachtung natürlicher Gesetzmäßigkeiten spirituelle Lehren abzuleiten, hätten mühelos die Ähnlichkeit zwischen geschlechtsspezifischer Magie und der Wirkung von Stimmgabeln aufzeigen können.

Stimmgabeln, die auf dieselbe Tonhöhe eingestimmt sind, weisen eine natürliche Eigenart auf, die als *sympathetische Schwingung* bezeichnet wird. Dies bedeutet, daß, wenn eine Stimmgabel angeschlagen wird, eine andere Stimmgabel mit derselben Tonhöhe ohne irgendeine direkte Berührung ebenfalls in Schwingung versetzt wird, selbst wenn sie sich in einer anderen Ecke des Raumes befindet. Wir können daraus, als Beweis für den druidischen Standpunkt zu einer geschlechtsspezifischen spirituellen Arbeit, sehr viel lernen. Wie wir bereits gesehen haben, erklären die alten physikalischen Gesetze, daß *gleiche* Kräfte sich anziehen, und somit handelt es sich hier um eine Widerspiegelung jener alten Wahrheit der klassischen Physik, wonach zwischen zwei Kräften nur dann eine Wechselwirkung entstehen kann, wenn sie in ihrer Energiestruktur genau übereinstimmen. Wenn wir diese Parallele in die druidische Perspektive ausweiten, verkörpern Männer und Frauen die beiden ursprünglichen Grundtöne der Schöpfung, aber *verschiedene* Töne. Aus spiritueller Sicht könnte eine Frau einem männlichen Schüler keine wirklich tiefgreifenden esoterischen Wahrheiten vermitteln – alles bliebe an der Oberfläche und würde nicht tief im Innern auf eine Resonanz stoßen. »Religiöse Wahrheit«, so heißt es im *Book of Pheryllt*, »breitet sich aus wie die Wellenbewegungen auf einem Teich und spiegelt sich in einer großartigen Reflexion des Universums droben.« Diese Analogie der Stimmgabeln ist eine derartige Reflexion.

Auch der bekannte Psychologe und Gnostiker C. G. Jung war sich über solche Prinzipien im klaren, als er in seinen *Sieben Reden an die Toten* schrieb:

> *Mann und Weib werden aneinander zum Teufel, wenn sie ihre geistigen Wege nicht trennen, denn das Wesen der Creatur ist Unterschiedenheit.*[7]

Die Druiden stellten zwei Entwicklungsstadien des Menschen über alle anderen: die frühe Jugend und das hohe Alter – das »erleuchtete Kind« und den »runzlig und weise gewordenen alten Greis«. Ich glaube, daß dieses Phänomen wohl durch die physiologische Natur des Menschen bedingt ist, oder korrekter, durch sein Hormonsystem. Nur in der frühen Jugend und im Alter ist der Hormonspiegel im Blut so niedrig, daß er eine Klarheit des Denkens und eine psychische Wahrnehmung ermöglicht, die bei einem Jugendlichen oder Erwachsenen in mittlerem Lebensalter nicht ohne weiteres erreicht oder aufrechterhalten werden kann. »Kinder und (alte) Narren sagen die Wahrheit«, lautet eine Redensart, die in dieser oder ähnlicher Form in zahlreichen Kulturen auf der ganzen Welt verbreitet ist. Es ist einfach, die Gründe dafür zu nennen: Diese beiden Lebensabschnitte sind weitgehend frei von der übermächtigen Inanspruchnahme durch die Sexualität.

---

[7] aus den »Sieben Reden an die Toten«, in: *Erinnerungen, Träume, Gedanken von C. G. Jung*, S. 396 (siehe Anm. 4).

Das »erleuchtete Kind« ist über sein Alter hinaus mit erhöhtem Gewahrsein und spirituellen Erkenntnissen begabt. Am anderen Ende der Skala steht der oder die »weise gewordene Alte«. Die Vorstellung vom machtvollen und wunderlichen Weisen, der abgeschieden auf einem Berg, in einer Höhle oder tief im Wald lebt, ist in allen Kulturen der Welt zu einem archetypischen Bild geworden. Wie ist es möglich, daß das hohe Alter, das oft von Schwäche und Entkräftung geprägt ist, ebenso zu übermenschlicher Kraft und Autorität führen kann? Dieses Phänomen erklärt sich nicht nur durch die Anzahl und Erfahrung der Jahre allein. Ich bin der Ansicht, daß selbstgewählte Enthaltsamkeit bis ins Alter die Lebenskraft ansammelt und aufbaut, so daß anstelle eines gebrechlichen Greises ein kraftvoller Weiser daraus hervorgeht. Beispiele dafür sind in jeder Kultur zu finden, die druidische eingeschlossen. Lebenslange Disziplin hat auch eine erhöhte Bewußtheit zur Folge, die in Verbindung mit dem Alter zu dem magischen Lebensstil eines Weisen »am äußersten Rand der Realität« führen kann. In seinem köstlichen Werk *Das Buch Merlin* bemerkt T. H. White dazu: »Die einzige Möglichkeit, einen wahren Magier zu begreifen, liegt darin, den Versuch aufzugeben.«

Aus den genannten Gründen haben die Druiden, deren Lebensziel darin bestand, einen »übermenschlichen« Zustand zu erlangen, nicht geheiratet. Im sechsten Kapitel des *Book of Pheryllt* wird ausdrücklich erklärt, daß eine Ehe nur den »unteren Klassen« des Druidentums erlaubt war, niemals aber den Druiden, die dem inneren Kern der Priesterschaft angehörten. Als dieser reine Stand des Druidentums im Laufe des Mittelalters in Verfall geriet, heirateten Barden, wen immer sie wollten, und die sexuellen Maßstäbe, die auf den Grundgesetzen der Wirkung und Wechselwirkung von Energie beruhten, wurden nicht mehr beachtet. Die christliche Kirche ermunterte ihre Anhänger im Rahmen der Ehe dazu, für

Nachwuchs zu sorgen, und mißbilligte eine Geburtenkontrolle. Das Überleben der matriarchalischen Linie des Druidentums von Avalon bis zur Wicca-Bewegung trug zu dieser Entwicklung bei, denn von der Mutterschaft wurde Enthaltsamkeit nicht über das jugendliche Alter der Jungfräulichkeit hinaus befürwortet. Es gab also erhebliche Unterschiede zwischen den frühen druidischen und den späteren christianisierten Lehren.

Außer durch die Mutterschaft und ihre Entwicklung zur *Wicca*-Bewegung sind die Druiden auch durch ihren religiösen Leitsatz Y GWIR YN ERBYN BYD in Erinnerung geblieben. Dieser bedeutet übersetzt »die Wahrheit *gegen* die Welt«. Das Schlüsselwort »gegen« ist ausschließlich dazu bestimmt, den Unterschied zwischen weltlicher, von Kultur und Gesellschaft geprägter Wahrheit und individueller Wahrheit zu veranschaulichen.

Der Begriff »Wahrheit« war für die Druiden von äußerster Wichtigkeit. Eine große Anzahl erhalten gebliebener Triaden und Lehrsätze hat dieses Ideal in unterschiedlichem Zusammenhang zum Thema. Insbesondere das dritte Kapitel des *Book of Pheryllt* beschäftigt sich mit diesem Begriff. Hier wird betont, daß die Priesterschaft keine allgemeingültige »objektive« Sicht von Wahrheit vertrat, sondern vielmehr behauptete, daß sich diese von Individuum zu Individuum, von Kultur zu Kultur unterscheidet, so wie sich das Bewußtsein und damit auch das Gewissen der Menschen unterscheidet.

Das Gewissen ist das Auge Gottes im Herzen des Menschen, lautet ein Zitat aus derselben Quelle. Die Druiden glaubten, wenn man dem eigenen Gewissen, also der eigenen inneren Stimme folge, statt nur auf das zu hören, was man hören will, so würde dies zu einem göttlichen Zustand der Gewißheit führen, der als *rechtes Handeln* bekannt war – ein Ideal, das auch von den griechischen Schulen des Sokrates und Pythagoras heiliggehalten wurde. Die Lehre vom rechten Handeln schloß die »objektive individuelle Wahrheit« ein, die dadurch erlangt werden kann, daß man in angemessener Weise seinem Gewissen folgt und imstande ist, den eigenen wahren Weg des Schicksals zu entdecken. Dieser Gedanke schlug sich später in den gnostischen Schulen des Mittelalters nieder und findet seinen Ausdruck in der lateinischen Wendung *Carpe diem*, was »Nutze den Tag« bedeutet, d. h., das Leben voll und ganz auszuschöpfen und von Tag zu Tag den bestmöglichen Gebrauch von den eigenen Erfahrungen und Energien zu machen.

Es sind trotz der Unterdrückung der Druiden und ihres geheimen Wissens durch die christliche Kirche, die auch nach dem Fall von Avalon im Jahre 563 n. Chr. von der Verfolgung nicht abließ, noch Überreste der keltisch-druidischen Kultur erhalten geblieben. Päpste und Bischöfe beriefen sich dabei oft auf die Vorurteile der römischen Autoren gegen die Druiden und machten sich vor allem zwei Themen zunutze: das *Opfer (wo*bei sie aus zweckdienlichen Gründen die Tatsache übersahen, daß bei den jüdischen Gründungsvätern des Christentums Menschenopfer an den Gott Jehova gebräuchlich waren) und die *polytheistische Götterverehrung*. Letzteres ist besonders interessant, da die Katholiken selbst eifrig zu vielen Heiligen beteten, die lediglich christianisierte Formen ehemals heidnisch-keltischer Gottheiten waren. Zu den von Religionsforschern anerkannten Beispielen gehören:

St. Anna = die keltische Wassergöttin Ana oder Anu
St. Brigid = die keltische Feuergöttin Brigit
St. Brendan = der keltische Gott Bran »der Gesegnete«
St. Corneille = der keltische Waldgott Kernunnos.

Es ließen sich noch zahlreiche andere Beispiele finden. Ein besonders interessantes Phänomen ist der »hl. Corneille«. Der gehörnte wilde Gott des grünen Waldes war niemals als Person bekannt und ist tatsächlich der gleiche pferdefüßige, geweihtragende Gott, nach dessen Vorbild die Kirche später ihr »Teufelsbild« gestaltete – und damit aus einem kanonisierten Heiligen und ihrem eigenen Luzifer ein und dieselbe Gestalt machte.

Was den Vorwurf des Opfers betrifft, so war es eine anerkannte Tatsache, daß die Priesterschaft Tieropfer leitete, um die Gunst der Götter zu gewinnen, wobei der »Weiße Bulle« einen besonderen Fall darstellte. Doch nur aus Gallien, der heutigen Bretagne, wird von Menschenopfern berichtet. In Irland dagegen hat dieses Phänomen nie existiert – abgesehen davon, daß es von einigen wenigen, wie dem hl. Patrick, angeführt wurde, um den druidischen Orden auszulöschen – mit scheinbar guten, moralisch klingenden Argumenten.

Wir wollen uns hier jedoch auf den britischen Zweig des Druidentums beschränken. Ungeachtet der Vielzahl unterschiedlicher geographischer Varianten des Druidentums, die von den klassischen Autoren angeführt werden, galt Britannien zweifelsohne als das Mutterland des gesamten druidischen Systems. Dazu ein Zitat von Julius Cäsar über die gallischen Druiden:

> *Man glaubt, daß ihre »disciplina« in Britannien entdeckt und nach Gallien hinübergebracht wurde; und heute reisen all jene, die sich tiefgebender damit beschäftigen wollen, in der Regel nach Albion.*

Als wolle er in der Diskussion um die Herkunft der Druiden einen Schlußpunkt setzen, erklärte William Blake in seinem Werk *Jerusalem:* »Alle Dinge beginnen und enden an Albions alter druidischer Felsküste.«

Was hat es mit Britannien auf sich, das die Phantasie der

Menschheit zu allen Zeiten derart gefesselt hat und dies auch heute noch tut? Manche glauben, daß die Insel einen einzigartigen geographischen Standort auf der Erde einnimmt, wo viele *ley-lines* oder kraftvolle magnetische Erdströme unterirdisch verlaufen und zusammentreffen, das Land selbst also zu einem leichten Zugangsort in die Anderwelt wird. Dieser Gedanke könnte eine gute Erklärung dafür sein, warum ein hochentwickeltes religiöses System wie das der Druiden nirgendwo anders als in Britannien zur Blüte gelangte. Von manchen wird die Theorie vertreten, daß druidisches Wissen von den Überlebenden des Kataklysmus, bei dem vor 11000 Jahren der untergegangene Kontinent Atlantis versank, an die Küste Britanniens gebracht wurde. In diesem Zusammenhang möchte ich darauf hinweisen, daß auf genau diesen Gedanken sowohl im *Book of Pheryllt* als auch in den walisischen *Arthurian Chronicles* angespielt wird.

Welche Erklärung auch immer den Tatsachen entspricht, eines scheint klar zu sein: Die Druiden hatten genaue Kenntnis von der einzigartigen energetischen Atmosphäre, die durch die »Drachenlinien« in Britannien entstanden war, und machten sich diese innerhalb ihrer Einrichtungen zunutze. Die Tatsache, daß Stonehenge in der Überlieferung immer mit Merlin und den Druiden in Verbindung gebracht worden ist, deutet wiederum auf die Existenz eines »unsichtbaren Energiezentrums« der Erde hin. Während seit langem bekannt ist, daß die Druiden selbst weder den *Henge* noch – von kleineren Steinkreisen einmal abgesehen – irgendwelche anderen großen Monumente errichteten, gibt es genügend Zeugnisse dafür, daß sie die außergewöhnlichen Energiepotentiale solcher Bezirke würdigten und entsprechend nutzten. Die Priesterschaft vertrat die Ansicht, daß eine Gottheit nicht in einem Bauwerk verehrt werden könne, das von Menschenhand errichtet worden sei. Nur Orte der Zurückgezogenheit und wilden Schönheit, allein durch die »Hände von Mutter Natur« geschaffen, waren dafür geeignet.

Daher hielten die Druiden ihre Riten in heiligen Hainen an entlegenen Orten ab, die sie *Nemeton* nannten. Die Tatsache, daß sie sich der astronomischen Ausrichtung zahlreicher monolithischer Monumente, die sie aufsuchten, bewußt waren, ist durch viele zeitgenössische Autoren gut dokumentiert. Dies weist ferner auf das Wissen der Druiden um verborgene Kräfte hin, die erst in den letzten Jahren öffentliche Beachtung und Anerkennung gefunden haben. Bei dem Historiker und esoterischen Schriftsteller Nicolai Tolstoy lesen wir über die Bedeutung von Stonehenge zur Zeit von Arthur:

> *Ich für meinen Teil zögere nicht, daraus zu folgern, daß Stonehenge der traditionelle »Omphalos« (griech. »Heiliger Nabel«) Britanniens war; daß es noch im fünften Jahrhundert als ein Ort von einzigartiger Heiligkeit angesehen wurde, der einen ganz besonderen Zugang zur Anderswelt hatte ...*

Solche »Zugangsorte« waren sowohl für die Druiden selbst als auch für die Schüler, die ihre Lehrsysteme anwendeten, von höchstem Interesse, denn für sie war die nichtphysische Anderwelt genauso real und greifbar wie die physische Welt.

Zudem standen beide in unaufhörlicher Beziehung zueinander. Viele Schriftsteller, die nicht alle aufgeführt werden können, haben die Kelten als Menschen der »Dämmerung« oder des »Zwielichts« beschrieben – ein überaus passender Begriff, weil offenbar sowohl das Volk als auch seine Priester die fließenden Zwischenzustände der Welt besonders achteten und sie für eine Hervorbringung der Geisterreiche und ein direktes Eingangstor zu diesen hielten.

Dinge, die waren und doch nicht waren, übten eine starke Faszination auf die Kelten aus und sind in ihrer gesamten Kunst, Literatur, Musik und Religion in großer Vielfalt zu finden. Zu den Beispielen für solch mystische Elemente gehören:

die heilige Mistel, die auf einer Eiche wächst – die eine Pflanze und doch keine Pflanze ist, da sie ihre Lebenskraft aus der Substanz des Königs der Bäume zieht

Kristall/Glas, das sichtbar und doch transparent ist, wie einst der Tor von Glastonbury (was »glasähnlicher Ort« bedeutet; der alte Name lautete *Ynys Wytrin* oder »Glasinsel«), der lange Zeit als Zugangsort zur Anderwelt galt

Nebel, Tau, Dunst und Wolken – Wasser, das kein Wasser ist

die Zeiten der Morgen- und Abenddämmerung, Mitternacht, Sonnen- und Mondfinsternis – jene Augenblicke zwischen Licht und Dunkel, die keinem von beiden angehören

der geheimnisvolle Pilz – eine verehrte Nahrung der Götter, die weder Pflanze noch Mineral ist.

Das deutlichste Beispiel für diese Form der druidischen Verehrung scheint jedoch ihre Hochachtung für den »sechsten Tag des Neumondes« als beste Zeit für die magische Arbeit zu sein. Hier stellt sich natürlich die Frage: Warum der sechste Tag anstelle der weitaus einleuchtenderen Wahl der Phasen von Vollmond oder Neumond? Unter dem Aspekt der »keltischen Verehrung der Dämmerung« betrachtet, ist die Antwort denkbar einfach. Der »sechste Tag« als das erste Viertel des zunehmenden Mondes war für die Druiden die Phase *zwischen* Neumond und Vollmond – und damit sozusagen die »Zwielicht-Phase des Mondes«. Nicht nur im *Book of Pheryllt* wird auf diesen mystischen Zeitpunkt hingewiesen. Er wird auch von dem römischen Historiker Plinius erwähnt, der dazu bemerkte:

> *Selten wurde die Mistel auf einer Eiche wachsend gefunden, doch bei einer solchen Gelegenheit sammelten die Druiden sie, von einer gebührenden religiösen Zeremonie begleitet, wenn möglich am sechsten Tag des Neumondes, wenn der Einfluß des Gestirns zunahm und, wie es hieß, seinen Höhepunkt erreicht hatte. Im Anschluß an ein in allen Einzelheiten geplantes Festessen schnitt ein weißgekleideter Priester die Pflanze mit einer goldenen Sichel von dem Eichenbaum, während ein anderer Druide unter dem Baum einen weißen Umhang aufhielt, um sie aufzufangen. Die Druiden glaubten, daß die Mistel, wenn sie in einen Tiegel mit Wasser getaucht wurde, unfruchtbaren Tieren Fruchtbarkeit verleihe und daß sie das Gegenmittel für Gifte aller Art sei – ihr Name hatte die Bedeutung »Allheil-Kraut«.*

Selbst die Festtage, welche die Druiden über das natürliche Kalenderjahr verstreut feierten, fielen in solche Zwischenzeiten. Es waren die Tage der größten Ungleichheit oder Unausgewogenheit im Jahreszeitenkreuz – Tage, an denen die polarisierte Trennung nicht aufrechterhalten, sondern aufgehoben wurde.

Die Druiden wußten, daß solche »unausgeglichenen Zeiten« geeigneter waren, Bewußtseinsveränderung (und damit den Zugang zur Anderwelt) hervorzurufen als die »ausgewogenen Zeiten« der Frühlings- und Herbst-Tagundnachtgleiche, die beide Teile des Pols in sich vereinigten. Deshalb wurde den folgenden Tagen besondere Verehrung entgegengebracht:

Sommersonnwende: der Tag der größten Mond/Nacht-Unausgewogenheit
Wintersonnwende: der Tag der größten Sonnen/Tag-Unausgewogenheit
Beltane (Vorabend des Maitages): die Nacht, die den Beginn des Sommers/der lichten Jahreshälfte markiert
Samhain (November-Vorabend): die Nacht, die den Beginn des Winters/der dunklen Jahreshälfte markiert.

Die nachfolgende Darstellung illustriert diese Vorstellung der »astronomischen Asymmetrie« zwischen Himmel und Erde. Dabei ist zu beachten, daß die Umlaufbahn der Erde eine Ellipse und keinen vollkommenen Kreis bildet. Durch diese Abweichung wird die asymmetrische Polarisierung der jahreszeitlichen Energien hervorgerufen.

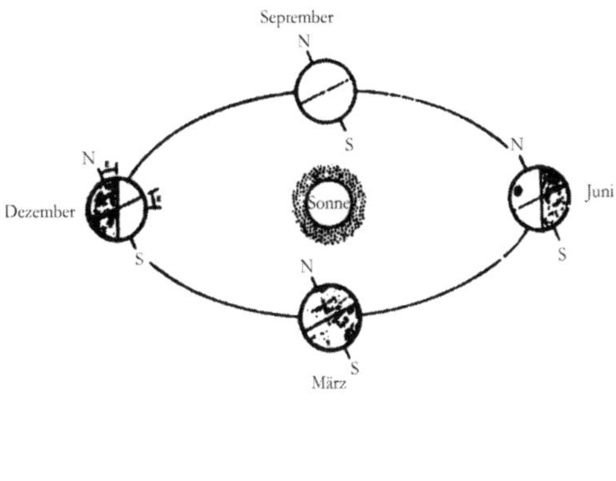

Da sie einen direkten Zugang zur Anderwelt ermöglichen, waren diese Zeiten für die britischen Druiden hohe Festtage, an denen überall im Land sogenannte »Notfeuer« auf den Bergspitzen errichtet wurden. Solche Feuer dienten zum einen dazu, die Energie der Sonne, der großen Lebensspenderin, in ihrer Fülle zu verstärken. Man wollte so ihre Energie in Übereinstimmung mit dem Gesetz *Gleiche Energie zieht gleiche Energie an* nach unten ziehen. Zum anderen glaubten die Druiden, dadurch die elementare Eigenschaft des Feuers nutzen zu können: seine Umwandlung bewirkende Kraft und seine Fähigkeit, Materie von einer Energieebene zur nächsten zu verändern.

Das Thema der Anderwelt steht im Zusammenhang mit einem Begriff, der für die druidische Religion – und für Religion allgemein – von größter Bedeutung ist: die *universellen Archetypen*. Sie wurden von dem bekannten Psychologen und Mystiker C. G. Jung in zahlreichen seiner Werke angeführt und erforscht. Besonders die gnostische Abhandlung *Septem Sermones ad Mortuos* oder »Die sieben Reden an die Toten« ist in diesem Zusammenhang zu empfehlen. Zwischen Jungs »empirischem Gnostizismus« und der druidischen Lehre existieren enge Verbindungen. Neben der Unvorstellbarkeit Gottes und dem Gedanken der Unendlichkeit hat Jung auch die Aufteilung des Umfeldes oder der Wahrnehmungswelt des Menschen in Licht und Dunkel aufgegriffen und betont, daß der Weg zu wahrem Wachstum »in der Natur von getrennten Wesen ... verschiedenartiger Entwicklung« liege.

Zur Begriffsklärung: Ein Archetyp ist im wesentlichen eine Erinnerung, die weiterbesteht, nachdem das Individuum oder die Gruppe, die sie hervorgebracht hat, nicht mehr existiert. Einige Autoren haben dafür den Begriff »Gruppengedächtnis« geprägt, während Jung selbst die Welt der Archetypen beschrieben hat als »ein übriggebliebenes Meer von Symbolen, an dem die ganze Menschheit teilhat, zu dem man gewöhnlich Zugang durch Träume oder veränderte Bewußtseinszustände erlangt und aus dem Kulturen Bilder beziehen, auf denen sich ihre Religionen gründen«. Ihren Ursprung haben diese Symbole einer »universellen Bildersprache« im Menschen selbst und seiner Entwicklungsgeschichte. Jede Kultur hinterläßt die »Eindrücke« ihrer heiligsten Symbole, die durch starke Emotion oder Hingabe am meisten aufgeladen sind – ihre Gottesformen und ihre lebendige Mythologie.

Auch lange nach dem Untergang einer Kultur bleiben diese archetypischen Bilder unversehrt, wenn auch im verborgenen schlummernd, erhalten. Durch in visuelle Vorstellungskraft gelenkte Willensenergie können sie wieder wachgerufen werden. Mit anderen Worten: Die großartige Kultur der Kelten und Druiden ruht sicher geborgen unter den Wogen des Jungschen Meeres der Archetypen und wartet nur darauf, erschlossen zu werden. Vielleicht spülen die Zyklen der Gezeiten viele Seelen an die Küste zurück, die einst an dieser kostbaren Welt teilhatten und noch immer auf nicht-körperliche Weise mit ihr verbunden sind. Wenn ein Individuum mit einem solchen Bezug oder eine Gruppe die Verbindung zu diesem reichen Erbe wiederherstellen würde, könnte fruchtbarer Boden geschaffen werden, um alte Fragen zu lösen und zu neuen Ufern zu gelangen.

> *Innerhalb der vollkommenen Symmetrie eines Kreises ist*
> *die Wesensessenz des Universums enthalten. Sei bestrebt,*
> *davon zu lernen ... um jene Ordnung widerzuspiegeln.*
>
> XXI. Stanze Merlins

Diese Aussage, die Merlin zugeschrieben wird und im frühen 12. Jahrhundert niedergeschrieben wurde, verdeutlicht sehr schön die Bewußtheit und Achtung der Kelten für die Zyklen der Natur. Wir wissen aus Hinweisen sowohl im *Pheryllt*-Material als auch aus anderen historischen Quellen, daß sich das magische System der Druiden um eine Widerspiegelung der Kreisläufe drehte, die in der Natur deutlich sichtbar sind. Zu den wichtigsten von diesen gehören: der Kreislauf von Tod und Wiedergeburt; die jahreszeitlichen Zyklen, bedingt durch die Erdumdrehung; die kreisförmigen Bewegungen von Sonne, Mond, Planeten und Sternbildern; Ebbe und Flut, die Gezeiten des Meeres, und die Wanderung von Zugvögeln und anderen Tieren.

Im Zusammenhang mit diesen Zyklen taucht in der keltischen Kultur mit großer Regelmäßigkeit die graphische Darstellung der *Spirale* auf, die in das keltische Symbol des Dreifachen Rades, der *Triskele*, Eingang fand. Es veranschaulicht in vollkommener Weise die zyklische Bewegung innerhalb der Welt der Form, die sich fortwährend nach außen entfaltet und entwickelt und stets wieder zu demselbem Punkt – doch auf einer etwas höheren Ebene – zurückkehrt: die Wiedergeburt. Die folgenden Zeilen beschreiben gut die Wesensessenz dieses Glaubens:

Ich starb als Mineral und wurde Pflanze.
Als Pflanze starb ich und wurde Tier.
Ich starb als Tier und wurde Mensch.
Warum also fürchten, im Tod zu Nichts zu werden?
Bei meinem nächsten Tod werde ich
Schwingen hervorbringen und Federn wie Engel;
Dann, mich höher aufschwingend als Engel –
Was Ihr nicht erdenken könnt, Ich werde es sein.

Rumi, Mathnawi

Natürlich war dieser Prozeß mit der druidischen Lehre der Reinkarnation oder der »Seelenwanderung«, wie die Druiden sie zu nennen pflegten, verbunden. Von vielen zeitgenössischen Schriftstellern ist dokumentiert, daß diese Vorstellung über allen anderen stand. Dies wird auch durch eine Stanze aus dem *Gorchan of Maeldrew* belegt:

Jedes Atom ist ein sich entwickelndes Leben,
jeder Grashalm eine potentielle Seele.

Die folgenden Gedankengänge sind eine freie Wiedergabe nach dem *Book of Pheryllt*. Die druidische Philosophie über den Ursprung der Seelen läßt sich in dem Lehrsatz zusammenfassen »Neue Lebensfunken entstehen immer als Ausstrahlungen von *Ceugant*«, dem »Reich der Unendlichkeit«. Dies war ein System der spirituellen Evolution, die mit ihrem Gegensatz, der »physischen Evolution«, vollkommen übereinstimmte. Beide Formen entwickeln sich mit der Zeit als Folge von Lernen/Enthüllung und Erfahrung. Die Druiden glaubten, daß alles Bewußtsein im wesentlichen dasselbe sei – lediglich getrennt durch den Unterschied an gesammelter Erfahrung. Dies besagt, daß zu irgendeinem Zeitpunkt in ihrer Vergangenheit die Menschen alle weniger kompliziert gewesen sind. Die Seele einer Katze oder eines Baumes unterscheidet sich beispielsweise *ihrer Art nach* wenig von unserer eigenen, sondern nur durch ihre Komplexität und Konzentration, die sie im Laufe aufeinanderfolgender Lebenszyklen erlangt hat. Alle (Entwicklungsgrade von) Seelen sind von unendlicher Dauer, und alle befinden sich in dem Prozeß, sich über die Grenzen der Erfahrung ihres gegenwärtigen Daseins zur jenseitigen Welt hin auszudehnen. Alle Seelen entwickeln sich durch diese Wirkungsweise der Zyklen, dem höchsten Gesetz der gesamten Natur. Wenn eine Seele auf einer bestimmten Stufe von den Erfahrungen gesättigt ist, die jene Lebensform ihr bietet, findet eine Bewegung zu einer anderen, höheren Stufe statt. Ein Rückschritt ist unmöglich.

Die Druiden glaubten auch implizit, daß das Wissen um frühere Leben eine notwendige Vorbedingung für die gegenwärtige und zukünftige Entwicklung sei, was deutlich aus *Merlins Vermächtnis* hervorgeht. Nachstehend ist die symbolische Darstellung der bekannten wie der unbekannten Existenz abgebildet, um zu illustrieren, welch wichtige Rolle die Kreisform innerhalb der druidischen Lehre spielte. Die Graphik ist dem *Barddas* entnommen.

Damit ihre Lehren über bloße, vom Menschen erdachte Vorstellungen hinaus Gültigkeit erhielten, waren die Druiden sorgsam darauf bedacht, diese auf Gesetzmäßigkeiten zu begründen, die sie mühelos in den sie umgebenden Naturreichen beobachten konnten und, wie durch göttliche Nachahmung, zur Bestätigung heranzogen. Für sie waren kleine Dinge – eine Blume, ein Kieselstein, eine Schneeflocke, der Weg, dem ein Salm im Wasser folgt – Widerspiegelungen der Großen Kosmischen Ordnung, Einblicke in den Göttlichen Geist, und verdienten daher, erforscht, in Ehren gehalten und nachgeahmt zu werden.

Die Bedeutung der Bäume kann als weiteres gutes Beispiel angeführt werden. Die Druiden sahen sie als ein besonderes Natursymbol an, das Himmel und Erde verbindet: Die Blätter und Zweige fangen die Energie der Sonne, des großen Himmelsherrschers, ein und geben sie durch den Stamm nach unten weiter an die Wurzeln in der Erde, das Sinnbild für die materielle Welt. Die echte Verehrung dieser Lebensform veranlaßte die Bevölkerung sogar dazu, die Priester als »Baumleute« zu bezeichnen, wozu noch der Umstand kam, daß auch der Begriff *Druide* die Bedeutung »Eichenmann« hat. Es ist also offenkundig, daß die Druiden Bäume als göttliche Verkörperungen betrachteten, was nirgendwo deutlicher als in ihrem heiligen Ogham-Baumalphabet bezeugt wird. Von allen Lektionen, die in den *Cors* gelehrt wurden, läßt sich mit Sicherheit behaupten, daß sie im wesentlichen aus einer genauen Beobachtung von natürlichen Gesetzmäßigkeiten und Bewegungen abgeleitet waren.

Diese Hingabe an das Reich der Natur, die großartige Welt draußen oder, wie T. H. White es einmal nannte, »Merlins Schulhaus«, war eine prägende Kraft des Druidentums und seiner gesamten Struktur. Sie war untrennbar verbunden mit dem druidischen System der Lehrlingschaft, da jeder, der Druidenmagie studieren wollte, Zugang zu dieser Welt haben und »Ranke und Blatt berühren« mußte, wie es im Altwalisischen hieß. Viele der spirituellen Systeme, die uns heute zur Verfügung stehen, mögen Erleuchtung inmitten einer Stadt oder in den vier Wänden eines Zimmers versprechen – eine für einen Druiden unmögliche Vorstellung. Wenn man von der Natur lernen will, darf man nicht getrennt von ihr sein, und es gibt kein Druidentum, das nicht auf der Stellung der Natur als großer kosmischer Lehrerin begründet ist. Um sich von der Natur unterrichten zu lassen, muß man dazu bereit und gewillt sein, ihr Klassenzimmer zu betreten und genau hinzuhören.

> *Die Natur ist der Große Lehrer, und im Vergleich damit sind die besten der sterblichen Erzieher nur ungeeignete Führer.*
>
> BARDDAS

Die andere prägende Kraft des Druidentums war die *Lehrlingschaft* als die einzige Einrichtung, durch welche die keltische Religion weitergegeben werden konnte, da sie die Niederschrift der heiligen Lehre nicht erlaubte. Die Druiden waren der Überzeugung, daß alles, sobald es einmal niedergeschrieben und dadurch begrenzt war, angegriffen und entweiht werden konnte. Daraus erklärt sich auch die Bedeutung, die sie auf das Auswendiglernen und mündliche Einüben legten. Die Lektionen wurden persönlich vorgetragen, und der Schüler erhielt nur die Hilfsmittel und Informationen, die er brauchte, um die Antwort selbst herauszufinden, denn: »Unverdiente Lektionen führen dazu, vergessen zu werden.« Diese Lektionen waren ursprünglich dazu bestimmt, den Geist (und die Hände) von Lehrlingen über viele Jahre hinweg zu beschäftigen, nach denen die Lösungen wirklich verdient und nicht einfach weitergegeben worden waren. Das Gesetz, daß sich alles Lernen in drei Stufen vollzieht, diente auch als Grundlage für den Aufbau der Lektionen. Jeder Schüler erhielt drei Gelegenheiten, den Sinn einer Lektion zu erfassen. Auch hier galt, daß nichts Heiliges niedergeschrieben werden durfte.

Die 21 Lektionen bilden die Essenz der 21 Romankapitel von *Merlins Vermächtnis*. Sie bieten jeweils eine bestimmte Übung als Ritual an, ein »Werkzeug der Entdeckung«, mit dem der Leser experimentieren kann, wenn er sich tiefer auf die Symbolik und verborgene Bedeutung des Textes einlassen möchte. Durch die Einbeziehung der praktischen Übungslektion können bei wiederholter Lektüre des betreffenden Romankapitels neue Gedanken und Einsichten auftauchen.

Der Leser wird auch feststellen, daß einige Lektionen mit einer Ortsangabe versehen sind. Damit wird ein sehr alter bardischer Kunstgriff wieder eingeführt, der im *Book of Pheryllt* als die »Erleuchtung durch Reime« umschrieben wird, denn jede spirituelle Übung – ob schweigend, gesprochen oder gesungen – wird dadurch in hohem Maße verstärkt, daß sie an einem geographischen Ort derselben Energieform vollzogen wird. Prosastücke, sei es Dichtung oder gesungene Balladen, wurden ursprünglich geschaffen, um in einer besonderen Umgebung vorgetragen zu werden: hoch oben zwischen den Ästen eines Baumes, an einem Fluß liegend, tief im Innern einer Höhle, auf einer windumtosten Bergspitze ... unter der sommerlichen Mittagssonne oder dem mitternächtlichen Mond. Sofern die Lektionen einen derartigen Vorschlag enthalten, sollten Sie versuchen, das Ritual an einem Ort auszuführen, auf den diese Beschreibung zutrifft. Wenn Sie, auch als Erwachsener, dazu bereit sind, so unvoreingenommen und aufgeschlossen wie ein Kind zu sein, werden diese interessanten Anregungen Ihre Erfahrung um eine positive Dimension bereichern – selbst wenn es nur für die Dauer der Lektüre ist.

Denken Sie stets daran, daß Sie es hier mit einer machtvollen archetypischen Welt zu tun haben. Diese 21 Lektionen können Sie entscheidend darin unterstützen, zwischen sich und der Welt der Druiden Verbindungslinien herzustellen. Prägen Sie sich jedoch den folgenden Schlüsselsatz gut ein: Je mehr Ihre Lebensweise, Ihre Handlungen und Gedanken mit denjenigen des Archetyps übereinstimmen, zu dem Sie eine Beziehung herstellen möchten, um so müheloser wird die erwünschte Information zwischen den Welten fließen. *Gleiche Energie erzeugt Gleiches,* und dadurch wird man zu dem, was man denkt.

Wenn Sie sich durch die geheimnisvollen Erfahrungen arbeiten, die in den 21 Lektionen enthalten sind, können Sie tatsächlich, falls Sie den Wunsch dazu haben, im traditionellen Sinn *Autorität* innerhalb des druidischen Systems entwickeln und damit Türen zu völlig neuen Bereichen wahrnehmbarer Erfahrung und Erkenntnis öffnen. Durch diesen ausgesprochen magischen Begriff bekommen Worte und Taten im Laufe der Zeit eine neue Bedeutung und Macht. Dies läßt sich am Beispiel der beiden alten »Zauber des Wirkens« belegen: Für jemanden ohne Autorität in unserem archetypischen Reich sind diese Worte bloß Worte, die bis zu einem gewissen Grade ohne tiefere Wirkung ausgesprochen werden können. Bei einem druidischen Magier jedoch, der sich Autorität über die Elementarreiche aufgebaut und verdient hat, werden diese »bloßen Worte«, wenn sie ausgesprochen werden, in Werkzeuge verwandelt, die tatsächlich auf die Grundlagen der physischen Realität Einfluß nehmen können – daher der Ausdruck »Erleuchtung durch Reime«. Für diejenigen, die all dem skeptisch gegenüberstehen oder denen solche Vorstellungen fremd sind, liegt die Lösung auf der Hand: Probieren Sie es aus und sehen Sie selbst!

Die Jugend Arthurs ... die Verrücktheit Merlins.
Schau nur.
Ein goldhaariger Junge läuft durch einen tiefen goldenen Teich
aus Sonnenlicht, das auf die Bäume fällt
in der Tiefe des wilden grünen Waldes.
Durch das Gold und das Grün läuft Arthur.
Sein goldenes Haar. Sein grüner Umhang.
»Manchmal scheinst du verrückt oder ein Narr zu sein oder ein Junge wie ich ...«

ROBERT NYE

1
Ein Junge, zur Magie bestimmt

Ein wahrer Zauberer wird als solcher aus dem Mutterschoß geboren. Andere, die diese Aufgabe annehmen, werden unglücklich sein.

GRIMOIR VERUM, 14. JH.

Der junge Arthur blickte hinab auf die See. Von seinem Ausguck hoch oben auf den Klippen von Tintagel konnte er beobachten, wie sich die vor und zurück wogenden Meereswellen an der scharfen Begrenzung durch die Felsen weit unten brachen. Arthur betrachtete ständig etwas und war von Staunen über die Welt um sich erfüllt. Von der Höhe des Steilufers aus erforschte er, wie sich die Farbe der Flut mit der Sonne veränderte oder wie die Seemöwen weit über seinem Kopf durch die Sturmwolken tanzten. Alles dies sog Arthur in sich auf, denn er war immer begierig auf Neues oder etwas, was seine Phantasie anregte.

Die Frühmesse war beendet, und die Brüder von St. Brychan verrichteten schweigend ihre morgendlichen Arbeiten. Da Arthur erst acht Jahre alt war, hatte er nur geringe Pflichten. Fünfmal am Tag, beim Klang der Kirchenglocke, zwängte er sich in ein klösterliches Gewand und nahm seinen Platz als Meßdiener neben dem Abt ein. Tatsächlich empfand Arthur nichts als Langeweile bei dieser Aufgabe, außer wenn er zur Belebung dieser trübsinnigen Pflicht hinter dem Rükken der anwesenden Mönche seinem Freund Illtud Grimassen zum Lachen oder Gruseln schnitt. Die wenigen Male, wo sie bei dieser »Ketzerei« erwischt worden waren, erhöhten nur ihre Heiterkeit. Nachdem die Altargewänder fein säuberlich an ihre Haken zurückgehängt worden waren, stand es Arthur wieder frei, eine Zeitlang auf der Suche nach Abenteuern durch die Wiesen zu streifen – und an diesem Tag sollte er nicht enttäuscht werden.

Arthur schlug den ausgetretenen Pfad hinunter zu den Obstgärten ein. Wie auch sonst wünschte er sich, daß Illtud ihn hätte begleiten können; doch da dieser zwei Jahre älter war als er, wurde er von den Mönchen in Buchstaben und Zahlen unterrichtet ... Illtud schien nie Freizeit zu haben.

Es war Frühsommer, und Bienenschwärme umkreisten die blühenden Apfelbäume, während der junge den staubigen Weg entlang auf den Wald zulief. Arthur liebte die Sommerblumen, und oft pflückte er zum Zeitvertreib einen Strauß in so vielen verschiedenen Farben, wie er nur finden konnte. Rot, Blau und Gelb waren immer irgendwo ganz in der Nähe, doch das Rosarot, wovon an diesem Tag die Apfelbäume voll hingen, war eine besondere und seltene Beute für ihn. Später würde er ins Kloster zurückkehren und seine Sammlung Bruder Victor zur Begutachtung vorlegen. Wie immer, würde er dann »Das ist aber hübsch, Bärenjunges« hören, und seine mühsam erworbenen Schätze würden wieder verwelken und sterben. Gewöhnlich machte Arthur dies traurig, aber an jenem Tag lag nichts von Traurigkeit in der Luft.

Während er auf die Geräusche des Meeres in der Ferne und auf die Möwenschreie weiter den Pfad hinab lauschte, stieg langsam sein geheimster Wunsch in ihm auf: Mehr als alles andere auf der Welt wollte Arthur einen Weg über die Steilhänge zu den »unerforschten« Ufern dort unten entdekken. Stets hatte sich der junge gefragt, was genau dort unten auf jenen sandigen Stränden lag, wo das Land mit solcher Tapferkeit einen endlosen Kampf gegen die See führte. Es mußte wohl irgendein Schatz dort sein, weil das Wasser jeden Tag so heftig und unaufhörlich gegen das Land anstürmte. Hin und wieder stiegen Männer hinab, um an Tintagels Küstenstreifen entlangzuwandern (ein Ereignis, das Arthur niemals versäumte); doch wann immer er sie gebeten hatte, ihn mitzunehmen, lautete die Antwort stets: »Vielleicht, wenn du älter bist ... und größer.« Arthur war ungeduldig und dessen überdrüssig, darauf zu warten, »älter und größer« zu werden; doch die Dinge lagen nun einmal so, daß sich – wenn er es allein versuchen wollte – außer der bewachten Brücke kein Weg finden ließ, der die Abhänge hinabführte.

Arthur liebte auch den kleinen Wald, der sich am äußersten Rand der Ansiedlung befand. Dort war es kühl und grün, und er pflegte die meisten langen Sommernachmittage in seinen Tiefen zu verbringen. Da es an diesem besagten Tag rasch heiß wurde, wählte Arthur seinen Weg durch die Bäume zu einer kleinen Quelle, wo er sich auf einen bemoosten Felsen setzte und anfing, seine Hosenbeine hochzukrempeln, um durch das Wasser zu waten. Plötzlich erspähte er etwas so Sonderbares, daß er regungslos sitzenblieb. Dort, etwa zehn Meter bachabwärts, saß ein riesiger schwarzer Vogel ruhig auf einem benachbarten Felsen und beäugte den jungen aufmerksam.

Noch nie hatte Arthur auf Tintagel ein solches Geschöpf gesehen! Der Vogel trank ausgiebig aus dem Bach und begann dann eine ungewöhnliche Folge von schnalzenden Tönen von sich zu geben, bis er schließlich zu einem nahegelegenen Baum flog und sich dort im Wipfel auf einen Ast setzte. Nur eine einzelne pechschwarze Feder, die sich im leichten Windhauch kreiselnd abwärts bewegte, blieb von ihm übrig. Langsam rappelte Arthur sich hoch, nahm die Feder und steckte sie in die Tasche. Als er umherblickte, um den geheimnisvollen Besucher ausfindig zu machen, hörte er ein schrilles Gelächter, das von einer großen Fichte vor ihm widerhallte.

Arthur wirbelte herum und erhaschte gerade noch, wie sich ein schwarzes Gestöber auf einer mächtigen Eiche weiter unten am Weg niederließ.

»Ein Vogel, der lacht!« schrie er begeistert, während er auf den Weg zurückkletterte und aus Leibeskräften auf die Eiche zurannte. Dabei dachte er nur immer wieder: *»Komm, sei da ... bitte sei noch da!«* Der große Vogel war tatsächlich noch da, flog jedoch erneut auf und den Weg hinunter zu einem anderen Baum. Dieses Katz-und-Maus-Spiel setzte sich eine ganze Weile fort, bis Arthur nicht mehr rennen konnte und sich keuchend auf einen Erdhügel warf, neben dem Riedgras wuchs. Dort lag er und blickte in den Himmel, bis seine Augen zufällig auf einen Weißdornbusch jenseits der Wiese fielen – wo der Vogel saß und friedlich mit sich selbst schwatzte.

Arthur pirschte sich auf allen vieren an den Busch heran, so wie er es bei Katzen gesehen hatte. Und dieses Mal machte der Vogel, zu seiner Überraschung, keine Anstalten, davonzufliegen – er krächzte nur und schlug mit den Flügeln, so als würde ihn das Ganze belustigen! Schließlich war Arthur ihm so nahe, daß er die Hand ausstreckte und mit seinen Fingern über die seidigen Federn strich. Der Vogel neigte den Kopf, damit auch sein Hals gekrault werden konnte, und glitt dann über die mit Gänseblümchen bewachsene Wiese zu einer kleinen Lichtung inmitten eines alten Eichenhains. Arthur, dessen Interesse an dem Spiel wieder neu erwacht war, lief rasch zu der Lichtung, wo er – zum zweitenmal an diesem Tag – wie angewurzelt stehenblieb. Der Riesenvogel war zwar da ... doch er saß auf der Schulter eines großen, blaugekleideten Mannes, der an einem Baum lehnte und eine lange Pfeife rauchte.

Selten hatte Arthur Fremde auf Tintagel gesehen, und nie jemanden, der ohne Begleitung durch die Wälder wanderte. Der Mann bewegte sich nicht, hielt seinen Blick aber lange auf den Jungen gerichtet, während der Vogel auf seinen Schultern hin und her spazierte. »Komm her, kleiner Freund«, sagte er schließlich zwischen zwei Zügen an seiner Pfeife, »und hab keine Angst vor mir. Ich bin ziemlich weit gereist, um dich zu treffen, und bringe tausend Geheimnisse mit!«

Die Stimme des Mannes klang freundlich und vertrieb augenblicklich jegliche Furcht, die sich in Arthurs Herzen geregt hatte. Er setzte sich unter einen Baum und packte seine Pfeife weg, als der Junge näherkam.

»Ich heiße Arthur.«

»Ja, das weiß ich«, entgegnete der Mann lächelnd, »und mich nennen die Leute Merlin von Iona, da ich von jener Zauberinsel weit im Norden komme.«

Arthurs Augen weiteten sich ein wenig. »Was ist mit dem schwarzen Vogel auf Eurer Schulter?« fragte er und setzte sich neben den Fremden in das weiche Gras. »Gehört er Euch?«

»Du meine Güte, nein!« erwiderte der Mann lachend, »doch es könnte durchaus sein, daß mein schlauer Freund hier *mich* besitzt!« Bei diesen Worten flog der Vogel auf einen Baumstumpf in der Nähe und begann in der Sonne sein Gefieder zu putzen. »Warum? Magst du ihn?«

»Ja, sehr!« rief Arthur aus. »Noch nie habe ich einen so herrlichen Vogel gesehen! Hat er einen Namen?«

»Freilich hat er den«, sagte Merlin, »und einen alten und kraftvollen Namen obendrein! Er heißt Salomon der Weise und reist manchmal mit mir – das heißt, wenn mein Auftrag *wichtig* genug ist!«, fügte er mit Nachdruck in Arthurs Richtung hinzu.

Einen Augenblick lang musterte der junge den Mann aufmerksam. »Was hat Euch von so weit hierhergeführt, um mich zu sehen?« fragte er schließlich und starrte hinüber zu dem länglichen Holzkasten, den Merlin auf den Rücken geschnallt bei sich trug. »Bringt Ihr mir ein Geschenk mit?« setzte er noch hinzu, ohne das recht selbstsüchtige Interesse in seiner

Stimme verbergen zu wollen. »Junger Mann, ich bringe dir viele Geschenke«, erklärte Merlin ohne Umschweife, »doch sie sind anders als alle, die du bisher erhalten hast. Zuallererst bin ich hier, um dir das Geschenk der Freundschaft anzubieten, und zweitens ... « Er verstummte, während er in seine Tasche griff und etwas herauszog, das er fest in der Hand hielt. Dann hob er seine geschlossene Faust in die Luft und grinste, als der Junge große Augen machte. »Hier habe ich etwas, das dir gut gefallen könnte, aber um es zu bekommen, mußt du es dir verdienen! Rate, was ich in dieser Hand halte, und es gehört dir.«

Arthur schwieg einen Augenblick, dieses seltsame Spiel verwirrte und fesselte ihn zugleich. »Wie sollte ich das erraten können, Herr Merlin, wenn Ihr mir nichts ... « Er hielt inne, als er bemerkte, daß der Mann ihn unverwandt anschaute. »Ein ... *Bluestone*, nehme ich an«, antwortete Arthur schüchtern und erwiderte den Blick, »aber wahrscheinlich irre ich mich.«

Merlins Gesicht strahlte, und sein Lächeln zeigte sowohl Freude wie Erleichterung. »Den Göttern sei Dank!« rief er laut, während Salomon herbeiflog, um sich ihnen wieder anzuschließen. Die Faust öffnete sich, und tatsächlich! Ein kleiner bläulicher Kiesel lag darin. »In Zukunft mußt du lernen, mehr Vertrauen zu haben!« setzte er hinzu, als er in Arthurs Gesicht den Ausdruck von Überraschung und zugleich Enttäuschung über die offensichtliche Geringfügigkeit seiner Gabe bemerkte.

»Ich glaube, daß du den Wert dieses Geschenkes wirklich unterschätzt«, sagte Merlin ruhig, »denn es handelt sich um einen magischen Gegenstand, der viele Wunder bewirken kann. Beurteile seinen Nutzen nicht nach Größe oder Form, sondern nach dem, was er darstellt.« Arthur schien verwirrt. »Ich kann nicht umhin, das Kreuzsymbol zu bemerken, das du um den Hals trägst, junger Mann. Kannst du mir sagen, warum du es trägst?«

Der Junge dachte einen Augenblick nach. »Weil mir gesagt wurde, dies zeige anderen, daß ich dem Weg des Christus folge.«

»Aber besitzt es irgendeine Macht *an sich?*« beharrte Merlin als Erwiderung. Zögernd schüttelte Arthur den Kopf. »Na also«, fuhr Merlin fort, »könnte dann nicht auch dieser *Bluestone* für irgendeine andere Art von Wesen ein bedeutsames Symbol sein? Denke daran, Junge, daß unsere Welt Heimat für mehr Geschöpfe ist, als du sie auf diesen winzigen Feldern unter diesem Stück Himmel je gesehen hast.«

Sogleich reckte Arthur sich hoch. »Ich kenne aber die Lager und Nester von *allen* Tieren in diesen Wäldern!« sagte er stolz.

»Das tust du gewiß«, entgegnete Merlin lächelnd, »doch manche Wesen können selbst mit deinen scharfen Augen nicht gesehen werden, und der gewöhnliche Mensch kann sich auch nicht an sie heranpirschen oder sie jagen. Wenn du sie sehen willst, mußt du zuerst lernen, jenseits deiner physischen Welt zu blicken, in die Reiche der Anderwelt, wo sie sich aufhalten. Du mußt lernen, nicht nur mit deinen Augen zu sehen, sondern auch mit deinem Geist, denn dies ist meine Art – die Art der Druiden.«

Da durchzog, zum erstenmal seit ihrer Begegnung, eine Wolke der Furcht Arthurs Gedanken. Viele schreckliche Geschichten von Druiden und Teufeln, die am späten Abend mit flüsternden Stimmen von seinen Mitbrüdern erzählt wurden, hatte er belauscht. Doch sie schienen so ganz anders als die wundersamen Worte Merlins zu sein, daß die Furcht sich rasch in nichts auflöste.

»Der *Bluestone* wird es dir ermöglichen, solche Dinge zu lernen, von denen ich gesprochen habe«, fuhr der Mann fort. »Er ist ein Schlüssel ein Werkzeug, das zu verwenden ist, wenn du Wissen erlangen möchtest, das nicht von dieser Welt ist.«

»Aber auf welche Weise?« fragte Arthur. »Ein Kiesel ist ein so gewöhnliches Ding. Ist ein Stein nicht bloß ein Stein?«

Merlin zog wieder seine Pfeife hervor und begann sie mit den Blättern einer nahen Birke zu stopfen. »Ach, mein junger Freund, du mußt noch viel lernen«, meinte der Druide liebevoll. Ein Bröckchen Feuerstein verlieh der Pfeife unvermittelt Leben, »... und du erinnerst mich so an deinen Vater.«

Arthur setzte sich kerzengerade hin. »Ihr ... kanntet meinen Vater?« rief er voller Erstaunen. »Bitte, Ihr müßt mir von ihm erzählen! Die Brüder hier haben mir gesagt, daß meine Eltern beide nicht bekannt wären ...,«

Merlin, der jäh bemerkte, daß er ohne nachzudenken gesprochen hatte, unternahm einen raschen Versuch, dem Thema auszuweichen. »In Zukunft wird Zeit sein, über viele Dinge zu reden«, sagte er kurz angebunden, »doch für heute ist meine Zeit um. Ich bin gekommen, dich eine neue Denkweise zu lehren, als Vorbereitung auf den Tag, von dem an deine Gedanken für viele große Bedeutung haben werden. Denke über die Worte nach, die heute zwischen uns gewechselt worden sind. Wenn du bereit dazu bist, kehre zu dieser alten Eiche zurück und laß deinen *Bluestone* über den Rand der Klippe fallen. Siehst du? Wenn dein ›gewöhnlicher Stein‹ die Macht besitzt, mich durch seine Gegenwart dort unten herbeizurufen, ist er dann am Ende nicht doch ein Zauberding?«

»Doch wohin werdet Ihr gehen? « fragte Arthur, der viel zu sehr davon betroffen war, den neuen Freund zu verlieren, als sich über Magie Gedanken zu machen. »Wenn Ihr mit mir zurückgeht, werden meine Brüder Euch bestimmt gut bewirten und Euch ein Nachtlager in meinem eigenen Quartier geben. Bitte kommt mit mir!«

»Danke, mein Junge«, sagte Merlin voller Wärme, »aber das wäre unmöglich. Ich fürchte, deine Hüter würden sich nicht allzu behaglich in meiner Nähe fühlen, denn ich gehöre der Alten Religion an. Viele haben noch nicht gelernt, was wir Druiden seit langem wissen: daß der eine Gott viele Gesichter hat.«

Arthur gab nicht vor, diese Worte zu verstehen, spürte aber trotzdem etwas in ihnen. »Aber ... werde ich Euch denn wiedersehen? « stieß er hervor.

Merlin zögerte, dann beugte er sich nieder und sah Arthur in die Augen. »Zweifle nie daran, daß du es wirst, Kleiner, denn unsere Freundschaft ist von den Gestirnen des Schicksals bestimmt worden, seit die Welt aus *Annwn* hervorging. Zweifle nie daran! «

»Das werde ich nicht«, sagte Arthur, »aber ...« Der Druide ging rasch auf den Rand der Steilklippe zu und verschwand hinter der Eiche. Arthur rannte zu dem Baum und lief viele Male verwundert um ihn herum. Er fragte sich, ob es am Ende doch einen Geheimgang zur Küste gäbe, konnte aber immer noch keinen entdecken. Mit einem langgezogenen Gelächter flog nun der Rabe Salomon von seinem Sitz auf und verschwand über den Rand der Klippe.

Genau in diesem Augenblick hörte Arthur das helle Geläut der Kirchenglocke über den Wiesen – er kam schon zu spät zur Nachmittagsmesse! Als wäre er zwischen zwei Welten gefangen, rannte er den staubigen Pfad zurück und hastig in die Kapelle. Doch während der langen Andacht war er mit seinen Gedanken niemals wirklich dabei – so als wäre sein inneres Selbst durch Merlins Besuch irgendwie verändert, durch eine Alte Magie aufgeweckt worden.

In dieser Nacht schien der Mond hell durch das Fenster, während Arthur, in Gedanken vertieft, wach dalag. Merlins kleines Geschenk hielt er fest in seiner Hand umklammert, an der Wand über seinem Bett war die einzelne schwarze Feder befestigt. Diese beiden Erinnerungsstücke waren für Arthur von großer Bedeutsamkeit, denn sie allein gaben ihm Gewißheit, daß dieser besondere Tag mehr als nur ein Traum, mehr als bloß die Sehnsucht eines kleinen Jungen gewesen war.

Doch schon sehr bald würde er es ganz sicher wissen! Bei den ersten Anzeichen des Tagesanbruchs würde er zu jener Eiche zurückkehren und seinen Stein werfen. Dann würde er wissen, mit Sicherheit wissen, daß Merlin die Wahrheit gesprochen hatte.

»Bitte, Gott«, flüsterte Arthur in die Dunkelheit hinein, »bitte laß es so sein.« Dann schlief er endlich fest ein und träumte von Steinen und Druiden und großen schwarzen Vögeln am Himmel. Doch am allermeisten träumte er von den Worten, die Merlin aus seinem eigenen inneren Traum gesprochen hatte: »*.... und du erinnerst mich so an deinen Vater.*«

Lektion 1

Die Drei Riten der Aufnahme

Vor dieser Mauer zog sich ein Abhang entlang, in welchem ein Stein eingebettet lag, der etwas hervorragte – mein Stein. Öfters, wenn ich allein war, setzte ich mich auf ihn, und dann begann ein Gedankenspiel, das etwa so lautete: »Ich sitze auf diesem Stein. Ich bin oben und er ist unten.« Der Stein könnte aber auch sagen : »Ich« und denken: »Ich liege hier auf diesem Hang, und er sitzt auf mir.« – Dann erhebt sich die Frage: »Bin ich der, der auf dem Stein sitzt, oder bin ich der Stein, auf dem er sitzt?« – Diese Frage verwirrte mich jeweils, und ich erhob mich, zweifelnd an mir selber und darüber grübelnd, wer jetzt was sei ... «

C. G. Jung[1]

---

[1] *Erinnerungen, Träume, Gedanken von C. G. Jung.* 8. Aufl., Olten (WalterVerlag) 1992, S. 26.

Im Eingangskapitel von *Merlins Vermächtnis*, das den Titel »Ein Junge, zur Magie bestimmt« trägt, machen wir die Bekanntschaft des jungen Arthur im Kloster Tintagel – dem einzigen Ort, dem seit 1500 Jahren in Sagen und Mythen die Ehre seines Geburtsortes zuerkannt wird. Es ist eine Geschichte der ersten Anfänge – farbenfroh wie Blumen, blau wie der von Möwen erfüllte Himmel – und das einzige Kapitel, das in der dritten Person erzählt wird. Es will mehr Atmosphäre und Stimmung der Zeit Arthurs vermitteln als bestimmte druidische Praktiken anbieten.

Das *Book of Pheryllt* enthält eine Aufzählung von neun sogenannten *Riten der Aufnahme*. Dies sind druidische Visualisierungsübungen, die angewandt werden, um die ungeformten archetypischen Naturreiche »anzuzapfen«. Da sich das Eingangskapitel zur Zeit des lebendigen Neubeginns des Frühlings abspielt, sind drei dieser Riten für den Leser ausgewählt worden, der in eine engere Verbindung zu der magischen Elementarwelt der Kelten treten möchte.

Echte druidische Dichtung enthält stets eindringlich und farbenreich beschreibende Darstellungen; sie malt gewissermaßen Bilder mit Worten. Die Druiden legten innerhalb ihres Lehrsystems großen Nachdruck auf Prosa, Poesie und Versdichtung, und ein ganzer Rang ihres Ordens, die Barden, widmete sich einzig diesem Ideal des Ausdrucks. Die besondere Technik, wodurch ihre Dichtung mit Magie erfüllt wurde, nannten sie die *Erleuchtung durch Reime. Zu* dieser Technik gehörte es, mittels intensiver geistiger Bilder und visueller Vorstellung eins mit den Naturkräften zu werden. Um in den eigenen Geist hineinschauen zu können, ist es wichtig, die Bilder so deutlich auszusprechen, daß man tatsächlich eins mit ihnen und den Elementarkräften selbst wird. Auf diese Art und Weise werden die Reime »erleuchtet«. Wie ist dies zu erreichen? Durch eine intensive Meditationspraxis über längere Zeit und unter geeigneten Bedingungen.

Die erste dieser Bedingungen ist die *Umgebung*. In Übereinstimmung mit dem druidischen Gesetz, daß gleiche Kräfte sich anziehen, wird die Aufnahme der Bilder um so leichter sein, je mehr Ihre natürliche Umgebung, also der Ort des Rituals, dem Umfeld der Gedichte entspricht. Wählen Sie daher einen Ort für die Meditation, der so genau wie möglich zu dem Bild paßt, das in den Versen ausgemalt wird. Auch der Zeitpunkt ist wichtig: Tag oder Nacht, Sonnenaufgang oder Sonnenuntergang, Vollmond oder Neumond?

Achten Sie auf Einzelheiten.

Die zweite Bedingung betrifft die *äußere Atmosphäre*, also das, was der Magier selbst erschafft: eine Steigerung und Unterstützung durch äußere Bedingungen, um ein optimales Arbeiten mit den Ritualen zu ermöglichen. Dies kann durch vielfältige Mittel geschehen, durch die gleiche Kräfte angezogen werden. Dazu gehören beispielsweise:

Räucherwerk – Verbrennen Sie eine Substanz mit demselben Energiegehalt wie in Ihren Versen.

Aromatische Pflanzen – Wählen Sie bestimmte Düfte oder natürliche Gerüche, die Ihre Konzentration fördern. Wenn die gewählten Reime beispielsweise mit der Bildersprache der Rose arbeiten, dann achten Sie darauf, daß Rosen (oder Rosenduft) in der Nähe sind. Bei einem Eichen-Gedicht umgeben Sie sich entsprechend mit Eichenenergie, indem Sie Eichenblätter um sich herum verteilen usw.

Denken Sie daran: Je mehr Ihr Arbeitsbereich dem Umfeld in den Versen des Rituals der Aufnahme entspricht, desto einfacher wird es für Sie sein, sich in einen bestimmten Archetypus hineinzuversetzen.

Die dritte Bedingung bezieht sich auf die *innere Verfassung*.

Vergewissern Sie sich, daß Sie von Ihrer persönlichen Stimmung und Ihrem Gemütszustand her empfänglich für das Gedicht sind, mit dem Sie gerade arbeiten. Versuchen Sie beispielsweise nicht, mit einem Vers zu arbeiten, der von »unbewegtem Meer« spricht, wenn Sie außer sich vor Wut auf jemanden, also in einem feurigen Gemütszustand sind. Diese beiden Stimmungen vertragen sich nicht und werden in Verbindung miteinander eine Verwässerung sowohl des Zorns als auch der Bilder hervorrufen. Lernen Sie Ihren Biorhythmus und die besten Zeiten für Ihre Arbeit kennen.

Damit kommen wir zu den DREI RITEN DER AUFNAHME selbst. Nach druidischem Muster sind die im *Book of Pheryllt* wiedergegebenen Riten in drei Dreiergruppen angeordnet, von denen jede Folge die Verbindung Vergangenheit-Gegenwart-Zukunft herstellt. Als für dieses Kapitel am besten geeignet, haben wir die zweite dieser Gruppen ausgewählt:

Lied von Taliesin – die Vergangenheit (»Ich war ... «);
Lied von Amergin – die Gegenwart (»Ich bin ... «);
Lied der Purpurwinde – die Zukunft (»Ich werde sein ... «).

Jedes von ihnen wird getrennt wiedergegeben. Es ist sinnvoll, daß sie zuerst auswendig gelernt und dann der Reihe nach, von der Vergangenheit zur Zukunft, über einen längeren Zeitraum durchgearbeitet werden.

Ihr Ziel bei der Arbeit ist, daß Sie die Identität des sprachlichen Bildes annehmen: zu einem Salm im Teich, einer Purpurwinde auf einer grünen Wiese oder einem Tropfen aus der Sonne werden. Spüren Sie die Sonnenwärme oder die kühle Feuchtigkeit des Salmfleisches – werden Sie eins mit den reinen Elementarkräften, die Sie angerufen haben. Lernen Sie die Verse auswendig, indem Sie die sogenannte »Bildverbindungstechnik« anwenden, d. h. einen Mini-Film in Ihrem

Geist gestalten, wobei jede Verszeile eine Szene ist und dann zur nächsten wird.

Wenn diese »Bild-Film-Gedichte« Ihnen einmal vertraut geworden sind und ihre Wirkung zeigen, dann verwenden Sie diese immer wieder als persönliche Affirmationen, damit Sie sich die natürliche Magie im Reich des Denkens auch in den alltäglichen weltlichen Dingen bewahren. Lesen Sie dann nochmals das Kapitel »Ein Junge, zur Magie bestimmt«. Die darin enthaltene archetypische Essenz wird eine ganz neue »atmosphärische Stimmung« bekommen.

Das Lied von Taliesin

Diese Verse, deren Rezitation als spirituelle Affirmation früher einmal weitverbreitet war, beschwören persönliche Macht, indem sie die Ränge aufzeigen, durch die der Magier aufgestiegen ist, bevor er seine gegenwärtige Stellung erlangte. Dieser Ritus wird äußerst wirkungsvoll innerhalb eines Steinkreises durchgeführt, um die Energie zu begrenzen und – im Zentrum sitzend – auf sich selbst zu konzentrieren.

Der Text wird laut gesprochen, so als würde man eine Erklärung abgeben. Wählen Sie ein Räucherwerk nach der Symbolik des Gedichtes aus, oder verbrennen Sie Mistel (wenn möglich auf der Aschenschicht eines Eichenfeuers) oder Ginsterblüten (die Taliesin geweihte Blume).

Oberster Barde bin ich bei Elphin
und meine Heimat ist das Land der Sommersterne.
Viele haben mich Merddin genannt,
doch am Ende wird jeder mich Taliesin nennen.
Ich bin ein Hirte gewesen und über die Erde gewandert.
Ich habe auf hundert Inseln geschlafen,
als Gast von hundert Königen.

Ich habe in hundert Städten geweilt.
Ein Jahr und einen Tag lag ich in Fesseln ...

Ich bin ein wilder Bulle und ein fahler Rehbock gewesen.
Ich bin ein Schiff auf dem Meer gewesen.
Ich bin die Gischt auf dem Wasser gewesen.
Ich bin ein Tropfen in der Luft gewesen.
Ich bin hoch wie ein Adler geflogen.
Ich bin ein Baumstumpf auf einer Schaufel gewesen.
Ich bin eine Axt in der Hand gewesen.
Ich bin eine gefleckte Schlange auf einem Hügel gewesen.
Ich bin eine Woge gewesen, die sich am Ufer brach.
Auf einem grenzenlosen Meer ließ ich mich treiben ...

Dann war ich neun Monate lang Klein-Gwion
im Schoß von Kerridwen,
und schließlich war ich Taliesin.

Ich bin beim Thron des Spenders gewesen.
Ich habe hoch oben auf dem Weißen Hügel gestanden.
Ich war beredt, bevor ich die Gabe der Sprache erhielt.
Ich war Lehrer aller Geistwesen.
Ich habe allein Nimrods Turm erbaut.

Ich bin das Tetragrammaton.
Ich bin ein Wunder, dessen Ursprung unbekannt ist.
Ich werde bis zum Tag des Jüngsten Gerichtes
auf der Erde sein,
und es ist nicht bekannt, ob mein Körper
Fleisch oder Fisch ist.

---

2 Diese Fassung stammt aus dem *Book of Pheryllt.* Es gibt noch drei andere Fassungen in Robert von Ranke-Graves' Buch *Die Weiße Göttin. Sprache des Mythos.* (Reinbek, Rowohlt 1985, S. 92, 102 und 136f., Siehe Anm. 1, S. 182).

Gelehrter Druide,
ist dies eine Prophezeiung von Arthur?
Oder bin ich es, den sie feiern?[2]

Das Lied von Ameryin

Dieses herrliche Gedicht, das früher einmal so bekannt war wie heute das christliche Glaubensbekenntnis (Apostolikum), läßt sich bis nach Irland ins Jahr 600 v. Chr. zurückverfolgen. Die Verse dieses Ritus der Aufnahme erklären die persönliche Macht eines Druiden im jetzigen Leben damit, daß er nun »größer als die Summe seiner Teile« sei – ein mächtiges vielschichtiges Wesen, das die Erfahrungen und Kenntnisse aus zahllosen Seelenwanderungen heranzuziehen vermag.

Verbrennen Sie Drachenblut[3] als Räucherwerk, und führen Sie diesen Ritus, wenn möglich, hoch oben auf einer windumtosten Felsklippe oder einem Berg aus.

Ich bin ein WIND des Meeres
Ich bin eine WOGE des Meeres
Ich bin ein RAUSCHEN des Meeres ...

Ich bin ein HIRSCH mit sieben Enden des Geweihs
Ich bin ein FALKE auf einer Felsklippe
Ich bin ein TROPFEN aus der Sonne ...

---

[3] Alle handelsüblichen Räucherwerke und Heilkräuter erhalten Sie in Apotheken, Drogerien, Reform- und Naturkostläden oder im Esoterik-Fachhandel. Alle ausgefallenen Kräuter in diesem Buch sowie außergewöhnliches Räucherwerk können schriftlich bestellt werden bei: *New Forest Gardens, P.O.Box 491, Westfield, N.Y 14787, U.S.A.*

Ich bin die Schönste unter den BLUMEN
Ich bin ein wilder EBER von Furchtlosigkeit
Ich bin ein SALM in einem Teich ...
Ich bin ein SEE in einer Ebene
Ich bin ein BERG der Poesie
Ich bin eine SPEERSPITZE im Kampf...

Ich bin ein Gott, der Feuer im Kopf entzündet!

Wer außer MIR kann die Geheimnisse des
unbehauenen Dolmen enthüllen?
Wer außer MIR kann die Zeitalter
des Mondes verkünden?
Wer außer MIR kann den verborgenen Ruheplatz
der Sonne zeigen?

Das Lied der Purpurwinde

Dieses Gedicht scheint so einzigartig wie die Pflanze zu sein, über die es verfaßt wurde. Auch als *Spiralritus* bezeichnet, ist dies der kürzeste aller neun Riten der Aufnahme, die im *Pheryllt-Text* enthalten sind und der einzige, der mit einem bestimmten Symbol verbunden ist. Das »Lied der Purpurwinde« behandelt das spirituelle Potential, das »Ich kann und will werden ... « der drei Gedichte und damit die Zukunft.

Diese Blütenranke trug den alten Namen *Bluestar,* und sie ist identisch mit der heute verbreiteten Art der blauen Prunkwinde oder *Morning Glory.* Ihr botanischer Name ist *Ipomoea violacea,* und sie gehört zur Familie der Winden. Es handelt sich dabei um eine Pflanze mit einer faszinierenden Geschichte. Ihre religiöse Verwendung reicht zurück bis zu den alten Sumerern, Ägyptern, Griechen und Azteken. Die psychedelische »Hippie-Bewegung« der 60er Jahre nutzte ihre Samen zur

LSD-Gewinnung. In alten Zeiten zeigten die Blüten je nach Witterung und Bodenbeschaffenheit starke Farbunterschiede, von einem reinen Weiß bis zu dem heute üblichen Himmelblau. Stets hat die Pflanze zu einem symbolischen Archetyp gehört, der wegen ihrer Farbe mit Himmel oder Meer in Verbindung gebracht wurde, besonders aber wegen des fünfstrahligen Sternenmusters (Pentagramm/Druidenfuß), das innerhalb der Blüte zu sehen ist. Himmel und Meer galten bei unseren Vorfahren als Boten von Träumen und Visionen.

Während des Ritus der Aufnahme sollten die Samen und/oder Blätter der Purpurwinde wie Räucherwerk verbrannt werden, um die bestmöglichen Energieverhältnisse herzustellen.

Dieser kurze Vers wird nun genau so wiedergegeben, wie er im *Book of Pheryllt* steht:

Ich werde
wie eine Purpurwinde
auf einer grünen Wiese sein,
die kreisend
zu einer goldenen Sonne aufsteigt.

Die Purpurwinde liebt die Sonne und wird ohne direktes Sonnenlicht nicht gut wachsen. Verwenden Sie all diese natürlichen Merkmale bei der Visualisierung Ihres Bildes.

Das oben dargestellte Symbol sowie der Gebrauch des Wortes »kreisend« im Text legt den Gedanken nahe, daß die Purpurwinde aufgrund der natürlichen Neigung ihrer Ranken, sich spiralförmig um alles zu winden, vielleicht auch ein Sinnbild für den Spiralweg des Lebens, von Tod und Wiedergeburt war. Es wird daher vorgeschlagen, die Rezitation mit einer spiralförmigen Bewegung des Kopfes und Oberkörpers (in sitzender Haltung) zu verbinden, die langsam mit einer kleinen Drehung im Uhrzeigersinn beginnt, sich dann zu einem großen schwingenden Kreis entwickelt und schließlich wieder gegen den Uhrzeigersinn zu sich selbst zurückkehrt.

Weitere bardische bzw. druidische Gedichte, die in dieser Lektion nicht behandelt wurden, aber ähnlich verwendet werden können, sind:

Preiddeu Annwn
Angar Cyvyndawd
Cäd Goddeu
Yr Awdil Vraith
Elegy of »Ercwlf«

2

Einst lebten Riesen in der Erde

Der Weg des Wissens will erzwungen werden.
Wir müssen angetrieben werden, damit wir lernen.
Auf dem Pfad des Wissens kämpfen wir ständig gegen irgend etwas, vermeiden irgend etwas oder bereiten uns auf irgend etwas vor. Und dieses Etwas ist stets unerklärlich und größer und mächtiger als wir selbst.

Carlos Castaneda, Eine andere Wirklichkeit*

Ich erinnere mich daran, daß ich aufwachte, als die ersten Strahlen des Sonnenlichtes durch die Fensterscheiben meiner Schlafkammer fielen. In diesem neuen Licht erschienen die Abenteuer des vergangenen Tages kaum mehr als ein ferner Wachtraum. Rasch blickte ich auf die Wand über meinem Kopf und war sehr erleichtert, als der kleine schwarze Fleck noch da war: Salomons Geschenk! Ich fühlte mich endgültig bestätigt, als ich meine Hand öffnete und ein kleiner blauer Stein auf die Decke fiel.

»Also ist es kein Traum gewesen!« sagte ich laut, während all meine nächtlichen Pläne und Hoffnungen mir wieder deutlich ins Bewußtsein kamen. »Wie habe ich jemals an Merlin zweifeln können?«

Der Morgentau lag schwer auf dem Gras, als ich hastig in meine Kleider fuhr und hinunter auf den Wald zueilte. Mein

* Dt. Ausgabe: Frankfurt 1975, S. 182.

Herz klopfte mit jedem Schritt, den ich meinem Ziel näherkam, heftiger ... noch nie hatte etwas mich derart unwiderstehlich angezogen. Was mich wirklich beunruhigte, war der Gedanke, daß mein magischer Kiesel bloß ein gewöhnlicher Stein sein könnte und Merlin selbst nur ein verrückter Wanderer, der sein Spiel mit den Hoffnungen und der Einbildung eines Waisenjungen trieb. Doch wenn ich auch zweifeln mochte, blieb tief in meinem Innern eine Stimme, die vor Freude über die Aussicht auf eine irgendwie geartete mystische Lehrzeit bei dem Druiden aus Iona jubelte – etwas in mir sagte mir mit Gewißheit, daß ich bald auf die ersten echten Wahrheiten stoßen sollte, die ich jemals erfahren hatte.

Der Klang der Kirchenglocke verfolgte mich rufend über die feuchten Wiesen, während die alte Eiche in Sicht kam. Aber der Gottesdienst war jetzt unwichtig: Ich handelte aus solcher Überzeugung, daß ich mich – komme, was da wolle – später mit Ausreden befassen würde. Als ich mich dem Baum näherte, hielt ich inne und suchte in meiner Tasche nach dem *Bluestone*, der bald sein Geheimnis würde lüften müssen. Fast mit Ehrfurcht trat ich an die Stelle und spähte rasch über den Rand der Klippe. Laut schlugen die Wogen gegen die Felsen, doch weder von Merlin noch von Salomon dem Weisen gab es sichtbare Spuren. Ich erinnere mich daran, daß ich mich verwundert fragte, wie jemand überhaupt einen so winzigen Stein – ob er nun magisch war oder nicht – unten auf das Ufer fallen hören konnte. Trotzdem trat ich noch einen Schritt nach vorn und streckte meinen Arm aus. Lange stand ich so da, meine Hand schien nicht bereit dazu, meinem Willen zu gehorchen – am Ende doch nicht bereit, die Wahrheit herauszufinden. Schließlich aber befreite sich der *Bluestone* aus meinem Griff und fiel lautlos hinab, was auch immer da unten auf ihn wartete.

Ich vermute, daß ich irgendeine dramatische Erscheinung erwartete, zusammen mit Feuer, Rauch und was sonst meine christlichen Brüder mit einer Person wie Merlin in Verbindung gebracht hätten. Doch ich saß da auf der grasbewachsenen Felskante und wartete ... wartete geduldig, bis ich fast unter dem Baum eingeschlafen wäre.

»Merlin!« fuhr ich erschreckt auf, als mich eine feste Hand an der Schulter packte. »Wo bist du so lange gewesen, und warum kommst du so spät?«

»Arthur, mein Junge«, begann Merlin, »wenn es zu deinen Zukunftsplänen gehört, dich von mir ausbilden zu lassen, mußt du als erstes lernen, daß Zeit eine Erfindung des Menschen ist. Wir als Druiden dienen aber keinem Menschen! Man muß lernen, von solchen Vorstellungen, mit denen sich die Menschheit gefesselt hält, so frei wie möglich zu sein ... « Der Druide mußte meinen verlegenen Gesichtsausdruck bemerkt haben, denn er lächelte verständnisvoll und wechselte das Thema. »Sag mir«, erkundigte er sich, »fürchtest du dich vor der Dunkelheit, Kleiner?«

»Nein ... ich glaube nicht«, entgegnete ich zurückhaltend und fragte mich, ob die wahrheitsgemäße Antwort nicht allzu offenkundig war. »Ich meine ... ja«, fügte ich dann hinzu, denn ich erkannte, daß es sinnlos war, diesen Mann täuschen zu wollen.

Merlin schaute mich an, bis sich unsere Augen trafen, und dann sagte er ernst: »Du mußt mir versprechen, mich niemals wieder bewußt anzulügen, denn ein druidisches Gesetz von größter Wichtigkeit besagt, daß ›Achtung vor der Wahrheit der Maßstab für die Beschaffenheit unserer Seele ist‹. In unserer Sprache wird dies mit den folgenden Worten gesagt: Y GWIR YN ERBYN Y BYD – ›die Wahrheit gegen die Welt‹. Die *Queste,* die Hohe Suche des Druiden im Leben ist in Wirklichkeit eine fortwährende Suche nach der Wahrheit, wo auch immer sie gefunden werden mag. Verstehst du die Wichtigkeit eines solchen Gesetzes, Junge?« Ich fühlte mich getadelt und senkte die Augen. Diese Vorstellung war mir nicht fremd, war ich doch in einer christlichen Gemeinschaft erzogen worden, die den Grundsätzen des moralischen Dienens verpflichtet war. Merlin sagte nichts, um mein Schweigen aufzuwiegen, lächelte mich jedoch als Zeichen der Unterstützung freundlich an.

»Ich verspreche es, Herr Merlin«, sagte ich und zwang mich zu einem Lächeln. Da lachten wir gemeinsam.

»Weißt du, was ich am liebsten mag, wenn ich mich traurig fühle?« fragte der Druide. Ich schüttelte den Kopf. »Immer wenn ich traurig oder mutlos bin, ist es ein sicheres Heilmittel, etwas Magisches zu tun! Komm mit mir.« Und damit waren alle Schatten augenblicklich verschwunden.

»Wohin werden wir gehen?« erkundigte ich mich ganz aufgeregt.

»Nun, zu der Küste dort unten!« antwortete Merlin und schaute zu mir herüber, so als würde er eine Reaktion erwarten. »Irre ich mich, oder hast du nicht schon lange nach einem Weg dorthin gesucht?«

Ich war mir nicht sicher, wie der Druide überhaupt davon hatte erfahren können – meines Wissens war Illtud mein einziger Vertrauter in dieser Sache gewesen. Wir gingen hinüber zu der Eiche, schritten daran vorbei und blieben dann vor einer niedrigen Gruppe dichten Buschwerks stehen. Merlin bog die Zweige an einer sorgsam gewählten Stelle auseinander, womit der Eingang zu einem kleinen unterirdischen Gang sichtbar wurde, der abwärts führte.

Lange starrte ich bloß ungläubig darauf – ich, der ich mich gebrüstet hatte, jeden einzelnen Zoll auf der Insel zu kennen!

»Ich werde als erster gehen, und du folgst mir«, sagte Merlin kurz angebunden und verschwand in der schwarzen Öffnung. Der unterirdische Gang war schmal, doch gut gemacht: Innen war er mit glatten, fachmännisch eingepaßten Steinplatten ausgelegt. *Jahre später sollte ich erfahren, daß dieser*

Gang tatsächlich das Überbleibsel eines prähistorischen Volkes war, das in legendärer Zeit einmal Tintagels Hänge bewohnt hatte. Ich glitt eine Strecke nach unten, die mindestens zehn Meter lang gewesen sein muß, bevor sie auf einen flachen Vorsprung etwa sechs Meter unterhalb der Klippen herausführte. Von dort schlängelte sich ein Fußweg in Windungen zum Ufer, der durch den Felsvorsprung von oben völlig verborgen war.

»Und du hast behauptet, daß du dich im Dunkeln fürchtest!« scherzte Merlin, während ich mir den Schmutz abklopfte. »Wie schön, daß du deine Angst so mühelos besiegt hast!«

Es gelang mir zu lächeln, doch ich sagte nichts, weil ich nicht wußte, worauf er hinauswollte.

Wir folgten dem zerklüfteten Küstenstreifen um Tintagel herum, bis die Landbrücke vor uns in Sicht kam. Für einen Jungen meines Alters war es ein sehr beschwerlicher Weg, da die Felsblöcke, über die wir klettern mußten, oft vielfach größer waren als ich. Doch Merlin war geduldig und glich geschickt die Hilfe, die ich brauchte, mit meinem Bedürfnis aus, auf eigenen Füßen zu stehen. Schließlich setzte ich mich auf einem kleinen Fels nieder, um Atem zu holen. Ich merkte, daß der Druide vorausgegangen war. Hochaufgerichtet stand er vor den rauhen Steinformationen, winkte mit den Armen und bedeutete mir, daß ich sofort kommen sollte.

»Hier ist es!« rief er und wies vorwärts, als ich bei ihm angekommen war. »Das ist die Stelle!«

Wir standen auf einem Sandstrand, der zu einer großen Bucht führte. Als ich meine Orientierung wiedergefunden hatte, stellte ich fest, daß ich oft von oben beobachtet hatte, wie kleine Boote genau an dieser Stelle vor Anker lagen. Doch niemals hätte ich mir träumen lassen, was unter meinen Füßen lag, eingebettet in das Innerste des Berges – und ich hatte auch nie davon sprechen hören. Direkt vor uns tat sich die Öffnung einer riesigen Höhle auf.

»Als ich jung war«, erinnerte Merlin sich, »erzählte mir mein Lehrer, daß dieser Ort einst von einem Geschlecht von Riesen bewohnt wurde, lange vor der Besiedlung durch Menschen zwischen den Steinen und dem Meer lebten. Außerdem sagte er, daß sie selbst diese große Höhle aus dem lebendigen Fels des Berges geformt hatten und zahllose Jahrhunderte hier allein hausten. Nun, selbst heute bilden sich die Leute ein, daß sie die alten Stimmen noch von innen widerhallen hören, wenn sie daran vorbeisegeln.«

Während wir näher an den Eingang herankamen, berichtete Merlin weiter, wie sein Lehrer ihn hierhergebracht hatte, damit er Geheimnisse von seltsamen Machtwesen lernte, die er die »Schatten von Stein und Meer« nannte.

Zu dem Zeitpunkt, als wir den aufgesperrten Rachen der Höhle erreichten, stand die Sonne hoch am Himmel. Obwohl ein schöner Tag war, erinnere ich mich daran, wie unheimlich es war, daß keinerlei Licht in das schwarze Innere drang. Als ich Merlin danach fragte, antwortete er, dies sei ganz natürlich, da die Höhle das Heim von Steinwesen sei. »Man könnte ebensogut von einem Fisch verlangen, einen Berggipfel zu besichtigen, als daß hier Licht verweilt!« sagte er in scherzhafter Absicht. Doch ich, der ich am Eingang zu jener dunklen Stätte wartete und keine Ahnung hatte, was der Druide beabsichtigte, war ganz und gar nicht zum Scherzen aufgelegt.

»Arthur«, begann Merlin ernst, »du bist dir darüber im klaren, daß du die Rätsel der Welt um uns erlernen möchtest, nicht wahr?« Ich nickte, wenn auch mit vorsichtiger Zurückhaltung. »Nun denn«, fuhr er fort, »hier stehen wir an der Schwelle zwischen zwei Welten: der *Welt des Lichtes* und der *Welt der Finsternis*. Und am Anfang erschuf Gott nichts, das nicht Teil von einer dieser beiden Welten war. Um ein Druide zu werden, muß man Herr über solche Kräfte von Licht und Dunkel werden. Kannst du mir folgen?«

Ich gab keine Antwort, meine Gedanken wanderten zurück zu den vielen christlichen Predigten, die ich gehört hatte. Die meisten von ihnen schienen sich mit dem Kampf zwischen Gut und Böse zu beschäftigen. Ich fragte Merlin, ob dies das gleiche sei.

»Obwohl deine priesterlichen Brüder dies verneinen würden«, erwiderte er, »gibt es nichts in der Schöpfung, das ›böse‹ an sich ist, denn alles hat seinen Anteil am Gleichgewicht der Natur – nur der Mensch, in Unkenntnis dieses Gleichgewichtes, *benennt* die Dinge so. Nach unserer Überzeugung ist das Dunkel nicht weniger gut als das Licht; jedes von beiden existiert in göttlichem Gegensatz zu seinem Widerspruch. Denke einen Augenblick darüber nach, was uns umgibt. Kannst du dir die Nacht ohne Tag vorstellen? Den Winter ohne Frühling? Die Sonne ohne Mond? Jedes Element bleibt es selbst, da wahres Gleichgewicht durch die Existenz von Gegensätzen und nicht, wie die meisten anderen annehmen, durch ihre Vereinigung erreicht wird. Dies ist eine der großen druidischen Wahrheiten, auf denen meine Vorfahren die getrennten Fundamente von Anglesey und Avalon errichteten.«

»Aber ... was hat das alles mit mir zu tun ... hier?« fragte ich und musterte bestürzt die Höhle.

»Denke nach, Arthur – denke einen Augenblick nach!« kam die rasche Antwort Merlins. »Der gewöhnliche Mensch geht oft durchs Leben und fürchtet sich vor allem, was er nicht kennt oder versteht: vor Tod, Unwetter, Schicksalsschlägen ... allen dunklen Seiten des Lebens. *Furcht* ist die erste schwere Fessel, die du bei deiner Reise in die Mysterien durchtrennen mußt – und solche Furcht hat uns an diesen Ort gebracht. Will man die Furcht besiegen, muß man sich ihr stellen ... und genau das mußt du jetzt!«

Ich fühlte, wie mir flau wurde, als mir Merlins Pläne mit einem Schlag klar wurden. »Wir sollen also in die Höhle des Riesen gehen?« fragte ich mit dünner Stimme.

»Nein«, erwiderte er und warf mir einen raschen Blick zu,

»*du* sollst hineingehen. Denke daran, Arthur, daß du als Kind des Feuers und des Lichtes am *Beltane-Tag* geboren wurdest. Die Schatten der Finsternis können dir nicht viel anhaben. Geh jetzt in diesem Wissen, und sei stark.«

Fast ohne zu überlegen, tat ich wie unter Zwang neun kontrollierte Schritte hinein. Die Wände der Höhle waren naß von Schlick, und überall war das schwache Echo von herabtropfendem Wasser zu hören.

»*Ich bin ein Kind des Feuers ...* «, sagte ich immer wieder zu mir selbst und gewann allmählich das Vertrauen, weiter in den unterirdischen Gang vorzudringen. Unvermittelt wurde das Gewölbe der Höhle sehr hoch, und die Wände dehnten sich so weit aus, daß ich sie überhaupt nicht mehr erkennen konnte. Kein Licht drang von außen in das Innere der Höhle, obwohl von den Wänden ein schwaches, bläuliches Leuchten auszugehen schien, das es mir ermöglichte, mich recht gut zu orientieren. Nach einigen weiteren Schritten verzweigte sich der Gang in mehrere Richtungen, von denen eine am Ende eine Lichtquelle zu haben schien. Dieser beschloß ich zu folgen und hoffte insgeheim, daß sie vielleicht zurück nach draußen führte.

Das tat sie nicht. Ich fand mich in einem großen, kreisförmigen Raum wieder. Genau in seiner Mitte hing eine riesige blaue Kristallkugel, die von einem Netzwerk aus dünnem Seil schwebend gehalten wurde. Das starke blaue Leuchten, das von der Kugel ausstrahlte, war offensichtlich dieselbe Lichtquelle, die mich dazu verleitet hatte, diesen bestimmten Weg einzuschlagen. Ich erinnere mich daran, sie endlose Minuten lang unverwandt angeschaut zu haben, wie erstarrt vor der geheimnisvollen Schönheit des Juwels, bis plötzlich ein schreckliches Geräusch meine Faszination durchbrach.

Es war der Klang einer Stimme – ein tiefes, höhnisches Gelächter, das mich wie ein eisiger Wind durchfuhr. Ich erschauerte in der Dunkelheit und wußte nicht, woher es stammte, während Merlins Abschiedsworte mir wieder in den Sinn kamen: *»Um ein Meister zu werden, mußt du zuerst lernen, deine Furcht zu beherrschen. Nur dann wirst du Macht über die Quellen dieser Furcht besitzen.«*

Langsam, als würde ich dorthin geführt, ging ich auf die blaue Kugel zu und beschloß, mich dieser Anziehungskraft nicht zu widersetzen, die ich, höchst merkwürdig, nicht als gefährlich empfand. Mit geschlossenen Augen griff ich nach oben und berührte sie.

Augenblicklich verstummte das Gelächter. Ein Gefühl von stillem Triumph durchflutete mich, als aus der Dunkelheit der folgende seltsame Vers erklang:

A Elfyntodd Dwvr Sinddyn Duw
Cerrig Yr Fferllurig Nwyn;
Os Syriaeth Ech Saffaer Tu
Fewr Echlyn Mor, Necrombor Llun.

Die Worte schienen wie Wasser in meinen Geist zu strömen, als ich eins mit den Schatten wurde – und mich nicht mehr an die Höhle erinnerte oder an jenen Tag, bis ich die Augen öffnete und die helle Sonne über mir sah.

Ich entdeckte, daß ich im Gras unter der Eiche lag, während in der Ferne die Kirchenglocke zum Meer hin läutete. Als ich zur Kapelle zurücklief, durchsuchte ich rasch meine Taschen. Tatsächlich, wie zuvor war der kleine *Bluestone* darin!

Merlin und seine »Geister-Riesen« ließen mich zu müde und überwältigt zurück, als daß ich die Geschehnisse jenes Tages sofort begriffen hätte. Trotz allem standen jene unbekannten Worte aus der Höhle noch deutlich vor mir. Ihre rätselhafte Botschaft erfüllte immer wieder die entferntesten Tiefen meines Seins – und löschte die Vergangenheit aus, während sie gleichzeitig Erinnerungen an Dinge, die ich niemals gekannt hatte, zum Leben erweckte.

Lektion 2
Der Pêlen Tân

Der Geist zerstört die Wirklichkeit.
Laßt die Schüler den Zerstörer vernichten.

H. P. Blavatsky, Die Stimme der Stille

Bei dem Kapitel »Einst lebten Riesen in der Erde« handelt es sich um eine Geschichte, die sich auf einen einzigen geographischen Ort konzentriert: eine Höhle. Bei den Kelten waren Höhlen Ursymbole für Schoß und Grab, für die Erdmutter, für Tod und Wiedergeburt. Aus diesem Grund wurden keltische Initiationen häufig tief in Höhlen oder Grotten abgehalten, um – ähnlich wie bei der natürlichen Geburt – durch das Emportauchen daraus die Veränderung von einem Leben zum nächsten symbolisch darzustellen. Arthur erlebte eine solche Wiedergeburts-Initiation in der Höhle des Riesen und stieß dabei auf ein einzigartiges druidisches Hilfsmittel: den *Pêlen Tân*.

Die Übersetzung des alten walisischen Begriffs *Pelen Tân* bedeutet »Feuerkugel«, wodurch ihr Aufbau recht gut erfaßt wird. Es handelte sich dabei um mundgeblasene Kugeln aus tiefblauem (gelegentlich grünem) Glas, deren Größe zwischen einem menschlichen Kopf und einem Fußball variierte. Am oberen Ende befand sich ein rundes Loch, das gerade groß genug war, um mit der Hand hineinzugreifen und am Boden eine Kerze anzuzünden. Ein Knüpfgeflecht aus Lederband oder Seil wurde dazu verwendet, die Kugel an der Hand zu tragen oder, was gebräuchlicher war, von dem Ast eines Baumes herunterhängen zu lassen.

Die Verwendung des *Pêlen Tân* bei einem Gruppenritual bietet uns einen lebendigen und anschaulichen Eindruck des klassischen Druidentums. An jedem der vier heiligen Jahreszeitenfeste trafen sich die Feiernden nach Einbruch der Dunkelheit auf einer Waldlichtung. Alle kamen in völligem Schweigen näher, und jeder trug seinen beleuchteten *Pêlen Tân*. Nachdem alle anwesend waren, wurden die Kugeln an die unteren Äste der Bäume gehängt, um den Ort des Rituals mit einem geheimnisvollen Leuchten zu erfüllen. Das tiefe Kobaltblau des Glases rief im Kontrast zu dem reinen Weiß der Druidengewänder einen bewußtseinsverändernden ultravioletten Lichteffekt hervor – eine bei der Priesterschaft sehr begehrte Wirkung.

Bevor wir zu der eigentlichen Konstruktion des *Pêlen Tân* kommen, sollte an dieser Stelle etwas über Farben gesagt werden. Die Druiden trugen vor allem weiße Gewänder, da sie Licht ausstrahlen wollten, um sich von weltlichen Dingen »abzuheben«. Zur Demonstration dieser symbolischen Trennung arbeiteten sie in einem selbst erschaffenen dunkelblauen oder ultravioletten Lichtermeer, von dem sie wußten, daß es besonders die weißen Farbtöne hervorhebt. Die Farbe Blau versinnbildlichte auch die tiefen Meere von *Annwn,* das symbolisch oft als »schwere blaue Kette« dargestellt wurde.

Die Mutterschaft von Avalon verwendete zu dieser Zeit rotes Licht, ihre eigene weibliche Symbolfarbe, wegen seiner ähnlichen Wirkung auf Schwarz. Rotes oder richtiger infrarotes Licht betont Schwarz und läßt es wie kein anderer Farbton hervortreten. Theresa Worth, die Leiterin des *New Avalon Centre,* eine Kennerin des vormittelalterlichen Matriarchats, führt in ihrer Veröffentlichung *The Book of Avalon: Motherhood of the Dark Ages* die Verbindung von »Rotlichtvierteln« und weiblicher Prostitution auf den einst weitverbreiteten Gebrauch des roten Farbspektrums durch weibliche religiöse Orden zurück.

In der modernen High-Tech-Welt hat kobaltblaues Licht durch das Medium der 3D-Poster und andere unterhaltsame psychedelische Spielereien wieder eine breite Verwendung gefunden. Für die Druiden war dieses besondere blaue Licht jedoch ein religiöses Werkzeug – ein Sinnbild der Schwelle –, um die Grenzen zwischen dieser Welt und der Anderwelt durchlässiger zu machen. Für diesen Zweck bleibt der *Pelen Tân* ein äußert wirksames Hilfsmittel.

Die Kugeln können auf unterschiedliche kreative Art und Weise hergestellt werden, angefangen von einem großen Einmach- oder Vorratsglas bis hin zu einer runden Kugel, vielleicht einer Art runder Beleuchtungskörper aus Glas. Wenn Sie diese Glaskugel einmal ausfindig gemacht haben, kaufen Sie in einem guten Bastel- oder Heimwerkerladen blaue Glasmalfarbe. Achten Sie darauf, daß es sich dabei um einen kräftigen dunklen Blauton handelt und nicht um eine hellere himmelblaue Schattierung. Bemalen Sie damit die Außenseite Ihres Glases. Verwenden Sie dafür einen Pinsel von guter Qualität, um Streifen zu vermeiden; es werden vielleicht mehrere Schichten notwendig sein. Beschaffen Sie sich als nächstes einen Vorrat an dicker Schnur, Seil, Leder oder auch dünner Kette, und flechten Sie daraus nach Art eines »Hängekorbs« ein Stützgerüst um Ihren *Pêlen Tân.* Wenn Sie damit fertig sind, sollte sich die Kugel bequem tragen lassen, ohne daß die Gefahr besteht, daß sie aus dem Flechtwerk hinausgleitet. Zuletzt stellen Sie eine schwarze Kerze hinein. Warum schwarz? Weil dies der einzige Farbton ist, der in blauem Licht fast unsichtbar ist, und weil wir den Effekt der in der Kugel schwebenden Flamme erzielen wollen. Die beste Methode dafür ist, einen kleinen Kerzenhalter am Glasboden festzukleben; damit können die Kerzen ihren sicheren Stand behalten und, wenn nötig, mühelos ausgetauscht werden. Nun ist der *Pelen Tân* gebrauchsfertig.

Verwenden Sie Ihre Leuchtkugel immer dann, wenn Sie nachts im Freien arbeiten. Am wirkungsvollsten ist sie in einem Wald bei Neumond. Warum? Weil kobaltblaues Licht – also ultraviolette, »unsichtbare« Strahlung – die Kräfte der Anderwelt anzieht und das gewöhnlich Unsichtbare sichtbar macht. Wenn Sie eine Erfahrung machen möchten, die Sie völlig aus der diesseitigen Welt herausführt, dann wagen Sie den Versuch, das diese Lektion ergänzende Romankapitel »Einst lebten Riesen in der Erde« aus *Merlins Vermächtnis* tatsächlich in einer Höhle oder in einem tiefen Tal beim Schein Ihres *Pelen Tân zu* lesen. Oder probieren Sie, den Schleier zwischen unserer und der Anderwelt dadurch dünner zu machen, daß Sie den alten walisischen *Zauber des Wirkens* unter ähnlichen Bedingungen rezitieren. Bei sorgsamer Vorbereitung und mit guter Absicht ausgeführt, wird Ihnen die Wirkung unvergeßlich bleiben.

Wie gerade erwähnt, können durch die ungewöhnliche Verbindung von Lauten im ZAUBER DES WIRKENS Schwellenerfahrungen ausgelöst werden. Nach traditioneller Überlieferung wird er stets dreimal hintereinander rezitiert. Um Ihnen die praktische Übung zu erleichtern, wird dieser alte Zauberspruch nachstehend in der phonetischen Lautschrift wiedergegeben. Lernen Sie ihn auswendig. Versuchen Sie ihn mit Ihrem Atem und Ihren Träumen zu verbinden, und gehen Sie dann kreativ bei Ihrer magischen Arbeit vor. Ergebnisse werden nicht lange auf sich warten lassen.

AH ELF-IN TODD DEER SIN-DIN DEW,
CARE-IG OO-UR FAIR-LOO-RIG NOON.
OH'S SEAR-EE-ETH EHK SAH-FAIR TOO,
FAIR ECK-LEHN MORE,
NE-KROM-BORE LOON.

3
Der Schrein

Es gibt wenige, die wissen,
wo die Zauberrute von Mathowny
im Hain wächst.

Aus dem Mabinogi

Seit meiner Feuerprobe in der Höhle des Riesen war mehr als eine Woche vergangen. Während dieser Zeit waren meine Gedanken zwischen Glauben und Unglauben, Bereitwilligkeit und Widerwillen, zwischen Staunen und Furcht hin und her geschwankt.

Mein Freund Illtud hatte sich meinen ganzen Bericht aufmerksam angehört, ohne dazu auch nur ein einziges Wort zu sagen; doch aus seinem nervösen Gesichtsausdruck war ersichtlich, daß er die Geschehnisse, die mir widerfahren waren, weder glaubte noch billigte. Illtud war nie für irgendwelche Abenteuer zu haben und zog es gegenüber den Unsicherheiten der großen weiten Welt vor, zu Hause bei seinen Büchern zu bleiben. Außerdem war er den Brüdern von Brychan und ihrer mönchischen Lebensweise treu ergeben und hatte sich – was mir nicht gelungen war – den christlichen Glauben von früher Jugend an zu eigen gemacht, ohne ihn in Frage zu stellen.

So kam es nicht sehr überraschend, als ich erfuhr, daß Illtud, unter dem Vorwand der »Sorge um die Erlösung meiner sterblichen Seele«, dem Hochabt unseres kleinen Klosters auf Tintagel meine Erlebnisse weitererzählt hatte. Als Folge davon wurde ich prompt vor »Seine Gnaden« zitiert, um selbst genauen Bericht zu erstatten – eine Zusammenkunft, deren Ausgang ganz und gar unerwartet sein sollte!

Während es klar war, daß der Abt, mit Rücksicht auf seine religiöse Stellung, mein Interesse an einer Lehrlingsausbildung in Magie nicht offen tolerieren konnte, schien er trotzdem einen echten Einblick in die Bedeutung meiner Person für Merlins Pläne zu besitzen. Nach einem langen Gespräch stand das Ergebnis unserer Beratung fest: Der Abt würde meine Treffen mit Merlin erlauben, solange seine Lektionen die christlichen Lehren nicht entweihten oder zu ihnen in Widerspruch standen. Allerdings bat er darum, künftig weder durch Wort noch Tat an dieser Sache teilzuhaben. Damit erklärte ich mich bereitwillig einverstanden und war erleichtert, Unterstützung zu erfahren, wo ich nur Spott und Tadel erwartet hatte. Als ich die Räume des Abtes verließ, war ich völlig verwirrt über diese merkwürdige Wendung der Dinge, da recht deutlich war, daß mehr hinter dem Ganzen steckte; der Abt hatte sich offensichtlich über vieles in Schweigen gehüllt.

Ob ich nun verblüfft war oder nicht – mit einem Schlag stand es mir frei, meinen mystischen Interessen und Neigungen uneingeschränkt nachzugehen, wenn auch mit keinerlei offener Unterstützung durch meine Erzieher. Als Ausgleich dafür rief ich mir oft eine alte Regel ins Gedächtnis, die Merlin mich einmal gelehrt hatte:

Ein Druide ist von keinem Menschen abhängig und nur der Stimme seines eigenen Gewissens verantwortlich.

Und so nahm ich diese Dinge auf die leichte Schulter, zumal diese Philosophie gut mit meinem Hang zur Unabhängigkeit übereinstimmte. Doch als aus den unbeaufsichtigten Tagen ziel- und planlose Wochen wurden, empfand ich das wachsende Bedürfnis, Merlin wiederzusehen – um mich innerhalb seiner Pläne erneut geborgen zu fühlen.

»Überlege gut, bevor du mich herbeirufst, wenn der Anlaß nicht dringend ist«, hatte der Druide mich vor seinem Abschied angewiesen. Doch jetzt war meine Geduld überfordert. Ich brauchte Antworten auf so viele neue Fragen, daß ein Treffen keinen Aufschub mehr duldete. An jenem Abend ging ich getröstet zu Bett mit dem festen Entschluß, meinen neuen Lehrer sofort am nächsten Morgen aufzusuchen.

Der kalte Nachthimmel wich schon dem Morgengrauen, als ich plötzlich von einem wiederholten Klopfen am Fenster neben meinem Bett aufgeweckt wurde. Ich rieb mir den Schlaf aus den Augen, öffnete die Läden und spähte in die Düsternis vor Tagesanbruch. Dort auf dem Fenstersims stolzierte der große Rabe Salomon hin und her! Ich konnte mich vor Freude kaum fassen, als ich meine Hand ausstreckt,;, um über sein schwarzes Gefieder zu streichen. Doch bevor meine Hand ihn noch berühren konnte, ließ er eine einzelne Eichel aus seinem Schnabel fallen und glitt schweigend fort.

Da ich irgendwie wußte, daß dieses Vorkommnis nur eine Botschaft von Merlin sein konnte, zog ich mich eilig an und lief den Weg zum Obstgarten hinab, um die Bestätigung für meine Ahnung zu bekommen. Und tatsächlich, als ich die Wiese auf der Waldlichtung erreichte, saß der Druide dort unter der alten Eiche und spielte auf seiner Holzflöte.

Die Musik war langsam und melodisch, wie aus einem Traum, und hatte eine verzaubernde Wirkung, was zweifellos die Tatsache erklärte, daß weder Merlin noch Salomon sich meiner Gegenwart bewußt schienen. Ich setzte mich geräuschlos wenige Meter entfernt hin und bezwang meine Ungeduld, indem ich den Zauber der Musik auf mich wirken ließ. Nach einer Weile verstummte das Spiel, und Merlin saß mit geschlossenen Augen da.

»Haben meine Weisen dir gefallen, Kleiner?« fragte er schließlich, öffnete die Augen und begrüßte mich mit einem freundlichen Lächeln.

»Ja, sehr, noch nie habe ich solche Musik gehört! Werdet Ihr mir eines Tages beibringen, genauso zu spielen?« fiel ich gleich mit der Tür ins Haus.

»Nun, ja freilich«, entgegnete er ruhig, »denn mit der Zeit mußt du all diese Dinge lernen, die zu meiner Kunst gehören. Doch im Augenblick ist es für dich nur notwendig, geduldig zu sein: Man kann schließlich keinen Fluß beschleunigen!« erklärte der Druide mit einem breiten Lächeln. »Sag mir, junger Arthur, hast du irgend etwas von Bedeutung aus unserem letzten Treffen gelernt?«

Obwohl ich diese Frage nicht erwartet hatte, schien sie allein schon durch den ernsten Ton, in dem er sie stellte, wichtig zu sein. Ich räusperte mich und begann zögernd:

»Ich habe gelernt ... daß wunderliche Machtwesen existieren, die für alle Zeit zwischen Stein und Meer hausen, doch die keine Macht über uns haben können, solange wir keine Furcht ihnen gegenüber zeigen. Ihr habt mir erklärt, daß Furcht überwunden werden muß, bevor Achtung erworben werden kann ... *Ich zerbrach mir den Kopf bei dem Versuch, Worte und Sätze zu wählen, die beweisen könnten, daß ich als Schüler seiner würdig war* ... und daß ein Druide bei seiner Suche nach der Wahrheit immer frei sein muß«, setzte ich hinzu. »Merlin, ich möchte wirklich von Euch lernen, das ist mir wichtiger als alles andere. Bitte, glaubt mir!« *Ich befürchtete so sehr, daß meine Worte nur wie Worte klingen würden.* Wortlos sah Merlin mich einen Moment lang forschend an, bevor er mir bedeutete, daß ich näher herankommen sollte.

»Ich bin wirklich stolz auf dich, Kleiner«, sagte er gütig, während er mich auf sein Knie hob. »Niemals hätte ich eine würdigere Antwort erwarten können. Denn deine Erwiderung auf meine äußerst schwierige Frage zeigt mir, daß du nicht nur mit deinen Augen, sondern auch mit deinem Geist siehst. Solange du weiterhin aus deinem inneren Wissen schöpfst, kann kaum Zweifel darüber bestehen, daß du die höchsten Ziele erreichen wirst, die ich dir als meinem Lehrling setzen kann – vielleicht sogar mit größerem Erfolg, als ich selbst dies konnte!«

Dies war das erste Mal, daß Merlin mich als »seinen Lehrling« bezeichnete, und seine Worte bestärkten mich und erfüllten mich mit Zuversicht. Genau in diesem Augenblick flog Salomon herbei, ließ sich mir gegenüber auf Merlins anderem Bein nieder und brach in ein langes Geschnatter aus, so als wollte er bestätigen, was sein Freund gerade gesagt hatte. Wir lachten beide.

»Und nun zur Sache!« rief Merlin aus, als ich auf die Erde hüpfte und Salomon wegflog, um sich einen stabileren Landeplatz zu suchen. »Heute, Arthur, habe ich eine Überraschung, die speziell für dich gefertigt worden ist.«

Er holte aus einer der vielen Taschen seines Gewandes ein kleines eingewickeltes Bündel hervor und händigte es mir aus. Trotz meiner Aufregung bemühte ich mich, es langsam auszuwickeln.

»Da du jetzt ein Schüler bist, solltest du selbstverständlich auch das passende Aussehen haben!« meinte Merlin, als ich niederkniete, um das kleine, fein zusammengenähte Gewand genau zu betrachten.

Es war dem Gewand Merlins sehr ähnlich, außer daß seine Farbe wie das tiefe Grün einer Tanne im Winter war. Ich zögerte nicht lange damit, meine schon recht abgetragene Mönchskutte abzustreifen und sie gegen meine neue »grüne Haut« auszutauschen. Und diese paßte mir ganz genau!

»Das ist kein gewöhnliches Kleidungsstück, Junge«, begann Merlin, »denn es ist aus dem feinsten Faden von der heiligen Insel Iona gesponnen und mit den geheimen Essenzen von Pflanzen gefärbt, die nur an den geweihtesten Orten wachsen. Dies ist mein Geschenk für dich als Sinnbild für deine neue Verpflichtung.«

Ich verbrachte die nächsten paar Minuten damit, mich selbst zu bewundern und machte sogar einen raschen Ausflug zu der Quelle, um mein Spiegelbild zu sehen. Als schließlich die Anfangsbegeisterung ein wenig abgeklungen war, kehrte ich an meinen Platz im Gras neben Merlin zurück, um ihm eine neue Frage zu stellen.

»Warum muß mein Umhang ganz grün sein, während Eurer die Farbe des Himmels an einem Herbsttag hat? Warum ist meiner nicht ähnlich wie Euer eigener gemacht?«

Aus seiner Reaktion zu schließen, schien Merlin einen solchen Vergleich schon erwartet zu haben, denn er antwortete ohne jedes Zögern. »Grün ist die Farbe von frischem Leben und Wachstum«, erklärte er. »Sie verkörpert vollkommen all jene neuen Aufgaben, die du unter meiner Anleitung erfüllen mußt. Denke einen Augenblick an das Gras, an alle Dinge, die um dich herum wachsen – oder an die Knospen der Bäume im Frühling! Kannst du jetzt einsehen, warum dein neues Gewand nur eine derartige Farbe haben konnte?«

»Ja, das sehe ich ein«, entgegnete ich sofort, da diese Erklärung trotz meiner Unwissenheit in solchen Dingen tatsächlich sinnvoll erschien. »Aber wird denn eine Zeit kommen, wenn ich genug zum Himmel hin gewachsen sein werde, um dieselbe Farbe wie Ihr zu tragen?« fragte ich in einem letzten Versuch.

»Ja natürlich!« heiterte Merlin mich auf, »denn ebenso wie du jene Ziele meisterst, die ich dir setze, wird auch dein Gewand die Farbe verändern, um diese Leistungen widerzuspiegeln. Aber alles dies wirst du zur rechten Zeit entdecken – denke nur daran, geduldig zu sein, da alle Dinge zu dem kommen, der warten kann.«

Wir hatten beide ein paar Augenblicke geschwiegen, als das Gesicht des Druiden plötzlich ernst wurde. »Es gibt jedoch noch etwas Wichtiges, außer deiner Geduld, was ich von dir verlangen muß«, sagte er nachdenklich. »Von heute an bis zum Ende deiner Ausbildung darfst du niemals das Fleisch von irgendeinem Tier zu dir nehmen. Iß' statt dessen von den Früchten und Körnern, die Mutter Erde uns ohne Blutvergießen anbietet – denn so wird es in Anglesey, so wird es von den Druiden gehalten.«

Eine solche Forderung erschien mir auf den ersten Blick etwas seltsam, doch paßte sie ganz ohne Schwierigkeit zu meinen eigenen natürlichen Vorlieben. Seit frühester Jugend hatte ich eine natürliche Abneigung besessen, irgend etwas zu töten, und noch weniger die Neigung, das zu verzehren, was getötet worden war. Ich wußte nie, warum – doch es war mir gelungen, ohne Fleisch aufzuwachsen, obwohl ich von jenen umgeben war, die darauf bestanden, daß »eine Ernährung ohne Fleisch von Tieren unmöglich gesund sein konnte«.

»Aber warum kein Fleisch?« fragte ich trotzdem in der Hoffnung, eine passende Antwort für zukünftigen Gebrauch zu bekommen.

»Wenn man Leib und Blut von einem Mitgeschöpf verzehrt«, erklärte Merlin, »nimmt man damit auch die Energien und Eigenschaften desjenigen Lebewesens auf – denn das Blut enthält die Essenz dessen, was wir sind, ob dies ein Löwe oder ein Lamm ist. Diese fremden Eigenschaften unserem menschlichen Selbst einzuverleiben bedeutet demnach, uns von jenem Ziel abzuwenden, das die Herren des Lebens uns gesetzt haben: uns über das Tierreich von *Abred* hinaus und in die höheren Welten jenseits davon zu entwickeln. Unter diesem Aspekt schickt uns jedes Geschöpf, das wir verzehren, einen Schritt rückwärts, in unsere evolutionäre Vergangenheit. Iß daher von den Früchten des Pflanzenreiches, denn diese werden Wachstum anstelle von Niedergang unterstützen. Selbst die Anhänger des Christus haben ein Gebot, das besagt: *Du sollst nicht töten* – und doch haben sie sich der Vernichtung unseres Druidengeschlechtes geweiht. Laß daher zumindest uns den Fortbestand ihres eigenen weisen Gesetzes aufrechterhalten. Laß uns Liebe praktizieren und uns unnötigen Blutvergießens enthalten, auch wo sie selbst dies nicht tun.«

Erst viele Jahre später verstand ich die volle Bedeutung dieser Worte, doch ihre grundlegende Botschaft lautete klar: Wenn man nur Pflanzen aß, war es möglich, sich ihrer Fähigkeit anzugleichen, nach oben zum Himmel hin zu wachsen ... so »groß« wie ein Druide zu werden ... sich das heilige Himmels-Blau zu verdienen. Inmitten solcher Gedanken bemerkte ich erst jetzt den kleinen Holzkasten, den Merlin sorgsam in den Schutz bietenden Schatten der Eiche gestellt hatte. Als ich zurückdachte, erinnerte ich mich daran, genau denselben Kasten bei unserer ersten Begegnung gesehen zu haben: Da wurde er von Lederriemen gehalten, was dem Druiden ermöglichte, mit dem Bündel auf seinem Rücken bequem auf Reisen zu gehen. Nachdem ich den Kasten viele Minuten lang betrachtet hatte, wurde meine Neugier unerträglich.

»Merlin, bitte erzähle etwas über das hölzerne Kästchen, das du immer bei dir trägst«, drängte ich ihn, »was ist darin enthalten?«

»Ich war schon gespannt, wann du dich dazu entschließen würdest, dich nach meinem Schrein zu erkundigen! « entgegnete er mit einem verschmitzten Lächeln.

»Bist du ganz sicher, daß du jetzt dazu bereit bist, etwas über echte Magie zu lernen?« Als Antwort ging ich dorthin, wo der Schrein stand, hob ihn hoch und stellte ihn vorsichtig zu Merlins Füßen, setzte mich daneben nieder und wartete geduldig auf eine Antwort. »Nun gut, kleiner Druide, dann sollst du jetzt lernen«, lautete die Antwort, und sie kam genau dann, als die heiße Sommersonne vorübergehend hinter einer Wolke verschwand, was dem Augenblick eine besondere Atmosphäre von Geheimnis verlieh.

Der Schrein selbst war etwa vier Handbreit lang, etwa halb so breit und ungefähr eine Handbreit tief. Er war aus einem hellen, glatten Holz, wahrscheinlich Fichte, gefertigt, das mit dem Alter wunderschön nachgedunkelt war. Nirgendwo waren sichtbare Spuren von Nägeln zu erkennen, und der Deckel schien fachmännisch ohne irgendein Scharnier oder Schloß mit dem Kasten zusammengefügt. Davon einmal abgesehen, war an seinem Aussehen ganz und gar nichts Ungewöhnliches.

Merlin stellte dann den Schrein so, daß ich nicht beobachten konnte, wie er geöffnet wurde. Behutsam hob er den Deckel hoch und legte ihn neben sich, während ich äußerst fasziniert zuschaute. Es gelang mir, eine eigenartige Reihe von Symbolen und Formen zu sehen, die das Innere verzierten. Sie alle waren äußerst fein in einem intensiven Blau gemalt, das mich stark an die Riesenkristallkugel erinnerte, die ich vor einiger Zeit in der Höhle erblickt hatte. Dann holte Merlin ein quadratisches Tuch aus tiefblauer, mit Wald gefärbter Seide hervor, das mit drei konzentrischen Kreisen bestickt war, und breitete es vorsichtig auf dem Gras zwischen uns aus.

»Der Kreis von *Abred,* in dem wir leben, wurde in vier Naturreiche unterteilt erschaffen, von denen jedes wiederum durch drei GRUNDPRINZIPIEN beherrscht wird«, erklärte Merlin mit Nachdruck, während er wieder in den Schrein griff.

»Sieh hier das Symbol für die erste große Unterteilung: das höchst edle REICH DES WINDES.«

Er legte einen dünnen Stab vor mich hin, der aus ganz hellem Holz zu zwei miteinander verflochtenen Schlangen geschnitzt war, die an ihren Köpfen drei schwarze Federn trugen. Er war so herrlich gearbeitet, daß ich sofort meine Hand ausstreckte, um ihn anzufassen; doch Merlin gebot mir mit einer Geste Einhalt und sagte:

> *»Dieses heilige Symbol vereinigt in sich die aktive Intelligenz der gesamten Menschheit, doch besonders den Druiden-Geist, da es aus Eiche, unserem begehrtesten Baum, gearbeitet ist. Aus diesem Holz halten die Zwillingsschlangen von Gut und Böse die drei magischen Federn von Math empor, denn dieser Gott, der über allen anderen steht, weiht den Geist weniger Auserwählter in die mystischen Jenseitswelten ein. Das Windreich herrscht über solche Dinge ... dieser Stab aber beherrscht die Winde!«*

Danach trat eine lange Pause ein, die mir Zeit ließ, ein wenig von der Macht zu spüren, die von diesem Gegenstand ausstrahlte. Merlin legte den Stab auf die Seide und holte ein zweites Wunder aus seinem Schrein hervor – ein Objekt von sehr majestätischem Aussehen: ein Gefäß oder Kelch, etwa eine Handbreit hoch, dessen Schale aus einer großen Austernmuschel geformt war, die von einem Geflecht aus fein gearbeiteten Silberstreifen getragen wurde. Das irisierende Schimmern der Muschelschale verband sich auf wunderschöne Weise mit der hochglänzenden Metallarbeit. Mir schien, als könnte ich tatsächlich das Rauschen des Meeres hören, das hervorströmte, wann immer eine leichte Brise vorbeizog. Merlin begann wieder zu sprechen:

»Sieh nun das Symbol für die zweite große Unterteilung: das höchst königliche REICH DES MEERES*«, sagte er, während er den Kelch in die Höhe hielt, damit ich ihn anschauen konnte. »Dieses heilige Objekt vereinigt in sich die dunklen, passiven Kräfte des Meeres und wurde aus den Gewässern um die Insel Avalon ausgewählt, wo die Große Göttin und ihr Gefolge noch immer weilen. Dieser Muschel-Kelch enthält die Emotionen der gesamten Menschheit, die für alle Zeit von den bleichen Mysterien der Mondperle gelenkt werden. Das Meeresreich herrscht über solche Dinge ... dieser Kelch aber beherrscht die Meere!«*

Wieder machte der Druide eine Pause, um mir Zeit zur Betrachtung zu lassen. Die Schale strömte ein Gefühl aus, das mich an meine Feuerprobe in der Höhle des Riesen erinnerte: eine dunkle Wahrnehmung von etwas Bodenlosem, Unergründlichem.

»Und das nächste Reich?« fragte ich gespannt und fühlte mich aufgrund der Zusammenhänge, die ich bis jetzt hatte herstellen können, ganz selbstsicher.

Wortlos stellte Merlin den Kelch nieder und setzte einen vertrauteren Gebrauchsgegenstand vor mich hin. Meine Augen weiteten sich vor Erstaunen, als ich mir ins Gedächtnis rief, daß blanke Klingen niemals von einem Druiden getragen und unter Androhung von Strafe nicht einmal in ihrem Beisein geschwungen werden durften. Denn ich saß vor einer kleinen, aber fachmännisch geschmiedeten Goldsichel! Es handelte sich um ein sehr schön aussehendes Werkzeug, in dessen Spitze ein kleiner roter Edelstein so eingesetzt war, daß das Licht ganz hindurchgehen konnte. Die Klinge trug keine Symbole, war aber von hellstem Glanz, ohne auch nur den geringsten Makel entlang ihrer gewölbten Oberfläche.

»Hier ist das Sinnbild für die dritte große Unterteilung: das überaus heilige REICH DES FEUERS*«, verkündete Merlin laut. »Dieses geweihte Werkzeug kontrolliert die aktiven Kräfte der Flamme, welche die schöpferische Inspiration und Willenskraft der gesamten Menschheit hervorbringen. Es wurde aus Gold geschmiedet, dem Sonnenmetall, das unsere Seelen von einem Zustand in einen anderen verwandeln kann. Und achte darauf: In die Klinge ist der Rote Rubin des Mars eingesetzt worden, ausgegraben aus den Drachen-Gipfeln von Wales weit im Norden. Sieh dir seine Fähigkeit zur Veränderung an!«*

Mit diesen Worten hielt er die Sichel auf Armlänge von sich, wodurch die Sonnenstrahlen in den Feuerkristall fallen konnten ... und der trockene Erdboden darunter plötzlich in Flammen aufging!

Ich erinnere mich daran, sprachlos vor Ehrfurcht gewesen zu sein, denn ich hatte niemals zuvor eine derartige Demonstration gesehen.

Sobald die Klinge zurückgezogen wurde, hörte der Boden genauso schnell, wie er angefangen hatte, wieder zu brennen auf.

»Und das Feuerreich herrscht über solche Dinge, diese Waffe aber beherrscht das Feuer!«

faßte Merlin zusammen, während er die Sichel zu den anderen Gegenständen legte und wieder in den Schrein griff.

»Blicke nun auf das letzte Symbol der vier Unterteilungen: das über alle Maßen alte REICH DES STEINS*.«*

Merlin legte eine einfache blaue Scheibe vor mich hin, einen *Holey Stone*, einen flachen Stein mit einem Loch in der Mitte, der etwa den Durchmesser einer großen Münze hatte und ebenso dick war; er hing an einem Lederhand, so daß er um den Hals getragen werden konnte. Auf der einen Seite war ein dreiteiliges Muster tief in die Oberfläche eingeprägt, während auf der anderen Seite einige Zeilen in einer mir unbekannten Schrift eingraviert waren.

»Dieses letzte der vier«, fuhr er fort, »verkörpert die passiven Kräfte des Steins, die den Staub darstellen, aus dem wir geboren wurden und zu dem wir schließlich wieder zurückkehren müssen. Doch es ist auch ein Drudenfuß von Mutter Erde, aus ihren eigenen Knochen drunten in warmen Tiefen geboren. Diese Scheibe, ein Symbol für Ruhe und alle anderen statischen Kräfte, die des Menschen Bewegung zügeln, vereinigt die beiden Prinzipien der Existenz: die ewige Wiederkehr von Anfang und Ende.

Selbst du, Arthur, bist schon auf diese Weisheit gestoßen – vielleicht ohne sie zu erkennen, wie ich dir jetzt zeigen will. Paß genau auf, während ich die Inschrift vorlese, die *dieser Holey Bluestone* trägt:

A Elfyntodd Dwyr Sindynn Duw
Cerrig Yr Fferllurig Nwyn,
Os Syriaeth Ech Saffaer Tu
Fewr Echlyn Mor Necrombor Llun

Merlin schaute mit einem wissenden Augenausdruck zu mir hinüber, während ich zögernd und höchst ungläubig seinen Blick erwiderte. Was ich gerade gehört hatte, waren dieselben Worte, die in der Höhle des Riesen zu mir gesprochen worden waren, und Merlin wußte das mit Sicherheit! Doch irgendwie ergab dies einen Sinn – das gemeinsame Element damals und jetzt war das Steinreich. Ich stand also da und versuchte verzweifelt, die Dinge in meinem Kopf zu ordnen, als der Druide weitersprach:

> *»Und das Steinreich herrscht über solche Dinge ... ja, selbst über unseren allerheiligsten Vers. Diese Scheibe aber beherrscht sie alle!«*

Während ich noch in Gedanken vertieft war, trug Merlin die vier Symbole zusammen und legte sie wieder in den Schrein zurück, wobei er jedes sorgfältig mit der blauen Seide zudeckte, ehe er den Deckel wieder verschloß. Dann blieben wir eine Zeitlang schweigend sitzen – er, voller Zufriedenheit über eine gut dargebotene Lektion, und ich, verwirrt von dem rätselhaften Dunkel hinter seinen Lehren.

»Wie kann es sein, Magus«, brachte ich schließlich mutig hervor, »daß ich genau diesen Vers, den Ihr von der Steinscheibe abgelesen habt, so gut kenne?« Merlin war sichtlich erfreut über meine Frage.

»Mit dem Ende deiner *Queste* in der Höhle des Riesen hast du einen weitaus größeren Sieg errungen, als du dir klarmachst. Indem du die Furcht überwunden hast, die von den Schatten von Meer und Stein erzeugt wurden, bist du mit der Erinnerung an einen der drei alten *Zauber des Wirkens* belohnt worden: die drei Meister-Triaden der Druiden! Damit werden sich solche Kräfte deiner Autorität beugen. Hüte ihn also gut – der Tag nähert sich rasch, an dem du diese Gabe sehr brauchen wirst.«

Gerade in diesem Augenblick flog Salomon, der während der ganzen Zeit irgendwo anders gewesen war, auf Merlins Schulter hinab und gab eine weitere Folge von Schnalzlauten und Pfeiftönen von sich. Der Druide schien diese zu verstehen, denn er stand sofort auf und begann, sich den Schrein auf dem Rücken festzubinden.

»Ich muß jetzt Abschied von dir nehmen, junger Arthur, denn ich habe gerade erfahren, daß jemand in der Nähe dringend meine Kenntnisse von Kräutern und Heilpflanzen benötigt. Wenn ich dich das nächste Mal sehe, wird es im Rahmen einer wichtigen Geschicklichkeitsprüfung sein, für die du gut vorbereitet sein mußt. Geh also und stelle deine eigene Sammlung von heiligen Symbolen zusammen, so wie du sie heute gesehen hast. Achte darauf, daß nicht das Auge eines anderen Menschen darauf fällt, damit sie nicht entweiht werden. Ach ja, *bei diesen Worten streckte er die Hand aus,* und gib mir doch bitte deinen blauen Kieselstein zurück, denn du wirst ihn nicht mehr brauchen. Da du jetzt wirklich mein Lehrling bist, wird die nächste Gelegenheit, bei der wir uns begegnen, zu einem Zeitpunkt sein, wenn ich dich rufe. Und nun, leb wohl!«

»Auf Wiedersehen!« rief ich ihm hinterher, »und ... « – aber da war er schon zwischen den Büschen verschwunden und in den unterirdischen Gang hinab zum Küstenstreifen.

Viele Wochen vergingen, ehe ich Merlin wiedersah – Wochen voller seltsamer neuer Gedanken und Handlungen. Ich erinnere mich, die Bemerkung meiner Mönchsbrüder belauscht zu haben, daß sie »niemals einen Menschen so verändert gesehen hatten, und dies in so kurzer Zeit«. Selbstverständlich erfüllten ihre Beobachtungen mich mit Freude. Merlins Präsenz hatte eine ungeheure Leere in meinem jungen Leben überbrückt, ein angeborenes Gefühl von Verlassenheit, das vielleicht herrührte von Eltern, die ich nie gekannt hatte, und auf irgend etwas wartete. Was auch immer die Ursache dafür sein mochte, damals war ich zum ersten Mal, solange ich zurückdenken konnte, wirklich zufrieden. Endlich begann das Leben einen Sinn zu haben.

Wie sich meine Mönchsgefährten untereinander wohl

über mein neues Gewand und die plötzliche (und recht trotzige) Veränderung in meinen Eßgewohnheiten gewundert haben müssen! Doch wenn sie sich wunderten, kam mir nie ein Wort darüber zu Ohren – zweifellos durch den Einfluß des Abtes, überlegte ich mir. Merkwürdigerweise bestand man auch nicht mehr auf meiner Anwesenheit bei den täglichen Messen in der Kapelle ... eine Veränderung, die mir gut paßte, da ich mit anderen Projekten beschäftigt war. Meine tägliche Zuteilung an Hausarbeiten blieb zwar erhalten; doch ließen mir diese mehr als genug Freizeit für die Suche nach den notwendigen Materialien, um meine druidischen Symbole und den Schrein, in dem sie aufbewahrt werden sollten, anzufertigen. Ich wollte unbedingt für das Abenteuer bereit sein, welches auch immer Merlins nächster Besuch bringen könnte.

In den folgenden Wochen schienen meine neuen Lektionen zu einem natürlichen Bestandteil meines Alltagsdenkens zu werden. Es machte mir viel Spaß, alles einem der vier großen Reiche zuzuordnen: mein Essen, meine Sammlung von Steinen und Blättern – selbst die Menschen meiner Umgebung. Merlin hatte einmal gesagt:

> *Die wahre Entdeckungsreise besteht nicht darin, neue Landschaften zu suchen, sondern neue Augen zu haben.*

Wenn ich auf diese frühen Jahre in Tintagel zurückblicke, hat nichts in meiner Erinnerung jemals eine solche Begeisterung oder Freude dem Leben gegenüber in mir entfacht wie jener einzige kurze Blick in Merlins hölzernen Schrein.

Lektion 3

Die Vier Symbole der Meisterschaft

Die vollständige und ausgewogene menschliche Psychologie ist ihrer Natur nach vierfach, so wie es durch das universelle Sonnenmandala dargestellt wird. Wenn der Geist dieses Symbol erforscht, wird er zu Ideen geführt, die jenseits des verstandesmäßigen Erfassens liegen ...

C. G. Jung

Für die Druiden war die Meisterschaft über die materielle Welt das einzige übergeordnete Ziel der spirituellen Entwicklung – und der Grund für die Existenz des Menschen auf diesem großartigen »Spielplatz« der Natur. Meisterschaft über die Welt bedeutete Meisterschaft durch die vier Elemente, aus denen jegliche materielle Natur besteht. In dem Kapitel »Der Schrein« erhält Arthur seine erste Lektion über die Bedeutung und Fertigung der einzigartigen symbolischen Werkzeuge, die den Druiden diese wichtige Arbeit erleichterten.

Im Romantext sind genügend konkrete Richtlinien und Beschreibungen enthalten, die es dem Leser ermöglichen, seine eigenen Elementarsymbole anzufertigen und sie dann zu verwenden, so daß an dieser Stelle nicht mehr darüber gesagt werden muß. Das einzige, was noch zu erwähnen bleibt, ist der Rat an den Leser, bei der Herstellung der Symbole so kreativ und individuell wie nur möglich vorzugehen. Die Prägung durch Ihre persönliche Eigenart sollte in jedem Detail deutlich spürbar sein. Von den gnostischen Schulen ist überliefert worden, daß Kreativität und Einzigartigkeit zwei wesentliche Voraussetzungen für jede Art von Erfolg in der Magie sind: *Die echte Welt der Magie duldet keine Konformität.* Nutzen Sie dieses Wissen für Ihre Arbeit.

Als Ausgangspunkt für diese schöpferische Tätigkeit ist der folgende MEISTERPLAN DER ELEMENTAREN ENTSPRECHUNGEN entworfen worden. Es handelt sich dabei um eine wirklich neue Zusammenstellung der symbolischen Entsprechungen, wie sie zur gleichen Zeit zwischen unterschiedlichen Gruppierungen der westlichen keltischen Tradition existierten. Die vergleichbaren Ebenen bestehen aus Einheiten von 2, 3, 4, 5, 7 und 8. Durch das Studium der verschiedenen Ebenen kann man zu einem Verständnis der Grundstrukturen gelangen, welche sich in den vier Elementarreichen manifestieren. Diese Strukturen können dann zu kreativen Schlüsselbegriffen bei der magischen Gestaltung der VIER SYMBOLE DER MEISTERSCHAFT werden. Nach der Anfertigung sollten diese Symbole in Seide eingeschlagen und in einem persönlich hergestellten Holzkasten aufbewahrt werden, der vorzugsweise mit geeigneten Symbolen druidischer Macht verziert ist, wie sie in dem folgenden Schaubild enthalten sind.

Meisterplan der elementaren Entsprechungen

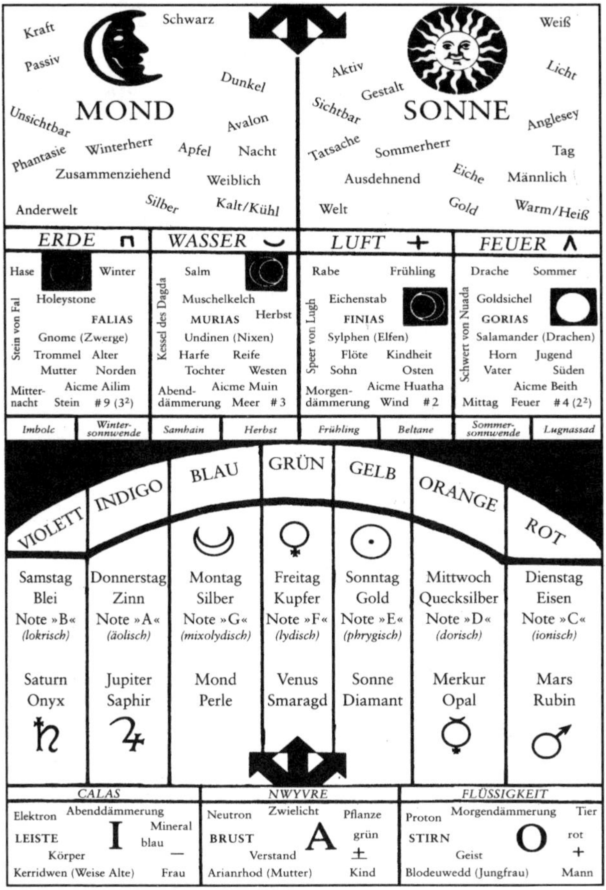

4

Der verwunschene Berg

Das Schönste, das wir erfahren können, ist das Rätselhafte. Es ist die Quelle aller wahren Kunst und Wissenschaft. Wem die Emotion fremd ist, wer nicht mehr innehalten kann, um zu staunen und von Ehrfurcht erfüllt dazustehen, ist so gut wie tot; seine Augen sind verschlossen. Die Einsicht in das Rätsel des Lebens, selbst wenn sie mit Furcht verbunden sein mag, hat auch die Religion entstehen lassen. Zu wissen, daß das, was für uns unerforschlich ist, tatsächlich existiert, sich als höchste Weisheit und strahlendste Schönheit manifestiert, die unsere beschränkten geistigen Fähigkeiten nur in ihren einfachsten Formen erfassen können – dieses Wissen, dieses Gefühl steht im Mittelpunkt jeder echten Religiosität.

ALBERT EINSTEIN

Die Ereignisse des Sommers wichen langsam dem Herbst, während meine gespannte Hoffnung auf Merlins nächsten Besuch allmählich zu Entmutigung wurde. Es verhielt sich keineswegs so, daß sich meine Begeisterung für die Lehrlingsausbildung vermindert hatte, sondern es war für mich nur schwer zu verstehen, warum mein neu gefundener Lehrer offensichtlich beschlossen hatte, mich ohne irgendeine Nachricht zu verlassen. Schließlich hatte ich sorgfältig jede Aufgabe vollendet, die er mir gestellt hatte: Meine druidischen Symbole der Meisterschaft hatte ich nach besten Kräften angefertigt, und ich hatte seit vielen Monaten keine fleischliche Nahrung zu mir genommen. Außerdem wusch ich jeden Tag mein neues

Gewand in der Waldquelle, wo ich anschließend über jene Lektionen in Magie meditierte, die ich dort erfahren hatte – genauso wie ich geheißen worden war. Doch als unausgefüllte Tage zu einsamen Wochen ohne irgendein Anzeichen für einen weiteren Besuch wurden, war es kaum erstaunlich, daß ich mich zu fragen begann, ob Merlin mich für unwürdig hielt, die Verantwortung für seine Lehren zu tragen.

Die letzten Oktobertage waren in Britannien eingezogen, und die Kürbisfelder lagen für die Ernte bereit; ihre leuchtenden orangefarbenen Schätze waren zwischen einem Geflecht aus braunen Blattranken verborgen. Kaum war die Ernte beendet, begannen – wie jedes Jahr um diese Zeit – Abordnungen in unserem Kloster einzutreffen, um das Hochamt des Allerseelentages zu zelebrieren. Der Beginn der Aktivitäten war für den nächsten Morgen festgesetzt, und schon jetzt waren Priester und Bischöfe mit vielen Novizen angekommen. Damit sie alle für diese Zeit untergebracht werden konnten, waren viele von uns gezwungen, unsere Schlafkammern zu räumen und unter den Sternen zu schlafen. Dies war ein Opfer, das mir nie etwas ausgemacht hatte, denn ich hatte stets die Orte der Natur denen der Menschen vorgezogen. Zu meiner großen Freude stellte auch diese spezielle Nacht keine Ausnahme dar: Illtud und ich waren unter den ersten, die darum gebeten wurden. An jenem Vorabend des Novembers war unsere Gemeinschaft besonders beschäftigt, da die Zahl der Besucher weitaus größer als erwartet war. Doch schließlich, nachdem alle Vorbereitungen abgeschlossen waren, lagen Heilige und Sünder nebeneinander im Schlaf.

Ich wußte, daß diese Nacht eine besondere war ... eine Nacht, die alle Christen zu fürchten schienen; eine Nacht, in der man am Feuer und Herd blieb und die Tür fest verriegelte, denn für die Anhänger der Alten Religion war es *Samhain – Halloween*, der Abend vor Allerheiligen. Viele Male hatte ich bis tief in die Nacht hinein wach gelegen und mit gespitzten

Ohren gelauscht, wie sich meine älteren Gefährten heimlich Geschichten von Dämonen und Totengeistern erzählten, die von der Abenddämmerung bis zum Morgengrauen über die Erde streiften und nach lebendigen Seelen suchten, um sie zu quälen, so wie sie selbst gequält wurden. Obwohl ich solche Geschichten kaum für glaubwürdig hielt, erfüllte schon ihre bloße Erwähnung mich mit einer heftigen Sehnsucht nach Abenteuer – und danach, daß die Geschichten *doch* wahr sein könnten! Mit Sicherheit wußte ich, daß das gewöhnliche Volk während der dunkelsten Stunden riesige Feuer entzündete in dem Bemühen, die Kräfte der Anderwelt in Schach zu halten. Dies zumindest hatte ich selbst gesehen.

An jedem *Samhain* seit meiner frühesten Kindheit hatte ich es irgendwie geschafft, mich fortzustehlen, wenn alles schlief. Staunend hatte ich dann bis zum Morgengrauen Hunderte von Feuern auf dem Festland aufflammen sehen, wie ein Meer von riesigen Leuchtkäfern in der herbstlichen Dunkelheit. Auf ebendiese Weise hatte ich meine erste echte Begegnung mit dem Geheimnisvollen erlebt.

Da es an diesem besonderen *Halloween* kälter als üblich war, kuschelte ich mich tief unter meinen Berg von Wolldekken und schauerte bei dem Gedanken an den dicken Reif, der bis zum Morgen sicher alles bedecken würde. Illtud, mein Gefährte im Exil, hatte es genauso gemacht; sein schwerer Atem verriet mir, daß er, nur ein paar Fuß von mir entfernt, bereits eingeschlafen war. In der Tat, bis auf ein paar gelbe Lampen, die noch hinter Fensterläden brannten, schien die ganze Siedlung zu ruhen. Der Himmel über mir war voller leuchtender Sterne, die ich wie gebannt beobachtete in der Hoffnung, einen von ihnen in blendender Geschwindigkeit durch das Firmament sausen zu sehen. Dann kam mir, wie jedes Jahr, plötzlich der Gedanke in den Sinn, mich aufzumachen, um die *Samhain*-Feuer anzuschauen ... wenn auch die frostige Nachtluft mich rasch überzeugte, daß diese Idee warten konnte. Und so, nachdem ich meine neunte Sternschnuppe gezählt hatte, glitt ich endlich in einen tiefen Schlaf.

Gewöhnlich wurde die lautlose Stille auf Tintagel in einer Herbstnacht nur von den unermüdlichen Geräuschen des Meeres oder von einem Grillenchor in den umliegenden Wiesen unterbrochen. Doch an diesem Vorabend wurde ich durch einen Klang aufgeweckt, der eindeutig fremd auf der Insel war: der geisterhafte Klang eines Musikstückes! Während ich noch unsicher war, ob ich träumte oder nicht, erhob sich deutlich die Stimme einer unsichtbaren Flöte aus der tiefen Ruhe vor Tagesanbruch. Ich warf meine Decken von mir und versuchte hastig, wenn auch vage abzuschätzen, aus welcher Richtung die Töne kamen – wobei ich mir dessen bewußt war, wie irreführend dies in einer kalten, feuchten Nacht sein konnte. Meine Ohren führten mich bald zum Haupteingang und weiter hinaus, die Straße hinab über die Landbrücke und dann auf das Festland. Das Glück war auf meiner Seite, denn sowohl das Tor als auch die Straße lagen verlassen, als ich unbemerkt das Klostergelände durchquerte. Nur dreimal in meinem Leben hatte ich mich so weit von der Siedlung fort gewagt, und dann auch nur, um einer Gruppe von Kaufleuten aus Bossinney Marmor beim Rückweg zu helfen. Als Folge von Merlins Lehren waren meine Sinne so geschärft, daß weder der geringste Laut noch die kleinste Bewegung meiner Aufmerksamkeit entgingen, während ich mich schweigend auf die Stadt zubewegte.

Mit wachsender Entfernung von Tintagel wurden die mich anziehenden Flötentöne lauter. Den ganzen Weg entlang brannten Feuer auf den Feldern, und Menschengruppen kauerten dicht ums Feuer, um der Dunkelheit und den finsteren abergläubischen Bräuchen von *Samhain* zu entfliehen. Gelegentlich stieß ich auf Ansammlungen von Leuten, die farbenfroh gekleidet waren und grotesk geschnitzte Masken trugen – zweifellos in dem Versuch, die umherschweifenden

Totengespenster zu verscheuchen, deren Präsenz in jener Nacht überall zu spüren war. An anderen Orten war der Wegrand dicht übersät mit den bewußtlosen Körpern von Männern und Frauen, die sich aus schrecklicher Angst oder Panik bis in einen Zustand der Betäubung betrunken hatten.

Alles dies bemerkte ich ohne allzu große Anteilnahme; mein Hauptinteresse galt noch immer der rätselhaften Musik, die mich mit jedem Schritt weiterlockte.

Vielleicht ist es der Wildgott Kernunnos, der auf gespaltenen Hufen seine Rohrpfeifen durch waldige Schluchten trägt, so dachte ich. Denn was konnte natürlicher sein, als bei einem solchen Anlaß auf *seine* Präsenz zu schließen?

Mit solchen Vermutungen näherte ich mich langsam einem einsam gelegenen Eichenhain, und mein Gefühl sagte mir sicher, daß von dort die Musik kam. Der Lichtschein eines kleinen Feuers sickerte durch die dichten Blätter. Plötzlich hörte ich ein Scharren in dem hohen Gras neben mir. Wachsam drehte ich mich rasch um – und sah mich einem prächtigen Hengst gegenüber, der an einem jungen Baum festgebunden war und mit seinen hellen Augen wild in die uns einhüllende Dunkelheit blickte.

»Wo kommst *du* denn her!« begann ich überrascht und erstarrte augenblicklich, als eine schattenhafte Gestalt hinter dem Pferd auftauchte.

»Nun ... er gehört mir«, kam die Antwort in einer vertrauten Stimme, »und das ist auch ein Glück! Du und ich werden seine Schnelligkeit noch sehr benötigen, bevor diese Nacht zu Ende geht.«

Es war natürlich Merlins Stimme. »Und warum hast du so lange gebraucht, junger Arthur?« erkundigte sich der Druide mit stillvergnügtem Lachen, als er ins Licht trat. »Wer hat diesmal auf wen gewartet, he?«

Ehe ich noch etwas sagen konnte, wurde ich in den Hain hinein ans Feuer geführt, wo wir die nächste Stunde damit verbrachten, uns mit flüsternder Stimme alles zu erzählen, was seit unserer letzten Begegnung passiert war.

»Wir werden heute nacht kein Feuer mehr brauchen«, sagte Merlin mit einem Blick auf die Flammen, die bis auf ein Häufchen Glut niedergebrannt waren, »denn Mutter Mond ist voll genug, um uns auf unserem Weg zu begleiten.«

Jetzt bemerkte ich, daß der Druide nicht In seine üblichen blauen Gewänder gekleidet war, sondern statt dessen einen schwarzen Umhang trug, so daß nur sein Gesicht vor dem dunklen Hintergrund des Waldes sichtbar war. Ich empfand dies als so ungewohnt, daß ich meine Frage aussprach, als wir uns zum Aufbruch vorbereiteten.

»Die Farbe Schwarz«, erwiderte er, während er einen Lederriemen befestigte, »steht symbolisch für die tiefsten Geheimnisse der Magie. Ich trage diese Farbe dann, wenn ich eins mit der Welt werden und nicht abseits von ihr stehen möchte. WEISS versinnbildlicht alles, was rein und sichtbar in dieser Sphäre von *Abred* ist, während SCHWARZ eine Brükke zur Anderwelt darstellt. Schwarz ist die Farbe der wahren Vereinigung!« Merlin warf mir eine kleinere Ausführung seines Umhanges zu und forderte mich dazu auf, ihn anzuziehen.

»Trage dies, damit wir uns an diesem Vorabend in der Welt des Dunkels zusammenschließen können«, meinte er, während wir aufstiegen. Kaum hatte ich mir den Umhang umgelegt, als mich ein langer Arm auf das Pferd hob. Ein rascher Ruck an den Zügeln, und schon stoben wir hinaus über die wie hinter einem Schleier liegende Landschaft, während ich mich verzweifelt an den Umhang des Druiden klammerte, um das Gleichgewicht zu halten. Nach einem scheinbar Stunden währenden Ritt auf endlosen Pfaden hielten wir einen Augenblick in einer kleiner Ortschaft an, wo Merlin einen der zahlreichen Bewohner, die damit beschäftigt waren, lodernde Straßenfeuer zu unterhalten, nach der Uhrzeit fragte. Die elfte Stunde war schon recht weit fortgeschritten, bevor wir aus der Stadt heraus und wieder zurück auf der Hauptstraße waren.

»Dies war die Gemeinde Exeter«, rief Merlin gegen den Wind nach hinten gewendet, »die in längst vergangenen Zeiten bei den Römern *Isca Dumnoiiiorum* hieß. Unser Ziel liegt nicht allzuweit von hier entfernt.«

Trotz dieser Versprechungen hatte ich mich gerade mit einer weiteren langen Wegstrecke abgefunden, als das Pferd durch das Anziehen der Zügel unvermittelt haltmachte. »Schau – wir sind angekommen!« rief der Druide laut und zeigte geradeaus. Durch eine Dampfwolke, die von dem erschöpften Tier aufstieg, erkannte ich undeutlich die Umrisse eines großen Hügels, der vor uns aufragte. »Rasch ... wir müssen diesem Pfad folgen, damit die Mitternacht uns nicht unvorbereitet einholt!« fügte er mit einer angespannten Schärfe in der Stimme hinzu.

Ehe ich mir klarmachte, was geschah, wurde das Pferd in aller Eile festgebunden, und wir machten uns auf den Weg bergan entlang eines schmalen Fußpfades, der zu beiden Seiten von dichten Büschen gesäumt war. Die Luft roch naß und faulig wie ein Sumpf; alles glänzte vor Feuchtigkeit im fahlen Mondlicht. Ich bezweifelte, ob selbst eine scharfäugige Eule uns beim Ersteigen des Berghangs entdeckt haben würde, so sehr müssen wir in unserer schwarzen Kleidung wie Schatten erschienen sein. Verschwunden waren die unzähligen Feuer, von denen die Landschaft übersät war, verschwunden die maskierten Menschenansammlungen ... alles lag in tödlicher Stille. Und das erstaunte mich.

Bald gelangten wir an eine scharfe Weggabelung, wo Merlin stehenblieb und sagte: »Hier liegt die Grenze zwischen der materiellen Welt und der Anderwelt. Hier müssen wir, du und ich, uns eine Weile voneinander trennen.« Der Druide mußte den Ausdruck von Entsetzen, der in diesem Augenblick in meinem Gesicht stand, wahrgenommen haben, denn er sprach sogleich weiter, ohne daß ich etwas sagen konnte.

»Verstehst du, warum das Fest der *Samhain-Nacht* von den Druiden mehr als alle anderen Feste in Ehren gehalten wird?« Zögernd schüttelte ich den Kopf, denn ich war mir nicht sicher, ob ich überhaupt darüber etwas erfahren wollte.

»Weil es zu dieser Zeit und zu keiner anderen geschieht«, fuhr er fort, »daß der Schleier, der diese Welt von der Anderwelt trennt, äußerst dünn wird, was es zahllosen Welten ermöglicht, sich mit großer Leichtigkeit unter uns zu bewegen. Dies ist eine Zeit, die sorgsamste Beherrschung verlangt, um die Furcht zu überwinden, die sie hervorruft. Du bist Zeuge geworden, daß das gewöhnliche Volk vieles von dieser Furcht kennt, aber wenig davon, was notwendig ist, um ihrer Herr zu werden. Feuer und fromme Gebete sind alles, was sie von der Wanderung zwischen den Welten in dieser Nacht wissen! Aber wir – wir sind Meister dieser Dinge: *Meister!*«

Ich beobachtete verwundert, wie ein wildes Feuer in Merlins Augen aufflammte und dann wieder erlosch. Er holte tief Atem und lächelte, bevor er seine gewohnte Zurückhaltung annahm.

»Du, Arthur, hast bereits den Sieg über die Elementarkönige erfahren. Was an diesem Abend bleibt, ist die Überwindung der Dämonen deines eigenen Geistes – die erschrekkendsten aller Kräfte. Diese Herausforderung zu bestehen wird dir den Rang eines *Ovydd* einbringen, den ersten formellen Grad des Druidentums, vorausgesetzt, daß du dies allein und ohne irgendeine Hilfe vollbringst. Ich will hierbleiben und auf deine Rückkehr warten. Geh nun! Deine Bestimmung liegt jenen Weg entlang.«

Voller Furcht ging ich auf die linke Weggabelung zu, auf die Merlin deutete. Ich wußte, daß meine erste entscheidende Prüfung als Lehrling vor mir lag. Die Vorstellung, es einmal »zu probieren« (so dachte ich), war nicht mehr gültig; dieses Mal würde ich entweder Erfolg haben oder scheitern. Als ich weiterging, konnte ich gerade noch hören, wie Merlin im Flüsterton einen Text oder Zauberspruch murmelte, der aber doch von der Nachtluft weitergetragen wurde:

Schwacher Lichtschein über der Feuerstelle,
Geister von Arden gehen hindurch
und zeigen deine vergangenen Formen!
Nebeliges Loda, Haus für die Seelen der Menschen -
Wenn Gespenster sich auflösen wie Nebel
auf einem sonnigen Hügel,
Öffne deine Türen!

Während ich vorsichtig jenen unbekannten Weg entlangging, trieb meine Phantasie wilde Blüten und ließ Dutzende von bruchstückhaften Erinnerungen in mir aufsteigen, so daß es mir eiskalt den Rücken herunterlief. Was hatte Merlin gesagt? Ach ja ... daß Exeter und seine Hügel vor der Ankunft von Maximus als römisches Bollwerk gedient hatten. *Alpträume meiner Kindheit tauchten empor, Geschichten von blutrünstigen römischen Legionen und ihren gnadenlosen Angriffen gegen unschuldige Britannier. Kein einziges Bild erschreckte mich mehr als das eines römischen Soldaten, der im Hinterhalt lag. Und war nicht genau diese Straße von solchen Barbaren zu Geröll zertrampelt worden?*

Obwohl ich sehr genau wußte, wie wichtig es war, Emotionen fest im Griff zu haben, beherrschte noch immer ein wüstes Durcheinander von Gedanken meine Phantasie, wie sie nur ein Junge auf einer einsamen Straße, spät in der Nacht und auf sich gestellt haben konnte ... und dies zu einem Zeitpunkt, wo der Tod selbst umherging! Merlin hatte oft gesagt, daß *»es nicht die Aufgabe war, auf die es wirklich ankam, sondern nur unsere Reaktion darauf«*. Der Versuch, diesen Ratschlag anzuwenden, beschleunigte meine Schritte, bis sich plötzlich eine weite Lichtung vor mir auftat. Im Näherkommen schienen sich Hunderte von kleinen geometrischen Formen aus der

Erde zu erheben, von denen jede in silbrigem Licht glänzte. Erst als ich die Lichtung ganz überblicken konnte, wurde der wahre Horror meiner Situation zur Realität: Vor mir lag, weit ausgedehnt und schweigend, ein alter Friedhof!

Genau auf der Spitze des Berges gelegen, handelte es sich um eine öde, mit Unkraut überwucherte Fläche von ungefähr fünfzig mal fünfzig Ruten, die auf allen vier Seiten von hohen Hecken aus ungehegtem Baum- und Strauchwerk umgeben war. Nach einigen Minuten brachte ich genug Mut zusammen, ging bis auf Armeslänge an die Grabsteine heran und beugte mich nieder, um die Inschriften zu studieren, die auf ein paar von ihnen noch sichtbar waren.

»VESPASIAN HIC IACE'T FELIUS SEVERUS«, lautete der erste, und ein anderer: »HIC SITUS TACEDONIUS STERNITUR INFELIX ALIENO VULNERE« – »... er fällt unglücklich durch eine Verwundung, die einem anderen galt«, übersetzte ich langsam im Flüsterton und mühte mich ab, mir den Schulunterricht ins Gedächtnis zu rufen. Zwei Dinge zogen meine Aufmerksamkeit auf sich: Das eine war die bei den eingemeißelten Inschriften verwendete Sprache und die Art der Buchstaben, das andere der Name »Tacedonius«. Irgendwo in den Tiefen meiner Erinnerung stellte dieser Name eine Verbindung her ... eine römische. Vielleicht ein Schriftsteller oder Philosoph? Nein ... ein militärischer Führer. Ein großer Feldherr!

Plötzlich ergab alles einen Sinn – der Ort: *Isca Dumnoniorum*, die lateinischen Buchstaben auf dem Gedenkstein, der Name »Tacedonius« und das trostlose Aussehen des Ortes selbst, so als sei er von einem seit langem untergegangenen Volk verlassen worden. Oh, bei den Göttern! Merlin hatte mich mitten in einen römischen Friedhof geschickt! Genau in diesem Augenblick schlug die Kirchenglocke von Exeter in der Ferne die Stunde an. Ich zählte schweigend, während jeder Schlag die klamme Luft durchschnitt ... zwölfmal. Mitternacht! Jetzt stand fest, warum Merlin so erpicht darauf gewesen war, unser Ziel in aller Eile zu erreichen: Er wollte mich unbedingt während der dunklen Stunde an diesem Ort haben!

Ich stand völlig regungslos in dem bleichen Mondlicht, bis der Widerhall der zwölf geisterhaften Schläge verklungen war. Dann kam von rechts ein anderes Geräusch ..., welches das Blut in meinen Adern gefrieren ließ. In dem Dunst an genau der Stelle, wo ich nur Augenblicke zuvor gestanden hatte, rührte sich etwas. Ein leises, schmerzvolles Stöhnen breitete sich wie eine Woge über dem Schweigen aus. So als würde ich mir meinen Weg durch dunkle Gewässer bahnen, kämpfte ich gegen meine Angst an, damit ich eine alte Eibe am Rande des Friedhofs erreichen konnte. Rasch kletterte ich auf den untersten Ast und spähte durch das dichte Nadelwerk, als sich ein unheimlicher blauer Nebel über dem Boden zu sammeln begann. Jeder Grabstein schwamm auf dem immer größer werdenden Meer – wie tausend Köpfe Ertrinkender, die auf ihre Rettung warteten. Inmitten von alldem nahm langsam eine einzelne Form Gestalt an. Dies war eine schreckliche Erscheinung, mit einem zerfetzten Waffenrock bekleidet, aus dem an manchen Stellen die blanken Knochen hervorragten – ein Wesen, das zwischen den Lebenden und den Toten gefangen war. Teils fasziniert, teils entsetzt beobachtete ich das abscheuliche Gespenst, wie es sich zwischen den Steinen hin und her bewegte. Und aus jedem Grab, an dem es vorbeikam, erhob sich eine ebenso groteske Kreatur, die sich ihm sogleich anschloß, wie bei einem höllischen Fangenspielen.

Ich weiß nicht, wieviel Zeit während dieses Totentanzes verstrich, doch bald schon hatten nicht weniger als fünfzig dieser Gerippe die Hände zu einem sich ständig erweiternden Kreis verbunden, der sich im Uhrzeigersinn drehte. Jedesmal, wenn ein neuer Leichnam aus seinem Grab auftauchte, wurde die Runde größer – bis klar zu erkennen war, daß der Kreis bald den Baum, auf dem ich saß, einschließen würde. Mein Herz klopfte wie rasend, als diese nüchterne Tatsache Gestalt annahm. Unvermeidlich würde ich von einem Meer von Toten umringt sein!

In den darauffolgenden langen Minuten kamen mir viele Gedanken an Flucht, doch meine Furcht vor Entdeckung war viel zu groß. Schließlich schien es gewiß, daß jede Möglichkeit, die ich einmal zur Flucht gehabt haben könnte, vertan war: Der Geisterring ließ nur noch wenige Fuß dunstigen Raumes zwischen meinem Baum und den Bewohnern jenes Nachtmahrreiches ... ich konnte schon fast das modernde Fleisch unter ihren dünnen Kleiderfetzen riechen. Dann, ganz plötzlich, kam der große Reigen zum Stillstand. In einer übereinstimmenden Bewegung wandten sich die Gespenster um – wandten sich zu meinem Baum – und Hunderte toter Hände wiesen nach oben. Ich war nicht mehr imstande, meine Angst zu unterdrücken, und stieß einen langen Schrei aus, als der Eibenast unter mir wegbrach.

Als ich mich endlich dazu in der Lage fühlte, mich umzublicken, war die geisterhafte Menge verschwunden. Ich erhob mich mit steifen Gliedern und untersuchte rasch meinen Körper: kein Blut. Meine nächste Sorge war, den Fußpfad hinab zu finden, den ich ursprünglich gekommen war, doch der Nebel, der immer noch auf dem Feld lag, ließ dieses Vorhaben fast unmöglich werden. Ziellos mußte ich etwa eine Viertelstunde umhergeirrt sein, ehe ich den richtigen Weg abwärts gefunden zu haben schien. Ich stieß einen Seufzer der Erleichterung aus und hielt inne – nur um mich dem Inbegriff all meiner Ängste gegenüberzusehen, der mir den Weg versperrte.

Voller Entsetzen sank ich auf die Knie: Über mir stand die grausige Gestalt eines römischen Soldaten – imposanter als irgendeine, die ich mir jemals vorgestellt hatte. In eine Kampfesrüstung gekleidet, hielt sie in der erhobenen Hand ein Langschwert, von dem rot das Blut zahlloser Menschenköpfe tropfte, die zu ihren Füßen verstreut lagen. *Auf eine seltsame Art und Weise wirkte die Gestalt fast vertraut, als hätte sie seit meiner Kindheit hinter meinen heftigsten Alpträumen gelauert.* Doch ich wußte, daß es diesmal anders war ... diesmal hatte mein Alptraum mich überfallen, um mich zu töten. Und in diesem Augenblick wußte ich ohne jeden Zweifel, daß bisweilen selbst ein Traum genügte, um zu töten.

Ich erinnere mich, aus dieser Hölle heraus das Gesicht Merlins wahrgenommen zu haben, das inmitten der Nebel schwebte, wie um mir weitere Ermutigung zu geben. Unter den Augen meines Mentors fand ich neuen Mut zu einer letzten Anstrengung: Ich brach einen Zweig von einem abgestorbenen Baum ab und stieß ihn mutig mit aller Kraft gegen den übernatürlichen Krieger. Im gleichen Moment wurde die Stille wieder von der Kirchenglocke in Exeter unterbrochen, von der ein einzelner mächtiger Schlag erklang. Augenblicklich zerfloß die Phantomgestalt mit den Nebeln, aus denen sie erstanden war, ins Nichts – ebenso wie meine Welt in die Schwärze kalter Erde versank. Alles lag in Stille.

Die ungeduldigen Hände von Illtud, der unter einem Berg von Decken heftig an mir zerrte und zog, holten mich wieder ins Leben zurück.

»Was ist los mit dir, Arthur ... was hast du?« stieß er hervor. »Du hast geschrien, als wäre der Teufel selbst hinter dir her. Wach auf!«

Damit wurde ich mir der klaren Farben eines Herbstmorgens bewußt, während die letzten Reifspuren im hellen Sonnenlicht vergingen.

»Los, Arthur ... beeile dich!,« schrie Illtud. »Wir werden für das große Fest heute gebraucht und haben schon die halbe Morgenmesse versäumt!«

»Wo ist Merlin?« fragte ich rasch, ohne auf die Worte meines Freundes zu achten. »Ist er heil und unversehrt von dem Berg entkommen?«

Stirnrunzelnd warf Illtud mir einen maßlos finsteren Blick zu. »Dieser üble Druide ist jetzt seit vielen Monaten nicht mehr hier gewesen, und das ist auch ein Glück!« *Dann besänftigte Neugier seinen Gesichtsausdruck.* »He ... von *wo* entkommen, wenn ich fragen darf? Wovon redest du?«

»Wir waren beide den größten Teil der Nacht unterwegs«, beharrte ich in plötzlicher Verwirrung, »wie könntest du denn das nicht wissen?« Mein Gefährte kam herbei und setzte sich, während er sorgfältig seine Bettdecken zusammenfaltete.

»Es überrascht mich nicht, daß deine Freundschaft mit jenem Heiden dir nichts als verworrene Träume eingebracht hat«, erklärte er ohne Umschweife. »Du bist die ganze Nacht über hier bei mir gewesen und hast dich herumgewälzt und undeutlich im Schlaf gesprochen. Doch der Tag ist angebrochen – vergiß es also, wenn du kannst!«

»Vergessen!« brauste ich auf, »aber es war kein Traum!« Ich warf einen langen Blick umher. »Nein ... ich ... glaube nicht!«

Illtud hatte seine Decken fertig aufgestapelt und machte sich an meine. »Nun, was auch immer Sache gewesen sein mag – du solltest jetzt besser deine schmutzige Kutte in das Waschhaus dort drüben bringen und sie gründlich säubern. Es ziemt sich nicht einmal, daß ein Ferkel sie trägt, geschweige denn ein Christ an Allerseelen!«

In diesem Augenblick begannen die Glocken der Kapelle zu läuten, und Illtud eilte in ihrer Richtung davon.

»Ja, du hast recht«, rief ich ihm hinterher, fast ohne zu wissen, was ich sagte: »... die Straßen nach Isca *waren* eben schlammig in der letzten Nacht ... «

Lektion 4

Die Anrufung

Der zeitgenössische Mensch ist blind für die Tatsache, daß er, bei all seiner Rationalität und Leistungsfähigkeit, von »Mächten« besessen ist, die normalerweise außerhalb seiner Kontrolle liegen. Seine Geister und Götter sind durchaus nicht verschwunden; sie haben nur neue Namen bekommen.

C. G. Jung

Das Kapitel »Der verwunschene Berg« ist eine unheimliche Gruselgeschichte – ein düsteres, rätselhaftes Abenteuer, das darin endet, daß ein junger Mann die verborgensten Winkel seines Wesens annimmt. Diese Art von Geschichte ist typisch für die Stimmung und Atmosphäre von *Samhain,* dem Festtag der Wilden Jagd in der Anderwelt – und die Druiden, als ursprüngliche Mystiker, hätten sich ein spannendes Vergnügen daraus gemacht, sie einem Kreis von Lehrlingen um ein *Halloween-Feuer* herum sitzend spät in der Nacht zu erzählen. Die heraufbeschworenen Bilder sind auf archetypische Weise unheilvoll und bieten ein ideales Gegenstück zu einem ungewöhnlichen Ritual, das in Teil 13 des *Book of Pheryllt* unter dem Titel »Die Anrufung« enthalten ist.

Deshalb wird der Ritus hier genauso wie im Text wiedergegeben: als eine authentische Begleitübung, um die übernatürlichen Anklänge im Kapitel »Der verwunschene Berg« zu verstärken. Wegen der unheimlichen Natur dieses Ritus mag seine Ausführung vielleicht nicht für jeden Leser geeignet sein, daher wird er hier nur aus symbolischen Gründen vorgestellt.

Mehr als tausend Jahre lang ist die folgende Grabschrift von westlichen Mystikern aller Glaubensrichtungen rezitiert worden, um den »Schatten des Zauberers Merlin« herbeizurufen, damit er Rat erteile. Ein Grabstein aus dem 6. Jahrhundert von Merlins Grab auf Berg Newais (heute zu *Newhill* in der Nähe der Stadt Carmarthen modernisiert) trägt die folgende Inschrift:

Bedd Ann ap lleian ymnewais fynydd
Iluagor llew Ymrais
Prif ddewin Merddin Embrais.[1]

Nachfolgend die phonetische Version für Leser, die nicht Walisisch sprechen:

BETH AHN Ahp T-Lay'in, eem-NEW-ais FEEN-ith
T-loo-AH-gor T-loo EEM-rais
Preeve DEW in MEER-thin EHM-rihs.

[1] Die Übersetzung lautet:: Das Grab des Sohnes der Nonne auf Berg Newais: Herr des Kampfes, Llew Emrys, Oberster Zauberer, Myrddin Embrais.

Lernen Sie diesen Text auswendig, so daß Sie ihn fehlerlos rezitieren und an den hervorgehobenen Stellen mühelos deutliche Akzente in der Stimmführung setzen können. Der Ritus gibt vor, daß die Anrufung zu einer geeigneten »Schwellenzeit« (d. h. in der Abenddämmerung oder um Mitternacht, während eines Neumondes oder am allerbesten am Vorabend von *Samhain* selbst: dem 31. Oktober um Mitternacht) und an einer geeigneten Stelle – »innerhalb der Grenzen eines abgelegenen Friedhofs hoch oben auf einem Hügel und von jeder menschlichen Wohnstätte weit entfernt« – durchzuführen sei.

Wenn möglicherweise nach längerer Suche einmal ein Ort gefunden und der Ritualbezirk ausgewählt ist, verlangt das *Pheryllt*, daß ein schützender Kreis von äußerst ungewöhnlicher Gestaltung gebildet wird: ein Kreis aus »Köpfen«. Damit sind nicht wirkliche Köpfe von Menschen gemeint, sondern ihre symbolische Darstellung – eine Darstellung, die seit langem mit *Halloween* assoziiert wird: die ausgehöhlte Lampe aus Kürbis oder Rübe. Diese Tradition ist so tief in der mystischen Tradition des Westens verwurzelt, daß an dieser Stelle etwas über ihre Geschichte gesagt werden muß.

Im druidischen Britannien (und besonders in Irland, wo dieser Brauch seinen Anfang nahm) schnitzte das gewöhnliche Volk häßliche Gesichter in große Rüben oder Kürbisse und stellte eine angezündete Kerze hinein. Die ausgehöhlte Frucht wurde dann auf ein Fenstersims oder eine Türschwelle im Haus gestellt, um die Familie vor Wesen aus der Anderwelt zu schützen, die an *Samhain* von der Abenddämmerung bis zum Morgengrauen umherstreiften. Gemäß der Überlieferung wurde ein Kopf für jedes Kind im Haus ausgeschnitzt. Warum nun gerade ein Kopf? Weil der »Edle Kopf« des keltischen Volkes ein uraltes Schutzsymbol war, das auf die Sage von Bran dem Gesegneten zurückging. Bran war ein großer König aus der Zeit der Sagen, der befahl, daß sein Haupt abgetrennt und im Weißen Hügel von London (wo heute der Tower steht) begraben werden sollte, und zwar mit dem Gesicht zum Ärmelkanal, damit das Land für alle Zeiten vor der Invasion fremder Völker sicher sei. Auch diese Sage hat ihren Ursprung in der älteren keltischen Vorstellung, daß sich der Sitz der menschlichen Seele im Kopf befindet. Daher stehen die ausgehöhlten Kürbisse auch heute noch als Symbol dafür, den Schutz von Brans Kopf zu beschwören.

Aus diesem Grund wird ein Kreis aus Kürbissen als höchster druidischer Schutz angesehen und in der Anrufung verlangt: »Neun geschnitzte Köpfe, mit Licht erfüllt und nach außen blickend«, in deren Mitte der Druide steht, bieten den besten Schutz während der Beschwörung. Echte Kürbisse sind am besten, doch können auch Ton- oder Keramikmodelle als Ersatz verwendet werden. Dieser Kreis sollte am Morgen vor der Anrufung errichtet werden.

Als letztes muß ein besonderes Räucherwerk zubereitet werden. Gemäß der Überlieferung sollte dieses, wenn möglich in einem Eisenkessel, auf einer Schicht Kohle verbrannt werden. Nach druidischem Kräuterbrauch gilt dabei eine alte Formel als Richtlinie: *An herbe, a flower and a tree make three.* Danach enthält das Räucherwerk eine Mischung aus drei Bestandteilen – Kraut, Blume und Baum:

1 Teil Wermut, das »Kraut«
2 Teile Stechapfel (Datura), die »Blume«
3 Teile Eibe (oder Wacholder/Zypresse), der »Baum«.

Nachdem Sie den Vers auswendig gelernt, den geeigneten Ort gefunden, den Kreis aus Köpfen gebildet und das Räucherwerk zum Abbrennen vorbereitet haben, ziehen Sie sich ein dunkles Gewand an und warten bis zum Einbruch der Dunkelheit. Gehen Sie genau 30 Minuten vor Mitternacht zu dem Friedhof, zünden Sie die Kerzen in den Kürbis-Köpfen und das Räucherwerk in dem Gefäß an. Sie müssen sich dabei innerhalb des Kreises befinden. Verbrennen Sie im Laufe der nächsten halben Stunde kleine Mengen der Kräutermischung.

Um Mitternacht tun Sie folgendes:

Verbrennen Sie das restliche Räucherwerk.
Setzen Sie sich in die Mitte des Kreises.
Rezitieren Sie die Anrufung langsam neunmal nacheinander.

Warten Sie geduldig auf das Erscheinen des Geistes.
An den »Schatten Merlins« können dann drei Fragen gestellt werden.

Entlassen Sie den Schatten, indem Sie das brennende Räucherwerk völlig auslöschen.
Wenn er verschwunden ist, löschen Sie auch die Kerzen in den »Köpfen« und verlassen den Kreis.

Damit ist der Ritus der Anrufung abgeschlossen. Viele abgewandelte Formen davon können mit Erfolg angewendet werden, wenn sie sich auf intelligente Weise an das Original halten. Der Leser mag selbst eine Version erschaffen, die sich in seiner besonderen Situation durchführen läßt, sollte dabei jedoch bedenken, daß er um so größeren Erfolg haben wird, je mehr seine Umarbeitung mit dem Original übereinstimmt. Dieses Ritual muß stets allein ausgeführt werden.

Beim Warten auf Mitternacht können Sie eine geeignete Stimmung/Geistesverfassung dadurch herstellen, daß Sie eine zu dem Geschehen passende Musik hören oder selbst spielen und singen. In Lektion 11, die zu dem Romankapitel »Liedzauber« gehört, sind einige hervorragende Beispiele dafür zu finden. Andere modernere Kompositionen, die den Geist von *Samhain* ausgezeichnet wiedergeben, sind:

Ancient Voices of Children von George Crumb
Danse Macabre von Camille Saint-Saens
And God Created Great Wales von Alan Hovaness
Aparebit Repentina Dies von Paul Hindemith
Sinfonia Antartica von Vaughan Williams
Der Zauberlehrling von Paul Dukas
Le Sacre du Printemps und
Requiem Canticles von Igor Strawinskij
Die Planeten von Gustav Holst.

5

Von Wind, Meer, Feuer & Stein

»Aus dem Nichts erzeugte der Schöpfer der Welten
Vier Elemente als Grundursache und Urstoff
für alle in Harmonie vereinte Schöpfung.«

GEOFFREY VON MONMOUTH, VITA MERLINI

Die frischen Herbstwinde bliesen farbiges Laub über das blanke Antlitz von Tintagel, während sich alles auf den baldigen Ansturm des Winters vorbereitete. Trotz Nächten schwer von Reif waren die Tage noch warm und sonnig, erfüllt vom erdigen Geruch nach Blättern und Ernte. Vierzehn Tage waren seit der *Samhain-Nacht* vergangen, und ich wollte unbedingt meine *Vier Symbole der Meisterschaft* fertigstellen, ehe Merlin wieder auf der Insel erschien. Stets war ich erstaunt, wie der Druide es fertigbrachte, jederzeit oder auf *höchst* unerwartete Art und Weise aufzutauchen. Deshalb malte ich mir aus, daß er irgendeinen geheimen Unterschlupf in der Nähe haben mußte, den er benutzte, wenn er in der Gegend war. Tatsächlich machte ich mir häufig einen Sport daraus, nach Merlins »legendärem Lagerplatz« zu suchen – mehr zu meinem eigenen zu finden. Bis heute waren meine Erforschungen weiterhin unbelohnt geblieben, obwohl sie mir zweifellos viele glückliche Stunden während jener letzten warmen Herbsttage bereitet hatten.

Das erste meiner druidischen Geräte, das ich fertiggestellt hatte, war der STAB gewesen. Ich hatte viele Stunden für das Schnitzen gebraucht, um diese Aufgabe abzuschließen. Das

Ergebnis war bestimmt kein Kunstwerk, aber Merlin hatte mir versichert, daß es letztlich auf die Symbolik und die Anstrengung ankäme und nicht auf den Grad an handwerklichem Geschick.

Durch einen glücklichen Zufall war ich an den Eingangstoren auf ein kleines, rundes Stück *Holeystone* gestoßen, das ideal für die Anfertigung meiner SCHEIBE geeignet war. Mit ein wenig Überredung hatte Illtud zugestimmt, die Inschriften darauf anzubringen, denn in solchen Kunststücken der Gelehrsamkeit war er weitaus besser als ich. *Eines Tages, so dachte ich, wird er den perfekten Mönch abgeben! Und ich lächelte darüber, daß er nichts über die wirkliche Absicht hinter meinem Werk wußte, sondern offenbar annahm, daß ich nur einem der Mönchsbrüder einen Streich spielen wollte.*

Die FEUER-SICHEL hatte eine größere Herausforderung dargestellt, da Geräte dieser Art selbst für Erntezwecke schwer zu bekommen waren. Glücklicherweise hatte ich ein ziemlich rostiges Exemplar aus dem Abfallhaufen hinten im Garten ausgegraben, das tatsächlich den Ansprüchen sehr wohl genügte, als es einmal gereinigt und angemalt war. Mit einem Schleifstein und etwas Zeit war es mir sogar gelungen, die Klinge wieder zu schärfen.

Das weitaus Schwierigste der vier aber war der MEERESKELCH, und zwar aufgrund der ungewöhnlichen Kombination von Muschelschale und Silber, die für seine Anfertigung erforderlich war. Anfangs hatte ich beschlossen, die Steilufer nach der »vollkommenen Muschel« abzusuchen, da dort unzählige Seemöwen ungezählte Stunden damit verbrachten, Austernmuscheln aufzuknacken, indem sie diese aus großer Höhe über der Küste gegen Felsblöcke schleuderten. Recht häufig verfehlte ein Vogel sein Ziel, und die bedauernswerte Auster wurde am Rande der Klippen an Land geschwemmt – zumindest bis die Flut sie wieder zurück ins Meer spülte. Ich war auf mehrere solcher Funde gestoßen, doch leider waren sie alle in schlechtem Zustand, abgesplittert oder zerbrochen. Dann aber fand ich eine – die bestmögliche Wahl unter vielen – und vertraute sie den Händen eines Freundes an, der Geschick in Metallarbeiten hatte; dafür sollte ich ihm eine Woche lang in seinem Kräuterhaus helfen. Doch wieder schienen die Götter entschlossen, meine Hingabe zu prüfen, denn während der Arbeit zerbrach die Muschel in ein Dutzend Stücke – was mich mit der unerledigten Aufgabe zurückließ.

Auf dies alles war es zurückzuführen, daß ich meine Suche nach dem perfekten Ersatz für meine zerbrochene Muschel von neuem begann. Diesmal sollte es eine sein, die es mit Merlins eigener aufnehmen konnte. Zumindest hatte ich diesen Ehrgeiz, bis ich an jenem Tag mit leeren Händen von den steilen Felsklippen zurückkehrte ... nirgends waren gute Muschelschalen zu finden. Aber schließlich gab es ja auch noch eine andere Stelle. Mit dem festen Entschluß, eine Niederlage nicht zu akzeptieren, erinnerte ich mich an den versteckten unterirdischen Gang, der hinab zum tiefer gelegenen Ufer führte – ein Gebiet, das mit Sicherheit jede Menge herrlicher Muscheln bot, die man nur aufheben mußte.

Ohne es mir zweimal zu überlegen, rannte ich über die Wiesen, machte den Busch ausfindig, der den Eingang überwucherte, und sprang mit den Füßen zuerst in das modrige Loch. Bald war ich daraus wieder aufgetaucht und hatte mit dem Hinunterrutschen begonnen, als ein merkwürdiger Laut meine Aufmerksamkeit auf sich zog: Musik ... eine Art von Singen, irgendwo zwischen Sprechen und Summen. Dahinter steckte die Stimme eines Mannes, die mich an die eintönigen Sprechgesänge erinnerte, die zu jeder gewöhnlichen heiligen Messe gehörten. Schlicht und einfach vom Reiz des Abenteuers angelockt, wandte ich mich, ohne nachzudenken, um und steuerte die Richtung an, woher der Klang kam.

Bald befand ich mich auf einem schmalen, sandigen Fußweg, den ich bei meinem letzten Ausflug dorthin nicht bemerkt hatte (zweifellos wegen des hohen Schilfs, das ihn verbarg) und der von der Höhle des Riesen wegführte und sich zur gegenüberliegenden Seite der Insel wand. Als ich hochblickte, konnte ich die Klippen von Tintagel über mir sehen – wie ein Dach, das die Küstenlinie beschirmte, der ich folgte. Sicher hatte ich deshalb diesen Teil des Strandes vorher nie gesehen. Bald ebnete sich der Boden zu weiten Flächen von grobem Sand und Schelf, die in scharfem Gegensatz zu den riesigen Erhebungen der vom Wasser abgeschliffenen Felsblöcke standen, die den Bereich dahinter beherrschten. Die ganze Zeit über ging der merkwürdige Singsang weiter.

Plötzlich stand ich vor einer Schlucht, die sich weit zurück zum Bergabhang und dann gerade hoch zu den Felskuppen erstreckte. Diese breite »Spalte« bildete eine Art natürliches Felsental, etwa dreißig Armlängen breit – und in seiner Mitte stand Merlin ... und sang drauflos!

Er schien sich meiner Gegenwart nicht bewußt zu sein, und so schaute ich ihm eine Zeitlang ruhig dabei zu, wie er mit seiner Sichel ein Muster in den Sand ritzte und dabei rezitierte:

Heute rufe ich an
die Stärke des Himmels,
das Licht der Sonne,
den Glanz des Mondes,
das Leuchten des Feuers,
die Geschwindigkeit des Blitzes,
die Schnelligkeit des Windes,
die Tiefe des Meeres,
die Stabilität der Erde,
die Festigkeit des Steins.

Als ich mich weiter über die Wasserscheide lehnte, bemerkte ich, daß Merlin einen Kreis in den Sand gezogen hatte und nun damit beschäftigt war, kleine Felsstücke auf die Kreislinie zu legen – ich zählte insgesamt zwölf. Endlich blickte er auf, so als hätte er etwas in der Luft gewittert.

»Da du den ganzen Weg zurückgelegt hast, um mein Ritual auszuspionieren, könntest du ebensogut hier herunterkommen und etwas lernen«, sagte der Druide mit leicht spöttischem Lächeln. »Komm her!«

Ich kletterte hinab in die kleine Bucht und dann weiter zu Merlin, der zur Begrüßung seine Hände auf meine Schultern legte und sagte: »So! Du hast tatsächlich die Große Prüfung der Toten am *Samhain-Abend* überlebt ... und bist daraus als *Ovydd* des Druiden-Ordens hervorgegangen. Gut gemacht – ich bin stolz auf dich!«

»Wollt Ihr damit sagen, daß der Traum Wirklichkeit war?« fragte ich erstaunt, denn ich hatte eigentlich nie entschieden, ob meine Erlebnisse in Jener Nacht real oder – wie Illtud behauptet hatte – lediglich Phantasie gewesen waren. »Mein Lehrer, sagt mir, ich bin wirklich mit Euch dort gewesen, oder? ... Ich *weiß*, daß ich dort war!«

»Natürlich warst du dort, Bärenjunges«, versicherte er begütigend, »und ich bin nie von etwas so beeindruckt gewesen wie von dir in jener Nacht. Wahrhaftig ... du hast die dunkelsten Ängste von allen bezwungen: das Schlimmste, was deine Einbildungskraft gegen dich ins Feld führen konnte! Aber weißt du, Arthur, damit hört die Sache noch nicht auf; es gibt weitere Reiche, die auch von dir zu bezwingen sind – zum Beispiel die Elemente. Durch deinen Mut hast du dir die priesterliche Eigenschaft des ›WAGENS‹ bereits erworben; damit bleiben nur noch ›WISSEN‹ und ›SCHWEIGEN‹ übrig. Laß uns mit ›WISSEN‹ anfangen! Heute ist der sechste Tag nach Neumond, dein Besuch kam daher genau im richtigen Augenblick.«

Wir tauschten noch viele weitere Worte aus und sprachen über alles, was seit *Samhain* geschehen war. Ich berichtete von meinen druidischen Symbolen der Meisterschaft, den Schwierigkeiten damit und von allem, wovon ich annahm, daß es wichtig sein könnte. Schließlich forderte Merlin mich dazu auf, mich »an einen sicheren Ort« drüben beim Druidenhaus zu setzen (das er zweifellos als Quartier benutzte) und die nun folgende »Anrufung der Elemente« genau zu beobachten.

»Ein geschlossener Kreis – und noch dazu ein Steinkreis – ist für jeden Arbeiter der Magie, ob Druide oder nicht, die mächtigste Schutzform. Diejenigen von uns, die ›Ursprüngliche Mystiker‹ genannt werden, errichten ihren Kreis aus zwölf Steinen, welche die zwölf Sternenhäuser, die Monate unseres Sonnenjahres, die Stunden eines Tages und besonders die dreifache Form der vier Elemente darstellen. Diese Zahl enthält, kurz gesagt, die Symbolik der materiellen Welt von *Abred:* eine ›Miniaturwelt‹ oder einen ›Mikrokosmos‹, wie es die griechischen Weisen nennen. Wenn wir einen Steinkreis errichten, so sichert uns dies den felsharten Schutz des Erdelementes. Jene von euch, die neu in der Magie sind, unerfahrene *Vates* wie du, Arthur, sollten unbedingt daran denken, welche Sicherheit der Kreis gegen Fehler bietet!«

Während ich darauf wartete, daß der Druide seine vorbereitende Arbeit beendete, gewährte mir dies eine vorzügliche Gelegenheit, den einzigartigen Platz zu erforschen, an dem ich mich befand. Das Gelände war deutlich in Bereiche unterteilt, von denen ich annahm, daß sie für die vier Himmelsrichtungen und vermutlich auch für die Elementarreiche standen. Die Bucht öffnete sich zu einem kleinen steinigen Strand, der nach nur ein paar Armlängen ins Meer führte. Am anderen äußersten Ende lag ein moosbedecktes Schelf, ein eingeschlossener Bereich, der mehrere Handtief in den Küstensockel eingemeißelt war und um den herum eine Fülle von winzigen gelben Blumen mit einem wunderbaren und seltenen Duft wuchsen. Zu meiner Rechten stand eine stattliche alte Eiche; sie war keineswegs sehr groß oder hoch, sondern sah eher knorrig und verkrüppelt aus, wahrscheinlich aufgrund der Rauheit der windumtosten Klippen und des Meeres. Vor diesen Baum war ein großer gußeiserner Kessel gestellt, in dem noch die schwelenden Überreste eines Feuers glühten. Schließlich stand auf der anderen Seite der Eiche ein einfacher, doch gutgebauter Altar aus drei blaugrauen Steinen. Außer diesen Dingen (und dem kleinen Druidenhaus, wo ich saß) gab es nichts als den ebenen Sandboden des Lagerplatzes, der jedoch gut instand gehalten und völlig frei von Unkraut war.

Auf diesem zentralen Platz arbeitete Merlin fieberhaft – in einer Art von kontrollierter Verrücktheit oder Ekstase, die ich für befremdlich hielt, bis ich mich daran erinnerte, wie er mir erzählt hatte, daß Zauberer während Augenblicken der Hohen Magie »von ihren Kräften berauscht« würden. Der Kreis, dessen Durchmesser Merlins eigener Größe entsprach, war in einem Abschnitt zur Rückseite der Bucht hin offen gelassen. Nun war er damit beschäftigt, entlang der Außenseite, und übereinstimmend mit den geweihten Plätzen der Himmelsrichtungen, an jedem Kardinalpunkt ein Zeichen zu ziehen. Schließlich richtete sich Merlin auf und trat durch die Öffnung in dem Kreis heraus. Er legte die Sichel sorgsam in seinen Schrein zurück, kam herüber und setzte sich neben mich.

»Laß uns reden«, sagte er schnaufend und wischte sich dabei Schweißperlen von der Stirn. »Ich nehme an, du hast mittlerweile viele neue Fragen, die dringend eine Antwort brauchen. Doch bevor du fragst, würde ich doch gerne mal hören, wieviel du dir durch Beobachtung erschlossen hast.«

»Nun«, begann ich, denn so etwas hatte ich halb erwartet, »Ihr habt Euren Kreis – Eure symbolische Welt – unterteilt, so daß er mit den vier Himmelsrichtungen übereinstimmt.«

»Gut!« kam blitzschnell Merlins Antwort, »gut ... das zeigt mir, daß du tatsächlich achtgegeben hast!« Und dann wurde das Gesicht des Druiden plötzlich sehr ernst, als er mit gesenkter Stimme im Flüsterton weitersprach. »In dieser Welt, Arthur, sind wir stets von vielen Kräften der Anderwelt umgeben, die man nicht mit bloßen sterblichen Augen sehen kann, wenn sie auch bisweilen gespürt werden können. Betrachte den Wind: Seine Anwesenheit kann gesehen werden, wenn er durch Weizenfelder geht, oder in den Baumwipfeln, wenn er die Wolken durcheinanderwirbelt oder Schiffe durch weite Meere treibt – aber wie sieht der Wind aus? Wo ist sein Ursprung, sein Anfang oder Ende? Und was ist mit dem Polarstern, dessen rätselhafte unsichtbare Strahlen sich auf die nördlichen Regionen der Erde richten? Können sie gesehen werden? Und Klang ... oder Wärme? Jede dieser mächtigen Kräfte ist Teil einer anderen unsichtbaren Welt, und doch üben sie jeden Tag einen starken Einfluß auf unser Leben aus. Auch wenn sie unsichtbar sind, würde niemand leugnen, daß sie wirklich sind. Dasselbe kann von den Elementarreichen gesagt werden, deren Mächte jenseits und hinter denen der materiellen Welt liegen – und doch sind sie für alle unsichtbar, außer dem geschulten Inneren Auge. Solche Kräfte wie diese bilden die vier Eckpfeiler der Druiden-Magie. Vor dem heutigen Tag sind dir die Vier Symbole der Meisterschaft gezeigt worden, mittels derer wir die Elemente beherrschen, doch nichts von den Reichen selbst. Heute, mein Junge, sollst du einen ersten Blick auf diese werfen.«

Merlin wies auf den Kreis, und wir gingen hinüber zu ihm, während er weitersprach: »Wie ich schon erwähnt habe, ist dieser Kreis ein altes Schutzsymbol, dessen Macht sich widerspiegelt im Lauf der Sonne, des Mondes und der Sterne, im Zyklus der Jahreszeiten und der Wiedergeburt. Um ihn drehen sich die *Vier Symbole der Tuatha* oder ›Portale‹, die dazu benutzt werden, die Tore zu den elementaren Anderwelten zu öffnen, wie du sehen wirst. Wie du bereits so gut erraten hast, alles hier: der Kreis, die Eiche, der Altar, die Blumen, selbst das Meer ist nach den vier Gegenden der Erde ausgerichtet – ein Altar aus kaltem Stein nach Norden, eine feurige Eiche nach Süden, duftende Goldkamille nach Osten, und schließlich die dunklen Gewässer nach Westen. Über allem liegt die Weite von *Nwyvre*, ›Weltenraum‹, durch den die Sonne die Drei Erleuchtenden Strahlen von *Awen* fallen läßt. Und darunter liegen die Tiefen von *Annwn:* jenes indigofarbene verborgene Reich der Schöpfung, in das keine Frau hineinschauen darf. Dies, Arthur, sind die Kräfte der Elementarreiche ... und der Wirkungsgebiete des Druiden.«

Danach schwieg Merlin eine Weile und verließ den Kreis, um sich neben die alte Eiche zu setzen. Doch schon nach einem kurzen Moment erhob er sich wieder und wanderte hinüber zu dem geweihten Platz im Osten, wo die kleinen gelben Blumen wuchsen.

„Sind sie nicht bemerkenswert« fragte er, während er sich über sie beugte, um daran zu riechen. »Diese winzigen Wunder sind aus vorgeschichtlicher Zeit, und manche behaupten sogar, aus der Zeit vor Atlantis, zu uns gelangt!« Er gab mir einen Wink, ebenfalls an ihnen zu riechen. Die Blüten hatten eine seltsam belebende Wirkung, die mich mit einem Gefühl von Heiterkeit und vibrierend vor Energie zurückließ. »Diese legendäre Pflanze, die du noch gut kennenlernen wirst, hat einst die Essenz manch alter Weisheit enthalten«, fuhr Merlin fort, »in diesem Zeitalter aber steht sie für die frischen Winde des östlichen Elementarreiches bei Sonnenaufgang. Trotzdem besitzt sie immer noch die Macht, tief in den Gläubigen etwas von den Rätseln der für immer vergangenen Zeiten wachzurufen.«

Erneut beugte er sich nieder, um den Duft in sich aufzunehmen. »Kannst du es nicht spüren?«

Lächelnd sagte ich: »Es stimmt, ich habe mich nie zuvor so

gefühlt. Mein Geist scheint klar und frisch, wie Sonnenschein nach einem langen Regen.« Merlin lächelte und wies dann hinüber zu dem Eichenbaum. Seine Rinde hing lose herab und war rissig vom Alter; die wenigen dürren Blätter, die noch an den unteren Zweigen hingen, lieferten den einzigen sicheren Anhaltspunkt, daß dieser uralte Wächter noch lebte. Die oberen Zweige waren unbelaubt und geborsten, so als wären sie einmal zu oft vom Blitz getroffen worden.

»Dies ist eine heilige Eiche, und trotz ihres kraftlosen Zustandes verkörpert sie die *feurige Energie des südlichen Reiches* – wie du aus ihrem offenkundigen Verkehr mit dem Blitz, selbst im hohen Alter, erraten haben dürftest! Trotzdem ist dieser besondere Baum außergewöhnlicher als die meisten, da er von den großen alten Eichenhainen abstammt, die sich einst, vor dem römischen Gemetzel, auf der Dracheninsel weit unten im Süden ausdehnten ... eines Tages werde ich dich dorthin mitnehmen. Mein Lehrer, der weise Druide Cathbad von der Roten Insel, hat sie eigenhändig gepflanzt – und mir, als seinem Lehrling, fiel es zu, seine Asche unter ebendiesem Baum zu begraben, als der Tag gekommen war. Dies war ein Feuer, das der Baum niemals vergessen konnte ... und ich auch nicht.«

»So habt auch Ihr einmal einen Lehrer gehabt?« fragte ich erstaunt bei der Erwähnung dieses neuen und mystischen Namens. »Wollt Ihr mir etwas mehr von ihm erzählen? Wie ist er gewesen?«

Merlin, der ebenso betrübt wie erfreut schien, lehnte sich zurück gegen den alten Baum und verschränkte die Arme. »Cathbad war ein großer Mensch und gleichzeitig ein hervorragender Druide und Lehrer, so daß seine Taten und seine Weisheit noch immer von den Barden in Irland und auf der Insel Man besungen werden. Nun, einst schlug er sogar das Amt des Erzdruiden von Iona aus, so sehr widmete er sich dem persönlichen Wachstum und dem seiner vielen Schüler, deren einer zu sein ich die Ehre hatte. Immer hatte Cathbad diesen Ort geliebt und ihn selbst mit Hilfe vieler Elementarkönige und niederer Wesen, die unter seiner Autorität standen, zu einem Kraftort gemacht. Im Alter beschloß er dann, hierher zurückzukehren und hier zu leben – und zu sterben, und an dieser Stelle füge ich mich in die Geschichte ein. Oh ... die Anzahl magischer Kreise, bei denen ich zusah, wie er sie an genau dieser Stelle schuf! Ich vermisse ihn oft, selbst heute noch.«

Merlin erhob sich und zog etwas aus dem Ärmel, ging dann hinüber zu dem Tiegel und warf eine Handvoll Kräuter auf die Kohlen. »Mistel!« antwortete er, noch bevor ich ihn danach fragen konnte. »Mistel, als Räucherwerk mit Eiche verbrannt, ist eine ungewöhnliche und magische Kombination, die nur den Druiden bekannt ist. Cathbad lehrte mich diese Geheimnisse vor vielen Jahren.« Er lief nun auf den Strand zu und begann seine Sandalen aufzuschnüren. »Doch jetzt Schluß mit diesem Verweilen in der Vergangenheit, laß uns in die Gegenwart vorstoßen. Gehen wir schwimmen!«

Wir ließen unsere Gewänder am sandigen Ufer zurück und sprangen in das kalte Wasser. Bald verschwand jegliche Erinnerung an lange verlorene Freunde und ungelernte Lektionen; wir gaben uns den Freuden hin, zu tauchen und den stets gegenwärtigen Wellen von Tintagel auszuweichen – Wellen, die uns schließlich beide wieder ans Ufer spülten, wo wir uns im matten Sonnenlicht des Herbstes trocknen ließen.

»Meerwasser enthält viel Salz«, bemerkte Merlin, »und du solltest daran denken, vor einem Werk der Hohen Magie in es einzutauchen, wenn immer dies möglich ist. Solches Wasser besitzt die Fähigkeit, dunkle und unerwünschte Kräfte von dem Lichtschild um deinen Körper zu beseitigen; deshalb habe ich dich heute Nachmittag zum Schwimmen mitgenommen. Salzwasser heilt den Geist ebenso wie den Körper.«

Und das stimmte tatsächlich! Als Folge des Schwimmens

fühlte ich mich leichter und voller Energie – oder vielleicht war es auch aufgrund des Ortes oder einfach nur durch Merlins Gegenwart; ich konnte nicht sagen, was es war. Doch eines wußte ich mit Bestimmtheit: Ich fühlte mich besser, lebendiger und glücklicher als jemals zuvor, und es war nicht nur das Wasser, dem ich dafür zu danken hatte.

Merlin trat mit zwei weißen Gewändern aus seinem Steinhaus und warf mir das kleinere davon zu. Sie sahen aus, als wären sie aus einer groben, aber dennoch weichen Faser genäht, die kräftig und ganz anders als irgendein Gewebe war, das ich bisher gesehen hatte. Ansonsten war meine Robe in jeder Einzelheit schlicht und einfach, während diejenige des Druiden mit kleinen Symbolen in goldenem Faden bestickt zu sein schien, die ich aber nicht deutlich erkennen konnte.

Darauf sagte er: »Dein Gewand hat einmal mir gehört, während ich hier als junger Lehrling war. Wir trugen damals in der Regel Weiß, wie wir es auch heute tun, als Symbol für die Reinheit unserer Bestrebungen, wenn wir die druidische Arbeit aufnehmen. Damit wir zu Meistern unserer Welt innerhalb des Kreises werden, sollten wir keine bestimmte Farbe stärker als eine andere reflektieren – denn dies kann die Anderwelt als Merkmal unserer Sterblichkeit erkennen –, sondern statt dessen alle Farben ... die vereinten Kräfte des Regenbogens! Wie du gelernt hast, ist das weiße Licht eine Verbindung aller Farben zur Einheit.«

Wir zogen unsere Gewänder zunächst schweigend an. »Mir fällt ein Gedicht ein«, begann Merlin sich zu erinnern, »das vor langer Zeit über diesen Ort geschrieben wurde ... von meinem Lehrer, der es mir dann beigebracht hat. Ich glaube, es war vielleicht das erste Stück bardischer Prosa, das ich jemals lernte. Wie hat es doch gelautet?«

... inmitten von unvergänglichen Klippen, deren Stärke
dem behelmten Römer in seiner Stunde des Stolzes trotzte,
Wo der alte Steinkreis des Druiden finster schaute
und die Eiche geheimnisvolles Murmeln ausströmte,

Dort lebten vorzeiten inspirierte Männer
unter der Hochebene, im Auge des Lichtes,
Und, sich nach Gwynvydd wendend, stand jeder edle
Führer
Innerhalb des Kreises, den niemand sonst zu betreten
erlaubt war.

»... Wie lebhaft ich mich nach so langer Zeit an diese Worte erinnere«, sagte der Druide leise, wie aus weiter Ferne. »Aber wir sind wegen der Gegenwart hier, wie ich schon gesagt habe – laß uns beginnen!«

Merlin nahm seinen Schrein unter den Arm, und wir verließen die Hütte. Bei der Öffnung im Kreis blieben wir stehen, während Merlin die Worte Y GWIR YN ERBYN BYD anstimmte und dann in den Kreis trat. *»Die Wahrheit gegen die Welt«*, dachte ich bei mir, »das heiligste Versprechen der Druiden«, und ich wiederholte die Worte, ehe ich meinen Platz einnahm. Merlin stand mit geschlossenen Augen genau im Zentrum, legte dann die gewölbten Handflächen aneinander und hob sie zu seinen Lippen. Nach alter Lehre sprach er langsam die folgende Anrufung in seine Hände:

Große Stimme, die uns im Wind der
Morgendämmerung ruft
Fremde Stimme, die uns in der Mittagshitze still macht
Bei Sonnenuntergang gehört
Bei Mondaufgang gehört
Und in den Regungen der durchwachten Nacht,
Sprich nun als Segnung ...

Und damit senkte er seine Hände nach unten über die ganze Breite des Kreises, so als würde er einen Segen darüber ausgießen. »*Nid Dim ond Duw... Nid Duw ond Dim*«, flüsterte er. Dann ergriff er noch einmal die Sichel und zog das verschließende Kreissegment in den Sand. Danach wurde jedes der vier Symbole der Meisterschaft nach dem Lauf der Sonne in die im zugehörige Richtung gelegt: der Stab in den Osten, die Sichel in den Süden, der Kelch in den Westen und der *Holeystone in* den Norden.

Alles, was sich von diesem Moment an ereignete, war in seinem Ablauf derart phantastisch, daß mein Bericht im besten Falle als Versuch einer Annäherung verstanden werden darf: undeutliche Widerspiegelungen von etwas, das verschwommen und doch im gleichen Augenblick konkret faßbar war – und meine Ausdrucksmöglichkeiten, es objektiv zu beschreiben, weit überstieg.

Zuerst stand Merlin ganz aufrecht mit geschlossenen Augen genau in der Mitte des Kreises. Er atmete tief ein, hielt den Atem an und hob beide Hände hoch über seinen Kopf, so als würde er nach etwas greifen. Dann ließ er seine Hände ganz langsam wieder nach unten zur Seite sinken, wobei er, mit einer dumpfen und mir unbekannten Stimme, zu dem großen dreifachen IAO ausatmete, das mir aus der christlichen Überlieferung als der unaussprechliche Name Gottes bekannt war.

Augenblicklich veränderte sich die gesamte Atmosphäre innerhalb des Kreises: Die Luft um uns herum schien zu glühen, Dunkel und Licht verschmolzen miteinander, und flimmernde Energieblasen schienen von der Erde aus durch unsere Körper aufwärts zu gleiten. Merlin wies mit dem Stab des Windes in der Hand in die östliche Himmelsrichtung, zog das Zeichen für das PORTAL DES WINDES und sagte dabei: »Höre, Lleu Llaw Gyffes, die Stimme des Barden.

Der Junge, der mit dem Wind im Westen geboren ist,
Wird Kleidung haben und Nahrung erhalten.
Der Junge, der mit dem Wind im Norden geboren ist,
Wird Sieg erringen, doch Niederlagen ertragen.
Der Junge, der mit dem Wind im Süden geboren ist,
Wird Honig bekommen und in großen Häusern weilen.
Goldbeladen ist der Wind aus dem Osten
Der beste von allen vieren, die wehen,
Der junge, der geboren ist, wenn dieser Wind weht,
Wird niemals in seinem Leben Mangel erfahren.

Erce, Erce, Erce – ich rufe euch an, Mächte der Luft, Reich des Windes. Seht: Gorias ... Esras ... Paraldas!« Und er sprach dreimal den heiligen Zauber des Wirkens. Ich schluckte schwer, um nicht aufzuschreien, als die Landschaft vor mir plötzlich dahinschwand. An ihrer Stelle schienen wir hoch oben auf einem Berggipfel zu stehen, wo die Winde peitschend um uns herumwirbelten. Am Horizont ging eine gelbe Sonne auf, während Vogelschwärme durch die goldenen Strahlen und kühle Brisen hoch aufstiegen und sanft dahinglitten. Ein wunderbarer Duft erfüllte die Luft, und ich wußte sofort, daß er von den kleinen gelben Blumen kam, den Goldkamillen oder *Golden Pipes of Lleu,* die ich vorher gesehen hatte. Als ich auf unsere Füße hinabblickte, entdeckte ich, warum: Der Berggipfel, auf dem wir standen, war voll von ihnen! Doch am auffallendsten waren kleine Elfen, goldhäutig und mit gläsernen Flügeln, die aus dem Inneren der Winde ein- und ausschlüpften.

»Windsänger!« hatte Merlin geantwortet, als ich mich nach ihnen erkundigte, »bei uns im Westen werden sie ›Windsänger‹ und in fremden Ländern ›Sylphen‹ genannt. Doch welchen Namen auch immer sie tragen, sie sind Untertanen von Lleu, dem König über das Elementarreich des Windes.« Mit diesen Worten ließ der Druide den Magischen Stab nach unten sinken, drehte sich mit der Sonne, hob die Feuer-Sichel hoch und richtete sie auf die Eiche im Süden.

»Höre, Belinos, die Stimme des Barden«, befahl Merlin, während er das Zeichen für das PORTAL DES FEUERS in den Raum vor dem alten Baum zog:

Komm, Zorn des Feuers
Feuer der Eiche
Eiche des Wissens
Weisheit des Reichtums
Schwert des Liedes
Lied der sengenden Klinge!

Erce, Erce, Erce – ich rufe euch an, Mächte des Feuers, Reich der Flamme. Seht: Finias ... Uscias ... Djinas!« Und wieder sprach er dreimal den Zauber des Wirkens. Die Berggipfel entfernten sich nacheinander wie Nebel, und überall um uns herum brachen brodelnde Lavakrater auf. Dies war ein furchterregendes Reich, wo giftige orangefarbige Dämpfe in langen Luftströmen aufstiegen und überall Flammen und schweflige Asche waberten. In und außerhalb der glühenden Lava schwammen schlangenartige Geschöpfe von goldener und roter Farbe, die sich flink zwischen den Blasen drehten und wanden. Hoch über uns schwebte eine Mittagssonne wie Blut, aus ihrer sengenden Mitte schlugen scharlachrote Flammen wie Spiralen hervor.

»Feuerschlangen ... und um uns herum der Atem des Drachen«, flüsterte Merlin, als wäre er eins mit den zischenden Flammen, »doch jene in anderen Ländern haben diese Diener von Bell ›Salamander‹ und die Christen haben sie ›Engel Satans‹ genannt. Laß uns von hier fortgehen ...« und er warf die Sichel auf den Boden im Süden, so als habe er sich an ihr verbrannt.

Merlins Erwähnung der feurigen »Satanischen Engel« ließen unzählige Kindheitserinnerungen in mein Gedächtnis zurückfluten ... Erinnerungen an Predigten vom Höllenfeuer und schreckliche Flüsse ewiger Verdammnis, die mir von den Priestern von Brychan gehalten worden waren, um meine sterbliche Seele auf denn rechten Pfad zu leiten. Wie ich jene fürchtete – sie erschreckten mich, was unzweifelhaft beabsichtigt war. Und jetzt hatte ich einen Ort aufgesucht, der in jeder Hinsicht der christlichen Vorstellung von Hölle gleichkam: jenes Reich, für das all jene, die nicht den Maßstäben Christi entsprachen, bis in alle Ewigkeit bestimmt waren. Schuld ... Gottesfurcht ... die Schrecken der ewigen Verdammnis – waren dies gute Motive, um eine Religion darauf zu gründen? Die Druiden glaubten dies nicht, und in diesem Augenblick, nachdem ich ihre »Hölle« besucht hatte, war ich froh darüber. »Angst«, so hatte Merlin mich gelehrt, »ist der Anfang aller Weisheit«. Jetzt erkannte ich, wie sehr dies zutraf.

Nachdem ich dieses lautlose Selbstgespräch geführt hatte, wunderte ich mich, wie die Menschen nur bereit dazu sein konnten, die alten druidischen Lehren, welche die Selbstmeisterung über mehrere Leben hin lehrten, zugunsten des neuen christlichen Dogmas aufzugeben, das auf Furcht vor Fehlern und Schuld beruhte? Ich fragte mich, warum dieser offenkundige Unterschied übersehen worden war, bis eine Bibelstelle, die ich in der Kirche gelernt hatte, plötzlich mit neuem Sinn erfüllt auftauchte: *»Viele sind berufen, aber wenige sind auserwählt.«* Damit erkennen sie sogar ihre eigene Torheit, dachte ich bei mir, bevor ich plötzlich in die Realität zurückkehrte. Unbemerkt von mir, hatte Merlin bereits den Muschel-Kelch hoch in die Luft erhoben, so als wollte er meine glühenden Ängste tief im Meer auslöschen.

Merlin zog als drittes Zeichen das PORTAL DLS MEERES über die wogenden Wellen vor uns und rief aus: »Höre, Llyr ap Manannan, die Stimme des Barden.

Meer voller Fische!
Fruchtbares Land!
Auf schwärmende Fische!
Fische dort!
Unterwasservogel!
Krebsloch!
Aufschwärmende Fische!
Meer voller Fische!

Erce, Erce, Erce – ich rufe euch an, Mächte des Wassers, Reich des Meeres. Seht: Murias ... Semias ... Niksas!« Und erneut erklang der Zauber des Wirkens dreimal.

Sogleich befanden wir uns unter Wasser, vom Aussehen des Lichtes und der See her in großer Tiefe, obwohl die Sonne irgendwie unter der Wasseroberfläche über uns untergegangen war. Genau außerhalb des Kreises trieben große Wälder grüner Algen vom Meeresgrund, inmitten von ihnen schwammen Fische und allerlei Meeresgeschöpfe. Innerhalb von Augenblicken wallte das Wasser um uns herum auf und schäumte: Vor dem Kreis war in dichten Sandwolken, die langsam zu Boden sanken, ein Riese aufgetaucht.

Es war schwer zu sagen, ob diese furchteinflößende Kreatur Fleisch oder Fisch war. Er war zum Teil in schimmernde Silberschuppen gehüllt und hielt einen langen Dreizack in der Hand. Um seinen Kopf saß auf langem, dunklem Haar, das von seinem bärtigen Gesicht in alle Richtungen stand, eine Krone aus Korallen und Muscheln, und dort, wo Beine hätten sein sollen, hatte er einen Fischschwanz! Da waren auch noch andere Geschöpfe: anmutige Nixen, die lange Perlenschnüre um runde Schuppenkörper gewunden trugen und gruppenweise in der Nähe des Riesen schwammen, doch vorsichtig Abstand hielten.

Dann geschah etwas höchst Ungewöhnliches und Unerwartetes: Der titanische Meereskönig starrte mich direkt an, deutete mit seiner furchtbaren Waffe auf meinen Kopf und sprach dann, nicht mit Worten, sondern unmittelbar zu meinem Geist:

»Reichtümer habe ich vom Grunde des Meeres, um eine Schatzkiste oder Truhe zu füllen – doch du hast weder die Perle noch die Muschel, um die Aufgabe deiner Hohen Suche zu vollenden!«

Und damit gab er ein schallendes Hohngelächter von sich, das mich nur um so mehr über seine Worte erstaunt sein ließ. War dieser Satz an mich gerichtet? Und weshalb? Doch rasch entschied ich, daß ich mir eine derartige Frage besser für das trockene Festland aufhob, und ich blickte zu Merlin hinüber, um zu sehen, ob er es überhaupt gehört hatte oder nicht. Ich bekam nie eine Antwort darauf, denn der Druide hatte bereits das STEINZEICHEN IM NORDEN gezeichnet, hob seine Erd-Scheibe hoch und begann mit der letzten Anrufung: »Höre, Kernunnos, Herrscher der Tiere, die Stimme des Barden.

Geist des Landes, ich rufe dich an!
Das waldige Tal!
Das schimmernde, schimmernde Meer!
Der fischreiche, fischreiche See!
Der Fluß übervoll, übervoll von Wasser!
Der fruchtbare, fruchtbare Hügel!
Geist des Landes, ich rufe dich an!

Erce, Erce, Erce – ich rufe euch an, Mächte der Erde, Reich des Steines. Seht: Falias ... Morfessas ... Ghobas!« Und zum letztenmal sprach Merlin die Worte.

Diesmal befanden wir uns in einer vertrauteren und angenehmeren Umgebung: in einem Wald, tief, dunkel und still. Mächtige Bäume von unsagbarem Alter, viele von ihnen höher als hundert Männer, sie alle knorrig und urig, umgaben uns. Zwischen den Wurzeln von manchen der ältesten Bäume bewegten sich winzige menschenähnliche Wesen, die zierlich mit Anzügen aus Blatt und Rinde bekleidet waren. In ihren Händen trugen sie Nüsse, Pilze und andere Nahrung aus den Tiefen des Waldes und schienen sich unserer Gegenwart nicht bewußt zu sein. Seltsamerweise existierte überhaupt keine Sonne: Es war fast eine Art Mitternachtsreich, wo Zwerg und Stein eins waren und die reglose Luft schwer vom kräftigen Duft des Waldmoders. Unerwartet streckte Merlin die Hand aus und berührte leicht meinen Arm, wobei er mit einer Kopfbewegung auf den Eingang zu einer großen nahegelegenen Höhle wies.

»Herne der Jäger, der Herrscher der Tiere, muß feierlich dazu aufgefordert werden, daß er erscheint«, flüsterte der Druide. »Anders als die Bewohner anderer Reiche wird er wahrscheinlich nicht zufällig oder ohne Notwendigkeit zum Vorschein kommen. Paß auf!« Und er holte aus den Falten seines Gewandes ein grünes Mistelzweiglein, das er nach Norden gerade außerhalb des Kreises warf. *»Yr Offeryn«*, und dann sagte er mit einer tiefen und rauhen, halb brummenden Stimme:

Steinschneise im Eichenwald, Eschenzweig im Kriegerkopf,
Weißdornrauch erstickt die Hexen der Luft.
Hört den Flug der Schneegänse, den Lauf des
verwundeten Ebers,
Hört das Klirren des kühnen Eisens
Im Namen des Herrschers der Tiere.
Hört den Atem des Gottes, üppig und fruchtbar -
Hört den Schritt des gehörnten Gottes,
Hört Kernunnos die Steinschneise im Eichenwald betreten .

Nachdem Merlins Worte verhallt waren und ihr Echo durch die Bäume zurückgeworfen wurde, war der Wald still – so still, daß mein eigener Herzschlag wie eine gedämpfte Trommel in meinem Kopfe klang. Ich bemerkte, daß der Druide wachsam und erwartungsvoll war; seine Augen huschten von Fels zu Busch, er lauschte ... und wartete.

Dann endlich kam er, zunächst ein stetiges Getrampel in der Ferne, das, unbesorgt um die Stille, lauter wurde – bis er hinter einer knorrigen Kiefer hervortrat und stehenblieb, mit starrendem Blick, tief atmend.

Selbst in jenem Dämmerlicht bot er einen Anblick, den ich niemals vergessen könnte: Er war in schwere Felle und Tierhäute gekleidet; in seiner Hand hielt er einen hölzernen Bogen, und auf seinem Kopf ruhte ein breites Hirschgeweih – das heißt, wenn es nicht schon von Geburt an dort war! Auch an seinen Füßen war etwas seltsam, denn sie schienen gespalten zu sein, oder aber es war die Art von Stiefeln, die er trug, oder auch eine Sinnestäuschung durch das Licht. Der gehörnte Mann wandte nicht ein einziges Mal seine Augen von uns ab, doch nach einem kurzen Augenblick gestikulierte er leicht mit der Hand in unsere Richtung ... und war verschwunden. Sobald er außer Sichtweite war, schienen wieder Geräusche in den Wald zurückzukehren.

»Herne!« wiederholte Merlin, und ich hörte etwas in seiner Stimme, was »Ehrfurcht« am nächsten kam. Dann streckte der Druide seine Hand mit dem Magischen *Holeystone* aus und ließ ihn unvermittelt zu Boden fallen.

Augenblicklich standen wir wieder in den Begrenzungen von Cathbads Bucht. Über uns glühte eine spätnachmittägliche Sonne gegen einen wolkenlos blauen Himmel – in scharfem Kontrast zu den Elementarreichen, die alle sehr »eindimensional« beschaffen zu sein schienen. Merlin, der erschöpft und müde wirkte, trat aus dem Kreis und ging hinüber zu dem Felsenschelf, wo er sich zwischen die gelben

Blumen setzte. Sorgfältig tastete er mit der Hand in einer nahen Steinspalte herum, bis sich der Anflug eines Lächelns auf seinem Gesicht zeigte. Er zog eine lange Tonpfeife hervor, stopfte sie mit einigen Blüten und entzündete die Pfeife an einem Flintsplitter.

» So, Arthur, willkommen zu deiner Rückkehr in die Welt von Zeit und Raum! Ich hoffe, du hast aus allem etwas gelernt?« Ich nickte. »Nun, eines ist sicher: Du hast zweifellos die Aufmerksamkeit von König Llyr, dem Meeresgott, auf dich gelenkt! Um was ging es eigentlich dabei ... die Sache mit der Muschel und das Ganze?« Ich zuckte die Achseln. »Nun gut, Bärenjunges, ich bin davon überzeugt, du wirst es bald herausfinden. Doch willst du jetzt dabei mithelfen, den Kreis vom Sand wegzuwischen?«

Damit steckte Merlin seine Pfeife zurück, griff nach den beiden weißen Gewändern und ging in Richtung des Druidenhauses, wobei er über die Schulter hinweg ergänzte: »... und achte darauf, wie der Kreis nie wirklich verschwindet!« Kichernd verschwand er in der Hütte.

Als ich mich auf den Heimweg machte und die steilen Hänge hinaufkletterte, war es fast dunkel. Die Glocke läutete schon zur Abendvesper, und es verlangte mich danach, bei Merlin in der Bucht zu bleiben. Doch er hatte gemeint, daß dies nicht der richtige Zeitpunkt dafür sei – noch nicht, aber er würde früh genug kommen.

»Nun ja«, tröstete ich mich, »wenigstens habe ich seinen Lagerplatz entdeckt!« Doch irgendwie stellten die anderen Erlebnisse des Tages diese Leistung in den Schatten – was mich wieder an die rätselhaften Worte des Meeresgottes an mich erinnerte. Dann, als die Lichter der Kapelle gerade in Sicht kamen, wurde mir die Antwort klar: »Mein unvollendeter Kelch – die zerbrochene Muschelschale. Natürlich!« Ich glühte förmlich, als ich diese Worte flüsterte. Der Gott verspottete mich wegen meines Pechs, einen Ersatz zu finden!

Bald wurden meine Gedanken durch den Klang von Stimmen unterbrochen, die in der Kirche sangen.

»Wie kann ich jetzt nur zurückkehren?« fragte ich mich unglücklich.

»Wie ... kann ich ihre Gewohnheiten ertragen, nachdem ich die Wahrheit erfahren habe, die Macht der Götter und ihre unsichtbaren Reiche erlebt? Ihre Welt ist so klein ... «

Wie als Antwort schien ich plötzlich Merlins Stimme zu hören: »Alle Götter sind nur Gesichter des Einen – genau dasselbe Gesicht mit einem anderen Namen ... hab Geduld.«

Vor der Kapelle blieb ich stehen und holte tief Luft. »Vielleicht«, beschwichtigte ich mich, »werden selbst *sie* verstehen, wenn die Zeit dafür kommt. Vielleicht, wenn die Götter es wollen, werden auch sie wissen, was es heißt, Macht über die eigenen Ängste zu haben.« Ein Zittern durchlief mich, und ich streckte die Hand nach dem Türgriff aus.

Lektion 5

Die Vier Zeichen des Portals

Damals, in meiner Jugend, wuchs das Interesse an Pflanzen, Tieren und Steinen. Ich war ständig auf der Suche nach etwas Geheimnisvollem.

C. G. JUNG

Das Kapitel »Von Wind, Meer, Feuer & Stein« ist eine Lehrgeschichte der vier Elemente und erklärt die verschiedenen Symbole jedes Elements, so wie sie von den Druiden und Kelten verstanden und benutzt worden sind.

Das *Book of Pheryllt* geht jedoch noch einen Schritt weiter und ergänzt die Symbole durch vier sogenannte ZEICHEN DES PORTALS: vier Grundsymbole, die während des druidischen Rituals zur Anrufung und Beschwörung der Elementarkräfte verwendet wurden, um die Pforten zu den Elementarreichen zu öffnen. Sie werden nachfolgend wiedergegeben. Wesentlich ist dabei, die *Zeichen des Portals* in der richtigen Reihenfolge aufzuzeichnen (wie durch die Ziffern der folgenden Abbildungen dargestellt).

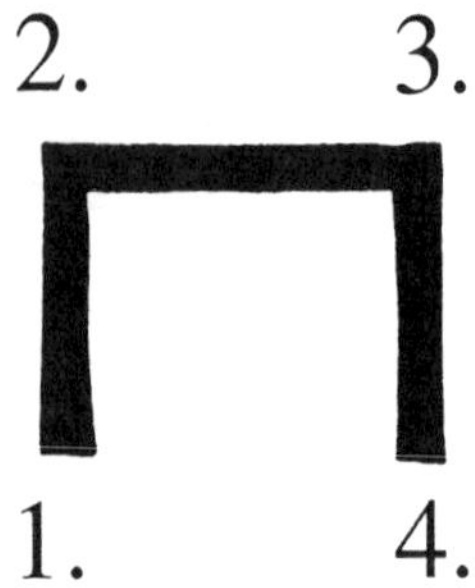

1. Der TRILITH ist als Bauform der überwölbten Gänge von Stonehenge, als keltischer Dolmen oder als Erdeingang zu einer Grube oder Höhle bekannt. Er steht symbolisch für die Vorstellung von »Schoß und Grab«, für die Erdmutter, die uns gebiert und deren dunkles Fleisch uns wieder umschließt, wenn wir sterben. Dies ist eine gänzlich weibliche Form, deren Gestalt an sich eine mystische Pforte von der Vergangenheit in die Zukunft darstellt. Sie steht symbolisch für das *Elementarreich Erde.*

2. Die konkave Wölbung stellt das Grundmuster des KELCHS dar, das symbolisch für Empfänglichkeit steht: dafür, etwas festzuhalten oder zu umfassen. Auch hierbei handelt es sich um ein weibliches Symbol des Aufnehmens, das sich häufig an der Form einer perlmutternen Austernmuschel oder eines heiligen schwimmenden Salms erkennen läßt. Es steht symbolisch für das *Elementarreich Wasser.*

3. Das TAU oder gleichseitige Kreuz steht sinnbildlich für Gleichheit, die Vorstellung von gleicher Bewegung in alle Richtungen – die vermittelnde Substanz zwischen den Kräften von Feuer und Wasser. Es ist in der Anordnung einer Windmühle zu erkennen, die Luftströmungen aus allen Himmelsrichtungen auffängt, in einer herabfallenden Schneeflocke oder in den sich drehenden Speichen eines Rades. Dies

ist ein männliches Symbol der Gerechtigkeit und steht symbolisch für das *Elementarreich Luft.*

4. Die Spitze oder das DRACHENHORN stellt eine Flammenzunge dar. Sie kann in einer Kerzenflamme oder in den lodernden Flammen eines Freudenfeuers, aber auch in der Form einer Bergspitze, dem dreizackigen Spieß des christlichen Teufels oder den Hörnern eines Drachen wahrgenommen werden. Sie alle sind männliche Symbole des *Elementarreichs Feuer.*

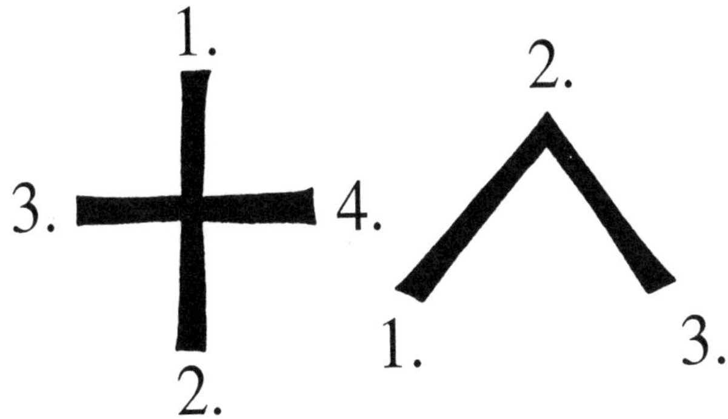

Achten Sie darauf, wenn Sie diese Symbole benutzen, daß Sie mit Visualisierungen arbeiten, die auf der oben beschriebenen symbolischen Bildersprache beruhen. Israel Regardie, der »Vater der modernen Magie«, hat gern den Satz *»Visualisierung ist der Schlüssel zum Okkulten«* angeführt, und dieser traf genauso zur Zeit der Kelten zu. Wenn diese vier Zeichen mit starker geistiger Vorstellungskraft verbunden werden, können sie kraftvolle Werkzeuge zum Öffnen der Tür zu jedem Elementarreich sein. Um eine bestimmte Elementarenergie zu bannen, zeichnen Sie einfach das zugehörige Symbol in umgekehrter Reihenfolge. Traditionsgemäß wurde bei einer Invokation oder Evokation der Elemente das jeweilige

Elementarsymbol bzw. die entsprechende Waffe der Meisterschaft verwendet, um das Zeichen zu ziehen; dies verstärkt auch heute die Wirkung um ein vielfaches.

Eine weitere Kraft zum Öffnen der Eingangsportale zu den Elementarreichen, die in allen alten Texten auftaucht, war der *Zauber des Wirkens*. Er wurde während des Aufzeichnens der Symbole rezitiert, was vor dem Körper mit der rechten Hand (zur Anrufung) oder mit der linken Hand (zur Bannung) ausgeführt wurde.

Häufig wurde das ZEICHEN DER DREI STRAHLEN mit einer ähnlichen Geste zu Beginn oder als Abschluß eines Elementarritus gezogen, was etwa gleichbedeutend mit »So sei es« oder »Amen« war. Dieses besondere Symbol wurde als eine Art höchster Geste über allen anderen verwendet. Es symbolisiert das »fünfte Element« *Nyu, Akasha* oder Heiliger Geist. Hier die beiden Formen der aktiven Anrufung und der passiven Bannung:

2. 3. 5. 1.
4.

1. 5. 3. 2.
4.

Anrufung
aktiv/männlich

Bannung
passiv/weiblich

Und noch ein wichtiger Hinweis: Die beste Methode, die in den *Vier Zeichen des Portals* verborgenen Kräfte zu entdecken, ist das Experimentieren damit. Der Leser wird deshalb dazu ermutigt, die Wirkungen an sich selbst zu beobachten. Verwenden Sie jeweils nur ein Zeichen, wenn Sie mit einem bestimmten Element arbeiten, und wählen Sie unterschiedliche Bedingungen von Zeit, Umgebung und Wetter.

6

Das Meer soll sie nicht haben!

»Man muß zuerst lernen zu fallen,
wenn man fliegen möchte ... «

Richard Bach

»Wie viele Wochen?« so fragte ich mich, als ich allein in meiner Kammer stand, »wie viele Wochen sind seit meinem Besuch der Bucht von Cathbad vergangen?«

Das Lasten des Winters hatte von jedem seinen Tribut gefordert – nicht zuletzt von mir, dem Jungen, der gerade hinaus auf seinen einstmals grünen Spielplatz starrte, der jetzt von kalten Winden und Regen bedrängt war. Jedes Jahr während der ersten Monate wurde unsere kleine Insel Tintagel von einem scheinbar unaufhörlichen Trommelfeuer heftiger Stürme getroffen, die vom Meer aus hereingedrückt wurden – zusammen mit reichlich Blitzen und Donner (woran ich eigentlich immer Gefallen fand). Doch an jenem Tag waren die Wasserfluten, die peitschend gegen alles schlugen, was sich ihnen entgegenstellte, derart gewaltig, daß keiner der jüngeren Mönchsbrüder sich nach draußen wagen durfte. Zeiten wie diese waren selten, doch sie trafen uns plötzlich und ohne Vorwarnung.

Ich vermute, daß der besondere Charakter jenes Tages mir König Llyrs Worte wieder ins Gedächtnis zurückrief: »... Reichtümer habe ich vom Grunde des Meeres, um eine Schatzkiste oder Truhe zu füllen, doch du hast weder die Perle noch die Muschel, um die Aufgabe deiner Hohen Suche zu vollenden!«

Wie diese Worte immer wieder herausfordernd in meinem Kopf nachhallten und mich ärgerten – denn in all den Tagen seit Merlins letztem Besuch hatte, ich keine geeignete Austernschale finden können, um meinen Meeres-Kelch, das zweite der großen druidischen Symbole der Meisterschaft über die Elemente, fertigzustellen. Je mehr ich nachdachte und darüber brütete, desto mehr begann ich den Verdacht zu hegen, daß vielleicht der mächtige Gott Llyr einen solch fürchterlichen Sturm in der boshaften Absicht auf Tintagel gelenkt hatte, um zu verhindern, daß ich eine Muschel fand: ein Symbol, das mir Autorität über *sein* Reich geben würde!

Nun, ich war ein Kind des Feuers, wenn es jemals eines gegeben hat – ein Junge, der durch jede Herausforderung zum Handeln gereizt wurde; je größer der Anspruch, desto größer meine Entschlossenheit, ihn zu übertreffen. Auch wenn ich mich vor dem titanischen Meeresgott mehr als vor jedem anderen Elementarwesen fürchtete, geriet mein Blut doch in Wallung, ja es siedete angesichts des vermeintlichen Hohns, den er über mich ergossen hatte. Allmählich war es immer weniger von Bedeutung, ob Llyrs Behauptung eine Herausforderung, ein Vorwand oder selbst ein Scherz war – es zählte einzig die Tatsache, daß ich rot sah! Wie ich auch versuchen mochte, meine Aufmerksamkeit anderen Dingen zuzuwenden: Langsam, aber sicher stahl sich ein Handlungsplan in die Tiefen meines Geistes. Hatte schließlich nicht Merlin selbst zu mir gesagt, ich solle meinen Ahnungen und Intuitionen, der inneren Stimme, als verläßlicher Grundlage für mein Handeln vertrauen? Ja!

An den Teil seiner Worte, sich dabei nicht von emotionaler Unausgewogenheit Überwältigen zu lassen, entsann ich mich in solchen Augenblicken aus irgendeinem Grunde nicht.

Und hätte Merlin zugelassen, daß Worte wie jene gegen ihn

ausgesprochen würden? Nein, das hätte er nicht! Und damit war es beschlossen!

Ich vermute, daß ich mich, auf meine eigene kindliche Weise, damals selbst für einen Druiden hielt. Hatte ich mir schließlich nicht den Rang eines *Ovydd* erworben, als ich in der Höhle des Riesen die Furcht vor den Elementarreichen überwand? Hatte ich nicht auch eigene Selbstzweifel und Ängste überwunden? Und immer weiter rechtfertigte ich mich laut vor den Wänden meiner Schlafkammer, bis mir ein anderer Gedanke in den Sinn kam, der all meine Pläne auf einen Punkt konzentrierte: die Höhle. Ja! Auf jenem Kampfplatz hatte ich mir einen gewissen Grad an Respekt von den Kräften erworben, die zwischen Meer und Stein hausten, und dort könnte auch König Llyr noch zur Unterwerfung verpflichtet werden! Warum konnte ich nicht genau dieselben magischen Mittel anwenden, die ich Merlin hatte anwenden sehen – genau dieselben Riten, die das Meer dazu veranlaßten, seine herrlichsten Muscheln herzugeben? Warum nicht ... ich war jetzt ein Druide! Und wie stolz würde mein Lehrer dann sein!

Nachdem ich zu dieser Überzeugung gelangt war, zog ich mir mein grünes Novizengewand an und stahl mich heimlich inmitten von schrägfallenden grauen Regengüssen aus dem Gelände. Als ich endlich an den Eingang des unterirdischen Ganges gelangte, entschloß ich mich rasch, in Cathbads Bucht haltzumachen, um zuerst Merlins Rat einzuholen, bevor ich zu der Höhle weiterging – nur um sicher zu sein, daß ich richtig handelte. Ich folgte dem schlammigen Pfad in die Bucht, doch der Druide war nirgendwo zu entdecken. Einer Intuition gehorchend, die mir unklar war, und ohne zu überlegen warf ich den blauen Kieselstein, den Merlin mir gegeben hatte, auf den Mauervorsprung nahe beim Eingang und nahm wieder den Pfad in entgegengesetzter Richtung auf.

Der Weg war schwierig, denn die steilen Felsklippen waren bei Regen glitschig und gefährlich. Doch trotz dieser entmutigenden Umstände gelang es mir, nach einstündigem Kampf den dunklen Höhleneingang zu erreichen. Unterdessen hatte sich der Regen zu einem dunstigen Nieseln reduziert, und ich suchte in mir nach dem Mut, das Verlies des Riesen zu betreten. Aus irgendeinem Grunde war das Meer bis auf etwa zwanzig Fuß die Höhlenöffnung vorgedrungen, doch rasch schob ich dies auf die Folgen von Regen, Flut und sonst nichts.

Nach der ganzen Kletterei stellte ich plötzlich fest, daß der hölzerne Schrein mit meinen Druidensymbolen, der an meinem Rücken festgebunden war, zu einer schmerzenden Last geworden war. Ich stellte ihn vorsichtig neben einen trockenen Felsblock, riß mir das Gewand ab und schwamm hinaus in die kalten salzigen Wogen, denn ich erinnerte mich daran, welche reinigenden Handlungen vor der Durchführung eines hohen Ritualaktes am Meer Merlin mich gelehrt hatte.

Ich beschloß, meine Magie im Eingang der Höhle und nicht weiter hinten auszuführen, da es im Innern etwas weiter unten pechschwarz wurde. Obwohl die Höhle vor Regen geschützt war, schien es innen sogar noch nasser als außen zu sein – doch auch hier hausten die Mächte der Meeresgezeiten.

Das Ritual, bei dem ich in der Bucht zugegen gewesen war, hatte vor so vielen Wochen einen derartigen Eindruck auf mich gemacht, daß ich kaum einen Gedanken an das Vorgehen verschwendete, als ich die Aufgabe in Angriff nahm, meine Kreis-Festung zu erschaffen. Aufs Geratewohl ging ich dem Lauf der Sonne nach im Kreise, wählte zwölf faustgroße Steine aus, die zu sprechen schienen, als ich sie berührte, und schuf aus diesen einen Kreis im Sand, der genauso breit wie meine eigene Körperlänge war; dabei achtete ich darauf, den Stein, der am weitesten östlich liegen sollte, als Tor zur Anderwelt noch nicht an seinen Platz zu legen. Während ich die vier Symbole der Meisterschaft in die ihnen entsprechenden Himmelsrichtungen plazierte, hielt ich im Westen inne und machte mir Gedanken, ob der unvollendete Zustand des Kelches die Autorität, für die er stand, beeinträchtigen könnte. Doch dann rief ich mir ins Gedächtnis, darüber belehrt worden zu sein, daß die Macht der Objekte nicht ihrer physischen Gestalt, sondern durch ihre symbolische Form dem Geist des Magiers innewohnte, der kraft des Rituals in das Reich der Anderwelt erhoben wurde – und so machte ich weiter.

Es fiel mir nicht schwer, mich an die Götternamen für jede Himmelsrichtung zu erinnern, obwohl ich auch erkannte, daß die wahren symbolischen Bedeutungen, die hinter jedem lagen, meinen jetzigen Erfahrungsbereich weit überstiegen. »Nichtsdestotrotz«, dachte ich, um mich selbst zu beruhigen, »man muß nicht wissen, nach welchem Prinzip ein Samenkorn wächst, um Korn anzupflanzen.«

Mit dem Intonieren des Namens ABRAXAS hatte ich das Einzeichnen des Kreises in den feuchten Sand beendet und legte den Stein am östlichen Kardinalpunkt sorgfältig an seinen Platz. Genau in diesem Augenblick fuhr der Wind mit einer plötzlichen Bö in die Höhle, die tief im Innern des Berges wie eine große gespenstische Trommel widerhallte. Einen Augenblick lang fürchtete ich, der Klang sei das gleiche dumpfe Gelächter, das ich bei meinem letzten Besuch dort gehört hatte. Dann bemerkte ich, daß das Wasser, welches zur Höhle anstieg, stetig näher an die Stelle heranzukommen schien, wo ich stand. Sicher, die Angst hatte eine verheerende Wirkung auf meine Einbildungskraft, wie es auch in jener *Samhain*-Nacht auf dem Hügel von Isca geschehen war – die Erinnerung daran schien mich zu beruhigen, als ich an meinen schließlichen Sieg am Ende jenes Abenteuers dachte – doch immer noch lag der Kreis groß und mächtig vor mir.

»Y GWIR YN ERBYN Y BYD«, intonierte ich und trat mit flinkem Schritt in die Kreismitte. Kniend sprach ich das alte Druidengebet um Schutz für die überaus heilige Arbeit, die vor mir lag. Obwohl ich Merlins Worte und Handlungen genau wiederholte, schien irgendwie etwas Wesentliches zu fehlen ... und ich wußte nicht, wie »heilig« mein Unterfangen eigentlich war. Konnten Gier oder Beherrschung überhaupt rechte Motive in der Druidenmagie sein? Wie als Antwort höhnte der Wind – oder die Stimme – wieder durch den langen, schwarzen Gang. Rasch ergriff ich die Feuer-Sichel mit beiden Händen und verschloß in einer einzigen großen Anstrengung von Konzentration und Trotz den Kreis mit einem schnellen Strich.

Als ich mich der Höhlenöffnung zuwandte, konnte ich sehen, wie hohe graue Wellen sich nur wenige Fingerbreit vom Eingang entfernt heftig auf dem Sand brachen, was meine Angst nährte, das Wasser würde tatsächlich mit jeder Minute näher kommen. Vielleicht wußte Llyr, daß ich da war und hatte seine eigenen Pläne? Augenblicklich fuhr mir das Wort »Falle« durch den Sinn, und Angst um mein Leben, gepaart mit meiner Abscheu vor Beherrschtwerden, gaben mir die Kraft, die abschließenden Worte der Macht auszusprechen.

»Nid Dim on d Duw«, sagte ich mutig, *»Nid Duw ond Dim!«* – und damit begannen viele Dinge gleichzeitig zu passieren: Das Tosen des Meeres dort draußen nahm um das Dreifache zu; die Wogen peitschten gegen die Felsen, als würden sie versuchen, sie zu zerbrechen – und dann sah ich, warum: Draußen auf dem Meer hatte sich der Gott-König Llyr plötzlich aus den Tiefen erhoben und bewegte sich auf die Küste zu. Niemals hatte ich größere Angst gehabt, wußte jedoch mit einiger Gewißheit, daß ich mich in Sicherheit befand, solange ich in den Begrenzungen des magischen Kreises blieb. Das Wasser stieg noch höher, während der Titan näher heranschwamm, bis er schließlich etwa fünfzig Fuß von der Küste entfernt schäumend innehielt und rief:

»O mächtiger Druidenmeister, dein Wille hat mich aus der Tiefe gerufen, und so bin ich hier! Was wünschst du nun von mir? Könnte es eine einfache Muschel aus meinen unermeßlichen Meeren sein, mit der ein Kelch anzufertigen ist, um mich zu umgarnen? Sieh! Ich habe dir viele solche Dinge für deine Kunst mitgebracht, o Weiser und Edler!« Und mit diesen Worten hob Llyr seine mächtigen schuppigen Arme, die bis zu den Handgelenken mit Silber umwunden waren, und hielt in seinen Fäusten eine große Anzahl von Muscheltieren aller Art. »Siehst du hier?« gab er spöttisch zurück, »ich beuge mich vor jedem Wort von dir nieder! Und jetzt gestatte mir, dir diese Schätze zu Füßen zu legen – wie jeder treu ergebene Untertan vor seinem obersten Herrn und Gebieter tun sollte!«

Dann verschwand der Gott mit entsetzlich schallendem Gelächter unter Wasser und sandte reißende Fluten mächtiger Wogen, die auf den Strand zurasten – es würde nur eine Sache von Sekunden sein, bevor die Höhle, in der ich stand, völlig überflutet sein würde.

Keuchend griff ich nach meinem unvollendeten Kelch und wollte ihn gerade in die herannahende Flut schleudern, als eine Stimme hinter mir aufschrie: »Nein! Das Meer soll sie nicht haben! Rasch, Arthur ... der Zauberspruch! Sprich jetzt den Zauber des Wirkens!«

Die Stimme war die Merlins, und ich brauchte nur einen kurzen Augenblick, um zu begreifen, was er wollte. Natürlich! Der Zauberspruch, den die Schatten von Stein & Meer mir für die Meisterung dieses Ortes gegeben hatten! Und ich sprach die geheimnisvollen Worte.

Sogleich nahmen der Anblick und die Geräusche des Meeres wieder ihren gewohnten Zustand an – so als hätte mich jemand unvermittelt aus einem Wachtraum aufgerüttelt. Doch dieses Mal stellte mein Geist die Wirklichkeit meiner Erfahrung nicht in Frage. Aufgehäuft zu meinen Füßen, lagen Hunderte von Meeresmuscheln! Ich drehte mich eilig um und blickte in das willkommene Gesicht meines Lehrers, der mich mit großer Besorgnis anschaute.

»Durchbrich den Kreis und setze dich hierher zu mir«, sagte Merlin mit achtsam beherrschter Ruhe. Ich sammelte meine Symbole unter Schichten von triefnassen Muscheln auf, sprach den »Verschließenden Schleier« und verließ den Kreis.

»Es scheint, daß ich nirgendwo hinreisen kann, ohne daß du mich ausfindig machst und mir entweder Fragen oder Ungeheuer aufbürdest!« fuhr der Druide in merkwürdigem Ton fort. »Hast du nach alldem nichts zu sagen?«

Noch immer sichtlich von der schweren Prüfung erschüttert, fiel mir als Antwort nichts anderes ein als: »Danke, Merlin ... für mein Leben ... nie mehr wird so etwas vorkommen – bevor ich mir nicht zuerst Rat bei Euch geholt habe, denn ich besitze noch nicht die Macht.«

Bei meinen Worten schien Merlins Gesicht zu einem freundlicheren Ausdruck aufzutauen. »Dies ist keine Frage von Macht, junger Arthur, sondern von *Autorität.* Ehe solche mächtigen Wesen wie *Llyr vom Meer* dir wirklich huldigen, mußt du dir zuerst die Achtung ihres Elementes verdienen. Dies schafft ›Autorität‹ und kann nur im Laufe der Zeit geschehen – durch zahllose Taten von weitaus geringerem Kaliber als jene, die du heute versucht hast!« *An dieser Stelle bemerkte ich, daß besondere Betonung auf das Wort »versucht« gelegt wurde.* Merlin mußte den vorwurfsvollen Blick gesehen haben, mit dem ich mein Gesicht zu Boden wandte, denn er streckte die Hand aus und zog mich mit dem Anflug eines Lächelns auf sein Knie.

»Was du heute unternommen hast, war tatsächlich mehr ein Erfolg als ein Fehlschlag«, sagte er gönnerhaft, »denn durch *deine* und nicht durch meine Macht wurde der Meeresgott zur Umkehr veranlaßt – ich habe nur dazu gedient, dich an das richtige Handeln und den richtigen Zeitpunkt zu erinnern.« Ein Lächeln erhellte sein Gesicht. »Dennoch will ich dein Versprechen annehmen, meinen Rat zu beachten, bevor du das nächste Mal versuchst, die Welt unter deine Fuchtel zu zwingen! Schließlich wirst du vielleicht doch noch ein paar Dinge lernen müssen ... «

Mit einem gutgelaunten Klaps ließ er mich wieder auf den Boden nieder und wies mit dem Finger auf die riesige Ansammlung von Muschelschalen, die überall um uns herumlagen.

»Geh jetzt und wähle dir deine Belohnung in aller Eile aus, bevor Llyr beschließt, zurückzukehren und Anspruch auf sein Eigentum zu erheben!« zog Merlin mich auf. »Doch bevor du gehst – tust du mir den Gefallen, dir eines einzuprägen? Ein Druide sollte niemals einen Löwen zum Mahle in die *eigene* Höhle einladen.«

Wir blickten einander einen langen Augenblick an und brachen dann in Gelächter aus. »Jetzt fort mit dir, Junge, und finde deine Muschel ... lauf!«

Lektion 6

Die Vier Sakramente der Erde

In dem Kapitel »Das Meer soll sie nicht haben« fordert der unerfahrene Arthur unbeabsichtigt den Zorn des Meeresgottes Llyr heraus. Aus denselben Gründen »opferten« die Kelten den Herrschern der Elementarreiche Substanzen mit besonderem energetischen Gehalt. Dies geschah alle sieben Tage einmal, am »Sonn-Tag« – eine Tradition, die von der christlichen Kirche, wenn auch in veränderter Form, bis heute fortgeführt worden ist.

Zahlreiche wissenschaftliche Untersuchungen haben ergeben, daß die moderne christliche Meßliturgie ihre gesamte Grundstruktur dem alten druidischen *Yr Offieryn* verdankt, wie es durch die Kuldeer-Kirche des hl. Columba von Iona, der einstigen »Druideninsel«, überliefert ist. Diese frühen keltischen Messen wurden vor dem Landvolk von einem weißgekleideten Oberdruiden gehalten, der das Wort »im Angesicht der Sonne, dem Auge der Wahrheit« an die Versammlung richtete. Die Standardform des *Yr Offieryn*, wie sie in ganz Irland, Britannien und Gallien verbreitet war, folgte fast immer demselben Ablauf:

Es wurde an einem Sonn-Tag, dem siebten Tag, abgehalten.
Eine Räucherung oder ein Feuer wurde dargebracht.
Eine einstimmige Anrufung wurde gesprochen[1]. Musik und heilige Gesänge wurden angestimmt. Ein Text aus dem Sagenschatz wurde rezitiert. Den vier Elementen wurde ein Opfer gebracht.

Dem Schlußakt der druidischen Messe, dem »Opfer«, gilt hier unsere besondere Aufmerksamkeit. Die wichtigsten druidischen Opfersubstanzen können folgenden Himmelsrichtungen, Darreichungsmethoden und Farben zugeordnet werden:

Element	*Opfer*	*Methode*
Feuer	Räucherwerk	Verbrennen
Luft	Blume	Verstreuen
Wasser	Wein	Ertränken
Erde	Brot (Salz)	Begraben

Farben	*Himmelsrichtung*
Rot/Weiß	Süden
Gelb/Gold	Osten
Blau/Silber	Westen
Grün/Schwarz	Norden

Warum sollten den Elementen in der heutigen Zeit Opfer dargebracht werden? Ein guter Grund dafür wäre, die Gunst der Elementarwesen zu gewinnen, die zwischen den Welten weilen, und so weitere Autorität als Magier in jenen Reichen zu erlangen. Außerdem kann eine höhere Sensibilität aufrechterhalten werden, wenn den Elementen regelmäßig an bestimmten Orten Substanzen mit einem besonderen Energie-

[1]Als Anrufung wurde möglicherweise das *Lied von Amergin* rezitiert, das Sie in Lektion 1 dieses Buches finden.

gehalt geopfert werden. Versuchen Sie es mit verschiedenen sonntäglichen Variationen von jeweils einer Opfergabe, oder verwenden Sie Kombinationen mit weiteren Entsprechungen, wie die folgende Übersicht zeigt:

Element	*Wesen*
Feuer	Drache/Salamander
Luft	Elfe/Sylphe
Wasser	Nixe/Undine
Erde	Zwerg/Gnom

Ort	*Tag/Tageszeit*
Wüste	Dienstag/Mittag
Berg	Mittwoch/Morgendämmerung
See/Quelle	Montag/Abenddämmerung
Tal/Höhle	Samstag/Mitternacht

In vielerlei Hinsicht kann das wiederholte Lesen des Romankapitels »Von Wind, Meer, Feuer & Stein« in *Merlins Vermächtnis* zur Vertiefung dieser Lektion beitragen und Ihnen weitere Anregungen bringen.

7

Auf diesem geweihten Grund

In Süd-Cadbury steht Camelot
Einst eine berühmte Stadt oder Burg
Die Leute können nichts darüber sagen,
Außer daß sie sagen hörten, daß Arthur
Sich oft nach Camelot begab.

John Leland, Tudor Antiquary, 1542

Es war das Jahr 470 nach christlicher Zeitrechnung, und ein schwerer Winter lag nun hinter uns. Die Strenge der Elemente hatte all unsere Gebäude in einem dringend reparaturbedürftigen Zustand zurückgelassen, und deshalb wurden die meisten der ersten Frühlingstage damit verbracht, sich um diese Notwendigkeit zu kümmern.

Wenn ich nicht gerade Tintagels altes Mauerwerk zusammenflickte, wurde ich angewiesen, im Garten zu arbeiten, wo ich versuchte, das Unkraut daran zu hindern, die jungen Gemüsepflanzen und Fruchtsträucher zu überwuchern, die schon bald in voller Blüte stehen würden.

An einem solchen Tag kam Illtud hinüber zu der Stelle gelaufen, wo ich gerade an einem Zaun arbeitete, und überbrachte die Nachricht, daß der hohe Abt mich sogleich zu sehen wünsche.

»Was hast du gemacht, Arthur, um das zu verdienen?« hatte Illtud gefragt und die ganze Zeit versucht, besorgt zu klingen – er konnte jedoch die Erregung in seiner Stimme nicht verbergen.

Ehrlich gesagt, hatte ich keinerlei Ahnung, was ich getan haben könnte, und erinnere mich daran, mehr als nur ein wenig eingeschüchtert gewesen zu sein, als ich ohne ein Wort der Erklärung in die privaten Gemächer des Abtes geführt wurde. Gewöhnlich wurden nur die schwerwiegendsten weltlichen Situationen von dem Abt selbst in die Hand genommen – und dieses Wissen verbesserte meine Aussichten auch nicht gerade.

»Warte hier«, wurde ich angewiesen, »Seine Gnaden wird dich jeden Augenblick empfangen. Er ist gegenwärtig mit einem Gast von weit her beschäftigt.«

Also wartete ich. Diese Worte über einen »Besucher von weit her« bewirkten nur, mich an die schmerzliche Tatsache zu erinnern, daß Merlin (der Besucher, den ich so sehr zu sehen wünschte) in dem neuen Jahr nicht mehr nach mir gerufen hatte – und nun war es schon fast Sommer! Dann fiel mir ein, daß der Druide tatsächlich einmal gekommen war, doch nur, um die Nachricht zu überbringen, daß König Rigotamos Pendragon bei einer Schlacht in der Bretagne getötet worden sei und daß sein Bruder Uthr sein Nachfolger werden sollte.

Doch was kümmerten mich solche Neuigkeiten? Nicht das geringste. Meine ganzen Hoffnungen und Träume kreisten um den einzigen Wunsch, daß ich irgendwie von diesem abgeschiedenen Ort weg und in Merlins Welt der Magie zurückgeholt werden könnte. Allein dieser Traum bedeutete mir alles.

Diese ganzen Überlegungen halfen mir etwas, das Gefühl des Unbehagens zu vergessen, das ich empfand, während ich auf die Audienz bei einem Mann wartete, der – davon war ich überzeugt – überhaupt keine gute Meinung von mir hatte. Zwar hatte der Abt mich niemals auf irgendeine Weise getadelt; seine Haltung war stets die einer stillschweigenden Toleranz gewesen – eine Einstellung, die ich eigentlich nie verstand. Dann ging die Tür vor mir plötzlich mit einem leisen Knarren auf, und der Abt selbst trat hindurch.

»Guten Morgen, Artos. Folge mir – jemand wartet auf dich.« Ich wurde einen langen Gang hinab und dann in die Empfangshalle geleitet. Groß, in seine blauen Gewänder gekleidet, stand dort Merlin! Ohne nachzudenken, rannte ich sofort zu ihm, warf meine Arme um ihn und hielt ihn ganz fest.

»Ich freue mich auch, dich zu sehen!« sagte er lächelnd. »Ich habe schon angefangen, mich zu wundern, wie lange du noch vorhattest, mich an einem so herrlichen Morgen wie diesem warten zu lassen!« fügte er scherzend hinzu. »Fällt dir nicht ein, was heute für ein Tag ist, Kleiner?«

Eine Zeitlang stand ich verlegen da, bevor ich eine Vermutung zu äußern wagte: »Vielleicht ... bald Mai? Ja! Es ist der erste Mai ... mein Geburtstag!« Ich lachte über beide Backen. Jawohl, es war mein Geburtstag. Tatsächlich war es nichts Ungewöhnliches, solche Dinge auf Tintagel zu vergessen, denn diese Ereignisse wurden im allgemeinen als weltlich und deshalb von geringer Bedeutung angesehen.

»Ich habe länger mit dem guten Abt gesprochen«, begann Merlin wieder, »der dir freundlicherweise die Erlaubnis erteilt hat, mich auf einem mehrtägigen Ausflug nach Südwales zu begleiten. Ich hoffe, dies gefällt dir, denn es ist mein Geschenk an dich, um dein glückliches Erreichen des ehrwürdigen Alters von neun Jahren zu feiern!«

Ich konnte kaum den Worten glauben, die ich hörte. Es war *eine* Sache, daß Merlin mich besuchte, aber etwas gänzlich anderes, daß er ausgerechnet mit einem christlichen Abt ein solch geheimes Abkommen getroffen hatte!

»Bestimmt steckt hier mehr dahinter«, so dachte ich, *»etwas von solcher Wichtigkeit, daß es die Interessen von Heiden und Christen vereint.«* Doch ich hatte keine Ahnung, was dieser gemeinsame Beweggrund hätte sein können, und ich schenkte dem auch

keine große Beachtung. Meine Phantasie war schon übervoll von Visionen, welche Wunder Merlin für mich bereithalten könnte.

Innerhalb einer Stunde hatte ich ein paar notwendige Dinge zusammengepackt und eilte mit einigen der Brüder, die Abschied nehmen wollten, zum Tor. Nachdem wir den Segen des Abtes empfangen hatten, bestiegen wir einen herrlichen weißen Hengst, der schon wartend dastand, und ritten geschwind die staubige Straße hinab in Richtung Bossinney.

»Niemals hat es einen schöneren Tag zum Reisen gegeben«, dachte ich bei mir, während wir an vielen Menschen vorüberkamen, die zufrieden unter einem sonnigen, blauen Himmel auf den Feldern arbeiteten. Merlin schien die meisten von ihnen mit Namen zu kennen, denn er rief laut und winkte, als wir vorbeiritten.

Wir setzten unseren Ritt in gutem Tempo etwa sechs Stunden fort und hielten nur einmal an, um unser Pferd Wasser trinken zu lassen und die einfache Kost zu essen, die der Abt uns mitgegeben hatte. Wir ritten durch Dumnonia und nach Somerset hinein und gelangten schließlich zu der kleinen Stadt Camel, gerade als die Sonne rot und orange am Horizont zu verschwimmen begann. Hier machten wir am örtlichen Markt halt und bekamen Früchte, Gemüse sowie etwas dunkles Brot und Käse für unsere Abendmahlzeit.

»Hier werden wir nicht essen«, sagte Merlin beim Aufsitzen, »denn die heutige Nacht ist ein besonderes Ereignis. An diesem Abend werden wir in der Gesellschaft von Druidengefährten speisen, die sich versammeln und uns schon jetzt, während ich spreche, erwarten. Komm ... es ist nun nicht mehr viel weiter!« Und wieder ritten wir in die beginnende Abenddämmerung hinein. Ich hatte gerade zu überlegen begonnen, ob die »besondere Gelegenheit«, von der Merlin gesprochen hatte, möglicherweise mit meinem Geburtstag zu tun haben könnte, als er mit der Sprache herausrückte:

»Glaube nicht, junger Arthur, daß du bloß an irgendeinem gewöhnlichen Tag geboren bist! Wisse, daß der erste Mai ein Festtag von großer Bedeutung für alle ist, die der Alten Religion und ihren Bräuchen anhängen. Wir nennen diesen Tag *Beltane*, was ›Feuer Gottes‹ bedeutet, und am Ende dieses Tages, und keines anderen, erneuert Belinus, der erhabene Herr der Sonne, sein Geschenk des Lebensfeuers an die Erdmutter. Wir, die wir die alten Weisheiten bewahren, tun das Unsrige, indem wir die ganze Nacht über eigene große Feuer entzünden, wie du bald sehen wirst. Es wird nicht mehr lange dauern, dann werden wir Zeuge eines solchen Geschehens im Heiligen Tal von Avalon sein – oben von einer Festung aus, die im Laufe der Zeit für viele Glaubensrichtungen, unsere eigene eingeschlossen, ein heiliger Ort geblieben ist. Sieh! Sie kommt schon näher!«

Merlin ließ unser Pferd am Fuße eines großen Hügels haltmachen – oder es war eher ein Plateau mit steilen, terrassenförmig ansteigenden Seiten und einer flachen Hochebene. Als ich nach oben und hinüber schaute, konnte ich die Ruinen vieler großer Gebäude gegen den Horizont erkennen, während wir über einen breiten Fußweg, der in den Fels gehauen war und direkt zum Gipfel führte, unseren Aufstieg begannen. Als wir unserem Ziel näherkamen, bemerkte ich, daß das Plateau von einer zusammenhängenden Steinmauer umgeben war, etwas höher als ich, stellenweise unterbrochen und zerfallen. Es gab einen Haupteingang oder Festungswall, der vor langer Zeit den einzigen Zugang in die Stadt geboten haben mußte. Hier wurden wir von einer feierlichen Abordnung weißgekleideter Druiden empfangen, die uns mit geheimnisvollen Worten und Gesten begrüßten. Nach einer Weile wurden wir durch einen engen unterirdischen Gang geführt, der ganz mit glattem grauen Stein eingefaßt und direkt in die oberste der drei Terrassen gegraben war. Nachdem wir ihm über etwa zehn Schritt gefolgt waren, kamen wir in einem geräumigen unterirdischen Gemach heraus, das von vielen Fackeln, die alle rund herum an den Wänden in Eisenringe gesteckt waren, hell erleuchtet wurde. Genau in der Mitte des Raumes stand ein großer runder Tisch, dessen Platte eine Scheibe aus dem Stamm eines riesigen Baumes war. Um ihn saßen ungefähr dreißig Druiden in festlicher Kleidung.

Der Tisch selbst war schwer mit allen erdenklichen Gerichten beladen, und wir fügten das hinzu, was wir selbst mitgebracht hatten, ehe wir uns an den Festlichkeiten beteiligten.

Das herrliche Mahl war voller seltener Speisen von der Erde und aus dem Meer – während die Gespräche ganz genauso vielfältig und fremdartig waren!

Bald stellte ich fest, daß diese Druiden sich versammelt hatten, um die Tradition von *Beltane* an einem Ort zu feiern, der einer ihrer heiligen Bergspitzen war. Außerdem erfuhr ich, daß der Mann namens Uthr, Bruder des kürzlich verstorbenen Königs Rigotamos Pendragon und Erbe des Königshauses von Konstantin, gerade heute in der alten römischen Stadt Ilcester gekrönt worden war. Von dort aus hatte er sich gen Norden nach Glastonbury begeben, um nicht nur den Segen der christlichen Kirche zu empfangen, sondern auch den der Heiligen Mutterschaft von Avalon – von Ihr, der Hohepriesterin, der Göttin selbst! *Im Laufe der Jahre auf Tintagel hatte ich immer wieder Geschichten über die Hexenfrauen von Avalon und ihre heidnischen Bräuche gehört, doch sehr zum Leidwesen meiner Mitchristen faszinierten mich diese mehr, als mich zu erschrecken!* Trotz all dieser Informationen wunderte ich mich bloß, warum der neue König ausgerechnet einen solchen Tag für seine Krönung gewählt hatte. Was wollte er damit zeigen? Man sagte mir, daß Uthr durchaus die christlichen Bräuche seines Vaters befolge. Doch warum war er in diesem Falle an dem Segen des heidnischen Avallonia interessiert – und warum wurde das

Königsein mit dem Erdenfest von *Beltane* vermischt? Ich hatte noch weit mehr Fragen! Wie war es beispielsweise möglich, daß alle anwesenden Druiden mich mit Namen kannten, wo ich keinem einzigen von ihnen vorher begegnet war? Und wie fügte ich, noch ein Kind *von Beltane,* mich in dies alles ein? Fragen über Fragen ...

»Komm mit mir nach draußen, Arthur«, sagte Merlin leise, aber bestimmt in mein Ohr, »denn es gibt Sehenswertes, auf das ich dich oben von dem geweihten Grund aus schauen lassen möchte.«

Aus meinem Wachtraum gerissen, gingen wir zurück durch den steinernen Gang und hinaus in die sternenklare Nacht. Merlin führte mich zu dem Fußweg, der uns zu dem Eingang des Hochplateaus zurückbrachte. Dieses Mal gingen wir durch den steinernen Festungswall und traten hinaus auf eine weite Fläche mit zusammengestürzten Balken und gemeißeltem Fels. Offensichtlich lag hier eine einstmals blühende Stadt – wahrscheinlich römisch, nach den Säulen und Bruchstücken von Statuen her zu urteilen, die überall verstreut waren. Abgesehen von den Ruinen selbst, war dem Ort eine Atmosphäre von rauher Schönheit zu eigen, die mich in ihren Bann zog und mir ein Gefühl von Benommenheit einflößte. Der Ausblick auf die umliegende Landschaft war atemberaubend, der sichtbare Umkreis betrug nicht weniger als fünf Meilen. Der Platz verzauberte mich.

Wir schlängelten uns zwischen zahllosen eingestürzten Bauten hindurch, während wir den am weitesten nördlich liegenden Berghang ansteuerten. Hier blieben wir stehen, und Merlin zeigte genau geradeaus unter den Polarstern – auf einen Anblick, den ich niemals vergessen werde! Weit in der Ferne konnte man einen hohen, abgerundeten Hügel erblicken, dessen Umrisse sich auf eindrucksvollste Weise durch etwas abzeichneten, was ich als viele Freudenfeuer ansah – und buchstäblich Tausende von in Händen gehaltenen Fackeln, die sich in feierlicher Prozession um den Berg bewegten. Nirgendwo sonst im umliegenden Land war auch nur eine einzige Flamme zu sehen, denn sie hatten sich alle um diesen einen Hügel versammelt!

»Vor uns siehst du die heiligen *Beltane-Feuer*, die jedes Jahr das Tal von Avalon von der Abenddämmerung bis zum Morgengrauen umgeben«, erklärte der Druide. »Das Feuer selbst wird von dem Erzdruiden und einer besonderen, aus allen Teilen des Königreiches gebildeten Gemeinschaft von Brüdern von unserer eigenen Heiligen Insel Anglesey hierhergebracht. Und welch ein Anblick ist das ... die lodernde Fakkel in feierlichem Umzug den alten Eichenweg hinab zu den Ufern des Sees, von wo aus sie mit einer Barke den Händen der Dame selbst überbracht wird. Und damit ist es geschehen: Der Lebensfunken ist erneut zu Füßen der Erdmutter dargebracht worden. Oh, Arthur ... was du alles *noch* sehen mußt!«

Merlin lenkte meine Aufmerksamkeit auf den Gipfel des *Tor*, um den herum ein Kranz von Flammen zu sehen war, welche die Umrisse eines großen, ganz oben stehenden Steins erkennen ließen. »An jenem Ort wird der neue König Uthr Pendragon seinen Segen von der Hohepriesterin empfangen«, fuhr er fort, »die bei dem gewöhnlichen Volk auch als die Dame vom See bekannt ist. Britannien kann sich in der Tat glücklich schätzen, daß Uthr ein derart weiser Mann ist, der begreift, daß ein Herrscher nicht allein nur mit christlicher Billigung die Macht über dieses Land behalten kann.« An dieser Stelle machte Merlin eine weite, schwungvolle Geste über die Hochebene vor uns. »Wie du sehen kannst, gibt es viele in Britannien, die immer noch die Älteren Götter um Unterstützung und Führung anrufen, auch wenn die Verfolgung in den letzten Jahren groß gewesen ist ... « Bei diesen Worten verstummte Merlin traurig. »Aber dennoch können wir noch voller Hoffnung für die alten Bräuche und Wahrheiten, die nicht aus dieser Welt verschwinden dürfen, auf die Herrschaft Uthrs zählen.«

Lange standen wir wortlos da und schauten zu, wie die Feuer in der Ferne flackerten. Ganz bestimmt war dies eine mystische Nacht – eine heilige Nacht, die eine irdische Frömmigkeit besaß, mit der es all meine früheren Jahre des Kirchgangs nicht aufnehmen konnten.

»Merlin«, sagte ich leise, »wenn es irgend etwas gibt, was ich tun könnte, um das Los der Druiden zu erleichtern, so wißt, daß ich gern mein Leben dafür gäbe, um dies zu erreichen.«

Merlin sagte nichts, doch ein ernstes Lächeln breitete sich langsam auf seinem Gesicht aus, während er seinen Arm um meine Schulter legte. Dann kehrten wir schließlich schweigend zu der Zusammenkunft in dem Raum unter dein Hügel zurück, wo der Druide und seine Gefährten leise bis weit in die Nacht miteinander sprachen. Was mich betrifft, so dauerte es nicht lange, bis mir die Augen, in den schwindenden Stunden von Beltane zufielen.

Als ich am nächsten Morgen aufwachte, war die Höhle leer – abgesehen von Merlin, der schon damit beschäftigt war, einen Teil des übriggebliebenen Essens in einen Beutel zu packen. Nach einem eiligen Mahl aus getrockneten Äpfeln und Trauben (die, wie Merlin betonte, aus Avalon stammten) befanden wir uns wieder auf unserem Weg zu jenem geheimnisvollen Bestimmungsort, von dem mir noch immer nichts erzählt worden war. Die Bergspitze sah im vollen Sonnenlicht ganz anders aus, doch ihre Erhabenheit und ihr Zauber waren keineswegs geringer. Als wir weiter nordwärts ritten, beobachtete ich, wie das Plateau in den sanften Vorbergen hinter uns verschwand – und damit tauchte eine offenkundige Frage auf. »Merlin, hat der Berg, von dem wir wegreiten, einen Namen?«

»Er ist im Laufe der Zeit nach vielerlei benannt worden«,

antwortete er, »aber es heißt, daß die Bürger der nahegelegenen Stadt Camel häufig den Namen ›Camelot‹ für ihn verwenden.«

»Camelot ...«, dachte ich bei mir, »welch ein vollkommener Name für eine solch eindrucksvolle Stätte! Eines Tages würde ich gern hierher zurückkehren.«

Merlin, der meine Gedanken las, lachte stillvergnügt in sich hinein. »Daran zweifle ich nicht«, setzte er hinzu. »Ob erbeten oder unerbeten, irgend etwas sagt mir, daß dein Wunsch sich bestimmt erfüllen wird!«

Lektion 7

Die acht Hain-Feste

In dem Kapitel »Auf diesem geweihten Grund« wird das keltische Maifest *Beltane* begangen. Genauso wie wir heute Jahreszeitenfeste feiern, die auf dem christlich-mythologischen Kalender beruhen, wie beispielsweise Weihnachten, Ostern und das Erntedankfest, hatten auch die Kelten ihre eigenen religiösen Festtage, die auf den Zyklen der Erde in Beziehung zu Sonne oder Mond basierten. Die Sonnwendfeiern und die Tagundnachtgleichen waren die vier *Albans*. Ihr Zeitpunkt wurde durch den Lauf der Sonne festgelegt. Die vier Festtage im Jahreszeitenkreuz – Samhain, Imbolc, Beltane und Lugnassad – wurden jedoch in »Zwischenzeiten« gefeiert. Ihr genauer Zeitpunkt wurde dadurch bestimmt, auf welchen Tag der Vollmond innerhalb des betreffenden Monats fiel. Damit Sie sich einen Überblick über die grundlegenden Zeiten und Symbole der acht Keltischen Hain-Feste verschaffen können, studieren Sie bitte als erstes das Schaubild *Druidisches Rad der Jahreszeiten,* das in der Einführung abgebildet ist (siehe S. 19). Wie jedes dieser Feste auf traditionelle druidische Art und Weise zu feiern ist, erfahren Sie in den acht folgenden Abschnitten.

SAMHAIN

Das keltische »Totenfest«, die Nacht der Wilden Jagd. In dieser Nacht ist von der Abend- bis zur Morgendämmerung der Schleier zwischen dieser Welt und der Anderwelt am dünnsten, so daß Wesen unterschiedlichster Art leicht zwischen den Welten hin- und hergleiten können. Dies war das keltische Neujahr, das wichtigste Fest im Jahreszeitenrad.

Datum: der November-Vorabend (31. Oktober); Höhepunkt medialer Energien am letzten Vollmond (»Jägers Mond«) vor dem 1. November .

Moderne Entsprechung: Halloween/Allerheiligen

Keltische Gottheiten: Gwynn ap Nudd, Samhan, Kerridwen

Zuordnung: Mondhälfte im Jahreszeitenkreuz, männlich

Bräuche: große Feuer, furchteinflößende Kostüme, Feueranrufung, Zauberkunststücke, Aushöhlen von Kürbissen, dunkle magische Riten von großer Macht

Symbole: Kürbisse, Maiskolbenbündel, Saturn, Giftkräuter, Totenschädel, schwarze Katzen & Hexen, Furcht/ Ehrfurcht

Geweihte Speisen: Äpfel, rotes Fleisch, Rotwein, Kürbis, Wurzelgemüse (Kartoffeln, Pastinaken, Möhren, Rüben usw.)

Räucherwerk: Wermut, Tollkirsche, Stechapfel, Hanf; Apfelholzfeuer

Schwellenzeit: MITTERNACHT.

ALBAN ARTHAN (MITTWINTER)

Die keltische »Wiedergeburt der Sonne«, der kürzeste Tag des Jahres und die Nacht der größten Unausgewogenheit des Mondes. Nach dieser Nacht nimmt die Sonne mit jedem Tag an Kraft zu. Auch als das *Vigilien*-Fest bekannt. (Dieser Tag entspricht nicht der tatsächlichen Mitte des Winters, sondern *Mitt* bedeutet hier »Wendepunkt« der Sonne.)

Datum: circa 21. Dezember, Wintersonnwende
Moderne Entsprechung: Weihnachten, Julfest
Keltische Gottheiten: Kernunnos, Mabon
Zuordnung: Sonnengeschehen, männlich
Bräuche: Julscheite, Weihnachtsbäume, Stechpalme & Efeu, sich unter dem Mistelzweig küssen, Notfeuer während der Nachtwache bis zur Morgendämmerung, Glockenläuten/Schlittenglocken, Weihnachtsmann (Santa Claus)
Symbole: Yulbaum/Tannenzweige, Hirschgeweih/Rentier (Winterherr), Mistel
Geweihte Speisen: Weißwein, weiße Kuchen, Bitterkräuter, Minzen, Wacholdermet
Räucherwerk: Tanne, Zeder und Wacholder, Sandelholz; Tannenfeuer
Schwellenzeit: MORGENDÄMMERUNG.

IMBOLC/OIMELC

Das keltische »Kerzenfest«, markiert die tatsächliche Mitte des eigentlichen Winters, die »Neige des Winters«. An diesem Tag wird in jedem Haushalt von der Abenddämmerung bis zum Morgengrauen eine einzelne Kerze brennen gelassen.
Datum: der Februar-Abend, 1. Februar; Höhepunkt medialer Energien am letzten Vollmond vor dem 1. Februar
Moderne Entsprechung: (Mariä) Lichtmeß, Tag der St. Brigid
Keltische Gottheiten: Brigit, Danu, Epona
Zuordnung: Mondhälfte im Jahreszeitenkreuz, weiblich
Bräuche: Abbrennen von Kerzen, Wiederentzünden des Herdfeuers
Symbole: einzelne Kerze, Herdfeuer
Geweihte Speisen: eingemachte, getrocknete und konservierte Nahrungsmittel
Räucherwerk: Meeresalgen und Muskatblüte
Schwellenzeit: MITTERNACHT.

ALBAN EILER

Das keltische »Vogelfest« des Frühlings. Traditionsgemäß ging das Volk von der Morgendämmerung bis zum Vormittag hinaus, um nach der Rückkehr von Zugvögeln Ausschau zu halten; wenn dies erfolgreich verlief, wurde anschließend geschmaust und gefeiert. Die heutige Verbindung von Eiern und Küken mit dieser Zeit ist ein Überrest der druidischen Beziehung zu Vögeln.

Datum: circa 21. März, Frühlings-Tagundnachtgleiche

Moderne Entsprechung: Ostern (gälisches Fest der Göttin Ishtar)

Keltische Gottheit: Taliesin

Zuordnung: männliche und weibliche Kräfte ausgewogen

Bräuche: Suchen und Bemalen von Eiern, Beobachten von Vögeln

Symbole: Kaninchen/Osterhase, Küken, Schwalben, bunt bemalte Eier

Geweihte Speisen: helle/leichte Nahrungsmittel, Fisch, Zuckerwerk aus Ahornsirup, Kalbsbries, Eier

Räucherwerk: Lavendel, Narzisse und Ginster

Schwellenzeit: MORGENDÄMMERUNG.

BELTANE

Das keltische »Blumenfest«, markiert den ersten Tag des keltischen Sommers oder der lichten Jahreshälfte.

Datum: Mai-Vorabend/1. Mai; Höhepunkt medialer Energien am letzten Vollmond vor dem 1. Mai

Moderne Entsprechung: Maifeiertag, Marienfeiertag, Walpurgisnacht

Keltische Gottheiten: Belenos, Flora, Blodeuwedd

Zuordnung: Mondhälfte im Jahreszeitenkreuz, männlich

Bräuche: buntes Treiben mit Tanz und Gesang, Festessen, Errichten des Maibaums, Blumen pflücken, grüne Kleider tragen, Feuer-Anrufung

Symbole: Maibaum, gelbe Narzissen, leuchtende Farben, freundlich lächelnde Sonne

Geweihte Speisen: Süßigkeiten und Süßspeisen, Kuchen, Plätzchen, kein Fleisch, Früchte

Räucherwerk: Flieder, Heidekraut, Apfelblüte

Schwellenzeit: MORGENDÄMMERUNG.

ALBAN HEFFYN (MITTSOMMER)

Das keltische »Eichenfest«, das den Vorabend des längsten Tages markiert. Wie bei seinem Gegenstück *Alban Arthan*, dem Mittwintertag, bedeutet »Mitt« hier nicht die tatsächliche Mitte des Sommers, sondern einen der beiden Wendepunkte im Jahreslauf der Sonne, die an diesem Tag den Höhepunkt ihrer Kraft und Einwirkung erreicht. Auch die Eiche, das höchste druidische Symbol für die Sonnenbruderschaft, befindet sich zu diesem Zeitpunkt auf dem Gipfel ihrer Energie.

Datum: circa 21. Juni

Moderne Entsprechung: Sommersonnwende, Johannistag

Keltische Gottheiten: Ogmios, (Arianrhod), Huon, Math

Zuordnung: Sonnengeschehen, männlich

Bräuche: Notfeuer, Springen über oder zwischen zwei Feuern aus Eichenholz, am Vorabend Suche nach Elfen, Riten der Inspiration, der Sonne geweihte Pflanzen sammeln (Johanniskraut, Heckenrose, Eichenblüten), Vorlesen im Kreis

Symbole: die Eiche – Blätter, Eicheln, Rinde, Eichenlaubkränze; »Puck« der Waldkobold, das Sonnengesicht, emporlodernde Flammen, Pan

Geweihte Speisen: Eichenwein, frisches Frühlingsgemüse, helles Brot, junger Käse

Räucherwerk: Mischung aus Eiche und Mistel, Johanniskraut, rote Heckenrose, Farn

Schwellenzeit: ABENDDÄMMERUNG.

LUGNASSAD

Das keltische »Kornfest«, auch als »Brotfest« oder »Fest der sportlichen Wettkämpfe« bezeichnet.

Datum: 1. August, wird traditionell 15 Tage davor und 15 Tage danach gefeiert, wobei das eigentliche *Lugnassad* in der Mitte liegt; Höhepunkt medialer Energien am letzten Vollmond vor dem August-Vorabend

Moderne Entsprechung: »Halb-Messe« (christianisierte Form)

Keltische Gottheit: Lug (Lugh) oder Lleu (Llew), der alte keltische Korngott, der geopfert wird und wieder aufersteht, um die Ernte-/Erdmutter Augusta zu ehren; Schutzgottheit der Wettspiele und Festlichkeiten

Zuordnung: männlich für die Druiden, weiblich für die Mutterschaft, die das Fest als *Lunassad* für die Mondmutter am dem 1. August nächsten Vollmond beging

Bräuche: Spiele, Wettkämpfe, den Olympischen Spielen ähnliche Veranstaltungen, Speerwurf, Fechten/Schwertkampf, *»Lammas-Türme«* (Mannschaftskämpfe beim Errichten von Feuern mit Anmachholz), Festessen, Eheversprechen (auf Probe für ein Jahr und einen Tag), Sammeln von Goldkamille (den *Golden Pipes of Lleu)* und Gelbklee für Kränze

Symbole: Weizenhalme (symbolisch für Lughs Magischen Speer), Brotlaibe, ein Speer, Goldkamille, Sense/Sichel

Geweihte Speisen: Getreidebrote, goldener Wein/Löwenzahn, Geflügel/Vögel, Fisch (kein rotes Fleisch), Hafergrütze, Kuchen und Kekse aus Hafermehl, noch nicht ganz reifes Korn, Erdbeeren

Räucherwerk: Goldkamille (im walisischen Ogham-System auch als »Stechginster« bekannt), Ringelblume, Sonnenblume, Haferstroh

Schwellenzeit: MITTAG.

ALBAN ELVED

Das keltische »Weinfest«, das heidnische Dankfest.

Datum: circa 21. September, Herbst-Tagundnachtgleiche

Moderne Entsprechung: Erntedankfest

Keltische Gottheiten: Mabon (Herr der Ernte/großer Sohn), Bran & Branwen

Zuordnung: Sonnenhälfte im Jahreszeitenkreuz, weiblich-passiv; Wasser

Bräuche: Erntefest (gewöhnlich am Vorabend des Vollmondes abgehalten, der am nächsten zur Tagundnachtgleiche liegt), reife Feldfrüchte pflücken (oft Rüben oder Kürbisse für *Samhain),* späte Getreideernte und Garbenbinden, Angeln, Traubenernte, Keltern und Weinbereitung

Symbole: Weintraube/Weinstock, Getreidegarben, ein Fisch, Füllhorn, Flaschenkürbis

Geweihte Speisen: Rotwein; wild lebende, jagdbare Tiere (Wildbret, Fisch, Fasan, Wachtel usw.); Kürbisse, Melonen und weitere Kletterpflanzen, gehaltvolle Gemüsebrote und -kuchen, Eintopfgerichte/dicke Gemüsesuppen

Räucherwerk: Beifuß, Myrrhe, Salbei, Balsamstrauch, Schwertlilie

Schwellenzeit: ABENDDÄMMERUNG.

8

Der Garten

Weder von Vater noch von Mutter
War mein Blut, war mein Körper.
Gebannt wund' ich von Gwydion,
dem Urzauberer der Briten,
Als er mich aus neun Blüten formte,
neun Knospen verschiedner Art:
Aus der Primel der Berge,
Aus Ginster, Mädesüß und Kornrade,
verflochten ineinander,
Aus der Bohne, die in ihrem Dunkel
Ein weißes Geisterheer trägt
Von Erde, von irdischer Art,
Aus den Blüten von Nessel,
Eiche, Weißdorn und der scheuen Kastanie;
Neun Kräfte aus neun Blumen,
Neun Kräfte in mir vereint,
Neun Knospen von Pflanze und Baum.
Lang und weiß sind meine Finger,
Wie die neunte Meereswoge.

MABINOGI, HANES BLODEUWEDD

Überall ringsum leuchtete das frische Grün des Frühlings, als wir uns auf den Weg nach Norden gen Wales machten. An jenem Morgen waren wir ohne Unterbrechung mehr als fünf Stunden geritten, ehe wir vor der großen Stadt Abergavenny haltmachten und eine Ruhepause einlegten. Da es in der Mittagssonne schnell heiß wurde, beschlossen wir, eine

Zeitlang im Schatten eines dichten Eichenbestandes gleich neben der Hauptstraße zu verweilen.

»Ich kann an der Atmosphäre des Ortes hier erkennen, daß diese Stelle einmal ein Elfenhain war« sagte Merlin, während er seine Flöte hervorholte, um darauf zu spielen. »Schau und lausche aufmerksam auf alles um uns, wenn ich anfange – nicht mit deinen körperlichen Sinnen wohlgemerkt, sondern statt dessen mit deinen anderweltlichen Wahrnehmungen.«

Ich lauschte so gespannt, wie ich konnte, während der Klang der Musik sehr geheimnisvoll zwischen den Erdhügeln und Bäumen anschwoll und sich dann wieder verlor, konnte jedoch nichts anderes mit Bestimmtheit entdecken. Schließlich legte Merlin die Flöte in seinen Schoß und blickte zu mir hinüber.

»Nun, Arthur, hast du mit deinen Augen geschaut und mit deinen Ohren gelauscht, doch wenig gesehen und gehört. Es ist an der Zeit für dich, die Welt durch deinen Geist-Körper, dein Anderes Selbst, zu betrachten. Schließe deine Augen fest und lausche wieder auf meine Musik; stelle dir im Geiste vor, eins mit dem Klang zu sein. Und öffne dann, wenn die Stimme deines inneren Führers dich dazu aufruft, deine Augen und schaue noch einmal.«

Nach diesen Worten spielte Merlin eine andere Melodie; sie war sanfter und langsamer, doch nicht weniger kraftvoll. Hin und her wogten die Töne, bis ich das Gefühl hatte, als würde ich mich in einem Boot auf hoher See befinden. Nach einer Weile stieg dann tatsächlich der Übermächtige Wunsch in mir auf, den Blick nach außen zu richten. Ich öffnete die Augen, war jedoch nicht auf das gefaßt, was ich sah: Da war, sich im Kreis um uns herumdrehend, die seltsamste Versammlung von Wesen, die man sich vorstellen konnte!

Kleine und rundliche menschenähnliche Gestalten in grünem Gewand und spitzen Schuhen, winzige elfenähnliche Wesen, die mit durchsichtigen Flügeln über jeder Blume schwebten, und kleine Geschöpfe, die nicht größer als ein Hund waren, doch den Rumpf eines Menschen und den Körper eines Pferdes hatten!

Überzeugt davon, daß ich wohl doch träumte, streckte ich meine Hände aus, um die Wesen zu berühren. Schlagartig waren sie alle gleichzeitig von der Bildfläche verschwunden. Merlin hörte zu spielen auf und schüttelte ärgerlich den Kopf.

»Warum hast du das getan?« fragte er schroff.

»*Was* getan?« antwortete ich. »Ich muß mit offenen Augen geträumt haben ... das ist alles.« Doch als Merlin wieder den Kopf schüttelte, wurde mir plötzlich klar, daß diese Wesen am Ende doch keine Traumgestalten gewesen sein dürften.

»Nur weil du etwas für eine Vision hältst«, schalt er mich aus, »nimmst du sofort an, daß es unwirklich ist. Nun gut ... ich bin dafür da, um dir zu sagen, daß dem nicht so ist! Wer kann schließlich den Wind sehen? Oder Wellen, welche die Erde von unten zum Beben bringen? Oder Donner? Oder die Hitze in einem dunklen Ofen, die das Brot röstet?

Können diese Dinge nicht Weltreiche stürzen und Berge schmelzen lassen, auch wenn sie *nicht* gesehen werden können? Jawohl ... die Wesenheiten, die du um uns herum gesehen hast, sind ganz und gar genauso ›real‹ wie wir selbst – obwohl ich mich häufig frage, ob sie nicht uns als etwas weniger wirklich ansehen.« Hier hielt Merlin lange Zeit inne. »... Und wie sie die Musik liebten! Nichts mögen *Y Tylwyth Teg* mehr als den Klang einer Flöte – Traumgestalten! Sieh sie nicht als ›unwirklich‹ an, sondern einfach als anders.«

Eine Zeitlang schien Merlin tief in Gedanken versunken, fuhr mit den Fingern durch das Gras und zählte einige Handvoll Klee aus.

»Auf Jeden Fall«, sagte er beiläufig, »sind wir auf dem Weg zu einem Ort, der dich eigentlich von der Wahrheit in meinen Worten überzeugen könnte. Komm, beeilen wir uns – denn die gemeinsame Zeit, die uns zugemessen ist, nähert sich zu schnell ihrem Ende. Und wir dürfen doch wohl weder den Zorn des guten Abtes noch seines christlichen Gottes erregen, oder?«

Nach diesen Worten blickte ich Merlin direkt ins Gesicht, um herauszufinden, ob er es ernst meinte oder nicht – und er lächelte!

Kurze Zeit später, nachdem wir auf die Straße zurückgekehrt waren, erhob sich ein weiterer Berg vor uns, dessen Umrisse ganz anders als die sanften Hügel waren, die wir hinter uns gelassen hatten: Er war zerklüftet und rauh und sah ganz und gar wild aus.

»*Wild, aber schön*«, dachte ich bei *mir,* »*... beides schön auf seine eigene Art, beides weder gut noch schlecht – einfach anders, wie ein Druide dazu sagen dürfte!*«

»Wir sind fast zu Hause!« rief Merlin zurückgewandt, und ich wunderte mich über den Nachdruck, den er auf das Wort »zu Hause« legte. Wir kamen zu einer kleinen Steinkate, die einem älteren Paar gehörte; dort ließen wir unser Pferd und setzten unseren Weg bergauf zu Fuß fort. Der Pfad, dem wir folgten, war landschaftlich reizvoll, aber auch gefährlich und kam an manchen Stellen einem mehrere hundert Fuß tiefen Abgrund so nahe, daß es mir fast den Atem verschlug. Doch immer war Merlin mir stets rasch zur Seite und auf der Hut, wenn mein Schritt auch nur leicht schwankte.

Es dämmerte schon, als unser Weg unvermittelt vor einem Wasserfall endete, der aus einer zu großen Höhe vor uns herabstürzte, um sie in jenem matten Licht abschätzen zu können. Müde und hungrig stöhnte ich laut auf und ließ mich auf einen bemoosten Fels fallen.

»Laß dich nicht entmutigen«, sagte Merlin, »denn wie so viele andere Dinge in dieser Welt der Magie ist das, was auf den ersten Blick als ein Hindernis erscheinen könnte, oftmals der Zugang zu einem neuen und herrlichen Reich.« Mit diesen Worten verschwand er hinter dem schäumenden Wasservorhang, während ich ihm mit weit aufgerissenen Augen nachstarrte.

Bei näherer Untersuchung stellte ich fest, daß der Weg in Wirklichkeit überhaupt nicht aufhörte, sondern sich hinter dem Wasserfall in einer unvermittelten Biegung weiterschlängelte, was in der Dunkelheit nicht ohne weiteres zu sehen war. Und mit dieser Entdeckung setzte ich zum erstenmal den Fuß in Merlins wundersame Höhlenbehausung auf dem Berg Newais.

Als ich ins Innere spähte, wurde ich sogleich von einem aufgeregten Flügelschlagen angemeldet, während der große Rabe Salomon mich wieder einmal begrüßte! Wie oft hatte ich mich schon gefragt, wo dieser kluge Vogel wohl weilte, wenn er nicht bei seinem Herrn war – und das war nun klar, denn er wirkte hier genauso »zu Hause« wie Merlin selbst. Während Salomon und ich unsere Bekanntschaft erneuerten, hatte der Druide damit begonnen, trockenen Reisig in einen großen Kamin zu stopfen, der fast eine ganze Wand einnahm. Im Handumdrehen hatte er ein munter loderndes Feuer entzündet. Wir ließen uns nieder zu einer herzhaften Mahlzeit aus frischen Eiern (die wir den Leuten aus der Kate zu verdanken hatten), Brot aus Abergavenny, Früchten vom Camelot-Hügel und einem unergründlichem Krug voll braunem Honig aus der Vorratskammer. Noch nie schien mir einfaches Essen so gut geschmeckt zu haben!

Von ihrer behaglichen Atmosphäre einmal abgesehen, war diese Höhle wahrlich ein geheimnisvoller Ort: Überall ringsum, auf jedem Bord und in jedem Winkel, befanden sich mengenweise Geräte und sonderbare Dinge, die meine Augen unwiderstehlich auf sich zogen. Während ich ziellos forschend umherging, hing Merlin einen Wassertopf über das Feuer und zündete seine Pfeife an. Nachdem er einige Minuten lang geschickt Rauchring durch Rauchring geblasen hatte, stand er auf und ging hinüber zu einem langen Bord, auf dem dichtgedrängt Gläser und Gefäße in allen Formen und Größen standen. Er gab mir ein Zeichen, zu ihm zu kommen.

»Hast du irgendeine Vorliebe, welches dieser Kräuter du als Tee vor dem Schlafengehen trinken willst?« fragte er. »Sie alle sind in meinem eigenen Garten gezogen und getrocknet und dienen Geist und Körper zu jedem Zweck.«

»Ihr habt einen Garten?« fragte ich überrascht.

»Ja, natürlich!« antwortete er kichernd. »Jeder Druide muß einen Garten haben, denn ohne einen solchen könnten wir nicht auf die Art und Weise Schmerzen lindern und heilen, für die wir berühmt sind. Schau selbst hier nach: Nenne einen Zustand, der dir Unbehagen verursacht, und wir werden uns darum bemühen, ob sich in diesen Töpfen ein Heilmittel finden läßt.«

Das Spiel war im Gange! Sorgfältig studierte ich die Gläser, da jedes genau mit dem Namen der Pflanze beschriftet war, die sich darin befand. Obwohl ich zu jener Zeit noch nicht sehr gut lesen konnte, wurde als Übung von mir verlangt, sie später alle vollständig in der richtigen Reihenfolge auswendig zu wissen. Es folgt hier eine Art Gedicht, das ich nach Art eines Barden verfaßte, womit ich diese Aufgabe erfüllte:

Gelbwurz, Johanniskraut, Butterblume & rote Rose,
Flaschenkürbis, Sonnenbraut und Kreuzdorn,
Drachenblut, Safran, Weißeiche: Pflanzen von des
Sommers Feuer und Funken.

Silberzweig und Beifuß,
Wildlattich, Katzenminze, Tollkirsche,
Schwarzpappel, Weide und Flieder -
Über blaue Sternenfelder herrschen sie;
Hopfen, Lobelie, Myrrhe, Ehrenpreis,
Weinrebe und alle dergleichen
Sind die Gaben von Herbst-Nebel,
Wolke und Regen und Meer.

Als nächstes dann: Maiapfel,
Nachtschatten, Helmkraut, Baldrian,
Stechpalme, Efeu und Stechapfel,
Wermut aus mitternächtlicher Stunde,
Wollkraut und Färberwaid;
Zaubernuß, Blasenkirsche, Immergrün, Hirschbeere,
Wo immer diese wachsen -
Gaben aus Dunkel und Tiefe bringen sie uns,
Von Winter-Erde & Stein.

Schließlich kommen die edlen Kräuter:
Einbeere und Asphodill,
Schafgarbe, Lavendel, Heide
und Klee für einen Priester – auch Goldkamillen;
Eisenkraut mit Schwalbenwurz,
Wegwarte und Ringelblume
Sind die Kräuter von Frühlings-Luft
Und dem stets frischen Wind.

Doch eines erlaubt dem Geist,
All diese Gruppen zu übertreffen,
Und so kommt am Ende dieser wertvolle Freund:
Der heilige Goldene Zweig.

Es gab auch noch viele andere Kräuter, die weitere Borde und Winkel füllten. Dazu gehörten:

Lilie	Distel	Schneeball
Weißdorn	Vogelbeere	Braunelle
Ochsenzunge	Linde	Huflattich
Kegelblume	Sauergras	Augentrost
Nymphwurz	Iris	Malve
Moosfarn	Glockenblume	Bilsenkraut
Heckenysop	Mädchenauge	Frauenschuh
Diptam	Aronstab	Gartenraute
Melisse	Wicke	Eisenhut

»... und was ist mit diesen Gefäßen? « erkundigte ich mich, als ich noch ein kleineres Bord über den anderen bemerkte.

»Ach ... das sind in der Tat ganz besondere Kräuter!« antwortete Merlin, ging hinüber und blies eine Staubwolke von den Deckeln der Behältnisse. »Dies sind die 21 Pflanzen von *Ogma Sonnengesicht:* Eine jede von ihnen steht für eine heilige Rune und für eine Lektion. Du, Arthur, wirst mit diesen wenigen vertrauter werden als mit allen anderen, die du hier siehst, denn die Ogham-Pflanzen sind seit dem *Câd Goddeu* vergangener Zeitalter der Eckstein der Druiden-Magie geblieben.« Bei diesen Worten ordnete er die Gläser in Reihen und ging wieder zu seinem Platz zurück.

Mit Hilfe dieser Schar von Flaschen besaß Merlin die Fähigkeit, die meisten Leiden lindern zu können – außer jenen, die von den Göttern bestimmt waren. Es stehe in keines Menschen Macht, solche »geduldeten Plagen« zu heilen, meinte er. Was mich selbst betraf, so war ich bei guter Gesundheit. Mehr um dem Druiden einen Gefallen zu tun als aus echtem Bedürfnis, bat ich daher um ein Gebräu, das meinen Beinen und meinem Rücken Erleichterung von den Mühen des langen Aufstiegs verschaffen würde. Rasch suchte Merlin zwei bernsteinfarbene Gläser mit der Aufschrift »Baldrian« und »Katzenminze« hervor und gab ein Quentchen von beidem in den jetzt leise siedenden Wassertopf. Wir verbrachten die nächste Stunde mit nichts anderem, als uns zu unterhalten und in kleinen Schlucken den Tee zu trinken, wobei Muskeln und Knochen sich tatsächlich in eine schwere Zufriedenheit hinein entspannten.

»Und morgen«, fuhr Merlin fort, »morgen wirst du die Gelegenheit haben, den Herkunftsort dieser herrlichen Pflanzen zu sehen. Tatsächlich habe ich dich aus diesem Grunde hierhergebracht ... « Während er sich zurücklehnte und einen langen Zug aus seiner Pfeife nahm, schien er in einen Traum zu sinken. *»Oh, diese Erinnerungen ... und wie dein Vater dies hier geliebt hat ... und wie sehr du mich an ihn erinnerst.«* Er seufzte. »Jetzt aber ins Bett – und wohlgemerkt: keine Fragen mehr bis zum Morgengrauen!«

Wie ich auch versuchen mochte, ihn zu weiteren Bemerkungen zu überreden, es half alles nichts. *»Dies ist nicht das erste Mal«*, dachte ich bei mir, *»daß Merlin dunkle Andeutungen über den Vater macht, den ich nie gekannt habe.«* Außerdem war ich mir nicht sicher, ob diese beiläufigen Äußerungen mich einfach ein bißchen necken sollten oder ob es sich nur um hin und wieder unbedacht entschlüpfte Worte handelte. Wie immer die Antwort darauf auch lautete – ich erinnere mich, in jener Nacht gut neben Merlins großem Holzbett geschlafen zu haben, da das Rauschen des Wasserfalls draußen mich in einen tiefen Schlummer versetzte.

Am nächsten Morgen erwachte ich mit der seltsamen Wahrnehmung, daß etwas leicht auf meinem Rücken hin- und herging. Ich sprang gerade rechtzeitig auf, um noch zu sehen, wie Salomon zu seiner Stange aufflatterte und sich mit einer langen Folge unsinniger Töne vergnügte. Mein Lehrer war damit beschäftigt, eine Auswahl an Kräutern von seinen

Borden in den funkensprühenden Wasserfall genau vor der Höhlenöffnung zu werfen. Ganz plötzlich schien die Sonne durch diesen Eingangsvorhang, der das Licht in unzählige tanzende Farbpartikel brach.

»Wie habt Ihr denn das gemacht ... die Farben derart zu verändern?« fragte ich, noch halb im Schlaf gähnend, und schlenderte zu Merlin hinüber.

»Arthur, erinnerst du dich noch an die kleinen goldenen Blumen, die in Cathbads Bucht wachsen?« fragte er, während ich nickte. »Nun, jeden Morgen beim Aufwachen mache ich ein kleines Opfer dieses Krautes an das Wasser – als Dank für seinen Schutz während der dunklen Stunden. Die Farben, die du gesehen hast, sind bloß ein Zeichen der Verbundenheit nicht nur mit dem Wasser, sondern auch mit allen anderen Wesen hier auf dem Berg Newais. Und heute wirst du selbst einige dieser Bekanntschaften schließen.«

Merlin begann das Frühstück bereitzustellen, während ich hin und her durch die kalten Wasserkaskaden plantschte. Er hatte mich gebeten, daß ich besondere Sorgfalt darauf verwenden sollte, auch mein grünes Gewand zu waschen, »denn heute«, so hatte er gemeint, »wirst du viel über die Farbe Grün erfahren, und du mußt auch danach aussehen!«

Während wir unsere Schalen voll dampfender Getreidesuppe mit Melasse leerten, wurde der Druide plötzlich sehr ernst: »Durch meine Lehren hast du schon viel über die Anderwelt und jene Wesen erfahren, die dort hausen, und auch, wie der Mensch eine gewisse Autorität über sie erlangen kann. Begreife aber, daß solche Wesen nicht auf unserer materiellen Ebene von *Abred* leben, sondern nur ihre eigenen Reiche bewohnen. Mit der heutigen Aufgabe werden deine Lektionen beginnen, dich mit jenen mystischen Wesen zu befassen, die hier mitten unter uns weilen, die an unserer Welt teilhaben und ihr Schicksal mit dem unseren verbinden. Doch nimm dich in acht, denn diese Bewohner stehen nicht, wie die Schatten von Stein & Meer, zu unserer Verfügung. Nein, diese Mitgeschöpfe, die als ›Devas‹, um das alte Wort zu verwenden, oder ›Naturgeister‹ bekannt sind, akzeptieren den Befehl keines Menschen, wenn ihre Loyalität nicht durch Wort oder Tat gewonnen wird. Tatsächlich, so merkwürdig dies auch klingen mag, sind *sie* es, die *unsere* Welt und *unser* Tun beherrschen ... indem sie freundlicherweise keinen machtgierigen Verrückten hohle Autorität über ihre Sphären des fließenden Nebels und dämmernden Zwielichts gewähren! Aber«, schloß er grinsend, »das braucht uns am heutigen Tag nicht zu beschäftigen, denn die Gegend, wo du nun hinkommen wirst, hat seit langem eine freundliche Einstellung gegenüber jedem Bewohner dieser Höhle gezeigt!«

Damit hatte meine Neugier ihren Höhepunkt erreicht. »Und wie werden diese Naturgeister aussehen, wenn wir auf einen treffen?« fragte ich naiv. Bei dieser Frage lachte Merlin lange und laut, bis ich schließlich davon angesteckt wurde.

»Bis *wir* auf einen treffen?« wiederholte er. »Das siehst du zweifellos falsch, mein Junge! Denn sicherlich werden sie auf *uns* treffen, ehe wir uns auch nur im geringsten ihrer Gegenwart bewußt sind! Doch es gab einmal eine Zeit, das ist schon lange her, als die Deva-Welt ebenso faßbar wie unsere eigene war, und die Menschen holten sich dort Rat und arbeiteten in allem mit ihr zusammen. Im Laufe der Zeit begann dann der Mensch in seiner Unwissenheit damit, sich von den Geistern abzuwenden, denn er hielt sich selbst für schlau genug, ohne ihre Hilfe auszukommen. Als dies geschah, zogen sich die Devas in die geschützte Abgeschiedenheit ihrer Hügel und Bäume zurück und werden heute nur noch selten von ein paar wenigen gesehen, die dazu bereit sind, ihre Realität und ihre Aufgabe anzuerkennen.« Unvermittelt wurde Merlins Gesichtsausdruck mißmutig. »Und was die Sache noch schlimmer macht, die Christen und ihre Priester behaupten jetzt, daß die Naturgeister nichts anderes als verkleidete Dämonen seien! Wenn sie nur erkennen würden, wie weit gerade ihre Religion sich von den Wahrheiten der Schöpfung entfernt hat und auf welche Weise diese Welt ihr Gleichgewicht aufrechterhält. Und glaube bloß nicht, Arthur, daß das Reich der Devas von dieser Richtung im Denken nichts ahnte! Sie wissen es ... «

Merlins Worte berührten mich tief, denn es schien mir, als hätte ich diese Dinge schon lange in meinem Innern gewußt und brauchte nur die Worte des Druiden als Auslöser, damit sie mir wieder ins Gedächtnis zurückgerufen wurden.

»Waren die Geschöpfe, die ich an der Straße bei Abergavenny gesehen habe, aus der Deva-Welt? « fragte ich, da ich plötzlich diese Verbindung zog.

»Das waren sie in der Tat!« erwiderte Merlin und zeigte sich über meine Beobachtung sichtlich erfreut. »Wie ich schon gesagt habe, ein wahrer Bewohner des Schattenreiches ist bezeichnenderweise unsichtbar für unsere sterblichen Augen, und daher kleiden sie sich oft in die Mythen und Gedankenformen, die verschiedene Menschengeschlechter im Laufe der Zeit erschaffen haben. Doch nochmals, sie machen das nur für die wenigen, deren Liebe zur Erde tief und deren Glauben stark ist. Manche Dinge, mein Junge, müssen erst *geglaubt* werden, um *wahrgenommen zu* werden. Wie glücklich wir sein können, daß du als ein solcher angesehen wirst, Arthur! Aber komm jetzt ... laß uns an die Arbeit gehen!«

Wir verließen die Höhle und bahnten uns unseren Weg durch einen kleinen Hain wilder Apfelbäume, die aus dem blanken Felsen des Berges zu wachsen schienen. Hier stießen wir auf einen Fußweg, der in sanfter Neigung abwärts zu der gegenüberliegenden Seite des Berges führte und durch Schichten herabgefallenen Laubes weich unter den Füßen federte. Der Berg selbst war stark und eindrucksvoll: ein schneeweißer Gipfel hoch über unseren Köpfen und üppiges grünes Pflanzenleben um seinen Fuß. Beim Weitergehen bemerkte ich viele Tierarten, die ich niemals zuvor gesehen hatte, da sie für das kahle Gelände von Tintagel zu fremdländisch waren. Diese Geschöpfe tauchten oft nur wenige Schritte von uns entfernt auf und zeigten keinerlei Furcht vor uns. Auch dies war recht ungewohnt für mich. Bald machte der Weg eine jähe Wendung abwärts. Merlin blieb stehen und wies auf ein fruchtbares Talstück genau vor uns.

»Dort liegen die Ruinen von *Joyous Garde*«, erklärte er, »dies ist unser Ziel für deine Lektion.«

Ich wurde durch etwas geführt, was früher einmal ein großer Torweg gewesen war, doch dessen gewölbtes Tor schon seit langem in die Erde zurückgesunken war. Über dem Eingang und in Stein gemeißelt standen in verzierten römischen Buchstaben die Worte JOYOUS GARDE. Ich vermutete, daß dieser Ort einst, vielleicht in römischer Zeit, ein mächtiger Palast oder eine Festung gewesen war, denn immer noch umgaben dicke Mauern die Trümmergesteinshaufen, die innerhalb des Eingangstores lagen. Doch Merlin sollte mich nicht lange über die Geschichte dieses Ortes grübeln lassen, denn sehr bald setzte er sich auf einen umgestürzten Marmorblock und winkte mir, mich zu ihm zu gesellen.

»Vor langer Zeit«, begann er, »war dies die Heimat eines weisen und gelehrten Fürsten, dessen wahrer Name sich mit der Zeit verloren hat; die lokale Überlieferung hat ihn jedoch als *Llugh Llanynnauc* in Erinnerung behalten. Die Legende berichtet, daß er in Gallien geboren wurde, das immer noch unter den mächtigen Reichen im Osten besteht und über das Meer in unser Land kam. Da er ein Waisenkind war, wurde er von dem Bergvolk zu der Dame vom See in *Avallonia* gebracht, wo bestimmt wurde, daß er dort, auf jener Heiligen Insel, aufgezogen werden sollte, und dort kam er auch ins Mannesalter. Nun soll dieser Junge eine geradezu unheimliche Beziehung zu allem gehabt haben, was grün war und aus der

Erde wuchs, und so wurde er bewandert in Kräuterkunde und den Geheimnissen der Pflanzen. Als Llanynnauc schließlich erwachsen war, machte er sich von der Apfelinsel aus auf den Weg und ließ sich in diesem Tal unter dem Berg nieder.

Gleich von Anfang an lebte er in Frieden und Harmonie mit den Geschöpfen, die hier wohnten, und mit ihrer Einwirkung und Unterstützung verwandelte er ebendiese Stelle in ein Reich von großer Schönheit und Anmut. In jenen Tagen wurde es ›Joyous Jardin‹ genannt, was in gallischer Sprache ›freudiger Garten‹ bedeutet; doch die Römer, die später nachfolgten, machten aus den Gärten Garnisonen und entweihten den Namen ›Freudiger Garten‹ zu ›Fröhliche Festung‹ – ein so lächerlicher Begriff, wie er überhaupt nur erfunden werden konnte! Jedenfalls leben die Devas und Naturgeister, die diesen Platz vor so langer Zeit gesegnet haben, bis zum heutigen Tag in *Joyous Garde* – und dies in größerer Zahl als an jedem anderen Ort, den ich kenne. So wird die Geschichte von den Barden und dem gewöhnlichen Volk erzählt – obwohl ich bezweifle, daß diese Stelle noch irgend jemandem bekannt ist, und nur ein paar wenige zufällig hierhin geraten. So ... wollen wir nun, nachdem die Bühne bereitet ist, jenes alte Stück Grün betreten, von dem der Segen der Götter noch immer nicht gewichen ist?«

Und so gingen wir mitten aus einer Geschichte in eine Wirklichkeit hinein, die so schön war wie irgendeine Geschichte, die ich je gehört hatte. Das Eingangstor führte in einen großen Hof, der in drei Hauptbereiche unterteilt war; ein klarer Bach plätscherte entlang einer Mauer. Ein einzelner Pfad wand sich wie eine Schlange durch die weite Fläche, führte jedoch zuerst zu einer Pflanzengruppe, in der die Farben Gelb und Weiß vorherrschten.

Merlin nahm eine Lehrerhaltung ein und begann: »In der Magie gibt es ein sehr altes Prinzip, welches den Doppeltgeborenen daran erinnert, daß *Energie ihresgleichen anzieht*. Einfach ausgedrückt, weist dieser Grundsatz darauf hin, daß Kräfte von gleicher Art dazu neigen, sich in Gruppen zusammenzuschließen – sich anzuziehen, und dieses Gesetz wird ausreichend durch das veranschaulicht, was du hier überall um uns herum siehst. Zum Beispiel gehören diese Pflanzen vor uns dem Elementarreich der Luft an, da Gelb und Weiß seit langem als die Farben des Windes angesehen werden.«

Wir gingen hinüber zu einer großen, mit Korn bepflanzten Stelle, das in einer Ecke wuchs und von seiner Höhe her doppelt so groß wie Merlin war! »Sieh hier eine Pflanze, die der Mensch zu einer Kulturpflanze als Nahrungsmittel gemacht hat«, sagte er, »... und die seit unendlich langer Zeit symbolisch für das Element Wind steht. Eine Speise wie diese verleiht die Eigenschaften von Luft: Sie verstärkt Jugend, Verstandesgaben, Schnelligkeit und Urteilskraft in jenen, die davon essen.« Dann wies der Druide mit einer Handbewegung auf die anderen Pflanzen um uns herum. »Und all diese übrigen Gewächse haben die gleiche Energie und schenken Gaben derselben Art. Geh, Arthur, und wähle zwei der reifsten Ähren von dem Kornstück aus, und vergiß nicht, den Devas dafür zu danken. Dann müssen wir weiter.« Es dauerte nicht lange, bis ich zwei vollkommene Exemplare gefunden hatte, *»bei weitem größer«*, so dachte ich, *»als drei von irgendwelchen, die ich in unseren Gärten auf Tintagel habe wachsen sehen!«*

Wir gingen weiter zu einer Stelle, wo die Pflanzen in Flammen gehüllt zu sein schienen. Rote Blumen, rote Blätter, scharlachfarbene Früchte ... und nicht eine einzige mir vertraute Sorte. Ich war überrascht, daß so viele Pflanzen eine derartige Vielfalt an Rot zeigten – und es war keine Frage, welches Element hier so üppig gedieh.

»Feuer«, sagte Merlin. »Dies ist der Bereich, den sich jene Pflanzen, die von der Flamme beherrscht werden, gewählt haben, um hier zu gedeihen. Ob sie als Nahrungsmittel, Heilkräuter oder heilige Kraftpflanzen verwendet werden, sie enthalten in sich die Gaben von Hitze, Stärke, Angriffslust und Ausdehnung ... ganz ähnlich wie die Sonne, die selbst unser höchstes Symbol für diese Energie ist.« Merlin beugte sich nieder: »... Und hier ist die Pflanze, die der Mensch dazu auserwählt hat, um sie als feurige Nahrung anzubauen.« Er lenkte meine Aufmerksamkeit auf ein Beet niedrig wachsender Pflanzen mit glatten Blättern und einer Fülle an leuchtendroten Früchten, die von kräftigen Stengeln herabhingen. *»Capsicum«*, erklärte er, »das gewöhnliche Volk nennt es ›rotes Pfefferkraut‹. Du wirst schon bald sehen, warum das so ist!« Wieder wurde ich angewiesen, zwei der besten Früchte zu ernten, um sie mitzunehmen.

Wir näherten uns nun einem Bereich des Gartens, der sich völlig von den anderen unterschied, die ich gesehen hatte. Anstatt pulsierend, licht und lebendig zu sein, war er düster ... dunkel, mit dem schweren, feuchten Geruch nach modernden Blättern in der Luft. Ich wußte sofort durch dieses höhlenähnliche Gefühl, daß wir uns in dem Pflanzenreich der Erde befanden.

»Das Stein-Reich«, bestätigte Merlin mit seiner Kunstfertigkeit, eine Frage zu beantworten, die noch gar nicht gestellt worden war. »Hier siehst du Pflanzen, die ihre Lebenskraft ebensosehr aus den Drachenlinien tief unter der Erde ziehen wie aus dem Wasser, dem Blut der Erdmutter.« Dabei wies er auf den Bach, der etwa fünfzig Fuß vor uns verlief. »Und jedes dieser Gewächse enthält die Geheimnisse von Alter, Weisheit, Tod und Wiedergeburt. Komm, schau hier.«

Dicht entlang der dunkelsten Mauerecken, in und zwischen den grauen, zerfallenen Gesteinshaufen, wuchsen Pilze von jeder Größe, Form und Farbe, und inmitten von ihnen gab es eine Unzahl niedrig wachsender Pflanzen und Moose mit zarten Trieben in tiefem Grün.

»Diese Pflanzen und Pilze verkörpern die Essenz des Erd-Elementes«, erklärte Merlin. »Manche schenken Träume und Visionen, während andere bei Hunger den Gaumen erfreuen. Schau dies an!« Merlin ergriff den oberen Teil einer Pflanze und zog kräftig daran. Sie kam aus dem Boden, mit Wurzeln und allem Drum und Dran – außergewöhnliche Wurzeln fürwahr, denn an ihnen hafteten große, zwiebelartige Knollen, die etwa so groß wie die Faust eines Mannes waren.

»Irische Goldknollen«, nannte der Druide sie, als er mir zwei der größten aushändigte und die übrigen zurück in den Boden steckte. Er wählte auch zwei der riesigen weißen Pilze aus, die wir unserer Sammlung hinzufügten, bevor wir weitergingen.

Wir blieben an einem Abschnitt der Mauer stehen, wo unterhalb der Bach fröhlich sprudelte und überall blaue Pflanzen wuchsen. Das Wasser stand in seichten Tümpeln, die den Himmel zwischen moosbewachsenem Stein widerspiegelten. Wo immer man hinschaute, sah man Blau, und ich erinnere mich, dies für den allerschönsten Teil gehalten zu haben.

»Wir sind zuletzt zu den Pflanzen des fernsten Raumes und des tiefsten Ozeans gekommen«, erklärte Merlin, »welche den Geist der Meere festhalten. Gefühl, spirituelle Erhebung, innere Ruhe und Gelassenheit – dies sind ihre Gaben!«

Dort inmitten einer Flora von verschiedenstem Azurblau wuchsen rankige Pflanzen, die wie ein lebendiger grüner Teppich Muster über den Boden woben. Gelegentlich war eine ihrer Früchte zu sehen, die von unten hervorragten, und von diesen wählten wir eine aus. Merlin nannte sie »Pympin«.

Mit diesem Schatz in der Hand hatten wir unseren Rundgang beendet und standen wieder vor dem vorderen Eingangstor. Alles in allem hatten wir eine feine Auswahl von Eßbarem aus jedem der Elementarreiche zusammengetragen, die wir dann nach Merlins Anweisung zu einem Haufen auf dem Boden aufschichteten. In einer alten Sprache, die ich nicht verstand, rezitierte der Druide ein altes Erntedankgebet für das, was wir genommen hatten, und nickte mir dann zu, den Vers zu wiederholen. Während ich dies, so gut ich konnte, zustande brachte, blickte ich zufällig während des Sprechgesangs auf – nur um eine seltsame Schar von Geistwesen zu erblicken, die so zahlreich und verschiedenartig wie die Speisen waren, die wir gerade gefunden hatten. Doch als ich wieder mit den Augen blinzelte, waren sie verschwunden.

Wir ließen die herrlichen Gärten hinter uns und traten, schwerbeladen mit der Beute unseres Besuches, den Rückweg zur Höhle an. Wir legten die ganze Strecke schweigend zurück und erreichten unser Ziel erst, als es schon fast dunkel war. Der gute alte Salomon schien aufrichtig erfreut, uns wiederzusehen, denn er machte einen ziemlichen Spektakel, als er uns von weitem erspähte. Ich säuberte das Gemüse unter dem Wasserfall und trug es ins Innere, wo Merlin alles in Stücke schnitt und unter Hinzufügung von einigen Kräutern und etwas Meersalz in einen schweren Eisentopf gab. Wir entzündeten das abendliche Feuer und hingen unsere Mahlzeit zum Kochen auf; danach gingen wir hinaus auf den Felsvorsprung, um den Sonnenuntergang zu betrachten. Merlin schien etwas Wichtiges auf dem Herzen zu haben, wirkte jedoch unentschlossen, wie er damit beginnen sollte.

»Die Gärten von *Joyous Garde*«, sagte er schließlich, »sind Teil des unaufhörlichen Zyklus von Geburt und Wiedergeburt. Jedes Jahr zwischen *Beltane* und *Sarnbain* erneuert die Erde sich von der Saat bis zur Ernte und wieder zurück. Diese große ›Schlangenspirale der Natur‹ spiegelt sich auch in den Jahreszeiten wider, wenn sie sich ohne Ende von der einen zur nächsten weiterdrehen und stets zu ihrem Anfangspunkt zurückkehren. Genauso beschaffen ist auch die Bewegung der Gestirne beim Umkreisen der Erde, der Sonne über den Himmel und des Mondes vom Vollmond zum Neumond. Scheint es daher nicht richtig, daß auch der Mensch demselben Gesetz zyklischer Wiederkehr unterworfen sein sollte? Ein Mensch wird geboren, führt ein gutes oder schlechtes Leben, ein Leben in Überfluß oder Bestrafung, stirbt und wird von neuem geboren, um noch einmal zu lernen. Von welchem Nutzen könnten schließlich die wenigen kurzen Jahre einer *einzigen* Lebensspanne für die Aufgabe sein, die Seele zur Vollkommenheit zu führen? Die Erfüllung einer solchen Aufgabe bedarf zahlloser Leben, wie jedem einleuchten dürfte. Und doch gibt es viele unter den christlichen Führern, die sich dazu bekennen, daß eine Seele, nach einer Handvoll Jahren und einem einzigen Leben, für das Urteil zu ewiger Glückseligkeit oder ewiger Verdammnis bereit sei! Ach ... wie eine solche Torheit unwidersprochen in ein zivilisiertes Land einziehen kann – das geht wirklich über mein Verständnis.«

Wir schwiegen lange, während mir viele Gedanken durch den Kopf wirbelten. Niemals zuvor hatte ich dem Thema »Tod« große Aufmerksamkeit geschenkt, wahrscheinlich deshalb, weil ich nie auf persönliche Weise damit konfrontiert worden war. Versuchte Merlin mir zu erklären, daß ich in Wirklichkeit viele Personen in ein und derselben war – oder daß ich viele gewesen war? Zunächst war diese Vorstellung für mich schwer begreiflich, obwohl ich schon gehört hatte, wie Barden zahllose Berichte von Druiden, Göttern und Helden sangen, die von einem Leben zum nächsten wechselten. Ein Hauptproblem war meine Vertrautheit mit dem christlichen Begriff von Himmel und Hölle und seinem leichtverständlichen und einfachen »Schwarzweiß-Denken«. Doch war der Mensch nicht ein Teil der Natur in all ihrer großartigen Komplexität? Und wenn dem so war, warum sollte er dann nicht, wie andere Dinge auch, dem Gesetz zyklischer Wiederkehr unterliegen? Gedanken wie diese verrieten mir, daß eine tiefe Wahrheit in Merlins Worten enthalten war.

»Ich selbst kann mich mit Sicherheit an mehr als dreißig meiner früheren Leben erinnern«, fuhr er nach einer Weile fort, »und ehe das jetzige beendet ist, werde ich von vielen weiteren erfahren haben. Solche Leben sind stets erfüllt von einer Mischung aus Freude und Schmerz, Glück und Tragik – doch sie alle enthielten wertvolle Lektionen, die ich lernen mußte. Und so verläuft das Leben eines jeden Menschen, immer wieder und wieder, bis er die Fallstricke dieser materiellen Welt meistert und bereit dazu ist, in die jenseitige Welt, das Reich der Götter selbst, weiterzugehen. Welche Zeitspanne erfordert dies? Das weiß niemand, denn jede Seele entwickelt sich – wie die Pflanzen in *Joyous Garde* – in ihrer eigenen Geschwindigkeit. Doch soviel wissen wir: Was ein Mensch in einem Leben tut, ob zum Nutzen oder Schaden, fällt wieder auf ihn zurück – wenn auch nicht immer in demselben Leben, aber bestimmt in einem anderen. Auf diese Weise bleibt das große Lebensrad im Gleichgewicht ... was oben ist und was unten, wird am Ende gleich. Tu daher so viel Gutes während deines Lebens, wie deine innere Stimme dir gebietet, denn niemand kann der Gerechtigkeit wegen seiner Verstöße gegen sich selbst oder gegen einen anderen entgehen. So lautet das Gesetz des Herrn über die zyklische Wiederkehr. Arthur, denke an dies eine, wenn auch an sonst nichts: *Folge deinem Gewissen, denn dies ist das Auge Gottes in dir.«* Merlin warf mir einen langen, ernsten Blick zu und spürte wohl, wie fremd mir diese Vorstellungen erscheinen mußten.

»Aber woher könnt Ihr das wissen?« fragte ich, »... woher wissen die Druiden, daß sich diese Dinge so verhalten?« *Ich hoffte auf eine einfache Antwort.*

»Weil ich mich erinnere!« erklärte er abschließend, »und das wirst auch du schon bald!« Doch ehe ich noch irgendwelche weiteren Fragen stellen konnte, ließen der Geruch und das Geräusch des brodelnden Kessels im Inneren der Höhle uns beide im Einverständnis darüber aufstehen, daß man früheren Leben besser mit vollem Magen nachgehen konnte! Wir füllten den Eintopf in Holzschalen und speisten so zufrieden, wie es nur ausgehungerte Mystiker konnten.

Nach einer ganzen Weile schob Merlin seinen Teller beiseite und sagte: »Das Essen, das wir gerade verzehrt haben, war durch mehr als nur das Offensichtliche etwas Besonderes. Unsere einfache Suppe sorgte für ein vollkommenes Gleichgewicht aller vier Elementarwelten; ein solches Gleichgewicht ist schwer zu erlangen und wird häufig von Zauberern vor bestimmten magischen Handlungen angestrebt. Heute Abend, Arthur, brauche ich deinen Anderwelt-Körper in einem solchen Zustand des Gleichgewichts.«

Als wäre ich dazu in der Lage, die Absichten des Druiden zu deuten, fragte ich: »Merlin ... wie geht man vor, wenn man in ein vergangenes Leben zurückblicken will? Wie konntet Ihr mit Gewißheit etwas über die Euren in Erfahrung bringen? Was habt Ihr getan?«

Meinen Nachforschungen wurde mit einem zufriedenen Kichern begegnet. »Deine Fragen, mein Junge, verdienen eine angemessene, gute Antwort. Folge mir, und ich will sehen, was wir dafür tun können.«

Wir gingen zum hintersten Ende der Höhle, wo ein großer Wandteppich, der mit dem Roten Drachen Britanniens bestickt war, vor der Mauer hing. Zu meiner Überraschung und Freude ergriff Merlin ihn unvermittelt am Rand und zog kräftig daran – wodurch ein versteckter Gang sichtbar wurde, der wieder zurück in den Felsen führte. Er verschwand nach unten in diesen und rief mir durch die Dunkelheit über die Schulter zu, ihm zu folgen. Zögernd kam ich dem nach, obwohl ein wachsendes Gefühl von Unruhe meinen Schritt mäßigte. *Es war so, als wäre ich schon vorher hier gewesen.* Mit jedem Schritt wurde diese merkwürdige Vertrautheit deutlicher, bis ich mit völliger Sicherheit voraussagen konnte, was hinter jeder Biegung lag.

Dann aber endete der unterirdische Gang und mündete in einen Raum, der von einem starken, blauen Licht erfüllt war. Ich wußte, daß das Licht von einer riesengroßen Kugel kam, dem *Pêlen Tân*, die hoch über uns schwebend hing. *Wie konnte ich das nur wissen?* Weil wir auf irgendeine Weise – vermittels eines Zaubers jenseits aller Vernunft – nun hinten in der Höhle des Riesen unterhalb von Tintagel standen! Doch es blieb mir nicht einmal die Zeit, über diese »Unmöglichkeit« nachzugrübeln. Merlin ergriff mich bei der Schulter und führte mich in eine Ecke des Raumes, wo Wasser in einem dünnen Rinnsal aus dem Stein sickerte und sich in einem glatten, runden Bekken sammelte, das aus dem Fels gehauen war. Die Wasseroberfläche brach das blaue Licht in Tausende von tanzenden Gespenstern an den Wänden.

»Dies ist mein Magischer Spiegel«, verriet Merlin, »und in ihm können viele Dinge aus Vergangenheit und Gegenwart gesehen werden. Ich habe dich heute Abend hierhergeführt, damit du in ihn hineinschauen kannst, wenn du dies möchtest. Aber sei gewarnt: Ich kann dir die Art der Visionen nicht voraussagen, die dir erscheinen mögen. Am Ende könnte es durchaus auch eine Abschreckung sein, doch die Entscheidung bleibt dir überlassen.«

»Werdet Ihr hier bei mir bleiben?« fragte ich, ohne zu überlegen.

Der Druide lächelte bei seiner Antwort, von der er wußte, daß sie unerwartet war: »Ich werde nicht von deiner Seite welchen.«

Meine Neugier war auf ihrem Höhepunkt angelangt.

»Nun, dann – «, sagte ich und versuchte, zuversichtlich zu klingen, »... dann möchte ich hineinschauen, wenn mir dies einen sicheren Blick in meine Vergangenheit gewähren wird.«

Merlin blickte mich lange und unverwandt an, so als würde er nach einigen Worten suchen, die ich noch ungesagt gelassen hatte. Als er schließlich sprach, klang seine Stimme tief und dumpf: »Strecke deine Hände vor über den Spiegel«, befahl er, »aber paß auf, daß du das Wasser darunter nicht aufrührst.« Mit vorsichtigen Bewegungen tat ich, wie mir geheißen. Es entstand eine schwere Spannung in der Luft, während die ruhige, kristallklare Oberfläche des Wasserbeckens plötzlich voller kleiner gekräuselter Wellen war. Ich beugte mich darüber und spähte in die trüben Untiefen.

Zuerst sah ich nur die Umrisse meines eigenen Spiegelbildes in Mitternachtsblau vor dem dunklen Stein; doch bald schon trat dieses hinter zahllosen wechselnden Mustern und Formen zurück, von denen ich nichts erkennen konnte. Dann aber tauchten vor mir Bilder vieler Männer auf – Jäger, Priester, Baumeister und Krieger – immer weiter und weiter glitten die Visionen vorbei, bis schließlich die einsame Gestalt eines einzelnen Mannes übrigblieb.

Und dieser Mann stand hoch oben auf einem Berg: Er war in flackerndes Fackellicht getaucht und trug auf dem Kopf eine goldene Krone, die in Gestalt von Zwillingsschlangen geformt war. Zu meinem Erstaunen sah ich mich dann selbst auf dem gleichen Berg neben Merlin stehen. Unerwartet kam der Mann förmlich auf uns zu und nahm die Krone vom Kopf.

»Empfange nun dieses Symbol der Hoffnung, mein Sohn«, erklärte er, »und vereinige mit ihm die beiden Welten zu einer – und gib niemals die Überlieferungslinie deiner Vorfahren auf.« Mit diesen Worten wurde die Krone auf meine Stirn gesetzt ... und die Vision verlor sich ins Dunkle.

Verwirrt und zitternd blieb ich an jenem klammen Ort zurück. Merlin wartete eine Weile, ohne etwas zu sagen, so als wolle er sehen, was passierte. Dann hob er mich schließlich hoch und trug mich in die Höhle zurück.

Das nächste, woran ich mich erinnere, war, daß ich in warme Decken gehüllt dalag und gedankenlos auf das Geräusch des draußen herabfallenden Wassers lauschte. Merlin schlief irgendwo neben mir, denn ich konnte seinen gleichmäßigen Atem in der Dunkelheit hören. Ich fing an, über die Geschehnisse des Tages und auch über diejenigen des kommenden

Tages Überlegungen anzustellen – denn ich wußte, daß meine Rückkehr nach Tintagel am nächsten Morgen bevorstand. Ich wußte aber auch, daß Merlin versprochen hatte, die Zeit werde kommen, wo er mich für immer aus dem Kloster herausholen würde. Doch wie bald? Bei dem Gedanken füllten sich meine Augen mit Tränen. Und was war mit dem Mann, den ich in dem Magischen Spiegel gesehen hatte? Welche Bewandtnis hatte es mit der goldenen Krone?

Wie als Antwort krächzte Salomon leise im Schlaf. Dann erfüllte mich ein unvermuteter Gedanke mit Erstaunen. Der Berg ... die Krone ... der Feuerschein – dies konnten nur die Spiegelbilder *einer* Sache sein: König Uthrs Krönung in der Nacht von *Beltane!* Aber ... wir waren doch nicht tatsächlich dort gewesen und hatten nur aus der Ferne oben von Camelot aus zugeschaut. Und ich war auch nicht sein ... Sohn. Sein Sohn? Ich schüttelte den Kopf, um einen derart unerhörten Gedanken daraus zu verbannen.

Dann aber kam mir etwas undeutlich in den Sinn, was der Druide bei meiner Ankunft zu mir gesagt hatte. Was war es noch gewesen?

»... und wie dein Vater dies hier geliebt hat«, hatte er gesagt, *»und wie sehr du mich an ihn erinnerst.«*

Mein Vater! Ich wagte nicht daran zu denken. Um den Gedankenstrom anzuhalten, zog ich mir die Decken bis über den Kopf und fiel endlich in einen unruhigen Schlaf.

Lektion 8
Die sechzehn Heilkräuter von Diancecht

... die Ankunft der Fomorier war schrecklich.
An diesem Tag lag kein Glanz
auf den Tuatha De Danann, als sie sich
aus dem Kampf herauszogen:
Sie waren verwundet und erschöpft -
Diancecht ging mit Heilkräutern
bei ihnen umher.

CELTIC WONDER TALES

In dem Kapitel »Der Garten« erhält Arthur eine gründliche Einführung in die auf den Elementen beruhende Kräuterkunde. Er lernt, auf welche Art und Weise Pflanzen als Verkörperung eines bestimmten Elementarreiches gesehen werden können. Das *Pheryllt-Manuskript widmet* den 16 Heilkräutern, die als die Grundausstattung der druidischen Medizin galten, ein längeres Kapitel. Von diesen sind jeweils vier einem der Elementarreiche zugeordnet. Nach der keltischen Tradition des »ein Jahr *und ein* Tag« kommt noch eine *Pflanze hinzu, die außerhalb* dieser Ordnung *steht*.

Erde
Baldrian
Helmkraut
Frauenschuh
Wermut

Wasser
Katzenminze
Hopfen
Weide
Kegelblume (Echinacea)

Luft
Golden Pipes (Kamille)
Ringelblume
Schafgarbe
Eisenkraut

Feuer
Gelbwurz
Johanniskraut
Kreuzdorn
Wintereiche

Die *Mistel* wurde als das zusätzliche siebzehnte Kraut angesehen. Eine kleine Menge dieser heiligen Schmarotzerpflanze, die nach dem Glauben der Druiden den »Geist« ihrer Wirtspflanze enthielt, wurde allen Heilmitteln und magischen Rezepturen hinzugefügt, wodurch sich ihr anderer druidischer Name *Uchelwydd* oder »All-Heil« erklärt.

Die oben angeführten Kräuter waren Teil jener Grundausstattung an Heilmitteln, die in kleinen Mengen von allen druidischen Heilern zur Behandlung der Bevölkerung mitgeführt wurden. Sie wurden entweder in getrockneter, pulverisierter

Form transportiert und, wenn notwendig, in heißem Wasser aufgelöst oder durch das Vergären mit Getreide (Fermentation) als Tinktur auf Wasser/Alkohol-Basis dargereicht. Die Tinktur ist für den »modernen Druiden« besser geeignet und kann auf die folgende Art und Weise hergestellt und angewendet werden:

Nehmen Sie eine Unze (etwa 30 g) des getrockneten Krautes, geben Sie es in ein Glasgefäß, und bedecken Sie es mit der doppelten Menge eines klaren Gärungsalkohols (Wodka ist üblich). Lassen Sie dies zwei Wochen stehen und gießen es dann durch ein Sieb oder Tuch und füllen die Flüssigkeit in bernsteinfarbene Tropfflaschen, die Sie mit Etiketten versehen.

Für die Dosierung gilt die Standardregel: ein Tropfen auf jeweils zehn Pfund Körpergewicht, und zwar alle drei Stunden. Bei heftigen Symptomen nehmen Sie die doppelte Menge. Nur bei sehr jungen, sehr alten oder schwerkranken Menschen ist die Dosierung eine schwierige Frage. Wenn Sie die druidische Tradition befolgen möchten, so fügen Sie jedem der 16 Grundmittel pro Dosis einen Tropfen der Misteltinktur hinzu – sie wird als »Energiekatalysator« und Auslöser für die Heilkraft der Pflanze wirken. Im *Book of Pheryllt* wird weiterhin erwähnt, daß ein druidisches »Heilkräuter-Kästchen«, das etwa die Größe einer Zigarrenschachtel hatte und leicht zu transportieren war, gewöhnlich aus dem Holz der Weide gefertigt war: einem Baum, dem die Kelten besondere mystische und heilende Kräfte zuerkannten. (In der Tat sind Weidenblätter reich an Salicyl, aus dem ursprünglich *Aspirin* gewonnen wurde.)

Die 16 Heilkräuter besitzen die folgenden heilenden Eigenschaften bzw. sind Heilmittel für[1]

Baldrian: wirkt beruhigend; Krämpfe, Schmerzen, Husten

Helmkraut: alle nervösen Zustände, Fieber, wirkt kühlend

Frauenschuh: Nervenmittel, Verdauungsbeschwerden, Kopfschmerzen

Wermut: Verdauung, Leber/Gallenblase, Würmer; äußerlich bei Insektenstichen, Verstauchungen und Quetschungen, Rheuma

Katzenminze: Verdauung/Magenschmerzen oder -krämpfe, wirkt beruhigend (ausgezeichnet für Kinder), Fieber, Kopfschmerzen, Bronchitis, Durchfall

Hopfen: fördert den Schlaf, leber-/verdauungsfördend, bei Blähungen und Krämpfen; äußerlich antibiotische Wirkung bei Furunkeln, Geschwülsten, Schwellungen und Hautentzündungen, wirkt kühlend

Weide: Schmerzen, Fieber, Arthritis, Nieren-/Blasenbeschwerden, antiseptisches Mittel zum Gurgeln, bei Mandelentzündung, wirkt kühlend

---

1 Die in dieser Lektion beschriebenen Kräutertinkturen wurden vom Autor mit Sorgfalt zusammengestellt und lange erprobt. Dennoch ist bei schwerwiegenden und längeranhaltenden Krankheiten der Rat eines naturheilkundlich orientierten Arztes oder Heilpraktikers einzuholen. Autor und Verlag können keine Verantwortung für die Anwendung der Tinkturen übernehmen.

Echinacea: antibiotische Wirkung (regt das Immunsystem an), Abszesse an Zähnen oder anderen Stellen des Körpers, Lymphschwellungen, verdauungsförderndes Mittel

Kamille: Magenschmerzen/Verdauungsbeschwerden/Blähungen, beruhigendes Mittel gegen Schlaflosigkeit bei Kindern, als Augenwasser und bei offenen Wunden, Nierenmittel

Ringelblume: äußerlich für Wunden, Verbrennungen, blutende Hämorrhoiden; in Öl für Ohrenschmerzen; Vaginalentzündungen

Schafgarbe: innere Blutungen (besonders der Lunge), Blähungen, Durchfall, Fieberzustände (bei Masern, Erkältung und Grippe); wirkt antiseptisch

Eisenkraut: Erkältung, Grippe, Husten, Entzündungen der oberen Atemwege, bei Mundkrankheiten, Schlaflosigkeit, Lungenentzündung, Asthma

Gelbwurz: antibiotische Wirkung bei allen innerlichen und äußerlichen Gesundheitsproblemen; Augenwasser, entzündliche Frauenleiden, Wunden, Hautkrankheiten, Erkältungen/Viruserkrankungen/Infektionen

Johanniskraut: Nerven, Bettnässen, Lebertonikum, Schlaflosigkeit; in Olivenöl abgekocht zwei Wochen lang bei: Geschwülsten, allen Hautleiden, Wunden, Geschwüren, Verbrennungen, vergrößerten Drüsen, Quetschungen und Muskelschmerzen

Kreuzdorn: wirkt abführend, verdauungsanregend, Blähungen, Leber, Gallenblase/Steinbildung

Wintereichenrinde: innere Blutungen, Vaginalentzündungen, hervorragende antiseptische Wirkung bei Wunden/ Hautleiden, Insektenstichen, Hämorrhoiden, geschwollenen Drüsen, Geschwülsten, lymphatischen Schwellungen, Krampfadern; als Mundwasser bei Zahnfleischproblemen; Stärkungsmittel

Mistel: Schwindel, Benommenheit, Herzprobleme/Herzklopfen, Bluthochdruck, Arteriosklerose, Nervenmittel.

9

Die Herausforderung

O Meister der alten Kriegsspiele,
Dessen feuriger Plan noch eine andere Sonne
Flammend über die Große Scheidelinie schickt:
Verleihe uns Disziplin durch Prüfung
Und Bewährung durch Sieg!

GÄLISCHER LEITSATZ, CA. 425 V. CHR.

Mein zehnter Geburtstag war gekommen und vorbeigegangen, und der Monat Juni war wieder dazu entschlossen, die kahlen Felsen und Klippen von Tintagel in seine grüne Pracht zu hüllen. Ein Jahr war seit meinem ersten Abenteuer auf Berg Newais verstrichen, und es war ein arbeitsreiches für meine Lehrzeit gewesen. Merlin kam und ging in seiner für ihn typischen, unvorhersagbaren Art und Weise, die regelmäßige Lektionen schwierig machte. Doch trotzdem schaffte ich es, ziemlich viel über die Druiden und ihre Magie zu lernen. Ich studierte nicht nur mit Merlin, sondern, wenn ich nach Hause zurückgekehrt war, auch mit Bruder Victor, unter dessen Obhut ich rasch Zahlen und Buchstaben beherrschte – das Beste beider Welten, wie ich dachte.

Die im Kloster von Tintagel untergebrachte Bibliothek, die weithin als eine der besten in Britannien bekannt war, zog Gelehrte aus allen Teilen des Landes und gelegentlich sogar auch von jenseits des Großen Kanals an. Für mich konzentrierte sich die Faszination der Bibliothek auf ein paar wenige ledergebundene Bände, welche die Großtaten von Helden und Magiern längst vergangener Zeitalter beschrieben – überliefertes Wissen und Legende, wovon ich unwiderstehlich angezogen wurde. Daher verbrachte ich dort den größten Teil meiner Freizeit, wenn ich nicht draußen arbeitete, oder auch die langen Wintertage und die Regenzeiten im Frühling. Ich hatte in diesem Jahr wirklich eine ganze Menge gelernt.

Es war nun manches Mal vorgekommen, daß Merlin den Hochabt davon überzeugt hatte, mich mit ihm auf irgendein magisches Unternehmen oder Abenteuer gehen zu lassen, und es erschien mir sonderbar, wie jedem Ausflug immer weniger Widerstand entgegengesetzt wurde. In der Tat, mein Abstecher im letzten Monat hatte fast Beifall gefunden – und wieder tauchte der Gedanke auf, daß der alte Abt mehr wußte, als er vorgab.

Als die Zeit verging, wurde es immer offensichtlicher, daß Merlins Lektionen alle in einer bestimmten Richtung angelegt waren und daß er mich sorgfältig auf etwas vorbereitete. Im wesentlichen drehten sich meine Studien um die Bereiche von »Intuition« und »Berührung mit dem Nichtmenschlichen« und schlossen viele andere Aspekte des Druidentums aus, die ich sehr gern erforscht hätte. Doch immer wieder wurde ich dazu angehalten, geduldig zu sein, »denn alle Dinge kommen zu dem, der wartet«.

Oft waren wir auf unseren Ausflügen nach *Joyous Garde* zurückgekehrt, hauptsächlich, um Methoden des Kommunizierens mit Tieren und Pflanzen zu studieren und praktisch anzuwenden. Ich hatte nicht lange gebraucht, um diese zu beherrschen, denn es hieß, ich habe eine natürliche Affinität zu solcher Arbeit. Wir beschäftigten uns dort auch mit den farbigen Energiebändern, dem Lichtschild, der alle lebendigen Dinge umgibt, und was mit Magie bewirkt werden konnte, wenn man diese Farben verändern wollte. Tatsächlich schien die Willensschulung das Kernstück von Merlins Lehren zu sein.

»Die wahre Bestimmung von Magie, Kleiner«, pflegte er

zu sagen, »dreht sich nicht um Zaubersprüche oder Beschwörungen oder das geheimnisvolle Fuchteln mit den Armen ... Wie im *Blauen Buch* unserer Vorfahren überliefert wird, ist wahre Magie *›die Kunst und Wissenschaft, den inneren Zustand nach Wunsch zu verändern‹*. Und wie wir aus Erfahrung gelernt haben, folgt Handeln dem Gedanken.«

Im Geiste ging ich die Liste von Farbbedeutungen durch, die ich aus dem Beobachten meiner Freunde daheim gelernt hatte; denn ich wußte, daß ihre Gefühle und innersten Gedanken sich in den Farbtönen ihrer Lichtschilde widerspiegelten. Rot für Zorn, Gelb für Denken, Blau für Seele-Geist und Grün für Wachstum; Weiß für Gleichgewicht und Schwarz für das weise Alter – mit der Zeit wurde es sogar zu einem Spiel, daß man wahrnahm, wie sich die Farbe einer Person in Handlungen umsetzte. Wenn ich im Energiefeld einer Pflanze stand, konnte ich nun auch meinen Schild so verändern, daß er mit ihrem eigenen zusammenpaßte, und dadurch wurde Kommunikation leicht und mühelos.

Ein anderer Bereich, auf den Merlin großen Nachdruck legte, hatte damit zu tun, was er als »KRISE UND BEOBACHTUNG« bezeichnete.

Ich erfuhr, daß es sich dabei eigentlich um eine uralte philosophische Lehre handelte, die in die Entstehungszeit der Priesterschaft von Atlantis und noch weiter zurück reichte. Zu einer solchen Schulung gehörte es, den Novizen in irgendeine bedrohliche Situation zu versetzen, die von ihm verlangte, im Bruchteil von Sekunden alle Lektionen anzuwenden, die er bestanden hatte. Die Folge war, daß diese ziemlich unsanfte Methode die rasche Entwicklung von kritischen Denkfähigkeiten und intuitiver Reaktion oder, je nachdem, auch die Fähigkeit zu vollkommener Hingabe förderte. In meinem Fall erwies sich dieses Training – so streng es, oberflächlich betrachtet, auch erscheinen mochte – von großem Nutzen während meines ganzen Lebens ... ein Leben, das mit mehr als der üblichen Portion bedrohlicher Umstände und kritischen Entscheidungen gesegnet war.

»Auf die äußeren Umstände kommt es nicht an«, pflegte Merlin in Zeiten der Herausforderung zu zitieren, *»was zählt, ist nur deine Reaktion darauf!«* Mit der Zeit verstand ich allmählich die wahre Bedeutung hinter diesen Worten – eine Bedeutung jedoch, die mich auf die Geschehnisse des morgigen Tages nicht genügend vorbereitet hätte.

Ein Monat war vergangen, seit Merlin mich zuletzt von Tintagel abgeholt hatte, und so wurde ich mit jedem Tag unruhiger. Den größten Teil meiner Freizeit verbrachte ich als Wachtposten auf den höchsten Felsspitzen, von wo aus ich die Landbrücke und die Eingangspforte unten nach irgendeinem Zeichen des Druiden absuchte. Ungeduldig erinnerte ich mich an seinen Ausspruch, daß bald die Zeit kommen würde, wenn ich das Kloster mit ihm für immer verlassen könnte ... doch ich hatte keine Ahnung, wie lange »bald« bedeutete.

Dann endlich, am Sommersonnwendtag, wurde meine Geduld – oder Ungeduld – belohnt: Ich erspähte Merlin, der sich auf einem schwarzen Pferd reitend der Insel näherte! Auf einer Abkürzung über steile Hänge, die von Seidengras überwuchert waren, rutschte ich abwärts und rannte in freudiger Erregung los, um den Mann zu begrüßen, der mein Lehrer, Bruder, Vater, bester Freund, alles in einer Person, war.

Die Heftigkeit der Erregung, die ich bei jedem Besuch verspürte, läßt sich in einer nachträglichen Erklärung nur schwer einfangen, denn ich war ein Junge mit dem verzweifelten Bedürfnis, einer Welt zu entfliehen, von der ich wußte, daß ich nicht dorthin gehörte. Ich bin sicher, daß mir an jenem Tag solche Gefühle im Gesicht standen wie in einem offenen Buch.

Als Merlin vom Pferd stieg, bemerkte ich, daß er eine andere Robe als sonst trug: Anstatt seines einfachen blauen Bardengewandes war diese ganz weiß, und golden verziert.

»Sei gegrüßt, mein junger Freund!« rief er zu mir herüber. »Bist du schon bereit?«

Ehe ich Gelegenheit hatte, darauf zu antworten, tauchte plötzlich der Abt hinter uns auf, und Merlin und er begrüßten sich gegenseitig. Es erstaunte mich immer, wie diese beiden Männer, mit derart unterschiedlichen Überzeugungen, es fertigbrachten, öffentlich in so guten Beziehungen zueinander zu stehen.

Nach ein paar Augenblicken wandte der Abt sich zu mir: »Geh zurück in deine Schlafkammer, Junge«, wies er mich an, »und packe die Habseligkeiten zusammen, die persönlichen Wert für dich haben. Nachdem du dies getan hast, komm hierher zu uns zurück, denn es gibt Dinge, die ich dir gerne sagen möchte, bevor du uns verläßt. Geh jetzt.«

Ich wankte davon, so als hätte mich der Blitz getroffen. Mein Herz raste. *»Bevor du uns verläßt«,* hatte er gesagt ... es konnte nicht wahr sein! Als ich in meiner Kammer ziellos umherirrte, gewahrte ich plötzlich, daß Illtud auf der Türschwelle saß. »Du gehst von Tintagel fort, nicht wahr?« fragte er ruhig. »Ja – ich glaube jedenfalls«, erwiderte ich, nachdem ich einen Augenblick lang über die Frage nachgedacht hatte.

Mein Freund weinte fast, als ich zu ihm ging und mich neben ihn setzte. Schluchzend sprach er von unseren gemeinsamen Jahren als Zimmergenossen ... von guten und schweren Zeiten, die wir geteilt hatten, und von einsamen Tagen, die vor ihm lagen. Damit er sich besser fühlte, überließ ich ihm meine bunte Schmetterlingssammlung, die er immer heftig begehrt hatte – doch dies führte dazu, die Sache nur noch schlimmer zu machen und endgültiger erscheinen zu lassen. Schließlich, und weil ich nicht wußte, was ich sonst noch hätte tun können, ging ich tapfer zu ihm hin, schüttelte ihm die Hand und verließ ihn dann rasch, ohne ein weiteres Wort zu sagen.

Bei meiner Rückkehr zu dem Pförtnerhaus des Abtes fand

ich die beiden Männer im Gespräch vertieft. Als ich eintrat, blickten sie gleichzeitig auf und baten mich, mich einen Augenblick zu ihnen zu setzen. Ganz bewußt wählte ich mir einen Platz zu Merlins Füßen.

»Artos«, begann der Abt ernst, »schon seit langem habe ich dein wachsendes Verlangen bemerkt, uns zu verlassen, habe jedoch, auf Bitten unseres guten Druiden hier, bis heute damit gewartet zu handeln. Ich bin auch davon in Kenntnis gesetzt worden, daß dich Pläne in einem *größeren Plan* in der Außenwelt erwarten und daß die Zeit nun für dich gekommen ist, deiner Bestimmung zu folgen. Vor zehn Jahren hat deine Mutter dich an dieser Küste geboren, und damals habe ich die Verantwortung für deine Sicherheit bis zu der Zeit übernommen, die Merlin für richtig hielt, um dich in seine Obhut zu nehmen. Und so hat sich in diesem Augenblick der Eid, den ich wegen deiner Freigabe geschworen habe, endlich erfüllt. Über diese Angelegenheit könnte noch viel mehr gesagt werden – doch dein neuer Erzieher hat mir eingeschärft, den Mund zu halten, und daher will ich seine Wünsche respektieren. Geh also fort, und möge der Segen des Allmächtigen Gottes allezeit mit dir und mit Britannien sein.« Damit verließ der Abt den Raum. Merlin sagte nichts, lächelte aber ernst, während er sich auf die Tür zu bewegte.

Wir begaben uns geradewegs zur Pforte und banden rasch meine Habseligkeiten am Sattel fest; diesmal schien der Druide es eilig mit dem Aufbruch zu haben. Als ich zu der Anhöhe aufblickte, konnte ich die Brüder ihren Alltagspflichten nachgehen sehen, und es verwunderte mich, daß keiner von ihnen herabgekommen war, um uns, wie gewöhnlich, zum Ausgang zu begleiten. Wußten sie es vielleicht nicht? *Alles in allem,* dachte ich bei mir, *kommt es eigentlich auch nicht darauf an ... endlich gehe ich fort!* In diesem Augenblick wurde meine Phantasie Wirklichkeit, das wußte ich – und es gab keinen Anlaß, Kleinigkeiten zu bedauern. Als wir hinüber zum Festland ritten, widerstand ich dem Drang, nochmals auf jene vertrauten Hänge zurückzublicken. Statt dessen richtete ich meinen Blick vorwärts auf das, was auch immer es war, wohin Merlin mich zur Eile antrieb, und war mir dabei des Gefühls bewußt, daß meine Kindheitsjahre mit der Entfernung rasch versanken. Ein Hauptkapitel meines Lebens hatte unerwartet seinen Abschluß gefunden. Tintagel war vergessen.

Nach einem mehrstündigen Ritt erreichten wir Merlins Erdhügelbehausung namens *Galabes*, die tief versteckt inmitten der einsamen, doch auf wilde Weise schönen Bodmin-Sümpfe lag. Vor dem Eingang türmte sich ein auffallendes Gebilde aus sorgsam ausbalancierten Steinen auf, das Merlin als »die Käsepresse« bezeichnete. Trotz des sumpfigen Bodens und Schwärmen von Stechfliegen war der Erdwall oder *Sidh*, wie er genannt wurde, trocken und frei von Insekten.

Im Unterschied zu dem Wohnsitz auf Berg Newais war dies ein kahler und einfacher Ort – mehr ein Lagerplatz als ein Zuhause. Die einzige Ausstattung, die man im Innern entdecken konnte, bestand aus einem kleinen, aber gutgemachten steinernen Feuerloch, zwei unbehauenen Holzbänken, einem Stapel Bücher und etwa einem Dutzend Tongefäßen für Kräuter. Der Druide erklärte mir dann, daß ich während des Tages hier zurückbleiben sollte und daß er bei Einbruch der Nacht wiederkommen würde.

»Diese Zeit wird dir gewährt, damit du dich auf das vorbereiten magst, was heute Abend geschehen soll«, sagte er ernst. »Mache dir ein Feuer gegen die Dunkelheit, und verwende von diesen Kräutern, was immer du willst. Es gibt auch eine Menge Trockennahrung und Wasser in den größeren Gefäßen, aber muß ich dich vor übermäßigem Essen gerade vor einer wichtigen mystischen Unternehmung mahnen? Essen lenkt die Energien des Körpers auf die Verdauung und fort von dem Lichtschild und klarem Denken. Und wenn ich mich nicht irre, wirst du deine sämtlichen magischen

Reserven benötigen, wenn du aus dieser Nacht als Sieger hervorgehen willst.«

Als ich Merlin über die grauen Moore verschwinden sah, wurde ich plötzlich von einem Gefühl der Leere ergriffen ... einer schwer erklärlichen Einsamkeit. Dann erinnerte ich mich an das Feuer – ein Feuer schien immer zu helfen, und so machte ich mich daran, Torfmoos aus dem Sumpf zu sammeln und hatte bald eine kräftige Glut entzündet. Obwohl ich hungrig war (oder war es bloß die Spannung?), schenkte ich dem Essen keine Beachtung und trank nur einen Becher Tee, den ich mir aus Goldkamille zubereitete (ihr Aussehen und ihr Geruch konnten mit keinem anderen Kraut verwechselt werden). Weiterhin vertrieb ich mir die Zeit damit, einige der verstreut herumliegenden Bücher durchzublättern; sie waren voller fremdartiger Symbole und Zeichen und die meisten von ihnen in einer Schrift verfaßt, die mir nicht vertraut war. An Schlaf war nicht zu denken.

Hinter der Unruhe, die ich spürte, verbarg sich sicher die Tatsache, daß Merlin nichts über das Motiv gesagt hatte, warum wir hier waren. Das allein war aber noch nicht ungewöhnlich für ihn; doch es lag ein unverkennbar düsterer Ernst über diesem Ausflug, der mich in eine äußerst nervöse Spannung versetzte. Offensichtlich stand ich kurz davor, etwas zu erproben – Merlin hatte das Wort »Sieg« benutzt –, aber im Augenblick konnte ich nichts anderes tun als zu warten.

Spät in jener mondlosen Nacht kehrte Merlin zurück. Er mochte nicht sprechen, sondern deutete statt dessen durch Zeichen an, daß ich den Schrein mitnehmen sollte, der meine Symbole der Meisterschaft enthielt. Wir bestiegen sogleich das Pferd und ritten etwa eine Stunde dunkle Wege entlang, bevor wir an der Grenze zu einer tiefen Mulde oder einem Tal anhielten. Während unseres kurzen Rittes hatte sich die kahle Moorlandschaft in eine dichtbewaldete Bergregion verändert.

Ich löste meinen Schrein vom Sattel und ging hinüber an den Rand zur Schlucht, in die Merlin nachdenklich hinunterstarrte. Und dann gewahrte ich auch, warum:

Aus der Finsternis heraus konnte man zwei lange, parallel verlaufende Reihen von Fackeln erkennen, die jeweils auf beiden Seiten der Feldlichtung sorgfältig auf die Erde gestellt worden waren. Dazwischen lag eine große und breite kahle Fläche, die wie ein geisterhafter Festsaal erleuchtet war. Der graue Boden, der vollkommen eben und frei von Unkraut oder Geröll war, maß etwa sechzig auf zwanzig Schrittlängen und war auf allen vier Seiten von steilen Felswänden begrenzt, die sich bis dorthin ausdehnten, wo wir nun standen. Es sah sehr danach aus, als hätte irgendein Riese einen ungeheuer großen Würfel aus der Erde gerissen – vielleicht zum Spaß oder als Spielzeug für jemand anders! Merlin geleitete mich schweigend zu einem schmalen Pfad, der von der Felskante aus abwärts führte und dem wir bis zum Ende folgten. Von dort aus gingen wir weiter zum genauen Mittelpunkt des Feldes, das auf beiden Seiten gleichsam von brennenden Fackeln gesäumt war, bis ich plötzlich merkte, daß wir nicht allein waren. Regungslos wie ein Stein stand jemand am anderen Ende des Talgrundes.

Wir blieben in der Mitte des Feldes stehen, das über seine Breite durch ein dickes Seil, welches von einem Felsblock zum anderen gespannt war, in zwei Hälften geteilt wurde. Merlin hob einen Arm hoch und ließ ihn dann, mit der Geste eines Signals, wieder herabsinken. Sogleich trat die Person uns gegenüber aus der Dunkelheit hervor. Als sie in Sichtweite kam, konnte ich erkennen, daß es sich keineswegs um einen Mann handelte, sondern um einen Jungen in etwa meinem Alter! Er war größer als ich und hatte kurzes schwarzes Haar und dunkle Augen – in fast jeder Hinsicht war er das genaue Gegenteil von mir. Doch zwei gleichartige Merkmale erregten sofort meine Aufmerksamkeit: Er war mit genau demselben grünen Gewand wie ich bekleidet, und unter dem Arm trug er einen kleinen Holzkasten!

»Arthur ...«, verkündete Merlin förmlich, »das ist Morfyn, der Sohn meines eigenen Bruders Morfyn. Ich habe euch beide am Abend der Sommersonnwende, bei Neumond, hier zusammenkommen lassen, um euch vor den Göttern im Wettstreit einer Prüfung zu unterziehen. Vor Menschengedenken war dieser Ort eine Fundgrube für seltene Edelsteine und Mineralien aus den Tiefen der Erde – und danach benutzten die Römer ihn als eine Arena, um ihre barbarischen Kriegsspiele von Eisen und Blut zu inszenieren. Doch bis heute, nachdem alle dahingegangen sind, ist er ein Kraftort geblieben, wie ihr sehen werdet! Geht nun, jeder von euch an sein Ende, und haltet eure Druidenstäbe von Wind und Verstand vor euch.«

Als wir losgingen, um den Anweisungen Merlins zu folgen, fing ich endlich an, etwas von dem mir vorher unbekannten tieferen Sinn hinter Merlins Plänen für diese Nacht zu verstehen. Ich drehte mich um und blickte auf den jungen Morfyn – Merlins anderen Lehrling, und eine Woge von Eifersucht durchströmte mich. Niemals zuvor hatte ich mich auch nur einmal mit dem Gedanken getragen, daß mein Lehrer noch einen anderen Schüler haben könnte, und ich erinnere mich daran, daß mir diese Vorstellung ziemlich schwer auf der Brust lag.

Vielleicht war es Einbildung, aber es schien mir, daß dieser neue Rivale mich mit genau demselben Ausdruck von Argwohn und Verachtung ansah wie ich ihn. Und so standen wir einander gegenüber, mit dem magischen Stab in der Hand.

Wieder sprach Merlin laut: »Wir Druiden, die dem wahren Weg folgen, inszenieren keine Herausforderung, um menschliches Leben *zu gefährden*, sondern um seine Qualität zu prüfen und zu verbessern. Ihr habt beide ein Stadium in eurer

Ausbildung erreicht, wo der bloße Wettstreit gegen das eigene Selbst nicht länger ausreicht. Daher werdet ihr heute nacht einen Willenskampf austragen, der nicht mit Bronze oder Eisen, sondern mit der flinken Kraft des Geist-Elementes geführt wird. Schaut!«

Der Druide streckte seine Hand aus, und augenblicklich erschien in ihr eine kleine leuchtende Kugel von weißglühender Helligkeit. Sofort lockerte Merlin seinen Griff, dennoch schwebte die Kugel auch ohne Halt weiter in der Luft. Durch eine heftige Bewegung mit seiner Hand schoß der Ball flink auf den anderen Jungen zu und kam etwa im Abstand einer Pfeilhöhe vor seinen Füßen zum Halten.

»Morfyn ... lenke den Ball mit deinem Stab!« befahl Merlin. Es trat eine kurze Pause ein, da der junge zögerte. »Tu's jetzt sofort!« fuhr er ihn an. Der Junge machte mehrere unsichere Schritte vorwärts und hob seinen Stab in Richtung der Kugel – doch diese ließ keine Berührung zu und schoß rasch über die Trennlinie fort, bis sie genau über meinem Kopf zum Stillstand kam.

»Nun, Arthur, tu dasselbe«, sagte Merlin. Dies befolgte ich und stellte fest, daß der Ball sich in genau der gleichen Weise verhielt und in Morfyns Richtung vorstieß, bis er wieder anhielt. »Seht ihr?« fragte er. »Das ist eine Art von Sport, aber nicht bloß ein Spiel ohne Folgen! Wenn ihr eure Druidenstäbe benutzt, werdet ihr quer über diese alte Fläche euren Willen aneinander messen. Der Feuerball soll zwischen euch hin- und hergeschleudert werden, einzig und allein durch eure eigenen Willens- und Konzentrationskräfte gelenkt, denn nur dies wird den Ball zur Reaktion veranlassen. Je kontrollierter und fokussierter eure Gedanken sind, desto größer wird seine Treffsicherheit sein. So einfach ist das Spiel! Kehrt jetzt beide an euer Ende zurück und vergeßt nicht: Geht niemals über diese Trennlinie, das Seil in der Mitte, denn sie ist eine Grenze zwischen euren beiden gegnerischen Welten, die nicht ungestraft überschritten werden darf. Ich selbst werde euch von dort aus beobachten.« Merlin wies auf eine sitzähnliche Formation, die bei der Grenzmarkierung in der Mitte des Feldes in einen riesigen Sandsteinblock gehauen war. »... Und wartet auf mein Zeichen!« fügte er noch hinzu.

Der Druide setzte sich auf die Steinplatte und prüfte, ob wir uns in der richtigen Position befanden. Morfyn und ich standen einander in einer geraden Linie über das lange Feld gegenüber, als mich eine plötzliche und scheinbar dringliche Frage zu sprechen zwang.

»Merlin!« rief ich und brach zum erstenmal seit unserer Ankunft das Schweigen. »Was passiert, wenn einer von uns zufällig von diesem Feuerball getroffen werden sollte? Was geschieht dann?« (Ich versuchte mein Bestes, um mutig und unbeteiligt zu klingen.)

Trotz der Spannung, die in der Luft lag, gab Merlin ein langes, leises Lachen von sich und sagte: »Vielleicht sollte ich die Bedingungen dieser Herausforderung noch etwas mehr erklären. Dies ist ein Ausscheidungskampf. Der erste von euch, der dem Aufprall des Feuerballs zum Opfer fällt, wird verlieren – nicht das Leben oder Gliedmaßen wohlgemerkt, sondern den Status eines Lehrlings – und auch meine Dienste als Lehrer.«

Seine Worte waren scharf, doch sie hingen bleischwer in der Luft; außer den gedämpften Lauten der Fackeln, deren Flammen hoch in die kalte Nachtluft züngelten, war sonst alles still. Ich spürte, wie ich bleich und innerlich unsicher wurde: Es gab keine andere Möglichkeit, als die Herausforderung zu gewinnen, das wußte ich, doch das Fehlen von Alternativen entmutigte mich. Wie konnte ich es aufs Spiel setzen, das Wichtigste in meinem Leben zu verlieren ... und welche andere Wahl hatte ich? Ich zweifelte kaum daran, daß mein Widersacher ähnliche Gedanken hegte.

»Ach ja«, warf Merlin ein, »noch ein Letztes: Während dieser ganzen Herausforderung werdet ihr dazu gezwungen sein, euch einzig auf euren geschulten Instinkt und das innere Auge zu verlassen. Diese Fackeln können euren Weg nicht mehr erhellen.« Merlin hob die Arme und sprach eine kurze Folge unverständlicher Worte. Augenblicklich erloschen die beiden langen Fackelreihen, so als wären sie von einem nicht wahrnehmbaren Windstoß ausgeblasen worden, und ließen uns in völliger Finsternis zurück.

»Vergeßt nicht, was ihr gelehrt worden seid, meine Schüler«, erklang Merlins Stimme aus dem Dunkel. »Und nun ... fangt an!«

Die Worte »meine Schüler« lösten eine heftige Reaktion in mir aus, wie zweifellos beabsichtigt war. Mit Ungestüm und feuriger Entschlossenheit hieb ich rasch gegen den glühenden Ball, als er unvermittelt aus dem Nichts heraus auftauchte. Zurück über das Seil flog er, lautlos gleitend wie ein Geist ... immer wieder und wieder, hin und her, jedesmal mit größerer Geschwindigkeit und Treffsicherheit. Keuchend atmeten wir kalte Luft in unsere Lungen ein, kämpften um die Stärke und Willenskraft, die Kugel in eine Position zurückkehren zu lassen, wo dem Gefühl nach unser Gegner stehen könnte. Gelegentlich zischte der Ball ganz an uns vorbei, prallte an den Felswänden ab und mußte dann wieder in eine völlig neue Richtung gelenkt werden.

Auf diese Weise setzte sich die Herausforderung fort. Mit jedem hinzukommenden Stoß entbrannte ich mehr in der Entschlossenheit, Morfyn, den Sohn Morfyns, zu schlagen. Die Spannung wurde immer größer, während sich das Keuchen in Schreie verwandelte ... wir spürten beide, daß der Kampf nicht mehr sehr viel länger weitergehen konnte ohne einen Sieger, der alles gewinnen würde. Und dort, mittendrin, saß Merlin und sog jede Bewegung mit aufmerksamem Ernst in sich ein.

Zu diesem Zeitpunkt bemerkte ich eine plötzliche Veränderung in der Spielweise meines Gegners: Mit jedem Schlag, den er zurückgab, wurde ein Schritt vorwärts auf das Seil in der Mitte zu gemacht. Mir fiel nichts anderes ein, als Feuer mit Feuer zu bekämpfen, und so fing ich an, seine Art des Näherkommens nachzuahmen. Die tiefe Dunkelheit und der sich rasch verringernde Abstand zwischen uns führten dazu, daß sich der Wettstreit ernstlich verschärfte. Ich konnte spüren, wie mir Wasser aus den Haaren tropfte und den Rücken herunterlief, und ich begann mir vorzustellen, daß ich im Begriff stand zu verlieren. Bei Jedem Gegenschlag wurde die Anstrengung fast schmerzhaft, bis der Raum zwischen uns sich schließlich auf eine einzige Pfeilhöhe verkürzt hatte. Dann flog der glühende Ball plötzlich unvermutet in gerader Linie hoch in die Luft und verschwand – und ließ uns nach Atem ringend auf dem Spielfeld zurück. Ich konnte Morfyns Atem genau vor mir hören, aber nichts sehen. *»Was nun?«* fragte ich mich. *»Wer hat gewonnen?«* Dann aber kam mir ein schrecklicher Gedanke: *Was wäre, wenn von mir erwartet würde, meinen Gegner zu töten, um den Sieg zu erringen?* Langsam griff ich nach der Feuer-Sichel, die mir an einem Gürtel an der Seite hing. *Obwohl der andere Junge, nur ein paar Fuß entfernt, genau in diesem Augenblick ebenfalls meinen Tod plante?* Den Griff fest in der Hand, schritt ich behutsam vorwärts und streckte die Sichel vor mir aus.

Plötzlich blieb ich wie erstarrt auf der Stelle stehen ... denn die Schneide meiner Klinge war in der Dunkelheit mit kratzendem Geräusch gegen etwas anderes Metallisches gestoßen. Als ich eine leichte Bewegung vor mir spürte, setzte ich zum Streich an.

Dann aber, wie überwältigt von einem Gedanken tief aus meinem Innern, hielt ich in meinem Angriff inne. »Nein!« erklärte ich fast flüsternd, »ich will ihn nicht töten«, und warf meine Waffe auf die Erde. Wie als Antwort kam eine andere Stimme, ähnlich der meinen, aus dem Dunkel »Ich will es auch nicht!« bestätigte sie. »Merlin!« schrie Morfyn gellend auf, »wir wollen das *nicht* tun ... wir werden die Herausforderung nicht auf diese Weise beenden. Wir wollen es nicht!« Einen Augenblick später streckte ich meine Hand aus, bis sie die Schulter des Jungen berührte, und so standen wir nebeneinander und warteten auf eine Antwort. »Nun gut – das genügt!« erklärte Merlin endlich, und sogleich flammten die Fackeln wieder auf. Da standen wir also und blinzelten uns in der plötzlichen Helligkeit an, bis der Druide zu uns herüberkam.

»Ich gratuliere euch beiden«, sagte er, »denn gemeinsam habt ihr einen Triumph errungen, der den Göttern und gewiß auch meiner würdig ist. Es ist *eine* Sache, die Angst zu besiegen, aber es ist eine noch wichtigere Sache, die animalischen Instinkte von Rachsucht und Neid zu überwinden, die häufig Menschen beherrschen, die nur in der Welt von *Abred* leben. Durch diese Tat habt ihr euch *beide* als würdig erwiesen, die Überlieferungslinie der Druiden weiterzutragen.«

Damit holte Merlin zwei kleine zusammengewickelte Bündel aus den Falten seines Gewandes hervor. Er händigte jedem von uns eines aus und gab uns durch eine Geste zu verstehen, daß wir sie aufwickeln sollten.

»Mit diesen neuen Gewändern in Himmelblau verleihe ich jedem von euch den Rang eines Barden«, sagte er stolz. »Tragt sie in Ehren!«

Rasch tauschten wir Grün gegen Blau aus und machten uns auf Merlins Anweisung daran, Holz für ein Freudenfeuer zu sammeln. In einem letzten symbolischen Akt des Übergangs warfen wir unsere alten grünen Gewänder in die Flammen und verließen die Arena mit dem Gefühl, Gefährten zu sein. Diese Mittsommernacht würde keiner von uns jemals vergessen. Müde, aber im Geiste triumphierend, brachen wir auf und folgten einer Straße, die ins nördliche Land und in die Sicherheit und Behaglichkeit auf Berg Newais führte. Um uns die Zeit auf dem beschwerlichen Rückweg zu vertreiben, beschloß Merlin, uns eine Geschichte nach der anderen von dem unheilvollen Wirken des Mannes namens Morfyn zu berichten, Morfyns Vater und Merlins eigenem Zwillingsbruder. Die Erzählungen berichteten davon, wie er durch seine schlimme Gewaltherrschaft nach römischer Art die Stadtgemeinde Carmarthen moralisch verdorben und geschädigt hatte, und wie auch er einmal ein Druide gewesen war, der sich dafür entschieden hatte, die heiligen Lehren für Diebstahl und die profane Gier nach Reichtum zu verwenden. Es seien erst drei Tage vergangen, seit Merlin heimlich seinen Neffen Morfyn aus der Obhut dieses unredlichen Mannes weggeholt habe. Der Druide sagte weiterhin, er befürchte, sein Bruder würde schon jetzt mit allen Mitteln die Gegend absuchen, um seinen Sohn wieder in seine Gewalt zu bringen. Was Morfyn betraf, so empfand er keine Liebe für seinen Vater, und nachdem er jahrelang grausam unter ihm gelitten hatte, wandte der junge sich schließlich an Merlin, seinen spirituellen Vater, und bat ihn um Obdach und Hilfe. Dies hatte zur Folge, daß die Entscheidung getroffen wurde, Britannien ein für allemal von diesem Manne zu befreien – ein Ziel, zu dem wir, so erschöpft wir auch waren, bereits in diesem Augenblick unterwegs waren.

»... Und ich werde jegliche Unterstützung von euch dringend brauchen«, sagte Merlin mit einem tiefen Seufzer, »wenn Morfyns Verrat Einhalt geboten werden soll. Denn in ihm ist genug Dunkelheit, um es mit meinem eigenen Licht aufzunehmen.«

Schweigend bewegten wir uns durch die Nacht und schauten nur gelegentlich auf, um müde Blicke miteinander zu wechseln. Unsere Gedanken waren geteilt zwischen der Prüfung, die, wie wir wußten, bald kommen sollte, und der Erinnerung an jenen dunklen Sieg, von dem wir jetzt fortritten.

Lektion 9

Der Ritus der Drei Strahlen

In dem Kapitel »Die Herausforderung« ist Arthur in einen magischen Wettkampf mit einem anderen Lehrling verwikkelt. Wenn er diesen Kampf gewinnen will, muß er geschickt alles anwenden, was er während seiner Ausbildung über die Anderwelt gelernt hat.

Auch als erwachsene Priester wurden die Druiden oft in Situationen gebracht, die von ihnen verlangten, höhere Kräfte heranzuziehen, die ihnen Führung, Stärke und Schutz geben konnten. Dem *Book of Pheryllt* zufolge wurden diese Kräfte in der Regel durch eine Anrufung beschworen, die als der *Ritus der Drei Strahlen* bezeichnet wurde. Die »Drei Strahlen« sind gleichbedeutend mit den *Drei Erleuchtungen von Awen*. Dieser einst sehr gebräuchliche Ritus hatte genau dieselbe Funktion wie alle Bannrituale des Pentagramms, deren Verwendung heute bei Wicca-Gruppen oder magischen Systemen, die auf dem *Order of the Golden Dawn* beruhen, weitverbreitet sind, nämlich die schützende Reinigung. Der Ritus sollte mit Eifer und Konzentration praktiziert werden, bis er ganz selbstverständlich geworden ist, und in jeder (magischen) Situation angewendet werden, wo Stärke, Schutz, Inspiration oder höhere Kräfte angerufen werden müssen, oder wenn Körper-Geist-Seele von unerwünschten Kräften befreit werden sollen oder auch, um negative äußere Faktoren abzuhalten.

Der Ritus wird wie folgt begangen:

1. Stellen Sie sich an einen Platz, wo Licht, vorzugsweise direktes Sonnenlicht von oben auf Ihren Kopf fällt (ideal dafür ist die Mittags-Schwellenzeit).
2. Schließen Sie die Augen, atmen Sie tief ein, und werden Sie ganz ruhig.
3. Sobald Sie einen Zustand sicherer Selbstbeherrschung erlangt heben, atmen Sie tief ein, während Sie gleichzeitig beide Hände hoch über Ihren Kopf heben.
4. Ziehen Sie Ihre Hände langsam wieder nach unten zurück an die Seiten des Körpers, während Sie den ersten der drei Laute anstimmen: I (wie ein langgedehntes IIIIIII ausgesprochen). Schätzen Sie die Zeit des Ausatmens sorgfältig ab, so daß sich Ihr Atem genau in dem Augenblick erschöpft, in dem Ihre Hände die Oberschenkel erreichen.
5. Wiederholen Sie diesen Vorgang, und atmen Sie dieses Mal den zweiten Laut aus: A (wie ein langgedehntes Ahhhhhhhh).
6. Wiederholen Sie dies ein letztes Mal, und intonieren Sie dabei den Laut: O (wie OOOOO ausgesprochen).
7. Machen Sie keine Pause, wiederholen Sie den Vorgang, und verbinden Sie dabei alle drei Laute zu einem einzigen Klang: IIIII-Ahhhhh-OOOOO. Öffnen Sie dann wieder Ihre Augen.

Im Laufe der Zeit hat es viele Abwandlungen dieses Ritus gegeben. Jeder Zweig des Druidentums (d. h. der irische, der britannische und der gälische) hatte seine eigene Form, doch die innere Symbolik war die gleiche. In allen Formen verkörperte der rechte Strahl die männlichen Eigenschaften der Sonne und der linke Strahl die weiblichen Mondenergien. Der mittlere oder »Kristallstrahl« stand für das Sowohl-als-auch und das Weder-noch und war damit der Strahl der Ausgewogenheit und Trennung. Wie bei den Übungen der anderen Lektionen wird die aktive Mitwirkung dem Leser auch hier unerwartete und fruchtbare Ergebnisse bringen.

Der I-Laut (der linke Strahl der Göttin) stand für die weiblichen, zusammenziehenden Eigenschaften des Wassers und wurde als einzelner Laut dazu verwendet, die höheren Kräfte nach unten zu ziehen. Der A-Laut (der Kristallstrahl) entsprach dem mittleren Strahl der Ausgewogenheit, dem Luftprinzip, und er wurde dann angerufen, wenn es um Stabilität ging. Der O-Laut (der feurige rechte Strahl Gottes) war offen und ausdehnend; er wurde dann angerufen, wenn männliche Kräfte erwünscht waren. Diese Laute wurden auch in unterschiedlichen Kombinationen zu verschiedenen Zwecken verwendet – je nach Art der Umstände und dem gewünschten Ergebnis. Jeder Laut zieht eine andere Form von Energie herab, und der Schüler wird durch eigenes Experimentieren dazu in der Lage sein, zahllose magische Anwendungsbereiche zu entdecken. Es handelt sich dabei um einen machtvollen Ritus, Sie werden es herausfinden.

Abschließend sei erwähnt, daß es zwei unterschiedliche Formen des *Symbols der Drei Strahlen* gibt: eine männliche und eine weibliche, wie auf der folgenden Abbildung zu sehen ist:

Diese beiden Formen sind grundlegend den Ritualen der »Anrufung/Bannung« ähnlich, die in der modernen westlichen Magie weit verbreitet sind. Der oben beschriebene siebenstufige Ritus ist als »aktive Form« bekannt, wobei erwünschte Kräfte nach unten gezogen werden. Um unerwünschte Kräfte von sich selbst oder aus einem bestimmten Raum zu verbannen, muß die Reihenfolge des Rituals genau umgekehrt werden:

Beginnen Sie mit O, und heben Sie die Hände beim Ausatmen nach oben; fahren Sie dann mit A und I fort usw.

In einigen Romankapiteln von *Merlins Vermächtnis* sind Anwendungsmöglichkeiten des *Ritus der Drei Strahlen* enthalten.

10

Nicht alles, was glänzt ...

... in jedem von uns gibt es einen anderen,
den wir nicht kennen.
Er spricht zu uns in Träumen
und sagt uns,
wie verschieden er uns von dem sieht,
wie wir uns selbst sehen.

C. G. JUNG

Nach einer ermüdenden Reise durch das Hochland von Gwent erreichten wir endlich Merlins Höhle auf Berg Newais. Hier ruhten wir uns eine Weile aus und waren nur zu bereit, die Konfrontation zu vergessen, die noch vor uns lag. Ich stellte sogar fest, daß ich diese Zeit genoß, denn Morfyn und ich waren gleich zu Beginn die engsten Freunde geworden. An einem Tag wanderten wir zum Tal von *Joyous Garde,* um frische Nahrung zu holen, an einem anderen schwammen wir in einem kalten Bergsee, und oftmals saßen wir einfach nur unter einem uralten Baum und sprachen über Magie ... unsere Hoffnungen und Träume. Es war wirklich anregend, einen so wesensverwandten Geist zu finden: jemand in meinem eigenen Alter und mit ähnlichen Interessen, dem ich Dinge berichten konnte, die eine echte Bedeutung hatten – und nicht, wie früher auf Tintagel, mein Freund Illtud, der sich bekreuzigte, wenn etwas herunterfiel, und Mystik für ein Werkzeug des Teufels hielt. Morfyn und ich fühlten uns in vielfacher Hinsicht sehr ähnlich.

Doch schon bald kam der Tag, an dem Merlin uns mit einer derart ernsten Entschlossenheit zusammenrief, daß ich sofort wußte: Die sorglosen Tage in Sonne und Wasser waren vorüber! Es dämmerte schon, und die Abendtauben stimmten ihre traurigen Lieder an den Mond an. Wir versammelten uns um ein kleines Feuer, das Merlin unterhalb des Lagerplatzes errichtet hatte, und hörten lange zu, während er klagende Weisen auf seiner Flöte spielte.

»Nun ist es an der Zeit«, sagte er und räusperte sich dabei leicht, »von Gut und Böse zu sprechen, von Licht und Dunkel, von Betrug und Triumph! In der druidischen Überlieferung gibt es einen großen druidischen Grundsatz, der erklärt: ›WIE OBEN, so UNTEN‹, oder mit anderen Worten: ›Das, was oben ist, ist auch das, was unten ist‹. Ihr könnt euch dabei einen Baum vorstellen, vielleicht eine große Eiche, deren Wurzeln so weit unter die Erde reichen, wie ihre Blätter sich über sie erheben. Genauso verhält es sich auch zwischen meinem Bruder und mir ...,« und einen Augenblick lang ließ er diesen Vergleich im Raum stehen. »Seit unserer frühen Kindheit schien Morfyn immer von den dunkelsten und ruchlosesten Idealen angezogen worden zu sein: Diebstahl, Unzucht und Mord, um nur ein paar zu nennen. Und genau in diesem Augenblick rückt uns dieser Mann, der alles dies und noch Schlimmeres ist, auf den Leib, um seinen Sohn zu fordern ... einen Sohn, auf den er keinen moralischen Anspruch hat, außer durch dünnes Blut allein. Ja, er wird Rache nehmen wollen an allen, die Morfyn zu einem Zufluchtsort verhelfen. Ich sage dies nicht, um dich zu erschrecken oder herabzusetzen, mein Neffe, sondern um zu versichern, daß ich einen Eid geschworen habe – bei den Göttern, er wird dich nicht wiederbekommen! Heute morgen bei Tagesanbruch habe ich die Zeichen in den Wolken und Sternen gelesen und weiß jetzt, daß die Zeit gekommen ist, um diesen Dämon aus der Welt zu verbannen – die dunklere Hälfte aus dem Schoß meiner Mutter, die nun untergehen muß, damit andere nicht weiter leiden müssen. Doch ich werde eure Hilfe brauchen. Gebt genau acht!«

Und so enthüllte Merlin in jener Nacht vor uns seinen Plan. Es wurde klar, daß es sich bei Morfyn um keinen gewöhnlichen Mann handelte; er war Seite an Seite mit Merlin auf der heiligen Insel Iona als Druide erzogen worden und besaß dadurch überragende magische Fähigkeiten, auch wenn sie befleckt worden waren.

»Nehmt euch daher in acht«, warnte Merlin, »damit ihr nicht von dem Können meines Bruders überrascht werdet, denn seine Kräfte sind genauso wirksam wie meine. Morfyn ist ein Wesen des Übels und der Finsternis und fürchtet als solches das Licht mehr als alles andere. Benutzt diese Tatsache als Verteidigung gegen ihn, wenn ihr dies müßt, aber betet zu ›Ihm, der im jenseits weilt‹, daß die Notwendigkeit dazu niemals entstehen mag. Äußerlich gesehen, bleibt eure Aufgabe nur eine einfache: Bringt ihn zu mir!«

So wurde uns Merlins Plan präsentiert. Morfyn und ich waren klar und deutlich mit der Verantwortung betraut worden, Morfyn zum Berg Newais, und damit in den Hoheitsbereich seines Bruders, zu locken.

Zweifellos wußte Merlin, daß seine Siegeschancen sich um ein Vielfaches erhöhten, wenn er diese Konfrontation auf Erde stattfinden ließ, über die er bereits starke Autorität besaß. Doch wie erwartungsvoll wir auch die Ohren spitzten, es waren keine Anhaltspunkte darüber herauszubekommen, wie diese drohend bevorstehende Aufgabe bewerkstelligt werden könnte.

Dann, als wäre keine Zeit zu vergeuden, zog Merlin sich in die Höhle zurück – mit der Absicht, davon war ich überzeugt, uns Buben zu einer Diskussion darüber zu veranlassen, was als nächstes zu tun sei. Es schien nur folgerichtig, daß unser Widersacher zuerst versuchen würde, unseren Aufenthaltsort durch magische Mittel zu entdecken. Daher kamen wir nach einigen Erörterungen überein, daß wir nach dem Grundsatz vorgehen sollten, »Feuer mit Feuer zu bekämpfen«. Und dann bot sich die perfekte Lösung von selbst an: *Die Bäume!* Die Bäume konnten uns helfen.

Während der nächsten paar Stunden waren wir damit beschäftigt, alle möglichen Textstellen aus dem legendären bardischen Bericht des *Câd Goddeu*, der »Schlacht der Bäume«, zu rezitieren, der die Kräfte und die Kampfrangordnung aller in Britannien verbreiteten Bäume beschrieb – und anschließend die uralte mystische Abhandlung *The Gorchan of Maeldrew*, die das notwendige Wissen enthielt, um sie zu erwecken. Jene wenigen Stunden vor Einbruch der Dunkelheit waren eine spannende und herrlich lebendige Zeit.

Später in jener Nacht nahmen wir Abschied von Merlin und machten uns auf den Weg gen Westen nach Glamorgan. Wir wußten nun, daß Morfyn, nachdem er Iona verlassen hatte, nach Carmarthen, seiner Geburtsstadt, zurückgekehrt war, dort eine korrupte Gewaltherrschaft errichtet hatte und die Macht durch Bündnisse mit blutrünstigen Kriegsherren und Stammeshäuptlingen der Sachsen behauptete. Zu diesem Ort waren wir nun unterwegs, um unsere Falle auszulegen. Da Morfyn in jener Gegend aufgewachsen war und eine große Anzahl von Schleichwegen und Abkürzungen kannte, kamen wir zu Fuß rasch voran und legten an einem Tag volle fünfzehn Meilen zurück, bevor die hohen Kirchturmspitzen der Ortschaft schließlich in Sicht kamen.

Jetzt war der Zeitpunkt gekommen, daß meine mehrjährigen druidischen Studien ihren praktischen Wert bewiesen ... angefangen bei der großen Kiefer, die genau vor Morfyns Landhaus wuchs. Heimlich und verstohlen begannen wir dann, denselben Weg nach Newais zurückzugehen und dabei in Abständen von etwa tausend Schritt innere Verbindung nur zu einigen ausgewählten Bäumen herzustellen, die das höchste Alter hatten und uns am ehesten unterstützen konnten. Dank

Merlins hervorragender Unterweisung, wie man den Lichtschild des eigenen Körpers dem von jeder Pflanze oder jedem Tier anpassen kann, klappte dieses große Kettenritual sehr gut. Dieses Vorgehen war eigentlich ganz einfach; danach wurde eine Art von »gemeinsamer Bildkommunikation« möglich, die Merlin als *universelle Symbolsprache* bezeichnete. Bei dieser ungewöhnlichen Erfahrung wurden keinerlei Worte oder irgendwie gearteten Töne ausgetauscht, doch die Tiefe der Beziehung war oftmals größer und ausdrucksvoller als jene, die Menschen durch ihre gewöhnliche Sprache herstellen. Kurz gesagt, wir hatten den Plan, eine direkte Verbindungslinie zwischen den Bäumen entlang unseres Weges herzustellen und sie zu bitten, Morfyn nach Berg Newais zu lenken und zu locken, sollte er nahe an ihnen vorbeikommen. Wir hatten recht in der Annahme, daß Feindschaft zwischen den Bäumen von Carmarthen und diesem Mann herrschte, denn fortwährend verwüstete und plünderte er die Wälder und Felder zu seiner eigenen Bereicherung. Im Gegensatz dazu erfuhren wir von den Bäumen, daß der Name Merlins als Bewahrer von allem, was gut war, hochangesehen war, und aus diesem Grunde stimmten sie zu, daß sie uns vorbehaltlos helfen würden. Auf eine derart einmalige und wunderliche Art und Weise legten wir unseren Weg zur Höhle zurück – und pflanzten dabei Samen um Samen.

Merlin und Salomon schienen froh über unsere Rückkehr zu sein, da seit unserem Aufbruch mehrere Tage eines abnehmenden Mondes vergangen waren. Es blieb nichts weiter zu tun, als geduldig in der Hoffnung zu warten, daß unser kunstvoller, wenn nicht etwas ehrgeiziger Plan Wurzeln schlagen konnte.

Die nächsten paar Tage verliefen ohne Zwischenfall, obwohl ich eine wachsende Spannung in der Luft spürte, so als würde die Außenwelt langsam auf unseren einsamen Berg vordringen, wie Wasser auf eine Insel. Selbst Merlin zeigte gewisse Anzeichen einer düsteren Vorahnung und verbrachte immer mehr Zeit allein in der tiefen Zurückgezogenheit des Kristallraumes.

So ging es weiter, bis ich eines Morgens in aller Frühe von dem tosenden Lärm eines Unwetters aufwachte, das um uns herum wütete. Während der warmen Monate war es nicht ungewöhnlich, daß plötzlich und ohne Vorzeichen heftige Gewitter losbrachen, besonders über den Berggipfeln. Ich hielt nach Merlin Ausschau, doch er war nirgendwo zu entdecken – nur Morfyn, der auch noch hätte weiterschlafen können, wenn die gesamte Höhle eingestürzt wäre. Ich kletterte aus dem Bett, steuerte den rückwärtigen Teil der Höhle an und teilte langsam den Drachenwandteppich, der über den Zutritt zu dem unterirdischen Gang wachte. Ich spähte hinein und rief laut. Ein Donnerschlag war die Antwort. Schließlich rannte ich zum Eingang der Höhle und hinaus hinter den Wasserfall, wo graue kalte Regenströme die Landschaft im Nebel verschwimmen ließen.

Bevor ich seinen Namen ein zweites Mal ausrufen konnte, zerriß ein mächtiger Blitzstrahl die Dunkelheit, und eine Sekunde lang sah ich Merlins Silhouette sich gegen den fahlen Himmel abheben: Er stand wie erstarrt am äußersten Rand einer fernen Klippe, und seine Gewänder wehten heftig im Wind. Ich machte mich ans Klettern, was mir wie Stunden erschien, bis ich auf einige Schrittlängen an den Druiden herangekommen war. Ich schrie laut gegen den Sturm, aber es kam keinerlei Reaktion von ihm. Schließlich hatte ich ihn erreicht und zog ihn kräftig am Ärmel. Er drehte sich langsam um und sah mir ins Gesicht – seine Augen waren wie Glas, das Wasser rann in Strömen sein langes Haar und den Bart herunter. Nach einem Augenblick kam er zu sich, nahm mich an der Hand und führte mich hinab zur Höhle zurück. Ich war völlig durchnäßt und zitterte vor Kälte, während Merlin mich in einen dicken, mit Wald gefärbten Umhang einhüllte und mir eine heiße Tasse Brühe in die Hände gab.

»Du hättest nicht so dumm sein sollen, mir in einer solchen Nacht nach draußen zu folgen«, schalt er, »aber ich zweifle nicht daran, daß wir beide durch dasselbe aufgeweckt wurden – und ich meine damit nicht das Tosen des Sturms!« Wir saßen schweigend vor dem Feuer, bis unsere Kleider leidlich trocken waren und ich meine Sinne wieder genügend beisammen hatte, um Merlin nach dem Geschehen zu fragen. »Es ist mehr ein Versuch als eine Erklärung«, fuhr er fort, bevor ich noch etwas sagen konnte, »Ich will es euch zeigen. Wecke deinen schläfrigen Freund dort drüben auf und kommt mit.«

Morfyn wachte mit einem Brummen auf. Merlin griff sich eine Faustvoll Goldkamille aus einem Krug und verschwand hinter dem Wandteppich. Wir folgten dem Gang in den Kristallraum, wo, tief im Innern des Berges, der Donner kaum lauter als ein schwaches Grollen in der Ferne klang. Zweifellos wegen des Regens draußen schäumte und sprudelte das kleine Rinnsal, das den magischen Spiegel mit Wasser versorgte, in das flache Felsbecken wie nie zuvor.

»Hu Gadarn Hyscion ... «, sang Merlin laut in das Wasser, während die riesige blaue Kugel – der *Pêlen Tân*, der in der Mitte des Raumes schwebend aufgehängt war – plötzlich in lebendigem blauen Glanz erstrahlte. Als Merlin die Handvoll Goldkamille auf den Wasserwirbel streute, wurde die Oberfläche augenblicklich so klar wie Glas.

»Kommt ... setzt euch zu mir«, wies er uns an, »und werft einen Blick auf das, was zu unserer Vernichtung eilen will.«

Morfyn und ich setzten uns und blickten krampfhaft auf den Grund des Wasserbeckens. Dann tauchte dort langsam aus dem Dunkel das Bild eines Mannes auf: Er war groß, ganz in dicke Tierfelle gekleidet und trug um die Taille eine

Kette, an der eine kleine goldene Sichel hing. Er eilte zu Fuß über Wege, die wir gut kannten – denn (das stellten wir in plötzlicher Erregung fest) er folgte derselben Fährte, die wir mittels Druidenmagie nur ein paar Tage vorher abgesteckt hatten.

»Ich brauche euch die Identität des Mannes, den wir vor uns sehen, nicht mitzuteilen?« fragte Merlin mit schwerer Stimme, » ... desjenigen, der über unsere Bergzuflucht hereinbricht, noch während wir hier sprechen – der die geweihten Insignien der Druiden trägt, in niederträchtiger Verhöhnung der Kräfte, die er bald gegen uns zu wenden suchen wird. Ach, meine Freunde, dies bestätigt nur meine schlimmsten Befürchtungen, denn die Winde und der Regen haben mir schon vor Stunden, als die Welt noch schlief, sein Kommen vorausgesagt, und jetzt ... « Merlins Gesicht verzog sich in Schrecken, »... jetzt kann es nicht mehr lange dauern, bis er uns erreicht. Wir müssen hinausgehen und Vorkehrungen treffen, um ihn in Empfang zu nehmen.«

Nach diesen Worten zog der Druide mit der Hand einen Kreis gegen die Richtung des Sonnenlaufes, und die Bilder verschwanden, während das Wasser darüberrauschte. Wir kehrten in die Höhle zurück und verbrachten unsere wenigen letzten Stunden der Dunkelheit in ernstem Gespräch um das Feuer gedrängt. Als dann endlich die ersten schwachen Strahlen einer blutroten Sonne durch den Wasserfall drangen, gestanden wir uns ein, daß bereits alles nur Mögliche besprochen und geplant worden war, und so bereiteten wir uns darauf vor, unsere Stellungen auf dem Berghang zu beziehen. Ich erinnere mich, daß selbst der alte Salomon etwas Finsteres und Bedrohliches zu spüren schien, denn er lief auf seiner Stange nervös hin und her und sprach dabei leise krächzend mit sich selbst.

»Aber habt keine Angst um euch«, sagte Merlin schließlich, »denn die Gefahr, der ihr beide entgegentreten müßt, wird nicht so groß sein. Morfyn kommt wegen mir, und ich bin es, der allein mit ihm kämpfen muß.« Und damit verließ er die Höhle (Salomon hatte sich auf seiner Schulter niedergelassen) und bezog einen deutlich sichtbaren Posten auf dem höchsten Bergkamm. Den Plan befolgend, versteckten Morfyn und ich uns zwischen den Bäumen unterhalb und warteten.

Der Tag war grau und bedeckt. Eine blutige Sonne brannte mit geisterhafter Blässe durch den Tau und Nebel, der wie dicke Wolle über dem Land hing. Als die Stunden langsam vergingen, begann ich mich zu fragen – und vielleicht auch zu hoffen –, ob das, was wir in dem magischen Spiegel erblickt hatten, nichts weiter als unbezähmbare Angst gewesen war, die zwischen verzauberten Wassern Gestalt angenommen hatte? Dann stieß Morfyn mich mit dem Ellbogen heftig in die Seite und wies auf ein Gebüsch nicht weit von der Stelle entfernt, wo Merlin stand. Als ich die Augen fest zusammenkniff, konnte ich die undeutliche Gestalt eines Mannes erkennen, der aus dein Dunkel auftauchte. Augenblicklich schien die kalte Luft um mich herum zu prickeln, während all meine Sinne aufs äußerste gespannt – und einsatzbereit waren.

Der Mann sah neben Merlin wie ein Riese aus, als sie einander auf Armlänge entfernt gegenüberstanden und Worte wechselten, die ich nicht hören konnte. Gelegentlich führte einer von ihnen mit lautem Ruf eine Geste in der Luft aus, während der andere zurückwich, als würde er sich ducken, um cinem Schlag zu entgehen. So ging es eine Zeitlang hin und her, bis Morfyn sich schließlich zu voller Größe erhob, die Sichel hervorzog, die um seine Taille hing, und sich auf Merlin stürzte, bis die Brüder im Zweikampf umschlungen waren. Dies war genau das Zeichen, auf das zu achten Merlin uns eingeschärft hatte ... das Zeichen für uns, in das Geschehen einzugreifen. Rasch krochen wir ins Freie, reichten uns die linke Hand und hoben die rechte Handfläche zum Kampf hin. Mit geschlossenen Augen begannen wir den *Spiralritus*, der unsere Stimmen zu den Göttern in der Anderwelt tragen würde. Die nebelähnliche Energie des *Calen* bildete sich und wirbelte zwischen uns, bis der richtige Zeitpunkt gekommen war, um laut das Wort der Manifestation auszusprechen, das Merlin uns als Vorbereitung auf diesen Moment gelehrt hatte. »*Io-Evo-He!*« riefen wir einstimmig, und das Echo der Zauberformel hallte von den regennassen Hügeln wider.

Als wir hochblickten, sahen wir die beiden Magier, im Kampf umschlungen, dicht am Rande der Klippe – und dann warf Morfyn seinen Gegner zu Boden. Einen Augenblick lang zögerte er, als wäre er durch die nachhallende Macht unseres Wortes wie erstarrt, während genau im selben Moment Salomon der Rabe wie ein großer schwarzer Schatten im Sturzflug von den Baumwipfeln herabkam und Morfyn einen kräftigen Hieb direkt auf die Stirn versetzte. Mit einem zornigen Schrei stürzte der riesige Mann rückwärts über die Felskante und beendete sein qualvolles Leben mit einem dumpfen Aufprall auf den Steinblöcken weit unten. Dann war, von dem Sturm abgesehen, wieder alles still.

Als lange Minuten eines spannungsvollen Schweigens folgten, wurde plötzlich klar, was geschehen war. Wie von einem Zauber der Erstarrung befreit, kletterten wir in wilder Eile zu Merlin hoch und fanden ihn regungslos auf dem Boden liegend. Fast sofort rührte er sich und zog sich auf einen Ellbogen hoch, wobei er mit einer Geste zu verstehen gab, daß er nicht ernstlich verletzt sei. Angesichts unserer besorgten Gesichter zwang er sich zu einem Lächeln und zog uns mit einem Blick voller Stolz nahe zu sich heran.

»Helft mir auf die Beine, ihr Burschen«, sagte er schwach, »denn ich muß meinen Bruder erreichen, solange noch Leben in ihm ist ... wenn es nicht bereits zu spät ist.«

In kurzer Zeit hatte Merlin genug Kraft wiedergewonnen, um den Berg hinabsteigen zu können zu der Stelle, wo der

Körper Morfyns zerschmettert und leblos vor uns lag. Mit schmerzerfülltem Gesicht zog der Druide langsam das Zeichen des Portals und stimmte den alten *Ritus des Übergangs* über der leeren Hülle an. Dann hieß er uns mit einer Stimme, die heiser vor unvergossenen Tränen war, in die Höhle zurückzugehen und einen Spaten und einige Harze für ein Brandopfer holen. Es erstaunte mich, daß wir keinen Scheiterhaufen vorbereiteten, um den Körper darauf zu verbrennen, wie es bei den Druiden Brauch war. Doch hatte dieser Mann wiederum das Recht nicht verdient, mit solcher Würde ins Jenseits begleitet zu werden, wie es einem hohen Priester zukam – und auch dies war, wie ich vermutete, ein weiterer Grund für Merlins tiefe Verzweiflung.

Als wir zurückkehrten, fanden wir ihn damit beschäftigt, einen weiten Kreis aus kleinen Steinen zu errichten, in dessen Mitte wir auf seine Aufforderung hin zu graben anfingen. Schließlich lag ein vollständiges Grab offen vor uns, um das wir uns gemeinsam niedersetzten und schwiegen.

Nach einer Weile stand Merlin auf und schritt langsam zu seinem Bruder. Dann hob er in einer einzigen schmerzlichen Anstrengung den schweren Körper hoch und legte ihn sorgfältig in den Grabhügel. Mit einer noch größeren Anstrengung streckte er die Hand aus und befreite mit Gewalt die goldene Sichel, die der Tote noch immer fest umklammerte, und hielt sie vor uns hoch.

»...Seht ihr hier, was mein Bruder höher im Leben geschätzt hat als die heiligen Lehren selbst? Eine Waffe aus Gold. Und seht ihr, wohin ihn das geführt hat? In ein frühes Grab. Morfyn selbst hat dieses heilige Symbol aus den Vermählungsringen all jener Männer geschmiedet, die im Laufe der Jahre seiner Tyrannei zum Opfer gefallen waren, so berichtet es jedenfalls das gewöhnliche Volk. Laßt sie uns nun, zusammen mit jeglicher Erinnerung an die Gier und Torheit dessen, der sie geschwungen hat, dem Schoß der Heiligen

Mutter übergeben.« Merlin ließ die Sichel in das Grab fallen und wandte sich zu uns; eine einzelne lange Träne floß ihm die Wange hinab. »Bitte erinnert euch gut an die harten Lektionen dieses Tages, damit mein einziger Blutsverwandter nicht umsonst gestorben ist; denn auch der Tod hat den Lebenden Lektionen zu bieten, wenn wir nur genau genug hinschauen. Mein armer, armer Bruder. Vielleicht wird der Herr der zyklischen Wiederkehr ihn in seinem nächsten Leben jene Wahrheit verstehen lassen, die selbst unsere christlichen Brüder so gut dargelegt haben.«

Damit zog Merlin ein grünes Mistelreis aus den Falten seines Gewandes hervor und drückte es leicht in die lockere Erde am oberen Ende des Grabhügels.

»Nein, meine jungen Freunde«, zitierte er traurig, »... es ist *nicht* alles Gold, was glänzt.«

Lektion 10

Die Schlacht der Bäume

Insbesondere waren die Bäume geheimnisvoll und schienen mir den unverständlichen Sinn des Lebens unmittelbar darzustellen. Darum war der Wald der Ort, wo man tiefsten Sinn und schauervolles Wirken am nächsten fühlte.

C. G. JUNG[1]

[1] *Erinnerungen, Gedanken, Träume von C. G. Jung*. 8. Aufl., Olten 1992, S. 73.

In dem Kapitel »Nicht alles, was glänzt ...« legen Arthur und sein neu gewonnener Freund Morfyn mit einer Verbindungskette zwischen den Bäumen eine einzigartige Falle. Man könnte, keineswegs ohne historische Genauigkeit, allen Ernstes behaupten, daß die Kelten im allgemeinen – und besonders die Druiden – von Bäumen geradezu »besessen« waren! Alle Arten von Bäumen waren ihnen heilig, denn für sie hatte jeder Baum eine eigene, besondere Persönlichkeit und Lebenskraft. Tatsächlich waren Bäume das Herzstück und die Grundlage der gesamten druidischen Philosophie. Wie bei den nordischen Schulen des Mystizismus war ein bestimmter Baum das privilegierte Wesen, das »eine Brücke zwischen Himmel und Erde schlug«. Für die Skandinavier war dies die Esche und für die Kelten die Eiche. In der Tat hat das Wort »Druide« die Bedeutung »Eichen-Mann«.

Wir wollen unsere Aufmerksamkeit hier jedoch auf das heilige Ogham-Baumalphabet, die »Baum-Buchstaben« der Druiden, richten. Das *Book of Pheryllt* ist bei weitem nicht die einzige Informationsquelle über *Ogham, da* diese ungewöhnliche Schrift gut dokumentiert ist und zu den wenigen raren Fragmenten einer »nicht-christianisierten« druidischen Überlieferung zählt, die bis heute unversehrt erhalten geblieben ist. Das *Pheryllt-Dokument* geht noch einen interessanten Schritt weiter: Es zieht einige außergewöhnliche bildliche Symbolverbindungen zwischen der »keltischen« Rangordnung der Bäume und unterschiedlichen Wesensmerkmalen von Menschen und ihren Göttern und dehnt dies bis zur ägyptischen Symbolik des *Tarot* aus, den »21 Blättern des Buches der Weisheit«. (Dabei ist aufschlußreich, daß sowohl das Ogham-System als auch das Tarot um eine Grundeinheit von 21, die Großen Arkana, aufgebaut sind.)

Zum Zweck einer klaren und brauchbaren Zusammenfassung ist das ganze System in Form einer Übersichtstabelle angeordnet worden.

Im Laufe der Zeit ist unter den Gelehrten beträchtliche Verwirrung über die Anordnung der Bäume oder ihren Rang innerhalb des Systems entstanden, insbesondere zwischen der irischen und der britannischen Version. Auch in diesem Punkt sorgt das *Book of Pheryllt* für Klarheit und unterscheidet zwischen dem »religiösen *Ogham*«, das von den alten *Pheryllt-Priestern* verwendet wurde, und dem »gewöhnlichen *Ogham*«, das auf einer neuen Reihenfolge beruhte, die durch das *Câd Goddeu*, die »Schlacht der Bäume«, um 400 v. Chr. festgelegt wurde. Die neuere sogenannte »irische Reihenfolge« ist in vielen Sachbüchern über die Kelten zu finden (besonders zu erwähnen ist hier Robert von Ranke-Graves' *Die Weiße Göttin*[2]).

Die Anordnung der Bäume vor der Schlacht, die auf den ihnen innewohnenden spirituellen Eigenschaften beruht, ist in der anschließenden Übersichtstabelle dargestellt. Zu Studienzwecken ist die Graves'sche Übersetzung des *Câd Goddeu* in den Anhang aufgenommen worden (siehe S. 179).

Schließlich soll hier angeregt werden, daß der Leser Gebrauch von den Symbolverbindungen innerhalb der Tabelle macht, um mit den vielen Persönlichkeitsmerkmalen der Bäume eigene Erfahrungen zu sammeln – und sie für sich zu bestätigen. Als Hilfsmittel für diese Studien wird hier das Rezept für einen der neun druidischen »Tränke der Inspiration« weitergegeben: Dieser Trank ist dazu bestimmt, die Verbindungslinien zwischen der Menschenwelt und dem Pflanzenreich zu verstärken.

---

2 Ranke-Graves, Robert von: *Die Weiße Göttin. Sprache des Mythos.* Reinbek 1985 (siehe Anm. 1, S. 182).

Geben Sie auf fünf Eßlöffel Quellwasser jeweils eine Prise der folgenden Zutaten:

Nachtkerzenblüten
Weidenrinde
Thymian

Stellen Sie die Mischung in einem verschlossenen Glasgefäß drei Tage lang in die Sonne. Seihen Sie es durch und fügen einen Teelöffel Apfelessig als Konservierungsmittel hinzu.

Aktivieren Sie die Mischung dadurch, daß Sie einen Teelöffel Chlorophyll (vorzugsweise einen Auszug aus Alfalfa oder Gelbklee) hinzufügen.

Nehmen Sie vor einem Werk der Magie, zu dem ein Kontakt zu Bäumen oder Pflanzen gehört, davon drei Tropfen unter die Zunge.

»Die Persönlichkeit der Bäume«

BAUM	OGHAM	ELEMENT	RANG	PERSÖNLICHKEITS-GEGENSÄTZE	GOTTHEIT	TAROT-ENTSPRECHUNG
Eiche (Duir)	D	FEUER	Anführer	**väterlich / dominierend**	Belenos	Der Kaiser
Erle (Fearn)	F,V		Anführer	**ehrgeizig / impulsiv**	Bran	Die Kraft
Weißdorn (Huatha)	H		Bauer	**leidenschaftlich / grausam**	Rhiannon	Das Urteil
Stechpalme (Tinne)	T		Busch	**entschlossen / gefühllos**	Cuchulainn	Der Wagen
Stechginster (Ohn)	O		Gesträuch	**wohlhabend / selbstgefällig**	Llew	Die Sonne
Birke (Beith)	B	LUFT	Anführer	**glücklich / unreif**	Mabon	Der Stern
Esche (Nuin)	N		Bauer	**anmutig / selbstbezogen**	Gwydion	Die Welt
Eberesche (Luis)	L		Busch	**spirituell / fanatisch**	Math	Der Hohepriester
Schilf (Ngetal)	NG		Gesträuch	**anpassungsfähig / unentschlossen**	Arianrhod	Rad des Schicksals
Heidekraut (Ur)	U,W		Gesträuch	**sorgenfrei / oberflächlich**	Blodeuwedd	Der Narr
Wildapfel (Quert)	Q	WASSER	Anführer	**mütterlich / willensschwach**	Kerridwen	Die Kaiserin
Weide (Saille)	S		Anführer	**weise / verbittert**	Epona	Der Mond
Espe (Eadha)	E		Bauer	**vorsichtig / unsicher**	Llyr	Der einstürzende Turm
Haselstrauch (Coll)	CK		Busch	**großzügig / trügerisch**	Branwen	Die Hohepriesterin
Weinstock (Muin)	M		Gesträuch	**mitfühlend / abhängig**	Brigantia	Die Liebenden
Kiefer (Ailim)	A	ERDE	Bauer	**mitteilsam / introvertiert**	Kernunnos	Der Teufel
Eibe (Joho)	I, J, Y		Bauer	**ausdauernd / leicht erregbar**	Samhan	Tod
Schwarzdorn (Straif)	ST, Z, SS		Busch	**aufrichtig / trügerisch**	Taliesin	Mäßigung
Holunder (Ruis)	R		Busch	**intelligent / unglücklich**	Morrigan	Der Gehängte
Efeu (Gort)	G		Gesträuch	**strebsam / faul**	Ogmios	Gerechtigkeit
Mistel (Uchelwydd)	/|\	Die 6. Nacht	?	unmanifestiert	Der Geist	Der Einsiedler ist zurückgezogen
Buche (Phagos)	I	Eklipse	?	Schwelle	(Janus)	*
Prunkwinde (Taglys)	@	Morgendämmerung	?	Schwelle	(Manawyddan)	*
Kürbis (Pympen)	△	Abenddämmerung	?	Schwelle	(Huon)	*

11
Liedzauber

Musik erhöht jede Freude, stillt allen Kummer,
Vertreibt Krankheiten, lindert jeden Schmerz -
Und daher verehrten die Weisen der alten Zeit
Die gemeinsame Kraft von Seele, Melodie und Gesang.

ARMSTRONG (KELTISCHER DICHTER)

Mein Freund Morfyn war fort. Vor über einem Jahr war eine Abordnung von Druiden aus Iona gekommen und hatte ihn zur Ausbildung auf die Heilige Insel mitgenommen. Seitdem lebten nur Merlin und ich auf dem Berg – und natürlich der alte Salomon.

Es war Frühsommer, die *Beltane-Feuer* waren kaum erkaltet, und mit ihnen ging mein elfter Geburtstag vorüber. Obwohl ich meinen Gefährten schmerzlich vermißte, war es ein Jahr gewesen, in dem ich viel lernte und erlebte und unzählige Ausflüge in die Anderwelt und in die Feenreiche der Erde unternommen hatte. Merlins Ausbildung beruhte nämlich auf drei einfachen Grundsätzen: Man mußte *alles sehen, alles studieren und alles erleben*. Dies bedeutete, daß ich ständig unterschiedlichen Lernsituationen ausgesetzt wurde, die, häufig innerhalb einer kurzen Zeitspanne, in scharfem Gegensatz zueinander standen: Kräuter und Steine an einem Tag, Fischen und Fechtkunst am nächsten Tag! Es gab in der Tat nur sehr wenige Augenblicke der Muße an Merlins Seite, denn er verstand es gut, selbst Zeit, die der Erholung diente, in eine einzigartige Lernerfahrung zu verwandeln.

Eines Tages Anfang Juni betrat er die Höhle und traf mich dabei an, wie ich seine Holzflöte im Schoß hielt und sie aufmerksam untersuchte.

»Warum«, erkundigte ich mich, »habt Ihr mich jede nur denkbare Art von Wissen und Zauber gelehrt und mir noch nie eine einzige Lektion über die Kunst der Musik gegeben? Bestimmt ist sie eine Übung, die der Götter würdig ist, wie die Barden sagen, die aus ihrem ganzen Leben ein niemals endendes Lied machen. Ich habe noch nie einen Druiden ohne sein Instrument oder wenigstens mit dem Sinn voller Lieder erlebt.«

Merlin lächelte und ging zur Feuerstelle hinüber, wo er uns jedem eine Tasse mit Brühe aus dem dort hängenden Eisenkessel vollgoß. Er stellte die Becher auf den Tisch und setzte sich neben mich, nahm die Flöte in seine Hände und strich zärtlich mit den Fingern darüber.

»Arthur, mein Junge«, meinte er seufzend, »du hast ja so sehr recht! Ich habe es zu lange vernachlässigt, für deine musikalische Ausbildung zu sorgen ... mögen die Götter es mir verzeihen. Ein Lehrer erkennt mit Sicherheit seine eigene Unzulänglichkeit, wenn der Schüler ihn an etwas derart Grundlegendes erinnern muß! Denn von allen Wissenschaften und schönen Künsten der Menschheit geben die Alten der einfachen Klangfolge einer Melodie vor allem anderen den Vorzug. In einem unserer besonders verehrten Verse heißt es: ›*Jede Musik oder natürliche Melodie ist nur ein schwaches und ununterbrochenes Echo des Schöpferischen Namens*‹.« Merlin hob das Instrument an die Lippen und begann eine Melodie zu spielen, die mich an fallenden Regen erinnerte. Irgendwo in der Mitte des Stückes hielt er plötzlich inne und schaute mich unverwandt an. »Hmm ... ja, vielleicht bist du schon dafür bereit«, sagte er zuversichtlich, »auch wenn eine solche Sache gewöhnlich älteren Knaben vorbehalten ist, die sich ganz der Kunst des Barden verschrieben haben. Aber ich halte dich in der Tat für einen besonderen Fall, und daher will ich diesmal eine Ausnahme machen!« Merlin erhob sich und begann hin und her zu schreiten.

»In zehn ... nein, in zwölf Tagen von heute an gerechnet, werden wir zu einer Reise nach Nordwales aufbrechen, um an dem großen *Eisteddfodd* von Gwynedd teilzunehmen. Jedes Jahr zur Sommersonnwende kommen dort die bedeutendsten Musikanten Britanniens zusammen, um vorzuspielen und Wissen auszutauschen über alle Aspekte des Liedzaubers: des mystischen Bereiches der musikalischen Kunst. Und dieses Jahr verspricht ein ganz besonderes zu werden, denn der berühmte Barde Aneurin von Iona wird anwesend sein, um über die bardische Kunst vor wenigen Auserwählten einen Vortrag zu halten. Vor langer Zeit, als ich selbst auf der Heiligen Insel studierte, hat Lord Aneurin mich unterrichtet ... vielleicht läßt er sich deshalb dazu überreden, daß einer meiner Schüler teilnehmen darf? Wenn ja, kannst du dich darauf gefaßt machen, viel zu lernen, Arthur, denn dieser Mann wird als der höchste lebende Meister dieser Kunst geachtet; in seiner Erinnerung ruht die kollektive Melodie vieler Kulturen, die noch existieren oder schon aus der Welt verschwunden sind. Ja, ich halte es zeitlich für passend, daß du diesem *Eisteddfodd* beiwohnst.«

Mit einem raschen Klaps auf meine Schulter ging Merlin wieder nach draußen und ließ mich zum Nachdenken allein zurück. Niemals zuvor hatte er eine solche Zusammenkunft erwähnt, geschweige denn einen alten Lehrer. Irgendwie hatte ich ein Gefühl der Unsicherheit wegen dieser geplanten Reise nach Gwynedd. Nicht, daß es mir an Interesse dafür gefehlt hätte, sondern weil mir die Kunst des Liedzaubers plötzlich über Gebühr fremd schien, unerprobt. Und doch erinnerte ich mich, daß Merlin bei mehr als einer Gelegenheit gesagt hatte, ich besäße eine schöne Stimme, die sich eines Tages für eine richtige Ausbildung eignete. Trotzdem, der Gedanke, Musik hervorzubringen – ob mit oder ohne Instrument – erfüllte mich mit Beklemmung. Mit dem Gedanken, daß sich diese Ängste in den noch vor uns liegenden Tagen verlieren würden, versuchte ich sie mir aus dem Sinn zu schlagen; doch sie verschwanden nicht, und aus irgendeinem Grunde zog ich es vor, mit Merlin nicht darüber zu sprechen.

Dann war schließlich der Tag unseres Aufbruchs gekommen. Obwohl es weiter als fünfundzwanzig Meilen auf der alten römischen Straße von Newais zu den geheimnisvollen Bergen von Arfon im nördlichsten Wales war, bestand Merlin darauf, daß wir die ganze Reise zu Fuß machten, »wie es«, so führte er an, »seit unzähligen Generationen Brauch gewesen ist«.

Drei Tage vor der Sommersonnwende machten wir uns beim ersten Tageslicht auf den Weg. Ich war nie in diesen Teil des Landes gereist und erstaunt, als ich entdeckte, wie rasch das Gelände zu steilen Bergen anstieg, je mehr wir nach Norden kamen. Als wir uns dem Ziel näherten, begegneten wir immer häufiger Menschengruppen aus allen Teilen des Königreiches, die ebenfalls zu dem *Eisteddfodd* strebten. In der Tat wimmelte es an vielen Stellen entlang der Straße von Leuten aller Art: Bauern mit ihren Familien, Druiden in bunten Festgewändern, Edelmännern auf prächtigen Pferden – sie alle hatten ein Ziel im Sinn, und sie alle trugen irgendein Musikinstrument bei sich: Hörner, Harfen, Flöten, Trommeln, manche grob gefertigt, andere sorgfältig von geschickten Kunsthandwerkern geschnitzt – sie alle auf dem Weg zu derselben Zusammenkunft.

Bis zum Sommersonnwendtag waren wir in einem abgeschiedenen Tal angelangt, das sich eindrucksvoll zwischen zwei schneebedeckte Berge schmiegte. Am Eingang des Dorfes lag ein großes, grasbewachsenes Feld, auf dem sich Hunderte von Menschen versammelt hatten, um sich gegenseitig zu begrüßen und ihre Instrumente vorzuführen. Merlin griff nach meinem Arm, und gemeinsam schlängelten wir uns durch die Menge, wobei wir nur gelegentlich stehenblieben, um im Vorbeigehen ein Wort zu wechseln. Es dauerte eine gewisse Zeit, bevor ich merkte, worauf wir uns zubewegten, doch schließlich erreichten wir dank Merlins sorgfältiger Steuermannskunst den Eingang zu einer riesigen Höhle, die sich nach hinten in die Tiefen des größten Berges im Tal ausdehnte. Sie hatte kolossale Ausmaße – eine große klaffende Öffnung im Berghang, die mindestens dreißig Schrittlängen an Höhe auf nicht weniger als vierzig in der Breite maß! Ehrfürchtig stand ich vor den gewaltigen Dimensionen dieses Ortes.

Der Eingang war durch ein Seil abgesperrt, und zahlreiche Wachen waren aufgestellt, um für die Auswahl derer zu sorgen, die Einlaß erhielten. Merlin bemerkte meine Faszination. »Diese Stätte ist in der druidischen Überlieferung als das ›Tal von Arun‹ bekannt«, erklärte er, »und so benannt nach dem ersten fahrenden Spielmann, der sich hier vor langer, langer Zeit niederließ. Diese Höhle, die dich so zu erstaunen scheint, wird als die ›Muschelhalle‹ bezeichnet. Seit sagenhafter Zeit haben sich fahrende Spielleute und Barden darin getroffen, um voreinander ihre Fertigkeiten zur Schau zu stellen, und oftmals auch, um sich für einen Ehrenplatz im *Eisteddfodd zu* messen. Doch hab auf jeden Fall keine Hemmungen, Arthur, umherzustreifen und dir anzuschauen, was du magst. Es sind viele Jungen in deinem Alter hier, die genauso wie du als Druiden-Novizen erzogen worden sind.« Merlin wandte sich um und sagte ein paar Worte zu einem Wächter, der neben uns stand, rief mir dann über die Schulter zu: »... aber entferne dich nicht zu weit. Ich werde nur für eine kurze Weile fortgehen, um meinen Lord Aneurin zu begrüßen und um Audienz für uns beide zu bitten.« Damit drehte er sich um und verschwand in der Höhle. Ich versuchte, ihm nachzuspähen, konnte aber nicht über die Reihen brennender Fackeln hinausblicken, die entlang der Innenwände aufgestellt waren. Von irgendwo tief im Innern konnte ich jedoch zarte Musikklänge hören, die durch die Weite des Raumes widerhallten, und stellte mir aufgrund dieses Effektes vor, daß die Höhle tatsächlich unermeßlich groß sein mußte.

Als nächstes richtete ich meine Aufmerksamkeit auf die vielfältigen und erstaunlichen Aktivitäten um mich herum. Jeder der Anwesenden war sehr freundlich und ebenso gespannt, Neuigkeiten vom vergangenen Jahr zu hören, wie darauf erpicht, selbst davon zu berichten. Bald erfuhr ich von dem großen Konzert, das an diesem Abend in der Muschelhalle abgehalten werden sollte und wofür die Menschenmenge schon jetzt begann, sich für die besten Plätze anzustellen. Zu dieser Vielfalt kamen noch Händler für Musikwaren, die in regelmäßigen Abständen auf dem ganzen Gelände postiert waren und schön gearbeitete Instrumente jeder Art verkauften. Ich war von allem fasziniert.

Während meines Umherwanderns wurde ich davon überrascht, daß mir plötzlich jemand voller Begeisterung auf die Schulter klopfte. Ich fuhr herum und sah mich ausgerechnet meinem Freund Morfyn gegenüber! Ich erfuhr, daß er mit einer Gruppe Barden von der Insel Man hierher zum Fest gereist war, und erst da kam mir voll zu Bewußtsein, wie sehr ich seine Gesellschaft vermißt hatte. Wir zogen uns in eine freie Ecke des Feldes zurück und verbrachten die nächste Stunde damit, aufgeregt alte und neue Zeiten wiederaufzuwärmen. Schließlich kam Merlin aus der Höhle heraus und begrüßte seinen Neffen herzlich, obwohl er nicht sonderlich überrascht schien, ihn zu sehen. *Ich vermutete, daß Morfyn gegenwärtig Lehrling bei einem Freund des Druiden war, den er dort drinnen bereits getroffen hatte.*

»Gute Nachrichten, Arthur!« verkündete Merlin. »Ich komme gerade von einer Beratung mit meinem alten Lehrer zurück, und er hat eingewilligt, dich heute Abend nach dem *Eisteddfodd* zu einer besonderen Unterrichtsstunde über die Kunst des Liedzaubers in seinen privaten Gemächern zu empfangen ... und anschließend habe ich selbst etwas im Sinn für dich.«

Den restlichen Nachmittag verbrachten wir damit, umherzustreifen und Liedern und Balladen aus allen Teilen des Landes zu lauschen – und selbst aus so weiter Ferne wie Irland auf der anderen Seite des Meeres oder Kaledonien jenseits des Großen Walls. Wie sehr sich dies alles von der ruhigen Abgeschiedenheit auf Berg Newais unterschied!

Die Sonne ging rasch hinter der Weite der hohen Berge unter, von denen wir umgeben waren. Aus einer plötzlichen Laune heraus beschlossen wir drei, schwimmen zu gehen, um vor dem Konzert den Staub und Schmutz der Straße abzuwaschen. Kaum waren wir wieder aufgetaucht, als auch schon die Seile vor der Höhle abgenommen wurden und die Leute nach innen zu strömen begannen.

Die Halle selbst war aufs äußerste phantastisch; der gesamte Berg schien hohl zu sein, so ungeheuer groß war das Innere. In der Tat waren eine ganze Reihe von Holzbauten entlang der Wände errichtet worden, was die Wirkung einer unterirdischen Stadt hervorrief. Licht aus unzähligen Fackeln und Feuerschalen tanzte in unheimlichen Mustern über die Tropfsteinsäulen, die weit über uns hingen ... und der Klang! Jeder einzelne Ton, einerlei wie laut oder leise er war, nahm ein eigenes Leben an, und sein Echo hallte hin und her durch das tiefe Labyrinth von Wegen und Gängen, die überall hinführten.

Und dann, scheinbar übergangslos, saßen wir alle auf dem Boden und blickten auf eine große erhöhte Plattform, auf der die Barden sich zu ihrem Auftritt versammelten. Bald darauf trat ein hochgewachsener Mann, der mit den weißen und goldenen Gewändern eines Hochdruiden bekleidet war, auf die Bühne und eröffnete das *Eisteddfodd* offiziell mit einem Vers in Altwalisisch, den ich nicht verstehen konnte. Dann wurden nacheinander die musikalischen Darbietungen gegeben. Manche wirkten bedächtig und voller Trauer, während andere lebhafte Tanzweisen waren; viele waren in fremden Sprachen und für mein Ohr ungewohnten Tonarten – doch sie alle wurden kunstfertig bis zur Vollkommenheit gespielt. Die Vorführung war auch sehr abwechslungsreich; manchmal traten nicht weniger als zehn Spielleute gleichzeitig auf und oftmals nur ein einziger.

In der Mitte des Konzertes neigte Merlin sich zu mir herüber und lenkte meine Aufmerksamkeit auf eine abgesonderte Gruppe von Männern, die ganz links auf der Bühne Platz genommen hatten. Er erklärte, dies seien die offiziell eingesetzten Richter, die jeder Darbietung mit kritischem Ohr zuhörten und dann zum Abschluß der Festlichkeiten Auszeichnungen verliehen. »Und jener Mann dort drüben«, stolz wies er darauf hin, »ist Lord Aneurin, der einst mein musikalischer Erzieher auf Iona war!« Merlin deutete auf den ältesten der Richter, einen würdevoll aussehenden Barden mit langem, grauen Bart, der sich so wach und aufrecht wie ein nur halb so alter Mann hielt. Als wäre er sich irgendwie unseres Interesses an ihm bewußt, warf der alte Musiker unvermittelt einen Blick in unsere Richtung, den Merlin sofort mit einem ehrerbietigen Nicken erwiderte.

Das Musikmachen setzte sich bis weit in den Abend fort, doch schließlich, als alles gespielt und beurteilt und gesungen worden war, sagten Freunde sich Lebewohl und gingen hinaus in die Nacht. Als dann die allerletzten Gruppen von Menschen verschwunden waren, ergriff Merlin Morfyn und mich und eilte mit uns tiefer in das Innere der Höhle.

Wir gelangten zu einer ausgehöhlten Stelle in der Wand, die durch einen roten Samtvorhang abgeteilt wurde, der mit prächtigen Goldmustern verziert war. Als wir uns näherten, teilte ein dort postierter junger Mann den Wandteppich, und wir traten hinein. Dieser innere Nischenraum wurde nur von vier großen Kerzen erhellt, die auf dem Rand eines kleinen Steinkreises standen, der sorgfältig auf einem Tuch am Boden ausgelegt war. Dank Merlins gründlicher Schulung im Elementeritual erkannte ich sofort, daß es sich dabei um eine magische Anordnung handelte: jede Kerze war genau nach einer der Himmelsrichtungen aufgestellt und hatte die entsprechende Farbe. Doch dann bemerkte ich noch ein weiteres Muster, das mich nur um so mehr interessierte, da es mir nicht vertraut war:

An jeden Kardinalpunkt war ein einzelnes Musikinstrument plaziert worden! Im *Norden* lag eine mit Haut und Fell bespannte *Trommel;* im *Süden* war es ein *Horn* ganz aus glänzendem Messing; im *Osten* lag eine *Flöte* aus leuchtendem Silber, und den *Westen* nahm eine *Harfe* aus hellem geschnitztem Holz ein. Außer diesen Dingen war der Raum leer. Merlin machte uns ein Zeichen, uns zusammen mit zwei weiteren Druiden und ihren jungen Novizen rund um die äußere Begrenzungslinie des Kreises zu setzen. Niemand sprach mit lauter Stimme.

Nach ein paar Minuten teilte sich der Vorhang, und der alte Barde trat ein. Trotz der Anzeichen des Alters, die er aufwies (meiner Schätzung nach war er achtzig Jahre), war sein Gang sicher und aufrecht, als er genau in die Mitte des Kreises schritt und sich dort uns gegenüber niederließ. Seine Augen, alterslos und klar, ruhten nacheinander auf jedem einzelnen von uns.

»Willkommen euch allen, und Frieden«, sagte er mit tiefer melodischer Stimme – der Stimme eines geschulten Barden. »Ich habe gehört, daß ihr alle eine Zeitlang bei einem Druiden in die Lehre gegangen seid und daß eure Meister euch nun für geeignet halten, mit dem Studium des höheren Musik-Handwerks zu beginnen. Laßt uns die Gegenwart der Alten anrufen, damit durch meine Worte ein neuer Weg für euch erhellt werden mag.«

Damit schloß Lord Aneurin die Augen und begann, eine Melodie vor sich hinzusingen: eine seltsame, dumpfe Weise, voller Rätsel. Merlin beugte sich dicht an mein Ohr und erklärte, dies sei eine musikalische Anrufung – ein Mittel, um den Geist als Durchgang für die alten Weisheiten zu reinigen.

»Obwohl es normalerweise verboten ist, das heilige Wissen in schriftlicher Form niederzulegen«, fuhr er fort und händigte mir eine Tafel aus Buchenholz und einen Schreibgriffel aus, »ist dieser Augenblick von so besonderer Bedeutung, daß ich dich die nachfolgenden Worte für künftiges Nachschlagen bewahren lassen möchte. Zeichne auf, was du kannst, und verwende die griechischen Buchstaben, damit nichts verlorengeht.«

Nach einer langen Pause öffnete der Lehrer die Augen und lächelte heiter. *Vielleicht bildete ich es mir ein, aber es kam mir so vor, als wäre sein Blick häufiger auf mich als auf die anderen gerichtet. Auch Merlin schien das zu bemerken, und sein Gesicht leuchtete vor Stolz.*

»Was ihr gerade gehört habt«, faßte Lord Aneurin zusammen, »ist ein *Englyn* an die Dunklen Meere mit der Bitte, daß uns die Gaben von tiefer Weisheit und Geheimnis eine Zeitlang gewährt werden. Die Musik besitzt nämlich die einzigartige Macht, auf alle *Drei Kreise des Seins* einzuwirken und damit eine Brücke über die normalen Grenzen des sterblichen Bewußtseins zu schlagen. Eine solche Wirkung wird bei uns schlicht LIEDZAUBER genannt und ist den *Derwyddon,* den druidischen Priestern, von den untergegangenen Kulturen von Hyperborea, von Atlantis, Ägypten, Griechenland und so weiter bis zum heutigen Tag anvertraut worden. Nun, selbst innerhalb unseres eigenen Ordens werden die Geheimnisse des Liedzaubers nicht leichthin weitergegeben; ihre Bewahrung und Anwendung liegt in der alleinigen Verantwortung unseres zweiten Ordens, der Barden. Nur sie haben die Aufgabe, Liedzauber nutzbringend anzuwenden, wo immer sie mögen, und dann seine Weisheit einem anderen weiterzugeben, der würdig ist, sie zu bewahren – *ohne* (und dabei warf er einen mißbilligenden Blick in die Richtung, wo ich eifrig mitschrieb) das heilige Wissen der wahllos geführten Feder des Menschen anzuvertrauen!«

Augenblicklich hörte ich zu schreiben auf und blickte hilflos hoch. Ziemlich verlegen ließ ich mein Schreibzeug sinken, während sich der Gesichtsausdruck des alten Barden zu einem Lächeln aufheiterte.

»Aber«, sagte er freundlich, »vermutlich ändern sich die Zeiten und Bräuche. Besser, daß einige unserer Lehren aufgezeichnet werden, als daß sie insgesamt aus der Welt verschwinden.« Er machte eine Geste, ich solle meine Schreibtafel wieder aufnehmen und die Arbeit fortsetzen.

»... Andererseits aber«, fügte er nachdenklich hinzu, »ändern sich manche Dinge nicht so leicht! Glaubensvorstellungen kommen und gehen; Religionen werden von Menschen aller Überzeugungen gestiftet und wieder zerstört, aber die Grundwahrheiten des Lebens bleiben unveränderlich gleich – ob der Mensch nun um sie weiß oder nicht. Die Menschen haben immer ihre eigenen Wahrheiten verkündet und sind gestorben, doch trotzdem geht die Sonne auf! Wahrheit ist Wahrheit, und zu diesem Zweck werden wir jetzt mit unserem Vortrag beginnen.

In dieser Zeit«, führte er weiter aus, »ist Musik zu etwas geworden, was an vielen Orten erlernt werden kann. Aber seid euch dessen bewußt, daß die Art von Musik, von der *wir* sprechen, eine hochentwickelte Form ist und nicht als ein beliebiges Ausdrucksmittel oder zur Unterhaltung gedacht, sondern als eine Demonstration von religiöser Meisterschaft. Liedzauber ist nicht die melodische Tonfolge eines fahrenden Spielmanns oder die heiteren Weisen für das Volk in der

Schenke; das Bardenlied ist eine spirituelle Darbietung, die aus der Erde selbst stammt. Als solche erfüllt es eine Schlüsselfunktion in unseren Riten und magischen Handlungen – und so ist es seit dem Beginn unseres Zeitalters gewesen, seit das *Câd Goddeu* vor über achthundert Jahren ausgefochten wurde!

Die eigentliche Grundlage des Liedzaubers ist eine Tradition, welche die Barden mit dem alten Griechenland teilen und die ihre Wurzeln in dem Sonnenreich des längst vergangenen Atlantis hat. Die Lehren selbst wurden zuerst von einem griechischen Weisen systematisch aufgezeichnet; sein Name war Pythagoras von Crotona, er lebte vor der ›Schlacht der Bäume‹ und war ein Eingeweihter in ägyptische, indische und vorderasiatische mystische Lehren. Er war es, der zuerst die Niederschrift des Liedzaubers vor langer Zeit an diese Küsten brachte und sie der Obhut des Druiden Maeldrew anvertraute. Er war einer der Gründungsväter unseres Ordens, der dieses gelehrte Wissen dann in seine eigene magische Abhandlung, *The Gorchan of Nlaeldrew,* aufnahm. Jahrhundertelang wurde das *Gorchart* von Druide zu Lehrling nur mündlich weitergegeben, doch mit der Zeit schließlich niedergeschrieben, damit es für künftige Generationen nicht verlorenging. Und hier ... hier ist das für euch Wichtige!« Damit holte Lord Aneurin eine Handvoll zusammengerollter Papyrusblätter aus seinem Gewand hervor und teilte an jeden von uns eines aus.

»Auf diesen Seiten sind in griechischen Buchstaben viele der bedeutsamsten Weisheiten des Pythagoras über die Mysterien der Musik bewahrt. Man findet darin auch die acht musikalischen Gesänge, die ›Lieder des Zyklus‹: acht jahreszeitliche Melodien, die von den Druiden in späteren Jahren heiliggehalten wurden und auf unsere eigene Weise die geweihten Baumrunen bewahrten, die *Ognia Sonnengesicht* erdacht hatte.

Erlernt und gebraucht daher alles dies, wie eure Fähigkeiten es zulassen; denn vielversprechende Fähigkeiten habt ihr alle, sonst würdet ihr jetzt nicht hier vor mir sitzen. Laßt uns nun als Einführung über die grundlegenden Übungen des Liedzaubers sprechen.«

Ich erinnere mich nicht, wie lange wir in jener Nacht redeten; doch welche Zeitspanne es auch immer gewesen sein mochte, sie schien unbemerkt zu verstreichen. Wir sprachen darüber, wie das *Gorchan* entstanden war, und von den Menschen des Sonnenreiches, die ihm ihre Lieder geschenkt hatten; von den vier Unterteilungen des Liedzaubers, wie sie im *Pheryllt* dargelegt sind, ähnlich den vier Elementarreichen von *Abred*, und über die beiden in der Musik vorherrschenden Reiche von Tag & Nacht; von musikalischen Klangfarben und der Verbindung vieler Tonarten ... oder von einer einzelnen Melodie allein; über Instrumente zur Beherrschung der Elementarkönige und wie sie anzufertigen sind; von hoch und tief und von den besten Plätzen, um Musik zu machen; und davon, wie ein Liedzauber zur Heilung oder zum Schaden zu erschaffen sei.

Endlich erhob sich der Barde mit steifen Gliedern und erklärte: »Nun möchte ich jeden von euch bitten, mit mir aufzustehen.« Wir folgten dieser Aufforderung und blickten einander an in dem Wissen, daß die Lektion bald zu Ende gehen würde.

»Ich habe eingewilligt, mit euch zu sprechen«, faßte er zusammen, »weil jeder eurer Lehrer mir versicherte, daß ihr zu den hoffnungsvollsten Talenten dieser Zeit gehört. Und aus demselben Grunde habe ich auch zugestimmt, euch eigenhändig als Barden-Novizen zu bestätigen.« Bei diesen Worten verschwanden alle anwesenden älteren Druiden aus dem Blickfeld, so als wüßten sie, was kommen würde, und wollten bei diesem Anlaß nicht stören. Lord Aneurin wandte sich an den Jungen zu meiner Linken.

»Cormak von Caer Legion«, sagte er mit Autorität, »der

im Sternzeichen des Drachen geboren wurde, dem Zeichen des Feuers: Nimm dieses Messinghorn und laß es kraftvoll für Frieden und Gerechtigkeit im Land erschallen!« Der Barde reichte ihm das Horn und wandte sich an den nächsten.

»Ossian von Dumnonia, der im Zeichen der Sternenflügel des großen Raben empfangen wurde, dem Zeichen der Winde: Nimm nun diese Silberflöte und mache mit ihrem lieblichen Klang einen Weg für die Wahrheit in den Herzen der Menschen frei!« Er gab dem Jungen sein Instrument und drehte sich weiter – ich konnte spüren, wie mein Herz heftig zu pochen begann.

»Steurt von Ynys Môn, der im Zeichen der Sternenseen des weisen Salms auf die Welt kam, dem Zeichen des Meeres: Nimm hier diese Weidenharfe entgegen, damit ihre Saiten die Sorgen der Welt leichter machen mögen!« Schließlich wandte er sich an meinen Freund, der zu meiner Rechten stand.

»Morfyn von Iona, der in schweren Zeiten im Sternzeichen des Erd-Dolmens geboren wurde, dem Zeichen des Steins: Trage diese Trommel aus Hasenfell stets bei dir, damit ihre rhythmischen Klänge die Füße der Menschheit zurück auf die Straßen der Weisheit lenken mögen!« Danach blickte Lord Aneurin einen Moment lang in meine erwartungsvollen Augen und trat dann in die Mitte des Kreises zurück.

»Geht nun«, sagte er und erhob seine Hände zum Segen, »und mögen die Götter euch Frieden auf eurem Weg schenken. Hütet und nutzt gut die Geschenke, die ihr aus meinen Händen empfangen habt, als Instrumente des Friedens – und wenn ihr euch jemals meine genauen Worte am heutigen Tag ins Gedächtnis rufen müßt, so versäumt nicht, Arthur von Berg Newais aufzusuchen, denn er hat sie zweifellos alle aufgeschrieben!« Darauf lachte er. »Der Segen von Iona sei mit euch.«

Schweigend begannen die jungen mit den Schätzen, die sie

erhalten hatten, nacheinander hinauszugehen – alle außer mir, der tief enttäuscht war, nicht mit den übrigen bestätigt worden zu sein.

»Aber nun zu dir, Arthur ... «, erklang seine Stimme wieder hinter mir. »Ich möchte, daß du noch eine Weile hierbleibst – das heißt, vorausgesetzt, daß dein Bett noch warten kann.« Merlin blickte mit einem erfreuten Lächeln zu uns herüber und verschwand dann nach den anderen.

»Sei nicht traurig, Junge«, sagte Aneurin in freundlichem Ton, »denn ein Geschenk bleibt tatsächlich noch übrig für dich: eine Gabe, die am besten im geheimen bestätigt wird.«

Vorsichtig löschte er jede der vier Kerzen und entzündete an ihrer Stelle eine einzige schwarze (Schwarz für Meisterschaft, so erinnerte ich mich). Dann setzte er sich nieder und machte mir ein Zeichen, gegenüber von ihm auf der anderen Seite der Flamme Platz zu nehmen.

»Du wurdest am Festtag von *Beltane* geboren, nicht wahr?« fragte er. Ich nickte. »Nun, dein Geburtstag stellt dich über und außerhalb der Begrenzungen durch die zwölf Sternenhäuser. Denn wie du wissen müßtest, halten wir Druiden die beiden Feste von Dunkel und Licht, *Samhain* und *Beltane*, höher als alle anderen in Ehren. Derartige Tage existieren ›zwischen der Zeit‹ und gehören nicht zu der gewöhnlichen Ordnung der Dinge. Weil du an einem solchen Tag geboren bist, besitzt auch du die besonderen Eigenschaften jenes Tages. Falls du dich erinnerst, ich habe heute Abend nur von Musik gesprochen, die mit Werkzeugen gemacht werden kann, die der Mensch angefertigt hat. Doch ebenso wie die Gottheit in einem Tempel, der von Menschenhand geschaffen wurde, nicht angemessen verehrt werden kann, so kann wahrer Liedzauber auch nicht durch die unvollkommenen Instrumente nach dem Entwurf des Menschen erreicht werden.

Was bleibt also übrig, um unsere Musik zu machen, die von den Göttern gehört wird? Nun – was die Götter uns selbst geschenkt haben: *Y Llais*, die menschliche Stimme! Von allen Klangfarben, welche die Barden für Lied oder Tanz zur Verfügung haben, kommt allein DIE STIMME in unversehrter Form, ungefiltert durch Metall oder Holz oder eine Darmsaite, aus der menschlichen Seele hervor. Die Stimme allein enthält den göttlichen Funken, der symbolisch für jenes Reich steht, das über alle anderen herrscht, unser eigenes mit eingeschlossen. Obwohl es stimmt, daß jeder Barde seine Stimme zu edlen Zielen einsetzen kann, können nur diejenigen, die an einem Heiligen Tag von Feuer und Eis geboren sind, eine ganz besondere Meisterschaft darin beanspruchen – und in dir haben wir eine solche Person. In der Tat, seitdem ich dich zuerst auf dem *Eisteddfodd* gesehen habe, empfand ich eine Vertrautheit aus lange zurückliegender Zeit. Nun, ich kann sogar die Gestalt sehen, in der ich dich einst gekannt habe! Möchtest du es auch gerne sehen?« *Staunen und Neugier ließen mein Gesicht aufleuchten.* »Beobachte die Flamme aufmerksam ... und erinnere dich.«

Lord Aneurin hielt die schwarze Kerze wenige Fingerbreit vor meine Augen. Ich fühlte mich schwindelig, so als würde ich ohnmächtig werden. Dann zog er nach einigen Minuten die Flamme zurück, während ich ungläubig blinzelnd das Gesicht anschaute, das meinen Blick erwiderte. Anstelle der bejahrten und vertrauten Gesichtszüge des Barden sah ich dort das Spiegelbild eines anderen Mannes – etwa dreißig Jahre alt, mit langem dunklen Haar, das von einem goldgefaßten Stirnband zusammengehalten wurde. Das Allerseltsamste aber war, ich spürte mit Gewißheit, daß ich diese Person kannte.

»Wie lange ist es her, mein Freund«, sagte der Mann in einer fremden Sprache, die ich irgendwie verstand, »seitdem wir zuletzt zusammen vor dein Königshof von Israel gesungen haben? Und nun begegnen wir uns wieder zu einem ähnlichen, wenn auch unterschiedlichen Zweck ... wie wunderbar!

Wisse, mein Freund, daß ich in dieser Nacht hier bin, um dabei zu helfen, in dir jene Stimme wieder zu erwecken, die vor so langer Zeit eine ganze Nation in Bann schlug. Möge es jetzt wieder so sein!« Die Erscheinung hob ihre Hand und berührte leicht meine Lippen. Sogleich schloß ich die Augen, und als ich sie wieder öffnete, saß abermals Aneurin mit einem Lächeln vor mir. Es war schwierig, in diesem Augenblick Worte zu finden, um meine Gedanken auszudrücken, und einen Moment lang fragte ich mich, ob ich nicht bloß eingeschlafen war und alles geträumt hatte.

»Heute nacht ist dir ein seltenes Instrument aus deiner Vergangenheit geschenkt worden«, sagte der Barde, »eines von der Sorte, die einfach ›Die Stimme‹ genannt wird. Kraft ihrer kannst du die Prinzipien des Liedzaubers dafür nutzen, um weit über alle anderen Mittel hinaus Einfluß auf jedes der Elementarreiche zu nehmen. Oh ja, Arthur – aus dir wird zu deiner Zeit ein Meistersinger werden. Ich bin alt, und *Das Gesicht* wird mir nur noch selten zuteil, aber dieses eine Bild steht mir jetzt klar und deutlich vor Augen!« Als wäre plötzlich genug geredet worden, erhob sich Lord Aneurin und zündete die anderen Kerzen wieder an.

»Bestimmt werde ich Merlin jede Einzelheit dieser außergewöhnlichen Erfahrung berichten«, sagte ich, noch immer aufgeregt und von allem verwirrt.

»Nun – du brauchst mir nichts zu erzählen!« ertönte eine Stimme aus dem Dunkel, und Merlin trat hervor. »Obwohl die Götter wissen, daß mir die Fertigkeiten von Aneurin fehlen, werde ich dir von ›der Stimme‹ und ihrer Anwendung beibringen, was ich kann; denn sie ist ein Geschenk von großem Wert, das sorgfältig gepflegt werden muß.«

»Und ich zweifle nicht daran, daß du dich um diese Verantwortung bestens kümmern wirst«, gab der Barde zurück, »so wie du für alles sorgst. Du wirst damit früher, als du glaubst, beginnen müssen; ich trete meinen Rückweg nach lona vor der Morgendämmerung an, und der Himmel im Osten graut schon, während wir noch sprechen.« Der alte Musikant kam zu mir und legte seine Hände auf meine Schultern. »Mein letzter Segen für dich, Arthur von Britannien. Obwohl es nicht vorherbestimmt ist, daß sich unsere Wege nochmals in *diesem* Leben kreuzen, werden wir uns vielleicht in einem anderen wieder begegnen. Mögest du dich eines Tages an mich erinnern, wie ich einst war ... nochmals, Lebwohl!« Und der ehrwürdige Barde ging fort in die Nacht hinaus, gestützt von den starken Armen vieler, die ihn als »weisen Lehrer« bezeichneten.

Schließlich waren alle Festlichkeiten beendet, und die riesige Muschelhalle lag weit und leer da. Die wenigen, die noch nicht aufgebrochen waren, schlummerten schon unter den Sternen; auch wir selbst waren ganz erschöpft, doch irgendwie noch nicht dazu bereit, den Tag zu beschließen. Merlin entschied sich dafür, sich zu einer Gruppe seiner Mitdruiden zu gesellen, die um ein Feuer von alten Zeiten plauderten; doch ich war bald des Redens müde und brach statt dessen zu einem Spaziergang in die Berge auf.

Die Nacht war klar und frisch, eine Mondsichel stand droben am Himmel, und der Gesang einer Legion von Grillen hallte in den grasbedeckten Feldern um mich herum wider.

Der Boden, auf dem ich ging, war schon aufgeweicht von frühem Morgentau, doch er fühlte sich kühl und erfrischend unter den Füßen an. Bald begann das Land leicht anzusteigen, und ich befand mich auf einer kleinen Lichtung inmitten von einem der dichten Kieferngehölze, die den Berghang säumten. Es war ein winziger, fast feenhafter Ort – ein Flecken, den man wahrscheinlich im hellen Tageslicht übersehen würde. Doch in der Nacht, mit den bleichen Strahlen des Mondes, die auf dem taufeuchten Gras schimmerten, war alles von Magie durchglüht – so als hätten die Reiche der Anderwelt die Erde an genau dieser Stelle berührt!

Ich betrat das kleine Bergtal und setzte mich auf einen umgestürzten Baumstamm. Zehntausend Gedanken über den Tag gingen mir durch den Kopf. Die Luft ließ mich frösteln, und gedankenlos schob ich meine Hände in die Falten meines Überwurfs, wo noch das *Gorchan-Pergament* steckte. Langsam rollte ich es auf und begann aufs Geratewohl einen Vers zu lesen:

»Man muß danach streben, Liedzauber ohne Überlegung hervorzubringen, so daß die Musik aus dem Innern wie Wasser strömen kann.«

Plötzlich wanderten meine Gedanken zu der geheimnisvollen Melodie zurück, die ich Aneurin hatte vortragen hören, und ich begann zu singen. Niemals zuvor hatte ich etwas Derartiges getan – es war so, als wäre ein Teil von mir, der seit langem im Schlaf gelegen hatte, wieder zum Leben erwacht. Als ich das Echo meiner Stimme zwischen den grünen Kiefern widerhallen hörte, schien sie ganz anders als meine eigene zu sein. Etwas war mit Sicherheit geschehen.

Obwohl es spät war und ich wußte, daß Leute in der Nähe schliefen, die mich hören könnten, kümmerte ich mich nicht darum. Immer weiter kamen die Lieder, entsprangen aus einem unerschlossenen Bereich meines Wesens. Oft hatten die Verse fremdartige Worte und manchmal gar keine, doch sie strömten hervor und füllten die Berghöhlungen mit Musik.

»Das sind bestimmt Erinnerungen aus einer anderen Zeit«, dachte ich bei mir, während ich weitersang. Und die Wesen aus Fels und Wald krochen hervor, um zu lauschen; langsam und schweigend versammelten sie sich auf der kleinen Lichtung um mich ... aber ich bemerkte sie fast überhaupt nicht, so tief war ich in dem zeitlosen Reich des Liedzaubers versunken.

Und die Bäume erwachten und erkannten ihn,
Und die wilden Geschöpfe sammelten sich um ihn,
Als er inmitten der waldigen Bergtäler
Vielerlei Lieder sang.

LIED VON HU DEM MÄCHTIGEN

Lektion 11

Die acht Lieder des Jahreszyklus

In dem Kapitel »Liedzauber« wird Arthur über die große esoterische Bedeutung von *Cerddoriaeth* in der druidischen Lehre unterrichtet. Musik war in der Tat von solcher Wichtigkeit für die keltische Priesterschaft, daß sich ein ganzer Rang ihres Ordens – die Barden – ihrer Verbreitung und ihrem Studium widmete.

Doch abgesehen von den Druiden selbst maß auch das keltische Stammesvolk der Musik großen Wert bei und wies ihr bei jedem der acht Hain-Feste eine sehr wichtige Rolle zu. Die Grundlage sowohl für die druidische als auch die keltische Musik leitete sich direkt von einem Notensystem ab, das fast identisch mit dem griechischen war. Es gab sieben Tonarten, sieben Saiten auf einer Volksharfe, sieben Töne auf der Tonleiter, von denen jeder einem der sieben Himmelskörper entsprach. Kurz gesagt, die Zahl »7« stand in mehrfacher Hinsicht symbolisch für »Musik«.

Die folgende Übersicht zeigt eine Rekonstruktion der sieben Tonarten mit ihren traditionellen Assoziationen.

Die keltische Musik bestand aus drei harmonischen Klangeinheiten: den *Monaden* (einzelne Töne/Körper), *Diaden* (Intervalle aus zwei Tönen/Intellekt) und *Triaden* (drei zusammenklingende Töne/höherer Geist). Jedes Intervall, d. h. der Abstand zwischen zwei Noten, die zusammen gehört werden, wurde als Ausdruck bestimmter emotionaler und spiritueller Eigenschaften angesehen, die zur Intensivierung von religiösen Riten und magischen Handlungen genutzt werden konnten. Die obige Darstellung zeigt in einfacher Form die in den sieben Grundintervallen enthaltenen Energien, so wie sie von dem bardischen Orden verwendet wurden, und dazu ein eingängiges Liedbeispiel, um sich den Klang jeder Tonart anzueignen.

MARS ionisch
Kräftiges Rot

MERKUR dorisch
Stärke eines Arztes

SONNE phrygisch
Schild von Kriegerscharen

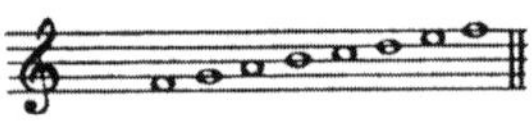

VENUS lydisch
Schönheit der Gestalt

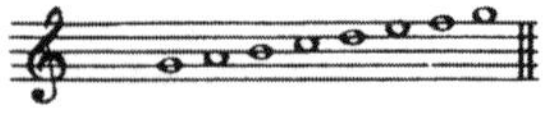

MOND mixolydisch
Zunahme von Geheimnissen

JUPITER äolisch
Die Kraft des Mannes

SATURN lokrisch
Ältester Wald

2. Oktave
Fleiß der Bienen

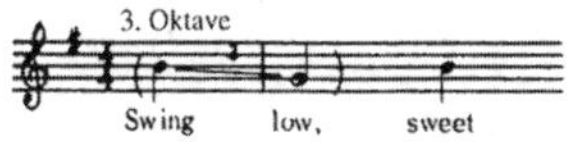

3. Oktave
Zimmermannsarbeit

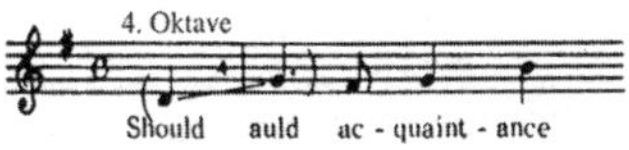

4. Oktave
Wolfsrudel

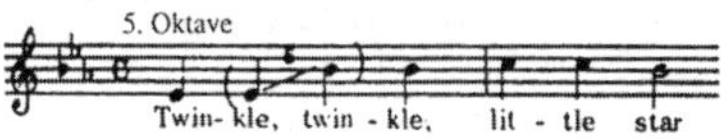

5. Oktave
An kalten Wohnstätten

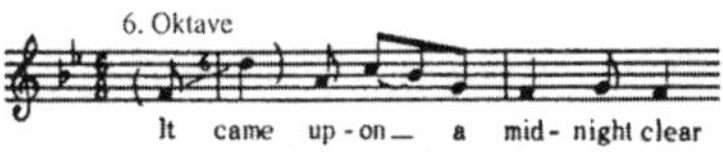

6. Oktave
Süßer als Gräser

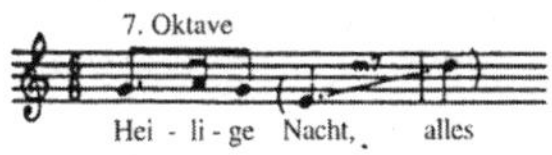

7. Oktave
Lautestes Stöhnen

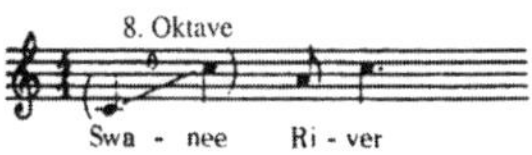

8. Oktave
Große Gleichklänge

Die ergänzten spirituellen Eigenschaften stammen aus dem dritten Kapitel des *Book of Pheryllt*.

Zwischen druidisch-heiliger und keltisch-weltlicher Musik wurde ein deutlicher Unterschied gemacht. Wie bei den heiligen Lehren war es durch ein bardisches Gesetz verboten, heilige Musik schriftlich aufzuzeichnen. Trotzdem finden wir aus der Endzeit des Druidentums mehrere schriftlich festgehaltene Stücke heiliger Musik – zum Glück, denn sonst hätten wir nie etwas von ihrer Existenz erfahren. Wenn die Druiden Noten aufzeichneten, benutzten sie eine Form der Ogham-Baumschrift, wobei jede *Ogham-Rune* einer der 20 Saiten der irischen Harfe entsprach. Dr. Sean O'Boyle hat in dem Kapitel »Ogham and Magic« seines hervorragenden Buches *Ogham:*

The Poet's Secret[1] die Verbindung zwischen der *Ogham*-Schrift und der modernen Notenschrift – hier für Harfe und Klavier – wie folgt entziffert:

Hier nun in moderner Notenschrift die Sequenz, die meiner Meinung nach durch das Ogham-Alphabet wiedergegeben wird.

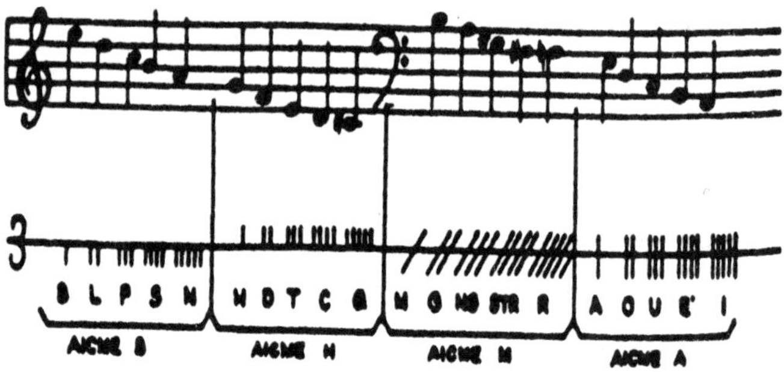

Beachte Sie, daß im Ogham die Tonhöhe nicht angegeben ist.

In den Pheryllt-Manuskripten finden sich acht Melodien, die als *Englyns* bezeichnet werden – ein altes walisisches Wort mit der Bedeutung »Lieder«. Sie sind in der Ogham-Schrift aufgezeichnet. Jedes von ihnen trägt einen Namen, der es mit einem bestimmten Hain-Fest in Verbindung bringt. Obwohl die Noten nicht mit einem Liedertext versehen sind, waren viele der Weisen allgemein bekannt und wurden seitdem in viele Liedersammlungen aufgenommen, die heute leicht zugänglich sind. Diese acht *Hain-Englyns* werden anschließend für diejenigen Leser wiedergegeben, die daran interessiert sind, die Energien der alten druidischen Tonfolgen zu erforschen

[1]O'Boyle, Sean: *Ogham: The Poet's Secret.* Dublin 1980.

und zu der jeweils passenden Jahreszeit zu nutzen. Wenn Sie keine Noten lesen können, dann wenden Sie sich an jemanden, der dazu in der Lage ist (das kann ein Klavierlehrer in Ihrer Nähe oder ein Nachbarjunge sein, der Flötenunterricht nimmt). Nehmen Sie die Lieder auf, und lernen Sie diese der Reihe nach zu singen. Als nächster Schritt wäre es gut, zu den Melodien Liedertexte zu verfassen, welche die Stimmung und Energie der dargestellten Jahreszeit einfangen. Obwohl es gewöhnlich als ein Sakrileg angesehen wurde, heiligen Gesang mit Klängen von Instrumenten zu vermischen, die von Menschenhand gebaut wurden, machte man für keltische Felltrommeln oder Kürbisrasseln meistens eine Ausnahme. Diese dienten jedoch mehr einer gleichbleibenden rhythmischen Untermalung denn als wirkliche Musikinstrumente. Der kreativen Nutzung des Materials auf den folgenden Seiten sind keine Grenzen gesetzt – probieren Sie es einmal selbst aus.

Es gab bei den Druiden auch den Brauch, kunstvolle magische Rituale für ein Lied zu ersinnen; dabei mußten die emotional gefärbten Handlungen, die »Höhen & Tiefen« des Ritus mit der Wirkung der Musik übereinstimmen. Die Druiden wußten, daß dies dazu beitragen würde, die erwünschten Energien auf eine vielfach stärkere Weise freizusetzen. Der interessierte Leser wird dazu angeregt, mit seiner eigenen Technik zu experimentieren und ein Musikstück für die Verwendung während des *Ritus der Drei Strahlen* oder eines anderen *Ritus der Aufnahme* auszuwählen. Denken Sie jedoch daran, daß es nicht bloß um eine Hintergrundmusik während der Durchführung des Rituals geht. Die Musik und die magischen Handlungen müssen auf eine genau festgelegte symbolische Art und Weise miteinander verwoben sein, damit diese Technik wirksam werden kann.

Es folgen einige Vorschläge für klassische Kompositionen, die wegen ihrer unheimlichen und/oder ehrfurchtgebietenden Stimmung für solche Zwecke geeignet sind:

Kanon von Pachelbel
Danse macabre von Camille Saint-Saens
Le Sacre du Printemps und *Feuervogel-Suite* von Igor Strawinskij
Ancient Voices of Children und *Time Cycle* von George Crumb
Celtic Symphony von Alan Stivell
Die Planeten von Gustav Holst
Messe in h-moll von J. S. Bach
Adagio for Strings von Samuel Barber
Feuerwerksmusik von G. F. Händel
Sinfonia Antartica von Vaughan Williams
Greensleeves Fantasia Ceremony of Carols von Benjamin Britten
Ritt der Walküren von Richard Wagner
Nußknacker-Suite und *Schwanensee* von Peter Tschaikowsky
Carmina Burana von Carl Orff
Symphonische Metamorphosen und *Requiem* von Paul Hindemith
Three Places in New England von Charles Ives.

1. »Llwyn On«
(Englyn für Beltane)

Dieses lebhafte Lied, das in seiner volkstümlichen Form den Titel *The Ash Grove* (»Der Eschenhain«) trägt, ist dazu bestimmt, die sprudelnden Bäche, das frische Grün der Blätter und den Tanz der leichten Sommerbrise widerzuspiegeln. Die Barden weihten diese Melodie Gwydion.

2. »Dalen Gwyr«
(Englyn für die Sommersonnwende)

Dieses sehr beliebte englische Lied ist möglicherweise älter als irgend ein anderes Englyn aus dieser Sammlung und zieht sich in dieser oder anderer Form durch die gesamte europäische Geschichte. Ursprünglich war Dalen Gwyr ein Fruchtbarkeitslied. Es bedeutet »green leaves« (grüne Blätter) und ist im Laufe der Zeit zu Greensleeves geworden. Es hat eine reiche, ausdrucksstarke Melodie, in der sich auf wunderschöne Weise grüne Höhen an langen sommerlichen Sonnentagen widerspiegeln.

3. »Cryman Cân« (Englyn für Lugnassad)

Cryman Cân bedeutet »Dresch-Sichel«. Dieser heilige Sprechgesang war einmal eine Unterstützung für den rituellen Rhythmus der Weizenernte an *Lugnassad*. Er war im heiligen Dreiertakt gestaltet und so beschaffen, daß er mit den dreschenden Bewegungen der Ernte mit der Sichel eine völlige Einheit bildete. *Cryman Cän* stammt aus alter Zeit und wurde von der frühen Kuldeer-Kirche bewahrt, wo er bis heute unter dem Namen »O Filii Et Filiae« als Lobgesang (Halleluja) in Gebrauch ist. Das Rezitativ der Verse wird von einem Kantor oder Priester ausgeführt und der Refrain als Antwortgesang durch die Gemeinde angestimmt.

4. »Aileach«
(Englyn für den Herbst)

Das »Londonderry-Lied«, dessen Erbe seit langem in Ehren gehalten wird, war ursprünglich ein trauriges Klage- oder Abschiedslied an den Sommer. Es ist reich an Struktur und Gefühl, und das *Book of* Pheryllt erwähnt seine beruhigende Wirkung im Angesicht des Todes – als »ein Lied, den Sterbenden zum Schlaf zu singen«. In Irland ist es auch unter dem Titel *Danny boy* bekannt.

5. »Cant-Cân«
(Englyn für Samhain)

In diesem hochrituellen Lied finden wir ein Beispiel für eine weitere heilige Musikform: den Kreisgesang. Ein *Cant Cân,* das die Bedeutung »runder Gesang« hat, wurde zunächst einstimmig begonnen, unzählige Male wiederholt und dann, auf ein Zeichen des Priesters hin, mehrstimmig begonnen, wie oben durch die römischen Ziffern angegeben. Im *Pheryllt-Text* wird von Kreisgesängen gesagt, daß sie eine »Zeit und Raum verändernde Wirkung« haben, was sie besonders gut geeignet macht für die Zwischenzeiten der Feste im Jahreszeitenkreuz. Die Melodie des *Cant Cân* ist ansatzweise in dem modernen englischen Volkskanon *Hi Ho Nobody Home* erhalten geblieben. Der Kreisgesang sollte langsam in der Art einer Trauerklage vorgetragen werden. Keltische Trommeln und Kürbisrasseln im Zweiertakt geschlagen passen dazu. In alten Zeiten wurde dieser Gesang als ein »Grabhügel-Lied« bezeichnet.

6. »Ar Hyd Y Nos«
(Englyn für die Wintersonnwende)

Walisisches Volkslied

Da Capo 3. Notenlinie

Früher einmal Bestandteil der heiligen Liederzyklen der Druiden, wurde »All Through the Night« in der dunkelsten Nacht des Jahres in magischer Form rezitiert: Sprechgesang – Antwortgesang – Sprechgesang. Es wurde als feierliche Anrufung für die Wiedergeburt der Sonne zur Sonnenwende verwendet und in der Morgendämmerung von weißgekleideten Priestern im Kreis um ein rotglühendes Notfeuer vorgetragen, die geschmückt mit Hirschgeweihen, immergrünen Zweigen und Glocken den Sonnenaufgang erwarteten.

7. »Cân Cairn«
(Englyn für Imbolc)

Diese strenge Melodie, im Volksrepertoire auch als »Huron«-Rundlied bekannt, gelangte von Gallien aus nach England und wurde dort Bestandteil der Standardsammlung französischer Volksballaden. Es handelt sich um ein langsames Klagelied (der Name bedeutet übersetzt »Grabgesang«) und ist dazu bestimmt, die düsteren Töne des Winters widerzuspiegeln.

8. »Eilir Tydain«
(Englyn für den Frühling)

Dieses Lied, das in der Bretagne als »Lied der bretonischen Fischer« bekannt war, ist eine eindringliche Bitte um die Rückkehr des Frühlings nach der Trostlosigkeit des Winters.

12

Die Tödlichste der Gattung

Mann und Weib werden an einander zum Teufel,
wenn sie ihre geistigen Wege nicht trennen,
denn das Wesen der Creatur ist Unterschiedenheit.

C. G. Jung, Die Sieben Reden an die Toten*

Es war der vierte Herbst, den ich in Merlins Höhle auf Berg Newais verbrachte; doch nicht ein einziges Mal in all den Jahren wurde es mir langweilig, in den Wäldern umherzustreifen, wenn die Blätter sich farbig kräuselten oder der herbstlich-bittere Geruch der Goldrute in der Luft lag. Man schrieb das Jahr 475 nach Christus, und König Uthr saß seit fünf Jahren auf dem Thron Britanniens; solche Daten waren aber nicht sonderlich wichtig für mich, denn die Art von Arbeit, mit der ich unter Merlins erfahrener Beobachtung beschäftigt war, hatte in meinem Denken bei weitem den Vorrang vor solchen alltäglichen Dingen. Außerdem schien das Leben auf dem Berg, ohne Rücksicht auf die Zeit oder das Tun der Menschen draußen in der Welt, immer fließend von einem Jahr zum nächsten überzugehen. Was mich betraf, so war ich bereits weit in die innere Überlieferung des Druidentums vorgedrungen und in vielen Künsten und Wissenschaften bewandert. Merlins Unterweisung war so vorzüglich, daß ich drei Sprachen fließend beherrschte und mein stimmliches

---

*In: Erinnerungen, Gedanken, Träume von C. G. Jung. Olten , 1992.

Können in hohem Grade entwickelt hatte. In einer solchen Atmosphäre aus echtem Interesse und Studium ging das Leben auf Newais rasch voran.

An einem frischen Herbstmorgen waren der Druide und ich damit beschäftigt, am Fuße des Berges nach wildwachsenden Pilzen herumzustöbern in der Hoffnung, unsere Speisekammer vor Einbruch des Winters wieder aufzufüllen. Pilze, so hatte ich gelernt, waren eine recht geheimnisvolle Art von Nahrung: an einem Tag da, am nächsten verschwunden, nie konnte man sicher sein, wo sie gerade zu finden waren! Für die Druiden waren sie eine seltene und köstliche Speise – ein Geschenk der Götter, das durchaus die Mühe wert war, Jagd darauf zu machen. Es gab so viele Sorten; manche waren zu Heilzwecken bestimmt, andere für den rituellen Tisch an hohen Festtagen und wieder andere nur zum angenehmen Verzehr.

Wir hatten an diesem Morgen Glück gehabt, denn unser Schilfkorb war bis zum Rand mit Pilzen in jeder nur denkbaren Form und Farbe gefüllt: rote mit weißen Flecken, leuchtendgelbe mit zarten Hüten, runde weiße Boviste und viele andere. Solche ungewöhnlichen Dinge schienen auf unserem Berg wie nirgendwo anders zu gedeihen, doch Merlin hatte auch dafür eine gute Antwort. Er erklärte dies damit, daß Pilze »sich nur eine höchst magische Erde zum Wachsen auswählen ... und wo«, so lautete seine Schlußfolgerung, »könnte man einen mystischeren Ort als hier auf Newais finden?« Ich zweifelte nicht daran, daß er recht hatte.

Der Tag war warm und trocken, eine orangefarbene Sonne schien wie durch einen leichten Schleier der dünnen Wolkendecke. An einem solchen Tag brachte der Wind oft mehr als nur den Geruch nach Blättern oder Regen herbei; manchmal führte er auch Laute mit sich, die in der frischen Herbstluft große Entfernungen zurücklegten. Wir waren gerade aus dem Wald hervorgekommen und unterwegs auf dem Heimweg, als die Geräusche eines dicht hinter uns reitenden Pferdes die ruhige Luft durchbrachen.

»Rasch, Bärenjunges ... ins Gebüsch!« befahl Merlin und gab mir dabei einen Schubs. Wir versteckten uns und warteten darauf, daß der unbekannte Reiter in Sicht kam. Bald tauchte eine Staubwolke am Horizont auf, und dann wurde eine Gestalt sichtbar. Merlin beschirmte seine Augen vor dem Sonnenlicht und blinzelte – und stieß dann einen plötzlichen Überraschungsschrei aus. »Josephus! « rief Merlin, eilte auf den Weg hinaus und brachte das Pferd durch eine Handbewegung zum Halten. »Joseff! Warum dieser ganze Weg, mein Freund ... was um Himmels willen ist passiert?«

Der Mann machte ein ernstes Gesicht, als er Merlin ein zusammengerolltes Schriftstück herunterreichte und dann vom Pferd stieg. »Merlin, alter Freund«, sagte er, »gelobt sei Gott, daß ich dich gefunden habe! Seit zwei Tagen bin ich ununterbrochen geritten und habe langsam geglaubt, daß meine Suche vergeblich sei.« Er holte tief Luft und stützte sich schwer auf sein Pferd. »Ich überbringe die dringende Aufforderung, dich sofort zur Abtei von Glastonbury zu führen«, er warf mir einen raschen Blick zu, »... zusammen mit dem Jungen.« Dabei deutete der Mann in meine Richtung.

»Und dies dürfte Arthur sein, wenn ich mich nicht irre?« sagte er. »Aber ich verschwende Zeit. Merlin, laß uns aufbrechen! Die Ehrwürdige Mutter hat mir eingeschärft, daß wir uns unverzüglich auf den Weg machen sollen ... denn sonst wird es zu spät sein.«

Merlin, der die ganze Zeit über die Vorladung gelesen hatte, rollte das Papier sorgfältig zusammen und händigte es Joseff aus. »Eine solche Nachricht ist in der Tat ernst, denn ich hätte dergleichen nicht im Verlaufe meines Lebens erwartet. Natürlich werden wir sofort nach Avalon aufbrechen.«

»Glastonbury!« verbesserte Joseff den Druiden. »Der Ort, wohin wir uns begeben, heißt jetzt ›Glastonbury‹. Nur Heiden und die ungebildetsten Christen nennen ihn noch immer bei jenem alten heidnischen Namen.«

»Nenne ihn, wie du willst«, entgegnete Merlin mit einem ungerührten Lächeln, »doch eine Rose ist auch mit einem anderen Namen immer noch eine Rose – selbst wenn sie schwarz ist! Die Menschen werden den Namen immer verändern, wie sie kommen und gehen, aber der Ort ... er bleibt stets nur er selbst.« Mit diesen Worten eilten wir schon alle in Richtung Höhle, um unsere Vorbereitungen zu treffen.

»Stelle mir jetzt keine Fragen, Arthur«, sagte Merlin, sobald wir einmal mit dem Packen beschäftigt waren, »denn ich werde dir alles unterwegs erklären.« Er hatte zweifellos bemerkt, daß meine Neugier wuchs und daß es mir immer schwerer fiel, den Mund zu halten. Wenn es auch zutraf, daß plötzliche Reisen im Laufe der Jahre alltäglich geworden waren, schien über dieser doch etwas anderes zu liegen ... etwas Dunkles, das gleichzeitig dringlich und unerfreulich war. *Bestimmt ist etwas nicht in Ordnung*, dachte ich.

Sobald wir uns Pferde aus dem Dorf beschafft hatten, ritten wir drei ostwärts auf einer Straße, deren Windungen schließlich in das Sommerland hinunterführen würden. Vorbei waren die Zeiten, als ich bequem auf einem Pferd mit meinem Lehrer reiten konnte, denn ich war jetzt dreizehn Jahre alt und fast genauso groß wie Merlin selbst! Deshalb brachen an jenem Tag im Spätherbst also drei Reiter eilig gen Glastonbury auf. Dreißig Meilen lagen zwischen uns und unserem Ziel, so daß die Sonne schon hinter den Hügeln verschwand, als wir den Fluß Arvon überquert hatten. Merlin und ich beschlossen, die Nacht vor den Toren der Stadt Caer Ceri zu verbringen, jetzt als Cirencester bekannt, denn von dort lag die Abtei nicht mehr weit entfernt. Unser Führer Joseff wollte unbedingt vorausreiten, um die Nachricht von unserer Ankunft zu überbringen, und wir versprachen ihm, unverzüglich beim ersten Schimmer der Morgendämmerung zu folgen. An jenem Abend aßen wir frische Pilze, auf Stökken über dem Feuer geröstet, Käse und Gerstenbrot; danach saßen wir gemütlich da, während Merlvn seine lange Tonpfeife rauchte. Insgeheim hoffte ich stark, daß etwas über den Zweck unserer Reise gesagt würde, denn ich wußte daß mein Lehrer jemand war, der nach einer guten Mahlzeit gern ein Gespräch führte.

»Ich glaube, daß ich die morgigen Geschehnisse für sich sprechen lassen werde«, sagte er nach längerer Stille, »aber es gibt ein paar wichtige Dinge, die du wissen solltest. Beispielsweise, daß jemand im Sterben liegt, jemand, der mit *dir* zu tun hat.« Ich blickte in plötzlicher Besorgnis auf, denn dies war nicht das, was ich zu hören erwartet hatte; doch Merlin brachte mich mit einer Handbewegung zum Schweigen und sprach weiter.

»Ich bitte dich bloß, daß du allem genau zuhörst, was morgen in Glastonbury gesagt werden mag, denn unter diesen Worten wirst du vielleicht Antworten auf Fragen finden, über die du dir seit langem den Kopf zerbrichst. Erinnerst du dich an die *Beltane-Feuer,* die wir oben auf dem Hügel von Cadbury beobachteten?« Ich nickte. »Nun, morgen früh werden wir genau jene Stelle besuchen, wo diese Feuer entzündet wurden, und noch weitere. Die christlichen Priester, die heute dort leben, haben die Insel umbenannt und in der Hoffnung, alle anderen Götter außer ihrem eigenen zu verdrängen, auch eine große Kirche erbaut. Zum Glück ist die alte Magie jedoch nicht gänzlich aus diesem Land vertrieben worden, und *Die Dame* weilt immer noch in Avalon – mit einer großen Gemeinschaft, die nur der Erdgöttin, der Mutter aller, dient. Sie nennen sich die Schwesternschaft der *Dar Abba,* was ›Frauen, die dunkle Gewänder tragen‹ bedeutet, und obwohl sich ihre Methoden magischer Entwicklung von unseren eigenen unterscheiden, sind ihre und unsere spirituellen Gesetze in Ursprung und Theorie gleich.« Merlin steckte die Pfeife sorgfältig in einen Lederbeutel und schloß die Augen derart wohlig, daß ich mich fragte, ob er sich schon zur Nachtruhe begeben hatte.

»Wie unterscheidet sich die Priesterinnen-Magie Avalons von derjenigen der Druiden?« warf ich schnell ein, denn ich war zu unruhig, um die Sache bis zum nächsten Morgen auf sich beruhen zu lassen.

»Das«, erwiderte Merlin, ohne die Augen zu öffnen, »ist eine wichtige Frage, die vor langer Zeit ihren Anfang nahm, als die Menschheit noch wahrhaft eins mit der Erde war, auf der sie lebte, und ihr Dasein und Verhalten nach dem Ebenmaß und Gleichgewicht gestaltete, die sie darin beobachtete. Für unsere frühen Vorfahren gab es eine deutliche natürliche Unterteilung, die in allen Aspekten der Schöpfung offenkundig war: *daß die sichtbare und die unsichtbare Welt nach dem Gesetz der Dualität geschaffen wurden*. Dies bedeutet einfach, daß alles, was wir in einem der Drei Kreise des Seins sehen oder fühlen können, einem der beiden großen Gegensätze angehört. Diese zwei Grundkräfte lassen sich leicht in der Welt erkennen, die uns umgibt ... «

An dieser Stelle zählte Merlin eine lange Liste von natürlichen Gegensatzpaaren auf, von denen nachfolgend ein Teil wiedergegeben ist:

Gott-Göttin	Schwarz-Weiß
Sommer-Winter	Erde-Himmel
Männlich-Weiblich	Licht-Dunkel
Tag-Nacht	Gold-Silber
Sonne-Mond	Geburt-Tod
Wachstum-Verfall	Feuer-Wasser

»... und dies sind nur einige der universalen Gegensätze, denn alles, was uns bekannt ist, spiegelt sich in diesem Gesetz wider, bis hinab zu den winzigsten Teilchen, aus denen jegliche Materie besteht. Und daher verkörpern auch Mann und Frau – ob Druide oder Priesterin – diese zwei Gesichter der Existenz, und diese Erkenntnis hat unsere allerwichtigste Übereinkunft hervorgebracht: *Yr Gwahaniad Athrawiaeth*, DIE LEHRE VON DEN TRENNUNGEN. Diese Lehre – die Übereinkunft zwischen Avalon & Anglesey – wurde geschaffen, damit jene wenigen spirituell Veranlagten ihr folgen können, die sich die Frage stellen, ›warum‹ die Welt so unterteilt ist, wie sie es ist, und ›wie‹ wir uns an dieses Vorbild halten können, um einen neuen und höheren Reifegrad zu erreichen.

Weißt du, Arthur, das Wirksamste an den Gegensätzen ist, daß sie, um Gegensätze zu bleiben, niemals völlig miteinander verschmelzen dürfen, damit sie nicht ihre Identität verlieren und neutral werden. Wenn eine Kraft sich mit ihrem Gegenteil vereint, kommt es zur Aufhebung jeder individuellen Kraft, einer chaotischen Neuverteilung für beide: Vereinigung, ja, aber keine wirkliche Entwicklung. Neutralität ist nämlich ein Zustand der Nicht-Bewegung, es geht weder vorwärts noch zurück. Nur die Unausgewogenheit der einen oder anderen Polarität bringt Entwicklung, Bewegung in Richtung der schwächeren Kraft hervor – in der Richtung, die am meisten Arbeit braucht. Dieses Lehrmittel haben die druidischen Kollegien ›konstruktive Unausgewogenheit‹ genannt. Wenn sich dagegen eine Kraft mit einer *gleichen* Kraft verbindet, entsteht Stärke in einer gleichartigen Vereinigung, und dies hat Wachstum zur Folge.«

»Aber, Merlin ...«, unterbrach ich ihn, »ziehen sich nicht gegensätzliche Kräfte in der Natur an, wie bei der Paarung aller tierischen Geschöpfe, damit der Lebensfunken erzeugt wird und die Gattung überlebt?«

»Reine animalische Brunst!« gab er heftig zurück. »Du

sprichst nur von dem Urinstinkt des Tierreiches, von dem auch der Mensch ein Teil ist – der sexuellen Vereinigung allein um der Zahl und des seichten Vergnügens willen! Doch Männer und Frauen, deren Blick auf spirituelle Ideale und die eigene innere Entwicklung gerichtet ist, werden nicht von den brünstigen Instinkten der Tierreiche beherrscht, die dem ausschließlich physischen Kreis von *Abred* angehören: dem Kreis, den Gott erschaffen hat, damit sich der Mensch darüber erhebt. Die Bruderschaft von Anglesey und die Schwesternschaft von Avalon sind Gruppen, die von Männern und Frauen mit ebendiesem Ideal begründet wurden.

Die menschlichen Gemeinschaften unterliegen nämlich auch der großen Einteilung in zwei Arten: erstens, diejenigen, die von der Wahrheit der Wiedergeburt noch nichts wissen oder sie nicht akzeptieren und daher ein Leben der spirituellen Beschränkung und des langsamen Erwachens führen ... die den Illusionen der physischen Welt ausgesetzt sind, sie aber nicht durchschauen können; und zweitens diejenigen, die im Laufe der Zeit die spirituelle Reife erlangt haben, sich von den Illusionen der physischen Welt zu befreien und *in beiden Welten zugleich zu* leben, während sie sich zum jenseits hin entwickeln. Und da sich im spirituellen Bereich von *Gwynydd* gleiche Kräfte anziehen, haben visionäre Männer und Frauen vor langer Zeit die Lehre von den Trennungen als solche festgelegt:

daß die männlichen und weiblichen Mysterien an getrennten Orten beherbergt sein sollen, damit die Reinheit der Energie bewahrt und die dadurch beschleunigte Entwicklung durch Vertiefung im Geschlecht erlangt werden könnten.

Auf diese Weise entstanden die bedeutenden Inseln Anglesey und Avalon als getrennte Zentren, jedoch durch Grundprinzip und Ausrichtung vereint. So ist es dazu gekommen, daß die Druiden die männlichen Mysterien unter sich erforschten, bewahrten und lehrten, und genauso geschah es auch bei ihrem Gegenstück auf Avalon – denn wurden wir nicht als Mann oder Frau aus dem besonderen Erfordernis geboren, das eine oder das andere zu sein? Wenn dem nicht so wäre, dann hätte Gott uns von Anfang an als vereinigte Wesen erschaffen. Sollten wir daher, als erwachte Wesen, dazu bestimmt sein, unsere Lebenskraft bloß um der Fortpflanzung willen zu neutralisieren und zu verschwenden, wenn die Ansammlung und Konzentration dieser Energie als ein Hauptwerkzeug zu spirituellem Nutzen eingesetzt werden könnte? Überlasse den Fortbestand der menschlichen Gattung ruhig jenen, die noch nicht erwacht sind, denn sie werden uns an Zahl immer weit übertreffen ... und so sollte es auch sein.

Doch sei gewarnt, Arthur: Die Welt ist voll von jenen, die vorgeben, sexuelle Begierde unter dem Deckmantel von ›seelischer Liebe‹, ›wahrer Erfüllung‹, ›Schicksal‹ und vieler anderer romantischer Begriffe als spirituelles Werkzeug zu nutzen. Doch dies könnte außerhalb ihrer eigenen Gedanken niemals der Fall sein, da dieses rein animalische Verhalten einer ganz und gar anderen Welt angehört: einer Welt, die selbst derart verwirrte Geister wie diese sich nicht anmaßen können, durch den bloßen Wunsch zu verändern. Leider ist ein solches Denken weitverbreitet unter denen, die halb erwacht sind; die wissen, daß sie bald die Verantwortung dafür übernehmen müssen, in die Wahrheit einzutreten, und nicht dazu bereit sind, von den seichten Freuden dieser Welt abzulassen. Gegen die Wahrheit werden sie weiterhin erklären, daß Lust sie, gleichzeitig mit ihrem Vergnügen, in die Welt der Magie erhebt und daß Sexualität eine Kraft erzeugt, die zu höheren Dingen gelenkt werden kann.

Um ihrer Bequemlichkeit willen werden sie damit fortfahren, das Spirituelle mit dem Physischen zu vermischen. Sei milde in deinem Verständnis, aber halte dich von ihren Methoden fern; sie bringen die geistige Entwicklung durcheinander.«

Merlin hielt inne und warf mir einen unruhigen Blick zu. Er durchstöberte seinen Beutel, bis er seine Pfeife wieder ausfindig gemacht hatte, und rieb dann seinen Feuerstein, bis sich aus der Pfeife graue Rauchwolken zu zeigen begannen.

»Ich merke, daß du ziemlich verwirrt bist«, sagte er zwischen zwei Zügen, »und das mit Recht, denn ich habe deine Betrachtungsweise der Welt in Frage gestellt. Worauf dieses ganze Gespräch aber eigentlich hinausläuft, ist tatsächlich recht einfach. Bei den Christen gibt es einen Ausspruch, der aus ihren heiligen Schriften ausgewählt ist und darauf hinweist, daß ›viele berufen, aber wenige auserwählt sind‹, und wir Druiden könnten dem Geist hinter diesem Gedanken nicht mehr als zustimmen. Auch diese Sequenz ist nur eine weitere Widerspiegelung der zweifachen Natur der Realität: der Tatsache, daß eine Seele entweder dazu bereit ist oder nicht, die große Aufgabe wahrer spiritueller Meisterschaft anzugehen, das heißt, spiritueller Meisterschaft, die auf den Wahrheiten der Welt und nicht auf vom Menschen erschaffenen Illusionen beruht. In der druidischen Überlieferung nennen wir diejenigen, welche die Schwelle zur Wahrheit überwunden haben, die ›Doppeltgeborenen‹ von *Gwynydd*. Es sei hier weiter nur gesagt, daß die Bruderschaft von Anglesey und die Schwesternschaft von Avalon aus all jenen doppeltgeborenen Seelen bestehen, die einander für den Fortschritt unserer Rasse, unserer Gesellschaft ausgesucht haben. Dies aber ist ein äußerst schwieriges Unterfangen, besonders in diesem zunehmend christlichen Land, denn diejenigen von uns, die sich zusammenschließen, um das alte Wissen am Leben zu erhalten, werden immer weiter in die Zurückgezogenheit und Geheimhaltung getrieben. In der Tat ist diese Angelegenheit jetzt so ernst für uns geworden, daß nur eine Handvoll alter Hochburgen übriggeblieben sind, und morgen werden wir eine von ihnen aufsuchen. Dort, auf der *Insula Avalona*, wirst du den matriarchalischen Zweig des Druidentums in seinem Wirken erleben, während wir von der Vaterschaft jetzt auf *Ynys Môn* und unsere eigenen drei heiligen Inseln beschränkt sind. Gefangenschaft, Arthur, ist wahrlich eine schlimme Sache, die wir im Augenblick erdulden müssen, doch vielleicht wird bald eine Zeit kommen ... « Merlin schwieg eine Weile.

»Also ...«, sprach ich ihm nach, »verkörpern Männer und Frauen die beiden universalen Gegensätze dieser Welt, und Männer müssen ... « Damit verstummte ich.

»Männer müssen von anderen derselben spirituellen Art in die männlichen Mysterien eingeweiht werden, denn dies ist die Aufgabe, die ein Mann als Doppeltgeborener hat. Doch vergiß nicht, daß wir, ebenso wie wir alle durch viele Leben als Ebenbild Gottes gehen, manchmal auch Leben als Ebenbild der Göttin, als eine Frau, führen. Alles dies ist Teil des zyklischen Planes, um sicherzustellen, daß wir mit allen Aspekten in Berührung kommen, die das Leben zu bieten hat. Die Wesenssubstanz der Seele eines Menschen hat jedoch kein Geschlecht, das AWEN kennt keine bestimmte äußere Gestalt, denn es ist Vereinigung in sich selbst – doch keine Vereinigung, die aus einer Verbindung von Gegensätzen herrührt. Eine solche wahre Einheit kann nur durch das Fortschreiten zur jenseitigen Welt erfahren werden, wo keine Gegensätze existieren. Im *Book of Pheryllt* wird dies gut durch den folgenden Ausspruch erklärt:

Das wahre Ziel spiritueller Entwicklung liegt nicht in einer Vereinigung der Gegensätze, sondern in einem Fehlen von Gegensätzen.

Wisse auch, daß selbst diese spirituellen Dinge Gesetzen gehorchen, ebenso wie physische Kräfte, beispielsweise der Wind und die Gezeiten. ›Psychische Wissenschaft‹ könntest du es nennen. Damit die konstruktive Unausgewogenheit bewahrt bleibt, inkarniert uns das *Awen* daher entweder als

Mann oder Frau, was davon abhängt, welche Hälfte des Selbst Entwicklung benötigt – doch wohlgemerkt niemals als niederes Tier, denn ist einmal die Stufe des Menschen erreicht, dann ist es unmöglich, in die tieferen Reiche von *Abred* zurückzufallen.

›Einmal-geboren als Ebenbild des Vaters‹ zu sein spiegelt gewöhnlich die Notwendigkeit von verstandesmäßiger, durchsetzungsfähiger Beherrschung der äußeren Welt wider, während ›Einmal-geboren als Ebenbild der Mutter‹ die Notwendigkeit einer passiveren, emotionalen Erfahrung der inneren Welt anzeigt. Du kannst also erkennen, daß eine doppeltgeborene Seele, die wissentlich ihre Geschlechtskraft durch oberflächliche sexuelle Vereinigung mit ihrem Gegenstück schwächt, gegen die eigentliche Natur wahren spirituellen Wachstums verstößt – ein Vergehen nicht nur gegen die Weiterentwicklung, sondern auch gegen das Selbst. Es gibt ein uraltes Gesetz, das genau diese Wahrheit proklamiert und uns durch die Priesterschaft von Atlantis überliefert wurde: *Du sollst nicht die Seele entstellen*. Begreifst du nun, was dies bedeutet?«

»Dann haben die Menschen von Atlantis dieselbe Lehre der Trennungen wie wir Druiden befolgt?« erkundigte ich mich, erfreut darüber, inmitten des Ganzen irgendeinen Zusammenhang hergestellt zu haben.

»Nur die Priesterkaste selbst«, antwortete Merlin, »... diejenigen, welche wir die ›Doppeltgeborenen‹ der Gesellschaft genannt haben.«

»Aber was ist mit den anderen«, drang ich in ihn, »die Einmal-Geborenen, die *keine* Priester sind? Diejenigen, welche die größte Anzahl ausmachen?«

»Ihre Zeit wird kommen, mit Hilfe des einen oder anderen mystischen Systems und nur dann, wenn sie dazu bereit sind, durch den ersten Schleier der Illusion zu gehen. Doch bis dahin sind sie nicht den großen Gesetzen unterworfen, von denen wir sprechen: Sie können nicht verantwortlich gemacht werden, Wahrheiten einzuhalten, die außerhalb von ihnen liegen. Doch ebenso stimmt es, daß man, wenn man einmal die Wahrheit erkennt, *an ihre Gesetze gebunden ist* ... aber nicht vorher. So lautet das Gesetz.«

»Aber in welcher Weise ist eine Person an diese Gesetze ›gebunden‹?«, fragte ich. »Haben wir nicht immer die Freiheit, das zu wählen, was wir möchten – Recht oder Unrecht?«

»Eine Seele ist durch das Gewissen gebunden, Arthur«, antwortete er nüchtern, »einem weiteren druidischen Grundsatz zufolge, der besagt: *Das Gewissen ist die Präsenz Gottes im Geiste des Menschen*. Wenn man der Wahrheit folgt, muß man sich stets gemäß dem verhalten, wovon man weiß, daß es Wahrheit ist – und nicht, was man als Wahrheit sehen möchte. Dies wird *rechtes Handeln* genannt.«

Es trat eine vorübergehende Gesprächspause ein, während Merlin seine Pfeife wieder mit irgendeinem Kraut stopfte, das er im verborgenen wachsend gefunden hatte. Irgendwo in weiter Ferne war der klagende Ruf einer Eule in die Nacht hinein zu hören.

»Wenn Wahrheit etwas Feststehendes ist«, wagte ich mich nach einer Weile vor, »warum ist dann rechtes Handeln für jeden ein Problem? Wenn richtig immer richtig und Wahrheit immer Wahrheit ist, dann scheint Handeln sich für diejenigen von uns, die nach Entwicklung streben, doch einfach daraus zu ergeben?«

»Ach ...«, seufzte Merlin, »und wie wunderbar wäre das Leben, wenn die Dinge soo einfach wären! Wie wunderbar ... und wie bedeutungslos! Leben ohne Möglichkeit der Wahl, Arthur, wäre kaum besser als ein Spiel. Wenn Wahrheit für jeden dasselbe wäre, dann würden die Dinge in der Tat einfach sein. Aber das ist sie nicht. Wahrheit ist ein Begriff und verändert sich daher mit dem einzelnen Menschen, wie sich Situationen und Hintergrund verändern. Wahrheit ist immer in einem Zusammenhang zu sehen. Etwas kann in einer Kultur ganz makellos und in einer anderen die schwerste Sünde sein. Verwechsle Wahrheit nicht mit Gesetz, auch wenn sie als dasselbe erscheinen mögen. Eine Gruppe von Menschen kann ein Gesetz machen, und durch diesen Beschluß *wird es* innerhalb ihres Stammes zu Wahrheit – doch nur zu einer vorn Menschen erdachten Wahrheit. Eine andere Gruppe wird vielleicht ein Naturgesetz anerkennen, das für die ganze Schöpfung universal gültig ist, und *das* ist dann Wahrheit – aber nicht vom Menschen geschaffene Wahrheit.

Dann gibt es natürlich auch jene ›Grauzonen‹ spiritueller Moral, die weder schwarz noch weiß sind, sondern uns daran erinnern, daß es in der Schöpfung keine absoluten Größen gibt. Mit einer Wahrheit, die sich aus den Gesetzmäßigkeiten der Natur ableitet, können wir der Absoluten Wahrheit am nächsten kommen. Deshalb haben die Druiden Kollegien gegründet, wo alles Lernen und jede Philosophie nach dem Beispiel der Naturerscheinungen aufgebaut ist: dem Zyklus der Jahreszeiten, der Wissenschaft von Licht und Regenbogen, dem Verhalten der Tiere, dem Lauf der Sterne ... wir nennen dies ›Naturphilosphie‹. Unsere Lehren stammen, wie unsere Stätten der Verehrung, nicht von der Hand des Menschen, sondern von der Hand dessen, ›Der im Jenseits weilt‹. Daher sind in den Augen jener, die doppeltgeboren sind, gewisse Lehren und Wahrheiten deutlich vor anderen bezeugt.«

Wieder herrschte langes Schweigen. Obwohl es schon spät war, konnte ich nicht an Schlaf denken. Mein Kopf war voller Worte und unbekannter Gedanken und versuchte angestrengt zu erkennen, wie ich in all dieses Gerede von ›Frauen und Druiden‹ hineinpaßte.

»Und was ist mit mir?« erkundigte ich mich unverblümt, enttäuscht darüber, daß ich meinen Platz nicht entdecken konnte. »Was ist mit Arthur, einem einfachen Lehrling? Bin ich einmal- oder doppeltgeboren? Erkenne ich Wahrheit, oder werde ich nur belehrt? Befinde ich mich in der Dunkelheit oder im Licht?«

»Du bist eine Seele der Dämmerung!« antwortete Merlin ebenfalls unverblümt. »Genauso wie ›Grauzonen‹ im spirituellen Gesetz vorkommen, so gibt es auch Menschen, die im Übergangsprozeß zwischen dein Weltlichen und dem Spirituellen sind – Menschen, die sich an der Grenze zum Wissen befinden, doch einen *Auslöser* brauchen, um sie selbständig in das Licht der Wahrheit zu schicken. Du, Arthur, stehst nun, durch rechtes Handeln während zahlloser Leben, an der Schwelle des Erwachens ... wie einer, der im Zwielicht der Dämmerung auf den Tagesanbruch wartet. Bei den Mysterienschulen heißt es häufig: ›*Wenn der Schüler bereit ist, wird der Lehrer sich zeigen*‹. Und du, mein junge, du bist bereit – wie ein Felsblock, der sich auf dem Berggipfel in der Schwebe hält, und ich bin dein ›Auslöser,, der seine Hand heben wird, um den Felsblock den Abhang hinunter in Bewegung zu setzen. Und wie ich stets erlebt habe, ist alles, was du brauchst, nichts als ein Stoß; daher weiß ich, daß du eine Seele der Dämmerung bist.«

Ich ertappte mich dabei, daß ich mir überlegte, wie einsam wohl das Leben für eine solche Person wäre. »Gibt es viele von uns?« fragte ich.

»Nicht so viele«, antwortete Merlin und begriff dann plötzlich den eigentlichen Grund für meine Frage, »... aber nach dem spirituellen Gesetz der Anziehung von Gleichem wirst du bestimmt viele andere von ähnlicher Stellung anziehen. Ja, die Welt der Magie, der höheren Wissenschaft, ist häufig eine einsame – besonders in Zeiten der Verfolgung wie heute –, aber genau aus diesem Grunde existieren Bruderschaften, geistige Orden wie die Druiden. «

»Wie werde ich eine ›Seele der Dämmerung‹, wenn ich einer begegne, unter so vielen gewöhnlichen Menschen erkennen?« fragte ich. »Gibt es bestimmte Zeichen, die es verraten?«

»Die gibt es«, erklärte er. »Jene Menschen, die dem Erwachen am nächsten stehen, sind häufig die ruhelosesten in der Gesellschaft, am wenigsten etabliert und am meisten mißverstanden. Bezeichnend für sie ist, daß sie Gesetze als wertlos für sich ansehen, da sie bemüht sind, ihre eigenen Gesetze aufzustellen. Es sind die Träumer und Visionäre, die danach streben mögen, durch Wort oder Tat, durch Buch oder Schwert etwas zu verkünden oder zu verbessern. Für *andere* sind sie Fanatiker, Heilige oder Verirrte, welche die Massen zu ekstatischer Vision oder sündhafter Erregung aufstacheln ... Es sind jene, die am bereitwilligsten ihren Ort wechseln, die am Rande der Gesellschaft leben, jene, die den Pfeil in der Hand halten, doch nach dem Bogen suchen. Achte auf solche Menschen, die an den Begrenzungen der Kultur rütteln, so als wollten sie aus einem Käfig entkommen. Dies geschieht nicht selbstsüchtig oder gedankenlos, sondern ihrer eigenen Ethik entsprechend, die Untiefen ihrer Welt auszudehnen. Sind sie unbeständig? Ja, das könnte man annehmen, *doch aus dem Zustand größter Unausgewogenheit geht der Zustand größter Stabilität hervor*. Denke an diese Richtlinie, denn sie wird dir den Weg zu jenen weisen, die du suchst. So weit wie jene solltest *du* aber nicht suchen. Laß mich damit aber wieder auf unser ursprüngliches Thema zurückkommen: die Reise nach Avalon.

Arthur, morgen werden wir uns in das eigentliche Zentrum weiblicher Mystik begeben, und ich möchte nicht, daß sich dein Geist von dem täuschen läßt, was du dort sehen wirst. Irre dich nicht: Dies sind außergewöhnliche Frauen auf der Entwicklungsstufe von Doppeltgeborenen, die als erhöhter Stand für sich existieren. Sie haben nicht dieselben Prioritäten wie Dorffrauen, deren größte Sorge es ist, unverheiratet oder ohne trächtigen Schoß zu bleiben! Aber – ich habe vernommen, daß viele der Jungfrauen, die in Avalon ausgebildet werden, in der Tat sehr schön sind.« Merlin neigte seinen Kopf leicht zu mir und lächelte verschmitzt. »Und du bist volle dreizehn Jahre alt ... fast ein Mann, nicht wahr? Nun, man weiß ja nie!«

Es war ganz offensichtlich, daß der Druide mich aufzog. Ich konnte spüren, wie mir das Blut ins Gesicht schoß und lächelte befangen. Weil mein Umgang mit Mädchen im Laufe der Jahre sich auf wenig mehr als zufällige Begegnungen erstreckt hatte, entging mir die wirkliche Botschaft von Merlins Worten eine Zeitlang. Doch selbst wenn dem so war – es schien sicher, daß er versuchte, mich davor zu bewahren, irgendeinen unbesonnenen oder unbewußten Fehler zu machen.

»Wer nichts mit Dornen zu tun haben möchte«, fügte er mit leichtem Lächeln hinzu, »sollte niemals versuchen, Blumen zu pflücken ... «

Das Lagerfeuer hatte sich in einen glühenden Aschehaufen verwandelt, als wir uns endlich für den Rest der Nacht niederließen. Doch ich konnte nicht schlafen. Die Atmosphäre von Verschwiegenheit, die unsere Reise umgab, in Verbindung mit Merlins warnenden Worten riefen eine Spannung in mir hervor, die Schlaf nicht überwinden konnte. Meinen Umhang fest um mich gezogen, saß ich da, bis der Himmel allmählich rosarot wurde und Merlin sich zu regen begann.

Wir ritten stetig bis zur Mitte des Vormittags, als die Hügel von Glastonbury endlich in der Ferne auftauchten. Der Boden wurde immer feuchter und sumpfiger, bis wir gezwungen waren, unsere Pferde bei einem Bauernhof zurückzulassen und zu Fuß weiterzugehen. Nachdem wir unserem Weg eine Zeitlang mühsam zwischen Torfmooren gefolgt waren, gelangten wir endlich an das Ufer des Sees von Avalon.

»Siehst du dort?« fragte Merlin, nachdem er im Gebüsch nach einer lichten Stelle gesucht hatte, »schau!« Und er wies zur Insel hinüber.

Dort, sich über den seichten See wie ein schlummernder Drache erhebend, lag der uralte Berg *Tor* von Avalon, und noch über ihm ragte der große Steinblock von Ynys *Witryn* empor: der Menhir des Tales, schwarz gegen den Himmel wie ein Fanal aus der Anderwelt. Die ganze Insel bot wirklich einen inspirierenden Anblick mit ihren grünen Hängen, auf denen sich wilde Blumen wiegten, die unterhalb davon in ein Meer von knorrigen Apfelbäumen und Steinhütten übergingen.

Dicht am Uferrand stand ein alter Apfelbaum; er war dick und vom Alter gebeugt, und von seinem tiefsten Ast hing eine große runde Silberscheibe. Merlvn nahm einen geschnitzten Holzklöppel, der in einer Höhlung des Baumes ruhte, und schlug damit dreimal auf die Scheibe. Ein tiefer gedämpfter Ton schwebte über das Wasser, und sein Echo hallte zwischen Teichkolben wider, die noch im Morgendunst verborgen waren.

Kurz darauf kam, als Antwort von der Insel, ein Nachen, der drei Frauen trug, die in lange dunkle Gewänder gekleidet waren. »Sei gesegnet, Merlin von Iona«, sagte die größte von den dreien. »Die Schwesternschaft heißt euch willkommen ... euch beide!« Und die Barke legte mit einem leicht schabenden Geräusch am Ufer an.

Nachdem viele weitere Förmlichkeiten ausgetauscht worden waren, gingen wir schließlich an Bord und stießen ab. Als ich ins Wasser schaute, stellte ich unvermutet fest, daß es überhaupt nicht tief war und man zum Steuern nur eine kurze Stange bis zum Grunde brauchte. Doch irgend etwas anderes lag über dem Wasser – etwas Ungewöhnliches, das den Blick in es hineinzuziehen schien. Ich starrte versunken auf die schilfbewachsene Weite und beobachtete, wie die Wellen große Kreise auf der Wasseroberfläche zogen – bis langsam ein Bild Gestalt anzunehmen begann. Das Gesicht einer Frau tauchte auf, ihr langes Haar zog sich wie ein Schweif hinter ihr in der Strömung, während sie ohne Bewegung neben dem Bug entlangglitt.

»Sei nicht beunruhigt, junger Druide«, sagte eine der Frauen, die zufällig mein Erstaunen bemerkt hatte, »denn was du siehst, ist nur ein Spiegelbild von Ihr, die in Erde und Woge weilt ... Die Dame vom See, Mutter von uns allen. Ihr Geist hat teil an allen Dingen hier – erfreue dich daran und sei glücklich!«

Nach wenigen Augenblicken erreichten wir das Ufer, und es wurde uns ein Weg gewiesen, der durch ein Birkenwäldchen führte und sich nach Westen in Richtung der Abtei fortsetzte. Genau am Anfang dieses Pfades gab es ein natürliches Eingangstor, einen Spalierbogen, der von dornigen Rehenranken gebildet wurde, die um zwei Apfelbäume wuchsen. Als wir darunter hindurchgingen, entdeckte ich, daß es gar keine Weinreben waren, sondern gutgepflegte Rosenstökke mit einer Fülle mattschwarzer Blüten, denen ein wunderbarer schwerer Duft entströmte. Ich machte Merlin auf sie aufmerksam.

»Oh ja ,.. die Schwarze Rose von Avalon: Symbol für die Neun Damen des Obstgartens und ihre dunklen Mysterien der Erde«, entgegnete er mit einem Nicken. »Aber weißt du, in Wirklichkeit erzählen sie nur die halbe Geschichte! Die andere Hälfte ist auf unserer eigenen Insel Anglesey zu finden – erinnerst du dich? Hast du nicht gelernt, daß man sich vor langer Zeit auf zwei Blumensymbole einigte, welche die beiden mystischen Häuser dieses Landes darstellen sollten? Denke nach!«

Und dann wußte ich, was er meinte. An den heiligsten Orten der Druideninsel hatte ich die legendäre Blaue Rose wachsen sehen: höchstes Symbol für die Priesterschaft und, wie mir gesagt wurde, für alle männlichen Mysterien in der ganzen westlichen Welt. Solche Blumen wie diese waren selten und geheim; sie wurden nur von Priestern und Priesterinnen an geweihten Stätten ihrer Orden gepflanzt – nicht viel anders, so überlegte ich, als der Apfel und die Eiche. Die Schwarze Rose von Avalon und die Blaue Rose von Anglesey ... auch sie wieder Spiegelbilder der großen universalen Zweiteilung und der Lehre von den Trennungen: Der Gott und die Göttin, beide wirkten in ihrem eigenen Bereich und nutzten damit aufs beste ihre individuelle Eigenart. *Ich lächelte vor mich hin, weil es mir endlich gelang, einige dieser Assoziationen zusammenzufügen ... und ich war stolz darauf, daß sie allmählich einen intuitiven Sinn ergaben. Oder lächelte ich, weil ich mir vorstellte, daß ich mich wie Merlin anhörte? Ich wußte es nicht genau.*

Wir folgten dem Pfad, der sich wie eine Schlange durch zahllose kleine Haine von Apfelbäumen wand, die voll von herbstlichen Früchten in allen Farben hingen. Niemals hätte ich angenommen, daß es so viele unterschiedliche Sorten gab: manche so klein und rot wie Erdbeeren, andere sehr groß und goldfarben – wie die Äpfel im griechischen Garten der Hesperiden. Wir gingen weiter, bis sich der Weg plötzlich genau am Fuße des *Tor zu* einer Gabelung lichtete. Merlin blieb an der Kreuzung stehen und schaute aufwärts zu dem riesigen, aufrecht stehenden Stein auf dem Gipfel. Er holte tief Atem und machte das Zeichen der Drei Strahlen.

»Es tut mir wirklich leid, daß ich dir keinen Ausflug auf diesen alten Berg und sein Drachenlabyrinth anbieten kann, aber dieses Land ist jetzt in der alleinigen Obhut der Mutterschaft, welche die Heiligkeit dieser Stätte an allen außer den höchsten Festtagen bewahrt – selbst gegen die Druiden –, und so sollte es auch sein! Doch irgendwann einmal werde ich dir die Geschichte darüber erzählen, als ich noch ein Junge war und durch einen Geheimgang den Weg zu den versteckten Höhlen und Schlupfwinkeln fand, die unter uns liegen ... und von meiner Begegnung mit *Gwynn Ap Nudd*, dem Hochkönig des Elfenreiches. Das, mein Junge, ist eine erzählenswerte Geschichte: Nun, ich habe mehr aus dieser einen Begegnung gelernt als von fünfzig Schullehrern zusammen!« Rasch schlug Merlin den Weg ein, der zur Abtei führte.

Ich folgte ihm zögernd und blickte oft über meine Schulter zurück, bis der Hügel außer Sichtweite war. Der spiralförmig gewundene Weg, der den *Tor* aufwärts führte, besaß eine derart magnetische Anziehung, daß ich kaum dem Drang widerstehen konnte, mich davonzustehlen und ihn zu erforschen. *»Nichts ist begehrenswerter als das Verbotene«,* fiel mir ein, und ich mußte laut darüber lachen, einem Sprichwort zum Opfer gefallen zu sein.

Bald danach begann sich die Umgebung zu verändern. Die Apfelbäume und Steingärten verschwanden und wurden durch weite Flächen gerodeter Felder ersetzt, die im Vergleich dazu sehr öde aussahen. Sie führten zu einer Ansiedlung von grob gezimmerten Holzbauten, die eng zusammengedrängt neben einer großen Kirche standen, deren Spitze von einem christlichen Kreuz gekrönt wurde. Überall um uns herum eilten geschäftig Leute in dunklen Gewändern umher, die uns rasch im Namen Christi begrüßten und uns zu einem langen, rechteckigen Gebäude führten, das ich für irgendeine Art von Versammlungshalle hielt. Doch sobald wir eingetreten waren, wurde offensichtlich, daß ich mich geirrt hatte: Es war ein Krankenhaus, und Betten mit Kranken waren in Reihen aufgestellt. Eine hochgewachsene ältere Frau mit einem strengen, doch sorgenvollen Gesicht erwartete uns an der Tür; zwei Krankenschwestern in ihrer Begleitung stellten sie als die Ehrwürdige Mutter vor, die nach uns geschickt hatte.

»Unsere Heilige Mutter sei gepriesen ... daß Ihr rechtzeitig angekommen seid«, sagte sie mit echter Anteilnahme. »Und dies ist der junge Arthur?«

Mit einem kurzen Nicken verließen die beiden Krankenschwestern den Raum. Die Äbtissin geleitete uns an einer langen Bettenreihe vorbei, wo eine Frau mit geschlossenen Augen lag, die Hände über langen Haarflechten gefaltet, die früher einmal dunkel waren und jetzt graue Strähnen zeigten. Selbst in ihrer Krankheit war diese Frau sehr schön. Ich blickte mich nach Merlin um und stellte fest, daß er langsam in einigem Abstand hinter mir gefolgt war. Dann beugte sich die Ehrwürdige Mutter sehr behutsam nieder und sagte der Frau leise etwas ins Ohr. Ihre Augen öffneten sich leicht und weiteten sich dann vor Aufregung, als sie mich dort stehen sah. Zwei Hände legten sich von hinten auf meine Schultern und drängten mich vorwärts.

»Edle Frau, möge die Gnade der Götter – oder des Einen Gottes – mit Euch sein«, sagte Merlin, der neben mich getreten war. »Das ist Arthur, den ich in Erfüllung meines Versprechens zu Euch gebracht habe. Möge Euer Leben noch ein langes sein.« Der Druide zog sich zurück und begann sich flüsternd mit der Äbtissin zu unterhalten.

»Mein Junge«, sagte die Frau mit schwacher Stimme. »Komm, setze dich hier neben mich, damit ich dich besser sehen kann.« Als ich dies tat, faßte sie kraftlos nach meiner Hand. »Ich heiße ...«, begann sie wieder, »... ich heiße Ygrainne, Tochter von Brandt. Ich ... ich habe früher einmal deine Mutter gekannt, vor langer Zeit, als wir beide jung waren.«

Zwei Tränen rollten langsam aus ihren klaren grauen Augen. Verwundert suchte ich in den hageren, vogelähnlichen Gesichtszügen nach einem verräterischen Ausdruck – doch da war nur Schmerz.

»...Und ich allein weiß, wie sehr deine ... Mutter sich wünschte, dich zum Manne heranwachsen zu sehen«, fuhr sie zwischen mühsamen Atemzügen fort, »... doch einige Dinge sollen auf dieser Welt einfach nicht sein, so wollten die Priester mich jedenfalls glauben machen.« Sie begann zu keuchen und so heftig nach Luft zu ringen, daß es schien, als hätten ihre Worte ein Ende gefunden.

»Arthur«, brachte sie schließlich nach langem Ringen hervor, »ich habe einst deiner Mutter auf ihrem Totenbett das Versprechen gegeben, daß ich dir etwas aushändigen würde, ehe meine eigenen Tage sich neigen ... und jetzt ist diese Stunde sicherlich gekommen. Hier – nimm dies entgegen, denn es gehört dir durch Geburtsrecht.«

Ihre Finger zitterten, als sie sich tastend bemühte, etwas von einer feinen Goldkette zu lösen, die sie um den Hals trug. Einen Augenblick lang zögerte sie, so als würde sie von einem alten Freund Abschied nehmen; dann streckte die Dame Ygrainne den Arm aus und legte einen Ring in meine Handfläche. Es war ein großer Ring – der Ring eines Mannes, der ganz aus Gold war. Der Reif war in Form von Zwillingsschlangen gestaltet; die Augen der einen waren aus Diamanten, die der anderen aus Rubinen. Auf der Vorderseite des Ringes war ein Abbild des Roten Drachen von Britannien eingeprägt und darüber in römischer Schmuckschrift der Buchstabe »C«. Der Ring hatte ein unverkennbar »offizielles Aussehen«, doch seine Ausführung verlieh ihm reine Schönheit und künstlerische Qualität.

»Zieh ihn an«, sagte Ygrainne in einem Flüstern, das sie sich abrang, »... bitte zieh ihn an, ich möchte ihn an deiner Hand sehen, ehe ich ... ehe ich wieder einschlafe.«

Obwohl der Ring für mich übertrieben groß war, so daß er fast komisch wirkte, ließ ich ihn auf meinen Finger gleiten und hielt ihn vor ihr hoch. Da zeigte sich, trotz allen Schmerzes, ein Lächeln auf dem Gesicht der Dame, und ich beugte mich nieder und umarmte sie leicht. Unter dem schweren Atem konnte ich spüren, wie sie leise schluchzte, und während ich sie weiter festhielt, quälte sich mein Geist mit der Frage, was hinter alldem steckte. Als ich schließlich meine Umarmung löste, lag sie mit geschlossenen Augen auf dem Bett. Darauf saß ich lange Zeit einfach da und prägte meinem Gedächtnis, ohne zu wissen warum, jede Linie und jedes Merkmal dieses schwermütigen Gesichtes ein, das nun zur

Ruhe gekommen war – und dann begann ich selbst zu weinen. Ich verstand wirklich nicht, weshalb ich mich so unglücklich fühlte, außer daß dieser eine Augenblick völlig getrennt von aller Vernunft zu existieren schien. War es lediglich meine erste echte Begegnung mit dem Tod? Wieder legte sich eine sanfte Hand auf meine Schulter.

»Wir müssen von hier fortgehen, Bärenjunges«, sagte Merlin leise, »denn ich möchte dich sehen lassen, daß es auf dieser Insel mehr als Schmerz und Kummer gibt. Komm jetzt – laß uns etwas davon anschauen!«

Ich wischte mir über die Augen und folgte dem Druiden hinaus in den hellen Sonnenschein, wo die Welt plötzlich wieder in Ordnung zu sein schien. Wir sagten jenen Lebewohl, denen wir begegneten, und schlugen einen Weg nach hinten durch die Sümpfe ein, der, wie Merlin sagte, wieder nach Avalon zurückführte.

»Dort«, so erklärte er, »kann man seltene Kräuter und Heilpflanzen bekommen, die nirgendwo anders in Britannien zu finden sind. Außerdem ... « fügte er hinzu und wies dabei auf einen hügeligen Hain von Apfelbäumen vor uns, »eine andere Sorte Obst zum Sammeln.« Wir hielten an, um an einer moosbewachsenen Stelle unter einem Baum Rast zu machen, der voller Äpfel hing.

»Pflücke nur einen für jeden von uns«, ermahnte Merlin mich, »und vergiß nicht, der Dryade, die in diesem Baume wohnt, für das Vorrecht zu danken, ihre Früchte zu essen – denn schließlich wollen wir keinen Streit mit diesem Ort!«

Und er legte sich in die Sonne, blickte durch die Äste himmelwärts und sang:

Einen Ast des Apfelbaumes von Enlain
Bringe ich, wie man sie kennt;
Zweige aus weißem Silber sind daran,
Kristallaugen mit Blüten.

Es liegt eine Insel in der Ferne
Um sie herum schimmern Seepferde,
Der beste Kurs gegen die ansteigende Brandung –
Vier Füße tragen sie.

»Dies waren zwei der fünfzig alten Vierzeiler *von Bran*«, seufzte Merlin. »Sie sollen ihm von einer geheimnisvollen Frau vorgesungen worden sein, welche die Legende als eine Priesterin von Avalon benennt! Was meinst du dazu, Arthur?«

»Oh ...«, entgegnete ich etwas ironisch, »das möchte ich gar nicht wissen – mein Verkehr mit solchen Leuten ist gering gewesen, und insgesamt scheinen mir Frauen alle ziemlich geheimnisvoll zu sein.«

Merlin lachte lauthals und meinte: »Also gut! Vielleicht kann ich für dich ein bißchen Erde von den Wurzeln dieses besonderen Baumes abschütteln; vielleicht können wir ein wenig von diesem Rätsel vertreiben. Geh dort drüben hin und klettere die Anhöhe vor uns bis oben hoch. Paß auf, daß du nicht gesehen wirst, und sag mir, was jenseits davon liegt.«

Ich kroch auf dem Bauch durch das Unterholz, bis ich oben angekommen war. Obwohl ich die Absichten des Druiden hätte vorausahnen können, wenn ich einen Augenblick darüber nachgedacht hätte, war ich nicht im geringsten darauf gefaßt, worauf meine Augen als nächstes fielen: Jenseits des Hügels waren Scharen von Frauen damit beschäftigt, allein oder in Gruppen zu arbeiten und sich allen Arten von Aufgaben zu widmen. Die meisten waren nicht mit der langen dunklen Tracht einer Priesterin bekleidet, sondern trugen statt dessen gutgeschnittene farbenfrohe Hemden – und noch andere hatten fast gar nichts an, so schien es mir jedenfalls.

»Ein schöner Anblick, nicht wahr?« rief Merlyn zu mir herüber. »Dies ist der Ort, den sie ›Jungfrauenhaus‹ nennen, wo die jungen Priesterinnen untergebracht sind, bis sie sich das Recht erwerben, in den Dienst einer älteren zu treten.

Während sie hier einquartiert sind, haben sie ein Gelübde abgelegt, ihre Keuschheit zu bewahren, bis die Göttin es anders bestimmt.« – »Ihre Keuschheit ...«, bemerkte ich, »dann ist ihre Disziplin ähnlich wie unsere eigene? Sind nicht diejenigen von uns, die bei einem Druiden als Lehrling ausgebildet werden, auf dieselbe Art und Weise gebunden?«

»Oberflächlich betrachtet, könnte es diesen Eindruck erwecken«, entgegnete der Druide, »doch wir sehen Unberührtheit im Lichte der männlichen Mysterien, die sich deutlich von denjenigen Avalons unterscheiden. Frauen absorbieren nämlich Lebensenergie, während Männer sie ausstrahlen – und aus dieser Tatsache ergibt sich der ganze Unterschied zwischen unseren Ausbildungssystemen. Eine Priesterin wird darin unterwiesen, wann und wo ihre sexuellen Qualitäten einzusetzen sind, um das *Awen* in sich aufzunehmen und in Werke der höheren Magie zu lenken, während ein Priester gelehrt wird, sein ihm angeborenes *Awen zu* bewahren und weiterzuentwickeln, bis eine Stufe erreicht ist, auf der magische Handlungen ausgeführt werden können, die für den gewöhnlichen Menschen undenkbar sind. Kurz gesagt: Das druidische System beruht darauf, Energie für späteren Gebrauch *aufzusparen,* während die Schwesternschaft die Kunst lehrt, Energie für sofortigen Gebrauch zu erwerben In diesem Unterschied spiegelt sieh erneut die zweifache Natur der Realität wider.«

»Dennoch wird Keuschheit in der einen oder anderen Form von beiden Inseln geschätzt«, betonte ich. »Sind beide daher nicht unterschiedliche Mittel zu demselben Zweck?«

»Nach dem Mädchenalter«, antwortete Merlin, »mißt eine Priesterin der Keuschheit keinerlei Bedeutung mehr bei, denn sie können nicht in die höheren Grade einer Matrone und einer Weisen Alten, zwei Bestandteilen ihres Ordens, eintreten, bevor sie diesen Zustand aufgegeben haben. In deutlichem Gegensatz dazu wird das Zölibat innerhalb des druidischen

Systems sehr gerühmt; während man es von einigen Graden nicht verlangt, wird es bei unseren vornehmsten Rängen als edle Vervollkommnung angesehen, die Zugang zu Höhen der Magie bietet, welche weniger disziplinierten Männern versagt bleiben. Dies alles ist eine Frage von Hoher gegen Niedere Magie. Nun, selbst die Christen erkennen diese Wahrheit, die den Heiligen vom bloßen Priester unterscheidet, in ihrem eigenen Orden an. Tatsächlich heißt es bei beiden Religionen, *daß spirituelle Macht von einer heiligen Lebensweise herrührt.* Man erwirbt sich nur das, was man um der Entwicklung willen aufzugeben bereit ist. ›Den Körper zu disziplinieren bedeutet, dem Geist Nahrung zu geben‹, dies wird als ›Selbstopfer‹ bezeichnet. Man könnte auch hinzufügen, daß es nicht annähernd so lohnend ist, etwas zu besitzen, als es sich zu wünschen.«

Ich durchdachte dies alles eine Zeitlang, während ich auf die fröhlichen Mädchenstimmen hinter uns lauschte – so als würde ich eine Sache gegen die andere abwägen. »Wenn also«, folgerte ich, »die Vaterschaft wie die Sonne ist und als solche Energie und Licht ausströmt, und die Mutterschaft dem Mond gleich ist und dadurch Energie und Licht von der Sonne zu ihrer eigenen Verwendung aufnimmt, verhält es sich mit den Dingen dann wirklich so einfach wie in dem Gedicht, das ich einmal in der Kindheit von einem umherziehenden Barden lernte?«

Die Sonne ist erfüllt von hellem Licht,
Das leuchtet weit und breit,
Der Mond wirft diesen Schein zurück,
Doch hat kein Licht in sich.

Möchtest du nicht lieber die Sonne sein,
Die so kühn und strahlend scheint,
Als der Mond zu sein, der nur
Mit einem fremden Lichte leuchtet?

»... Es möchte mir scheinen, daß Frauen ein leichteres Mittel zu spirituellem Wachstum als Männer haben«, fuhr ich fort, »und daß Männer, die nach höheren Zielen streben, das, was sie von Natur aus besitzen, mit größerer Bewußtheit, möglicherweise auch mit größerer Hingabe, bewahren müssen!«

Merlin schien lange Zeit über meine Worte nachzudenken, ehe er meinte: »Bestimmt ist etwas Wahres an dem, was du gesagt hast, Arthur, aber hüte dich davor, dich übermäßig in Analogien oder Abstraktionen zu verfangen. Selten ist in der Natur ein Ding jemals ›besser‹ oder ›schlechter‹ als ein anderes; die Dinge sind einfach, wie sie sind, und Werturteile laufen auf kaum mehr als die Frage hinaus, ›ob Blau nicht besser als Gelb sei‹? Laß mich schließlich noch sagen, daß du ein paar wichtige Erkenntnisse über das Wesen der Magie und die Geschlechter gewonnen hast – meine Angst, daß du dies *nicht* könntest, scheint grundlos gewesen zu sein. Aber verfalle keinem Irrtum, mein junge: Du gehst einer stürmischen Zeit entgegen, und es wird nicht weiterhin so einfach sein wie bisher, wo du als Kind unter meinem Dach gelebt hast. Du trittst nun in die letzte deiner kritischen Phasen ein, und weder du als Schüler noch ich als Lehrer können es uns leisten, irgendwelche schwerwiegenden Fehler in deiner Lebensführung zu begehen.

Anders als bei der spirituellen Anatomie des Weiblichen verändert sich bei einem doppeltgeborenen Mann, wenn er einmal an einer geschlechtlichen Vereinigung teilhat, seine psychische Grundstruktur für immer in einen weniger entwikkelten Zustand: Die Drachenlinien, durch die Energie in ihm zirkuliert, hören auf, das *Awen* in die höheren spirituellen Organe zu lenken – und bringen sie statt dessen in eine Bahn, die auf körperliche Fortpflanzung und die anderen niederen Funktionen des Tierreiches eingestellt ist. Aus genau diesem Grunde sind Kinder in magischer Hinsicht auf natürliche

Weise so begabt: Ihr innerer Anderwelt-Körper ist von Natur aus derart ausgerichtet, daß er ihre Energien zu übersinnlichen Handlungen lenkt. Wenn aber diese natürliche Ausrichtung, als Teil des üblichen gesellschaftlichen und sexuellen Rollenspiels der ›Einmal-Geborenen‹, zerstört wird, verschwinden ihre wunderbaren Fähigkeiten nach und nach völlig. Als Erwachsene vergessen diese ehemals magisch begabten Kinder dann, was Bewußtheit ist und tadeln schließlich ihre eigenen Kinder wegen überaktiver Phantasien, Einbildungen, unsichtbarer Spielgefährten und so weiter. Nur die Doppeltgeborenen entgehen diesem Kreislauf.

Arthur, ob du dich dafür entscheidest oder nicht, nach diesen druidischen Leitsätzen zu leben, wenn du erwachsen bist, kümmert mich jetzt nicht. Es ist einfach notwendig, daß ich sie dir beibringe und daß du lernst, sie rechtzeitig zu begreifen – zumindest die universalen Grundgedanken, die dahinterstehen. Es gibt sehr viel mehr, was du noch von mir lernen mußt und, ganz deutlich gesagt, mußt du dazu bereit sein, dich über die Lockungen des Fleisches in *Ahred zu* erheben und dich als reinen Kanal für die erleuchtenden Eingebungen des *Awen* von oben zu erhalten. Nur wenige andere haben eine derartige Berufung, und meine eigene Verantwortung liegt in dem Wissen, daß du einzigartig bist.«

Ich schaute zu Merlin herüber und lächelte. Er erwiderte meinen Blick mit einem Grinsen und setzte noch hinzu: »Nun ... übrigens weiß ich etwas über die Künste der Magie und des Zaubers der Priesterinnen – zumindest über eines ihrer Geheimnisse! Möchtest du es sehen?« Dann erhob er sich mit einem Gähnen, streckte sich und eilte über ein grasbewachsenes Feld auf den *Tor zu*. Im Laufschritt folgte ich ihm nach.

Etwa auf halbem Wege blieb Merlin unvermittelt stehen und beugte sich über eine Stelle mit großen Butterblumen. Als ich ihn eingeholt hatte, deutete der Druide auf ein riesiges Spinnennetz, das geschickt zwischen zwei der kräftigsten

Stengel gewebt war. Genau in seiner Mitte saß die Spinne – auf ihre eigene Art ein prächtiges Geschöpf, ganz schwarz mit einer Zeichnung von einem leuchtenderen Gelb als die Butterblumen. Und dann entdeckte ich, was sie gerade tat: Sie verschlang eine andere ihrer eigenen Art, die sie mit ihren vierfachen Greifern festhielt ... sie riß eine kleinere Version von sich selbst in Fetzen!

»Siehst du, was wir hier vor uns haben?« rief Merlin aus, »nichts Geringeres als ein einschlägiges Beispiel aus dem wahren Leben, eine kleine Gefälligkeit von Mutter Natur! Die größere Spinne ist das Weibchen, und das Männchen ist ihre Beute geworden. Warum? Weil jetzt, nachdem sie sich gepaart haben und seine Lebenskraft in ihr ist, er nur eine Bedrohung für ihre ungeborenen Jungen darstellt – und daher absorbiert sie auch ihn. Du siehst also, Arthur, es ist nicht von ungefähr, daß es dazu gekommen ist, das Weibchen als ›tödlichste der Gattung‹ zu bezeichnen!« Wieder lächelte Merlin und gab mir einen wohlwollenden Klaps auf den Rücken. Wir lachten beide über eine gutgelungene Pointe und setzten rasch unseren Weg über das Feld fort.

»Waren sie nicht schön?« fragte Merlin in Anspielung auf die Spinnen, und ich nickte. »Nicht ganz unähnlich der Gestalt und Anmut der Bewohnerinnen des Jungfrauenhauses vielleicht?« drängte er. Ich wandte mein Gesicht nach oben und gab vor, eine Wolke aufzulösen – eine Übung, die er mir einige Zeit vorher beigebracht hatte – und hatte dabei die Hoffnung, ein weiteres ernsthaftes Gespräch aufzuschieben. Doch wie gewöhnlich ließ Merlin es nicht dabei bewenden, ohne seinen Standpunkt klargemacht zu haben.

»Doch wie so viele andere schöne Dinge« fuhr er unbeirrt fort, »ist ihr lieblicher Reiz vergänglich ... nur hauttief. Nimm die bunten Kleider und die sonnengeschönte Haut fort, und stelle dir dann wieder die Frage, ob sie immer noch so schön sind – ein ziemlich grotesker Vergleich, das gebe ich zu, aber nicht ohne Bedeutung. ›Schönheit‹ in einem physischen Sinn ist in hohem Maße eine relative Illusion, denn die Bestimmung, was angenehm ist oder nicht, hängt ausschließlich von dem Betrachter ab. Durch all dies will ich dich aber nicht davon abhalten, dich an Schönheit zu erfreuen, wo auch immer du sie finden mochtest. Du solltest nicht versuchen, sie dir allein um des Besitzes willen anzueignen. Wenn du in diese Falle gerätst, dann wird ›die Schönheit‹ dich besitzen! Außerdem haben wir uns mit wichtigeren Dingen zu beschäftigen, als Phantomen nachzujagen!«

Schweigend gingen wir einen ausgetretenen Fußpfad entlang, der um die südliche Hälfte der Insel verlief. Auf diesem staubigen Weg gesellten wir uns bald zu mehreren Leuten, die in die gleiche Richtung strebten, und dann zogen viele andere an uns vorüber, die von irgendwoher zurückkehrten und mit Eimern und Kübeln voll Wasser beladen waren. Plötzlich machte der Weg eine scharfe Biegung und führte hinab in ein kleines Tal, wo vor uns eine eindrucksvolle Quelle aus einem Berg hervorsprudelte.

Es war ein geschäftiger Ort, an dem alle möglichen Leute hin und herliefen. Merlin bemerkte mit einem gewissen Respekt, daß wir am *Chalice Well* standen, dessen Wasser seit frühester Zeit wegen seiner magischen und heilenden Kräfte verehrt worden war – ein in der Tat außergewöhnliches Wasser, denn es war drachenrot. Der Druide erklärte weiter, daß die Quelle, ehe sie den gegenwärtigen Namen erhielt, wegen der Farbe des Wassers, die als symbolisch für das Blut der Erdmutter angesehen wurde, als ›Blutquell‹ bekannt gewesen sei; auch seien zahllose Wunderheilungen dort erfahren worden. Als ich mich nach dem Namen ›Chalice Well‹ erkundigte, lachte er in sich hinein und erzählte hastig etwas über die christliche Geschichte von dem Abendmahlskelch, der in die Quelle geworfen worden sei, und das rote Wasser solle seinen Ursprung im Blut Christi haben.

»Es scheint, daß die christliche Kirche stets begierig ist, die heiligen Mysterien im Sinne ihrer eigenen wegzuerklären«, fuhr Merlin fort. »Aber vermutlich entsteht nur wenig Schaden daraus – außer daß die Weisheit der Erde mit der selbsterfundenen Weisheit des Menschen verwechselt wird. Ach ... in welchen Zeiten leben wir, nicht?«

Wir blieben noch eine Weile länger an der Quelle, verzehrten die Äpfel, die ich gepflückt hatte, und tranken von dem Wasser. Dieses hatte einen seltsamen eisenähnlichen Geschmack, war jedoch kühl und erfrischender als jedes andere, das ich vorher getrunken hatte, und ließ ein merkwürdig unbestimmtes Gefühl in mir zurück.

Wir verließen den Quellort und gingen hinüber zu einer kleinen Gruppe efeubewachsener Hütten, an deren Außenwänden alles voll von Gestellen mit trocknenden Blättern und Pflanzen war. Über der Tür des einen hing ein Schild mit der einfachen Aufschrift »Kräuterhaus«, und bald kam Merlin eine Frau von drinnen entgegen. Die Kräutermeisterin war eine interessante Person: Sie war mit mehreren Schichten langer Röcke und Schals bekleidet; Hände und Gesicht waren faltig vom Alter. Ein staubiger Duft umgab sie, und als sie uns begrüßte, wehten kleine Teilchen von getrockneten Kräutern aus ihren Haaren.

Merlin schwatzte lange mit ihr über neue und alte Pflanzenkunde, über Farbstoffe aus Blättern und Gewebe, Heilkräuter und Zaubertränke, bis die Sonne schon tief am Himmel stand. Für seine Zeit und das Gespräch wurde der Druide entschädigt mit mehreren Beuteln voll Farbpülverchen und allen möglichen Kleinigkeiten sowie etwas dunklem Brot und Trockenobst, was die Kräutermeisterin freundlicherweise für uns zusammenpackte. Dann erschien eine andere Frau ... eine *Dame,* um uns zurück zum Festland zu begleiten. Doch in meiner Unwissenheit erkannte ich sie nicht.

Zuerst kam sie wie ein Schatten durch den Apfelgarten,

begleitet von vielen Mädchen, so wie wir sie beim Jungfrauenhaus gesehen hatten. Ihr Gewand war ganz in Mitternachtsblau, außer einem schwarzen Überwurf, dessen Kapuze lose um ihr Gesicht gelegt war: An einem dünnen Band trug sie in der Mitte ihrer Stirn eine Mondsichel aus Silber und Bergkristall ... und in der Hand hielt sie eine schwarze Rose.

»Mein Herr Merlin«, sagte sie mit tiefer, dunkler Stimme, »es ist lange her, seitdem Ihr uns mit Eurer Gegenwart beehrt habt«, und dabei hob sie die schwarze Rose zum Willkommensgruß.

»Jawohl, Edle Dame«, erwiderte Merlin und verneigte sich tief, »es sind tatsächlich viele Jahre vergangen.«

»O weh, verhält es sich so? Es ist also wirklich schon so lange her?« fragte sie betrübt und schüttelte den Kopf.

»Mir scheint, als könnte ich mit dem Verstreichen jedes Mondes spüren, wie die Welten – Eure und meine – sich mit den Gezeiten immer weiter voneinander entfernen. Ich fürchte, der Augenblick ist nicht mehr weit, mein Bruder, wenn ich dazu gezwungen sein werde, mich in dieser Sache um Hilfe und Rat an Eure Priesterschaft zu wenden ... zum Wohl von Avalon.«

»... Zu unser aller Wohl«, unterbrach Merlin sie. »Diese Insel ist eine letzte Zuflucht für unsere Welt der Magie – das letzte Sinnbild unseres Zeitalters, und wir werden nicht zulassen, daß daraus eine Stätte von Feuer und Blut wie in Anglesey wird. Faßt Mut, Edle Dame ... es gibt Dinge, die doch noch vollbracht werden können!«

»Ich bete darum, daß Ihr recht habt«, seufzte sie und blickte dann zu mir herüber.

»Doch laßt uns nicht unseren jungen Freund hier erschrekken.«

Merlin gab mir einen Wink mit der Hand, daß ich vortreten sollte, und sagte dann förmlich: »Edle Frau, ich habe die Ehre, Euch meinen Novizen vorzustellen, Arthur von Tintagel.

Arthur, das ist die Herrin des Obstgartens – Die Dame vom See.«

Ich machte einen weiteren Schritt vorwärts und verneigte mich dann, so wie ich es bei Merlin gesehen hatte. Die Dame zog die Kapuze von ihrem Gesicht, trat zu mir und strich mit der Hand leicht über meine Wange; dann wandte sie sich zu dem Druiden zurück und nickte langsam.

»Ja ...«, sagte sie endlich, »vielleicht gibt es doch noch Hoffnung für uns.« Sie blickte nach unten und bemerkte meinen Drachenring. »Doch wie bedauerlich, daß solche traurigen Nachrichten der Anlaß für deinen ersten Besuch bei uns waren. Es tut mir leid, daß ich dir wenig zu bieten habe, um deine Bürde zu erleichtern – außer dir zu sagen, *daß der richtige Weg mühelos zu wählen ist: Es wird derjenige sein, der* in *dir jene Wahrheiten bestätigt, die du schon immer gewußt hast.*

Erinnere dich an diesen einfachen Rat, und vielleicht dient er dazu, deinen Weg in künftigen Zeiten zu erhellen.«

Mit den beiden begleitenden Priesterinnen waren wir fünf, die den Nachen bestiegen und zum Festland übersetzten. Aus irgendeinem Grund sprach niemand während der Fahrt, bis wir am Ufer angelegt und Vorbereitungen getroffen hatten, daß unsere Wege sich wieder trennten.

»Es schmerzt mich, daß Ihr uns so bald verlassen müßt«, sagte die Dame vom See zu Merlin, »doch wie immer begleitet Euch der Segen von Avalon«, und sie machte das Zeichen der Göttin, ehe sie wieder die Barke bestieg. Wir standen am Ufer und schauten dem Boot nach, bis es fast außer Sichtweite war; da hob die Dame gegen den Horizont eine Hand und rief zurück: »Bitte wisse, daß der Tod deiner Mutter für uns alle ein schmerzlicher Verlust war ... «, und damit war sie entschwunden.

Lange Zeit starrte ich in fassungslosem Schweigen der Stimme nach, so als würde ein weiteres Wort hervorkommen und alles klären – doch es gab keine Antwort, außer dem einsamen Ruf eines Nachtvogels, der sich über dem See niederließ.

»Merlin«, flüsterte ich leise, »warum habt Ihr es mir nicht gesagt? Warum? Merlin – meine eigene Mutter?« Und in einer seltsamen Schwäche, die mir unverständlich war, sank ich zu Boden. Der Druide schwieg lange, mir schien es wie eine Ewigkeit, doch dann kam er lautlos zu mir und setzte sich neben mich.

»Ich habe es dir nicht gesagt, Bärenjunges ... «, er brach ab, »ich habe es dir nicht gesagt, weil deine Mutter, Ygrainne, es nicht wollte. Vor den Göttern bestand sie darauf, daß ich ihr einen Eid schwor, das Geheimnis zu bewahren, bis es nicht mehr bewahrt werden könnte ... und deine Mutter war eine willensstarke Frau! Ich kann keine andere Rechtfertigung als diese vorbringen, außer noch zu sagen, daß es triftige Gründe gab, warum sie die Dinge so handhaben wollte.«

Ich sah zu ihm auf, seine Augen blickten besorgt, und ich wußte genug, um keine weiteren Fragen zu stellen. Sanft hob Merlin meine Hand hoch, an der ich den Ring trug, und fuhr den Umriß des Drachen mit dem Finger nach. Dann wischte er sich rasch mit seinem Ärmel über die Stirn und stand auf.

»Als ich ungefähr in deinem Alter war«, sagte er und setzte eine heitere Miene auf, »erzählte mein Lehrer mir einmal, das beste Heilmittel gegen Melancholie sei, etwas zu lernen. Also, was würdest du von einem Ausflug halten – einem ungeplanten Abstecher zu einem der ältesten und magischsten Orte auf der ganzen Welt? « Und er beugte sich nieder und starrte mir unverwandt ins Gesicht, bis ich neugierig wurde und lächeln mußte.

»Ist ja schon gut, Merlin ...«, sagte ich, denn es gelang mir nicht, angesichts seiner Possen weiter die ›Haltung des Verratenen‹ zu mimen, »wo ist es?«

»Oh« , antwortete er gähnend, »nur einen Tagesritt von hier – der *Tanz des Riesen* ist es.« Er beobachtete, wie ich vor

Neugier große Augen bekam. »Also, mein junger Freund, was darf es denn sein? Hierbleiben, bis deine Sorgen im See ertränkt sind, oder mit mir auf ein Abenteuer gehen?«

Ich nickte ihm zu und zwang mich zu einem Lächeln. Dann kam mir plötzlich in den Sinn, wie glücklich ich mich schätzen konnte, einen Lehrer wie Merlin zu haben. Ich stand auf und schlang unbeholfen meinen Arm um seine Mitte, und gemeinsam machten wir uns auf den Weg dorthin, wo die Pferde schon ungeduldig auf uns warteten.

»Merlin, was würde ich nur tun, sollten die Götter es für richtig halten, mich von Euch zu trennen?« fragte ich, wobei mir die Worte wie ein Kloß im Hals saßen. »Selbst wenn ich ein hohes Alter erreichen sollte, könnte ich niemals hoffen, Eure Tiefe an Einsicht zu besitzen. Wirklich, Ihr seid erstaunlich für mich.«

»Erstaunlich?« Merlin lachte in sich hinein. »Ist nicht jeder Druide, der in solchen Zeiten geistig noch zurechnungsfähig ist, erstaunlich? Wer von uns, so könnte ich fragen, ist weniger bemerkenswert, wenn er verglichen mit der Blindheit von Zeiten wie diesen beurteilt wird?«

»Oh, Ihr wißt ganz genau, was ich meine«, beharrte ich. »Außerdem hörte ich einmal einen christlichen Priester sagen, daß unter den Blinden der Einäugige König sei!« Ich hatte das Zitat als Wortspiel gemeint, doch der Druide wandte sich zu mir und sah mich in vollem Ernst an.

»In der Tat«, entgegnete Merlin trocken, »inmitten der Blindheit von Zeiten wie diesen besteht das große Bedürfnis nach einem König ... «, und er warf einen auffälligen Blick in meine Richtung, »ob er nun einäugig ist oder nicht!«

Lektion 12

Die Kräuter der Enthaltsamkeit

Die drei Hauptbeschäftigungen
des menschlichen Geistes sind:
Sex, Tod und die Angst vor Zeit-Raum.

SALVADOR DALI

Das hervorstechende Thema des Romankapitels »Die Tödlichste der Gattung« beschäftigt sich mit der großen persönlichen Kraft, die durch die sorgsame Bewahrung der männlichen Sexualenergie latent vorhanden ist. Wir wollen sie als »spirituelle Enthaltsamkeit« bezeichnen. Seit langem gilt diese als wesentliches Element und Grundlage für bestimmte Formen spiritueller Entwicklung.

Mit dem folgenden Zitat möchte ich an Gedankengänge anknüpfen, die bereits in der Einführung angesprochen wurden:

> *Nur in früher Jugend und im hohen Alter besitzen wir die natürliche Fähigkeit zu großem persönlichen Okkultismus – weitgehend frei von treibenden Hormonen, die einen außer ordentlich großen Prozentsatz unseres bewußten Denkens auf Sexualität und den Überlebensinstinkt der Gattung lenken: Instinkte, welche die Menschheit im Laufe der Jahrhunderte beschönigend als Liebe in der einen oder anderen Form umschrieben hat. Doch auf einer spirituellen Ebene ist dies nur sinnliche Lust, Abhängigkeit und die Furcht vor der Unsicherheit, allein zu sein. Solche Wahrheiten haben die allen Kulturen gemeinsamen archetypischen Bilder des/der »weisen Alten« und des »erleuchteten Kindes« entstehen lassen.*
>
> C. G. Jung

Für die Druiden Britanniens war es von überragender Bedeutung, sexuelle Energie nicht zu »verschwenden«, sondern in wirksame Arbeit umzusetzen. Sie hielten an dem Grundsatz fest (der später von der römisch-katholischen Kirche übernommen und noch heute befolgt wird), daß sexuelle Disziplin ein natürlicher Weg zu spiritueller Vervollkommnung sei.

Den Körper zu disziplinieren heißt, den Geist zu nähren lautete der alte gnostische Wahlspruch, den sich viele religiöse Orden in dieser oder anderer Form über die Jahrhunderte zu eigen gemacht haben. Häufig war ein systematisches Vorgehen erforderlich, um dieses Ziel unter Schülern zu erreichen, die oftmals in der »normalen Gesellschaft« aufgewachsen sind. Isolation war ein gebräuchliches Mittel, das in Klöstern und militärischen Organisationen auch heute noch angewendet wird. Häufig wird Salpeter (Kaliumnitrat) genommen, um den Geschlechtstrieb der Männer während der Ausbildung zu mindern.

Auch das *Book of Pheryllt* versäumt es nicht, gewisse Kräuter anzuführen, die bei den druidischen *Cors* breite Verwendung als Anaphrodisiaka fanden und den Lehrlingen dabei halfen, ihren Geist entsprechend auszurichten. Es werden vier derartige Pflanzen genannt, die nachstehend in der Reihenfolge ihrer Bedeutung dargestellt sind. Bitte beachten Sie, daß diese Pflanzen als spezifisch männliche Mittel angeführt werden und sich daher annehmen läßt, daß ihre Wirkung auf die weibliche Anatomie deutlich anders ausfallen kann.

Weidenrinde

Gelbe Narzisse
(»Osterglocke«)

Diese Pflanze fand in alten Zeiten eine so breite Verwendung als Anaphrodisiakum, daß sie zur »Blume von Wales« wurde.

Weiße Seerose

(wurde bei den Griechen zu den gleichen Zwecken verwendet)

Hopfen

Um die Wirkung dieser Pflanzen zu nutzen, stellen Sie, wie in Lektion 8 beschrieben, eine Tinktur her und nehmen sie in kleinen Mengen nach Bedarf ein, bis Sie die individuell richtige Dosierung herausgefunden haben. In einem der modernen Kräuterbücher, die zu Rate gezogen wurden, wird erklärt, daß jede dieser vier Pflanzen bei sorgfältiger Anwendung »den Hormonspiegel im Blut reduziert, so daß man – wenn man dies möchte – um reinerer und höherer Ideale willen sein sexuelles Verlangen möglichst minimal halten kann«. Der *Pheryllt*-Text fügt noch hinzu, daß eine fleischlose, d. h. streng vegetarische Ernährung geistige Klarheit hervorruft und das Blut von sinnlichen Begierden reinigt. Die moderne Medizin bestätigt, daß Fleisch (vor allem rotes Fleisch) voll von verschiedenen Hormonen ist. Aus der Geschichte ist bekannt, daß viele der griechischen, ägyptischen und christlichen Weisen (wie Plato, Hermes Trismegistos und der hl. Thomas von Aquin) Enthaltsamkeit übten und vegetarisch lebten, um Erleuchtung zu finden.

Denjenigen Lesern, denen es – aus persönlichen Gründen – widerstrebt, eine wichtige Verbindung zwischen gewöhnlich praktizierter Sexualität und spiritueller Entwicklung zu sehen, steht es frei, die hier vorgeschlagenen praktischen Anwendungsmöglichkeiten außer acht zu lassen.

»... von denen jede für einander entgegengesetzte Funktionen bestimmt ist, wobei keine das Ganze ausmacht, beide jedoch dazu beitragen.«

JASON GOLDEN

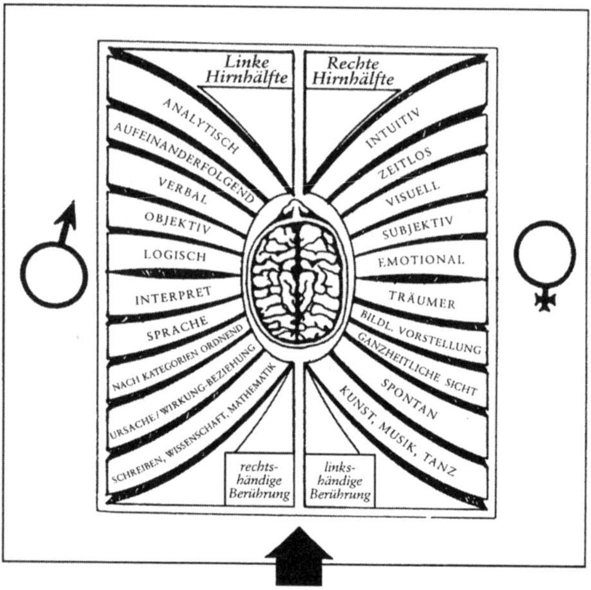

» ... von denen jede für einander entgegengesetzte Funktionen bestimmt ist, wobei keine das Ganze ausmacht, beide jedoch dazu beitragen.«

(JASON GOLDEN)

13

Widerhall von altem Gestein

Jedes Volk hat seine heiligen Zentren, Orte, an denen der Schleier nur dünn ist; diese Orte wurden mit der Weisheit der Vergangenheit gestaltet, bis dort eine machtvolle spirituelle Atmosphäre entstanden war und sich das Bewußtsein leicht den feinstofflicheren Ebenen öffnen konnte, zu denen die Boten Gottes kamen, um ihm zu begegnen.

DION FORTUNE, GLASTONBURY*

Merlin und ich wanderten in langsamem Schritt, lachend und plaudernd, als wir den Weg gen Osten zu den jenseits von Avalon liegenden Ebenen einschlugen. Die warme Herbstsonne und die offene Weite der bunten Felder hatten viel dazu beigetragen, die schmerzlichen Erinnerungen an Glastonbury auszulöschen. Wer hätte, umgeben von einer Welt summender Bienen und staubiger Straßen, an einem solchen Tag betrübt bleiben können?

Nachdem wir den ganzen Morgen scheinbar richtungslos weitergewandert waren, dehnte sich vor uns ein ödes Kalksteingebiet aus. Verschwunden waren die honigfarbenen Felder – an ihrer Stelle nun eine Erde, die untauglich schien, für reiches Leben zu sorgen. Sie erinnerte mich an Geschichten, die ich Barden hatte erzählen hören über die großen Wüstenländer weit jenseits der westlichen Meere: Ägypten und Asien mit ihren endlosen Grenzen, die sich bis zu den entfernten Re-

* Dt. Ausgabe: München 1993, S. 170.

gionen der Erde erstreckten. An diese erinnerte sie mich.

Als wir dann weitergingen, bemerkte ich jedoch, daß ich mich getäuscht hatte – das Land war nicht völlig verlassen. Aus dem grauen Boden weit vor uns am Horizont erhob sich ein riesiges rundes Bauwerk von gewaltigen Ausmaßen. Eine alte römische Straße führte uns hinab auf einen breiten Gehweg, der auf beiden Seiten mit Erdreich aufgeschüttet war und direkt auf das Bauwerk zulief. *Ich erinnere mich, daß es mir seltsam vorkam, nirgendwo einen einzigen Menschen oder ein Tier zu sehen.* Die ganze Zeit über sprach Merlin nicht; er drängte bloß vorwärts, und seine Augen waren unverwandt geradeaus gerichtet, so als wäre er magisch von etwas angelockt. Als wir dann näherkamen, stellte ich fest, daß auch ich von derselben rätselhaften Anziehung erfaßt war, und meine Neugier steigerte sich zu Verwunderung und Erstaunen.

Dann endlich konnte ich es deutlich sehen: ein riesengroßer Kreis aus viereckig behauenen Steinblöcken von bläulicher Farbe, der als äußere Begrenzung von einem runden Graben umgeben war. Der Eindruck war überwältigend, da es mit jedem Schritt mächtiger zu werden schien. In einer ziemlichen Entfernung außerhalb des Hauptkreises stand ein einzelner Menhir, der im Unterschied zu den anderen unbehauen war. Merlin ging zu ihm hinüber und stellte sich neben ihn, wobei er mir mit der Hand winkte, mich zu ihm zu gesellen.

»Auch wenn ich hier häufiger gestanden habe, als ich mich erinnern kann«, sagte er endlich, »läßt dieser Anblick unfehlbar mein Blut schneller fließen. Und deines?«

Ich nickte, und als ich einen genaueren Blick ins Innere warf, stellte ich fest, daß es sich nicht bloß um *einen* Kreis handelte, sondern in Wirklichkeit um eine Dreiergruppe, wobei ein Kreis im anderen lag. Die beiden kleineren waren unvollständig, an einem Ende offen und eher wie ein Hufeisen geformt. Doch der äußere Ring ... der war prachtvoll! Seine gewaltigen Säulen überragten mich dreimal an Größe und waren oben mit Decksteinen versehen, so daß von unten ein geschlossener Kreis sichtbar war. Als ich das Ganze betrachtete, konnte ich mir nicht vorstellen, wie irgendeine andere Rasse als ein Geschlecht von Riesen ein derart wuchtiges Werk überhaupt errichtet haben könnte – ungeachtet der Zahl der dabei beschäftigten Männer. Es schwindelte mir vor tausend Fragen. Wieder brach Merlin das Schweigen.

»Schon vor der Zeit der Sagen haben die Menschen diesem Ort viele Namen gegeben. Für die ersten Briten war er der ›riesenhafte Bau‹, für die Iren ›der Tanz des Riesen‹, für die Römer *Chorea Gigantum*, die Sachsen nennen ihn ›Ort der hängenden Steine‹ oder *Stonehange* und die Kymren STONEHENGE. Doch für die Druiden ist es seit dem Anbruch unserer Zeit, noch ehe die ›Schlacht der Bäume‹ ausgefochten wurde, der *Domh-Ringr*, die ›Urteilsstätte‹, gewesen. Denn hier haben meine Vorfahren an den hohen Festtagen Gericht abgehalten, um sich die Streitfälle ihres Volkes anzuhören und darüber zu urteilen. Du siehst also, Arthur, dieser Ort hat hier von jeher wie ein Wahrzeichen gestanden, noch bevor die Pharaonen über Ägypten zu herrschen begannen!«

»Wenn die Druiden diesen Steinkreis nicht errichtet haben«, fragte ich, »wer hat ihn dann erbaut? Wer könnte, vor so langer Zeit, über derartige technische Mittel verfügt haben?«

Merlin lächelte. »Sei nicht so vorschnell, jene für unwissend zu erklären, die vor uns kamen. Wahrhaftig ... viele Kulturen der Vergangenheit haben Fertigkeiten und Erkenntnisse besessen, die unsere eigenen vielfach übertrafen, beispielsweise die Atlanter oder die Hyperboreer, die Sumerer oder die Lemurier. Aber zu deiner Frage: Selbst wir wissen nicht genau, wer diese Stätte errichtet hat, doch die Legende behauptet, daß die Priester der *Tuatha,* selbst Nachkommen von Atlantis, sie zuerst in Irland als Tempel für ihr eigenes Volk erschufen und sie dann in einem magisch hervorgerufenen Wirbelsturm hierherbrachten, um ihre Herrschaft über das Volk von Albion zu begründen. Erst dann, nachdem dieser Ort tausend Jahre in Trümmern lag, haben unsere Vorfahren damit begonnen, in seine Geheimnisse einzudringen und sie zu erforschen ... und ich bin sicher, daß selbst heute noch viele zu enträtseln bleiben. Auf der ganzen Welt ist kein anderer Ort wie dieser bekannt.« Merlin verschränkte die Arme und setzte sich im Schatten des unbehauenen Steines nieder, neben dem wir gestanden hatten. Als ich umherschaute, packte mich bald die Neugier, und ich machte mich auf in Richtung des Kreises.

»Nein!« fuhr Merlin mich an und richtete sich kerzengerade auf. »Es ist töricht, den großen Ring unvorbereitet zu betreten!« Dann kam er zu mir herüber und führte mich zurück, damit ich mich neben ihn setzte. »Wir werden hier warten und reden, bis die richtige Stunde zum Betreten naht«, sagte er wieder ruhig, »denn du mußt noch viel lernen, bevor du deinen Fuß auf diesen heiligen Boden setzen darfst.«

Das Tageslicht nahm rasch ab, und ich vermutete, daß Merlin auf den Einbruch der Dunkelheit wartete, um Stonehenge zu betreten. »Suche dir eine bequeme Stelle, um dir ein Lager für die Nacht zu bereiten‹ schlug er vor, »damit wir anfangen können, von der Überlieferung dieses Ortes und auch über den Zweck unseres Hierseins zu sprechen.« Ich begann damit, eine Stelle für mich zu säubern und sammelte bei dieser Gelegenheit einen kleinen Stoß Reisig für ein Abendfeuer.

»Nein, bemühe dich nicht«, sagte der Druide, als er dies bemerkte, »denn außer an einem hohen Festtag ist es verboten, innerhalb oder außerhalb des Kreises irgendein Feuer zu entzünden. Wir brauchen uns auch nicht damit zu beschäftigen, Essen zu kochen, denn von der Abend- bis zur Morgendämmerung muß gefastet werden, damit Körper und Geist sich darauf vorbereiten können, beim ersten Tageslicht den *Domh Ringr* zu betreten.« Merlin lief umher, überlegte und redete im Flüsterton. »Ja ... wir werden die Schwelle der Morgendämmerung benutzen ... den Ritus des Portals ... das ist der richtige! – Dies ist immer die Methode gewesen, und so ist sie auch heute noch ... « Dann nahm er seinen früheren Platz unter dem Stein wieder ein und kramte in einem Lederbeutel auf der Suche nach etwas.

Wir erlebten einen vollkommenen Sonnenuntergang. An die Stelle, wo wir saßen, sandte die Sonne lange rote Lichtstrahlen zwischen den Steinen hindurch, die jetzt im Schatten der Abenddämmerung fast schwarz aussahen. Bald waren wir von den Nachtgeräuschen der Ebene umgeben, und die mächtige Silhouette, die wie auf Pfählen vor dem Sternenhimmel stand, ließ uns daneben wie Zwerge erscheinen.

»Auch wenn es verboten ist, hier eine Feuerstelle zu errichten«, sagte Merlin, »werden mir die Götter vielleicht diesen kleinen Frevel vergeben!« Dabei rieb er seine Pfeife an einem Feuerstein, bis graublaue Rauchwolken aufstiegen.

»Erzählt mir also von diesem Ort«, bat ich ihn, »denn niemals zuvor habe ich eine derart überwältigende Fremdheit empfunden ... so etwas wie Ehrfurcht oder heilige Scheu. Ich bin mir nicht sicher, ob ich ihn mag.«

»Ja, freilich«, bestätigte der Druide mit einem Nicken, »dies ist als ein beunruhigender Ort bekannt – und zwar so sehr, daß das gewöhnliche Volk diese Gegend völlig meidet; sie glauben, daß es hier spukt, oder zumindest machen die christlichen Priester ihnen das weis. Doch wie ich schon gesagt habe, an den hohen Festtagen, vor allem zur Sommer- und Wintersonnwende, strömen die Volksstämme hier in großer Anzahl zusammen, um weiterhin die Sakramente der Erde mit ihren eigenen Priestern zu feiern. Du siehst also, die verborgenen Gezeiten, die im Blut des Menschen strömen, lassen sich nicht so ohne weiteres unterdrücken.« Er seufzte und ließ dann einen vollkommenen Rauchring hochschweben.

»Laß mich dir etwas von der Überlieferung dieses Platzes erzählen. Seit dem Beginn der menschlichen Zivilisation sind unzählige Kulturen auf der Erde entstanden und wieder zerfallen, von denen viele in mancher Hinsicht bedeutender als unsere eigene waren. Die Hyperboreer sind ein solches Volk gewesen. Nach der Legende sollen sie auf der anderen Seite der westlichen Meere auf einer Insel gelebt haben, die jetzt Irland heißt. Sie waren eine stolze Rasse, Nachkommen der Überlebenden des untergegangenen Königreiches von Atlantis, und sie waren auch ein magisches Volk. Tausend Jahre lebten sie in Harmonie miteinander und mit ihrer Umwelt, und sie waren damit zufrieden, sich von einer Priesterschaft regieren zu lassen, die ähnliche Erkenntnisse hatte wie wir. Doch wie schon das Mutterland zuvor, wurden die Hyperboreer mit der Zeit durch Habgier verdorben und versuchten, ihre Mitmenschen geistig und willensmäßig zu unterjochen – und die Priester hatten nicht die Macht, dies zu verhindern.

Als die Priester und Weisen des Landes dies erkannten, trafen sie sich insgeheim, um einen Plan zu ersinnen; denn diese Männer wußten – was die Hüter der Magie in allen Kulturen stets gewußt haben –, daß die irdische Existenz sich in den Sternenreichen der Anderwelt, an den Grenzen zum Jenseits, spiegelt. Sie wußten, daß an jenem Ort keine Kultur jemals vergeht oder dem Vergessen anheimfällt Als daher das Ende absehbar war, rief der Hochpriester namens Bladud einen großen Rat der Magier aus allen Teilen des Landes der Hyperboreer zusammen. In dem Bestreben, die edelsten Reste ihrer Kultur und Religion zu bewahren, wählten die Eingeweihten als Treffpunkt ebendiese Insel, um der Verfolgung von Seiten ihrer eigenen Regierung zu entgehen.

In den folgenden neun Tagen und Nächten wandten sie dann ihre Künste an und legten einen Zauber über das Land, so daß die geistige Essenz ihrer Welt und ihrer Bräuche in der Erde unter ihren Füßen vergraben war. Als sie dies vollendet hatten, war der spirituelle Mittelpunkt ihrer Kultur an jener Stelle verankert – und das ist diese Stelle hier –, und es wurde ein Monument errichtet, um für alle Zeiten den Durchgang zwischen den beiden Welten zu markieren – und das ist dieses Monument hier! Und hier steht das Eingangstor bis zum heutigen Tag.

So, Arthur, erzählt man sich den Anfang von Stonehenge. Doch glaube nicht, daß ein solches Geschehen wie an dieser Stätte einmalig ist, denn viele Kulturen haben es ebenso gehalten – und die übrigen sind trotzdem noch in den Sternenmeeren bewahrt. Auf diese Weise gehen Rassen niemals unter, sondern statt dessen zu einer anderen Existenzebene weiter, wo sie in Sicherheit und für immer dem zugänglich sind, der die alten Schlüssel zur Weisheit besitzt. Für jede Kultur, die auf diese Weise erhalten bleibt, gibt es nur einen einzigen Zugang, der gewöhnlich durch ein Bauwerk wie Stonehenge markiert wird ... doch selten so großartig! Die Große Pyramide in Ägypten ist eines, das Orakel von Delphi in Griechenland ein anderes und so weiter. Es gibt viele. Nun, ich habe allen Grund zu der Annahme, selbst das heutige Land Britannien dazu ausersehen ist, sich dieser Reihe in nicht allzu langer Zeit anzuschließen. Es sind schon Ratsversammlungen zu diesem Zweck einberufen worden, und eine weitere in Avalon steht noch bevor. Dies ist ein Mittel zum Überleben und – wenn auch betrüblich – ein wichtiges Werkzeug, um die herannahende Flut des Christentums daran zu hindern, die Weisheit der Vergangenheit völlig versinken zu lassen.«

Nach diesen Worten sah Merlin erschöpft und mutlos aus. Es war nicht das erste Mal, daß er mit einer solchen Offenheit von der Endzeit des Druidentums gesprochen hatte – und wieder hatte ich das deutliche Gefühl, daß dies Teil eines weitaus größeren Planes war, von dem ich nichts wußte ...

und worüber zu sprechen Merlin sich weigerte.

»Sei nicht allzusehr wegen meiner düsteren Äußerungen beunruhigt«, sagte Merlin, richtete sich auf und zündete seine Pfeife wieder an, »denn ich habe auch gesehen, daß die glänzendsten Tage, die Britannien jemals erleben wird, noch kommen werden – bevor ein solcher Übergang in die Nachwelt stattfindet. Du und ich, Arthur, werden diese Jahre noch erleben. Was meinst du dazu?«

»Aber woher könnt Ihr das so sicher wissen?« war alles, was zu sagen mir einfiel.

»Niemand – und ich bestimmt nicht – kann mit Recht beanspruchen, etwas sicher über die Zukunft zu wissen«, erwiderte er kurz angebunden. »Doch das Schicksal hat trotzdem seine eigenen Strömungen und Richtungen, und diejenigen, die *Das Gesicht* haben, können gewiß darin eingeweiht sein. Das Gesicht gewährt uns einen kurzen Einblick in unsere Bestimmung hinter dem höheren Plan der Dinge sowie auch die Kenntnis unserer Vergangenheit, aus der die Gegenwart zu verstehen ist – um dadurch die Wurzeln unseres Schicksals in der Zukunft zu entdecken. Ohne Das Gesicht, Arthur, ist ein Magier nichts weiter als ein verschrobener Sonderling. Ich selbst glaube, was die alten Mystiker behaupteten, daß ein Magier als solcher geboren wird, aus dem Schoß seiner Mutter hervorkommt, jene aber, die sich diese Funktion *anmaßen,* unglücklich sein werden.«

Merlins Worte wurden mit solcher Entschiedenheit ausgesprochen, daß ich an keinem von ihnen zweifelte.

»Jetzt aber«, fuhr er fort, »müssen wir wirklich wieder auf das Naheliegende zurückkommen, nämlich: die Hintergründe, weshalb wir hier sind. Eines Tages werde ich dich zu unserem heiligen Schrein auf lona mitnehmen, wo die Smaragdene Tafel zu sehen ist, auf der die Geschichten verzeichnet sind, von denen wir gesprochen haben. Diese Tafel ist von vielen bedeutenden Kulturell vor uns in die Obhut der Druiden gelangt; sie alle verwandten deren Ideen und magische Mittel darauf, ihr eigentliches Selbst am Ende zu bewahren. Nun liegt die Verantwortung bei uns, diese Reliquie weiterzugeben, sobald wir unser eigenes Eingangstor errichtet haben ... unsere eigene Zuflucht in der Anderwelt, inmitten der Nebel einer wachsenden Dunkelheit.«

Einen Augenblick lang wurde meine Aufmerksamkeit von einem großen Vogel abgelenkt, wahrscheinlich einer Eule, die lautlos aus der Nacht geflogen kam und sich auf einem der weiter entfernten Steine niederließ.

»Aber was ist dieses Eingangstor in die Anderwelt, das, wie Ihr sagt, die Druiden bauen werden?« fragte ich und äugte immer noch nach den Umrissen des Vogels vor dem fahlen Himmel. »Was wird es sein ... und wo? Wird es hier sein?«

»Das weiß noch niemand«, entgegnete Merlin geheimnisvoll, »und es wird auch keiner wissen, bis der Tag kommt. Es stimmt allerdings, dieser Ort wäre keine unpassende Wahl, denn die Druiden sind seit dem *Câd Goddeu* – und sogar noch vorher – die selbsternannten Hüter von Stonehenge geblieben, und vor uns waren es andere, wie ich erzählt habe. Das Monument selbst ist auch nicht immer so gewesen, wie du es jetzt erblickst. Diese alten Steine sind von verschiedenen Völkern zu wechselnden Bauformen errichtet Lind wieder anders aufgestellt, umgestoßen und geschleift worden. Ja, selbst die römischen Legionen machten einen Versuch, den Kreis zu verstümmeln, doch vergeblich! Der *Henge* wird immer dastehen, ob in materieller oder geistiger Form, und sein Eingangsportal zwischen den Welten markieren – es wird immer bereitstehen, um die Sonne des Mittsommers wieder zu begrüßen.«

»Und was ist mit der Sonne des morgigen Tages?« fragte ich ungeduldig, denn ich war zu sehr auf meine eigenen Abenteuer gespannt, um noch weiterer Historie zu lauschen.

»Geduld«, bemerkte Merlin mit dumpfer Stimme, »ist eine Tugend, die es durchaus wert ist, daß man sie ausbildet. Wie kannst du von mir erwarten, dein *Caer Sidis,* dein ›Haus des Wissens‹ zu erbauen, ohne überhaupt irgendwelche Fundamente zu legen?« Der Druide erhob sich und begann dann langsam hin und her zu schreiten. Es hatte den Anschein, als wolle er entscheiden, wie dem ganzen Gespräch eine andere Wendung zu geben sei.

»Oh ja ... wahrscheinlich ist deine Haltung ganz verständlich«, sagte er endlich, während er immer noch umherging, »doch es gibt manche Dinge, über die du mich ganz einfach ausreden lassen mußt. Nimm zum Beispiel diesen Menhir«, und dabei schlug er leicht gegen die große Steinsäule, neben der wir lagerten. »Er wird *Heffyn*-Stein genannt und stammt aus früher Vorzeit; er ist der erste Markierstein, der auf dieser Ebene errichtet wurde. Unzählige Zeitalter hat er hier allein gestanden, bis dieser Ring neben ihm als ›Markierungspunkt‹ angelegt wurde. Wenn man hier in der Mitte des Kreises steht, kann man genau voraussagen, wann die Sonne am längsten Tag über dem *Heffyn-Stein* aufgehen wird – und damit die ›Drei Erleuchtungen von *Awen*‹ wieder auf die Welt fallen läßt. Wir Druiden haben ein Begrüßungsritual, das in feierlicher Tradition bei der Sommersonnwende begangen wird, und im nächsten fahr werden du und ich daran teilnehmen.« Bei diesen Worten versetzte Merlin dem Stein nochmals einen Klaps, so als würde er einen alten Freund tätscheln, und setzte sich dann schwerfällig nieder.

»Ah, bin ich aber müde ...«, meinte er gähnend und blickte zum Mond hoch. »Siehst du dort oben, Arthur? Ja – selbst die Bewegungen des Mondes sind, ebenso wie die Jahreszeiten der Sonne, hier in diesen Steinen eingefangen worden. Wo werden sie an den kürzesten oder längsten Tagen aufgehen oder untergehen, oder dann, wenn Tag und Nacht von gleicher Länge sind? Wenn man weiß, durch welchen *Trilith* man schauen muß, kann man dies alles sehen ... « Merlin schloß die Augen, als würde er träumen, doch er rezitierte im Flüsterton:

Ich bin ein WIND des Meeres
Ich bin eine WOGE des Meeres
Ich bin ein RAUSCHEN des Meeres ...

Ich bin ein HIRSCH mit sieben Enden des Geweihs
Ich bin ein FALKE auf einer Felsklippe
Ich bin ein TROPFEN aus der Sonne ...

Ich bin die Schönste unter den BLUMEN
Ich bin ein wilder EBER von Furchtlosigkeit
Ich bin ein SALM in einem Teich ...

Ich bin ein SEE in einer Ebene
Ich bin ein BERG der Poesie
Ich bin eine SPEERSPITZE im Kampf ...

Ich bin ein Gott, der Feuer im Kopf entzündet!

Wer außer MIR kann die Geheimnisse
des unbehauenen Dolmen enthüllen?
Wer außer MIR kann die Zeitalter
des Mondes verkünden?
Wer außer MIR kann den verborgenen Ruheplatz
der Sonne zeigen?

Und dann war er eingeschlafen. Als ich die Augen schloß, sah ich eine Fülle von Erinnerungen und Bildern vor mir, die, so wußte ich, von der alten und kraftvollen Anrufung herrührten, die Merlin gerade ausgesprochen hatte.

Dann fiel mir die Sage von dem griechischen Weisen Diodorus ein, der vor langer Zeit die Küsten Britanniens besucht und bei der Rückkehr in sein eigenes Land die Geschichte von einem großen »kreisförmigen Tempel für den Sonnengott« mitgebracht hatte, und ich fragte mich, ob wir uns nicht genau an dieser Stelle befanden. All die langen Jahre über hatte dieser Ort bestanden – was er gesehen, welche Menschen er erlebt haben mußte! Halb träumend erschien es mir, als würde ich in meinen verborgensten Gedanken eine Stimme vernehmen:

»... am Morgen mußt du den Fluten von Raum und Zeit entgegentreten, um für dich jene Herrlichkeiten zu erblicken, die ihren Glanz nicht mehr auf das Antlitz der Erde werfen – Herrlichkeiten jedoch, die immer noch überall weilen. Die Götter Hyperions werden abermals bei der Morgendämmerung lebendig sein!«

Noch viele andere fremde Gedanken kamen mir in diesen wenigen letzten Stunden vor dem Morgengrauen in den Sinn, doch Schlaf gehörte nicht dazu. Selbst mit geschlossenen Augen beherrschten das Bild und die Präsenz der Großen Steine jeden wachen Augenblick ... wie ein ungeheuer großes, vor Energie pulsierendes Lebewesen, das Beachtung verlangte. Wie sehr wünschte ich mir, die Steine würden Stimmen haben, um von ihren stummen Jahren der Weisheit zu erzählen – an diesem Ort, einem Eingangstor zu dem Erbe so vieler Kulturen. Dann kam mir eine wagemutige Idee.

Als einen Eckpfeiler in meiner Lehrlingsausbildung hatte Merlin mir die Fertigkeit von *Llundar* oder »stilles Lesen« beigebracht; diese beinhaltete, in einen leichten Versenkungszustand einzutreten und geistig mit dem Objekt zu verschmelzen, um einen Bericht seiner Vergangenheit zu erhalten. Eigentlich war dies nichts anderes, als die darin gespeicherte Energie in sich aufzunehmen ... und ich war ein ausgezeichneter Schüler gewesen! Wäre dies nicht dasselbe, wie den Steinen eine Stimme zu geben? Die Idee reizte mich. Und wie aufgeregt würde erst Merlin sein, wenn ich *ihm* das eine oder andere von dem alten Wissen dieses Platzes berichten konnte!

Damit war es eine beschlossene Sache. Mit langsamen, vorsichtigen Bewegungen erhob ich mich und spähte hinüber zu dem schlafenden Druiden, der sich die ganze Zeit über nicht gerührt hatte. Da ich gewahrte, daß die Dämmerung nicht mehr fern sein konnte, stahl ich mich lautlos hinüber zu dem Hauptweg und zwischen den beiden Eingangspfeilern hindurch, die sich wie augenlose Wachtposten zu beiden Seiten erhoben. Nach ungefähr weiteren zwanzig Schrittlängen war ich an einen Punkt unmittelbar außerhalb des äußeren Kreises gelangt.

Das Blut pochte mir wild in den Adern, als ich dastand und hinein auf einen einzelnen umgestürzten Steinblock in der Mitte starrte – ein Altar, wie ich annahm. Als ich umherschaute, wurde es offenkundig, daß viele der riesigen Steinsäulen im Laufe der Zeit tatsächlich umgestürzt waren und in verschiedenen Positionen im Innern verstreut lagen. Ob vollständig oder nicht, der Kreis ragte immer noch schaudererregend und ehrfurchtsvolle Furcht einflößend, die kein Grad an Selbstbeherrschung zu beeinflussen vermochte, vor dem Himmel empor. Beunruhigt von dieser düsteren Präsenz, zwang ich mich, die Augen zu schließen und – streckte unsicher die Hand aus, um die eiskalte Oberfläche des Steines zu berühren.

Endlose Minuten lang versuchte ich dann erfolglos, meinen Atem zu besänftigen, damit er so tief Lind regelmäßig wurde, wie es für die Aufnahme notwendig war. Schließlich, als ich schon müde und erschöpft wurde, legte sich die Ruhe des Versenkungszustandes über mich, und das innerste Wesen des Steines wurde mir bewußt.

Jäh und heftig brachen blendende Farbexplosionen aus der Dunkelheit in mir hervor ... Regenbogen aus Licht ließen

Visionen über Visionen entstehen, deren Zahl immer weiter zunahm, bis ich spüren konnte, wie die Grenzen der Realität wegglitten. Ich kämpfte verzweifelt darum, meine Hand von dem Stein zu lösen, um die Verbindung zu unterbrechen – doch es war vergeblich. Ich hatte keinerlei Gefühl meines physischen Körpers mehr. Eine letzte Vision überkam mich: ein ohrenbetäubender Schall von Hörnern hallte wild zwischen den Dolmen wider, und ein Meer von bunten Bannern wehte in der Luft, während Menschen jubelten und riefen.

Und dann war alles verschwunden ... Dunkelheit und Schweigen drangen schwer in mich ein – und ich fühlte, wie ich zu Boden stürzte.

»Dummer, dummer Junge!« schalt Merlin, während er sich mit besorgtem Gesicht über mich beugte, »zu glauben, daß' dein uneingeweihter Geist die Wunder der alten Welt festhalten könnte ... ich dachte, bessere Arbeit bei deiner Unterweisung geleistet zu haben als dies. Kannst du mich hören?«

Ich konnte ihn gut hören, doch es dauerte eine Zeit, bevor ich genügend Kraft sammeln konnte, um ihm zu antworten. Ich fühlte mich unglaublich schwach; mein Kopf drehte sich, so als hätte ich zu lange in der heißen Sonne gelegen. Nach einer Weile setzte ich mich auf und trank in tiefen Zügen von dem Wasser, das wir von der Blutquelle in Avalon mitgenommen hatten; es war ihm noch etwas Helmkraut hinzugefügt worden, wie ich am Geruch erkannte. Bald durchströmte mich die Kraft des heiligen Wassers, und ich sah mich um.

Die Sonne stand hoch am Himmel, es ging auf Mittag zu; flimmernde Hitze hatte schon begonnen, sich über die Niederungen zu legen, und erfüllte die Herbstluft mit einem schweren Duft nach Blüten. Als ich endlich allen Mut zusammennahm, um zu fragen, was geschehen sei, machte der Druide eine knappe Geste in Richtung des *Henge* und nahm dann seine Beschäftigung wieder auf. Doch sobald meine Augen nochmals auf jenen Riesenbau fielen, strömten die Erinnerungen an die Nacht so rasch zurück, daß ich augenblicklich wußte, was geschehen war.

»Du hast etwas sehr Unbesonnenes getan, junger Mann«, sagte Merlin ernst. »Wärest du noch etwas tiefer in dann hätten dich nicht einmal meine Künste und Heilkräuter wieder zurückholen können. Du hättest durchaus sterben können. Und dann – wäre dies nicht ein toller Streich gewesen – hätten nicht *wir die Götter* bei Tagesanbruch angerufen, sondern *ich* hätte statt dessen das Vergnügen gehabt, den ganzen Tag über zu versuchen, *dich* aus der Anderwelt zurückzurufen!« Er warf mir ein freundlichspöttisches Lächeln zu und bot mir dann nochmals den Wasserkrug an.

»Aber in Anbetracht dessen, daß die Götter es für richtig hielten, dich zu verschonen, wäre es jetzt kaum angebracht, mit einer Moralpredigt über druidische Verantwortung zu beginnen, oder? Aber bitte, Arthur – bitte unterlasse es, noch irgendwelche weiteren Experimente ohne meinen Rat auszuprobieren ... wenigstens auf dieser Reise.« Ich nickte sofort und war insgeheim dankbar dafür, daß mir die Qual einer Moralpredigt erspart worden war, von der ich wußte, daß ich sie verdiente.

»Nun aber zurück an die Arbeit«, sagte Merlin und half mir auf die Beine. »Du Faulpelz, der Tag ist fast verschlafen! Wir müssen die Zeit gut nutzen, wenn wir retten wollen, was noch davon übrig ist. Komm hier herüber.«

Bei hellem Tageslicht wirkte Stonehenge noch weitaus massiver als während des Halbdunkels in der vorigen Nacht. Wieder gab es kein Anzeichen für irgendein Lebewesen in Sichtweite. Ich fragte mich, ob nicht vielleicht die großen Steine ihr Hoheitsgebiet mit einem unsichtbaren Kraftfeld schützten ... und daß dies der eigentliche Grund für die feindliche Reaktion gewesen sein könnte, die ich inmitten von ihnen erfahren hatte. Als wir durch die beiden Wächtersteine gingen, achtete ich besonders darauf, ihre kalte Berührung zu vermeiden. An dem Ring aus Erdreich schlüpfte ich hinter Merlin vorbei, der schon bei dem Altarstein in der Mitte angelangt war, in den inneren Kreis hinein. Es gab einen kleineren Kreis aus gesprenkelten *Bluestones* (jeder etwa in meiner Größe) gerade innerhalb der Riesensteine und noch einen zweiten Halbkreis von ihnen, der weiter innen lag. Doch dazwischen ... zwischen diesen beiden befanden sich fünf der größten und gewaltigsten aller Denkmale aus zwei aufrechten Lind einem quer darübergelegten Stein: fünf vollkommene *Trilithen*, in Hufeisenform um den Zentralstem angeordnet ... Riesen inmitten von Riesen! Ich ging hinüber zu Merlin und stellte mich neben ihn.

»Wir stehen hier«, sprach er mit einer Stimme voller Autorität, »an einer Schwelle zwischen den Ebenen ... zu einer Zeit, die keine Zeit ist, an einem Ort, der kein Ort ist, an einem Tag, der kein Tag ist ... zwischen den Welten und jenseits von ihnen! Und doch sind wir hier. Wir, die wir dieses heilige Zentrum einnehmen, sind eins mit vielen Göttern, die nur Gesichter des Einen Gottes sind – und wir beanspruchen das Recht für diesen einen Augenblick außerhalb der Zeit, selbst Götter zu sein. Ehrt uns mit Eurer Gegenwart ... zeigt uns Eure Macht!«

Merlin wandte sein Gesicht zum Himmel, und ein leichter Wind begann zu wehen. Als die Zeit verstrich, wurde der klare Himmel langsam von grauen Wolken verdunkelt; bald waren überhaupt keine Sonnenstrahlen mehr zu sehen. Da hob der Druide seine Hände hoch und zog mehrere magische Symbole vor sich in die Luft. Sogleich hörte der Wind auf, und eine gespannte Stille senkte sich über das Innere des Kreises.

»Arthur!« flüsterte er mit rauher Stimme, »mache es so wie ich! Hilf mir, einen Durchgang von dieser Welt in die nächste zu errichten. Wir müssen die Regenbogenbrücke aussenden ... die *Leiter Fionns*, damit die Älteren ihren Tempel wieder betreten können. Lausche ... hörst du es nicht? Sie klopfen an die ›Dritte Tür‹, während wir noch sprechen.«

Dann begann Merlin mit einer seltsamen Rezitation. Sie war tief und gleichförmig, ohne Anfang und Ende. Sie war melodisch und war es doch nicht ... ich erkannte die Töne als die drei heiligen Laute der Schöpfung: I-A-O. Dann begriff ich, daß es sich um einen Liedzauber handelte! Sogleich stimmte ich ein, und die Steine um uns herum schienen davon widerzuhallen und zu vibrieren, bis wir beide in die magische Spannung eingeschlossen waren. Und dann war der Augenblick geboren.

»Still!« befahl Merlin, und dreimal sprach er die zweite der großen Zauberformeln des Wirkens:

Anail Nathrock
Uthvass Bethudd
Dochiel Dienve

Als er seine Hände nach unten führte, war der Schleier zwischen den Welten zerrissen, und ein heller Lichtstrahl senkte sich auf den Altar herab. Weit in der Ferne hinter den Wolken war Donnergrollen zu hören. Dann traten nacheinander fünf strahlende Wesenheiten aus dem Stein hervor, und jede von ihnen stellte sich vor einen der fünf *Trilithen*. Sogleich wich der Lichtstrahl in den Himmel zurück, und wir waren allein mit ihnen.

In der Geste der Unterwerfung eines Priesters vor seinen Göttern lag Merlin einen Augenblick lang ausgestreckt mit dem Gesicht nach unten auf der Erde, erhob sich dann und verneigte sich wieder. Die Wesenheiten bestätigten die Geste mit einem Kopfnicken.

»Ihr ehrt uns über alle Maßen mit Eurer Präsenz«, sagte er. »Ich habe Eure Gnade nicht um meinetwillen, sondern für ihn erfleht, dessen Geburt Ihr selbst mir in einem Traum vorausgesagt habt.« Merlin ergriff meine rechte Hand fest unter dem Gelenk und hielt sie in einer solchen Weise hoch, daß der Drachenring deutlich sichtbar war. »Meine Gottheiten, seht hierher und wißt, daß Arthur von Britannien vor Euch steht.«

Die Geistwesen wechselten wortlose Blicke miteinander und richteten ihre Augen dann wieder auf mich. In meiner Sicht wirkten sie alle fern und schön, licht und fast formlos wie Nebel oder Wolken. Darin bewegte sich das vor dem *Trilith* am weitesten links stehende Wesen vorwärts und begann dabei eine stoffliche Gestalt anzunehmen. Das Abbild einer jungen weißgekleideten Frau erschien, die überall mit bunten Blumen geschmückt war. Sie hatte langes goldfarbenes Haar, und auf ihrem Arm saß ein weißer Rabe mit glattem Gefieder.

»In dieser Gestalt bin ich als *Branwen* bekannt«, verkündete sie sanft mit einer jungen melodischen Stimme, »Jungfrau-Prinzessin des zunehmenden Mondes – von Geburt, Wachstum und allem, das rein bleibt, bis seine Zeit gekommen ist. Vielleicht kennst du mich besser als Schwester von Bran dem Gesegneten, obwohl mich die Zeitalter in vielen Gestalten gesehen haben; manche Völker haben mich ›Tochter des Lachens und Lebens‹ genannt! Anu, Jarah, Aphrodite haben sie mich gerufen, Al-Lat, Venus, Ishtar ... Jyotsna, Artemis, Blodeuwedd und Dianna – wie viele mehr sind es noch gewesen? Wie viele Blüten auf einem Feld?« Und sie schritt zurück vor den Stein. Dann trat ein zweites Wesen vor und nahm die angenehme Gestalt einer weiteren Frau an, die jedoch von ganz anderer Statur als die erste war. Sie sah würdevoll und stolz aus – eher stattlich als schön – und war mit einem Gewand in Silber und Rot bekleidet. Ihr tiefbraunes Haar war hoch um ihre Stirn geflochten, und um ihren Hals hing eine Kette aus schimmerndem Silber, die in Gestalt einer Stute gearbeitet war. »Ich bin *Epona,* Königin-Mutter des

Vollmondes, und wie meine Schwester vor mir habe ich viele Gesichter in vielen Welten. Auf der Roten Insel jenseits der westlichen Meere werde ich Banbha genannt, Matrone der Liebe und des Kampfes. Doch ich bin auch Arianrhod, Hestia, Tiamat und Hera; Raka, Isis, Juno oder Maria ... Rhiannon, Al-Uzza, Brighid, Persephone – dasselbe Herz in unterschiedlicher Gestalt!« Sie neigte leicht den Kopf und schritt zurück.

Die dritte Erscheinungsform war von den beiden anderen so verschieden, daß ich zurückschreckte, wie von einer Inneren Abscheu (oder vielleicht war es auch innere Ehrfurcht) getrieben, als die Gestalt einer gebeugten alten Frau aus dem *Manred* hervorkam. Sie war völlig in Schwarz gekleidet und trug einen Berg von zerlumpten Umhängen und Tüchern, so daß ihre wahre Gestalt unter ihnen verborgen war. Sie hatte jedoch scharfgeschnittene Züge, und die Haut spannte sich braun und zäh über ein durch die Zeit verbrauchtes Gesicht. Ihr Rücken war vom Alter gekrümmt, doch auf ihm saß eine große graue Eule mit rundem Gesicht und so scharfen Augen, daß sie gewiß die Kurzsichtigkeit der Frau aufwogen. Welche Farbe ihr Haar einmal gehabt haben könnte, war nicht einmal zu vermuten, doch ihre Augen waren tief und klar ... dunkel wie die Nacht, wenn auch irgendwie weiser. Mit schwachem, aber völlig beherrschtem Schritt kam die alte Gestalt auf uns zu, und sofort eilten die zwei anderen Königinnen herbei, um sie von beiden Seiten zu stützen; doch mit einer unwilligen Handbewegung wies sie diese zurück und setzte ihren Weg fort.

»Du, Junge, magst mich mit jedem Namen nennen, der dir passend erscheint«, sagte sie mit tiefer rauher Stimme und lachte in sich hinein, »... vielleicht alte Frau oder Hexe ... oder weise Alte oder Zauberin: Was immer dir passend erscheint, aber nimm dich in acht: Manche sagen, ich sei eine Königin aus eigenem Recht – ›Kaiserin des verborgenen Mondes‹ oder

›Hohepriesterin der Nacht‹. Andere behaupten, daß ich, dritte Königin und Mutter der übrigen, sogar größer als meine Töchter sei!,‹ Und sie ließ wieder ihr trockenes Lachen hören. »Macha? Freya? Kali oder Manah oder Gala? Nein? Mit keinem dieser Namen kennst du mich? Anwnati ... Hekate? Na, komm schon, mein Gedächtnis ist nicht mehr so gut! Ach ... ja, ich werde um einen Sargnagel wetten!« Sie lachte spöttisch, hielt inne und schaute mich neugierig an. »Vielleicht dürftest du uns bei dem Namen *Kerridwen* kennen? He, ja ... das habe ich mir gedacht. Du wirst mich mit der Zeit schon kennenlernen, Junge – das wirst du in der Tat, denn die ›Zeit‹ ist mein Reich ... Zeit und das unwiderrufliche Schicksal aller Menschen, für jeden dasselbe, ob Prinzlein oder Bauer!« Und sie humpelte an eine schattige Stelle zurück. Alles begleitete die Alte Königin mit den Augen, während sie an ihren Platz zurückkehrte – in ihrer eigenen Zeit und mit ihrer eigenen Geschwindigkeit. Ich war wirklich erstaunt über die Ehrfurcht und Achtung, die sie einflößte, und dachte, daß sie vielleicht, auf ihre Art und trotz des äußeren Scheins, die königlichste von allen sein mochte.

Dann trat das nächste Wesen hervor, das wieder so ganz anders und ungewöhnlich war, daß meine Augen wie gebannt daran hingen. Es glich einem seltsamen wilden Mann, groß und hager, der mit einem groben, doch gut gemachten Untergewand aus Tierhäuten und Fell bekleidet war. Um seine Schultern trug er einen prächtigen Pelzumhang, der bis zum Boden reichte, und auf dem verfilzten Haar einen Kopfschmuck aus Geweihsprossen – ein Hirschgeweih mit sieben Enden, das aus der Stirn des Mannes ragte, so als wäre es ihm angeboren!

In gewisser Weise mehr mit einem tierischen Brummen als mit einer menschlichen Stimme sagte er:

»Heil dir, Artos, der Bär! Der Herr der Tiere grüßt dich aus den Tiefen des Waldes.«

Er lehnte seinen schweren Holzstab gegen einen Stein und kam noch ein paar Schritte näher heran. »Ein tüchtiger Freund, der Bär – und mutig!« erklang es dröhnend. »Wußtest du, daß ich es gewesen bin, der zuerst die Anregung gab, dich bei diesem Namen zu nennen? Frage nur den Zauberer-Lehrer neben dir – er wird dir erzählen, daß es so gewesen ist! Auch dem Wald ist er ein guter Freund ... ein vortrefflicher Stamm, die Druiden. Doch ich vergesse die Formalitäten der Bräuche der Menschen, nicht wahr? Wir Geschöpfe des Waldes haben wenig Verwendung für solche ... Umgangsformen und Vorschriften und dergleichen, also vergib uns! In meiner Welt bin ich als der Winter-Herr bekannt, der Herrscher über die dunkle Jahreshälfte, dessen Reich die tiefste Schlucht und die dunkelste Höhle ist. Aber du, Artos ... du ziehst mit den Eichen-Männern umher, nicht wahr? Wahrscheinlich nennen sie mich *Kernunnos:* ›Wilder Jäger der Wälder‹ oder der ›Grüne Mann‹ oder Samhan, oder auch einfach ›Kernos der Gehörnte‹. Und dann gibt es noch andere Namen – viele andere, denn der Mensch ist der Erde immer am nächsten gewesen und daher mit meinem Gesicht mehr als mit anderen Göttern vertraut. Doch, wie der Herr Merlin gut weiß, habe ich ein schwaches Gedächtnis für solche Dinge. Frage *ihn* danach, wenn du willst!« Und er griff ungestüm nach seinem Eichenstab und tappte fort, Eicheln um sich auf dem Boden verstreuend.

Dann regte sich eine Zeitlang nichts, und es herrschte lautlose Stille; die Götter standen bewegungslos da – wie ihre eigenen Statuen. Unvermittelt streckte Merlin seine Hand aus, stieß leicht meinen Arm an und wies mit dem Kopf auf den letzten der fünf *Trilithen:* Halb erwartete ich, sich eine Gestalt wie die anderen materialisieren zu sehen, doch statt dessen verstärkte sich das Leuchten des Körpers zu einem blendenden Glanz aus weißem Licht, das immer größer wurde, bis ich mir schließlich – aus Furcht zu erblinden – eine Hand vor die Augen hielt. »Arthur von den Drachen!« ertönte eine Stimme von oben, und ich entfernte meine Hand. Ich holte tief Luft, und dann richteten sich meine Augen langsam nach oben auf die Umrisse einer sehr großen Gestalt. Dort stand ein Riese ... ein goldener Riese, der uns alle an Körpergröße zweimal überragte; seine Schultern befanden sich über den höchsten Steinsäulen.

»Komm, gewöhne deine Augen an mich, damit du mich besser erkennst! Hast du niemals zuvor sonnengleiche Wesen gesehen?« Seine Stimme war machtvoll, aber hell wie die eines Jungen, der fast das Mannesalter erreicht hat – eine schöne Tenorstimme voller Sonnenschein und Gesang. Ich wunderte mich, weshalb er mich ›Arthur von den Drachen‹ genannt hatte, nahm jedoch an, daß es mit meinem Ring zu tun hatte. *Nein – niemals zuvor hatte ich ein solches Wesen gesehen oder auch nur davon geträumt!*

In jeder anderen Beziehung war er ebenso beeindruckend wie seine Größe. Sein Harnisch war in keltischer Art ausgestattet, doch aus schimmerndem Gold geschmiedet, und auf dem Kopf trug er eine goldene Kappe. Seine Haut hatte die Farbe von Rahm, sie war fast weiß, und die Haare waren rot. An den Füßen trug er Riemenschuhe aus weißem Leder, die Vogelschwingen glichen. In der Hand hielt er einen leuchtenden Speer, der schöner gearbeitet war als jeder andere, den ich bisher gesehen hatte.

»Drachenherr!« sprach er. »Die Sonne ist im Westen aufgegangen ... und ich bin hier!« Und dann sang er das folgende *Englyn:*

Eiche, die zwischen zwei Felsbänken wächst,
Dunkel sind Himmel und Berg!
Soll nicht durch seine Wunden verraten werden,
Daß dies Lleu ist?

Eiche, die auf Hochlandboden wächst,
Ist sie nicht regennaß? Ist sie nicht
Von unzähligen Gewittern getränkt worden?
In ihren Ästen trägt sie Lleu Llaw Gyffes!

Eiche, die unter dem Steilhang wächst,
Stattlich und würdevoll sieht sie aus!
Soll ich nicht die Wahrheit sprechen,
Daß Lleu in eure Mitte gekommen ist?

Und da wußte ich sogleich, wer vor mir stand, denn diese bardischen Verse waren von sehr hohem Alter; selbst in Tintagel, als ich noch ein kleiner Junge war, hatte ich dieses Lied von fahrenden Musikanten ebenso wie von Kirchenleuten rezitieren hören.

»Ich sehe also, daß du mich erkennst!« Der Gott zeigte ein strahlendes Lachen. »Und wie könntest du dies auch nicht – wo du doch zu den Eichen-Hütern des Heiligen Feuers gehörst? Tatsächlich war es so, daß die Menschen dieses Landes, um mein Kommen und Gehen über den Himmel zu berechnen, anfangs diesen Kreis erschufen, in dem wir jetzt stehen. Damals nannten mich manche ›Apollo‹, nach den Griechen, manchmal Hermes oder Merk«, und dann Mithras bei den Römern. Herkules ... Ra-Tammuz – ich habe so viele Namen, wie die Sonne den Himmel überquert hat. Aber«, und dabei hob er seinen goldenen Speer der Sonne entgegen, »ich hin immer derselbe ... eins mit Ihr! Du, Drachenherr, hast mich unter dem Namen ›Lleu of the Golden Pipes‹ oder

Lugh mit dem Langen Arm‹ kennengelernt. Doch ich bin nur eine Widerspiegelung der Sonne: das Auge Gottes – ebenso wie wir fünf nur unterschiedliche Gesichter des Einen sind, ›Der im Jenseits weilt‹. So bringen die Welten einander hervor: von *Abred* über *Gwynydd zu Ceugant*, und so sind wir fünf lediglich Gottesboten – fünf Facetten eines unschätzbaren Edelsteines, die als einer leuchten. *Hic est Arturus, Rexque Futurus!*«

Langsam wurde die Gottesgestalt wieder zu einer Kugel aus blendendem Licht und kehrte in ihre ursprüngliche Stellung bei dem *Trilith* zurück. Dann traten mit einem Male alle fünf vor zum Altar, und jeder legte eine Hand darauf.

»Fühlt nun die Präsenz des Einen«, sprachen sie einstimmig, und wieder senkte sich ein heller Lichtstrahl herab und hüllte die Oberfläche des Altars ein.

Was nun folgte, läßt sich fast unmöglich in Worte fassen. Tatsächlich bin ich mir nicht einmal sicher, ob Merlin, der genau neben mir stand, es ähnlich erlebte; er machte danach keinerlei Anstalten, darüber zu sprechen. Aus der tieferen druidischen Überlieferung wußte ich, daß' eine derartige Begegnung als »Naugal« bezeichnet wird, was »ohne Worte« bedeutet, und daß solche Geschehnisse als heilig angesehen werden. Daher wäre der Versuch, mit »Naugal« in Zusammenhang stehende Dinge in Worte zu fassen oder schriftlich festzuhalten, gleichbedeutend mit ihrer völligen Entweihung.

Da war eine Stimme – oder zumindest hielt ich es für eine Stimme, obwohl sie lautlos und ohne Klangfarbe war. Auch hätte ich nicht sagen können, ob die Stimme männlich oder weiblich war; da war einfach ein überwältigender Eindruck von einer gesprochenen Präsenz. Mit ihr zusammen tauchten Szenen und Bilder und Symbole auf, die sich alle zu einem vollkommenen Ganzen an Klarheit und Sinngebung verbanden. Die Stimme von *Celi?* Die Erleuchtungen von *Hen Ddihenydd?* Ich kann es wirklich nicht weiter erklären.

Was danach jedoch übrigblieb, schien ein Vermächtnis oder Geschenk zu sein, das mir für die Zukunft zuteil wurde. Das Geschehen selbst war zeitlos. Wir könnten dort zwei Augenblicke oder zwei Jahre gestanden haben ... doch am Ende warfen die heiligen Fünf ihre vom Menschen geschaffenen Hüllen ab und stiegen, eins mit dem Licht, wieder in den Himmel auf, woher sie gekommen waren. Alles um uns herum, die Luft, die Steine selbst blieben vibrierend, sprühend vor Energie zurück (man konnte dies sogar sehen, so wie ein Komet einen Schweif aus Sternenstaub im All hinterläßt). Meine Augen folgten dem Lichtstrahl, wie er hinter einer Wolke verschwand, und wurden dann augenblicklich von dem Altar angezogen. Dort war, ebenfalls funkensprühend, etwas anderes als Energie zurückgeblieben.

»Berühre es nicht!« fuhr Merlin mich an, als ich langsam vorwärtsgehen wollte, und ich schreckte heftig zurück, nach so langer Zeit eine menschliche Stimme zu hören. »Warte einen Augenblick, und laß es uns zuerst anschauen.« Und er trat vorsichtig heran, um den Gegenstand zu untersuchen.

»Wunderbar ... herrlich!« rief er aus und machte mir ein Zeichen, daß ich näherkommen sollte. »Geh hin, Arthur, und nimm es dir! Es ist für dich zurückgelassen worden.« Noch immer sehr vorsichtig, empfing ich mein Vermächtnis.

Es war ein gläsernes Boot ... *Caer Wydr* in unserer Sprache, denn ich hatte viele Geschichten über solche Schiffe auf den Meeren von *Annwn* gehört. Es maß eine Daumenlänge vom Heck bis zum Bug und war aus farblosem Kristall – klar und vollkommen wie Quellwasser im Mondenlicht. Ich blickte zu Merlin hinüber, der damit beschäftigt war, einen Beutel nach dem anderen nach etwas zu durchsuchen.

»Ah ... hier ist es!« sagte er erfreut. »Bevor die Dame von

Avalon uns am Ufer verließ, hieß sie mich, dies als Geschenk für dich aufzuheben, bis der richtige Zeitpunkt gekommen sei.« Er händigte mir ein kleines Kästchen aus Apfelholz aus, in das wunderschöne Kräutermuster geschnitzt waren und dessen Deckel eine Einlegearbeit mit einer Mondsichel aus Perlmutt zierte.

»Nun probiere doch aus, ob die Größe paßt!« überredete Merlin mich, und das Boot paßte so vollkommen hinein, als wäre es dafür bestimmt! Dann dachte ich an die Drei Göttinnen, die an diesem Tag erschienen waren, und machte mir daher nicht einmal die Mühe, zu fragen, wie die Dame von Avalon den richtigen Zeitpunkt für ein solches Geschenk hatte wissen können. (Merlin würde ohnehin nur darüber gelächelt und das Thema gewechselt haben.)

»Ich möchte gern wissen, ob es stimmt, was die Leute sagen, daß sich die kleinsten Geschenke oft als die größten erweisen?« fragte der Druide scherzhaft, als er unsere letzten Vorräte in einen Sack stopfte. »Das Gläserne Boot, meine ich.«

Natürlich wußte ich, daß mich diese Frage auf die Probe stellen wollte, dachte jedoch gründlich nach und antwortete: »Was bedeutet dies bloß alles, Merlin? Das Glas ... der Ring ... der Tod meiner Mutter ... Jene seltsamen Worte, die Lugh-Langarm gesprochen hat?«

Ich zerbrach mir eine Weile den Kopf und versuchte, mich an den genauen Wortlaut zu erinnern. »Arturus ... hic est fut ... «

»Komm jetzt, Bärenjunges«, unterbrach er mich vorsätzlich, »packe deine Sachen zusammen, denn ich habe beschlossen, zum Übernachten nach Glastonbury zurückzukehren. Ein Gastwirt dort ist ein alter Freund von mir, und sein Gasthaus führt den hervorragendsten Met, der sich im ganzen Sommerland finden läßt.«

Mein Kopf war voller unbeantworteter Fragen, als wir entlang des Erdwalls unseren Rückweg antraten. Bald waren die großen Steine nur noch Punkte am Horizont, und ich stellte plötzlich fest, wie unglücklich ich darüber war, sie zurückzulassen. Nirgendwo sonst hatte ich jemals eine derart ursprüngliche mystische Macht und Inspiration wie zwischen diesen Dolmen erlebt, und der Gedanke daran, dies zu verlieren, erfüllte mich mit tiefem Bedauern. Irgendwie war es so ähnlich, wie sehr alten Freunden Lebewohl zu sagen – Freunden jedoch, von denen man wußte, daß sie eines Tages wieder eine Rolle im Leben spielen würden.

Merlin blickte während des Gehens ständig zu mir herüber; er war sich meiner ungelösten Fragen und Gefühle wohl bewußt.

»*Hic est Arturus ... Rexque Futurus?* Ist es das, Junge?« fragte er tadelnd. »Nun – mein Latein ist nicht mehr so gut wie früher, weißt du, es sind keine Römer mehr übrig, um sich zu unterhalten, und dergleichen mehr.«

»Ach, kommt ... «, wandte ich matt ein, doch der Druide zuckte die Achseln in einer komischen Geste, bevor er mir leicht auf den Rücken klopfte. Jahrelange Erfahrung hatte mich gelehrt, was dies bedeutete: Ich hatte keinerlei Chance, eine direkte Antwort zu erhalten ... Merlin und seine Launen.

Vielleicht war dies aber auch seine Methode, Fragen auszuweichen, die er für verfrüht hielt oder die ich selbst durchdenken konnte.

»Weißt du, was dein eigentliches Problem heute ist, Arthur?« fragte er leichthin. »Du denkst zu viel. Selbst schwierige Fragen klären sich wie von selbst, wenn man ihnen Zeit gibt. Zu viel Denken ... zu wenig Zeit!«

Ich hatte also richtig vermutet. Nicht, daß ich an Merlins Rat zweifelte, es gab nur so viele Fragen – eine nach der anderen. Manchmal schien es, als würde ich einfach deshalb auf Fragen gestoßen, damit mir Antworten darauf verweigert würden.

Meine Gedanken schweiften immer noch umher, als wir

uns wieder dem Apfelland näherten. Plötzlich kam Merlin zu mir und zeigte mit drohendem Finger auf die Stelle zwischen meinen Augen.

»Du – hör auf, dir Sorgen zu machen!« ermahnte er mich scherzhaft mit einem Lächeln. »Denn alles ist so, wie es sein soll. Warum läßt du dich bloß bis zur Verzweiflung von ein paar Worten verwirren, die zwischen einem alten Steinhaufen gemurmelt wurden?«

Ich fuhr herum und starrte ihn mißtrauisch an: »... Steinhaufen?«

»Wie dem auch sei«, zog Merlin mich weiter auf, »es *waren* doch alte Steine ... sehr alte Steine. Und wer außer einem einfältigen Druiden könnte jemals solchen Widerhall von altem Gestein ernst nehmen? Das möchte ich gern einmal wissen!«

Lektion 13

Der Ritus des Zugangs

Non foras ire
In interiore homine
habitat veritas.

GNOSTISCHER SPRUCH[1]

Im Romankapitel »Widerhall von altem Gestein« wird eine starke Verbindung zwischen einigen großen magischen Kulturen der Vergangenheit und den archetypischen Reichen hergestellt, die sie bei ihrem Untergang hinterlassen haben. Zur Zeit der Druiden, nach der Ära der legendären *Pheryllt*-Priester, gab es bereits mehrere solcher Kulturen, wie z. B. die Atlanter, die Sumerer und die Ägypter. Zu pädagogischen Zwecken verschaffte man sich häufig Zugang zu deren archetypischem Erbe. Dies wurde mit Hilfe eines Symbols praktiziert, das in enger Verbindung mit der betreffenden

[1]Die Übersetzung lautet: »Gehe nicht nach außen, die Wahrheit wohnt im Inneren des Menschen.«

Kultur stand, und mit einer einzigartigen Übung kombiniert, die als RITUS DES ZUGANGS bezeichnet wird.

Damit beziehen wir uns auf die keltische Vorstellung des spirituellen Eingangstors, das in der folgenden Abbildung zu sehen ist: den TRILITH.

Zur Ausführung des Rituals gehört eine gelenkte Visualisierung, wie sie nahezu identisch von James H. Brennan in seinem hervorragenden Buch *Astral Doorways* beschrieben wird. Das *Book of Pheryllt* umreißt die einfachen Schritte wie folgt:

[2] Brennan, James H.: *Astral Doorways*. Wellingborough 1971. In deutscher Sprache ist von J. H. Brennan zu diesem Thema erschienen: *Astral-Projektion. Anleitung zu außerkörperlichen Erfahrungen*, Freiburg im Breisgau 1991.

1. Sitzen Sie eine Zeitlang allein und ruhig, ohne sich ablenken zu lassen.
2. Schließen Sie die Augen.
3. Visualisieren Sie ein steinernes Eingangstor, wie Sie es auf der obigen Darstellung sehen und sich einprägen können, deutlich in Ihrem Geist.
4. Prägen oder meißeln Sie das kulturelle Symbol[4], das Sie ausgewählt haben, im Geiste in die Oberfläche des Decksteins des Trilith.
5. Sobald es Ihnen gelingt, das gesamte Bild für die Dauer von 60 Herzschlägen klar im Geist zu halten, gehen Sie mit Ihrem »Anderwelt-Körper« durch das Eingangstor.

Von diesem Augenblick an können Sie selbst weiterforschen. Wenn Sie die Übung richtig ausgeführt haben, werden Sie sich nun in der archetypischen Welt des verwendeten Symbols befinden. Merken Sie sich, um wieder zurückkehren zu können, genau, an welcher Stelle Sie im Geiste den Zugang durchschritten haben und treten an dieser Stelle einfach wieder heraus. Als unterstützendes Mittel kann Räucherwerk verbrannt werden, wofür eine Mischung aus Stechapfel, Wacholder und Lobelie empfohlen wird, und/oder ein Kreis gezogen werden.

In Lektion 17 werden zwölf Symbole angegeben, die eine Verbindung zu einigen sehr machtvollen Orten des keltischen Mythos herstellen. Da sich dieses Buch hauptsächlich auf eine Zeit konzentriert, in der solche Orte und Symbole aktiv wirksam waren, werden sie nachfolgend angeführt. Bitte beachten Sie jedoch, daß der RITUS DES ZUGANGS mit *jedem* Symbol ausgeübt werden kann, das eine genügend starke Verbindung zu irgendeiner vergangenen Kultur hat.

---

[4] Am Ende des Kapitels sowie in Lektion 17 finden Sie die wichtigsten kulturellen Symbole der keltischen Zeit.

Symbol	*führt zu*
1.) Bergspitze	Mt. Snowdon (Yr Wyddfa)
2.) Goldene Eichel	Druideninsel (Ynys Môn)
3.) Silberner Apfel	Avalon (Ynys Affalon)
4.) Flammendrotes Schwert	Dinas Powys
5.) Juwelengeschmückte Krone	Dinas Emrys
6.) Trilith-Stein	Caer Sidis
7.) Siebensaitige Harfe	Llyn Tegid (Bala-See)
8.) Ausgehöhlter Kürbis	Sonnenreich
9.) Eisenkessel	Mondreich

Schleier-Symbol [5]	*führt zu*
Schwarze Kerze	Annwn
Gläsernes Boot	Anderwelt
Blaue Rose	Insel Lyonesse

[5] Siehe dazu Lektion 17. Mehr über die »Schleier-Symbole« erfahren Sie in dem Kapitel »Die Macht eines Wortes«.

14

Dracheninsel

Laßt ihn, der es weiß erzählen,
Warum hier der mächtige Drache liegt
Mit seinem Kopf zum Land und seinem Riesenschwanz
Nahe am Ufer des schönen Loch Nell.

An Europas frühem Morgen
War hier der mächtige Gott bekannt
Und wurde verehrt, auf keltischer Erde,
Mit Harfe und Trommel und Horn.

So liegt die große Schlange hier in ihrer Pracht,
Wie solch ehrwürdige Geschichten erzählen,
Doch ihren mächtigen Kopf hebt sie nicht mehr
An den Ufern des schönen Loch Ness.

OPHIOLARERIA, THE BOOK OF LISNIORC

»Komm weiter, Arthur, hier entlang ... endlich habe ich den Pfad ausfindig gemacht!« rief Merlin aus einiger Entfernung zurück. »Es dürfte jetzt nicht mehr weit sein!«

Müde und hungrig kämpfte ich mich weiter auf den letzten paar Meilen unserer Reise nach *Ynys Ddraig*, der legendären Insel vor den Küsten Dumnonias weit im Süden, die seit frühester Zeit »Dracheninsel« genannt wurde. Was es damit auf sich hatte, wußte ich nicht; Merlin hatte mir lediglich gesagt, es sei nicht bekannt, daß es *heute* noch Schlangen dort gäbe – das war alles. Nun waren wir seit den ersten Stunden des Morgengrauens tüchtig gewandert, denn der Druide wollte die Heilige Insel unbedingt erreichen, bevor die *Samhain-Feiern* anfingen.

Tatsächlich war die Aufregung schon vor mehr als vierzehn Tagen entstanden, als ein Barde aus Wyth überraschend auf Berg Newais zu Besuch erschien. Bald erfuhren wir, daß er als Bote von Ddraig nach Anglesey gesandt worden war und die Nachricht überbrachte, auf dem ältesten Baum im Heiligen Eichenhain von *Gabhanodorum* sei Mistel entdeckt worden. Dieses außergewöhnliche Ereignis hatte den Erzdruiden von Cornwall dazu veranlaßt, ein großes Fest anzukündigen, das am nächsten *Samhain* beginnen sollte; und so waren wir im Spätherbst meines vierzehnten Lebensjahres, sechs Tage nach Neumond, zu Fuß zur geheimnisvollen Insel aufgebrochen. Wir gelangten gerade nach Einbruch der Dunkelheit an die südliche Küste des Neuen Waldes und wurden mit einem Boot über den Solent gebracht, dessen Name »Durchgang der Sonne« bedeutete, wie Merlin erklärte. In Küstennähe kamen wir an einer alten Römer-Villa vorbei, die verwahrlost und verfallen aussah. Dann folgten wir dem Fluß Medina landeinwärts und legten schließlich in der Nähe einer vielbegangenen, mit Kopfsteinen gepflasterten Straße an, die in ein dunkles Waldstück führte. Hier wurden wir von einer Abordnung blaugewandeter Druiden empfangen, die sehr bedacht darauf schienen, vor dein vollen Einbruch der Nacht mit uns zu ihrer Loge zurückzukehren.

Hoch am nördlichen Himmel stand eine klare Mondsichel – kalt und weiß vor dem Hintergrund purpurfarbener Herbstwolken. Doch das bleiche Mondlicht sollte bald hinter dichten Baumkronen verschwinden, als wir den Wald betraten. Und wie beeindruckend dieser war: uralte Hemlocktannen, dunkel wie ein Grab, und mächtige Silberbuchen, ganz gewunden und knorrig – diese, so dachte ich bei mir, konnten nicht besser zu einer solchen Nacht passen, in der *Samhain* dicht bevorstand.

Die Insel selbst war wild und schön, doch ganz anders als die Wälder und Berge, an die ich in Wales gewöhnt war. Hier schien das Land mehr den Elementen ausgesetzt und, trotz der Baumdecke, ziemlich windumtost zu sein. Dem Ort war wirklich eine ungewöhnliche Atmosphäre zu eigen – ein Gefühl, das ich inzwischen mit Plätzen wirklicher Macht der Anderwelt in Verbindung brachte. Schweigend folgten wir scheinbar endlosen Straßen und Wegen, bis wir schließlich an eine grasbewachsene Lichtung gelangten, auf deren anderer Seite man die Umrisse eines riesigen rechteckigen Gebäudes erkennen konnte.

Merlin beugte sich zu mir und flüsterte mir »die Große Weiße Loge« ins Ohr, während wir näher herangingen.

Sie war tatsächlich weiß – und groß, an den Fuß eines so eigenartig gewundenen Hügels oder Bergfirstes geschmiegt, wie ich ihn niemals zuvor gesehen hatte. Dann öffnete sich eine schwere Eichentür vor uns, helle Lichtstrahlen fielen auf das Feld, und wir wurden unverzüglich hineingeleitet.

Gleich von Anfang an schienen wir – oder sollte ich besser »ich« sagen – im Mittelpunkt der Aufmerksamkeit zu stehen. Sobald sich meine Augen an das Licht gewöhnt hatten, war leicht zu erkennen, warum: Ich war die einzige Person unter etwa hundert Anwesenden, die jünger als fünfzig Jahre war!

Alle Druiden saßen um einen langen Tisch, der die gesamte Länge der Loge einnahm, und alle richteten ihren Blick auf uns, als Merlin, ohne zu zögern, meinen Arm nahm und einen freien Platz fand, wo wir uns hinsetzen konnten. Dann wandte sich die Aufmerksamkeit aller plötzlich etwas anderem zu, gefolgt von einem gleichzeitigen Rascheln der Gewänder, als die ganze Gesellschaft aufstand. Ein Erzdruide hatte die Halle betreten.

»Bradyn«, flüsterte Merlin wieder, »Hochdruide der südlichen Länder!« Die Versammlung, sichtlich bewegt von der

Präsenz dieses Mannes, brach in begeistertes Klatschen, Stampfen und bekräftigende Rufe aus. Auf mancherlei Weise erinnerte der Erzdruide mich an Lord Aneurin, den alten Barden, dein ich vor einigen Jahren während des *Eisteddfodd* in Gwynedd begegnet war. Er war mit einem nahtlosen weißen Gewand aus demselben grobfaserigen Gewebe bekleidet, das ich schon bei anderen ranghöheren Mitgliedern der Bruderschaft bemerkt hatte. Als einzigen Schmuck trug er um den Hals die goldene Brustplatte des Urteils, und an seinem gewebten Gürtel hing die übliche Goldsichel: Hauptsymbol druidischer Autorität und Macht. In sein weißes Haar war ein Kranz aus bunten Eichenblättern gewunden, die schon Spuren von Reif zeigten, und dies ergänzte sich auf vollkommene Weise mit seinem langen Bart, der bis unter seine Taille herabreichte.

Dann stieg der Druide auf ein Podium und begann zu sprechen ... von vergangenen und gegenwärtigen traditionellen Bräuchen, von den Anfängen der druidischen Überlieferung und von der Mistel: wie *Uchelwydd*, das »Allheil-Kraut«, gesammelt werden mußte, und über die besonderen Kräfte, die seine Säfte besaßen, die Tore des Geistes zu öffnen. Nach diesem Vortrag und einer sich anschließenden Gruppenmeditation verließen wir die Weiße Loge einer nach dem anderen und schritten schweigend auf verborgenen Pfaden tief in den Wald hinein – Pfade, wie ich wieder feststellte, die niemals weit von demselben firstartigen Hügel wegführten, an dem die Loge lag.

So wie ein Fluß in einen See mündet, kamen wir plötzlich zu einer Lichtung, die auch für etwa ein Dutzend weiterer Wege das Endziel zu sein schien. Genau in ihrer Mitte, nach allen vier Seiten abgeschlossen, lag ein dichter Eichenhain; man konnte gut darin umhergehen, doch er war ehrwürdig und außerordentlich alt. Mehrere der Brüder zündeten Fakkeln an und schritten nacheinander hinein, gefolgt von den übrigen der Gemeinschaft, die nun aus der Reihe getreten waren und scharenweise hineinströmten. Als ich mir meinen eigenen Weg in das Innere des Hains gebahnt hatte, kam dort ein riesiger Holzstoß in Sicht, der nach Art eines Freudenfeuers in der Nähe eines einzelnen Baumes aufgeschichtet war ... eines außergewöhnlichen Baumes, der sich von den anderen deutlich unterschied.

»Wir befinden uns im Heiligen Hain von *Gabhanodorum*«, hörte ich eine Stimme hinter mir flüstern, und Merlin trat in das Fackellicht. »Und auf der anderen Seite der geweihten Stätte steht der Große Silberne Orakelbaum.«

»Er ist aber keine Eiche, oder?« fragte ich und strengte meine Augen an, um Einzelheiten wahrzunehmen.

»Nein – eine Silberbuche, und obendrein eine sehr alte. Bei den Druiden auf der Dracheninsel hat sie in den letzten beiden Jahrhunderten den Namen ›Phagos‹ gehabt ... ein bemerkenswerter Baum aus eigenem Recht, doch um so mehr wegen des Goldenen Zweiges, den er in diesem Jahr trägt.«

Ich blickte hoch in die Äste und tatsächlich, eine dunkelgoldene Masse von Ranken wuchs aus einer Höhlung in der untersten Astgabel hervor; sie hingen voll kleiner perlenweißer Beeren, die im schwachen Licht wie winzige Monde leuchteten. Das geisterhafte Silbergrau des Orakelbaumes bildete einen starken Gegensatz zu den dunklen Eichenstämmen, die ihn umgaben, und ließen den ohnehin schon knorrigen und unheimlich wirkenden Baum wie aus der Anderwelt aussehen. Dann fielen mir einige Merkmale der Buche ein, die Merlin mich gelehrt hatte: ein Symbol für alte und vergessene Weisheit; ein Baum, der aus den Tempeln der Sumerer überliefert war und von ihnen vor allen anderen heiliggehalten wurde; eine Gattung, die zu sehr in den dunklen Tiefen von *Annwn* verwurzelt war, als daß ihr ein Platz in dem *Ogham* der lebenden Bäume gewährt worden wäre. Und dann kam mir die plötzliche Einsicht, warum der Erzdruide so begeistert über die Entdeckung der dort wachsenden Mistel gewesen sein dürfte: Könnte nicht vielleicht diese heilige Pflanze, die dafür bekannt war, die geistige Essenz ihres Wirtsbäume; aufzunehmen, die Anderwelt-Energien der Buche eingefangen haben? Ich erinnerte mich auch an die sumerischen Wasser: die Lebenswasser von *Annwn* ...

Meine Aufmerksamkeit wurde wieder durch eine alte Stimme in die Gegenwart geholt, eine Stimme, die mit einer Autorität, welche nur durch lange Jahre der Disziplin erworben sein konnte, laut in die Nacht hineinrief. Ich ging näher heran und zwängte mich durch den Kreis, der von den Brüdern gebildet wurde, bis ich den Erzdruiden Bradyn erblickte: Er stand mit erhobenen Händen da und hatte die Augen aufwärts gerichtet – auf der Suche nach Inspiration, die Kraft herbeiziehend, um den einen entscheidenden Akt priesterlicher Magie auszuführen: die ANRUFUNG DES FEUERS. Seine Stimme hallte dumpf wie ein großes Horn durch den Wald:

Cum Saxum Saxorum,
In duersum montum oparum da –
In Aetibulum, In quinatum:
Dranconis!

Und der Holzstoß flammte mit kräftiger Flamme auf, als der alte Mann seine Hände nach unten sinken ließ – und gleichzeitig damit auch die himmlische Macht des Blitzes herabgeholt hatte! Der vorher dunkle raunende Wald war nun voller tanzender Schatten und Feuer. Doch selbst in diesem neuen Licht ragte die Große Buche noch heraus – ein ehrfurchtgebietendes Wahrzeichen einer anderen Welt ... einer anderen Zeit.

Der Erzdruide holte tief Atem, ging hinüber zu dem Orakelbaum und stieg langsam eine Reihe von drei Steinstufen hoch, die dicht bei dem Stamm aufgestellt waren. Abgesehen von den zischenden Flammen herrschte völlige Stille, als er seine goldene Sichel aus ihrer Hülle zog und sie hoch über den Mistelzweig erhob. Die Luft war erfüllt von magischer Spannung, als er mit der Anrufung begann:

Die Schößlinge des Buchenbaumes
Sind kürzlich ausgeschlagen,
Verändert sind sie und erneuert
Aus ihrem welken Zustand -

Denn wenn die Buche gedeiht
Durch Zaubersprüche und Gesänge,
Treiben auch die Eichenschößlinge -
Dann gibt es Hoffnung für die Bäume!

Und mit einem raschen Streich trennte er das Büschel von seinem bemoosten Zweig ab. Unten fing eine ausgewählte Gruppe von fünf älteren Druiden die herabfallende Masse in einem Tuch aus ganz reinem Linnen auf, damit sie nicht von menschlichen Händen berührt wurde, und ging dann damit zum Feuer hinüber.

Der Erzdruide stieg hinunter, und auf sein Zeichen hin wurde ein großer, mit Wasser gefüllter Eisenkessel herbeigetragen und über die brennende Glut gehangen. Ich beugte mich nieder, um mir ihn anzusehen: schwarzes Eisen, am oberen Rand mit weißen Perlen versehen – und groß genug, daß ein Mensch darin Platz hatte ... wie in den alten Geschichten! Als das Tuch über die Öffnung des Kessels gehalten wurde, staunte ich über die Ähnlichkeit zwischen den Mistelbeeren und den Perlen: Beide waren mondenweiß, und beide leuchteten mit derselben Kraft. Dann ließ man drei rotglühende Steine in den Kessel fallen, bis das Wasser zischte und dampfte. Der alte Druide zog das Zeichen der Drei Strahlen als Segen darüber und sagte dann:

»Brüder ... hier an diesem Ort, der kein Ort ist, zu einer Zeit, die keine Zeit ist – zwischen den Welten und inmitten von ihnen, rufe ich den höchst heiligen Namen von H*u Gadarn Hyscion* an, um diese Gaben zu weihen. Mögen sie durch das Blut der Erde und den Geist des Baumes für uns der Zugang zu Inspiration werden ... das Eingangstor zu neuem Leben!« Nachdem das abschließende Segenszeichen gezogen worden war, wurde das heilige *Uchelwydd* in das Wasser fallen gelassen.

Nachdem die Spannung, die während des Rituals geherrscht hatte, vorübergegangen war, setzte sich die Gesellschaft in einem Kreis um das Feuer und sang Loblieder an die Götter. Aus dem *Gorchan of Maeldrew* wurden Textstellen verlesen und Gedichte rezitiert; das *Cant-Cân*, das »Lied der Waldbäume«, wurde gesungen und das *Book of Pheryllt* weit geöffnet. Und dann, als die Geister in höheren Regionen schwebten, holte der Erzdruide ein großes Trinkhorn hervor und füllte es mit dem heiligen Wasser aus dem Kessel.

Er nahm einen tiefen Schluck daraus und reichte das Horn dann dem nächsten Druiden, und so ging es der Reihe nach weiter, bis es zuletzt mich erreichte. Ich war überrascht, als ich feststellte, daß das Horn nicht, wie ich erwartet hatte, klares Wasser enthielt, sondern statt dessen eine tiefgoldene Substanz, die fast die Farbe von spätem Herbsthonig hatte. Sie schmeckte bitter, erfüllte mich jedoch mit einer angenehmen Wärme, als ich sie hinunterschluckte – und als Folge davon stellte sich das Gefühl ein, daß ich wirklich eins mit den Kräften jener Nacht war. Nachdem jeder getrunken hatte, wurde ein Brauch befolgt, mit dem ich nicht vertraut war: Nacheinander suchte sich jeder die Frucht eines Baumes, eine Buchecker oder eine Eichel, flüsterte ein paar Worte darauf, die ich nicht hören konnte, und warf die Frucht, ehe er fortging, auf wunderliche Weise ins Feuer.

Ich war gerade im Begriff, dasselbe zu versuchen, als Merlin mich plötzlich auf die Seite zog und auf eine einsame Straße wies, die nach Westen in die Ferne führte. Dieser folgten wir, ohne eine Fackel und wortlos, bis das dunkle Dickicht des Waldes zurückwich und eine lange freiliegende Hügelkette in Nebel gehüllt vor uns auftauchte.

»Dies ist als die ›Wasserscheide des Drachens‹ bekannt«, erklärte Merlin sachlich, »und sie markiert die genaue Mitte der Wirbelsäule des Tieres.« Der Druide blickte zu mir herüber und lächelte, als er meine plötzliche Verwirrung bemerkte. »Ich beziehe mich natürlich auf eine ›Drachenlinie‹ und nicht auf einen echten Drachen! Gedulde dich noch eine Welle, mein Junge, und dann werden wir an einen Ort kommen, wo ich dies alles erklären werde.«

Und so gingen wir weiter am Fuß der seltsamen Hügelkette entlang, die sich wie eine Schlange über die Insel wand. Trotz seiner Größe schien der Mond hell und tauchte die Landschaft in einen matten Schimmer, während wir in neblige Stellen hinein- und wieder hinausliefen. Seltsamerweise schien sich dieser Dunst in einem langen Band nur unten um die Hügel und nirgendwo sonst zu sammeln. Unterwegs erwähnte ich einmal, wie eigentümlich dies sei, doch Merlin murmelte nur undeutlich etwas von »Atem des Drachen« und eilte weiter. Eine andere sonderbare Sache, die ich bemerkte, war die Farbe der Erde entlang dieses Weges: Sie war sandähnlich, doch weitaus dunkler als der umliegende Boden – grün und stellenweise bis hin zu einem verbrannten Rot. Schon bald war das Rauschen des Meeres vor uns zu hören, als Merlin stehenblieb und sich plötzlich, scheinbar verwundert, umblickte.

»Ah, dort ist er!« verkündete er nach einer Weile. »Genau hier drüben«, und er führte mich zu einem großen Steinblock, der mitten auf dem Weg gerade aufragte. Er war im Durchmesser nicht dicker als meine eigene Taille, doch von der Höhe her mehrfach so groß wie ich; pechschwarz sah er im Mondenschein aus.

»Der Langstein von Mottistone«, klärte Merlin mich auf, setzte sich dann auf eine umgestürzte Steinplatte nieder und machte mir ein Zeichen, mich zu ihm zu gesellen. »Dieser Stein ist ein wichtiger Versammlungsort für die örtliche Landbevölkerung. Auch unsere Brüder von der Weißen Loge halten ihre jährlichen Kampfspiele an dieser Stelle ab, an *Lugnassad:* dem Festtag von Lleu. Du erinnerst dich doch noch an ihn ... jenen großen hellen Burschen, den du in Stonehenge getroffen hast?« Wir lachten beide.

»Wie dem auch sei ... nun etwas über die Insel«, fuhr er fort.

»Du und ich haben viel Zeit darauf verwendet, über die Drachenlinien der Kraft, die in Gitternetzwerken unter der Erdoberfläche liegen, zu sprechen und sie zu erforschen. Es trifft sich nun gerade so, daß die größte derartige Linie in Britannien – und vielleicht in ganz Europa – entlang dieser Insel verläuft. In der Tat stehen wir gerade neben ihr. Diese Landstufe, die dich beschäftigt und worüber du dich gewundert hast, ist nichts anderes als das Rückgrat einer Drachenlinie, die unter dem Meer zur Küste verläuft ... durch Salisbury, Cadbury, Glastonbury, Bath und weiter zu den nördlichsten Regionen des Königreiches. Hier aber auf der Dracheninsel liegt entweder der Anfang oder das Ende der Linie – und niemand weiß, welches von beiden.«

Während Merlin sprach, hatte ich geistesabwesend eine Handvoll Erde ergriffen. »Warum sieht der Boden so aus?« erkundigte ich mich. »Ich meine, warum hat er diese Farbe?«

»Auch das weiß niemand«, erwiderte er, »doch natürlich gibt es immer Sagen ... und die Weisen haben stets behauptet, daß Sagen die allerwesentlichsten Wahrheiten enthalten. Vor langer Zeit, so wurde erzählt, lebte der größte und letzte eines einstmals mächtigen Stammes von Drachen auf dieser Insel, und es war *seine* Insel. Er war ein hitziger, aber friedlicher Drache, und er gab sich damit zufrieden, Seite an Seite mit den Menschen zu existieren – vorausgesetzt, daß jeder in seinem eigenen Gebiet blieb, denn darauf legten Drachen bekanntlich großen Wert. Hunderte von Jahren ging alles gut mit dem Land, und es kam tatsächlich soweit, daß die Bauern den Drachen aus der Ferne liebten und achteten; manchmal brachten sie ihm sogar Fleisch oder Getreide als Opfergaben, denn das Volk hatte begriffen, daß er der letzte seiner Art war. Dann kamen die römischen Legionen ins Land und mit ihnen die christliche Religion – eine Glaubensrichtung, die Drachen als zum Bösen verführende Schlangen betrachtete: schändliche Diener ihres roten Teufel-Gottes.

Da der Drache von Wyth wirklich der letzte seiner Art war, dauerte es nicht lange, bis die christlichen Priester auf seine Lagerstatt aufmerksam wurden und Pläne zu seiner Vernichtung schmiedeten. Um die Geschichte abzukürzen, die Sage berichtet, daß ein großer Kampf am Himmel und zu Lande stattfand; doch am Ende wurde der Drache durch einen vergifteten Speer niedergestreckt, den ein Heiliger gelenkt hatte. Im Todeskampf von oben niedergezwungen, hinterließ das große Tier sich windend und krallend auf seinem Weg über die Insel eine Blutspur und kam schließlich auf einer kleinen Steingruppe am Meer zur Ruhe, wo es starb. Dies würde die Farbe der Erde erklären, welche die Menschen ›Feuerstein‹ nennen, und auch den Drachenkamm – einen Weg, dem wir jetzt unverzüglich weiter folgen müssen!« Als wäre er über sich selbst verärgert, so viel Zeit mit Reden vertan zu haben, stand Merlin hastig auf und eilte auf die Straße zurück.

Bald lag das Meer vor uns, und der Weg verschwand einfach zwischen den steilen Klippen und zum Wasser hinab.

Während der Nebel weiter hin und her wogte, entdeckte ich die Ruinen vieler großer Gebäude, die vermutlich römischen Ursprungs waren. Die lange Hügelkette, die gleichmäßig entlang unserer gesamten Wegstrecke verlaufen war, setzte sich nun auch weiter unter den Wogen fort. Doch in einiger Entfernung von der Küste, inmitten von Nebelwolken, konnte man die Umrisse einer hochaufragenden Reihe von Felseninseln erkennen, die nach hinten aus dem Blickfeld verschwanden.

Als ich Merlin einholte, hatte er schon damit begonnen, die weißen Klippen über einen engen Fußweg hinabzusteigen. Als wir unten angekommen waren, sah ich, daß ein breites Sims grob in den Stein gehauen worden war und eine Art von künstlichem Anlegeplatz entstehen ließ. Der Mond stand nun direkt über uns, und in seinem fahlen Licht ließen die dahintreibenden Nebel und die weißgewaschenen Felsbänke mich wie einen Geist fühlen – fast unwirklich. Die geheimnisvollen Wesen der Anderwelt schienen uns tatsächlich überall zu umgeben, während feuchter Meeresdunst wie schwerer Tau an allem haftete. Ich zog meinen Umhang fest nach oben um Kopf und Schultern.

»Bald werden wir ein Feuer anzünden«, hörte ich Merlin gedämpft aus dem Nebel heraus sagen, »aber erst, wenn wir den Tempel erreichen. Siehst du hier, Arthur, wie die Drachenlinie weiter hinaus auf jene kleinen Inseln verläuft? Und erinnerst du dich an die Sage vom Tod des letzten Drachen, die ich dir vor einer Weile erzählt habe? Nun, dort draußen, auf der dritten Felsspitze, befindet sich ebendiese ›kleine Steingruppe‹, auf der, wie die Sage geht, das Geschöpf starb. Diese drei Steinvorsprünge sind wirklich nur eine Verlängerung der Drachenlinie, die dort draußen zur Ruhe kommt. Von einem vergessenen Menschengeschlecht, das auch die Tempelstätte erbaute, die wir besuchen werden, wurden sie die ›Needles of Ur‹ genannt. Wie es bei solchen Plätzen üblich ist, haben wir Druiden an unserem Ruf festgehalten, solche alten Kraftorte zu bewahren und zu schützen, indem wir dem Tempel mit unseren eigenen Riten und religiösen Feiern Ehre erweisen. Druiden wie wir pilgern oft hierher, um die Verbindung zu unseren eigenen Drachenwurzeln wiederherzustellen und uns der ›himmlischen Vaterschaft‹ anzuschließen, deren Energie sich durch die feurige Schlange manifestiert. Diese Kraft ist unsere Ur-Essenz, der spirituelle Äther‹ unseres Daseins, ohne den die Bruderschaften der Menschheit nur machtlose Körper wären. Und da dieses neue Zeitalter es für richtig hält, die Weisen und Zauberer der Welt, unsere alten Gefährten, zu verleugnen, suchen wir diesen Ort auch *in memoriam* auf.« Merlin senkte den Kopf und schien dann eine Weile von einer nachdenklichen Traurigkeit beherrscht zu sein. Irgendwo aus dem Nebel heraus kam eine leichte Brise auf, und eine einzelne Welle brach sich an den Felsen zu unseren Füßen; dies reichte aus, um den Druiden aufschrecken zu lassen.

»Eine solche Sehnsucht ...«, sagte er, als spräche er aus einem Traum, »... eine solche Trauer, die ich manchmal empfinde um ein vergangenes Zeitalter, als der Mensch in Harmonie mit der Welt lebte und nicht bestrebt war, jene Mysterien, die er – ob durch Zufall oder mit Absicht – nicht verstand, zu vertreiben. Aber dann wieder frage ich mich, ob die Weisen der Welt nicht immer so empfunden haben ... und es vielleicht immer werden? « Darauf erhob Merlin sich und ging hinüber zu einem abgestorbenen Baum, der in einem unmöglichen Winkel aus der Steilklippe herausragte.

»Arthur, komm hier herüber und laß uns anschauen, welche Art von Baum auf solche Weise wachsen kann«, sagte er, verschränkte die Arme und wartete.

»Er ist abgestorben«, erklärte ich und begriff nicht, worauf Merlin hinauswollte.

»Du bist ein Dummkopf, Arthur!« gab er heftig zurück.

»Warum versuchst du nicht, etwas genauer hinzugucken?« Und dann gewahrte ich, daß etwas von einem tieferen Ast herabhing. Es war ein großes Horn eines Ochsen oder Bullen, innen ausgehöhlt und an der Spitze mit einem Loch zum Hineinblasen versehen. Ich war in der Tat mit einem solchen Instrument vertraut und hatte manches Mal auf ähnlichen gespielt.

»Wir müssen es benutzen, um den Fährmann Barinthus zu rufen«, sagte Merlin ernst, »denn wir werden seine Hilfe brauchen, um uns über den Atem des Drachen zu geleiten damit wir zum Tempel von Uraconis gelangen. Komm, blase hinein!« Und ich setzte das Horn an die Lippen.

Als wäre die Landschaft in jener Nacht nicht schon geisterhaft genug, war der Schall des Hornes, als sein Echo zwischen den Felsen widerhallte, noch seltsamer. Einmal, zweimal und noch ein weiteres Mal verlieh ich ihm durch mein Blasen Leben, bevor ich es wieder an seinen Ast zurückhing ... und dreimal verschwand der dumpfe Ton nach und nach in die Dunkelheit, während wir auf das Bootssignal warteten – und wir brauchten nicht lange zu warten.

Gedämpft erklang über die Bucht das Geräusch eines Schiffsbuges, der sich einen Weg durch das Wasser bahnte. Bald tauchten Umrisse im Nebel auf und wurden zu einem Boot, das von einem älteren Mann mit einer Schifferstange fortbewegt wurde. Er hatte eine Kapuze über dem Gesicht und war stumm wie der Nebel, von dein er nur ein Teil zu sein schien. Auch als er seinen Kopf hob, um uns an Bord zu geleiten, konnte ich sein Aussehen nicht deutlich erkennen – von einem Bart abgesehen, der ihm bis zur Taille hinabreichte, und zwei runzeligen Händen, die den Ruderstab festhielten. Das Boot selbst war klein und geschmeidig gebaut wie die Schiffe der Wikinger und hatte am Bug einen sorgfältig geschnitzten Drachenkopf. Als wir es betraten, senkte es sich leicht unter den Füßen.

Innerhalb von Minuten waren wir an den ersten beiden Inseln vorbeigefahren und hatten bei der dritten, der größten von ihnen, seitwärts angelegt. Merlin legte eine Hand auf meine Schulter und machte mich auf eine Reihe von Stufen aufmerksam, die in den Fels gemeißelt und durch den Nebel so verborgen waren, daß ich sie sonst übersehen hätte. Ich folgte dem Druiden hinauf und blickte zufällig über die Schulter zurück. Das Boot lag ruhig auf dem Meer, wie ein Ei mitten in einem Nebelnest ... doch der Fährmann Barinthus war verschwunden.

Als wir über den ersten Felsgrat kletterten, verspürte ich in mir immer brennender ein rastloses Verlangen, irgend etwas zu tun. Ich wurde geradezu kribbelig, was ich unmittelbar dem heiligen Wasser zuschrieb, das ich vorher getrunken hatte. Es war so, als wäre ich für etwas bereit, wußte jedoch nicht, *was* es war.

»Dort ist er!« flüsterte Merlin plötzlich heiser, »der Tempel von Draconis!« Wir spähten hinab auf ein kleines Plateau, das etwa drei Schrittlängen über dem Meeresspiegel lag. Der grobe Felsabsatz, der hinauf zu einem Grabhügel führte, war unheimlich anzusehen. Dunkel und bedeutungsschwer erhob sich eine uralte Begräbnisstätte aus der grauen Steinfläche wie eine unförmige Gestalt – langes Gras bedeckte die Wölbung wie Haar, und ein Dolmen-Eingang aus drei großen Steinen war wie ein Mund ... schwarz und den Unvorsichtigen näher heranlockend, er möge eintreten. Merlin starrte wie hypnotisiert auf die Öffnung des Grabes. Seine Augen waren bewegungslos wie Glas, bevor er mit fremdartiger Stimme sprach:

Dunkles Haus, dunkles einsames Grab,
In deinen Wänden unter Eibenzweigen
Ist der Schlaf ruhig,
Und keine Spur von Sorge, sondern tiefes Vergessen
Senkt sich auf des Menschen Sein ...

Da ist nichts, nicht ein Geschöpf ruft,
Wenn nicht jene zarten Lüfte,
Welche die kleinen Blätter bewegen,
Etwas zu dem verborgenen Hügel
Vieler Begräbnisse sagen ...

Dunkles Haus, deine Stunden haben niemals
Die Hast und die Begierde unserer Tage gekannt.
In Jenem Herz aus Stein
Schlägt nie die Liebe, noch könnte Haß darin leben.
Es ist überhaupt nichts übriggeblieben,
Wenn nicht der Tote in jener dumpfigen Zelle
Vielleicht einen Traum hat, den er nicht erzählen kann ...

»Merlin?« flüsterte ich. »Merlin – was habt Ihr? Könnt Ihr mich hören?« Und ich schüttelte ihn leicht am Arm.

»Oh ...?« antwortete er und wandte den Kopf langsam herum, damit er mich anschauen konnte. »Ich muß laut gedacht haben – verzeih mir, ich hatte nicht vor, dich zu beunruhigen.« Er richtete seinen Blick wieder auf den Grabhügel.

»Aber es war wirklich wunderschön. Was ist es gewesen?« erkundigte ich mich, während mir plötzlich eine weitaus bessere Frage einfiel. »Und ... wer liegt in jenem Erdwall begraben?«

Aber es war schon zu spät: Der Druide hatte sich schweigend entfernt und folgte einer anderen Reihe von Stufen, die auf das Plateau hinabführten. Am Fuße blieb er einen Augenblick stehen und blickte hoch, wobei er mir mit dem Arm winkte, ihm zu folgen.

Als ich unten angelangt war, gingen wir hinüber zu einer niedrigen tischähnlichen Steinplatte, die für genau diesen Zweck dort errichtet worden sein könnte, und setzten uns darauf. Aus der Nähe sah der Grabhügel viel älter als von ferne aus. Das Mondlicht ließ weit ausgedehnte graue Steinflächen sichtbar werden, wo die Erde durch die Witterung abgetragen worden war ... wie Knochen, die aus zerfallenem Fleisch hervorragten. Dann erinnerte ich mich an etwas, das Merlin mich einmal gelehrt hatte: »Steine«, so pflegte er zu sagen, »sind die Knochen der Erde, und der Mutterboden ist ihr Fleisch.« Der Vergleich schien wirklich auf diesen Ort mit seiner machtvollen Atmosphäre von Tod und Wiedergeburt zu passen.

»Hunderte von Jahren haben Druiden ihre Lehrlinge auf diese Insel gebracht, um sie in die Mysterien der Priesterschaft einzuweihen«, sagte Merlin nach langem Schweigen, »und um ein für allemal die ›blaue Kette von *Annwn*‹ zu durchtrennen, damit ein neues Bindeglied zwischen dem Novizen und den Hütern der Vaterschaft aus der Anderwelt geschmiedet werden kann: jenen Männern, die vor uns kamen und weitergegangen sind. Hier an diesem Ort werden wir einen solchen Führer für dich suchen ... ein Werk, das nur während des *Samhain-Mondes* möglich ist, wenn die Grenzen zwischen den Welten eine Zeitlang zurückweichen. Das magische Wasser, das du zuvor in dieser Nacht getrunken hast, hat deinen Geist die Meere von *Annwn* überqueren lassen und dir die Widerstandskraft gewährt, vor der Dritten Flammenden Tür nicht zurückzuweichen, wenn sie sich öffnet. Bereite dich vor, *Bachgen*, denn die Zeit ist gekommen, um einzutreten!« Wir näherten uns dem Eingang des Dolmens, teilten einige Weinranken, die dicht bis zum Boden hingen, und traten hinein. Als ich mich in dem atemberaubenden Innenraum umschaute, hatte ich das Gefühl, als wäre ich plötzlich erstarrt.

Dort, genau in der Mitte jenes mit Steinen ausgekleideten Gemachs, lagen die skelettartigen Überreste eines riesigen geflügelten Tieres – unverändert, so wie es vor langer Zeit dorthin gefallen sein mußte. Die Knochen konnten nur von irgendeinem Reptil stammen: Der Kopf war flach und gehörnt, Hals und Schwanz waren glatt und lang, und es besaß gewaltige Zähne und Klauen. Seine fledermausähnlichen Flügel waren völlig unversehrt geblieben; sie waren zusammengelegt und hatten Reihe um Reihe von grün und golden schillernden Schuppen. Mein Herz pochte wie rasend vor Aufregung und Unglauben, während mein Verstand die einzig einleuchtende Schlußfolgerung aus allem zog: Genauso wie Merlins Geschichte es vorweggenommen hatte, mußte hier der Körper des legendären Drachen von *Ynys Wyth* liegen!

Um die Knochen herum stand ein Kreis aus zwölf ungewöhnlichen Steinen. Sie waren faustgroß und sahen so weiß aus, als wären sie aus reinstem Bergkristall; es ging jedoch ein blasses mondähnliches Leuchten von ihnen aus, welches das ganze Gemach in einen unheimlichen Silberschein tauchte. Als ich näher an den Kreis heranging, bemerkte ich, daß Merlin eifrig damit beschäftigt war, den Boden abzusuchen und kleine Stücke von etwas aufhob, womit er einen Lederbeutel füllte.

»Komm, Arthur, du kannst uns zur Hand gehen«, sagte er schließlich, und ich fragte ihn, nach was genau ich Ausschau halten sollte. *»Sanguis Draconis«,* antwortete er, »... Drachenblut. Eine mystische Substanz von sehr hohem Alter, die früher einmal gebräuchlich war, doch heute für jene von uns, die solche Dinge hochschätzen, unbezahlbar. Obwohl sie hier seit den ersten Tagen der römischen Besatzung gesammelt worden ist, scheint der Vorrat niemals auszugehen – vielleicht wegen der magischen Natur dieses Ortes, dem letzten Drachenhügel. Sammle eine kleine Menge für dich, und ich werde dir beibringen, wie du guten Gebrauch davon machen kannst.«

Merlin trug dann einen kleinen Haufen trockenes Anzündholz gerade außerhalb des Steinkreises zusammen und setzte sich davor nieder. »Mache dich nun bereit, Arthur«, wies er mich an, schloß die Augen und zog mit seinen Händen mystische Symbole über dem Holz. *»Nuc Hebae Aemos Lucem ... Et Calorem! «* Und der Holzstoß rötete sich und wurde zur Flamme.

Der Druide saß regungslos da, bis das Feuer zu Asche erloschen war. Dann streckte er eine Faust über die Nachglut und sagte: »GEWAHRE IHM FUHRUNG ... GEWAHRE IHM WAHRHEITSSINN ... GEWAHRE IHM DAS TEILEN DES SCHLEIERS«, und damit ließ er die Handvoll Drachenblut auf die Holzkohle fallen.

Merlins Gesicht wurde völlig ausdrucksleer und von einer Totenblässe überzogen. Ganz langsam begann eine fahle Rauchsäule von dem Blut aufzusteigen, die sich in einer milchigen Lache über der gesamten Länge des Skeletts sammelte. Nach und nach verdichtete sich der Rauch in der Mitte, bis die Umrisse einer Gestalt auftauchten ... der Gestalt eines Mannes, der fremdartig gekleidet war und einen Silberreif um den Kopf trug.

»Mein alter Freund«, sprach die Erscheinung, »Gefährte auf manch einem Feldzug vor so langer Zeit.« Die Stimme klang tief und müde. »Bald wird die Zeit kommen, wenn ich den letzten Schleier von Lyonesse überwinden und in das Jenseits gehen muß. Doch als mein von Gott gegebenes Recht habe ich es vorgezogen, eine Zeitlang wieder unter den Lebenden zu weilen, damit du aus dem Rat und der Unterstützung von einem Nutzen ziehen könntest, der deine Sache liebt und achtet. Wenn du dies willst, betrachte mich also wieder als deinen Führer – einen Vater, an den du dich in Zeiten der Not wenden kannst – einen Spiegel für dein Gewissen, ein Fenster zu deinem höheren Selbst. Du hast zweifellos vergessen, daß mein Name einst *Noath war*. Nun, so sei es! Doch halte unter jenem Namen da nach mir Ausschau, wo du mich am meisten zu sehen benötigst, und ich werde dort sein; darin zu versagen, würde auch mein Versagen bedeuten.

Für heute sei Gott mit dir, alter Freund ... und ich habe alle Hoffnung, daß du eines Tages in mein Gesicht blicken und dich erinnern wirst. Und was meine Gestalt angeht, du wirst sie erkennen, Arthur ... du wirst sie erkennen.«

Das Bild des Mannes verschwamm zu tausend grauen Dunststreifen und löste sich dann völlig auf. Plötzlich fühlte ich mich schwach und benommen; alles drehte sich mir, bis ich schließlich rückwärts auf den Boden stürzte und nicht mehr aufstehen konnte. Der einsame Ruf einer klagenden Eule irgendwo draußen in der Nacht holte mich in die Wirklichkeit zurück. Dicht neben mir hörte ich Merlin stöhnen und sich dann bewegen. Er hob mich vorsichtig hoch und trug mich nach draußen, wo er mich in ein Bett ineinander verschlungener Weinranken legte.

»Nur ruhig«, sagte er gütig, »du wirst jetzt eine Weile schlafen müssen. Ich fürchte, dein junger Körper ist noch nicht an solche Kräfte gewöhnt, wie sie hier zu Hause sind. Schlafe jetzt ... schlafe in Frieden.« Und ich wußte nicht sicher, ob sich meine Augen schlossen oder ob sich der Nebel um mich schloß, doch ich schlief ein – durch das gleichmäßige Rauschen des Meeres in tiefe Träume gewiegt.

Ich brauchte nicht einmal die Augen zu öffnen, um zu wissen, wo ich mich befand: Ich lag auf Merlins Bett und hörte das vertraute Geräusch des Wasserfalls draußen. Trotzdem schlug ich die Augen auf und warf einen flüchtigen Blick auf meine Umgebung. Alles schien verschwommen und weit weg ... die Ereignisse auf der Dracheninsel ... auf schweigenden Flügeln und Nachtwinden nach Hause getragen worden zu sein ... alles.

Ich sprang aus dem Bett, schaute mich um und begann mich anzukleiden. Außer mir war niemand in der Höhle. Während ich mich ungestüm fragte, wie viele meiner verworrenen Erinnerungen Wahrheit oder Einbildung waren, erstarrte ich jäh, als ich gerade meinen Gürtel umband und ein spukhaft klingender Laut – ein vertrauter Laut – von draußen in die Höhle getragen wurde ... und mit sich alles hereinbrachte, was ich vergessen hatte. »Merlin?« rief ich leise, »Merlin!« und lief zum Eingang.

Der Druide saß unter seiner Lieblingseiche, las in einem Buch und rauchte zufrieden seine Pfeife. Zu ungeduldig, um warten zu können, brüllte ich laut von dort, wo ich stand, zu ihm hinüber:

»Ist es wahr, Merlin? Sagt mir ... ist es wirklich passiert?« Der Druide blickte auf, recht verärgert darüber, so angeschrien zu werden, und machte eine ablehnende Handbewegung, ehe er sich wieder seinem Buch zuwandte. Gerade in diesem Augenblick wurde derselbe spukhafte Laut ein zweites Mal herangetragen – der Ruf einer Eule! Ich hielt die Hand vor die Augen, trat etwas weiter hinaus und entdeckte den großen grauen Vogel, der ruhig auf einem Felsvorsprung nicht höher als zwei Armlängen über meinem Kopf saß und mit seinen weit aufgerissenen allwissenden Augen hinabstarrte.

»Der Tempel von Draconis ... *Ynys Wyth!*« vergegenwärtigte ich mir plötzlich. »Dort habe ich diesen Vogel zuerst gehört! Aber ... wie könnte das überhaupt möglich sein?« Kaum hatte ich diese Gedanken geäußert, als in meinem Geist ein Bild des geisterhaften Mannes über den Knochen auftauchte.

»Noath!« flüsterte ich atemlos, und augenblicklich durchzuckten mich messerscharf die Worte, die er in jener nebeligen Nacht gesprochen hatte: »Und was meine Gestalt angeht«, hatte er vorausgesagt, »du wirst sie erkennen, Arthur ... du wirst sie erkennen.«

Lektion 14
Das Drachenauge

In dem Romankapitel »Dracheninsel« gibt es mehrere Hinweise auf einen Ritus, durch den die Macht des Drachen angerufen werden kann – sei es, daß sein Erscheinen oder sein Geist beschworen wird.

Was ist nun genau mit dem »Drachen« gemeint? Diese Frage mag auf den ersten Blick verwirrend wirken, da in *Merlins Vermächtnis* verbindlich erklärt wird, daß es in Britannien keine echten Drachen mehr gibt. Die Antwort darauf lautet in wenigen Worten, daß die Druiden das gesamte Energiesystem der Erde als eine Manifestation des Drachen ansahen und die magnetischen Ströme *(ley lines)*, die kreuz und quer über die Erdoberfläche verlaufen, *Drachenlinien* nannten. Die Erde selbst brachte diese Kraftlinien hervor, und an bestimmten heiligen Punkten, wo sich diese Energie »zusammenrollte und an die Oberfläche wand« (wie z. B. Glastonbury Tor, Dracheninsel/Isle of Wight, Snowdonia), konnte große magische Kraft wahrgenommen werden. Häufig waren solche Stellen durch *Menhire* (Steinsäulen) oder Steingruppen (wie in Stonehenge) markiert. Dies war für die Druiden die *Drachenenergie*. Die gesamte Erde wurde als der *Körper des Drachen* angesehen – und *dieser* Drache ist heute noch genauso lebendig Wie zur Zeit der Sagen.

Nachfolgend die symbolischen Eigenschaften des Drachen, die für eine Anrufung genutzt werden müssen:

Waffe = SCHWERT
Planet = MARS
Element = FEUER
Räucherwerk = DRACHENBLUT
Metall = GOLD (ersatzweise Eisen)
Zahl = 2
Symbol = DRACHENAUGE (siehe folgende Abbildung)

Für die Anrufung des Drachen nach den Anweisungen des *Book of Pheryllt* führen Sie folgende Schritte aus:

1. Wählen Sie eine einsame Stelle im Freien, am besten hoch oben auf einem Hügel oder einer Bergspitze (solche hochgelegenen Plätze sind dem Drachen geweiht).
2. Bilden Sie einen Kreis aus zwölf Steinen und nehmen dafür Ihre eigene Körpergröße als Durchmesser. Streuen Sie ein wenig Eisen- oder Goldstaub hinein.
3. Ziehen Sie innerhalb des Kreises am Boden mit dem Schwert (oder einem symbolischen Ersatz dafür) das Symbol des Drachenauges. Damit ist der Ort für den Gebrauch vorbereitet.
4. Treten Sie in der Morgendämmerung oder um zwölf

Uhr mittags (den beiden Schwellenzeiten, die dem Drachen geweiht sind) in den Kreis und verbrennen Drachenblutharz auf Räucherkohle, die Sie darin anzünden.

5. Wenn Sie damit fertig sind, stellen Sie sich genau in den Mittelpunkt des Drachenauges und halten das Schwert mit beiden Händen hoch über Ihren Kopf, die Spitze nach unten gerichtet.
6. Sprechen Sie dreimal, mit lauter und kraftvoller Stimme, die GROSSE BESCHWÖRUNG DES DRACHEN:

Cum Saxum Saxorum,
In duersum montum oparum da -
In Aetibulum, In quinatum:
DRACONIS!

7. Stoßen Sie mit einer raschen Bewegung das Schwert tief in die Erde/den Körper des Drachen.
8. Setzen Sie sich mit gekreuzten Beinen in den Mittelpunkt des Drachenauges.
9. Schließen Sie die Augen, und warten Sie auf das Erscheinen des Drachen.

Die Präsenz des Drachen kann auf verschiedene Weise spürbar werden. Um sie wieder zu bannen, müssen Sie lediglich das Schwert aus der Erde ziehen.

Warnung: Verlassen Sie nicht eher den schützenden Kreis, bis »das Schwert aus dem Stein gezogen ist«.

Dieser alte Ritus ist hauptsächlich für Feuerfeste und insbesondere für die Sommersonnwende geeignet. Drachen oder »Feuerschlangen«, wie sie von den Kelten genannt wurden, erschienen oft über Notfeuern.

Es wird berichtet, daß die *Pheryllt-Priester* einst an hohen

Festtagen goldene Drachenaugen als Sinnbild für Macht und Autorität trugen. Das *Drachenauge* kann auch sehr erfolgreich als »Eingangstor« nach den Anweisungen in Lektion 13 verwendet werden. Viele Versionen des Ritus der Drachen-Anrufung sind möglich, da er mit Erfolg im Haus ausgeführt werden kann, wobei das Symbol auf dem Fußboden oder einem Tuch gestaltet wird. Auch kleine Steinkreise lassen sich ohne weiteres mit recht guter Wirkung in einem geschlossenen Raum errichten. Seien Sie kreativ! »Inspiration« ist eine Eigenschaft, die traditionell als eine Gabe des Drachen angesehen wird.

15

Alle Götter sind ein Gott

So wie es sich nicht lohnt über das Pleroma nachzudenken,
so lohnt es sich nicht, die Vielheit der Götter zu verehren.
Am wenigsten lohnt es sich, den ersten Gott,
die wirksame Fülle und das summum bonum, zu verehren.
Wir können durch unser Gebet nichts dazu tun
und nicht davon nehmen, denn die wirksame Leere
schluckt alles in sich auf.

C. G. JUNG, DIE SIEBEN REDEN AN DIE TOTEN*

Der Große Rat der Druiden kam einmal alle drei Jahre am Vorabend der Sommersonnwende zusammen. Dies war eine Delegation von einundzwanzig Priestern, welche die drei Glaubensbezirke vertraten: Irland, Gallien und unsere eigenen Britischen Inseln. Ihre Zielsetzung bestand darin, die spirituellen Energien ihrer jeweiligen Nationen unter einer vereinten Bruderschaft auszurichten und zu lenken.

Am meisten faszinierte mich an dem Rat vermutlich das Siegel der absoluten Verschwiegenheit, unter dem er zusammentraf; es wurde große Sorgfalt darauf verwandt, die Örtlichkeiten aus Gründen der Sicherheit geheimzuhalten, wie mir gesagt wurde. Tatsächlich hatte ich nicht ein einziges Mal in meinen fünf Lehrlingsjahren jemals einen Anhaltspunkt in dieser Sache erhalten. Das letzte Treffen hatte sogar dazu geführt, daß ich während der den ganzen Tag über andauernden Beratung allein auf dem Berg geblieben war.

---

* in: *Erinnerungen, Gedanken, Träume* von C. G. Jung. Olten 1992, S. 395.

Heute war Merlin seit dem Morgengrauen auf einem seiner häufigen Rundgänge in der Umgegend unterwegs gewesen und tauchte dann unvermutet in einem Zustand beträchtlicher Erregung am Eingang der Höhle auf. »Bärenjunges!« rief er, »komm sofort zu mir, denn ich habe bemerkenswerte Neuigkeiten vernommen.« Er goß sich einen Humpen Heidebier ein und ließ sich mit einem tiefen Atemzug schwerfällig auf seinem Stuhl nieder. »Eine Abordnung von Druiden aus der Bretagne ist gerade zu unseren Küsten in See gestochen. Sie bringen einen Jungen mit, der von dem Rat geprüft werden soll!« Merlin schob seinen Trunk beiseite, stand wieder auf und begann in der Höhle umherzueilen, wobei er allerlei Kleinigkeiten in einen Sack stopfte, den er auf Reisen benutzte.

»Wovon sprecht Ihr?« fragte ich, verblüfft über das Verhalten des Druiden, »welcher Junge ... und wofür geprüft?«

»Aber natürlich«, antwortete er, hielt inne und lehnte sich gegen eine Holzbank, »ich habe es dir nicht erzählt. Vor einigen Monaten kam uns aus Gallien die Nachricht zu Ohren, daß ein Junge entdeckt worden sei – ein Junge, der die Erinnerung und die Persönlichkeit von einem der bedeutendsten Väter aus der Leitung unseres Ordens zu besitzen scheint, der bereits seit vielen Jahren tot ist. Der Junge heißt Ganymed, und er hat weiterhin die weisesten unserer gallischen Brüder dadurch verwirrt, daß er geheime Fakten über Personen und Dinge wußte, die jemand unmöglich wissen kann. Obwohl er erst zehn Jahre alt ist, wandert er zu Fuß umher und verkündet und lehrt Weisheiten, die weit über sein Alter hinausgehen. Viele halten es für ein Zeichen – ein bedeutendes Omen, daß solch einer so schnell aus der Anderwelt zurückgekehrt sei; sie behaupten, daß er dabei helfen werde, den Orden wieder in seine rechtmäßige Stellung einzusetzen. Und das ist wirklich die ganze Geschichte – außer daß Ganymed dafür vorgeschlagen wurde, wegen einer endgültigen Entscheidung in dieser Angelegenheit vor dem Großen Rat zu erscheinen. Wenn seine Darstellung sich bestätigt, wird dies von allergrößter persönlicher Wichtigkeit für mich sein, denn, siehst du – ich habe den Mann gekannt, der zu sein er behauptet, als ich selbst noch Lehrling war! Kannst du nun mein Interesse begreifen, Arthur?«

Das konnte ich in der Tat begreifen. Und was noch wichtiger war – in meinen verborgensten Gedanken wußte ich, daß ich auch ein eigenes Interesse daran hatte. Hier gab es einen Buben, sogar jünger als ich, der die volle Erinnerung an ein wichtiges früheres Leben besaß ... und dieses Wissen nutzen konnte. Ich wußte sehr wohl, daß ich während meiner Studienjahre manche aufschlußreichen Entdeckungen über meine eigenen früheren Leben gemacht hatte. Doch in der ganzen Zeit hatte ich einige meiner grundlegenden Fragen und Zweifel bezüglich der Wiedergeburt niemals wirklich gelöst – und hier war eine vorzügliche Gelegenheit dafür! Ich beschloß, Merlin irgendwie davon zu überzeugen, mich teilnehmen zu lassen.

Wie es üblich war bei meinem Lehrer, war es fast unmöglich für mich, mit irgendeinem Grad an Treffsicherheit vorauszusagen, *wie* er auf etwas reagieren könnte – und dieses Mal erwies sich als keine Ausnahme. Merlin (aus welchen unausgesprochenen eigenen Gründen auch immer) schien keine Bedenken zu haben, mich mitzunehmen, vorausgesetzt, daß zwei Bedingungen erfüllt wurden: Erstens, ich durfte nicht an der Beratung teilnehmen, und zweitens, ich mußte einwilligen, beide Wegstrecken mit verbundenen Augen zu gehen, damit sein Eid, niemals den Ort zu verraten, nicht gebrochen würde. Außerdem erfuhr ich, daß der junge Ganymed an dem Sonntag nach der Sommersonnwende eine öffentliche Rede über das Wesen der Religion halten sollte, und der Druide wollte, daß ich diesem Ereignis beiwohnte. Vielleicht hatte er deshalb so bereitwillig nachgegeben? Es kam nicht oft vor, daß Merlin überhaupt nachgab ... und das machte mich neugierig.

Also brachen wir an einem strahlenden Morgen drei Tage vor dem Sonnwendfest zu Fuß auf. Wir hatten vereinbart, daß mir die Augen verbunden werden sollten, sobald wir den Fluß Usk erreicht hatten, doch das störte mich nicht im geringsten. Ich war glücklich, überhaupt mitgehen zu können, und außerdem hatte Merlin mich genügend jener Riten mit verbundenen Augen durchmachen lassen, daß ich auf meine Fähigkeit vertraute, die Orientierung zu behalten, wohin auch immer ich geführt wurde. Merlin pflegte zu sagen: *»Den Körper eines Sinnes zu berauben bedeutet lediglich, einen anderen Sinn zu schärfen.«* Es dauerte nicht lange, bis der Fluß in Sicht kam und die Augenbinde angelegt wurde.

Von diesem Zeitpunkt an nahm ich wahr, daß wir begleitet wurden. Etwa alle hundert Schritte war ein Laut wie gedämpftes Flügelschlagen zwischen den Ästen zu hören – was darauf hinwies, daß mein neuer Eulenfreund Noath beschlossen hatte, mit auf die Reise zu kommen. Im vergangenen halben Jahr hatte sich der große Vogel dazu entschieden, in den Klippen über der Höhle zu leben anstatt drinnen mit Salomon und uns, doch hatte sich zwischen uns ein ungewöhnlich enges Verhältnis entwickelt. Oft schien es so, als würden der Vogel und ich alle möglichen schweigenden Gespräche miteinander führen, meistens über einen Raum hinweg oder im Traum ... oder während der Zwischenstunden in der Dämmerung.

Bis auf kurze Aufenthalte, wo wir etwas aßen, gingen wir bis zum frühen Abend weiter. Merlin führte mich mit fester Hand auf meiner Schulter entlang des Weges. Durch die bloßen Geräusche und das Gefühl der Sonne auf meinem Gesicht wußte ich, daß wir eine Stadt durchquert sowie zwei Hauptstraßen überschritten hatten und grundsätzlich in südlicher Richtung wanderten. Es war so etwas wie ein Spiel: Ich nahm an, daß wir durch Caerleon und über den Usk und danach über den Hafren gegangen waren. Welche Schadenfreude ich darüber empfand, daß ich dies alles »erkannt« hatte – und doch vermutete ich, daß Merlin genau Bescheid wußte.

Nach zwei Tagen, die wir auf solche Weise wanderten, wurde ich plötzlich gewahr, daß die Landschaft einen anderen Eindruck machte. Die Geräusche verklangen nicht mehr über freiliegende Flächen, und kühler Schatten war an die Stelle von sonnendurchflutetem Wind getreten. Wir befanden uns in einem Wald. »Bäume!« sagte ich laut, als mir die Augenbinde unerwartet abgenommen wurde. Und tatsächlich liefen wir auf einem schmalen Fußpfad in der Tiefe eines Waldes. Das Licht war matt, und stellenweise schlossen dicke Äste den Weg ein. Die Dunkelheit war fast hereingebrochen, und wir wählten für unser Lager eine große hohle Weide aus, die im Innern mit trockenen Laubschichten ausgefüllt war. Wir verzehrten unsere Abendmahlzeit beim Licht der Sterne, sofern es durch das Walddach sickern konnte, denn Merlin hatte untersagt, irgendein Feuer zu entzünden. Das seltsame Beharren darauf wurde nicht erklärt, sondern er hatte nur gemeint, daß die Bäume hier von anderer Art seien und es nicht schätzen würden, wenn ihr schönes Sommerlaub versengt werde.

Dann war er eingeschlafen. Ich wußte aber, daß er bloß aus Furcht, ich könnte unseren genauen Standort entdecken, eine Ausrede gebraucht hatte. Doch wieder lachte ich in mich hinein, denn ich wußte tatsächlich genau, wo wir waren. Mit verbundenen Augen wandernd und von allen Vorsichtsmaßregeln abgesehen, hatte ich das sichere Gefühl, daß wir uns inmitten des alten und geheimnisvollen Neuen Waldes befanden, am östlichsten Rand des Königreiches von Dumnonia.

In jener Nacht träumte ich ... Gesichte, die ich niemals zuvor erlebt hatte. Es war erschreckend: Überall um mich herum sammelten sich Gruppen von Bäumen, große und kleine – Bäume, die durch irgendeinen Feind, von dem mir nichts enthüllt wurde, zur Gewalt gereizt wurden. Sie kamen in einer Reihe nach der anderen, manche trugen Speere oder Keulen oder lodernde Fackeln – manche nur ihren Haß als einzige Waffe. Doch sie alle wandten sich vereint gegen eine gemeinsame Plage, bereit dazu und gewillt, sich einem allerletzten Kampf auf Leben und Tod zu stellen. Als die große Versammlung vorzurücken begann, wurde der Staub von dem Waldboden aufgewirbelt und bedeckte alles – da erwachte ich nach Luft ringend und setzte mich im Dunkeln kerzengerade hin, während mir der Schweiß das Gesicht herablief.

»Die Schlacht der Bäume ...«, ertönte Merlins schläfrige Stimme neben mir, »du hast von dem großen Baumkampf geträumt, der einst in ebendiesem Wald ausgefochten wurde. Sei ruhig und entspanne dich nun, denn es ist schon sehr lange her ... obwohl die Eindrücke so lebendig wie gestern bleiben. Als ich unser Lager in dieser alten Weide aufschlug – ein Anführer der Bäume, Herrscher über das Wasser und die Träume –, hatte ich die Hoffnung, daß dir dies erspart bleiben könnte. Aber ... vielleicht ist es besser, daß du es weißt. Schlafe jetzt wieder. Während der restlichen dunklen Stunden werde ich tief mit dir träumen, damit du nicht weiter gestört wirst. Ich hatte wirklich vergessen, welch ein machtvoller Platz dies war! Mach die Augen zu und ruhe dich aus, denn der morgige Tag verspricht geschäftig zu werden.« Und getreu seinen Worten verbrachte ich den Rest der Nacht mit Merlin in den Reichen der Anderwelt – wundersame, nur halb erinnerte Bilder, die jedoch nie vergessen werden sollten.

»Guten Morgen!« rief Merlin, als ich langsam nach draußen in das helle Sonnenlicht kroch, das zwischen grünen Ästen hindurchströmte. »Na, ich weiß nicht so recht, an was du mich gerade erinnerst? Oh ja – an ein Bärenjunges, das nach einem langen dunklen Winter aus seinem Bau herauskommt! Ich hoffe, deine Ruhepause ist nicht allzu ereignislos gewesen?« Er wandte sich erneut der Erforschung eines fremdartig aussehenden Pilzes zu, der während der Nacht unter einer Kiefer hochgeschossen war. Sehr bald waren wir wieder unterwegs, und ich war ziemlich froh darüber, daß der Druide keinerlei Anzeichen erkennen ließ, mir nochmals die Augen verbinden zu wollen. Ich wußte dies um so mehr zu würdigen, als wir weiter in den Wald hineingelangten, denn es war ein Ort von seltener Schönheit. Zeitlos schien er, mit seinen leuchtenden Sommerblumen, die in Gruppen um die Wurzeln bemooster Bäume wuchsen. Zwischen dunklen Tannenzweigen sangen die Vögel. Es war so friedlich – eine gedämpfte, friedliche Stimmung wie an einem Nachmittag.

Schließlich stießen wir auf einen gurgelnden Bach, der sich wie eine Schlange um grüne Felsblöcke wand, um die herum gelbe Schlüsselblumen wuchsen. Ein Holzsteg führte darüber – das erste Anzeichen für menschliche Besiedlung, das ich bisher gesehen hatte. Sofort wurde der Weg breiter, und Steingärten tauchten auf. Dann hörte der Wald unversehens auf und gab den Blick frei auf eine weite offene Wiese, in deren Mitte sich ein eindrucksvoller Anblick bot: Es war zweifellos der größte Baum, den ich jemals erblickt hatte. Sein Umfang hätte mühelos von dreißig ausgewachsenen Männern umfaßt werden können, und seine Äste begannen sich erst in großer Höhe über dem Boden auszubreiten. Welche Art von Baum dies war, habe ich niemals erfahren: Er war höher als eine Tanne, hatte Rinde wie eine Eiche, doch ungeheuer große Blätter, die rund wie bei einer Espe waren! Vielleicht, so dachte ich, ist dieser Titan, wie der Wald selbst, ein einsamer Überlebender aus einem anderen Zeitalter.

Als wir näher herangingen, wurden einige Blätter über die Wiese vor uns herangeweht – Blätter, die so groß wie ich waren und mehrfach so breit! Als ich dann hoch in die Äste schauen konnte, wurde noch etwas weitaus Ungewöhnlicheres sichtbar: Ganz oben, zwischen den höchsten Zweigen, war eine riesige kreisförmige Plattform errichtet worden, auf der eine große Pyramide stand, die sich strahlend weiß vor dem blauen Himmel abhob!

»Selten und wunderbar, nicht wahr?« fragte Merlin und wartete einen Augenblick, um meine Reaktion zu sehen. »Dieses Bauwerk wird ›Tempel der Sonne‹ genannt und wurde als Abbild der mächtigen Pyramiden des versunkenen Atlantis errichtet. In jenem Land wurden solche Tempel vor langer Zeit nach den heiligen Prinzipien der Geomantie erbaut; dies beruhte auf der Vorstellung, daß den Regeln von Zahl und Form mystische Kraft innewohnte. Seit den Ägyptern ist es kein Geheimnis mehr gewesen, daß Pyramiden das bewahren und reinigen, was sich in ihnen befindet. Aus diesem Grund, Bärenjunges, ist eine solche Begegnungsstätte entstanden.«

Ich war durch das Ausmaß von allem derart fasziniert, ja gefesselt, daß ich nichts darauf antwortete ... sondern bloß näher heranging, um es besser betrachten zu können.

»Nein, Arthur!« sagte Merlin bestimmt. »Ich versprach, dich einen kurzen Blick auf diese heilige Stelle werfen zu lassen, aber nicht mehr. Gemäß unserer Abmachung trage ich dir auf, in den Grenzen dieses Waldes zu bleiben, bis mein Treffen zu Ende ist.« Damit führte mich der Druide zu einer Lichtung am Waldrand hinüber, wo eine Feuerstelle errichtet worden war und ein munteres Bächlein floß. Nachdem Merlin Bettzeug und Vorräte in der Nähe zurückgelassen hatte, ging er wieder in Richtung des Baumes, bis er dahinter verschwand, so als wäre er von seinen waldigen Höhen aufgesogen worden.

Ich blieb zurück und blickte mich um, fühlte mich verlassen und wußte nicht recht, was ich tun sollte – aber eine Abmachung ist eine Abmachung, und ich beschloß, das Beste daraus zu machen und Brennholz für die Nacht zu suchen.

Der Abendtau sammelte sich in schweren Perlen auf dem Gras, während überall Grillenchöre zirpten. Ich blickte sehnsüchtig zu dem großen Baum drüben auf dem Feld, eine gewaltige helle Silhouette vor einem mondlosen Himmel, und ein Gefühl von Leerheit überkam mich. Als ich dann dalag und in mein Feuer starrte, warnte mich ein jähes deutliches Geräusch, daß die Welt doch nicht so verlassen sein könnte, wie ich mir vorgestellt hatte. Etwas kam keck den Pfad hinab in meine Richtung.

»Fußschritte!« murmelte ich flüsternd und versteckte mich rasch zwischen den verschlungenen Zweigen eines alten Weißdorns. Dann war es zu meiner Überraschung weder ein Tier noch ein Dieb, der in den Feuerschein trat, sondern ein Junge in meinem Alter, der in ein ganz langes weißes Gewand gekleidet war und auf der Schulter eine Eule trug – meinen Eulenfreund Noath!

»Arthur?« rief der Junge mit einer ruhigen Fistelstimme, als ich aus dem Busch auftauchte, »bist du derjenige, der ›Arthur‹ heißt?« Ich nickte. »Du brauchst keine Angst vor mir zu haben.«

»Ich habe keine Angst!« sagte ich und spürte, daß mein männliches Ego irgendwie herausgefordert worden war. »Doch wer bist du, daß du nicht nur mich mit Namen kennst, sondern auch meinen Aufenthaltsort? Weißt du nicht, daß dies ein heiliger Platz ist?«

Er lachte leise, was die Eule dazu veranlaßte, auf einen Ast in der Nähe zu fliegen. Es war ein vornehm aussehender Junge mit scharf geschnittenen Gesichtszügen unter pechschwarzem Haar und mit einem Blick, der genau durch einen hindurchzugehen schien. Ich atmete schwer vor Erstaunen, als ich bemerkte, daß von seiner Taille eine goldene Sichel hing – das höchste druidische Symbol für Vollkommenheit und einen hohen Rang. Und von einem getragen, der nicht älter als ich war? Der Junge kam näher, um mir ins Gesicht zu sehen, und streckte dann seine Hand in einer Geste der Freundschaft aus.

»Ich heiße Ganymed«, erklärte er mit einem feinen Lächeln, »und, wie dir wahrscheinlich erzählt wurde, bin ich aus der Bretagne gekommen, um meine Sache vor dem Hohen Rat zu vertreten – ich bin die Ursache dafür, daß alle hier sind.«

Ich versuchte mein Bestes, ungezwungen zu klingen, obwohl ich es nicht war. »Ja, es wurde mir erzählt ... aber woher hast du gewußt, wo ich zu finden bin, und warum?«

Ganymed deutete hoch auf die Eule Noath, die uns unverwandt beobachtete. »Vielleicht solltest du diese Frage deinem Freund dort oben stellen«, antwortete er, »denn er bat mich, mitzukommen, obwohl es dazu nicht viel Überredungskunst brauchte! Das ganze Gerede und die skeptische Aufmerksamkeit – ich hatte nur den Wunsch, dem eine Weile zu entfliehen, und so bin ich gekommen.«

Wir verbrachten die nächste Zeit damit, weiteres Brennholz zu sammeln, um das Feuer zu unterhalten, und setzten uns dann vor ihm nieder.

»Merlin hat mir erzählt, daß du den Anspruch erhebst, ein heiliger Mann aus einer anderen Zeit zu sein«, wagte ich mich vor, denn ich war zu neugierig, um eine belanglose Unterhaltung zu führen, »... stimmt das?«

Der Junge blickte mich verwundert an und gab lange Zeit keine Antwort. »Ich sehe soviel Zweifel in deinem Gesicht«, sagte er endlich. »Vielleicht sollten wir miteinander reden ... vielleicht gibt es etwas, was ich im Sinne des Glaubens vorbringen kann.« Er schloß die Augen. Es war ganz offensichtlich, daß die Person vor mir kein gewöhnlicher Junge war, und allein schon diese Tatsache machte mich allem gegenüber, was er sagen könnte, weniger kritisch.

»Vor allen Dingen« , begann Ganymed, »erhebe ich nicht den Anspruch, irgend jemand anders als der zu sein, der ich bin. Andere haben mich mit diesem oder jenem Namen benannt und dabei vergessen, daß wir alle die Frucht unserer früheren Leben sind – doch keines von ihnen allein. Es gibt viele Druiden, die dies nicht erkennen, sondern statt dessen vorziehen, mich zu einer Messiasgestalt zu verklären, die wiedererschienen ist, um sie von den Verfolgungen durch die christliche Kirche zu erlösen. Keiner ist so blind ... « Seine Stimme wurde zögernd, so als würde er seine nächsten Worte sorgsam auswählen. »Andererseits stimmt es, was sie sagen, daß ich – in meiner Lebenszeit vor dieser – ein Führer war, den viele kannten, die jetzt in dem Tempel dort drüben sitzen. Und es stimmt auch, daß ich aus eigener freier Wahl zurückgekommen bin, um meinen Brüdern dabei zu helfen, es mit den wechselvollen Gezeiten der Welt aufzunehmen ... doch in einer Form, die sie vielleicht nicht erwarten! Die Welt wird anders, und daran kann ich nichts ändern; ich würde es auch nicht wollen, denn ohne Veränderung kann es keinen Fortschritt geben. *Vollkommene Stabilität bedeutet vollkommenen Stillstand,* und irgendwie muß ich zu dieser Lektion ermahnen, bis sie angenommen wird. Die Menschheit verschwendet soviel Zeit damit und vergießt soviel Blut, um Unterschiede zwischen den Menschen hervorzuheben, anstatt ihre Ähnlichkeiten herauszufinden und sich auf diese zu stützen. Meine Mission, wenn es eine gibt, muß darin bestehen, die Druiden darin zu bestärken, das Alte mit dem Neuen zu verbinden; nur auf diese Weise können wir die Essenz dessen bewahren, was wir sind – und was wir gewesen sind. Reiße die künstlich erschaffenen Verzierungen von der Religion weg: Dann gibt es wirklich nur noch sehr geringe Unterschiede zwischen dem Glauben des einen und des anderen Menschen.«

Das Feuer war fast erloschen; daher schlugen wir beide uns wieder ins Gebüsch, um weiteres Holz zu sammeln. Drüben auf dem Feld glühten Laternen und Fackeln um die Basis der Pyramide – wie riesige Leuchtkäfer auf einem Busch.

»Nachdem mein Leben zu Ende gegangen war«, sagte er, während er einen weiteren Armvoll Reisig heranbrachte, »wanderte ich eine Zeitlang zwischen den Welten umher, wie es alle Menschen tun. Dann, nach einem Treffen mit den Göttern, denen ich im Leben gedient hatte, wurde beschlossen, daß ich, ehe ich hinüber ins jenseits gehen würde, noch einmal nach *Abred* zurückkehren sollte, um die folgende Botschaft zu überbringen: ›*Wenn das Volk von Britannien in Frieden leben will, dann müssen alle Religionen miteinander eins werden*‹. Denn die Götter selbst haben klargemacht, als sie ihre Gesichter dem Dritten Kreis zuwandten, daß ein jeder von ihnen nur eine winzige Widerspiegelung eines weitaus größeren Ganzen ist ... und daß der Mensch für ihre Trennung in verschiedene Gottheiten verantwortlich ist. Der Mensch hat, in der unendlichen Vielgestaltigkeit seines eigenen Geistes, um sich herum eine trügerische Welt erschaffen, in der sich solche Unterschiede spiegeln – und dann verbringt er unzählige Leben damit, nach einem Gefühl von Einheit zu suchen!

Es scheint, daß der Mensch, und in diesen Zeiten immer mehr, stets dazu bereit ist, seinem Nächsten entgegenzutreten und zu sagen: ›Mein Gottesbegriff ist deinem überlegen‹ oder ›Gott selbst hat verkündet, daß meine Religion die einzige ist und alle anderen ungeheiligt‹. Sie erkennen nicht, daß Menschen durch ihr Gewissen zu derjenigen Religion hingezogen werden, die für sie auf ihrer jeweiligen spirituellen Entwicklungsstufe am besten geeignet ist. Es ist also eine weitere Illusion, die eine für richtig und die andere für falsch zu halten. Die eigentliche Frage lautet: richtig oder falsch für wen ... für welche Art von Mensch? Keine Wahrheit kann so ausgedehnt werden, daß sie alles einschließt, doch versucht der Mensch das fortwährend – und dies im Namen Gottes! Meide die vom Menschen erschaffene Wahrheit, die aus Gott ein Ebenbild des Menschen macht; suche deinen eigenen Weg. Schließe nie einen Kompromiß zwischen deiner eigenen spirituellen Welt und der eines anderen ... ersetze nie das ›Ich‹ durch das ›Wir‹. Doch zögere nicht, da gleiche Geister sich anziehen, dich mit anderen zu einer Gemeinschaft zu verbinden, deren Weg ähnlich wie dein eigener ist – andere mit gleichartigen religiösen Bedürfnissen. Aber gehe dabei nie einen Kompromiß ein. Religionen, die darauf bestehen, daß sie allein, unter Ausschluß aller übrigen, im Besitz der Wahrheit sind, offenbaren einfach ihre Unreife; die Weisen haben dies immer erkannt. Denn die Welt war und ist und wird immer voll sein von Massen, die bereit sind zu verdammen ... von einer kleineren Menge, die nachzudenken bereit ist ... von einer Handvoll, die weiterzugehen bereit ist: Dies sind die Einmal-, die Zweimal- und die Dreimal-Geborenen dieser Welt. Erkennst du, warum nicht ein einziger Weg für alle ganz und gar richtig sein kann? Die Menschheit ist stets eine große Mischung von einem ›Volk im Werden‹, das sich mit unterschiedlicher Geschwindigkeit entwickelt – und so sollte es auch sein!

Wird jeder Apfel in einem Obstgarten in genau demselben Augenblick reif ... oder jede Traube an einem Weinstock? Nein, und ebenso verhält es sich auch mit unseren Seelen – jede in ihrer eigenen Zeit und auf ihre Art. Doch wenn wir geistiges Wachstum in dieser Weise, wie Äpfel oder Weinreben, betrachten, kommen genau hier auch die Druiden in Betracht. Unsere Kollegien und *Cors* waren lange spirituellem Wachstum geweiht, das auf den Weisheiten und Mustern der Erde, und nicht auf vom Menschen erschaffenen Wahrheiten, beruhte. Und wurden unsere Kollegien nicht, bis vor gar nicht allzu langer Zeit, für die Elitestätten der Gelehrsamkeit in diesem Zeitalter gehalten ... auf mehr als einem Kontinent? Ich bin daher zu der Überzeugung gelangt, daß solche Lehren es verdienen, bewahrt zu werden – wenn notwendig, auch niedergeschrieben (obwohl ich von Christen wie Druiden dafür gleichermaßen verachtet würde), doch zumindest mit der neuen Religion *vereinigt*, damit sie nicht gänzlich verschwinden. Diesem Ziel, Arthur, habe ich mich geweiht.

Läßt mich dies zu einem Messias, zu einem Retter werden, wie manche erhoffen? Vielleicht – aber die Welt ist immer voll von solchen Erlösergestalten gewesen, von denen jede ihre eigenen Wahrheiten denjenigen verkündet hat, die darauf vorbereitet waren. Und sie sind alle berechtigt, wie ich selbst mit gutem Recht die mißliche Lage der Druiden ansprechen kann ... und das ist mein Hauptanliegen. Die Priesterschaft hat allzulange zuviel Macht ausgeübt und hat es versäumt, diese aufzugeben, weil sich einfach die Zeiten ändern.«

Bei dieser scheinbar harten Kritik blickte ich in deutlicher Mißbilligung zu Ganymed hinüber – der darauf mit einem Lächeln reagierte – und erkannte plötzlich, daß sein Hauptanliegen gerade durch mich bestätigt worden war. Dennoch fühlte ich mich gezwungen, die Frage zu stellen: »Wenn die Druiden für dich eine so edle Sache vertreten, warum ist ihr Los es dann nicht wert, dafür zu kämpfen und den Christen direkt entgegenzutreten? Diese neue Religion würde unser Licht völlig verbannen, wenn sie könnte ... das Licht der Sonne. Kann die Erde lange ohne die Sonne überleben?«

»Zuviel Sonne läßt eine Wüste entstehen«, entgegnete er, »so sagen jedenfalls die Griechen. Außerdem würden die Christen unsere Sonne durch eine andere ersetzen, um den Weg zu erleuchten: mit dem Sohn von Jahwe. Eine Sonne anstelle einer anderen! Und was ist falsch daran? Nichts, sage ich, denn die Zeiten und die Veränderungen in der Welt erfordern es – abgesehen davon, daß die Anhänger Christi mit ihrem Licht alle anderen auslöschen möchten, und das kann nicht rechtens sein. Daher müssen beide bestehenbleiben, eine Welt friedlich innerhalb der anderen, die vom Menschen erschaffene neben der, die es nicht ist. Doch am Ende führen alle Wege zurück zu Gott – manche direkter als andere, das ist alles. Aber sie sind alle eins.« Ganymed saß eine Weile ruhig da und blickte ins Feuer. Ich hatte den deutlichen Eindruck, daß er mir Zeit zum Nachdenken gab ... und auf das nächste Stichwort wartete. Ich sollte ihn auch nicht enttäuschen, denn ich brannte vor Fragen.

»Ganymed?« begann ich, »was kann man dafür tun, um

diese Dinge mit absoluter Sicherheit zu wissen ... ob Gott existiert, meine ich, oder ob man bereits früher gelebt hat? Wie kommt es, daß du so überzeugt davon ist?«

Der Junge zog einen kleinen Eisenkessel aus meinem Rucksack und stellte ihn vor das Feuer. »Gib genau acht«, wies er mich an, »dann kannst du Schlüssel erhalten, die zu deinen Fragen passen. Auf diese Weise hat mich vor langer Zeit ein Lehrer unterrichtet. Behalte meine Worte genau im Gedächtnis, damit du diese alte Methode später anwenden kannst.«

Er schloß die Augen, streckte beide Hände aus und atmete tief ein; dann rezitierte er dreimal mit einer Stimme, die ganz anders als seine eigene war:

Zorn des Feuers
Feuer der Sprache
Atem des Wissens
Weisheit des Reichtums
Schwert des Liedes
Lied von bitterer Schärfe ...

Bei der dritten Rezitation tauchte in dem Kessel eine tiefblaue Flamme auf, die sich mit einem unheimlichen kalten Glimmen über den ganzen Boden verbreitete. Ganymed öffnete die Augen und deutete nach innen. Zuerst sah ich nichts. Dann erschien dort, in sich bewegenden blauen Konturen, eine Reihe von Bildern. Es war schwer zu sagen, ob die Formen in dem Gefäß oder in meinem Geist waren – doch sie waren ganz eindeutig da. Zuerst die transparente Darstellung eines Mannes – nichts außer einer unbewegten Umrißlinie – und dann hinter ihm eine Reihe von Bildern: unbehauene Steine, Kristalle ... die sich zu Pflanzen veränderten, zu Tieren und schließlich zu menschlicher Form. Dies wiederholte sich immer wieder, bis klar war, daß ein Lebenszyklus gezeigt wurde. Dann endlich nahm die durchsichtige Umrißlinie Gestalt an, wurde feststofflich und begann mir ähnlich zu sehen! Die Botschaft war nur allzu deutlich, als die Flamme flackernd ausging.

»Genauso ist der große Kreislauf des Lebens«, sagte Ganymed. »Alles, sowohl von dieser als auch von der anderen Welt, dreht sich wie ein großes Rad von der Geburt bis zum Tod und wieder zurück, gewinnt dadurch Erfahrung und klettert jedesmal höher. Wir sind wirklich kaum anders als der Wassertropfen, der als Regen herabfällt, eins mit der Erde wird (jedesmal auf unterschiedliche Weise) und dann zurück in die Wolken aufsteigt ... oder als die Sonne, die jede Nacht untergeht und dann am Morgen aufs neue aufgeht. Nur durch Verbindung mit den zyklischen Kreisläufen um uns herum können wir mit Gewißheit unseres Ursprungs gewahr werden – und unserer bevorstehenden Rückkehr.

Doch was nun das Wesen von Gott betrifft, von ihm, Der im Jenseits weilt‹, so können wir mir wenig darüber wissen, wie unsere druidische Überlieferung berichtet. Wenn man Bilder von dem Allerhöchsten Gott will, dann sollte man mit einem christlichen Priester reden, denn sie haben zweifellos Gott nach ihrem eigenen Bilde erschaffen: einen königlichen Mann, der auf einem goldenen Thron sitzt und dazu bereit ist, jede Übertretung des Menschen mit ewiger Vergeltung oder Verdammnis zu richten ... fürwahr eine furchteinflößende Ähnlichkeit, aber dennoch ihr Bild.

Diese Sache mit dem Bild habe ich jedoch niemals wirklich verstanden, denn ihr eigener Apostel Paulus – offenbar ein weiser Mann – hat einst in einem Brief an die Römer geschrieben, daß man sich die Gottheit nicht wie Gold, Silber, Edelstein oder nach irgendeinem Bilde vorstellen solle, das die Kunst oder die Einbildungskraft des Menschen hervorgebracht habe. Aufgrund von ähnlicher Weisheit nannten die Druiden den Großen Geist *Hen Ddihenvdd* oder ›einer, der ohne Ursprung ist‹. Der Dritte Kreis von *Ceugant* wird ganz zu seinem Aufenthaltsort, den der Mensch nicht betreten darf, denn niemand aus dem Reich von *Abred* kann eine solche Präsenz begreifen; Gott ist jenseits unserer Geisteskräfte.

Die Menschheit empfindet diese Wahrheit als Beschränkung und schmückt das Unendliche daher mit endlichem Zierat, der hohl und vergänglich ist. Zu diesem Punkt führe ich auch gern den griechischen Philosophen Aristoteles an, der zweifellos mit unserer Denkweise übereinstimmte, als er sagte: ›Wenn wir versuchen, das Unendliche und das Göttliche mittels rein abstrakter Begriffe oder Bilder zu erreichen, sind wir dann selbst jetzt besser als Kinder, die versuchen, eine Leiter gegen den Himmel zu stellen?‹

Wir als Menschen können die Unendlichkeit ebensowenig leicht erfassen wie das Rätsel: ›Was liegt jenseits von Raum?‹ oder ›Was hat vor der Zeit existiert?‹ Denke darüber nach, Arthur: Wenn ein Mensch ewige Jugend besitzen würde und sich für immer ungehindert durch den Raum bewegen könnte, wo würde er enden? Was liegt jenseits der Begrenzungen der physischen Welt ... hat sie überhaupt irgendwelche Grenzen? Die Lösung ist einfach – und die Antwort dieselbe für alle Menschen in allen Zeitaltern: Wir können keine Antwort darauf bekommen. Genauso wie wir als physische Wesen die Unendlichkeit nicht begreifen können, so sind wir auch nicht fähig dazu, Gott zu sehen, der innerhalb des Unendlichen weilt. Unser Geist ist nicht für ein solches Denken geschaffen, so einfach ist das. Jedes Bild, das darüber hinausgeht, wird künstlich ... vom Menschen ausgedacht. Selbst die Barden unserer Zeit haben einen geheimnisvoll klingenden Vers ersonnen, ein Rätsel, auf das es keine Antwort geben kann, welches jedoch das undenkbare Wesen der Unendlichkeit einfängt:

Es gibt keinen Gott, außer dem, was nicht begreiflich ist
Es gibt nichts, was nicht begreiflich ist, außer dem,

was nicht denkbar ist
Es gibt nichts, was nicht denkbar ist, außer dem,
was unermeßlich ist
Es gibt nichts Unermeßliches außer Gott
Es gibt keinen Gott, außer dem, was nicht denkbar ist

Und dennoch wird der Mensch stets versuchen, Gott dadurch nahezukommen, daß er ihn immer wieder nach seinem Bilde erschafft – um das zu verstehen, was er durch das ihm eigene innere Wesen nicht verstehen kann. Doch es scheint mir, daß der Unendliche von diesem Bedürfnis des Menschen wußte, als er dem Universum die Form von zwei Geschlechtern gab. Blicke nach Avalon zu unserer Universellen Mutter und nach Anglesey zu unserem Vater des Waldlandes – selbst wir haben unsere Bilder zur Unterstützung, und sie sind alles andere als machtlose Formen! Es ist so, als lasse Gott uns Widerspiegelungen von ihm erblicken durch Hilfsmittel, die wir selbst entworfen haben und die nach bekannten spirituellen Gesetzmäßigkeiten wirken.

Die griechische Kultur mit ihrer vielschichtigen Hierarchie von Göttern und Göttinnen ist ein weiteres gutes Beispiel dafür. Während die Kultur, aus der diese Götter entstanden, ihre Blütezeit erlebte, galt dies auch für die Götter selbst; sie waren real, und durch sie offenbarten sich reale Wunder, wie Heilung, die Voraussage zukünftiger Ereignisse und so weiter. Durch ihren kollektiven Glauben und bloßen Willen prägte die griechische Nation ihre Götter tatsächlich den Meeren der Anderwelt ein. Sobald dies einmal geschehen war, konnten sich diese Gott-Formen auch in der materiellen Welt manifestieren, und so wurden sie ›real‹. Auf welche Weise geschieht das? Weil das Gesetz erklärt, daß Glauben Realität verleiht, und Glaubensanschauungen werden so lange real bleiben, wie die Menschen durch Vertrauen Energie in sie einfließen lassen. Und woher wissen wir dies so genau? Weil mit dem Verfall der griechischen Kultur auch der Niedergang der Götter dieser Kultur einherging, da immer weniger Glauben in sie gesetzt wurde. Heute sind sie nahezu verschwunden und warten, bis eine andere Kultur auftaucht, um sie wieder in eine neue Form zu kleiden. Die Christen werden wahrscheinlich die nächsten sein, mit ihrem Christus-Gott und all seinen Heiligen ... und mit ihrer Mutter-Göttin, die sie Maria nennen. Wahrlich, das innerste Wesen von Religion verändert sich wenig von Zeitalter zu Zeitalter, denn alle Götter sind nur *ein* Gott.«

Ganymed streckte die Hand aus, ergriff fest meinen Arm und blickte mir direkt in die Augen. »Du wirst ein einzigartiges Schicksal haben, Arthur von Britannien«, erklärte er ernst, »denn du lebst zu einer Zeit, wo dieses Land von vielen Kräften bedrängt wird, die es zu verändern suchen. Was auch immer an Gutem gewonnen oder verloren wird, wird weitgehend von dir und den Entscheidungen abhängen, die du treffen wirst. Deshalb habe ich mir die Zeit genommen, dich aufzusuchen – um dir meine Botschaft persönlich zu überbringen, denn nur wenige andere haben wie du die Möglichkeit, wirklich etwas zu ändern. Achte darauf, daß du deine Verantwortung mit großem Verständnis übernimmst ... «

Wieder hinterließen diese Worte das alte wohlbekannte Gefühl in mir – etwas, das ich nicht wußte und noch nicht wissen konnte. Merlin spielte ständig auf solche Dinge an, doch nie hatte ich diese Angewohnheit verstanden.

»Bitte, sag mir, Ganymed«, fragte ich beklommen, »was siehst du in mir – einen Druidenlehrling und weiter nichts? Bitte ... « Da blickte er mit einem Ausdruck von Mitgefühl und Tiefe zu mir herüber, der dem Gesicht jedes anderen zehnjährigen Jungen fremd war.

»Ebenso wie es manche Dinge gibt, die der Mensch noch nicht erfahren darf, so gibt es andere, von denen ich nicht sprechen kann. Tröste dich jedoch mit dem Wissen, daß die Dinge dir bald verständlich werden und daß ich weiß, dein Weg ist dir von Gott bestimmt ... wie auch immer du ihn dir vorstellen magst.« Der Junge stand auf. »Oh ... jetzt muß ich aber unbedingt in den Tempel zurückkehren, denn ich bin bestimmt schon von jenen vermißt worden, die mich durch Abstimmung bestätigen möchten! Leb wohl für heute, Arthur, und denke bitte gründlich über die Worte nach, die in dieser Nacht zwischen uns gewechselt worden sind. Mögen deine Götter mit dir sein.« Damit drehte Ganymed sich um und verschwand wieder auf dem Weg zurück, während die Eule Noath dicht hinter ihm herflog.

»Ich werde die Götter darum bitten, daß wir uns wiedersehen dürfen, mein Freund!« rief ich ihm in die Dunkelheit nach.

»Doch alle Götter sind *ein* Gott ...«, kam eine schwache Antwort aus der Ferne, »... vergiß es nicht!«

Lektion 15

Der Ritus der Inspiration

Im Bewußtsein war ich christlich religiös -
wenn auch immer mit dem Abstrich:
»Aber es ist nicht so sicher!«
oder mit der Frage: » Was ist mit dem,
was unter dem Boden ist?« Und wenn mir
religiöse Lehren eingeprägt wurden
und mir gesagt wurde: »Das ist schön
und das ist gut«, dann dachte ich bei mir:
»Ja, aber es gibt noch etwas sehr geheimes Anderes,
und das wissen die Leute nicht. «

C. G. Jung[1]

[1] *Erinnerungen, Gedanken, Träume von C. G. Jung.* 8. Aufl., Olten 1992, S. 28/29.

Im Romankapitel »Alle Götter sind *ein* Gott« gibt es eine mitternächtliche Szene am Rande des Neuen Waldes, in welcher der junge Druide Ganymed ein Feuertor in die Zeit hinein erschafft, durch das Arthur Visionen und Symbole erblickt.

Der alte druidische Name für einen solchen Akt ist der *Ritus von Awen* oder übersetzt »der Ritus der Inspiration«. *Awen* ist das alte walisische Wort für »Inspiration« oder »Erleuchtung« durch etwas, das von oben herabgelenkt wird und die Seele eines Menschen in seltenen Momenten religiöser Ekstase erfüllt. Die christliche Entsprechung dafür ist der Ausdruck »vom Heiligen Geist erfüllt sein«. Als Folge solch einer direkten Erleuchtung von *Awen* werde der Mensch »neu geboren«, heißt es oft. Für die Kelten offenbarte sich *Awen* in der Erscheinungswelt durch die ersten drei Strahlen des Sonnenlichtes, die sich in der Morgendämmerung des Sommersonnwendtages über den Horizont ergießen. Oft heißt es in der keltischen Überlieferung, daß *Awen* sich durch Feuer manifestiere, da dieses Element reiner Energie am nächsten ist. Das passive Gegenstück zu diesem Phänomen wurde als »Das Gesicht« oder in altem Walisisch als *Y Golwg* bezeichnet. Es enthüllt vergangenes, gegenwärtiges und zukünftiges Wissen.

Der RITUS DER INSPIRATION wurde immer dann ausgeführt, wenn in einer bedeutsamen Angelegenheit Unklarheit herrschte oder wenn eine wichtige Entscheidung, getroffen werden mußte – besonders wenn sie eine spirituelle Frage betraf. Es handelte sich um einen persönlichen Ritus, der allein und stets während einer der drei Schwellenzeiten von Morgendämmerung, Abenddämmerung und Mitternacht durchgeführt wurde. Unmittelbar vor dieser Handlung wurde die folgende Invokation laut vorgetragen, die zu den ältesten und kraftvollsten Überresten druidischer Versdichtung zählt:

Um in den Wassern des Lebens zu baden
Um das, was nicht menschlich ist, abzuwaschen
Komme ich in Selbst-Auslöschung
Und der Größe von Inspiration.

Zwei Formen dieses Ritus sind bekannt: In der einen wird ein heißer Kessel verwendet (als Verkörperung der Sphäre von *Annwn)* und in der anderen glühende Kohle von einem heiligen Feuer. Sie werden nachfolgend beschrieben. In beiden wird als Räucherwerk Tollkirsche *(Belladonna)* verwendet, da man glaubte, daß diese Pflanze *Gwelaeth Y Lleuad* oder »Mondvisionen« hervorruft.

Version 1

1. Führen Sie den Ritus der Drei Strahlen im Freien, innerhalb eines Steinkreises aus.
2. Errichten Sie darin ein kräftig loderndes Feuer. (Denken Sie bei Ihrer Planung daran, daß Sie das Feuer nur an einer Stelle entfachen, an der dies erlaubt ist.)
3. Nachdem das Feuer zu Glutasche heruntergebrannt ist, nehmen Sie die Sichel und verteilen die Asche mit drei weit ausholenden, schwungvollen Bewegungen, wobei Sie jeweils die obenstehende Invokation rezitieren.
4. Streuen Sie langsam drei Handvoll getrocknete und zerstoßene Blätter und Beeren der Tollkirsche in die Glutasche, und bringen Sie dabei jedesmal laut Ihre Frage vor.
5. Setzen Sie sich nieder. Blicken Sie eingehend und unverwandt in die Glut, während Sie flüsternd Ihre Herzschläge zählen. Haben Sie Geduld und erwarten Sie die Antwort in Form einer Abstraktion.

Die »erleuchtende Eingebung« kann die Form eines Symbols, eines Bildes oder einer abstrakten Vorstellung annehmen.

Ihre Auslegung wird gewöhnlich nur dem Suchenden selbst klar sein, da häufig persönliche Symbole – die Sprache des Unbewußten – geschaut werden, die für eine andere Person von geringer oder keinerlei objektiver Bedeutung sind.

Die Druiden führten diesen Ritus öffentlich nur an einem einzigen hohen Festtag (gewöhnlich an *Samhain* am *Domh Ringhr*, dem »Steinkreis des Urteils«) aus und wandten sich mit zahlreichen Fragen aus den Reihen der Landbevölkerung an das Feuer. In Kapitel 17 des *Book of Pheryllt* heißt es, daß solche geweihten Feuer »die Wahrheit voraussagten«.

Version 2

1. Errichten Sie mitten im Wald, in der Abenddämmerung oder um Mitternacht, einen persönlichen Steinkreis und treten Sie in ihn hinein. Folgendes haben Sie mitgebracht:

   • einen Eisenkessel
   • einen halben Liter »Feuerwasser« (die alte Bezeichnung für Branntwein oder Isopropylalkohol)
   • einen Feuerstein oder Streichhölzer
   • eine Handvoll getrocknete und zerstoßene Blätter und Beeren der Tollkirsche.

2. Füllen Sie den Kessel etwa einen Zoll (2-3 cm) hoch mit »Feuerwasser«.

3. Sprechen Sie Ihre Frage dreimal laut aus und streuen dabei jedesmal ein Drittel der Handvoll Tollkirschen auf die Oberfläche der Flüssigkeit.

4. Sprechen Sie dreimal laut die Invokation und zünden dann die Flüssigkeit an der Oberfläche an.

5. Setzen Sie sich nieder. Blicken Sie geduldig auf den Kessel, während Sie flüsternd Ihre Herzschläge zählen, bis sich eine Eingebung in Form einer Abstraktion zeigt.

Diese Form des *Ritus von Awen* wurde häufig in der Absicht verwendet, um eigene frühere Leben zu erforschen. Wenn Sie den Ritus zu diesem Zweck durchführen, so ersetzen Sie die Tollkirsche durch die Schwarz- oder Balsampappel.

16

Jägers Mond

Truggeister mit wechselnden Gestalten
Fahren tosend hinab zur Erde
Wie gefallene Engel
Gegen ein finsteres Licht jenseits der Bäume.

Wenn nur Gwynn heute Nacht mit mir reiten würde
Um wieder das meeresgleiche Brausen zu hören
Das hervorbricht aus Wolken namenloser Schatten
Und vergessener Knochen ...

Würde er sich noch an die Schrecken der Herausforderung erinnern
Die anbrach, als ein voller Mond aufging
Zum Heulen des Nordwindes
Oder mit einem bernsteinfarbenen Sonnenuntergang?

Und würde er mir dann geduldig beistehen
Wenn jedes Gespenst wie ein großer Raubvogel darauf wartete
Sich ungebeten auf uns zu stürzen
Während wir klirrend wie Heere ritten
Zwischen dem Schmutz und den Blättern
Einer sich verfinsternden Straße?

Ein eisiger Wind blies, als ich, das Gleichgewicht haltend, auf dem höchsten Felsvorsprung stand und auf ein dunkles Tal hinabblickte, das weit unten wie ein Heer unzähliger Augen lockte. Darüber tauchte ein prächtiger Vollmond die Landschaft in seinen bleichen frostigen Schein; nur gelegentlich glitt der schwache Schatten einer Wolke über ihn. Es war Ende Oktober, nach der Erntezeit und in einer Nacht, welche die Weisen »Jägers Mond« nannten. Dies war ein Zeitpunkt, wo die Reiche der Anderwelt ihren stärksten Einfluß auf die Erde ausübten, ehe sie sich wieder der kalten Totenwache des Winters unterwarfen. Seit frühester Zeit war es für Ursprüngliche Mystiker und Magier zu einer allgemein gebräuchlichen Praxis geworden, mit diesen Kräften der herbstlichen Jahreszeit nach der Art eines Spiels sorgfältig ausgearbeitete Wettkämpfe zu veranstalten; dies geschah in der Absicht, die Grenzen der menschlichen Sensibilität in übertriebenem Ausmaß auf die Probe zu stellen. Bei den Druiden wurden diese Spiele »Wilde Jagden« genannt, und sie fanden immer im Schutz der Dunkelheit am Vollmond nach *Samhain* statt.

Merlin und ich hatten dieses einsame Gebiet von Wales bereits drei Tage vorher aufgesucht, um meine erste Jagd mit den Elementarkönigen und niederen Wesen, die dort herrschten, vorzubereiten. Bei diesem Besuch hatte ich die Anweisung erhalten, meine streng vegetarische Ernährung zu unterbrechen und etwas Fleisch und Fisch von Tieren zu essen, die wir in dieser Gegend gefangen hatten; ich hatte auch von dem dortigen Wasser getrunken. Merlin erklärte, dies sei die angemessene Art und Weise für einen Magier, sich an die natürlichen Energien eines Hoheitsgebietes zu gewöhnen, in dem er zu jagen beabsichtige. Seine genauen Worte hatten gelautet: *»Die Nahrung zu sich zu nehmen, die in einem Gebiet heimisch ist, bedeutet, eins mit jenen Kräften zu werden, durch die ihr Leben entstanden ist.‹*

Merlin berichtete dann weiter, daß er als Jugendlicher von seinem kundigen Lehrer Cathbad in dasselbe Tal gebracht worden sei, um in der Kunst und dem Wissen der Wilden Jagd unterwiesen zu werden, und daher würde die Gegend ihn gut kennen.

Der gesamte Vorgang, Verbindung zu den Geistern von Wind, Meer, Feuer & Stein aufzunehmen, war mir im Laufe der Jahre in Fleisch und Blut übergegangen und nicht schwieriger, als sich beim Nachbarn zum Essen zu treffen. So war es ein Leichtes, die Samen für die Jagd zu legen, zumal die Elementarkönige und ihre Untertanen in der Regel immer darauf aus sind, ihre Kräfte mit jenen des Menschengeschlechtes zu messen.

Obwohl es meine erste Erfahrung mit dieser hohen Art von »Sport« war, stellte ich fest, daß die Vorkehrungen dafür ziemlich einfach waren. Zwei Dinge wurden dabei festgelegt: die geographische Ausdehnung (also den Ausgangs- und Endpunkt) und die zeitliche Begrenzung. Die gesamte Kette von Berührungspunkten nahm, sehr zu meinem Erstaunen, weniger als eine Stunde in Anspruch. Dann aber, als ich allein auf jenem einsamen Gipfel stand, schien es mir plötzlich, als ob die Wilde Jagd am Ende doch nicht eine so einfache Aufgabe war. Meine persönliche Erfahrung mit derartigen Kraftorten hatte sich weitgehend darauf beschränkt, die Anstrengungen anderer zu beobachten, und diese Tatsache wurde immer beunruhigender, als die Stunde meiner eigenen Leistung näher heranrückte.

Ich zwang mich, diese Gedanken wegzuschieben, schlüpfte aus meinem Gewand und hob meine Handflächen zum Mond hin. Manches Mal hatten Merlin und ich den Ritus der Mondwäsche unter einem solchen Himmel ausgeführt ... und damit die dunklen Eigenschaften von Verschwiegenheit und verborgenen Intuitionen in uns aufgenommen, die seine bleieben Strahlen aussandten – und auch in dieser Nacht schien es nicht anders zu sein. Ich schloß die Augen, und die alte Sage, die ich so oft am Feuer hatte erzählen hören, nahm unaufgefordert Gestalt vor mir an: die Sage von Gwynn Ap Nudd, dem Herrn der Anderwelt und Wilden Jäger von Wales, der jedes Jahr in ebendieser Nacht mit seiner schrecklichen Hundemeute von der Gläsernen Insel fortritt und die Heerscharen der Unterwelt über den grauen Himmel vor sich hertrieb. Ich schluckte schwer, während ich langsam von Furcht ergriffen wurde.

»Magische Kraft gelangt auf eine von zwei Arten in den Körper«, begann ich laut zu zitieren in dem Versuch, mein Selbstvertrauen wiederzugewinnen, »... durch die himmlischen Reiche oben oder durch die Elementarreiche unten.« Nach den neun mystischen Atemzügen füllte ich meinen Körper mit Mondlicht als Vorbereitung auf die Jagd, die, wie ich fühlen konnte, bald anfangen würde; denn ich wußte, daß solche Gaben sehr benötigt würden, wenn ich die Nacht überleben wollte. Nach einigen Minuten, die ich in diesem zeitlosen Versenkungszustand verbrachte, pulsierte in meinen Armen und Beinen der magnetische Fluß, der meine Bereitschaft anzeigte, daß die Jagd beginnen konnte.

Ich zog mein Gewand enger um mich und kletterte den Felsvorsprung hinab, um den langen Weg nach unten zu beginnen. Als ich den Rand des Tales erreichte, hörte unvermittelt der Wind völlig auf, während sich eine wachsame Stille auf das darin herrschende Halbdunkel senkte. Ein einziger Pfad schlängelte sich durch das Unterholz, und diesem folgte ich eine Zeitlang, bis ich die alte knorrige Kiefer erreichte; von hier aus sollte die Jagd, wie vereinbart war, beginnen. Dort wartete ich – alle Nerven in angespannter Bereitschaft.

Wie Merlin mich angewiesen hatte, durchlebte ich nun im Geiste noch einmal die Jahre der Schulung, die mich zu diesem Augenblick geführt hatten, wo all meine erworbenen Fähigkeiten schließlich in *einer* großen Anstrengung geprüft würden. Bei einigen Gelegenheiten hatte ich den Druiden auf solche Jagden begleitet und war dicht an seiner Seite gewesen, wenn er sich darüber freute, allen Bemühungen der Elementarkönige, ihn in einem unbewachten Moment zu erwischen, zuvorzukommen.

Ich erschauerte, als ich mir die große Gefahr ins Gedächtnis rief, der jeder Magier gegenüberstand, wenn er darin versagte, diese Aufgabe seinen Fähigkeiten gemäß zu erfüllen. Die Bewohner der Anderwelt setzten auf Leben oder Tod; es ging bei ihnen darum, zu siegen oder unterzugehen. Und jetzt war Merlin nicht hier ...

Um sicherzugehen, daß die Bedingungen der Jagd sich mir fest eingeprägt hatten, wiederholte ich sie mir noch einmal: »Wir beginnen an der Kiefer nicht später, als der volle Mond aufgegangen ist – die vereinbarte Grenze liegt bei zehn Meilen entlang des Talpfades – die Jagd muß allein begonnen werden – es dürfen keinerlei von Menschen geschaffene Waffen mitgeführt werden – die Jagd wird mit dem Betreten des Verborgenen Feldes auf der anderen Seite des Tales beendet sein – sollte der Mensch sich als Sieger erweisen, werden die Bewohner der Anderwelt ihm die Herrschaft über das besagte Land für die Dauer seines Lebens abtreten – sollten aber die unsichtbaren Reiche die Oberhand gewinnen, dann muß der Magier sich ihnen freiwillig opfern.«

Während ich in der feuchten Dunkelheit zusammengekauert da hockte, erschien mir die Siegesbeute unversehens jämmerlich gering im Vergleich mit den Folgen einer Niederlage. Ich fragte mich, wie es Merlin jemals gelungen war, mich von meiner Bereitschaft für eine derart tödliche Konfrontation zu überzeugen.

Wie konnte er überhaupt wissen, ob ich bereit war? Und wenn er sich irrte?

»Bärenjunges«, hatte er gesagt, »die Zeit ist für dich gekommen, deine Klauen an würdigerer Beute zu erproben!«

Und bald darauf trafen wir die Vorkehrungen für ebendiesen Wettkampf, der nun stattfinden sollte.

»Zweifel kann töten«, ermahnte ich mich selbst. »Ich darf mich nicht der Angst überlassen ... Gefühl trübt die Urteilskraft.«

Als ich aufblickte, stellte ich fest, daß der einstmals klare Himmel von dichten grauen Wolkenmassen völlig verdunkelt worden war. Ich erinnere mich daran, daß ich, als ich darin nach einem Vorzeichen suchte, hoch oben die deutlichen Umrisse eines nebelhaften Titanen ausmachte, der eine große Schar schrecklicher Hunde in Schach hielt ... und dann waren sie verschwunden.

»Herr der Wilden Jagd!« zischte ich leise, während mich plötzlich ein drängendes Gefühl überkam. In einer unerklärlichen Erregung, mich zu bewegen, sprang ich auf und stolperte auf den Weg in das Waldland, während ein heftiger Windstoß die alte Kiefer genau an der Stelle, die ich nur Sekunden vorher eingenommen hatte, krachend zu Boden riß. Trotz meiner wachsenden Angst hatte die Jagd begonnen.

Ich trat unter das dichte Dach der Bäume und zwang mich zu ruhigem Schritt, während ich mich darum bemühte, meine innere Erregung zu meistern. Es erwies sich als ständiger Kampf, meine Einbildungskraft daran zu hindern, meine von der Vernunft bestimmten Sinne zu überwältigen, denn es schien, als würden zehntausend versteckte Augen in der erstickenden Dunkelheit um mich herum treiben. *»Wo es keine Vorstellung gibt, da gibt es keine Furcht«*, hielt ich mir selbst entgegen. Da ich kaum in der Lage war, den Weg vor mir zu sehen, wurden meine anderen Sinne zu äußerster Schärfe gezwungen: Jede Bewegung schien ein Beben zu sein und jedes Erschrecken ein Flüstern. Weit über dem dichten Dach des Waldes konnte ich Donnergrollen in der Ferne hören, und es dauerte nicht lange, bis kalter Regen langsam zu fallen begann. Ich ging auf dem Pfad weiter, bis ich an einem Erdwall vorbeikam, wo ich haltmachte, um Atem zu schöpfen und kurze Zeit Zuflucht zu suchen, da es jetzt in heftigen Strömen regnete. Nachdem ich in einer hohlen Nische etwas Schutz gefunden hatte, ließ ich mich nach unten gleiten und lauschte angespannt, als die Erde unter mir rumorte. Plötzlich prasselte ein Wasserfall aus kleinen Steinen von oben auf mich nieder. Wie ein aufgeschrecktes Tier sprang ich mit einem Satz aus dem Überhang hinaus, gerade als eine große Menge von Felsgestein und Schlamm hineinrutschte und ihn zuschüttete.

Ich rannte, bis ich zu keuchen anfing, weil ich so viel Wasser schluckte. Meine Augen verschwammen und brannten, als die kalten Regentropfen mich schließlich dazu zwangen, mitten auf dem Weg stehenzubleiben. »Was würde Merlin jetzt tun?« schrie ich gellend in das Unwetter hinein, während ich nach Luft schnappte. Dann kam mir die Antwort irgendwie deutlich in den Sinn: Ich hob beide Hände hoch in die Luft und begann den Ritus der Drei Strahlen, womit ich die Macht der Sonne durch die drei heiligen Erleuchtungen von *Awen* anrief. Ja, das fühlte sich richtig an! Als ich die magischen Worte von I-A-O ausrief, manifestierten die Energien des Himmlischen Vaters sich um mich herum und erfüllten meinen Lichtschild, bis er fast scharlachrot leuchtete. Sogleich begann der Regen von meinem Körper zurückzuweichen und bildete eine schimmernde Wasserhülle um mich. Dann hörte es ganz plötzlich zu regnen auf.

Da ich nicht länger dem Weg trauen wollte, ging ich in dem dichten Unterholz zur Seite weiter. Überall war das leise Tröpfeln von Wasser zu hören. Ich blieb stehen und atmete heftig aus, um meinen Körper von seiner angesammelten Sonnenenergie zu leeren, als mich unvermittelt ein seltsames Geräusch erstarren ließ. Irgendwo vor mir in der undurchdringlichen Dunkelheit erfüllte der Klang von menschlichen Stimmen die dumpfe Luft mit Gemurmel. Einen Augenblick lang vergaß ich die unmittelbaren Gefahren, die bei jedem

Schritt lauerten, und begann mich wie hypnotisiert in Richtung der singenden Laute zu bewegen. Als ich schließlich festgestellt hatte, daß der Ursprung genau vor mir lag, kroch ich hinter einen knorrigen Weißdornbusch und bog geräuschlos die nassen Zweige auseinander.

Was meine Augen dann erblickten, war derart absonderlich und unerwartet, daß ich mich aufrichtete und ohne weiteres Nachdenken hervortrat. Es war ein kleines enges Tal, ein *Nemeton*, ein heiliger Ort: Vor mir lag ein fast kreisförmiger Hain mit alten Eichen, deren Äste von Ranken in tiefstem Grün überwuchert waren; sie trugen Büschel von weißen Beeren, die wie Perlen im Mondsee leuchteten. *»Uchelwydd!«* flüsterte ich voller Erstaunen und fiel auf ein Knie, während ich das Zeichen der Drei Strahlen machte. *Uchelwydd* sollte später »Mistel« genannt werden – jene heilige Pflanze, die zugleich keine Pflanze ist und die zu der mystischen Substanz der Zwischenwelten erhoben wird, wenn sie auf Eichen wachsend gefunden wird.

Aber die Stimmen! In und um das Geflecht verschlungener Eichenwurzeln wuchsen hohe Pflanzen mit dicken Blättern; jede trug als Kopf eine einzelne weiße Blüte, die sich leicht in einem unmerklichen Luftzug wiegte. Aus diesen Pflanzen kamen die geheimnisvollen Stimmen hervor. *Dies rief mir etwas ins Gedächtnis, was Merlin mir einmal in den Gärten von Joyous Garde mitgeteilt hatte: »Pflanzen, Bärenjunges«, hatte er gesagt, »sind einfach sehr langsame Tiere«, und jetzt staunte ich darüber.*

Doch diese Pflanzen waren mir nicht unbekannt. Ich hatte sie viele Male gesehen, während ich mit Merlin in den tiefen Wäldern um Berg Newais wanderte, und wußte daher, daß es sich um *Mandragora* handelte ... die magische Alraune, die in der Sage wegen ihrer menschenähnlichen Wurzel und der Fähigkeit berühmt ist, die Sprache des Menschen zu verwenden. Noch immer wie gebannt von dem Klang, ging ich bis auf eine Armlänge an die Stelle heran, bis mir ein bestimmtes

Merkmal dieser Pflanzenart einfiel: Sie waren für den Menschen gefährlich.

Langsam begann ich mich zurückzuziehen, als plötzlich mein Fuß auf einer schlammigen Erderhebung ausglitt. Ich griff nach einer dünnen Ranke, die in der Nähe herabhing, und hielt mich daran fest, während die lockere Erde und der Steinschutt, den ich losgetreten hatte, abwärts irgendwohin ins Schwarze polterten. Nach vielen langen Minuten wurde mir schlagartig klar, daß ich knapp davor bewahrt geblieben war, in eine tiefe Grube zu fallen – die völlig von den rundherum wachsenden Alraunen verborgen war. Ich zweifelte kaum daran, daß die Pflanzen tatsächlich versucht hatten, mich in jenes Loch hineinzulocken, wahrscheinlich auf Geheiß irgendeines Elementarwesens, das über diesen Ort herrschte. Es erforderte meine ganze Konzentration, bis ich aufhörte zu zittern, doch endlich gelang es mir, und ich entschied mich in aller Eile dafür, für den Rest der Jagd wieder auf den Weg zurückzukehren.

»Jagd ...«, beklagte ich mich bitter, »ich kann nicht einsehen, weshalb die Druiden, die für ihre Weisheit berühmt sind, dazu ermuntern sollten, sich der Willkür von solch gefährlichen Kräften wie diesen auszusetzen. Nie wieder werde ich ... «

Meine Gedanken wurden jäh unterbrochen, als ein heftiger Blitzschlag wieder den Schleier des Waldesdunkels zerriß. Ich fing zu laufen an so schnell ich konnte – als wollte ich einen neuen Widersacher weit hinter mir lassen. »Und jetzt dieses Himmelsfeuer ... «, schimpfte ich laut weiter, durch das Unwetter immer mehr in Wut versetzt, »welche Verteidigung besitze ich gegen einen solchen Feind, Merlin? Welche klugen Sprüche der Weisheit habt Ihr nun für mich übrig? Von einem windgepeitschten Baum fast zerschmettert ... von Erde und Wasser begraben und geblendet ... und jetzt Feuer! Was soll ich nun tun, Merlin? Was kommt als nächstes?«

Mir wurde nur durch das Gelächter eines Blitzes geantwortet, der in einiger Entfernung in einen Baum hineinfuhr. Aus Mut, Angst oder Verzweiflung trugen mich meine Beine einige Meilen oder mehr weiter, ohne daß ich einmal stehenblieb. Allmählich wurde ich durch die Tatsache ermutigt, daß ich keinem Angriff mehr ausgesetzt zu sein schien, obwohl die Heftigkeit des Unwetters nicht nachgelassen hatte. An einem großen Felsblock setzte ich mich nieder, um mich auszuruhen, und versuchte, die Situation logisch zu durchdenken. Es hatte nicht den Anschein, als könnte das andere Ende des Tales noch viel weiter entfernt sein, und ich begann mich zu fragen, ob ich nicht vielleicht schon gewonnen hätte. War es möglich, daß das Gebiet bereits aufgegeben hatte?

Mit diesem neuen inspirierenden Gedanken im Sinn machte ich mich wieder auf die Suche nach offenem Gelände. Die Vorstellung, daß der Abschluß dieser schaurigen Erfahrung kurz bevorstand, veranlaßte mich dazu, meine Wachsamkeit ein wenig zu verringern. Doch meine Hoffnung auf eine einfache Lösung wurde bald durchkreuzt, als eine unerwartete Weggabelung auftauchte.

»Verwirrung«, so erinnerte ich mich, belehrt worden zu sein, *»ist das Persönlichkeitsmerkmal von Wind – die Fähigkeit, Gedanken zu zerstreuen.«* Wie sehr ich mir wünschte, mein Druidenstab wäre zur Hand, das Symbol der Meisterschaft über die Luftreiche!

Nun aber ... welcher Weg? Ich schloß die Augen und versuchte vergeblich, die Mondkräfte der Intuition wieder zu beschwören.

Als Panik zu dem starken Verlangen nach rascher Flucht wurde, stürzte ich willkürlich auf der Weggabelung zu meiner Linken weiter. Und jetzt zeigte sich vor mir in der Ferne ein Anblick – zu schön, um wahr zu sein: Geradeaus tauchte undeutlich ein Ausgang aus dem dunklen Wald auf ... ein Tor, das auf ein großes Feld mit sonnenbeschienenen gelben Blumen führte, die sanft in warmen Lüften wogten! Ich begann sofort darauf zuzulaufen, doch dann ließ mich die offensichtliche Gefahr stehenbleiben. Wie konnte ein Tal, das um Mitternacht von einem heftigen Unwetter heimgesucht wurde, sich plötzlich öffnen und eine solche Szene sichtbar werden lassen? Mein logischer Verstand und meine Intuition gaben deutlich die unvermeidliche Antwort: Das konnte nicht sein. Was auch immer ich sah und wie überzeugend es auch sein mochte, es mußte eine Illusion sein. *Ich konnte mich in diesem Augenblick glücklich schätzen, daß Merlin viele Lektionen darauf verwandt hatte, mir zu erklären, wie die Menschenwelt ständig in Illusion getaucht sei; doch ich fand es unter diesen Bedingungen schwierig, solches Wissen anzuwenden.*

Dann rannte ich los. Die Verheißung von Tageslicht erschien mir nach dem, was ich in dieser Nacht durchgemacht hatte, einfach zu groß.

Und dann stürzte ich ...

»Es ist also doch eine Illusion gewesen«, dachte ich schmerzlich bei mir, nachdem ich in eine steile Vertiefung gestolpert war, die sich schweigend aufgetan hatte, um den Weg zum Tor zu versperren. Mit schlimmen Prellungen, aber ohne Knochenbruch erhob ich mich langsam und blickte mich um. Ich war eine Schlucht hinab in eine Art Moor gefallen; der Boden war sumpfig, und überall ragten abgestorbene Bäume wie bleiche Geister in die Höhe. Ich hatte kaum damit begonnen, nach einem Weg hinaus zu suchen, als ein ungeheurer Blitzstrahl mich taumelnd mit dem Gesicht nach unten in den Schlamm warf, während gleichzeitig die abgestorbenen Bäume rundum in Flammen aufgingen.

»Eine Falle!« schrie ich in das Feuer hinein, doch es war schon zu spät. Glühende Holzfackeln prasselten bereits wie höhnischer Regen von oben nieder. Wie ein gefangenes Tier sprang ich hastig in alle Richtungen, doch es tat sich kein Ausweg auf. Halb geschlagen, lehnte ich mich gegen einen Baumstamm und schloß die Augen. Dann schien das Gesicht Merlins vor mir aufzutauchen. »Arthur, mein Junge«, erklang die vertraute Stimme, »wie kannst du zulassen, daß Feuer zu deinem Untergang wird? Du bist dem Sieg zu nahe, um dich gerade von dem Element schlagen zu lassen, in dem du geboren wurdest!«

Als die Vision verblaßte, schrie ich in einer letzten Demonstration des Widerstandes laut um Hilfe. Als schließlich alles hoffnungslos schien, zischte wieder eine Stimme zwischen den Flammen: »Wenn du nicht verbrennen möchtest, dann rolle dich ... rolle dich! «

Ohne zu zögern und dies in Frage zu stellen, schlug ich meine Arme fest um den Kopf und begann mich nach rechts zu rollen – immer wieder. Schwindelig und verbrannt, wie ich war, hörte ich, wie das Geräusch des züngelnden Feuers langsam zurückwich und durch den Gesang von Grillen im taufeuchten Gras ersetzt wurde. Doch selbst diese willkommenen Töne verschwanden im Nichts, als sich meine Gedanken in einen dunklen traumlosen Schlaf auflösten.

Als ich erwachte, saß Merlin neben mir und versorgte eine Reihe von Brandwunden und Schrammen, die mich von Kopf bis Fuß bedeckten. Es war schmerzhaft, mich zu bewegen, doch schließlich gelang es mir, mich auf einen Ellbogen zu stützen und in das ruhige Gesicht des Druiden zu schauen – während ich die ganze Zeit über zu entscheiden versuchte, ob das Bild, das sich mir bot, tatsächlich existierte oder nicht.

»Langsam, Bärenjunges«, sagte er und ließ seine Hand sanft auf meinem Kopf ruhen, »du hast eine harte Zeit hinter dir. Doch ich bin erfreut darüber, wie du alles in allem damit umgegangen bist.«

»Erfreut worüber?« fragte ich heiser. »Merlin ... ich bin dort drinnen beinahe gestorben. Wenn Ihr nicht gewesen wäret ... «

»Unfug!« unterbrach der Druide mich, »ich habe nichts

getan, was irgendwie von Bedeutung war. Du allein bist es gewesen, der durch deine eigene Geistesgegenwart und mit deinen Mitteln lebendig wieder aus dem Tal herausgekommen ist, während ich dir keinerlei Hilfestellung bot. In diesem Spiel, Arthur, zählt bloße moralische Unterstützung nicht – und das war alles, was ich gegeben habe.«

Damit legte Merlin frische Kräuter auf meine Wunden und bot mir eine Schale Wasser an, in der Stücke von Goldkamille schwammen. Soviel ich sehen konnte, lagerten wir auf einem grasbewachsenen kleinen Hügel inmitten eines großen Feldes voller Sonnenblumen, die ihre leuchtenden Gesichter einträchtig der Morgensonne zugewandt hatten. Hier blieben wir während des ganzen Tages, bis sich die Abendsonne unbemerkt herangeschlichen hatte.

»Nun, junger Jäger«, erklärte Merlin und bot mir eine Hand, um mir beim Aufstehen zu helfen, »bist du kräftig genug, um mit mir zu kommen und dein neues Reich zu begutachten?«

»Ich wollte, Ihr würdet so etwas nicht sagen«, erwiderte ich mit gepreßter Stimme, »denn ich fühle mich weder als Sieger noch als Beherrscher. Seht Ihr? ... Ich kann kaum stehen.«

Doch sobald ich einmal auf den Beinen war, dauerte es nicht mehr lange, bis ich mich wieder wie der alte fühlte. Als wir uns auf den Rückweg nach Berg Newais machten, blieb ich einen Augenblick an dem Pfad stehen, der in das Tal führte.

»Sagt mir, Merlin«, fragte ich zögernd, »hättet Ihr mich wirklich in jenem Feuer dort drüben umkommen lassen?«

»Hmmm ... «, summte er neckend und warf einen eigenartigen Blick in meine Richtung, »das klingt nach einer guten Frage, über die man in all jenen langen Nächten nachdenken kann, die du damit verbringen wirst, dich zu erholen, bevor du dazu bereit bist, so etwas wieder auszuprobieren!«

Ich blickte ihn in jäher Bestürzung an. »Ihr wollt damit doch nicht zu verstehen geben, daß ich töricht genug sein sollte, eine weitere Jagd auf eigene Faust zu versuchen, oder? Warum würde ich eine derart verheerende Erfahrung wiederholen wollen?«

»Weil die Verlockung von Macht süchtig macht«, entgegnete er trocken. »Aber komm jetzt – warum wollen wir die Elementarkönige nicht eine Weile ihre Wunden in Frieden lekken lassen? Sie werden auch an einem anderen Tag zu deinem Vergnügen hier sein, da kannst du sicher sein. Doch was heute Abend angeht, so wartet ein Topf mit Pilzen am Herd auf unsere Rückkehr. Laß uns heimgehen!«

Lektion 16
Die Wilde Jagd

»Aha«, sagte ich zu mir selbst, »diese Dinge
sind immer noch lebendig – der kleine Junge
ist noch immer da und besitzt
ein schöpferisches Leben, das mir nun fehlt. «
Doch wenn ich einen Kontakt
zu jener Zeit wiederherstellen wollte,
blieb mir nur die Möglichkeit, zu ihr zurückzukehren
und das Leben jenes Kindes, mit seinen zutiefst
kindischen Spielen, wieder aufzunehmen.

C. G. Jung

Das Romankapitel »Jägers Mond« schildert einen außergewöhnlichen Brauch am Fest von *Samhain:* die Wilde Jagd. Der Eigenart eines Tages im Jahreszeitenkreuz entsprechend, dessen genauer Zeitpunkt durch den Mondstand festgelegt war, findet dieses phantastische Ereignis am »Jägers Mond« statt: dem Oktober-Vollmond, der *Samhain* am nächsten liegt.

Nun zu der Schilderung der »Jagd« selbst. Was während der Jagd geschieht, ist voller Abstraktionen und Widersprüche und daher sehr schwer zu beschreiben. Kurz gesagt, der äußere Rahmen der Jagd setzt sich oft über logische Gesetze hinweg. Trotzdem werde ich versuchen, ihn in Vorstellungen des 20. Jahrhunderts zu fassen.

Zunächst ist die *Wilde Jagd* ein Wettkampf zwischen dem Schamanen oder Naturmagier und einem genau festgelegten natürlichen Umfeld. Zur Zeit der Sagen wurde eine solche Jagd als der »höchste Sport des Zauberers« angesehen: ein erregendes Abenteuer, für das die Fortgeschrittenen auf den höheren Stufen der Magie bereitwillig Leib und Leben riskierten. Es war ein Spiel – eine sportliche Kunstfertigkeit, die mit der vollkommenen Meisterschaft über die Elemente in einem bestimmten Gebiet belohnt wurde. War der Magier siegreich, so waren die Elementarwesen oder Könige, die über die »Jagdgründe« herrschen, dazu verpflichtet, dem Magier auf Lebzeit die Macht über das Territorium abzutreten. Wenn das »Land« jedoch mit Erfolg verhinderte, daß der Magier die Jagd beendete und er überlebte, war er dazu verpflichtet, das Land nach vorher festgelegten Bedingungen zu entschädigen.

Für den interessierten Leser sei hier angemerkt, daß der mit einem solchen Wettkampf verbundene »Risikofaktor« stets dem Geschick des Magiers angemessen ist. Mit anderen Worten, es wird Ihnen niemals mehr zugemutet, als Sie verkraften können, denn man zieht nur Wesen von einer Stärke an, die dem eigenen persönlichen Magnetismus vergleichbar ist. Aufgrund dieses Gesetzes braucht man nicht zu befürchten, sich mit Kräften in einer Auseinandersetzung zu messen, welche die eigenen Fähigkeiten übersteigt.

Nun kommen wir zu einem umrißhaften Überblick über die Jagd selbst. Es folgt eine Beschreibung der stufenweisen Schritte, an die sich der Leser halten kann, wenn er eine *Wilde Jagd* vorbereiten und durchführen möchte. Er sollte allerdings abenteuerlustig veranlagt sein, was die alten Druiden und ihre Lehrlinge mit Sicherheit waren.

Der Umrißplan

- Die Jagd sollte für die Nacht am Vorabend von *Samhain* oder an »Jägers Mond« (Oktober-Vollmond), für die 6. Nacht nach Neumond (Halbmond), an Vollmond oder Neumond geplant werden. (Die Reihenfolge entspricht den Prioritäten bei der Wahl des Zeitpunkts.)

- Das Gebiet, in dem die Jagd stattfindet, sollte sorgfältig nach Größe und Geländeverhältnissen ausgewählt werden. Für den Anfänger sollte die »Wegstrecke« in der Regel eine halbe bis eine Meile (etwa 800 bis 1600 Meter) in jeder Richtung nicht überschreiten. Sehr oft hat das Gelände natürliche Begrenzungen, wie beispielsweise Straßen, Wasserläufe, Bäume, Steinmauern usw., die beachtet und genutzt werden sollten, wenn Jagdstrecken angeschaut und in Erwägung gezogen werden. Entscheiden Sie sich für ein Gebiet, und überlegen Sie sich den ungefähren Verlauf Ihrer Wegstrecke für seine Durchquerung. Dies erfordert, zusätzlich zu einer ersten Festlegung der äußeren Grenzen, die Wahl eines genauen Ausgangspunktes und

Endpunktes. Beide sollten durch eine natürliche Formation (einen Felsblock, einen auffallenden Baum o.ä.) deutlich erkennbar sein. Wenn Sie all dies festgelegt haben, können Sie zum nächsten Schritt übergehen.

- Die nächste Aufgabe ist die Kontaktaufnahme mit den Elementarwesen in dem von Ihnen ausgewählten Gebiet. Gehen Sie an drei aufeinanderfolgenden Nächten vor dem Jagdtermin an den Ausgangspunkt und hinterlassen dort beim Weggehen eine Opfergabe aus Brot und Früchten. Geben Sie laut Ihre Bedingungen für die Herausforderung bekannt – d.h. die räumlichen Grenzen, den zeitlichen Rahmen in Stunden, die Lichtverhältnisse usw. Eine Dauer von drei Stunden ist traditionell üblich. Die Jagd beginnt gewöhnlich drei Stunden vor Morgengrauen und endet bei oder vor Sonnenaufgang. Wenn die Opfergabe verzehrt oder entfernt worden ist, steht dies symbolisch dafür, daß Ihre Bedingungen von dem Gebiet akzeptiert worden sind.

- Die Nacht der *Wilden Jagd* naht. Kleiden Sie sich in Schwarz, damit Sie schwer zu erkennen sind. Treffen Sie genau zu der festgelegten Anzahl von Stunden vor dem Morgengrauen am Ausgangspunkt ein. Tragen Sie einen Feuerstein oder Streichhölzer und Alraunwurzel *(Mandragora)* bei sich.

- Zünden Sie am Ausgangspunkt ein Feuer an[1], und verwenden Sie dafür nur Holz, das Sie in dem betreffenden Gebiet finden (natürlich ohne dabei einer Pflanze Schaden zuzufügen). Weihen Sie das Feuer laut *Gwynn ap Nudd*,

---

[1] *Bitte bei der Planung bedenken:* Dies sollte natürlich eine Stelle sein, an der es erlaubt ist, ein Feuer zu machen.

dem König der Anderwelt und Herrn der Jagd, mit den folgenden Worten:

Offene Lichtung im dunklen Wald,
Fichtenzweig in Kriegerhand,
Rauch von Alraun sendet den Schwarzen Wächter aus.
Hört das Flattern mitternächtlicher Flügel,
das Laufen des Waldlandheeres.
Hört das Klirren von tapferen Seelen
im Namen des Herrn der Jagd.
Hört den Atem des Gottes, wild und fruchtbar,
Hört den Tritt der schrecklichen Hunde.
Hört, wie Gwynn ap Nudd die offene Lichtung
im dunklen Wald betritt!

- Wenn Sie es wünschen und die Bedingungen es erlauben, kann nun die *Mondwäsche* ausgeführt werden: Dabei werden die Handflächen zum Mond hin gestreckt, um damit seine dunklen Eigenschaften der Verschwiegenheit und verborgenen Intuition aufzunehmen.

- Nachdem das Feuer zu Aschenglut erloschen ist, holen Sie die getrocknete Alraunwurzel hervor und bereiten sich darauf vor, sie in die Glut zu werfen. Machen Sie sich bewußt, daß Sie damit den Geist des Alrauns – den »Schwarzen Wächter« – freilassen, der während der Jagd Ihr Gegenspieler sein und versuchen wird, Sie bei jeder Gelegenheit zu überlisten, um Sie daran zu hindern, den Endpunkt rechtzeitig zu erreichen. Ebenso wie *Gwynn ap Nudd* als König über die Jagd herrscht, so herrscht *Mandragora* als Geist über die Jagd. Dies ist ein machtvoller Gegner.

- Wenn Sie geistig darauf vorbereitet sind, werfen Sie die Alraunwurzel in die Glut und, während der Rauch aufzusteigen beginnt und »Ihn« freiläßt, entfernen Sie sich rasch entlang Ihrer Wegstrecke. Der Geist des Alrauns wird Ihnen bald nachfolgen.

Von nun an kann es keine Anweisungen mehr geben – außer daß Sie Ihre Sensibilität und Ihren Scharfsinn in höchstem Maße einsetzen. Es werden Ihnen Hindernisse in den Weg gelegt werden: physische ebenso wie nicht-physische Konfrontationen, räumliche Desorientierung usw. – die Möglichkeiten sind endlos. Sollten Sie die Jagd auf einer höheren Ebene fortsetzen, werden Sie sicherlich auf eine außerordentliche Vielfalt von Hindernissen stoßen. Seien Sie sich dessen bewußt.

Zu Ihrem Schutz gibt es ein bewährtes Vorgehen, womit die Jagd, wenn sie einmal begonnen wurde, angehalten werden kann: Wenn Sie genau denselben Weg zurückgehen, den Sie gekommen sind – wobei Sie sich einfach umdrehen -, wird dies als Aufgeben angesehen, und es dürften keine weiteren Angriffe folgen.

Dies sind die Regeln der Jagd:

- Sie gewinnen die Jagd, wenn Sie an dem festgelegten Endpunkt innerhalb der festgesetzten Zeit ankommen. Sollten Sie gewinnen, dann können Sie auf die Unterstützung der nicht-physischen Wesen in dem betreffenden Gebiet für den Rest Ihres Lebens rechnen. Das Gebiet wird sich Ihren magischen Zwecken gegenüber »freundlich« zeigen. Zwischen dem Magier und dem Gebiet können auch andere Bedingungen aufgestellt werden. So habe ich beispielsweise einmal auf einer recht tückischen Strecke in einem Gebirgszug im Tausch gegen eine große Menge an

Golden Pipes (einer seltenen Kamillenart) gejagt – und tatsächlich fand ich vor dem Morgengrauen ein großes Bündel der Pflanze, das am Ausgangsstein sorgfältig ausgebreitet war.

- Sie verlieren die Jagd, wenn Sie den Endpunkt innerhalb der festgesetzten Zeit nicht erreichen. Die Bestimmungen für die Niederlage sind weitreichend: Sie können sich von physischer Verletzung bis hin zu der bloßen Verpflichtung erstrecken, den Elementarbewohnern ein »kostbares Opfer« darzubringen. (Dies ist *niemals* ein Blutopfer, sondern beispielsweise eine beträchtliche Menge an Honigwaben, Safran, seltenem Wein o. ä.)

- *Bitte beachten Sie:* Der Geist des Alrauns wird bei Sonnenaufgang kraftlos, denn er ist lichtempfindlich und wird sich rasch auflösen, wenn die Dunkelheit nachläßt. Daher ist ein Wettkampf nach Tagesanbruch unmöglich.

17

Die Macht eines Wortes

Das Universum ist Materie, geordnet und in ein System gebracht durch den göttlichen Geist.
Es wurde von Gott erschaffen, indem er seinen eigenen Namen aussprach, bei dessen Klang Licht und Himmel plötzlich entstanden.
Der Name Gottes ist selbst eine schöpferische Macht.
Was dieser Name an sich ist, weiß nur Gott allein.

THE BOOK OF BARDASS

Ich erwachte einige Stunden vor Tagesanbruch, wie es während meiner Lehrlingsjahre auf Berg Newais üblich geworden war. Jene ruhigen Stunden vor der Dämmerung boten mir die ideale Zeit, um in mein »Blaues Buch« die Einzelheiten jeder Lektion und magischen Erfahrung einzutragen, die ich unter Merlins Anleitung erlebte; seit den ersten Tagen hatte der Druide darauf bestanden, daß ich dies zur regelmäßigen Gewohnheit machte. Nachdem ich an jenem Morgen meine Eintragungen früh beendet hatte, schob ich das Buch in sein Versteck zurück und sah mich um – die Höhle wurde schwach durch das Flackern eines bernsteinfarbenen Feuerscheins erhellt.

Ich war ganz allein, von Salomon abgesehen, der schlafend auf seiner Stange hockte und den Kopf unter die Flügel gesteckt hatte. Als ich hinüber zu dem dicken Schutz aus Tierhaut ging, der bei kaltem Wetter vor dem Höhleneingang hing, und ihn leicht auseinander schob, um hindurchzuspähen, begannen sich draußen die ersten Morgenvögel in der frischen winterlichen Dunkelheit zu regen. Während der Nacht hatte es geschneit, und der Berghang war mit einer sauberen weißen Decke überzogen, die matt im Schein des untergehenden Mondes glitzerte. Ich zitterte, als plötzlich ein eisiger Windstoß durch den geteilten Vorhang blies, zog ihn wieder fest zu und kehrte zu einem warmen Platz am Feuer zurück.

Ein großer, mir wohlbekannter Stab stand gegen die Wand gelehnt und verriet mir, daß der Druide nicht weit fortgegangen war. Ich hob den Stab hoch und hatte gerade damit begonnen, die geheimnisvolle Reihe von Symbolen zu untersuchen, die der Länge nach wunderschön in ihn eingeschnitzt waren, als sich der Drachenwandteppich im hinteren Teil der Höhle raschelnd öffnete und Merlin hereintrat.

»Erstes Licht, Arthur!« sagte er lächelnd und wärmte seine Hände über dem Feuer. »Bist du fertig mit Schreiben?«

»Jawohl, Herr«, sagte ich und stellte den Stab wieder an seinen rechten Platz zurück, »und wenn Ihr nichts dagegen habt, bin ich neugierig auf die Symbole geworden, die Euren Stab verzieren.«

»Mein Junge«, sagte Merlin ungehalten, »diese Zeichen ›verzieren‹ meinen Stab nicht, wie du es ausdrückst, sondern sie verwandeln ihn von einem einfachen Eichenast in eine magische Waffe. Tatsächlich gibt es nichts in meiner ganzen Behausung, was in irgendeiner Hinsicht gewöhnlich ist. Hier habe ich mich selbst mit Objekten von persönlicher Macht umgeben – oberflächlich betrachtet, sehen sie vielleicht gewöhnlich aus, aber jedes von ihnen hat eine tiefere Bedeutung, die es von einer weltlichen auf eine geheiligte Ebene erhebt. Alle wirklichen Magier verfahren so mit ihren Wohnsitzen, denn dies gehört zu der heiligen Lebensweise, die zu echter Meisterschaft führt. Die Eingravierungen, die meinem Stab seine Macht geben, sind alte Runen von großem Wert. Sie stehen symbolisch für die Autorität, die ich im Laufe der Jahre erworben habe.« Er griff nach dem Stab, fuhr mit den Fingern liebevoll über das abgenutzte Äußere und schwieg dann lange Zeit. »Dieses Holz und ich haben manche wirklichen Abenteuer zusammen erlebt, das kann ich dir sagen! Vielleicht ist es Zeit, daß du etwas über die hohe Wissenschaft der Wortbildung lernst. Hmm ... ja, bereite dich, nachdem du gegessen hast, auf eine äußerst wichtige Lektion vor – an einem äußerst interessanten geheimen Ort. Wenn ich bedenke, daß deine Tage auf dem Berg immer weniger werden, ist der Zeitpunkt dafür sicher schon lange überfällig.«

Ich war erstaunt und verwirrt – zum erstenmal hatte Merlin davon gesprochen, daß ich Newais verlassen müsse. Ein plötzlicher Schauder durchlief mich.

»Sei nicht beunruhigt«, fügte er hinzu, als er meine Bestürzung sah, »denn dieser Berg wird dir bald sein größtes Geheimnis aufdecken! Sei geduldig ... erinnere dich an deine Schulung.« Und er wandte sich einem Kessel mit Buchweizengrütze zu. So als würde ich mich einer unausgesprochenen Anweisung fügen, strömten die folgenden Worte ohne Anstrengung in meinen Geist:

Wenn du in Verwirrung bist,
Dann laß alle Gedanken zur Ruhe kommen
Und erwarte eine Antwort
In Form einer Abstraktion.

Während wir unser Frühstück verzehrten, kam mir dieser Grundsatz immer wieder in den Sinn und brachte die Ruhe mit sich, wofür er vor langer Zeit aufgestellt worden war. Als alles wieder in Ordnung war, gingen wir beide nach draußen auf den Felsvorsprung, wo es immer noch sanft schneite.

»Wir müssen uns beeilen«, sagte Merlin und blickte zum Himmel hoch, »bevor uns die Morgendämmerung einholt.

Komm ... laß uns das Wetter ausnutzen und uns darauf vorbereiten, das innere Gemach zu betreten.«

Wir wandten eine alte Technik der spirituellen Reinigung an und rieben einige Handvoll Schnee über unsere Glieder, während wir leise das *Englyn der Erneuerung* sangen. Dies war eine sehr bewährte Methode, um den Lichtschild von dunkler Energie zu befreien: Wenn der Schnee schmolz und wieder auf die Erde fiel, nahm er unsere Negativität mit sich weg. Dies setzten wir solange fort, bis ein warmes Glühen von uns ausstrahlte; dann kehrten wir wieder nach drinnen zurück.

Ohne ein Wort zu sagen, ging Merlin durch den hinteren unterirdischen Gang voran und in den Kristallraum an dessen Ende. Ich erinnere mich daran, mich über all die Heimlichkeit beim Betreten eines Ortes gewundert zu haben, an dem ich schon Hunderte von Malen vorher gewesen war.

»Komm weiter, *hier* geht es entlang!« rief der Druide, während er um den *Pêlen Tân* herumging und verschwand. Ich ging seiner Stimme nach, bis ich auf eine Falltür stieß, die vor mir halb offenstand und einen Treppenlauf sichtbar werden ließ, der hinab bis in den gewachsenen Fels gehauen war. Nach all der Zeit, die ich in jenem Raum verbracht hatte, war ich erstaunt, niemals so etwas bemerkt, niemals vermutet zu haben, daß noch eine weitere Höhle unterhalb lag!

Vorsichtig folgte ich Merlin in den Gang. Der Treppenschacht selbst war dunkel, doch gedämpftes Licht drang von irgendwoher nach oben. Ich zählte flüsternd: einundzwanzig steile Stufen bis nach unten, wo mein Lehrer wartete. Zusammen gingen wir durch einen kurzen, grob behauenen Gang und durch einen Gewölbebogen, der ähnlich wie ein Schlüsselloch gearbeitet war – und schließlich in die zentrale Höhle.

Dieser Ort war einzigartig und wunderbar. Er hatte Wände aus glitzernden Kristallen und gewaltige Steinpfeiler, die überall zwischen Boden und Decke standen. Das Innere maß leicht hundert Schrittlängen von Wand zu Wand und war von der Form her eher oval. Die einzige Lichtquelle schienen drei längliche Nischen zu sein, die hoch oben fast am Ende einer Wand in den Fels gehauen waren und deren einzelne Strahlen zu einer geheimnisvollen Anordnung von Farben vergrößert und gebrochen wurden. Dieses eine Fenster stellte ein Symbol dar, das ich gut kannte: die »Säulen von Menw«, oder gebräuchlicher als die »Drei Erleuchtungen von Awen« bezeichnet. Als ich genauer hinschaute, stellte ich fest, daß durch sie hindurch auf der anderen Seite blauer Himmel zu sehen war – ein seltsamer Gegensatz zu der um uns herrschenden Dunkelheit. Offenbar befanden wir uns demnach ziemlich nahe an der Außenseite des Berges.

Merlin führte mich zur Mitte der Höhle, wo eine flache viereckige Steinplatte lag, die auf allen Seiten von aufrechtstehenden Dolmen umgeben war. Sie waren ihrem Aussehen nach jenen von Stonehenge ähnlich, nur kleiner.

»Was du hier siehst, Arthur, steht genauso da, wie ich es vor etwa zwanzig Jahren vorgefunden habe. Als ich nämlich Iona verließ, hörte ich von einer wundersamen Höhle berichten, die tief in einem Berg versunken und einmal der Wohnsitz eines berühmten Druiden gewesen sei. Augenblicklich schmiedete ich Pläne, um ihre Lage aufzudecken. Schließlich gelang es mir, die obere Höhle und den daran angrenzenden Kristallraum ausfindig zu machen. Irgendwann einmal, nachdem dies hier mein Zuhause geworden war, stieß ich dann zufällig auf den Eingang zu diesem Ort. Seitdem ist er meine persönliche magische Stätte geblieben. Vielleicht wird es dich freuen, wenn du erfährst, daß ich außer deinem Vater keine Menschenseele hierhergebracht habe!« Und damit ging er hinüber zu der zentralen Platte.

Ich hatte mich nun inzwischen an Merlins Anspielungen auf meine Abstammung gewöhnt, ließ mich jedoch aus irgendeinem Grunde weiterhin durch sie leicht aus der Fassung bringen. »*Er stellt dich auf die Probe* ... «, flüsterte ich mir zu und war entschlossen, meine Besorgnis nicht zu zeigen.

» Gut ... du lernst, deine feurigen Impulse zu beherrschen!« sagte der Druide mit einem beifälligen Kopfnicken. »Komm jetzt und sieh dir an, welche Geheimnisse *dieser* Stein birgt.«

Ich ging auf einen Altar zu, der auf den ersten Blick unauffällig aussah, jedoch ein merkwürdiges Muster aufwies, das in seine Oberfläche eingelegt war. Auf dem Muster lagen allerlei winzige Objekte verstreut: Stücke aus Metall oder Kristall, Miniaturfiguren, Nachbildungen der Grundelemente, Planetensymbole, Muschelschalen, Blätter und ein Stapel kleiner Holzstäbe, die mit einer Reihe von Einkerbungen versehen waren. Merlin schloß die Augen und atmete tief ein, streckte beide Hände über diesen Gegenständen aus und rezitierte:

Um in den Wassern des Lebens zu baden
Um das, was nicht menschlich ist, abzuwaschen
Komme ich in Selbst-Auslöschung
Und der Größe von Inspiration.

Er öffnete die Augen und fing an, aufs Geratewohl beliebige Gegenstände in die Hand zu nehmen und sie mir hinzuhalten, damit ich sie betrachten konnte.

»Dies ist meine Sammlung von persönlichen Symbolen – magischen Objekten der Macht, die niemals angefaßt werden dürfen, bis der angemessene Geisteszustand herbeigerufen worden ist. Sie besitzen große Macht über mein Leben, weil jedes von ihnen tief in meinem unbewußten Geist verankert ist: jenem Teil von mir, der immer in der Anderwelt bleibt. Jeder Gegenstand steht für einen einzelnen Bereich meines heutigen Lebens; zusammen ergeben sie ein symbolisches Bild von all dem, was ich bin, und erstrebe, eines Tages zu sein. Wenn ich diese Formen unter magischen Umständen geschickt handhabe, bin ich dazu in der Lage, mein Leben zu gestalten und in positiver Richtung zu lenken. Was du vor dir siehst, ist tatsächlich meine Welt, wie ich sie wahrnehme!«

Merlin bemerkte, daß ich mit großem Interesse den Stapel geschnitzter Holzstücke an der Seite des Altars musterte.

»Ah ... diese sind etwas Besonderes!« sagte er augenzwinkernd. »Dies sind die *Coelbren,* beschrieben mit *Ogham,* dem ursprünglichen magischen Alphabet der Druiden. Hier werden sie dazu verwendet, um vor unseren Augen Worte der Macht zu formen, damit sich subtile Gedanken oder Wünsche manifestieren. Unsere Ogham-Buchstaben sind den Runensteinen nicht unähnlich, welche du die Frauen von Avalon hast verwenden sehen, außer daß unsere in Holz und ihre in

Stein eingeprägt sind. Beide sind Symbolgruppen und beide können als Orakel dienen, doch hier hört die Ähnlichkeit auf. Die Runen von Avalon werden in erster Linie dafür benutzt, um zukünftige Ereignisse *vorauszusagen,* während unsere Buchstaben von *Ogma Sonnengesicht* zukünftige Ereignisse tatsächlich *erschaffen. Es* gibt insgesamt einundzwanzig *Oghams,* und jedes von ihnen steht für einen Baum innerhalb einer offiziellen Rangordnung, die durch das *Câd Goddeu,* die ›Schlacht der Bäume‹, festgelegt ist. Jedes *Ogham* ist in den Rand eines Holzstückes eingekerbt, das von demselben Baum wie das Zeichen stammt, und diese sind die *Coelbren,* die ich vorhin erwähnt habe. Siehst du?« und er begann, die Holzstücke in eine lange Reihe zu legen und jeden Namen in alphabetischer Ordnung auszurufen.

»Betrachte ›die Leiter Finns‹, *Aradach Fionn«,* erklärte er, nachdem er damit fertig war. »Sie bildet die Grundlage für unser allerheiligstes Lehrsystem. Wir bezeichnen es als ›Leiter‹, weil es den Schüler über die äußere Oberfläche der Dinge erhebt. Wie du weißt, ist Finn selbst ein Meister aller druidischen Lehren gewesen, nachdem er von dem Silbernen Salm des Wissens gekostet hatte. Doch davon wollen wir ein anderes Mal sprechen. Laß uns heute genauer das Muster auf diesem

Stein untersuchen. Schau es dir gründlich an, und beschreibe mir, was du siehst.«

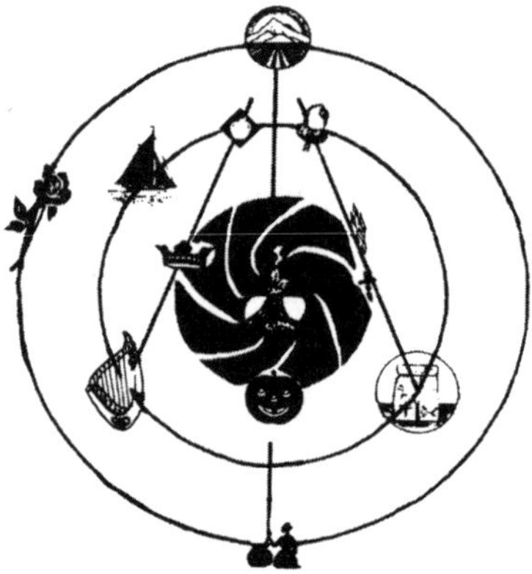

»Ich sehe die drei heiligen Kreise des Seins: *Abred, Gwynydd* und *Ceugant,* und die Drei Strahlen der Erleuchtung, die durch sie hindurchscheinen: *Colofn Pleyndd, Colofn Gwron* und *Colofrz Arawrz*«, antwortete ich. »Auf diesen ruhen neun kleinere Kreise, die leer sind, so als würden sie darauf warten, daß etwas in sie hineingelegt wird ... vielleicht Symbole der Macht?« Lächelnd sah ich ihn an und hielt mich selbst für sehr klug, eine derart logische Schlußfolgerung gezogen zu haben.

»Falsch!« gab Merlin mit einem gewissen Frohlocken zurück. »Du hast lediglich Dinge beschrieben, die du mit deinen physischen Augen angeschaut hast, und nicht mit deinen schärferen intuitiven Sinnen. Der Unterschied zwischen ›anschauen‹ und ›sehen‹ ist groß, mein Junge. Du hast ziemlich viel angeschaut, aber nichts gesehen. Hier vor dir befindet sich der alte ›Baum von Zarathustra‹, wie er in den Tagen von Einigan genannt wurde: der universelle Mikrokosmos der Vaterschaft, den wir Kimmerier als *Gwyddbwyll,* das ›Lebensbrett‹, bezeichnen. Auf dieses Universum im Kleinen legen wir unsere magischen Objekte, um sie zur Wirklichkeit zu ermächtigen ... um die Bilder von der Anderwelt auf diese Welt herabzubringen. Du, Arthur, bist bereits mit der Bedeutung der Drei Kreise und auch der Drei Strahlen vertraut; in dem Baum sind sie zu einer Einheit verbunden, das ist alles. An jedem Punkt, wo eine Erleuchtung einen Kreis durchschneidet, manifestiert sich eine Zone, in der eine bestimmte Art von Kraft herrscht. Neun solcher Punkte gehören zu den Kreisen, zwischen denen drei leere Räume oder Schleier als Puffer liegen. Wenn man ein bestimmtes Symbol auf einen bestimmten Punkt legt, wird dies bewirken, daß eine bestimmte Realität Gestalt annimmt. Das unterscheidet sich wirklich kaum von irgendeinem Brettspiel, wie das *Fidhctiell* oder *Tartarus* – ein großartiges kosmisches Spiel mit dem eigenen Leben als Einsatz.«

Merlin ergriff seufzend eines der Symbole und ließ sich schwerfällig auf dem Rand des Altars nieder.

»Eine Locke aus dem Haar meiner Mutter ... ein quadratisches Stück Stoff von meinem ersten grünen Gewand ... ein Kieselstein aus Cathbads Bucht, und hier – hier ist ein Kern aus dem ersten Apfel, der mir in Avalon angeboten wurde. Ein Haufen Abfall für jeden anderen, doch in meinen Händen eine Welt voller Möglichkeiten. Diese Dinge haben nämlich alle eine tiefe Verbindung zu meinem Leben, einen emotionalen Wert (ob gut oder schlecht). Andere haben eine mehr kopfbetonte Beziehung, wie dieses goldene Eichenblatt für Ehrgeiz, oder diese einzelne, in Stein gemeißelte griechische Zahl für Einkünfte und materiellen Wohlstand. Die physischen Objekte selbst können alles beliebige sein, solange die unphysische Verbindung in die innersten Tiefen deines Wesens hineinreicht. *Ohne persönlichen Bezug kann Magie nicht wirksam werden*. Ein Druide muß ständig seine Sammlung von Symbolen weiterentwickeln, so daß sie mit seinem täglichen Wachstum und Wandel Schritt hält – denn dies muß ein lebendiges

System sein, sonst ist es bedeutungslos. Also ... sammle und bewahre deine wichtigsten Andenken, die dir im Leben zufallen, denn auf eine solche Art und Weise können sie gute Verwendung finden.«

»Aber worin besteht die Verbindung zwischen den Gegenständen und dem Lebensbrett?« erkundigte ich mich und versuchte angestrengt, die gesamten Informationen zu ordnen.

»Das Geheimnis ist einfach«, erklärte Merlin mit Bestimmtheit, »solange man jeden einzelnen Begriff auf und von dem Brett kennt ...« Lächelnd blickte er zu mir herüber. »Es ist verwirrend, ich weiß, aber laß es uns noch einmal betrachten. Ganz einfach ausgedrückt: rechts ist der *aktive Goldene Strahl*, der Pfeiler Gottes, und links ist der *passive Silberne Strahl*, der Pfeiler der Göttin; dazwischen liegt der *Kristallstrahl von Arawn*, der Pfeiler der Harmonie, das ›Reich von erstarrter Kraft‹.

Als nächstes kommen die Drei Kreise, die als kleine Wellen angesehen werden können, die sich von einem Mittelpunkt nach außen bewegen, wie jene, die ein Kiesel, der in einen See geworfen wird, auf der ruhigen Wasseroberfläche verursacht. Wenn diese aktive, passive oder neutrale Kraft die drei Kreise durchschneidet, wird dort eine weitere zusammengesetzte Energieform erzeugt. Diese Neun Sphären haben folgende Namen und Eigenschaften:

Auf dem Inneren Kreis von *Abred*, der ›ersten Welle‹, dem Reich der Materie, drehen sich die drei Sphären von:

HUON ›Das Sonnengesicht‹
POWYS ›Die Macht‹
EMRYS ›Das Imperium‹

Auf dem Mittleren Kreis von *Gwynydd,* der ›zweiten Welle‹, dem Reich der Glückseligkeit, drehen sich die vier Sphären von:

CAER SIDIS	›Die Magie‹
LLYN TEGID	›Die Musik‹
YNYS MON	›Die Feuer-Väter‹
YNYS AFFALON	›Die Wasser-Mütter‹

Auf dem Äußeren Kreis von *Ceugant,* der ›dritten Welle‹, dem Reich der Unendlichkeit, drehen sich die zwei Sphären von:

CALLOR CERRIDWEN	›Die Tiefen‹
YR WYDDFA	›Die Höhen‹

So lauten die Namen. Was die Eigenschaften oder besonderen Energien betrifft, so werde ich dich bald den alten ›Ritus des Zugangs‹ lehren, womit du diese Sphären nach Belieben erforschen kannst.«

»Aber was ist mit dem Mittelpunkt?« erkundigte ich mich, »... der Kiesel selbst, der die Wellen auf dem See entstehen ließ?«

Der Druide lächelte wieder, offensichtlich erfreut über meine Frage, und legte einen Finger auf die Mitte des Brettes. »Das Reich von *Anrawn* ...«, sagte er geheimnisvoll, »wo alle Dinge sich miteinander versöhnen. Dies ist eine Dimension, wo keine Gegensätze existieren, wo die innere und die äußere Welt sich irgendwo in der Unendlichkeit treffen. Es ist der Punkt aller Entstehung und Auslöschung – das Alpha und Omega – Tod und Wiedergeburt. Der Anfang aller Dinge liegt in *Annum,* und im Tod kehren alle Dinge dorthin zurück. Als Mittelpunkt der Kreise hat es keine festgelegten Grenzen ... keine Größe, nur einen Platz. Ebenso wie der Dritte Kreis sich in das jenseits, in das Unendliche ausdehnt, so bewegt die Unendlichkeit sich im Kreis zurück und taucht wieder aus den Tiefen *von Annwn* empor. Wir Druiden wissen, daß es für ein solches *Naugal* keine genauen Worte oder Symbole geben kann und sind doch dazu gekommen, es durch eine einzige schwarze Kerze sinnbildlich darzustellen – aufgrund der Vorstellung von ›Licht aus der Dunkelheit‹, die Versöhnung eines jeden Gegensatzes in einem einzigen Bild. Das ist fast alles, was sich über *Annwn* sagen läßt, denn sein innerstes Wesen verbietet sowohl Worte als auch Begriffsbestimmungen – es ist ebenso unmöglich zu erfassen wie Gott oder die Zeit oder irgendeine unendliche Eigenschaft. Vielleicht ist es wie der menschliche Geist während des traumlosen Schlafes ... vielleicht auch nicht. Konntest du irgend etwas von dem nachvollziehen, Bärenjunges?«

Ich nickte wahrheitsgemäß, denn die meisten der besprochenen Begriffe waren mir schon ziemlich vertraut; nur die äußere Verpackung war anders, und selbst dies wurde deutlich ausgelegt, wenn die Identität der Dinge einmal festgestellt war. Die einzige wirkliche Frage, die übrigblieb, betraf die »Schleier«, die er erwähnte, denn von ihnen hatte ich bisher niemals sprechen hören. Also erkundigte ich mich danach.

»Ach ja, die Schleier«, sagte Merlin, »... ein fast so schwieriges Thema wie *Annwn* selbst! Weißt du, diese Dinge sind äußerst abstrakt, und es entstehen ernste Probleme, wenn man versucht, einen Begriff, der an Unendlichkeit grenzt, fein säuberlich in eine ›verpackte Form‹ zu zwingen. Doch«, seufzte er, »sogar die Druiden haben es seit langem für richtig befunden, dies zu versuchen – erkennen jedoch die gesamten damit verbundenen Unzulänglichkeiten. Ebenso wie ›Drei‹ die Zahl der Manifestation ist, so zeigt sich dieses Gesetz auch in Drei Kreisen und Drei Schleiern.

- Der erste ist der *Schleier von Annwn:* des ›dunklen Vergessens‹, durch das man gehen muß, um in irgendeiner Form Geburt in *Abred zu* erlangen ... der Welt der Einmal-Geborenen. Sein Symbol ist eine blaue Kette, für die umgebenden Meere von *Annwn.*

- Der zweite ist der *Schleier von Cythraul:* der ›Geist‹, durch den man gehen muß, um Glückseligkeit in *Gwynydd zu* erlangen ... der Welt der Zweimal- oder Doppeltgeborenen. Sein Symbol ist das *Cwrwg Gwydrin,* das Gläserne Boot, für die Zwischenreiche der Anderwelt.

- Der dritte ist der *Schleier von Lyonesse:* die ›untergegangene Insel‹, durch die man gehen muß, um Unendlichkeit bei Gott in *Ceugant zu* erlangen ... der Welt der Dreimal-Geborenen. Sein Symbol ist die seltene blaue Rose, verwandt mit den Wassern von *Annwn,* auf der anderen Seite von dem unendlichen Meer des jenseits.

Und wie durchschreitet man diese Schleier? – Antwort: zahllose Leben zu erkennen, die im Streben nach höheren Idealen verbracht wurden ... zu wagen, jenen Herausforderungen zu begegnen, die von den Herren des Lebens aufgestellt werden ... diese geheimen und schweigenden Künste zu praktizieren, zu denen schließlich alle hingezogen werden, wenn ihre Zeit der Schwelle sich nähert. ZU WISSEN, ZU WAGEN, ZU SCHWEIGEN – dies sind seit unvordenklicher Zeit die drei Säulen der Weisheit gewesen und bleiben auch unsere Hauptwerkzeuge dafür, um die Schleier der Schwellen zu überschreiten. Wie ich gesagt habe, gibt es noch Geheimnisse, die ich dich lehren werde – fangen wir jetzt damit an!«

Merlin brachte ziemlich viel Zeit damit zu, über seiner Sammlung von persönlichen Symbolen zu grübeln, und suchte schließlich mehrere aus, auf die er meine Aufmerksamkeit lenkte. »Als Beispiel für dich«, begann er, »laß uns annehmen, daß ich zu der nördlichen Festung von König Uthr Pendragon in Snowdon reiten muß, um ihm dabei zu helfen, das Land von einem furchterregenden Feind zu befreien, der die Umgegend verwüstet. Darin, Arthur, besteht die Aufgabe, und wir müssen uns nun daranmachen, Kräfte in Bewegung zu setzen, die uns dabei helfen werden, eine Lösung zu finden. Laß uns weiterhin annehmen, daß ich die Wahl getroffen habe, diesen Feind mit unblutigen Mitteln zu bekämpfen: durch die Durchführung des ›Ritus der Verbannung‹, um seine körperliche Form über die Meere von *Annwn* zurückzuschicken. Entsprechend habe ich dafür die folgenden Symbole ausgewählt:

- einen Eberzahn, im fairen Kampf gewonnen, für Furchtlosigkeit
- eine Wolke aus Glas, um seine Sicht zu trüben
- ein Abbild von *Arawn*, dem König der Anderwelt, als Hilfe
- eine Eichel von meinem Wächterbaum, als Schutz
- einen Weißdornstachel, als Darstellung des Feindes.

Als nächstes müssen wir auswählen, auf welche Sphären der Manifestation wir diese Objekte legen. Meine Wahl würde folgendermaßen aussehen:

- *Powys* – um den Eberzahn darauf zu legen
- *Schleier des Geistes* – um die Wolke aus Glas darauf zu legen
- *Caer Sidis* – um darauf *Arawn*, König der Magischen Reiche, anzurufen
- *Ynys Môn* – um darauf die Eichel, den Sitz der Vaterschaft, zu legen

- *Schleier von Annwn* – um darauf den Weißdornstachel zu legen.

Nun werden wir ein Wort der Macht auswählen, um damit unser Ziel auszudrücken: *Gorchfawr* in der alten Sprache, was ›völlig besiegen‹ bedeutet. Wenn wir dieses Wort auf ein druidisches Trigramm zusammenziehen, haben wir die Buchstaben ›G-F-R‹ und müssen nun diese drei *Oghams* aus den *Coelbren* heraussuchen; es sind *Gort, Fearn* und *Ruis*. Als letztes legen wir sie in gleichem Abstand über den ›Schleier von Lyonesse‹ (für die Verbannung), so daß sie nach dem Lauf der Sonne zu lesen sind. Und jetzt sind wir bereit für die Ermächtigung! Wenn ich mich nicht irre, wird die Sonne sehr bald aufgehen; daher wollen wir Wache stehen bis zum Augenblick der Schwelle zur Dämmerung, um unser Wirken einzuleiten.«

Also standen wir schweigend da und warteten. Nach kurzer Zeit begannen helle Lichtströme durch die Öffnungen hoch oben zu scheinen und sich schließlich die Wand herabzusenken, um die Oberfläche des Altars mit drei vollkommenen Strahlen zu erleuchten. Merlin machte seinen Rücken ganz gerade und atmete tief ein. Er hielt eine Hand über das *Gwyddbwyll* und intonierte mit machtvoller Stimme den »Zauber des Wirkens«. Während er sprach, raschelte es zwischen den Steinen – Staub flog in Wolken auf, so als wäre ein unsichtbarer Wind in die Höhle eingedrungen, doch ich konnte nichts spüren. Dann bildete sich ein blauer Dunst um die Hand des Druiden und schien sich in die Gegenstände darunter aufzulösen. Innerhalb von Sekunden verschwanden die Strahlen des Sonnenlichtes, und Merlin trat zurück, so als sei er erschöpft.

»Eine ziemliche Anstrengung, selbst für mich!« sagte er zwischen tiefen Atemzügen. »Ich hoffe, du hast genau beobachtet, wie dies alles gemacht wurde, denn bald mußt du eines zum *eigenen* Gebrauch aufbauen. Die Zeit rückt rasch näher, wo du jedes Werkzeug brauchen wirst, das dir zu Verfügung steht, um die Beherrschung deines Schicksals zu übernehmen. Was ich hier vorgeführt habe, ist in der Tat ein machtvolles Werkzeug. Was aber diese Handlung angeht, so sind meine Energien jetzt fest den Sternenwassern der Anderwelt eingeprägt, und es bleibt nichts zu tun übrig, außer darauf zu warten, daß sie wieder zurückgeworfen werden.«

»Weil Handeln auf Denken folgt?« gab ich ihm lächelnd als Zitat zurück.

»Ganz recht!« antwortete er, ebenfalls lachend. »Und ich muß sagen, du bist ein guter Schüler, mein Junge.« Der Druide begann damit, die *Coelbren* wieder zu einem ordentlichen Stoß zusammenzulegen.

»Eigentlich habe ich noch eine weitere Frage«, sagte ich direkt. »Welche Stimme habt Ihr während des Rituals benutzt ... war es gesprochen oder gesungen? Mit Gewißheit klang sie nicht wie Eure und schien den gesamten Raum um uns zu ergreifen. Was ist das gewesen?« Merlin unterbrach seine augenblickliche Tätigkeit und setzte sich wieder hin.

»Ich hatte vergessen, dies zu erwähnen«, meinte er nachdenklich, »denn es ist etwas anderes, was durchaus wert ist, daß du es erlernst. In unserer heiligen Sprache wird es *Y Llais* genannt, was einfach ›Die Stimme‹ bedeutet und ein für Magier jeder Kultur gebräuchliches Werkzeug ist. Es ist eine Sprechweise, wobei die Worte auf eine solche Art und Weise schwingen, daß sie sowohl diese als auch die Anderwelt erreichen und dadurch mit der Autorität beider Reiche ermächtigt werden. Erinnerst du dich an das Wissen vom Liedzauber, das dir während des *Eisteddfodd* von Gwynedd vermittelt wurde?« Ich nickte. »Nun, dann kannst du *Y Llais* als eine Erweiterung derselben Lektion ansehen. Du hast den ›Ritus der Drei Strahlen‹ gemeistert und bist daher mit dem Dreieinigen Namen Gottes vertraut, dem allerheiligsten I-A-O. Wir wollen dies als ein Beispiel verwenden, denn in der druidischen Überlieferung heißt es: ›Selbst der Name Gottes ist ein schöpferisches Wort‹ Das werden wir nun sehen.«

Ich blickte ungläubig zu meinem Lehrer hinüber. Es schien mir, daß er etwas unübertrefflich Heiliges nicht allzu ernst nahm: den Namen des Einen, der jenseits eines Namen ist.

»Fürchte nie den Namen Gottes«, sagte der Druide, der richtig in meinen Gedanken las, »denn nur jene, die ihn entweihen und mißbrauchen, müssen sich um göttliche Vergeltung sorgen ... und vielleicht nicht einmal dann! Die christliche Kirche predigt wahrscheinlich von einem solchen Gott, der sich darüber erzürnt, wie ein Mensch ihn nennen könnte. Doch die druidischen Lehren haben eine andere Ansicht darüber: Wir meinen, daß Gott wirklich *Jenseits* von menschlichen Eigenschaften ist und daß die echte Sünde heiliger Entwürdigung in einem Mangel an Achtung und Glauben liegt – Sünden, für die man nicht vor Gott, sondern dem eigenen Selbst gegenüber verantwortlich ist. Deshalb lautet unsere Goldene Regel: *›Du sollst die Seele nicht verunstalten‹.«*

Merlin trat in die Mitte des Kreises zurück und richtete seine Augen in magischer Haltung nach oben. Dann hob er seine Hände hoch über den Kopf, atmete kräftig ein und ließ sie langsam wieder heruntersinken, während er intonierte: »Eeee-Aaa-Ooo«. Ich lauschte aufmerksam, während er dies dreimal in der tiefen nachhallenden Art von *Y Llais* wiederholte und dann laut ausrief: »Seht die Stimme der Dreifachen Äußerung! « Dann schwieg er.

Zuerst hielt ich das, was als Klang blieb, bloß für ein Echo, das sich in den inneren Tiefen der Höhle gefangen hatte. Doch als die Minuten vergingen und der Klang weiter anschwoll, wurde es offensichtlich, daß eine andere ungewöhnliche Kraft wirksam war. Langsam nahm der zurückbleibende Klang von Merlins Stimme ein eigenes Leben an und wurde unaufhörlich dumpfer und stärker widerhallend –

bis mir klar wurde, daß der Klang von den Steinen selbst kam ... sie summten! Da erinnerte ich mich an etwas, was der Druide mir in Stonehenge über die heiligen *Bluestones,* aus denen es erbaut war, erzählt hatte. Er hatte gesagt, daß *Bluestone* kein gewöhnlicher Stein sei, denn im Unterschied zu jedem anderen auf der Welt sei er vor dem Anbruch der Menschheit aus der Tiefe des Alls auf die Erde gefallen. Deshalb werde er nur in einem einzigen Gebiet der Welt gefunden: den Preseli-Bergen in Wales, wo die Säulen von Stonehenge aus dem Fels gehauen und dann durch ungeheure Anstrengungen von menschlicher Kraft und Zeit in die Ebenen von Salisbury transportiert worden seien. Der Grund dafür sei, daß *Bluestone* einzigartige Eigenschaften an Energie besitze und dazu in der Lage sei, die Kraft der Drachenlinien der Erde zu speichern, in eine bestimmte Richtung zu lenken und zu verstärken. Jetzt wußte ich, daß dies zweifellos zutraf!

Der tiefe, dumpfe, summende Ton schwoll weiter an, bis die Steine tatsächlich vibrierten – obwohl ich nicht wagte, einen zu berühren, wie ich es gern getan hätte. Dann, ebenso langsam wie er angefangen hatte, begann sich der Klang zurückzuziehen, bis er kaum noch hörbar war. Merlin kam herüber in meine Nähe und setzte sich nieder.

»Merlin!« rief ich voller Ehrfurcht aus. »Das war wirklich unglaublich. Ich kann nicht verstehen, daß Ihr mir etwas Derartiges so lange vorenthalten habt ... wann könnt Ihr es mir beibringen?«

Der Druide gab ein müdes Kichern von sich und sagte: »Da gibt es wirklich nicht viel beizubringen, Bärenjunges – es ist alles eine Sache der Übung. Die eigentliche Technik unterscheidet sich von Person zu Person, wie sich Stimmen unterscheiden; doch jetzt, nachdem du gehört hast, wie es gemacht wird, sollte es nur Zeit brauchen. Da du endlich hier bist, laß diese bemerkenswerten *Bluestones* Richter sein – sie werden ›zurücksingen‹, sobald du es einmal richtig gemacht hast! Ich glaube nämlich, daß *Y Llais* die einzige bekannte Sprache ist, um die Welt der Menschen und die der Götter miteinander zu vereinen, und daß sie allein dadurch unschätzbar wertvoll ist. Sie kann jedoch auch ein tödliches Werkzeug sein und eine unbarmherzige Wirkung auf den Geist eines Feindes haben, wenn es sein muß. Es ist ein großes Potential in all dem enthalten, was du heute über Schrift, Symbol und Klang gelernt hast. Praktiziere also jetzt, bis du selbst etwas gelernt hast, und komme wieder nach oben zu mir, wenn du damit fertig bist. Meine Aufgabe hier ist abgeschlossen. Strenge dich an, Arthur, und gehe die Übung nicht leichtfertig an – denn dies wird die letzte, und vielleicht wichtigste, Lektion sein, die du durch mich bekommen wirst. Ja, tatsächlich ... in einem Wort kann große Macht liegen!«

Damit verschwand Merlin die Stufen hinauf. Erschöpft setzte ich mich nieder und lauschte, während seine Fußschritte über mir verklangen – jeder von ihnen ließ mich mit einem Gefühl von größerer Einsamkeit und Unsicherheit zurück. Die letzte Lektion? Schon zum zweiten Mal an diesem Tag hatte er davon gesprochen, daß ich Newais verlassen müsse. Aber warum? Weshalb erwähnte er so etwas beiläufig? Ich ging hinüber zu dem Altar, setzte mich auf seinen Rand und schaute mich düster um; ich verspürte keinerlei Lust dazu, Magie oder irgend etwas anderes zu praktizieren. Weit oben fielen die schwachen Strahlen der Wintersonne blaß durch das Fenster und auf eine entfernte Wand ... der Mittag war gekommen und wieder gegangen. Nachdem die Zeit des Mittagessens wohl vorüber war und ich mich ebenso niedergeschlagen wie hungrig fühlte, entdeckte ich zufällig ein verpacktes Bündel, das Merlin zurückgelassen hatte. Ich zog an dem Tuch und versuchte es zu öffnen, bis ein reichlicher Vorrat an Nahrungsmitteln herausfiel – mehr als genug für einen ausgehungerten Lehrling! Als ich in einen Apfel biß, wurde mir plötzlich bewußt, daß ich in guten Händen war ... wie immer war Merlin Herr der Lage, selbst bis hin zu einer solchen Kleinigkeit wie meiner Mittagsmahlzeit. Konnte man daraus nicht schließen, daß er andere, größere und scheinbar schicksalsschwerere Angelegenheiten ebenso fest in der Hand hatte?

Solche Gedanken befreiten mich rasch von meiner Niedergeschlagenheit, und ich konnte meine Mahlzeit mit erneuertem Vertrauen und lächelnd beenden. Tief in mir erkannte ich dennoch, mit keinem geringen Ausmaß an Traurigkeit, daß die Zeit rasch näherrückte, wo ich die Sicherheit meines geliebten Berges Newais verlassen mußte. Doch nun, wenn ich an Merlins sorgfältige Planung dachte, schien mir dies weniger auszumachen – ganz zu schweigen von seiner Hingabe und Sorge in den vergangenen acht Jahren! Er würde mich niemals so weit geführt haben, nur um mich jetzt im ungewissen zu lassen. *»Außerdem scheint es immer gerade vor der Dämmerung am dunkelsten zu sein«*, versicherte ich mir nochmals laut und kletterte auf einen anderen Stein. Dort, in diesem Augenblick, von alten Dolmen umgeben, fühlte ich mich wirklich wieder am richtigen Platz. Dann dachte ich über all die vielen Dinge nach, die mir einmal so fremd erschienen und nun doch ein Hauptbestandteil meines Seins geworden waren. Ich war von einem überwältigenden Verständnis des Schicksals, von einem ruhigen Gefühl der Sicherheit erfüllt, und dies zeigte mir, daß ich mich genau am richtigen Ort zur richtigen Zeit befand.

»Ich will gehen«, rief ich zum Himmel hinauf, »obwohl ich den Weg nicht kenne. Was auch immer Ihr Herren des Schicksals für meine Zukunft bestimmt habt, ich will es überwinden ... ich will! Hört Ihr mich dort oben, Merlin? Ich will siegen! Merlin!«

Und die Steine warfen das Echo des Namens zurück ...

Lektion 17
Das Lebensbrett

... oft kostet es mich viele Wochen des Schweigens, um mich von der Nutzlosigkeit der Worte zu erholen.

C. G. JUNG

In dem Romankapitel »Die Macht eines Wortes« wird Arthur in das magische Potential von persönlichen Symbolen eingeführt, die durch das kosmische Medium der *Drei Kreise der Existenz* Macht erhalten haben. Die Geschichte selbst erfüllt sehr gut die Aufgabe, den Sinn und die Bedeutung dieser beiden druidischen Hilfsmittel zu erklären, so daß an dieser Stelle nicht mehr allzuviel darüber gesagt werden muß. Eine visuelle Darstellung des »Lebensbrettes«, die auf der folgenden Seite wiedergegeben ist, könnte jedoch von echtem Nutzen für den Leser sein, der beabsichtigt, ein solches für eigene Zwecke zu entwerfen.

Ähnlich wie die gnostische Kabbala bildet *Yr Gwyddbwyll* »symbolische Wahrnehmungswelten« in einer bestimmten Reihenfolge ab, die schon an sich ein Rätsel ist. Die Ursprünge der auf dem Brett dargestellten Anordnung sind mit der Zeit verlorengegangen. Im *Book of Pheryllt* sind jedoch zwei Überlieferungen angeführt:

1. Die Anordnung der Bereiche ergibt sich aus der »Erleuchtung von *Awen*«, welche die Form eines Blitzes annimmt, der im Zickzack über die drei Kreise und die drei Schleier verläuft und dort, wo die wichtigsten Schnittpunkte entstehen, archetypische Welten bildet. (Das Muster des erwähnten Blitzes läßt sich nachzeichnen, wenn man der eigentümlichen numerischen Reihenfolge der Bereiche folgt.)

2. Die drei Kreise und die drei Schleier waren Muster, die sich wie kleine kräuselnde Wellen auf der Wasseroberfläche eines ruhigen Sees bildeten. Nach dem *Barddas* entstanden sie durch Gott (Der im jenseits weilt), als er »seinen eigenen Namen in die Meere von *Annwn* fallen ließ«. Darin liegt der Ursprung aller Erscheinungsformen, und ihre physische Gestalt ist stets Ausdruck der Widerspiegelung von Mustern des göttlichen Urhebers.

Die persönlichen Symbole selbst sind eine sorgfältig ausgewählte Sammlung kleiner Gegenstände, die in ihrer Gesamtheit die Erfahrungswelt des Magiers verkörpern – sein Leben in Miniaturform – und deren Zusammenstellung sich im Laufe der Zeit geringfügig verändert, so wie sich das Leben des Magiers wandelt. Der erste Schritt für den Leser, der daran interessiert ist, sich ein solches System aufzubauen, besteht darin, persönliche Symbole zu sammeln. Ihre genaue Anzahl ist variabel, doch sollten es nach oben hin nicht mehr als 21 sein, bis die Methodik und Anwendung gut beherrscht werden. Auch die Standardsymbole für die Kreise (d. h. die neun Kreispunkte und ihre drei Schleier) sollten gesammelt und als getrennte energetische Einheit beiseite gelegt werden, um in Verbindung mit den eigentlich persönlichen Symbolen benutzt zu werden. Zwischen den positiven und negativen (hellen und dunklen) Aspekten des Lebens sollte ein ausgewogenes Gleichgewicht bestehen. Denken Sie daran, daß die gewählten Symbole tiefe Wurzeln in Ihrer eigenen Psyche und dem persönlichen Seelenleben/Unbewußten haben müssen, damit sie als Werkzeuge der Manifestation wirksam sein können. Aufbewahrt werden sollte die ganze Sammlung traditionsgemäß in einem selbst entworfenen und angefertigten Kästchen aus einer Holzart, die der persönlichen Gottheit oder dem geistigen Führer geweiht ist.

Bevor Sie die assoziativen Verbindungen innerhalb des *Yr Gwyddbwyll* verstanden haben und dann zur persönlichen Ermächtigung durch die Symbole verwenden können, sollten Sie sich eingehend damit beschäftigen und über einen längeren Zeitraum zielgerichtet darauf meditieren. Der Magier muß zunächst die vielfältigen Energieformen in den verschiedenen Bereichen des Lebensbrettes bestimmen und dann herausfinden, wie er diese Energien intuitiv nutzen kann.

Wenn Sie das Brett und die persönlichen Symbole aufgebaut haben und mit dem System arbeiten möchten, entscheiden Sie sich zunächst für eine Frage, ein Problem oder eine Aufgabe in Ihrem Leben, wofür Sie sich eine Veränderung wünschen. Wählen Sie dann das Symbol oder eine Verbindung von Symbolen aus, die sowohl die Situation als auch das gewünschte Ergebnis am besten verkörpern. Bestimmen Sie die räumliche Anordnung, d. h., wo auf dem Lebensbrett diese Symbole aufgestellt werden sollten, damit sie die Gesamtsituation am besten nachbilden. Wenn all dies sorgsam und gründlich überlegt ist, sind Sie für die nächste Stufe der Ermächtigung bereit.

Damit dieses »Spiel« machtvoll genug wird, sich zu manifestieren, wenden Sie sich an das *Gwyddbwyll* während einer Schwellenzeit: an einem Festtag, bei Tagesanbruch, zur Abenddämmerung oder um Mitternacht. Strecken Sie Ihre Hände über dem Brett aus, und sprechen Sie die folgende GROSSE INVOKATION:

Um in den Wassern des Lebens zu baden,
Und das, was nicht menschlich ist, abzuwaschen
Komme ich in Selbst-Auslöschung
Und der Größe von Inspiration.

Als nächstes stellen Sie Ihre persönlichen Symbole in der vorher bestimmten Anordnung auf dem Brett auf. Gehen Sie dabei aufmerksam und konzentriert vor, und denken Sie daran, daß Sie ein wirkliches Energiemuster erschaffen, das je nach Stärke der darauf gerichteten Energie zur Realität wird, denn: *Handeln folgt auf Denken.*

Um diese Anordnung zu aktivieren, rezitieren Sie dreimal den druidischen ZAUBER DES WIRKENS:

ANAIL NATHROCK
ÜTHVASS BETHUDD
DOCHIEL DIENDE

Dadurch werden die Formkräfte in Bewegung gesetzt. Danach lassen Sie die Anordnung unberührt (die Sie im übrigen nur dann berühren, wenn Sie die Symbolik verändern möchten) und kehren an drei aufeinanderfolgenden Tagen zur gleichen Zeit zurück, um den *Zauber des Wirkens zu* wiederholen. Warten Sie dann auf die Manifestation.

18

Übergangsriten

Ohne Veränderung
Schläft etwas in uns -
Der Schläfer muß erwachen!

FRANK HERBERT

»Ich bin an den Hof von König Uthr gerufen worden«, verkündete Merlin plötzlich an einem Frühlingsmorgen, »und ich möchte, daß du mich begleitest. Packe alles zusammen, was du für die Reise brauchen wirst; wir müssen aufbrechen, ehe die Sonne des heutigen Tages sich rot zu färben beginnt.«

Es war Ende April des Jahres 478, als diese ungewöhnliche Wendung der Ereignisse mein ansonsten gleichbleibend dahinfließendes Leben auf Newais unterbrach. Eigentlich war nichts merkwürdig daran, daß Merlin zum königlichen Hof aufbrach, denn dies war in den vergangenen paar Jahren zu einem selbstverständlichen Brauch geworden – doch niemals hatten seine Pläne mich einbezogen. Im Laufe der Zeit hatte ich mir aus bruchstückhaften Informationen, die mir zugetragen worden waren, zusammengereimt, daß Merlin seinem langjährigen Freund Uthr als eine Art »Ratgeber« diente, obwohl ich sonst wenig erschlossen hatte; der Druide behielt die Angewohnheit bei, nie über seine Ausflüge nach draußen zu sprechen, nicht einmal kurz. Doch jetzt, da wir beide so plötzlich zum Hof aufbrechen würden, fragte ich mich, ob mein Mentor dies vielleicht als eine Art Überraschung für meinen sechzehnten Geburtstag nur ein paar Tage später plante?

Als wir gerade im Aufbruch waren, warf Merlin einen raschen Blick auf mein Gepäck. »Geh nochmal hinein«, rief er, »und hole deine magischen Geräte, Kleider, Symbole ... alles! Du wirst sie bei deinem Aufenthalt brauchen. Laß nichts Wichtiges zurück.«

Einige Augenblicke lang wunderte ich mich darüber, doch als offensichtlich wurde, daß keine weitere Erklärung folgen würde, kam ich der Aufforderung hastig nach. Als ich zurückkehrte, wartete ein neues Rätsel darauf, zu meiner Verwirrung beizutragen: In Bereitschaft auf Merlins Schulter und leise krächzend zu sich selbst sprechend, saß Salomon. In all den Jahren seit meinem Abschied vom Kloster Tintagel hatte ich den großen Raben kein einziges Mal den Berg verlassen sehen, so behaglich fand er das Leben dort. Und nun schien der alte Vogel fast begierig darauf, wegzugehen! Trotz meiner »Geburtstags-Vermutung« lag bestimmt etwas Ungünstiges in der Luft. Ich beschloß zu schweigen.

Merlin langte hinunter in den blauen Lederbeutel, der immer an seiner Seite hing, und zog vorsichtig einen Runenstein daraus hervor. »Ah ... *Derwen,* die Eiche!« rief er mit hocherfreuter Stimme aus. »Wir werden auf unserer Reise heute gut vorwärtskommen!«

Am Mittag waren wir fort – über die warmen Felder voller Blumen und entlang der nördlichen Straßen, die uns schließlich zu Uthrs berühmter Hof-Festung in Snowdon führen würden, die etwa dreißig Meilen entfernt lag. Als ich während des Gehens zurückschaute, schien Berg Newais ebenso majestätisch, wie ich ihn zuerst gesehen hatte: in einen Mantel aus frischem grünem Gras gehüllt, mit weißen Gänseblümchen, vom Wind bewegt an den Hängen am Rande des Wasserfalls wachsend. *Ich hegte nicht den geringsten Verdacht, daß soeben ein wichtiger Abschnitt meines Lebens zum Abschluß gekommen war.*

Die folgenden Tage gehörten zu den angenehmsten, die

ich jemals mit Merlin verbringen sollte. Wir wanderten in gemächlichem Schritt durch Mittel-Wales und machten oftmals halt, um durch einen der vielen Bergseen und -flüsse, die unseren Weg durch Powys säumten, zu waten oder darin zu schwimmen. Am Ufer des mächtigen Flusses Severn schlugen wir einen ganzen Tag unser Lager auf, während wir seltene Frühlingspilze und Kräuter inmitten der fichtenbewachsenen Hügel aufspürten. Selbst Salomon schien sich gut zu unterhalten und präsentierte uns bei mehreren Gelegenheiten große Fische, die er dem Fluß abgeschwatzt hatte. Solche sorglosen Tage waren in der Tat gute Erinnerungen und verrieten nichts von der Dringlichkeit, die Merlin in seinen verborgensten Gedanken geplagt haben mußte – denn er wußte, was sich bald zutragen sollte.

Schließlich überquerten wir die Arfon-Berge und gelangten an einen sehr großen See, der wunderschön zwischen sanfte Vorhügel geschmiegt lag. Hier hielten wir an, um an einem sauberen Sandufer Rast zu machen.

»Morgen ist *Beltane-Tag*«, sagte Merlin mit unverkennbarem Ernst, »und dies ist auch dein sechzehnter Geburtstag. Da du noch nicht so wie ich mit Fragen des Lehrens beschäftigt bist, magst du vielleicht vergessen haben, daß morgen auch deine abschließende Stufe des magischen Lernens beginnt. Während dieser letzten kritischen Phase wirst du spezielle Unterweisung in Bereichen benötigen, für die ich leider nicht sorgen kann. Ebendiese Angelegenheit hat einige Zeit lang schwer auf meinem Gewissen gelastet, und nach vielen Überlegungen bin ich zu einem Handlungsplan gelangt, der mir gut gefällt. Komm... sieh selbst!«

Mit einem Herz voller Ungewißheit folgte ich dem Druiden einen Weg entlang, der mit einem dichten Teppich aus Fichtennadeln bedeckt war und zur anderen Seite des Sees führte. Hier gelangten wir an ein sauberes Landhaus, das auf drei Seiten von ausgedehnten gutgepflegten Gärten umgeben war. Ich erinnere mich an das Erstaunen, das ich verspürte, auf einen solchen Ort inmitten von wildem Waldland zu treffen, so daß ich einen Augenblick lang das Gefühl von Unruhe verlor, das von meinem Geist Besitz ergriffen hatte.

Das mit Efeu bewachsene Gebäude besaß den ganzen Zauber und Liebreiz eines Märchens. Seine untere Hälfte war aus gut behauenem Mauerwerk erbaut, während die oberen Stockwerke aus Rotkiefernholz bestanden. Es hatte viele große Fenster aus funkelndem Glas und mit Vorhängen, und auf jedem Fenstersims stand ein Tongefäß mit bunten Blumen: Gelbe Narzissen und blaue Trichterwinden rahmten seine Einfassungen wie ein Bild ein. Dem Aussehen nach hätte es ganz gewiß der Wohnort einer verzauberten Prinzessin aus der Sage sein können.

» Holla, Merlin!« ertönte plötzlich eine Stimme hinter einer langen Hecke, »... hier drüben.« Dann trat ein schlanker Bursche mit dunklen Augen und kurzem braunem Bart hervor, der mit ausgestreckten Händen rasch auf uns zuging.

»Willkommen im Caergai-Haus und am Bala-See«, sagte er fröhlich. »Langsam hatte ich schon befürchtet, daß ihr euch in diesen sich stetig verändernden Wäldern verirrt hättet.«

»Nicht verirrt«, entgegnete Merlin, »aber uns dafür Zeit auf dein Weg gelassen.«

»Natürlich, ich verstehe«, antwortete der Mann, während ein kurzer Anflug von Ernst über sein Gesicht ging und dann wieder verschwunden war. »Doch vielleicht ist es an der Zeit, uns miteinander bekanntzumachen?«

Merlin nahm die Anregung auf, faßte mich leicht von hinten an den Schultern und schob mich ein paar Schritte nach vorn. »Arthur, das ist Ectorius, der etwa für die Dauer des nächsten Jahres dein Erzieher sein wird. Er ist ein alter Schüler von mir und sehr bewandert in jenen Dingen, die du jetzt lernen mußt.«

Es folgte ein langes Schweigen, währenddem ich den

Druiden anstarrte, als würde ich mich von einem heftigen Schlag erholen – denn ich wollte den Worten nicht glauben, die er ausgesprochen hatte. *Doch wenigstens wurde mir jetzt klar, warum mir aufgetragen wurde, meinen persönlichen Besitz mitzunehmen, und weshalb auf dem Hinweg soviel Mußezeit verbracht worden war.*

»Merlin!« warf ich angstvoll ein, »Ihr könnt nicht einfach ... ich meine, soll das heißen ...«

»Beruhige dich!« entgegnete er, »denn die Sache ist immer wieder sorgfältig abgewogen und beurteilt worden. Arthur: Ich habe nicht den Wunsch, daß wir uns nach so langer Zeit unbedacht voneinander trennen, doch deine eigene Entwicklung verlangt es anders. Sehr bald wird der grüßte Teil meiner Zeit am Hof von König Uthr benötigt werden, denn ich bin offiziell damit beauftragt worden, die Stellung des Königlichen Ratgebers und Heerführers einzunehmen. Zu dieser Bestimmung bin ich selbst jetzt unterwegs.«

»Ihr sagt also, daß Ihr keine Zeit mehr für mich habt?« fragte ich bitter.

»Bärenjunges«, antwortete Merlin gütig, »du weißt genauso gut wie ich, daß die letzten acht Jahre meines Lebens unermüdlich allein deinem Wohlergehen gewidmet waren. Doch der entscheidende Punkt ist, daß du jetzt fachmännische Begleitung in den Bereichen von Waffenkunst und politischer Ethik brauchst – in keinem von beiden habe ich Sachkenntnis. Und würdest nicht du selbst etwas gegen minderwertige Unterweisung einzuwenden haben?‹ Darauf lächelte er.

»Einverstanden, Merlin ...«, gab ich nach, »wenn Ihr sicher seid, daß dies der beste Weg für mich ist, dann will ich nicht mehr dagegen ankämpfen. Ihr habt mich bisher niemals irregeführt.«

Damit umarmten wir uns warm, durch stumme Tränen hindurch. Salomon, der bemerkte, daß etwas Trauriges in der Luft lag, kletterte plötzlich auf meine Schulter und zwickte mich kräftig ins Ohr.

»Und jetzt muß ich euch im Ernst verlassen«, unterbrach Merlin, »denn Snowdon ist noch fast fünf Meilen entfernt, und ich werde vor Einbruch der Dunkelheit bei Hof erwartet. Ectorius ... vergewissere dich, daß du dir sehr große Mühe mit meinem Schützling gibst! Bilde ihn gut für die kommenden Stürme und Prüfungen aus.« Dann gab er mir einen aufmunternden Klaps, und Magier und Vogel machten sich auf in die Wälder.

»Arthur, sei nicht betrübt«, rief Merlin über die Schulter zurück, »... ich werde dich niemals aus den Augen verlieren ... du wirst sehen!« Dann schlossen sich die Bäume um sie.

Ich fühlte mich ziemlich unsicher und verlassen. Nach einer Weile drehte ich mich um und blickte meinen neuen Beschützer an.

»Es tut mir leid, Herr, daß ich so empfinde ... ich bin sicher, daß Ihr ein ausgezeichneter Lehrer sein werdet, es ist nur, daß ... nun, daß ich unvermutet von all diesem überrascht worden bin. Auf die Geschehnisse dieses Tages war ich nicht vorbereitet.«

»Und dies ist wahrscheinlich am besten gewesen«, erwiderte Ectorius, »denn wärest du vorgewarnt gewesen, dann wärest du vielleicht nach *Joyous Garde* oder anderswohin verschwunden – wie ich es einmal gemacht habe!«

»Ihr ... Ihr wißt von *Joyous Garde?«* fragte ich mit neu wachsendem Interesse.

»Natürlich, und warum auch nicht? Denn vor vielen Jahren habe auch ich, als Junge, eine Zeitlang auf Berg Newais verbracht und am Ende manche derselben Gefühle wie du jetzt durchgemacht. Doch komm ... wir wollen damit anfangen, Merlins Heilmittel zum Vertreiben von Kummer zu befolgen. Laß uns vor der Dunkelheit einen Rundgang durch das Gelände von Caergai machen, damit du mit Recht feststellen kannst, daß auch dieser Ort auf seine eigene Weise wunderbar ist.«

Ectorius hatte nicht übertrieben. Es gab ein langes Feld für die Kunst des Bogenschießens und eine weitere Grünfläche für verschiedene Fechtsportarten. Unten am Ufer des Bala-Sees führte ein Holzsteg, an dessen Längsseite mehrere kleine Boote festgemacht waren, weit ins Wasser hinaus. Doch was von allem meine Aufmerksamkeit am meisten auf sich lenkte, war ein großes rechteckiges Feld mit kurz abgemähtem Gras, das in der Mitte durch eine gedrungene Hecke geteilt wurde; es ähnelte in jeder Einzelheit dem Kampfplatz im Bodmin-Moor, wo ich einst im Wettstreit gegen Morfyn angetreten war.

Zu dem Zeitpunkt, als wir jeden Garten und jedes kleine Tal besichtigt hatten, war nur noch ein schwacher Streifen von Sonnenlicht über den westlichen Berggipfeln sichtbar. Wir nahmen beide einen Armvoll Brennholz von Stößen, die ordentlich unter dem Vorbau aufgestapelt waren, und gingen nach drinnen. Das Haus war innen genauso bezaubernd wie von außen; es hatte grüne Fliesenböden, dicke geschnitzte Balken und Fenster mit großen Scheiben. Genau in der Mitte des unteren Stockwerks war eine große runde Feuerstelle errichtet worden, deren hoher Steinkamin gerade nach oben durch das Dach führte. Hier hatten wir bald ein munter loderndes Feuer entzündet.

Als ich auf Entdeckungsreise ging, konnte ich überall den Einfluß von Druidenmagie spüren, denn es gab Borde mit Kräutern in leuchtendbunten Glasflaschen, Regale mit Büchern und Papieren, Sternentafeln und schwebende Mobiles, bardische Instrumente ... alles in einem Zusammenhang, der mir völlig fremd war. Dieser Ort war mit Gewißheit nicht die Höhle eines Zauberers, sondern statt dessen der häusliche Wohnsitz von einem, der als Magier erzogen worden war, doch Sinn für klassische Schönheit hatte, die selten mit der Beschäftigung eines keltischen Druiden in Verbindung gebracht wird. Als ich zurückwanderte, um Ectorius dabei zu helfen, den langen Holztisch für das Abendessen vorzubereiten, fühlte ich mich plötzlich in der Gesellschaft einer außergewöhnlichen Persönlichkeit, von der vielleicht eine neue Seite der Magie erlernt werden konnte. Mit anderen Worten, langsam wurde ziemlich klar, weshalb Merlin diesen Mann und diesen Ort vor allen anderen ausgewählt hatte.

Die Abendmahlzeit erwies sich als wunderbar. Wir hatten ein Festessen (denn das war es in der Tat!) aus heißer Gemüsesuppe und gebackenem Kürbis, gekrönt von dickem Rahm und Kräutern. Doch wenn ich alles in Betracht zog, war meine Leibspeise das Brot: Es war leicht und knusprig, bestand aus Hafer und Honig und schmeckte völlig anders als jedes, das ich bisher gegessen hatte. Da Druiden danach streben, möglichst vielseitig zu sein, hatte ich selbst die Kochkunst erlernt – ob auf einem Waldpfad oder in einer gut ausgerüsteten Küche. Doch die Speisen, die hier vor mir standen, waren so neu und anders, daß ich mit jedem weiteren Bissen immer begieriger wurde, ihre Zubereitung zu erlernen. Dann, als das Abendessen beendet war, gingen wir hinaus zum Waschhaus und kamen dabei an einem kleinen Schuppen vorbei, der voll unzähliger Glasbehälter war, die eine grenzenlose Vielfalt von Früchten und Gemüse enthielten.

»Dies ist mein Vorratshaus«, erklärte Ectorius stolz, »denn hier wird die beste Ausbeute der letztjährigen Ernte für künftigen Gebrauch aufbewahrt – nicht viel anders wie ein Eichhörnchen, das vor Wintereinbruch Nüsse und Beeren sammelt.«

Wir traten in den hintersten Teil der Hütte, wo es zwei getrennte Reihen mit viel kleineren Flaschen gab, die mit verschiedenfarbigen Flüssigkeiten gefüllt waren.

»Und hier sind meine Metweine«, erklärte er weiter, »ohne Zweifel hast du niemals zuvor ein Getränk dieser Art probiert, aber da heute nacht der Vorabend deines Geburtstags –

und der Vorabend von *Beltane* – ist, dachte ich, wir könnten vielleicht eine oder zwei Flaschen riskieren. Nenne deinen Lieblingsgeschmack.«

»Himbeere ... oder Rose«, platzte ich nach sekundenlangem Nachdenken heraus.

»Du hast Glück!« lachte Ectorius, »denn ich habe beide. Siehst du hier?«

Der Staub flog auf, als er zwei dunkelgrüne Flaschen aus dem hinteren Fach hervorzog und sie mir aushändigte. Tatsächlich, es waren, sorgfältig an der Seite beschriftet, genau die beiden Sorten, die ich ausgewählt hatte.

»Was mich selbst betrifft«, meinte er abschließend, »entscheide ich mich für einen Heidemet, wie es für den hohen Maifesttag traditionell Brauch ist.«

Wir schlossen den Kühlraum hinter uns und kehrten ins Haus zurück, wo es im Feuerschein von Apfelholz warm und wohlriechend war. Wir kratzten den Siegellack von unseren Flaschen ab, setzten uns auf große, mit Fichtennadeln gestopfte Kissen nieder und genossen von dort aus die warme Glut und das Getränk. Durch die Aktivitäten des Tages in Verbindung mit dem zwanglosen Verhalten von Ectorius fühlte ich mich ganz wie zu Hause. Es war so, als seien dieser Mann und ich seit vielen fahren Freunde.

»Laß mich dir etwas über den Grund erzählen, weshalb du hierhergekommen bist«, sagte er nach einem trägen Schweigen. »Die Welt von Newais, wo du herkommst, unterscheidet sich sehr deutlich von der äußeren Welt der Menschen. Dort auf dem Berg ist das Leben beschützt und abgeschieden. Es ist jedoch vorausgesehen worden, daß deine Zukunft gleichmäßig gemischt zwischen innerer und äußerer Welt liegt und daher verlangt, daß du es lernst, mit einer Klinge ebensogut umzugehen wie mit einem Buch. Schließlich ist Britannien nicht mit Stämmen von Elementarwesen bevölkert, die sich mühelos deinen Künsten und Zaubersprüchen beugen werden! Statt dessen ist es ein vielschichtiges Land, wo es Unruhe und Gewalt gibt und das von Gier, Blutvergießen und Unsicherheit beherrscht wird. Wir müssen daher unsere Sinne und Reflexe schärfen – schule dich für die bevorstehende Aufgabe, damit du eines Tages vielleicht dabei helfen kannst, dafür zu sorgen, daß wieder Frieden und Stabilität in dieses Land einziehen. Was mich betrifft, so bin ich ein Barde: gleichzeitig ein Krieger und ein Mystiker – eine Art Botschafter. Meine Rolle besteht darin, wo auch immer ich kann, als Vermittler zwischen den vielen kleineren Königreichen von Britannien zu wirken, wobei ich keinem von ihnen Untertanentreue schulde. Ich komme und gehe, wie ich will, sammele Meinungen und Gefühle, damit der Mensch vielleicht seinen Nächsten besser verstehen lernt. Ich bin zu Gast bei vielen Höfen und Tempeln und überbringe guten Willen zwischen ihnen ... und die Kunst der Diplomatie, mit der du jetzt vertraut werden mußt – so sagt jedenfalls Herr Merlin.«

»Aber warum sollte dies von mir verlangt werden?« erkundigte ich mich. Ectorius warf einen bedächtigen Blick in meine Richtung, ehe er Antwort gab.

»Es ist mir nicht gestattet, darüber zu sprechen«, entgegnete er trocken. »Alles, was ich sagen darf, ist, daß Merlin hier vor vielen Monaten erschien und mich damit beauftragte, dich zum Nutzen des Königreiches bestimmte Dinge zu lehren. Aber ich bin froh darüber, diese Rolle zu übernehmen und daß diese Verantwortung einen so vortrefflichen jungen Mann wie dich einbezieht. Ich habe wirklich das Gefühl, daß wir ein aufregendes Jahr vor uns haben, Arthur.«

Wir tranken unseren Met aus und setzten das Gespräch eine Zeitlang fort, bis das Feuer endlich zu goldenem Staub erlosch. Dann wurde Ectorius unvermittelt sehr ernst.

»Es gibt noch eine weitere Sache«, erklärte er feierlich, »und dies umfaßt das alte Gesetz, das die *Drei Hohen Suchen* regiert. Wie ich weiß, hast du Kenntnis davon, daß unser wichtigster

Eckpfeiler, um den alle anderen Lehren des Druidentums angeordnet worden sind, besagt: ALLES LERNEN VOLLZIEHT SICH IN DREI STUFEN. Daher muß der Titel des ›Druiden‹ durch den erfolgreichen Abschluß von Drei Hohen Suchen erworben werden, von denen jede ein Sonnenjahr dauert. Der morgige Tag markiert, daß du in das Feuer-Alter kommst – eine kritische Phase, in der du bis zu deinem zwanzigsten Jahr bleiben wirst. Für dich, Arthur, der du an *Beltane,* dem ›Feuer Gottes‹, geboren bist, ist dies von besonderer Bedeutung, denn es bedeutet *Feuer-in-Feuer!* Du, der du auf diese Weise empfangen wurdest, mußt nun in eine abschließende Entwicklungsstufe eintreten, die auch von Feuer beherrscht wird. Als Folge davon können wir erwarten, daß deine Drei Hohen Suchen als Prüfung äußerst hart sein werden. Andererseits wirst du jedoch am Ende gereinigt und gehärtet wie nur wenige andere Männer daraus hervorgehen. Diesem Ziel werden wir unsere Anstrengungen in den kommenden Monaten widmen. Du sollst bereit sein – dafür will ich sorgen.«

Danach saßen wir lange Zeit über schweigend da, jeder in seine eigenen Gedanken versunken. Mühelos konnte ich die völlige Entschlossenheit in Ectorius Worten wahrnehmen, die mich ohne Zweifel davon überzeugte, daß ich mich in den allerbesten Händen befand. Wie dem auch sei, die Erwähnung der Drei Hohen Suchen hatte bewirkt, unbestimmte Ängste und Fragen zu erzeugen, da Merlin nicht ein einziges Mal eine Andeutung in dieser Art gemacht hatte ... und ich wunderte mich, weshalb. Ectorius regte sich leicht. ›Nun, Arthur, es ist ein aufregender Tag gewesen. Was meinst du dazu, wenn ich dir dein Quartier für die Nacht zeige? Vielleicht wirst du dort eine Überraschung vorfinden, die es lohnt, deinen Geist zur Ruhe zu bringen!«

Wir gingen einen sauberen weißgetünchten Gang entlang und ein paar Stufen hinunter, bevor wir zu einer schweren

Eichentür gelangten, die in eiserne Angeln eingehängt war.

»Dies wird dein Zimmer sein«, verkündete Ectorius, »und viel Arbeit habe ich als Vorbereitung auf deine Ankunft hineingesteckt. Ich hoffe, daß es dir gefallen wird?«

Die große Tür wurde aufgestoßen, und wir traten hinein. Welch ein Anblick! Mein Gastgeber lächelte bloß und beobachtete, wie meine weitaufgerissenen Augen in dem bemerkenswerten Innenraum rasch umherwanderten. Ein riesiges Aussichtsfenster, das fast eine ganze Wand einnahm, überblickte den See. In die anderen Wände war ein geräumiges Regalsystem eingebaut, das mit Büchern und Instrumenten jeder Art gut ausgestattet war. Auf der restlichen Fläche jeder Wand war kunstfertig das Symbol für die betreffende Himmelsrichtung gemalt: Götternamen, Planeten, Elementarherrscher, Sternbilder ... alles!

Und erst der Fußboden! Das war ein solches Kunstwerk mit seinen dreifachen Kreisen, die nach römischer Art sorgfältig mit winzigen blauen Steinen eingelegt waren. Der größere Teil der Bodenfläche war in Weiß gehalten, während die tiefblauen druidischen Kreise aus Tausenden von einzelnen Glasperlen gestaltet waren. Vier größere Fliesen markierten die Kardinalpunkte in den ihnen entsprechenden Farben. Im Vergleich mit den gröberen Steinkreisen, die ich gewohnt war, schien dies hier ein unglaublicher Luxus zu sein – trotz meiner Einsicht, daß der Kreis selbst, ungeachtet der Konstruktion, im wesentlichen rein symbolisch war. Sonst war der Raum leer, abgesehen von einer einfachen Schlafpritsche, die aus der Wand herausgezogen werden konnte. Ich hielt dies alles für eine hervorragende Verbindung aus praktischer Anwendbarkeit und Geheimlehren – »das vollkommene Gleichgewicht von brauchbarer Schönheit«.

»Meine Eltern waren beide römischer Abstammung«, erklärte Ectorius. »Vielleicht kannst du dies in meiner Gestaltungsarbeit spüren? Ich war bestrebt, einen Raum zu schaffen, der für viele Zwecke geeignet ist, und die ›offene Atmosphäre‹ nach dem Stil meiner Vorfahren schien mir für dieses Ziel am besten geeignet zu sein. Du solltest wenig Probleme haben, wenn du hier arbeitest, da ich diese Kreise selbst genügend Jahre benutzt habe, so daß sie fest im Reich der Sterne gegründet sind. Ich werde diese Lampen für die Nacht anzünden und dich dann deinen Gedanken überlassen.«

Wie um die magische Symbolik zu vollenden, die sich so meisterhaft mit jedem Fuß des Raumes verband, hing an jeder Wand eine Öllampe aus Glas in der Farbe des entsprechenden Elementes. Als sie angezündet waren, ergaben sie zusammen eine eindrucksvolle Wirkung im Vergleich zu der weißgetünchten Klarheit des Raumes. Obwohl diese neue Umgebung wunderschön war, fühlte sie sich doch merkwürdig fremd an, und diese Empfindungen schienen alle gleichzeitig auf mich einzustürzen. Darüber bestand kein Zweifel.

»Ich kann verstehen, wie dir das alles vorkommen muß«, sagte Ectorius, während er mir dabei zusah, wie ich die Pritsche herunterzog und mich darauf niederfallen ließ. »Aber habe nicht das Gefühl, daß du *völlig* verlassen bist. Hör mal!«

Dann durchbrach von irgendwoher draußen ein vertrauter Ruf die nächtliche Stille. Ich lief zum Fenster hinüber und spähte hinaus über den schimmernden See. Mit einem Male wurde aus dem blassen Mondschein ein schwarzes Flattern, und etwas großes Geflügeltes ließ sich schweigend von einem Baum auf das Fenstersims gleiten. Sein graues Federkleid wieder in Ordnung bringend, starrte mein alter Freund Noath, die Eule, mit seinen klugen Augen zu mir herein!

»Nun?« erkundigte Ectorius sich ungeduldig. »Öffne das Fenster und laß ihn nach drinnen. Du wirst feststellen, daß er es vorzieht, dort drüben auf der Stange zu schlafen.«

Tatsächlich, an der Wand neben meinem Bett hatte er aus zwei Kiefernästen eine kleine, aber stabile Sitzstange gebaut. Als ich das Fenster weit aufriß, flog die große Eule ohne zu zögern hinüber und ließ sich bequem darauf nieder. Ich verbrachte die nächsten paar Minuten nur damit, ihre weichen Federn zu streicheln, bis sie sich schließlich zufrieden mit dem Kopf unter den Flügeln häuslich eingerichtet hatte. Ich wandte mich dem Mann zu und lächelte, denn mit Noaths vertrauter Anwesenheit fühlte ich mich merklich besser.

»Da ihr beiden so fröhlich erscheint, denke ich, daß ich eine gute Nacht wünschen werde. Aber vergiß nicht, daß wir morgen früh unmittelbar nach unserem Ritual zum Tagesanbruch mit der Arbeit beginnen«, sagte er abschließend, während er zur Tür ging und sie aufzog.

»Ectorius?« rief ich ihm zu und wies auf den schlafenden Vogel, »ich möchte mich nur bedanken ... für alles.«

»Bedanke dich nicht bei mir«, entgegnete er, »denn es ist ganz und gar die Idee der Eule gewesen, dich hierher zu begleiten – ich habe nur die Sitzstange gebaut!«

Wir lachten, während sich die Tür langsam schloß und nur einen Augenblick innehielt, als mein Freund seinen Kopf noch einmal zurückstreckte.

»Übrigens«, setzte er hinzu, »du brauchst mich nicht weiter ›Ectorius‹ zu nennen – das ist zu lang und zu förmlich. Nenne mich doch Ector, wie es in dieser Gegend jeder tut.«

Lektion 18

Der Ritus des Trankopfers

In dem Romankapitel »Übergangsriten« wird Arthur unerwartet aus der vertrauten Umgebung von Berg Newais in ein neues Umfeld gebracht, wo von ihm erwartet wird, daß er die Verpflichtungen eines Erwachsenen übernimmt. Dies signalisiert in der Tat, daß der junge »volljährig« wird, ein Ereignis, das gewöhnlich mit der Vollendung des 18. bis 21. Lebensjahrs eintritt und hierzulande begleitet wird von dem Klischee, mit dem jungen Mann »einen trinken zu gehen«. Obwohl dieser Gedanke oberflächlich betrachtet recht vulgär erscheinen mag, klingt er unbestreitbar in diesem Romankapitel an. Wenn Arthur zu diesem Zeitpunkt auch erst 16 Jahre alt ist, lehrt uns die keltische Geschichtsforschung, daß genau dieses Alter zumeist mit dem Übergang vom Knaben- zum Mannesalter gleichgesetzt wurde. In vielen Teilen Europas, so auch in Irland, betrug das Alter der Mündigkeit oftmals sogar nur 14 oder 12 Jahre, doch in der Mythologie der Britischen Inseln findet man häufig die Altersangabe von 16 Jahren.

Aber warum sollten wir uns hier mit der »Volljährigkeit« und ihrer traditionellen Verbindung mit Alkohol beschäftigen?

Zum einen, weil Arthur in der Geschichte »Übergangsriten« zum erstenmal eine *Libation* oder ein »Trankopfer« angeboten wird (ein alter Begriff für ein alkoholisches Getränk, oft mit religiösem Unterton). Dies geschieht durch Ectorius, die Person eines erwachsenen männlichen Mentors, der symbolisch für diese Zeit des Übergangs steht. Zum zweiten, weil im *Book of Pheryllt* ein interessanter Abschnitt enthalten ist, der sich recht ausführlich eigens mit dem »Trankopfer« beschäftigt – und zwar auf eine Art und Weise, die einen auf den Gedanken bringen könnte, daß dies ein wichtiger Bestandteil im traditionellen druidischen Ritual war.

Der Brauch des Trankopfers wird auch tatsächlich in weiteren bedeutenden Quellen erwähnt. Im *Bardass* werden solche speziell gebrauten alkoholischen Getränke als »Tränke des Vergessens« bezeichnet, obwohl ihre Rezepturen oder ihr Verwendungszweck nicht erwähnt werden. In einer anderen Quelle wird betont, daß die druidische Priesterschaft »helle Weine« als Trankopfer bevorzugte. Sie haben die Macht, »die schwere blaue Kette zu lösen, welche die Meere von *Annwn* umschließt«.

In einem ausführlichen Aufsatz über die Druiden, der 1864 von Edward Williams im *Celtic Review Journal* veröffentlicht wurde, sind sogenannte »Trankopfersteine« erwähnt und abgebildet. Dabei handelte es sich um große, flache und oftmals ausgewaschene Steine, die einzig als Empfangsgefäße dienten für »geweihte Weine, die den Göttern (besonders Goibniu, dem keltischen Gott der Braukunst) an den Jahreszeitenfesten geopfert wurden«. Williams beschreibt weiterhin den traditionellen Brauch, den Göttern stets geweihte Tränke zu opfern, »bevor die Gemeinschaft daran teilhatte«. Solche Schilderungen liefern einen recht guten Beweis für den rituellen Gebrauch derartiger Trankopfer unter der Priesterschaft.

Im *Book of Pheryllt* werden Rezepte für vier dieser Trankopfer (d. h. Met, Wein oder Bier) angegeben, von denen jedes zu einem der vier wichtigsten Hain-Feste des keltischen Jahres paßt. Dies läßt auf den keltisch-druidischen Brauch schließen, für jedes Hauptfest auf der Grundlage der Kräuter, die für die betreffende Jahreszeit als heilig angesehen wurden, eine besondere Sorte Met zu brauen. Zur Pflege dieser Tradition werden die Rezepte hier abgedruckt. Probieren Sie diese aus – sie werden den hohen Festtagen mit Sicherheit eine außergewöhnliche symbolische Note verleihen.

Beltane-Met

Drei Kräuter: Heideblüten
etwas Waldmeister
Mädesüßkraut
Besonderes Wasser: Frühlingsregen

Zubereitung: Kochen Sie 1 Tasse von jedem Kraut 1 Stunde lang in 40 Tassen Wasser. Fügen Sie 1 Tasse Gerstenmalz und 1 Tasse Honig hinzu. Seihen Sie die Flüssigkeit durch, und lassen Sie sie auf ca. 20°C abkühlen. Fügen Sie 30 g Hefe hinzu und lassen das Ganze 24 Stunden ziehen. Wenn das Getränk rituell verwendet werden soll, fügen Sie noch 3 Tropfen Frühlingsregen hinzu. Seihen Sie nochmals durch, und füllen Sie den Met in Flaschen, die Sie aber erst dann fest verschließen, wenn der Gärungsprozeß abgeschlossen ist. Lagern Sie die Flaschen bis zum Gebrauch an einem kühlen Ort in Sand.

Mittsommer-Wein

Drei Zutaten: Eichenblätter (ein kleiner Eimer voll)
Schlüsselblumen (1 Handvoll)
Golden Pipes (1 Handvoll)[1]
Besonderes Wasser: Morgentau
Zubereitung: Füllen Sie frische grüne Eichenblätter zusammen mit den beiden anderen Kräutern (wenn möglich frisch) in ein großes Gefäß. Gießen Sie 10 Tassen kochendes Wasser darüber, bedecken Sie das Ganze mit einem Tuch und lassen es 12 Stunden stehen. Geben Sie in einem großen Kochgefäß 6 Tassen Honig zu 10 Tassen Wasser, bringen Sie dies zum Kochen, bis der Honig sich aufgelöst hat. Fügen Sie dann die durchgeseihte Eichenblatt/Kräutermischung hinzu. (Geben Sie auch den Tau dazu.) Lassen Sie die Flüssigkeit auf ca. 20°C abkühlen und geben 30 g Hefe hinzu. Decken Sie das Ganze zu und lassen es 2 Wochen gären. Schöpfen Sie den Wein, mit einer Kelle vorsichtig in Flaschen, die Sie in Sand lagern und nur leicht zustöpseln. Verschließen Sie die Flaschen erst dann fest, wenn der Gärungsprozeß abgeschlossen ist.

Samhain-Wermut

Drei Zutaten: frischer Apfelmost (12 l)
Wermut (1 große Handvoll)
Kürbisblüten (1 Handvoll)
Besonderes Wasser: Wasser aus einem tiefen Brunnen

[1]Wenn nötig, können rote Rosenknospen als Ersatz für die Schlüsselblumen und Kamille anstelle von *Golden Pipes* verwendet werden.

Zubereitung: In einem Holzgefäß (am besten in einem Eichenfaß) weichen Sie den getrockneten Wermut und die Kürbisblüten (als Ersatz können Melonenblüten genommen werden) mit etwas Hefe 1 Woche lang in dem Apfelmost ein. Geben Sie 1 Tasse Brunnenwasser hinzu und füllen das Ganze in Flaschen, die Sie fest verschließen und bis zum Gebrauch in Sand lagern. Nach traditionellem Brauch wird in jede Flasche 1 Gewürznelke gegeben.

Mittwinter-Mulsa

Drei Kräuter: Wacholderbeeren (1 Handvoll)
Wintergrün (2 Handvoll)[3]
Holunderblüten (3 Handvoll)
Besonderes Wasser: geschmolzener Schnee

Zubereitung: Lassen Sie die drei Kräuter zusammen (bei ritueller Verwendung mit 1 Handvoll Schnee) 1 Stunde lang in 12 l Wasser kochen. Seihen Sie das Ganze durch und fügen 4 Tassen Honig oder Zuckerraffinade hinzu. Lassen Sie die Flüssigkeit auf ca. 20°C abkühlen. Verteilen Sie 2 EL guten Hefeaufstrichs auf beiden Seiten eines Toastbrots und lassen dies 2 Tage lang obenauf schwimmen. Füllen Sie das Getränk für den späteren Gebrauch vorsichtig in Flaschen, die in Sand gelagert werden. Nach traditionellem Brauch werden in jede Flasche 3 Rosinen gegeben.

[3] Der botanische Name von »Wintergrün« ist *Gaultheria procumbens.*

Alternativen für eine schnellere Zubereitung

Mai-Met:
15 g Heideblüten
15 g Mädesüß
15 g Waldmeister

Gießen Sie 4 l Weißwein auf die Kräuter und lassen die Mischung 4 bis 6 Stunden ziehen (oder länger, wenn Sie einen starken Kräutergeschmack wünschen). Durchseihen und vor dem Servieren kühl stellen. (Mit einer Zitronenscheibe oder gelben Blüte garnieren.)

Mittsommer-Bier:
15 g frische Eichenblätter
15 g Golden Pipes (Kamille)
15 g Schlüsselblumen (oder rote Rosenknospen)
Lassen Sie die Kräuter 24 Stunden in 4 1 Rotwein ziehen. Fügen Sie 9 Eßlöffel Honig und 1 Eßlöffel Vanille (nach Wunsch) hinzu. Durchseihen und vor dem Servieren kühl stellen. (Mit einer frischen Blüte garnieren.)

Samhain-Wermut:
2 Teelöffel Wermut
2 Teelöffel getrocknete Apfel- oder Apfelminzeblätter
2 Teelöffel getrocknete Kürbiskerne
Lassen Sie die Kräuter 1 Woche lang in 1 l Portwein ziehen. Durch ein feines Tuch seihen und in Flaschen füllen. (Beim Servieren mit frischen Kürbisblüten, Rosinen oder Gewürznelken garnieren.)

Mittwinter-Mulsa:
15 g Wacholderbeeren (zerstoßen)
15 g Wintergrün
15 g Holunderblüten
Lassen Sie die Kräuter 4 bis 6 Stunden in 2 l trockenem Weißwein ziehen. Durchseihen und kühl stellen. (Mit einem Tannenzweiglein oder warm mit einer Zimtstange garniert servieren.)

19

Zwischen den Welten weilen

Wir Priester müssen in zwei Welten leben:
Der Welt der Form und der Anderwelt der Kraft,
denn wahre Existenz schließt den ständigen Austausch
zwischen beiden ein.
Laßt unser Ziel daher sein,
zwischen Form und Kraft zu leben und zu wachsen -
In der Welt zu sein, aber nicht von ihr.

St. Corneille, The Yellow Book of Ferns

Der Waldweg, auf dem ich entlangging, schlängelte sich fünf Meilen um die azurblaue Tiefe des Bala-Sees herum und verschwand zuletzt in den hohen nördlichen Bergen jenseits davon. Es war ein herrlicher Nachmittag im Spätherbst, als ich mir plötzlich vergegenwärtigte, daß ich, ohne bewußte Überlegung, eine große Strecke von zu Hause fortgewandert war – so beschäftigt war ich in meinem Geist mit der Herausforderung, die Ectorius mir früher an diesem Tag mitgeteilt hatte.

»Arthur«, hatte er gesagt, »du bist jetzt seit fast sechs Monaten in meiner Schulung, und ich habe endlich das Gefühl, daß die Zeit für dich gekommen ist, eine Botschaft zu empfangen, mit der mich der Erzdruide von Anglesey betraute, um sie dir im richtigen Augenblick zu geben.« An dieser Stelle holte Ector ein mit griechischen Buchstaben beschriebenes Pergament hervor, das auf der Rückseite das Goldene *Ddraigwas*, das offizielle Emblem der Priesterschaft, trug.

»Wisse, daß die Zeit gekommen ist«, las er laut vor, »wo du die erste der drei Visionssuchen antreten mußt. Ich, als Hochdruide von Mona, beauftrage dich, daß du deine Suche unverzüglich beginnst – suche in der Welt das, was du am meisten fürchtest.
Keine andere Richtlinie darf ich dir geben, außer daß du allein gehen mußt, ohne irgendeine Art von Hilfe, und daß du alle deine Waffen zurücklassen mußt. Gehe fort, nur mit der Schulung gerüstet, die dir erteilt worden ist, und ruhe nicht eher, bis diese Suche gelöst ist – zu welcher Zeit ich dich dann weiterhin beauftrage, daß du vor mir erscheinst, hier in der Weißen Loge auf der Druideninsel.«

Um die Sache gründlich zu durchdenken, nahm ich daher Abschied von Caergai-Haus und wanderte weit entlang der alten römischen Straße in die Wälder hinein. Während des Laufens brannten mir die Worte der Hohen Suche mit Verwirrung im Geist; wie sehr wünschte ich mir, daß Merlin wieder bei mir wäre. Eine Ewigkeit schien vergangen zu sein seit seinem Aufbruch zum Hof von König Uthr, wo er mit neuen Interessen und Verpflichtungen betraut war. Wie sehr wünschte ich mir, selbst ein Magier zu sein und nach Belieben kommen und gehen zu können! Doch er hatte versprochen, daß er mich niemals aus den Augen verlieren würde, und dies allein erfüllte mich mit der Hoffnung, daß wir uns eines Tages unerwartet in der Wildnis begegnen könnten – der wilden Natur, von der er so sehr Teil war. Und ich fragte mich, wie Merlin wohl über die schicksalsschweren Worte des Erzdruiden gedacht hätte ...

Dies alles sollte nicht heißen, daß ich eine schlechte Zeit mit Ectorius verbracht hätte. Noch nie in meinem Leben hatte ich mich in einer so kurzen Zeitspanne derart anstrengen müssen. Ich war viel gereist, war einigen der angesehensten

Stammesführer in Britannien vorgestellt worden und hatte sogar mit Cador von Kelliwic ein Übereinkommen getroffen, unter ihm zu dienen, sobald meine Ausbildung abgeschlossen war. Auf eine solche Abmachung freute ich mich in diesen Tagen immer mehr, denn die Gemahlin Cadors war die Tochter des Hochkönigs Uthrs selbst, und sie hatte zwei Söhne von ihm; seit Morfyns Weggang nach Iona vor vielen Jahren hatte mir die Gesellschaft von jungen in meinem Alter gefehlt. All diese Erinnerungen trugen jedoch wenig dazu bei, meine Bestürzung und Verwirrung zu beruhigen.

Die Wasseroberfläche des Sees erglühte von den langen orangefarbenen Strahlen der untergehenden Sonne, während feuchter Herbstdunst wie ein verirrter Geist über das Land zu wogen begann. Ich zog meinen Umhang fester um mich und wünschte mir wieder, niemals überhaupt von Berg Newais weggeholt worden zu sein. Plötzlich stellte ich fest, daß ich unbeweglich wie eine Insel in einem Meer aus grauem Nebel stand, der mich rasch einschloß und sich um mich sammelte.

»Wie konnte ich dies geschehen lassen?« beklagte ich mich laut bei mir selbst. »Wie viele Male bin ich davor gewarnt worden, mich von Unaufmerksamkeit einfangen zu lassen?« Doch es war schon zu spät: Mein Blickfeld war bereits derart getrübt, daß nichts mehr über eine Armlänge hinaus sichtbar war.

Ich handelte instinktiv, bückte mich tief und kroch langsam über den feuchten Dunst der Straße, bis sich der Staub unter meinen Füßen in nasse Blätter verwandelte und ich wußte, daß ich den Wald betreten hatte. Das Licht war fast verschwunden, wodurch meine übrigen Sinne aufs äußerste gespannt und geschärft waren; es schien so, als würde jedes durch einen Zweig oder Stein ausgelöste Geräusch in der kalten Luft hundertfach verstärkt. Der modrige Geruch herabgefallenen Laubes stieg vom Boden auf wie Rauch aus einem Kamin. An einer ebenen Stelle unter einem Baum blieb ich stehen und ritzte schnell einen engen Kreis in die weiche Erde unter meinen Füßen. Dann nahm ich den kleinen Lederbeutel, der an meiner Seite hing, und zog daraus zwölf magische Kieselsteine hervor, die ich nach dem Lauf der Sonne auf die Kreislinie legte, während ich rezitierte:

Dreifaches Weben um diesen Ort
Dreifacher Segen in deinem Tanz
Dreifache Reinigung in deinem Feuer

Als der letzte Stein an seinen Platz gelegt worden war, zogen sich augenblicklich die Nebel von meiner kleinen Stelle zurück – wie Regen über einem Feuer. Ich setzte mich hin und kreuzte die Beine nach Art des spirituellen Kriegers. *Konnte diese absonderliche Situation irgend etwas mit meiner Hohen Suche zu tun haben?* Am allerseltsamsten war, daß ich keine Furcht verspürte – auch Merlin hatte gute Arbeit geleistet. Ich wußte, daß ich die Meisterschaft über *diesen* Gegner errungen und mir vor langem die vollständige Autorität erworben hatte.

Was also war von all dem zu halten ... Zufall? Es war eine allgemein bekannte Tatsache, daß Druiden nicht an ein solches Prinzip glaubten, und ich hatte nie Veranlassung gehabt, daran zu zweifeln.

»Da ist Nebel, und dann ist da wieder Nebel«, sagte ich noch einmal zu mir selbst, und in mir stieg langsam der Verdacht auf, daß ich aus irgendeinem unbekannten Grund hineingelockt worden sei. Welche Ursache auch immer es dafür geben mochte, eines stand fest: Ich konnte in dieser Nacht nicht auf der Straße weitergehen.

Ich holte eine neue Bienenwachskerze und etwas Feuerstein aus meinem Beutel hervor und hatte bald einen einsamen Gefährten inmitten dieses trüben Dunstes. Wieder schien es mir, als würde ich in einem Meer aus dichtem Rauch sitzen, das sich heftig um mich bewegte und bemüht war, in meinen kleinen Lichtkreis einzudringen. Noch niemals zuvor hatte ich die Nacht wie ein Lebewesen mit tausend Augen empfunden, das mich wie ein Raubvogel umkreiste. Dann erinnerte ich mich an etwas, was Merlin mir vor meiner ersten Wilden Jagd über die Nacht erzählt hatte: Er nannte es den »Schwarzen Wächter« und hatte angedeutet, daß seine Motive mehr als unheilvoll seien. Aber immer noch hatte ich keine Angst.

»Suche das, was du am meisten fürchtest«, hatte der Erddruide gesagt – und genau das war es, was mich mehr als alles andere erschreckte. Als ich gerade beschlossen hatte, nicht mehr an die Sache zu denken, wurde – ebenso unheimlich wie vertraut – ein Klang wie ein Geheimnis aus einer anderen Zeit herangeweht. In der Ferne konnte man, ohne jeden Zweifel, das Rauschen des Meeres gegen Fels und inmitten davon die gedämpften Töne einer Kirchenglocke vernehmen!

»Illusion ... ist dies eine Illusion?« schrie ich in den Dunst hinein und bemerkte plötzlich, daß ein kräftiger Wind aufgekommen war. »Mein Geist ... muß von Trugbildern im Nebel verwirrt sein.« Doch mein inneres Gesicht sagte mir etwas anderes.

Verlangen erweckt die Vergangenheit aus dem Schlummer – dieser Grundsatz teilte sich meinen Gedanken mit, wie um mir einen Schlüssel zu liefern. Doch konnte das möglich sein? Die Töne waren in jeder Einzelheit so lebendig, daß ich keinen Zweifel über ihre Herkunft hatte. Wie viele Male war ich von denselben Klängen in den Schlaf begleitet worden ... wie viele Jahre, von den Wogen und Glocken von Kloster Tintagel? Da konnte es keinen Irrtum geben. Als würde ich gerufen, stand ich auf und blickte krampfhaft in die Schwärze hinein – doch kein Bild drang durch den Schleier. Die Zeit schlich dahin, während ich regungslos im Kerzenschein stand und immer wieder versucht war, die Sicherheit des Kreises zu verlassen. Doch mein Argwohn hielt mich zurück.

Niemand erprobt die Tiefe eines Flusses mit beiden Füßen, erinnerte ich mich und machte mir dabei einen von Merlins Lieblingsaussprüchen zunutze. Doch stets schien darauf eine andere Stimme zu folgen, die mich drängte: *Laß deine Furcht los und akzeptiere die Lektion, die dich umgibt.* Endlich, ob aus Erstaunen oder Mut oder einfach mangelndem Urteilsvermögen, beschloß ich, den Kreis zu durchbrechen und mich der Gefahr auszusetzen, in jenem Meer aus vertrauten Klängen zu ertrinken.

Ich entfernte einen Stein von dem östlichen Kreisbogen, hob die Hände über den Kopf und bereitete mich auf den Augenblick der Magie vor. »*Hen Ddihenydd ...* «, intonierte ich laut und zog meine Arme in einer starken schwungvollen Bewegung nach unten. Die dichten Dämpfe umwallten mich, als ich aus dem Kreis trat. Trotz der Feuchtigkeit und des Windes brannte meine kleine Kerze weiterhin tapfer gegen die Nacht an.

Vielleicht ist es besser, das Licht da zu lassen, wo es ist, dachte ich bei mir, *damit mein Eingangspunkt markiert ist, wenn es sich um eine Falle handelt.* Ich hatte im Laufe der Jahre an zu vielen Wilden Jagden teilgenommen, um nicht vor den möglichen Täuschungen von Elementarkönigen oder örtlichen Geistern auf der Hut zu sein. Ich steckte den kleinen Stein in meinen Beutel und kroch vorsichtig in Richtung der Kirchenglocken.

Das Tosen des Meeres wurde immer lauter und deutlicher, welche Richtung ich auch wählte, bis ich schließlich an die ausgetretenen Stufen gelangte, an die ich mich so gut erinnerte und die hinunter zu Cathbads Bucht führten. Hier schienen die unnachgiebigen Nebel etwas zurückzuweichen, so als würden sie durch die bloße Macht des Ortes in Schach gehalten. Ich suchte eifrig nach irgendeinem Zeichen von Benutzung zwischen den Steinen oder im Haus, doch es war alles vergeblich. Nichts war übriggeblieben – außer der Küste und dem Meer und dem unaufhörlichen Läuten der Glocken.

Ich machte kehrt und begann dem Pfad zurück zur Siedlung zu folgen, blieb dann aber stehen und schlug in der Hoffnung, den Berggipfel unbeeinträchtigt von der Zeit vorzufinden, die höhere Abzweigung ein. Und dann war er da: genauso, wie ich ihn vor Jahren verlassen hatte, und genauso, wie er meines Wissens nach sein mußte – der enge, mit Steinen ausgekleidete unterirdische Gang bot immer noch den Durchgang zu dem Vorgebirge dort oben, zu derselben Wiese, wo ich Merlin zuerst begegnet war! Ich fühlte mich wieder wie ein Kind und tauchte voller Sehnsucht in das dunkle Innere ein ... mehr als alles andere wollte ich die Gelegenheit nutzen, nur noch einmal auf den grasbewachsenen Klippen von Tintagel zu stehen.

Auf der anderen Seite bot sich mir ein Anblick, der jeden vernunftbestimmten Gedanken oder jede Erwartung übertraf, die ich gehabt hatte. Verschwunden waren die unermüdlichen Winde ... verschwunden waren Nebel und Dunkelheit und Schatten: Ich kam mitten in einen Sommertag hinein – so klar und grün, wie man sich ihn nur vorstellen kann! Ich richtete mich im hellen Sonnenschein auf und erwartete halb, meinen Kindheitsfreund Illtud zu erblicken, der stirnrunzelnd vor mir stand, weil die Messe beginnen sollte und ich, wie üblich, wieder zu spät kam. Doch dies war nicht der Fall; keiner war da, um meine Rückkehr nach Hause zu verkünden – nicht ein einziger Mönch bei der Arbeit auf dem Feld oder im Obstgarten (was seltsam und augenblicklich ernüchternd war). Alles rundherum schien eine eigenartig zeitlose Qualität zu besitzen und eher wie das Gemälde eines Künstlers als ein Ort wirklichen Lebens zu sein. Und doch fand ich es fast unmöglich, von der geradezu wehmütigen Stimmung des Augenblicks nicht überwältigt zu werden.

Mit einem lauten Lachen ließ ich meine skeptische Zurückhaltung fallen und lief unbekümmert an den Gärten vorbei, entlang unvergessener Geheimwege durch Reihen von Apfelbäumen zu der dahinterliegenden Quelle. Als würde ich eine Erinnerung ausleben, setzte ich mich auf einen bemoosten Stein und ließ den Kopf hängen. Die Realität stellte sich ein, und ich fühlte mich erneut verwirrt und unsicher.

»Schau nicht so niedergeschlagen drein«, erklang plötzlich eine Stimme hinter mir. »Die Welt ist nicht wirklich so richtungslos, wie du denken könntest ... «

Ich wagte kaum aufzublicken, wandte mich langsam um und entdeckte Merlin, der zwischen den Wurzeln einer Schwarzweide saß und zufrieden seine Pfeife rauchte.

»Ich bin überrascht, dich hier vorzufinden, Bärenjunges«, meinte er beiläufig, »... hier, jenseits der Grenzen der Welt. Aber natürlich bin ich sehr erfreut! Komm herüber ... setze dich neben mich und laß uns miteinander sprechen.«

Zu sagen, daß ich außer mir vor Freude war, den Druiden hier zu finden, wäre untertrieben – obwohl dieser Trost fast zu »perfekt« erschien. Trotzdem saß ich wie ein Kind wieder zu seinen Füßen und strahlte darüber von einem Ohr zum anderen.

»Sag mir«, meinte Merlin nach einer ganzen Weile, »was lastet dir so schwer auf dem Herzen?« Und keine Disziplin, die ich besaß, hätte nun den Tränenstrom aufhalten können, der mir in diesem Augenblick die Wangen hinunterzulaufen begann.

»Magus«, sagte ich mit gebrochener Stimme, »seit Eurem Weggang ist mein Leben ohne Richtung gewesen – voller Ungewißheit. Und jetzt ... jetzt wird von mir erwartet, eine Visionssuche zu erfüllen, worüber ich keine Einsichten ... kein Verständnis habe. Es ist ... «

»Ausgerechnet mir brauchst du das nicht erklären!« unterbrach Merlin mich. »Vor allen Dingen, du bist angewiesen worden, deine schrecklichste Furcht ausfindig zu machen und dich ihr zu stellen, ehe du dich auf die zweite der drei Hohen

Suchen begibst, stimmt das?« Ich wischte mir beide Augen und nickte dann langsam. »Sag mir also, wo liegt das Problem? Es scheint mir alles völlig einfach und verständlich zu sein – nicht viel anders als eine Lektion, die du hundertmal vorher von mir erhalten haben könntest.«

Als ich mich tatsächlich der Aufgabe gegenübersah, meine Gefühle in handgreiflichen Begriffen auszudrücken, fehlten mir die Worte. »Merlin ... der größte Teil meiner druidischen Studien hat sich damit beschäftigt, ›Furcht‹ in vielen Formen beherrschen zu lernen ... und, nun – ich bin zu der Überzeugung gelangt, daß ich diese Lektion vielleicht gut erlernt habe. Ich fürchte weder Schlange noch Zauberspruch, Dämon oder Elementargeist, weder wilde Tiere noch Barbaren – und doch bin ich damit beauftragt worden, meine Furcht herauszufinden! Ihr seid mein Lehrer. Sagt mir, wie ich dies tun soll, und ich will es tun.«

»Meine Güte, wie du damit verfährst«, meinte er tadelnd, wurde dann aber etwas milder, »... doch es ist leicht zu erkennen, wie aufgewühlt du bist, und das allein ist schon wirklich genug. Sei gelassen, Arthur – beruhige dich, denn nur dann kann dein Geist die bevorstehende Aufgabe erfassen.«

Wie gewöhnlich hatte Merlin recht; ich war erregt und ängstlich. Ich atmete tief ein und begann, nach alter Methode meine Herzschläge rückwärts zu zählen, bis mein Geist aufhörte, umherzurasen und in die dadurch herbeigeführte Ruhe des Versenkungszustandes glitt. Sobald ich besser überlegen konnte, wurde mir schlagartig klar, daß meine Unruhe nicht erst mit der Botschaft des Erzdruiden angefangen hatte, sondern schon lange vorher während meiner ersten Tage mit Ectorius am Bala-See. Etwas an seinen Lehren beunruhigte mich zutiefst.

»Ich glaube, ich könnte wissen, was es ist«, wagte ich vorsichtig zu äußern, »... meine Furcht, meine ich – und sie hat nichts mit irgendeinem Ungeheuer, ob groß oder klein, zu tun. Im Laufe dieser vielen Monate bin ich in dem geübt worden, was Ector ›die Künste von Sport und Wettkampf‹ nennt, doch ich empfinde es nicht so. Statt dessen kommt es mir vor, als habe ich Schulung in ›Gewalt, Angriff und Aggression‹ erhalten. Diese Dinge ›Sport‹ zu nennen scheint mir eine grausame Verschleierung der Wahrheit zu sein – besonders in diesen dunklen Zeiten, wo bei jeder Gelegenheit Blut vergossen wird. Messer und Schwerter sind eine zornvolle Angelegenheit, Merlin ... böse und zornig. Wie kann ein Druide dazu berechtigt sein?«

Während Merlin seine Pfeife wieder anzündete, zeigte er einen fast befriedigten Gesichtsausdruck. »Eines Tages wirst du wirklich weise sein, mein Junge ... wirklich weise. Doch was den ›Zorn‹ betrifft, so ist er eine notwendige Emotion in uns allen – ob Druide oder nicht – und ein machtvoller Lehrer. Wie ich dir viele Male erklärt habe, Bärenjunges: Nicht die Emotion ist jemals falsch, sondern nur, *wie wir sie ausdrücken*, und dies trägt die Kennzeichnung *gut* oder *schlecht – angemessen* oder *nicht. Es* gibt einen alten Grundsatz über den Zorn, den ich sehr gerne mag und der lautet: *›Zorn ist nur dann gerechtfertigt, wenn er die Wiederholung einer Ungerechtigkeit zu verhindern sucht.‹* Ja, das gefällt mir wirklich ... « Er lehnte sich zurück gegen den Baum und blies Rauchringe in die Luft. »Es sei hier nur gesagt, daß du, Arthur, eine wichtige Lektion vor dir hast, welche dir die Bedeutung lehren wird, für viele Menschen vieles zu sein: manchmal ein Druide, oft ein strenger Lehrmeister – aber immer ein Gott für die Massen. Aus diesem Grunde (und mehr will ich dir nicht sagen) brauchst du keine Furcht davor zu haben, das Schwert mit der Pflugschar zu ergreifen; den Grund dafür mußt du selbst lernen. Unverdienter Rat wird leicht mißachtet.«

»Aber was ist, wenn Gier und Aggression zu einer Lebensweise werden sollten?« fragte ich. »Was würde aus der Priesterschaft werden ... und aus dem Land? Um Vorkehrungen dagegen zu treffen, muß ich irgendwie ein Beispiel geben – mit welchen bescheidenen Mitteln ich dazu auch immer fähig bin.«

»Du wirst es bald genug wissen«, antwortete Merlin zuversichtlich, »wenn der Wirkungskreis deines Lebens endlich vor dir liegt und dein zukünftiges Schicksal aufgedeckt ist. Erinnere dich dann daran, daß wirkliche Güte sich um die Bewahrung von Wissen und Kultur dreht – zwei Dinge, die es wert sind, dafür zu kämpfen – und niemals bloß aus Zorn oder Angst zu kämpfen, was nur in die Dunkelheit führt. Lerne diese Lektion zu meistern, und dann sind dem, was du in diesem Leben erreichen kannst, keine Grenzen gesetzt.«

»Und wenn ich versage? « gab ich, aus Panik heraus, zu schnell zurück.

»Ein Mensch kann niemals versagen, wenn er nicht einen anderen für seine Fehler unverantwortlich macht«, zitierte er. »Vergiß das nicht. Dann gibt es noch eine andere, viel ältere Redensart, und sie lautet: ›Versagen existiert nur, wenn Erfolg durch die Worte eines Nicht-Gottes bemessen wird‹. Dieser Grundsatz ist etwas hochfliegender, aber ich zweifle nicht daran, daß du auch ihn zur rechten Zeit schätzen lernen wirst. Einfach ausgedrückt, er mahnt uns, uns an göttliche Maßstäbe zu halten – jene, die sich in den uns umgebenden Kreisläufen widerspiegeln – und nicht an Normen, die der Mensch aufgestellt hat ... es sei denn, natürlich, daß wir es für richtig halten, unsere eigenen Maßstäbe zu schaffen! Ich glaube, wir haben es dem griechischen Philosophen Basilides von Alexandria zu verdanken, daß er darauf hingewiesen hat:

Zahllose Götter warten darauf, Mensch zu werden.
Zahllose Götter sind bereits Mensch gewesen.
Der Mensch hat am Wesen der Götter teil:
Er kommt von den Göttern und geht zu Gott.

Ich erinnere mich nicht mehr daran, wie lange wir dort saßen und uns unterhielten, doch schließlich stand Merlin auf und reckte sich mit einem kräftigen Gähnen. »Nun sag mir, junger Arthur – was genau hast du durch diesen ungewöhnlichen Besuch gelernt?«

Das war nicht die Frage, die ich erwartet hatte. »Ich habe herausgefunden ... «, antwortete ich, erhob mich und wanderte zwischen einigen Steinen hin und her, »daß die Zukunft eine echte Quelle der Furcht für mich war, bis ich gelernt habe, daß ich allein die Macht besitze, sie zu dem zu gestalten, was auch immer das Beste scheint. Die Kriegssportarten, die ich bei Ector studiert habe, waren lediglich ein Auslöser für weitaus tiefere, kaum verstandene Gefühle, mit denen ich mich noch nicht auseinandergesetzt hatte. Die Macht, die etwas zerstören kann, kann tatsächlich auch dafür benutzt werden, es zu bewahren ... stimmt das?«

Der Druide lachte zufrieden in sich hinein. »Im wesentlichen ... ja, im wesentlichen stimmt das genau. Da du nun eine solche Lektion hinter dir hast, ist es nicht Zeit, in die Welt der Lebenden zurückkehren, wo deine neu entdeckten Einsichten für die Verbesserung Britanniens nutzbringend angewendet werden könnten?«

Dies waren die Worte, die ich zu hören gefürchtet hatte – ich hatte kein Verlangen, nach den ›Schlachtfeldern‹ vom Bala-See zurückzukehren. »Außerdem ... von welchem Einfluß könnte ein so unbedeutender Barde wie ich für das Schicksal Britanniens sein? Wenn ich wirklich die Macht habe, wie Ihr sagt, meine eigene Zukunft zu gestalten, dann laßt mich in diesem Augenblick damit beginnen und es vorziehen, hier bei Euch zu bleiben!«

»*Hier* bleiben?« lachte Merlin laut heraus, »bei *mir?* Ich bin nicht sicher, ob du voll und ganz begreifst, wo du dich gerade befindest ... nun, tust du es?« Ich zuckte die Achseln auf die beiläufigste Art und Weise, die ich zustande bringen konnte. »Du weilst zwischen den Welten«, fuhr er fort, »und befindest dich doch in keiner von ihnen. Dies ist das Reich der Sterne innerhalb der Anderwelt, wo keine Menschen leben – bloß Feenzauber und Erinnerungen und Träume. Nur nachdem du selbst zu einem Traum geworden bist, kannst du hier bleiben – und selbst dann nicht lange. Dies ist eine Welt der Illusion ... sie ist nicht für dich bestimmt, glaub mir.«

So schmerzlich dies im Augenblick auch war, ich wußte ganz genau, daß Merlin die Wahrheit sprach. Ich folgte dem Druiden zurück in den Sonnenschein, dorthin wo der Eingang zu dem unterirdischen Gang unter einem Busch verborgen lag. Dort blieb er einen Moment stehen und wandte sich mit einem Blick ernster Besorgnis zu mir.

»Sag Ectorius, daß er dich unverzüglich in die Obhut von Anglesey übergeben muß ... sag ihm nur das.«

»Kann ich nicht noch ein bißchen länger hier bei Euch bleiben?« bat ich flehentlich und hörte mich wie ein Kleinkind an – und wußte dies.

»Länger?« erwiderte er scharf. »Länger! ... Du wirst bald sehen, daß du schon viel zu lange hiergeblieben bist! Und jetzt fort mit dir – hinein in den unterirdischen Gang.«

Da ich einsah, daß weitere Einwände nicht in Frage kamen, sprang ich mit den Füßen zuerst hinein und zwängte mich zwischen den schlammigen Wänden nach unten. »Lebt wohl, Merlin ... und habt Dank!« rief ich ihm hinterher.

Den Gang entlang hallte die Stimme des Druiden wider, so als käme sie aus einer noch größeren Entfernung: »Vergiß nicht, Arthur – *wo keine Vorstellung ist, da gibt es keine Furcht* ... keine Furcht. Denke daran!« Und wieder sank ich in eine Welt aus Dunkelheit und Nebel.

Lange Zeit stand ich regungslos am Meer und versuchte, meine Augen – und mein Gemüt – der plötzlichen Veränderung des Lichtes anzugleichen. Nichts hatte sich verändert: die undurchdringliche Schwärze, das einsame Rauschen der Wogen ... der Nebel. Da ich kaum in der Lage war, etwas zu sehen, verfolgte ich meine Fußspuren im Sand zurück an der Bucht vorbei, bis schließlich die tosenden Wasser in der Ferne hinter mir verklangen. Baumäste peitschten über meinen Weg, und Steine tauchten auf; einen Augenblick lang wurde ich in Panik versetzt, als ich bemerkte, daß nichts bekannt aussah. Dann erinnerte ich mich an die Kerze ...

Ich blieb bewegungslos stehen, schloß fest die Augen und entwickelte das geistige Bild einer gelben Flamme, die leuchtend vor der Dunkelheit stand. *»Handeln folgt auf Denken«*, versicherte ich mir selbst und wartete. Dann, wie von einem unsichtbaren Magnet angezogen, konzentrierte ich meine Aufmerksamkeit und machte ein paar Schritte vorwärts. Tatsächlich, ein winziges Licht flackerte schwach inmitten des trüben Grau, und ich ging rasch darauf zu. Ich trat in den Kreis, legte den zwölften Kieselstein wieder zurück und stellte mich aufrecht als Vorbereitung auf den Akt der Magie. Während ich langsam ausatmete, hob ich meine Arme und intonierte die Worte der Macht: *»Nid dim on d duw, Nid duw ond dim ... «*

»Bei den Göttern ... was ist passiert?« fragte ich flüsternd, als ich blinzelnd die weiße Decke erblickte, die den Wald einhüllte. Ich zitterte in der plötzlichen Kälte, verschränkte die Arme und blickte mich um. Verschwunden waren die Haufen von Herbstlaub und der schwere Modergeruch – alles tief unter verharschtem frostigem Schnee begraben. Ich hielt mich nicht damit auf, stehenzubleiben und nachzudenken, sondern suchte mir meinen Weg durch die Schneeverwehungen bis zur Straße.

»Es ist nicht möglich!« sagte ich laut. Mein Atem bildete eine Dampfwolke, als ich in Richtung von Caergai-Haus lief. »Der Monat war erst ... « Und dann fielen mir Merlins Abschiedsworte ein: *»Du wirst bald sehen, daß du schon viel zu lange hiergeblieben bist«,* hatte er gesagt, und plötzlich wurde mir klar, was geschehen war. »Zeit« verhielt sich unterschiedlich von einer Welt zur anderen, und Wochen – vielleicht Monate – waren während meines Besuches bei Merlin vergangen.

»Arthur, Junge! Arthur ... hier drüben!« erklang die aufgeregte Stimme von Ectorius, als er mit ausgestreckten Armen nach draußen gelaufen kam, um mich zu begrüßen.

»Es ist alles in Ordnung, Ector, mir geht es gut«, versicherte ich ihm. »Ich bin nur ein bißchen verwirrt, das ist alles. Welcher Tag ist heute?«

»Es ist mehr als ein Mond vergangen, seitdem du zuletzt hier gewesen bist!« antwortete er und klang noch bestürzter als ich.

Ich schüttelte langsam ungläubig den Kopf, von einer Seite zur anderen. »Ein Monat ... das würde es erklären ...«

»Dezember«, unterbrach Ector mich, »sechs Tage vor Wintersonnwende – und ich hatte dich für tot gehalten oder zumindest hoffnungslos verirrt! Dann sandte ich eine Nachricht zu Merlin nach Dinas Emrys, worin ich ihm mitteilte, daß er sofort kommen und dich suchen müsse – aber statt dessen kam eine Botschaft zurück, daß alles gut sei und nichts anderes getan werden müsse, als deine Rückkehr zu erwarten ... Und so habe ich nichts als das getan. Doch alles dies kann warten, bis du gegessen und dich ausgeruht hast.«

»Aber da ist noch eine Sache, die nicht warten kann«, fügte ich ernst hinzu. »Merlin läßt Euch sagen, daß Ihr mich unverzüglich nach Anglesey begleiten sollt. Er nannte keinen Grund dafür, sagte jedoch, daß Ihr verstehen würdet.«

Ector nickte bedächtig. »Das tue ich. Es bedeutet, daß du die erste deiner Visionssuchen beendet hast und bereit dafür bist, eine zweite zugeteilt zu bekommen. Ich gratuliere, mein Freund! Nun komm aus der Kälte nach drinnen – du bist kaum dafür angezogen. Und sollten wir nicht vielleicht auf dem Weg beim Met-Haus vorbeigehen? Ich kann mir keinen besseren Anlaß für eine Feier als dies vorstellen.«

»Mit Vergnügen«, entgegnete ich lächelnd, »und wenn wir feststellen, daß wir nicht übermäßig zufrieden sind durch unser ausgezeichnetes Essen und Trinken, könnten wir vielleicht etwas Schwertkampf vor dem Zubettgehen vereinbaren? Schließlich ist es lange her, seitdem wir geübt haben – und es kann nicht schaden, für das bereit zu sein, was auch immer die Zukunft zu bieten hat, stimmt's?«

»In der Tat nicht«, antwortete Ectorius und zog neugierig eine Augenbraue hoch, während er mir ins Haus folgte, »... das tut es in der Tat nicht!«

Lektion 19

Der Ritus der Schwelle

Als ich als Junge England besuchte,
schnitzte ich aus Holz eine geheimnisvolle
zweiköpfige Figur, ohne die geringste
Ahnung zu haben, was ich da schnitzte.
Jahre später bildete ich diese Gestalt
in einem größeren Maßstab in Stein nach,
und diese Figur steht heute in meinem Garten
in Küsnacht. Erst während dieser Arbeit
lieferte mir das Unbewußte einen Namen dafür.

C. G. Jung

In dem Kapitel »Zwischen den Welten weilen« kommen wir mit einer Art von Magie in Berührung, die außergewöhnlichen Zuständen zu eigen ist: jenen übernatürlichen, immer etwas unheimlichen Zeiten, die die Kelten als »Schwelle« bezeichneten. Zu solchen halbdunklen Zwischenzuständen der Erde gehören:

Morgendämmerung	Nebel	Blitz
Abenddämmerung	Gewitter	Schneesturm
Mitternacht	Tau	Eklipse
Vollmond	Erdbeben	Vulkanausbruch
Neumond	Wirbelsturm	Überschwemmung
6. Tag nach Neumond	Orkan	Dunst/Wolken
Feenkreise und Hexenringe	Wasserfall	die acht Hain- Feste

Während dieser gewöhnlich sehr intensiven, aber vorübergehenden Zustände werden seltene Erdkräfte von großer Energie entfesselt. Wenn sich der Magier der Kräfte eines solchen »Schwellenzustands« bewußt ist, kann er mit ihren Elementarwesen kommunizieren, von ihren fremdartigen Energien lernen und sie anwenden.

Von allen oben genannten Schwellenzuständen gibt es einen, der sich von den übrigen unterscheidet, da er den direktesten Zugang zur Anderwelt besitzt: der Nebel. Er wurde als »Mantel der Götter« angesehen, und bereits in den frühesten schriftlichen Zeugnissen der keltischen Geschichte und Mythologie entdecken wir eine unmittelbare Verbindung zwischen den Druiden und dem Nebel. Druiden errichteten häufig Wände aus Nebel oder Dunstschwaden vor unfreundlichen Heiligen, wofür sie einen Zauberstab oder eine magische Rute benutzten. Die Kelten glaubten, daß Augenblicke dichten Nebels ein offenes Eingangstor in die Anderwelt bildeten, durch das eine Person buchstäblich gehen konnte und umgekehrt auch alle Arten von Wesen (von Ahnen bis zu Elementargeistern) ungehinderten Zugang zu unserer Welt hatten. Dieser Glaube spiegelt sich in dem Kapitel »Zwischen den Welten weilen« wider, wo Arthur plötzlich mitten in einen solchen Nebel hineingelockt wird.

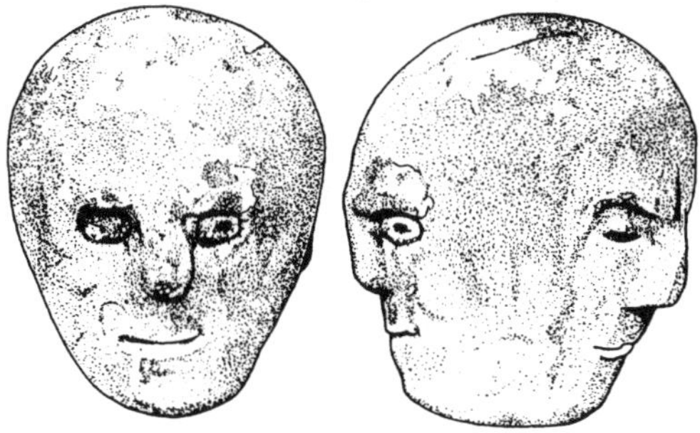

Im *Book of Pheryllt* erfahren wir, daß der keltische Gott Janus der »Hüter der Schwelle« ist. Sein heiliger Baum ist die Buche und die ihm geweihte Speise Pilze. Die obige Abbildung ist eine Darstellung dieses Gottes, wobei der für ihn charakteristische Kopf gleichzeitig in beide Richtungen blickt. Nach diesem Abschnitt sind sein Totembaum und die ihm geweihte Speise abgebildet. Bedenken Sie einmal die Symbolik eines solchen »gegensätzlichen Kopfes«. Er steht für einen Zwischenzustand – etwas, das ein Ding, doch zugleich auch ein anderes ist und zu beiden Welten gehört. Pilze als eine Nahrung, die weder Pflanze noch Mineral ist, haben eine ähnliche Sonderstellung.

Beachten Sie auch, daß in der gesamten keltischen Welt Hunderte solcher Janusköpfe bei Ausgrabungen gefunden wurden. Die meisten von ihnen waren entweder aus Buchen- oder aus Eichenholz geschnitzt, was zweifellos die Authentizität sowohl des Phänomens als auch der Gottheit innerhalb des Druidentums bestätigt.

Nebel wurde als besonders machtvoll angesehen, wenn er unmittelbar vor Einbruch der Dunkelheit auftrat, gewissermaßen als »Tor zur Dämmerung«, und damit eine »doppelte Schwelle« bildete. Das *Book of Pheryllt* bringt die kurze Beschreibung eines SCHWELLENRITUS unter dem Einfluß von Nebel. Im nächsten Abschnitt werden die einzelnen Schritte dieses Ritus umschrieben:

- Beschaffen Sie sich einen Stab, der Janus geweiht ist. (Das bedeutet, daß Sie sich selbst einen solchen Stab anfertigen. Schnitzen Sie einen doppelköpfigen Stab oder Stock aus Buchenholz. Halten Sie sich dabei an das Janus-Vorbild, und achten Sie darauf, daß es sich tatsächlich um Buchenholz handelt.)

- *Stellen Sie eine Räuchermischung zusammen, die im Quellentext als »Schwellenrauch« bezeichnet wird und zu gleichen Teilen aus Hanf, Tollkirsche* (Belladonna) *und Stechapfel* (Datura) *besteht*. Achtung: Bewahren Sie die Mischung unter allen Umständen in einem »dunklen Kästchen« oder einem lichtundurchlässigen Behälter auf.

- Wenn ein für das Ritual geeigneter Nebel herrscht, kleiden Sie sich in Grau und begeben sich mitten in ihn hinein. Nehmen Sie Zunder, die Räuchermischung, eine silberne Kerze und den Janus-Stab mit.

- Ziehen Sie einen Kreis, setzen Sie sich hinein und zünden Ihre Kerze und das Räucherwerk an.

- Vergraben Sie den Janus-Stab innerhalb des Kreises in der Erde.

Wenn Sie dazu bereit sind, rezitieren Sie die GROSSE INVOKATION, gefolgt von dem ZAUBER DES WIRKENS – wie in Lektion 17 beschrieben. Haben Sie Geduld und warten Sie.

Warnung: Sollte sich ein Portal zur Anderwelt öffnen, so gehen Sie mit äußerster Vorsicht vor. Wenn Sie hindurchtreten und der Nebel sich auflöst, kann es passieren, daß Sie in eine Falle geraten. Die Kerze hat die Funktion, daß Sie Ihren Eingangspunkt wiederfinden können. Der Januskopf dient Ihrem Schutz. Er hindert Wesen aus der Anderwelt daran, durch Ihr Portal zu entweichen, da er der »Hüter der Schwelle« ist. Treten Sie nur für kurze Zeit durch ein solches »Nebeltor«, denn Nebel ist stets veränderlich und seinem Wesen nach unberechenbar. Seien Sie wachsam, und bringen Sie nie einen Gegenstand aus der Anderwelt mit zurück.

Abschließend sollte noch erwähnt werden, daß auch alle anderen Schwellenzustände, die zu Beginn dieser Lektion genannt wurden, als Portale zur Anderwelt genutzt werden können. Verwenden Sie dafür den gerade beschriebenen »Ritus des Nebels« als Grundlage, und gehen Sie mit den anderen Schwellenzuständen ebenso kreativ um. Denken Sie daran, daß Ihr Erfolg als Magier von Ihrer Schnelligkeit und Wachsamkeit abhängt ... denn solche Schwellen kommen und vergehen rasch. Die ehrfurchtgebietende Wirkung, die während jener kurzen Augenblicke erfahren werden kann, hält jedoch häufig ein ganzes Leben an.

20

Rose des Nordens

In verschwommenen Träumen und schattengleichen Erinnerungen
Von sagenhaften Städten bin ich kurz verweilt
Und aus seltsamen Seen, umpflanzt mit Wächterbäumen
Habe ich meinen Durst gelöscht, und das Antlitz
Der rauhen Wirklichkeit verachtend habe ich mich gebückt
Um dunkle Figuren in den Sand fremder Inseln zu zeichnen.
In kristallenem Glanz habe ich die Meere überbrückt
Und mich in den Zauber der Sagen gehüllt ...

In Idris habe ich geweilt, wo Schlangensteine
Und Blumen von dunklem Violett verschmelzen
Um ein schimmerndes Tor des Wunders zu bilden, wo Knochen
Von toten Kriegern gesammelt werden in einem Sturm
Von wirbelnden Wolken und Flammen aus dein Tiegel, die tosen
Unter dein Himmelsgewölbe, wo große Raben schweben.

Song of Dwyfyddiaeth (6. Jh.)

Unsere Reise nach Ynys Môn – die besser als Insel Anglesey bekannt ist – war nicht beschwerlich, die Entfernung betrug im ganzen nicht mehr als neun Meilen. Ectorius und ich waren früh an einem frostigen Morgen, sechs Tage vor der Wintersonnwende des Jahres 479, vom Bala-See aufgebrochen und hatten unser Ziel vor dem Sonnenuntergang des nächsten Tages erreicht. Für mich war es eine etwas wehmütige Reise gewesen, die Erinnerungen an eine Zeit vor drei Jahren wachgerufen hatte, als Merlin und ich auf einer *Queste* zur Dracheninsel im fernen Süden Cornwalls hier gewesen waren. Doch trotz solch liebevoller Gedanken wurde ich noch immer von einem nagenden Gefühl der Ungewißheit darüber gequält, was mich im eigentlichen Mittelpunkt der Druidenwelt erwarten könnte ... an einem Ort, wo die Vorfahren unseres Glaubens schon vor der Zeit der Sagen gelebt hatten. Und wieder kam es mir so vor, als wüßte ich nur sehr wenig über den Zweck unserer Reise – von dem abgesehen, was Ectorius mir aus dem Brief des Erzdruiden vorgelesen hatte.

Wir überquerten die Meeresenge von Menai auf einem Kahn, setzten unseren Weg durch die dichten Eichenwälder von Gaerwyn fort und standen schließlich vor der Großen Weißen Loge, auch unter dem Namen *Branbae Mannor* bekannt. Dort wurden wir von einer vielgestaltigen Versammlung von Druiden empfangen, die uns freundlich begrüßten und neugierig auf jegliche Nachrichten waren, die wir zu erzählen hatten. Zum Glück für sie wußte Ector, den sie gut zu kennen schienen, von jedem denkbaren Klatsch, nach dem sie ihn hätten fragen können! Dann aber, nach einem langen Gespräch, als schließlich alles ausgetauscht und gesagt worden war, machte sich Ectorius zum Abschied bereit.

»Leb wohl, Junge«, sagte er in väterlichem Ton, »und denke daran, jene Fähigkeiten, die du dir unter meinem Dach erworben hast, klug zu nutzen, denn eines Tages werden sie sicherlich dein Leben – und das Leben anderer – schützen. Erinnere dich an mich als einen Freund ... und als einen, an dessen Haus du dich in Zeiten der Not wenden kannst. Mögen die Götter mit dir sein.«

Damit verschwand er auf einem Weg zurück in die Wälder. Sogleich wurde ich in das Innere der Loge und vor den Erzdruiden geleitet, der auf einem erhöhten Eichenpodest saß und von einer schweigenden Schar von Anhängern umgeben war. Mit seinem langen weißen Bart, der mit der Zeit gelblich geworden war, und einem edlen Gesicht, das durch ungezählte Jahre der Verantwortung von tiefen Falten durchzogen war, sah er viel älter aus, als ich ihn in Erinnerung hatte. Aber dennoch schien er von einem Leuchten und einer Lebenskraft umgeben zu sein, welche die Zeit nicht hatte verändern können. Ein wirbelndes Dreifaches Rad hing ihm an einer Kette aus schwerem Gold um den Hals, und beides nahm meine Aufmerksamkeit gefangen, als er mich näher zu sich heranwinkte.

»Willkommen, Arthur von Tintagel«, sagte der alte Druide mit einer wie verwittert klingenden Stimme voller Autorität. »Lange habe ich darauf gewartet, daß du zu unserer Insel kommst. Du bist Britanniens einzige Hoffnung auf Frieden in diesen dunklen Zeiten.«

Verzweifelt wollte ich irgendeine der vielen Fragen stellen, die mir in diesem Augenblick in den Sinn kamen, bewahrte jedoch Schweigen, da ich wußte, daß mir die Erlaubnis zu sprechen nicht erteilt worden war.

»Von einem alten Schüler, deinem Lehrer Merlin«, fuhr er fort, »ist mir die Vollendung deiner ersten Hohen Suche bestätigt worden, und bald werde ich eine weitere umreißen. Doch laß mich eine wichtige Sache von Anfang an festlegen: Du bist hierhergebracht worden, um als Mann, und nicht wie ein Kind, geprüft zu werden. Selbst jetzt besitzt du das innere Wissen, ein Druide zu werden. Sei dir also dessen bewußt, daß du geprüft wirst. Wir werden dich beobachten, um zu sehen, ob du in den kommenden Situationen der Krise und Verwirrung das anwenden wirst, was du gelernt hast. Daran wird viel zu erkennen sein. Bist du bereit, nachdem du dies gehört hast, deine zweite Hohe Suche der Meisterschaft anzunehmen?«

»Zu diesem Zweck allein bin ich von weit her gekommen«, sagte ich und versuchte, gleichzeitig zuversichtlich und feierlich zu klingen, »... ja, ich bin bereit. Doch könnt Ihr mir bitte zuerst sagen, ob Merlin unter Euch weilt?«

»Bezwinge deine Hoffnungen«, antwortete der Druide mit einem verständnisvollen Lächeln, »denn du wirst deinem Lehrer nicht wieder begegnen, bis du durch Feuer und Schnee gegangen bist; dies verlangt die Hohe Suche. Doch es ist ein kleiner Preis, den du dafür zahlst, um den Keim der Göttlichkeit in dir zu entwickeln.« Er erhob sich von seinem Sitz, trat herunter und legte beide Hände auf meine Schultern. »Du hast gut daran getan, deine Ängste in der äußeren Welt herauszufinden. Nun beginnt eine weitaus schwierigere Aufgabe, doch eine, wonach deine Seele selbst in diesem Augenblick schon verlangt. Ergründe daher die Tiefen deiner inneren Welten; laß keinen einzigen Traum im Dunkeln, bis du ohne jeden Zweifel weißt, wer du bist und warum du hier bist. Finde deine eigene Identität heraus ... dein eigenes Schicksal. Damit mußt du in drei Tagen von heute an beginnen. Wir werden dir diese kurze Zeit zum Nachdenken und Überlegen zugestehen – eine solche Hohe Suche wie diese sollte nicht leichtfertig, ohne Vorbereitung angetreten werden. Also halte dich daran: Du wirst in drei Tagen von heute an, am Vortag der Wintersonnwende, in die Berge aufbrechen und nicht zurückkehren, bevor deine Suche vollendet ist.«

Mit wehenden Gewändern verließ der Erzdruide die Halle, eine Schar anderer folgte ihm schweigend. Danach wurde ich in ein Gebäude mit Schlafräumen gebracht, wo die jüngeren

Brüder und Novizen des Ordens, der den gemeinsamen Namen »Bruderschaft von Pheryllt« trug, untergebracht waren.

In den folgenden Tagen lernte ich ziemlich viel über das klösterliche Leben durch den engen Kontakt mit den Ordensmitgliedern, von denen viele weitaus weniger über die Lehren des Druidentums zu wissen schienen als ich (eine Tatsache, die, wie ich annahm, Merlin ziemlich stolz machen würde, wenn er davon gewußt hätte). Wir verbrachten viel Zeit entweder mit der gründlichen Vorbereitung für die bevorstehende Feier der Wintersonnwende oder beschäftigten uns mit der umfangreichen Sammlung von *Coelbren,* Schriftrollen und Ogham-Blättern, die in der Bibliothek aufbewahrt wurden. Die Druiden von Môn lebten Tag für Tag nach einem Wahlspruch, der lautete: »ES LIEGT GROSSE MACHT IM SCHWEIGEN«, und aus diesem Grund hatten sie es sich zur Gewohnheit gemacht, niemals mehr als notwendig zu sprechen. Als Folge davon gehörten zu meiner eigenen persönlichen Zeit Ruhephasen, die ich allein in meiner Unterkunft verbrachte und wo ich darüber nachdachte, was die vor mir liegenden Tage bringen könnten ... Insgeheim nahm ich an, daß es einen Grund gab, weshalb die Dinge so unbestimmt gelassen wurden.

Schließlich brach der Morgen vor dem kürzesten Tag kalt und strahlend über den Bergen im Osten an. Die ganze Gemeinschaft hielt sich an die alte Tradition und stand Wache innerhalb des Hohen Sonnenkreises, um die siegreiche Wiedergeburt mit Glocken und immergrünen Zweigen anzukündigen. Ein goldener Kelch, der mit Weißwein gefüllt war, wurde von einem Druiden zum nächsten weitergereicht, und dann kehrten alle nacheinander langsam zu ihren Hütten zurück, um sich vor prasselnden Julfeuern aus Eichenholz den Frost von den Gliedern zu tauen. Doch die Morgendämmerung kündigte auch den Zeitpunkt meines Aufbruchs an ...

Der Gebirgszug im nördlichen Gwynydd war ein völliges

Rätsel für mich: Weder war ich jemals dorthin gekommen, noch wurde mir vor dem Aufbruch irgendeine Orientierung gegeben. Trotzdem machte ich mich wie geplant auf den Weg und vertraute darauf, daß ich geführt würde. Mit mir ging mein Eulen-Freund Noath, der die gesamte Strecke vom Bala-See treu mit uns gezogen war – und der sich jetzt von Zeit zu Zeit über meinem Kopf zeigte, wie um mich seiner Gegenwart und Unterstützung zu versichern.

Das einzige, das ich von Nordwales wußte, war, daß König Uthr Pendragon sich mit seinem Hof an der Stätte seines Familiensitzes an den Berghängen des Snowdon niedergelassen hatte, wo Merlin jetzt als oberster Ratgeber des Königs weilte. Vielleicht geschah es durch das Zweite Gesicht oder einfach aus einer Sehnsucht heraus, meinen Lehrer wiederzusehen – doch aus irgendeinem Grund fühlte ich mich stark dazu hingezogen, meine Suche in dem wilden Vorgebirge von Snowdonia zu beginnen. Glücklicherweise konnte ich mich nach der Richtung erkundigen, während ich durch die geschäftige Ortschaft Caer Segeint (Caernarvon) kam, und meinen Weg daher mit ziemlicher Sicherheit fortsetzen.

Einen Tag und eine Nacht folgte ich der offenen Straße. Vor mir erhoben sich hohe schneebedeckte Gipfel, jeder von ihnen dunkel und einschüchternd – ein idealer Ort, so schien es, für den Königssitz Britanniens. Und dann, hinter der nächsten Biegung, tauchte der Snowdon selbst auf: mächtig und schwarz ... ein König unter Riesen! Die alte römische Straße, der ich nachging, war mit Ziegelsteinen gepflastert, die Karren, Hufe und Sandalen in Jahrhunderten geglättet und abgenutzt hatten. Wie eine Schlange wand sie sich von Berg zu Berg, und ich fühlte mich, bis auf Noaths Schatten, der hin und wieder über meinen Kopf glitt, völlig verlassen. An jenem Tag war ich vor Sonnenuntergang durch die kleine Stadt Llamberis gewandert, wo ich die genaue Lage der königlichen Festung in Erfahrung brachte, die weniger als eine Meile entfernt lag. In der blinden Hoffnung, daß meine Eingebung sich als wertvoll erweisen würde, machte ich mich in aller Eile wieder auf den Weg, ohne einen Gedanken darauf zu verwenden, bis zum Morgen zu warten.

Der Winterhimmel war fahl und mondlos, als ich mich erschöpft auf einen mit Schnee bestäubten Baumstamm setzte und entmutigt seufzte ... *so viele Stunden mit der Suche vergeudet,* nur um einen Blick auf Uthrs Palast mit seinen Türmen zu werfen. Ich war auf keine Straßen voller loyaler Untertanen gestoßen und auch auf keine wehenden Banner oder Heere im römischen Staat – nichts außer dem Schweigen des Kiefernwaldes und dem Wind. Aber wiederum, so überlegte ich, war Wintersonnwende: eine Zeit außerhalb der Zeit, wo die alte Magie sich über das Land legte und die Dinge häufig nicht so waren, wie sie erschienen. Vielleicht war ich verwirrt worden. Als ich spürte, wie die Sonne zu ihrem jährlichen Tiefstand sank, wurde mir plötzlich bewußt, daß ich dieses Ereignis auf irgendeine Weise feierlich begehen sollte – ein Drang, der auf die Jahreszeiten der genauen Arbeit an den Sonnwendtagen mit Merlin zurückzuführen war. Nach einigen Augenblicken des Nachdenkens entschied ich mich für den winterlichen Zweig der »Vier Sakramente der Erde« und machte mich daran, einen Ort dafür vorzubereiten. Als ich damit fertig war, warf das letzte Sonnenlicht lange rote Strahlen zwischen die Bäume, und die Temperatur sank sehr rasch. Da hörte ich, vor mir auf der Straße, die Geräusche: Fußschritte, die geschwind auf mich zukamen.

Ich war zu neugierig, um vorsichtig zu sein – es war das erste Anzeichen eines anderen Menschen, das ich während des ganzen Tages auf der Straße angetroffen hatte. Daher blieb ich an der Stelle, wo ich mich befand, und wartete. Innerhalb von Minuten sah ich mich einem großen kräftigen Mann gegenüber, der mit prächtig gearbeiteten Pelzen bekleidet war und an der Seite einen Langbogen und Köcher in vortrefflicher Ausführung trug. Sein Haar, das die Farbe von reifem Weizen hatte, war schulterlang, und um die Stirn trug er einen dünnen Goldreif.

»Und was führt einen Jungen deines Alters so weit in die Wildnis?« fragte er und kam mit großen Schritten auf mich zu.

»Eine Hohe Suche, Herr«, antwortete ich kühn, bevor ich noch überlegen konnte, ob ich vielleicht gar nichts hätte sagen sollen. »Eine Hohe Suche – die Festung von König Uthr zu sehen. In meinem Dorf werden so wunderbare Geschichten darüber erzählt, daß ich mich einfach auf den Weg gemacht habe, um sie mit eigenen Augen zu erblicken, als ich alt genug dafür war! Aber bisher habe ich keinen Erfolg gehabt und ... darum gebeten, daß Ihr mir vielleicht den Weg zeigen könnt?« *Meine Versuche, die wahre Beschaffenheit meiner Wanderung zu verbergen, waren bestenfalls unbeholfen, doch ich hoffte, daß sie gut genug waren, um den Mann sowohl zu täuschen als ihn auch nach der Richtung zu fragen.*

»Mein guter Junge«, erwiderte er, »weißt du denn nicht, was dies für eine Nacht ist?« Ohne meine Antwort abzuwarten, fuhr er fort: »Dies ist die Nacht des Winterherrn ... von Herne dem Großen Jäger, dem Grünen Mann! Nun, während dieser einen Nacht können so großartige Erscheinungen gesehen werden, daß sie die Pracht irgendeines Königspalastes übertreffen. Weißt du das nicht?« Der Mann schaute mich auf eine eigenartige Weise an, die mich überlegen ließ, ob er mehr von mir wußte, als ich vermutete.

»Trotzdem möchte ich ihn doch sehen ... ich bin schon so weit herangekommen«, wagte ich vorsichtig zu äußern. »Wißt Ihr, wo er sich befindet?«

Da ließ der Fremde ein lautes Lachen hören, das so aufrichtig und offen klang, daß ich sofort viel von meiner Vorsicht aufgab.

»Da ich ein Jäger von nicht geringer Geschicklichkeit bin«, fuhr er fort, während er mit den Fingern an seinem Bogen spielte und mich mit einem belustigten Lächeln ansah, »kenne ich jede Schrittlänge dieses Landes – denn vor mir war es im Besitz meines Vaters und davor seines Vaters! Gehe auf jener Straße dort drüben bis zum Ende weiter.« Der Jäger wies auf einen verfallenen Fußweg, der genau vor uns abzweigte. Als ich mich umdrehte, um ihm zu danken, stellte ich fest, daß der sorglose Ausdruck jäh aus seinem Gesicht verschwunden war.

»Woher hast du das erhalten ... diesen Ring?« sprach er mit rauher Stimme und blickte in offensichtlicher Bestürzung auf meine Hand. » Sag mir rasch, Junge – wie bist du an ihn gekommen?«

Durch seine plötzliche Schroffheit wurde ich unachtsam, hielt den Ring hoch und gab die ehrliche Antwort: »Er wurde mir in Glastonbury von meiner Mutter hinterlassen ... auf ihrem Sterbebett ... und ich weiß nicht mehr darüber, außer daß er in irgendeinem Zusammenhang mit meiner Abstammung steht.

»Tot?« gab der Mann kraftlos zurück, »... sie ist *tot?«* Und er stolperte ein paar Schritte rückwärts, als sei er getroffen, und verschwand dann schwerfällig in den Wäldern.

Obwohl das seltsame Verhalten des Mannes mich erstaunte, verblüffte mich der verlassene Weg, auf den er mich aufmerksam gemacht hatte, noch mehr. Während ich ihn im Weitergehen genau untersuchte, stellte ich fest, daß durch jahrelange Vernachlässigung ganze Abschnitte von sauber verlegten Bruchsteinen von Unkraut und Moos überwuchert worden waren. Es kam mir unwahrscheinlich vor, daß er zu einem wichtigen Ort führen sollte; dann wieder dachte ich, daß er vielleicht irgendwie von hinten heranführen könnte.

Inzwischen war es völlig dunkel geworden, nur eine schmale Mondsichel stand hoch über dem Horizont. An Stellen, wo man über die Berge hinabschauen konnte, war das schwache Leuchten von tausend Notfeuern zu erkennen, die aus den kleinen Ortschaften in der Ferne emporstiegen. Vor Kälte fröstelnd, blickte ich auf diesen goldenen Lichtschein und bekam langsam den bösen Verdacht, daß der Jäger mich fahrlässig in die falsche Richtung geschickt hatte. Ich beschloß, das Beste aus der Sache zu machen und genügend Holz für ein eigenes Feuer bis zum Morgen zu sammeln.

Sobald ein guter Lagerplatz ausgewählt und ein warmes loderndes Feuer gegen die Nacht errichtet worden war, schien sich meine Enttäuschung in nichts aufzulösen. Ich lehnte mich gegen einen Baumstamm zurück und schloß die Augen. Durch ein raschelndes Geräusch in den Ästen über meinem Kopf wußte ich, daß auch mein Eulenfreund sich für die Nacht niedergelassen hatte.

»Ach, Noath«, beklagte ich mich gedankenlos, »du und deine Art seid wahre Meister der Nacht ... aller verborgenen und geheimen Dinge. Sag mir also, wie ich weitermachen soll. In welcher Richtung soll ich suchen, und zu welchem Zweck? Selbst wenn ich diese Festung finden sollte, würde Merlin es wahrscheinlich nicht für angebracht halten, ihn auf diese Weise aufgesucht zu haben. Dennoch ... « Diese Worte hatte ich einfach aus meiner Verlassenheit heraus gesprochen und niemals eine Antwort erwartet.

Doch zum zweiten Mal seit der Dracheninsel verband sich der Geist der großen Eule mit meinen Gedanken und sagte mir: »*Sei nicht entmutigt, denn ein Mittel, um deine Hohe Suche zu beenden, ist zur Hand. Erinnere dich daran, daß die* wahre Prüfung *des Wissens nicht darin besteht, wie wir etwas tun, was wir wissen, sondern vielmehr, wie wir handeln, wenn wir nicht wissen, was zu tun ist. Verlasse dich daher auf völliges Vertrauen, selbst wenn der Augenblick von dir verlangen mag, mit leeren Händen ins Ungewisse zu springen. Wende das an, was du gelehrt worden bist, und sei selbstsicher. Vertraue auf das, was du weißt ...*« Damit flog Noath hoch in das Dach des Waldes. Lange Zeit saß ich da, versorgte das Feuer mit Zweigen und suchte in meinem Gedächtnis nach erlernten

Dingen, die zu einer Handlungsweise anregen könnten. Dann erinnerte ich mich an einen Zauber, den ich Merlin einmal auf einer Reise hatte anwenden sehen: eine Rezitation, die, wie mir gesagt wurde, von der Priesterschaft aus Atlantis überliefert war. Er hatte dies einen »Erleuchtungsritus« genannt und erklärt, daß er dafür verwendet werde, um die Älteren auf der anderen Seite der Großen Wasserscheide um ihren Rat anzurufen. Die Rezitation lautete wie folgt: *»Um die Älteren aus der Tiefe herbeizurufen, muß man nur einschlafen mit beiden Handflächen auf der Wange.‹*

Als ich mich zum Schlafen vorbereitete, durchsuchte ich meinen Lederbeutel, der die für die Magie unentbehrlichen Dinge enthielt, und nahm ein kleines Stück *Sanguis Draconis* heraus: Drachenblut, jene kostbare Substanz von Ynys Wyth. Ich kratzte ein kleines Häufchen der heißesten Glut zusammen und füllte sie in meine Muschelschale, legte das Drachenblut obendrauf und rückte das Ganze unter den Baum. Innerhalb von Augenblicken war die Luft ringsumher von rötlichem Dunst und dem starken Geruch nach verbrennendem Eisen erfüllt – der ganze Ort vibrierte förmlich vor Energie. Als ich mich zwischen die verschlungenen Wurzeln der Eibe legte, fiel mein Blick auf etwas Funkelndes neben mir. Als ich die Hand danach ausstreckte, stellte ich fest, daß mein Kristallboot – das *Cwrwg Gwydrin,* mein »Geschenk der Götter« – aus seinem Beutel auf den Boden gefallen war. Ich nahm es als Zeichen, schloß fest meine Hand darum und machte die Augen zu.

»Wenn alle Möglichkeiten der Wahl genommen sind, bleibt ein vollkommener Weg übrig ... «, zitierte ich mir selbst und fiel dann sofort in einen tiefen Schlummer.

Der Himmel war immer noch mit Sternen übersät, als ich erwachte. Augenblicklich richtete ich mich auf und sah mich um, lehnte mich dann aber entmutigt gegen den Baum zurück – die Älteren waren nicht gekommen, obwohl die Anrufung mir eigentlich hätte gelingen müssen. Da ich mich nicht danach fühlte, länger stillzusitzen, beschloß ich, bis zum Tagesanbruch das Umfeld zu erforschen.

Aus meinen Gesprächen mit Dorfbewohnern aus der Umgebung wußte ich, daß sich irgendwo in der Nähe ein kleiner See befand, doch nichts hätte mich vermutlich auf das Wunder vorbereiten können, das darauf wartete, entdeckt zu werden.

Wie mir berichtet wurde, war der See selbst klein – doch hier hörten alle Ähnlichkeiten auf: In seiner Mitte lag eine in Nebel gehüllte Insel, und darauf erhoben sich die Türme einer Burg, die im Sternenschein wie helles Silber glänzten. Ich blinzelte einmal ... zweimal und noch einmal, um sicherzugehen, daß ich nicht schlief, doch die Vision blieb. Als würde ich fürchten, den Augenblick zu zerstören, schlich ich ganz langsam mit winzigen Schritten vom Waldrand an das Ufer.

Sofort fiel mein Blick auf eine andere Erscheinung, die mich Atem holen und regungslos stehenbleiben ließ. Dort am Uferstreifen, im schwachen Licht funkelnd, hatte ein Boot wartend angelegt ... ein Boot ganz aus Glas: eine genaue Nachbildung meiner eigenen Miniaturausgabe! Vorsichtig und ungläubig zugleich ging ich weiter auf das Schiff zu und untersuchte es von allen Seiten – wobei ich dem starken Drang widerstand, es auch zu besteigen. Dann endlich gab ich der Verzauberung nach und betrat es.

Das makellose Glas war glatt und kühl, als ich mich auf den Sitz gleiten ließ. Dann wogte ein eigentümlich gefärbter Nebel aus dem Wasser rasch über den See und ließ das Ufer versinken; die Luft war von seinem seltsamem Geruch durchdrungen. »Drachenblut ... der Atem des Drachen!« sagte ich mit rauher Stimme in den Dunst hinein, während das Boot lautlos in das Wasser glitt. Es gab keine Welle, keinen Wind, überhaupt keinen Widerstand – nur einen unverwandten Kurs in Richtung der Insel. Es schien so, als würden wir fahren, ohne uns zu bewegen. Lange Zeit konnte ich nichts sehen außer einer rosaroten Nebelwand, die in Wolken über die ruhige Wasseroberfläche des Sees wirbelte. Plötzlich tauchte die Burg auf und schien wie ein Ungeheuer, das darauf wartete, seine Beute zu verschlingen, auf uns zuzukommen. Die drei spitzen Türme, die undeutlich sichtbar in die Höhe ragten, waren schrecklich und wunderbar zugleich – wie in einem Kindermärchen – und eine geheimnisvolle Musik schien uns zuzurufen, durch die kristallklaren Wände einzutreten. Als wir näher herankamen, sah ich tatsächlich, daß die ganze Burg, wie das Boot, vollkommen aus Glas bestand.

Ebenso ruhig wie es das Ufer verlassen hatte, legte das Kristallschiff in einem engen Hafen an, wo ich ausstieg. Es gab nur eine einzige Straße, die sich hoch zu den Palasttoren schlängelte, und dieser folgte ich, bis ich zu einem Hof voller Leute gelangte – Leute, die so real vorhanden wie ich wirkten, doch bei Berührung keine festere Beschaffenheit als Rauch oder Schatten hatten. Während ich zwischen diesen geisterhaften Bewohnern umherwanderte, versuchte ich sie in eine Unterhaltung hineinzuziehen oder irgendeine Möglichkeit zu finden, wodurch ich etwas über die Art dieses Ortes hätte erfahren können ... doch meine Bemühungen wurden nur gelegentlich mit einem nichtssagenden Lächeln oder einem leeren, starren Blick belohnt. Mit der Zeit bemerkte ich etwas, das wie eine allgemeine Bewegung auf das einzeln stehende größte Gebäude in dem Hof erschien: einen hohen, eisig aussehenden Turm, der wie ein Tempel oder eine Art öffentliches Theater wirkte. Gerade außerhalb seiner breiten Bogentore wuchsen drei seltsame Fabelbäume: Ich sage »wachsen«, weil ich einfach kein anderes Wort kenne, um ihr einzigartiges Wesen zu beschreiben. Wie alles übrige in der Stadt, waren auch diese Bäume aus Glas – einem dunklen, purpurfarbenen Glas, welches das Licht in mitternächtlichem Schimmern brach. Doch ob diese mächtigen Wächter tatsächlich dort wuchsen oder statt dessen durch die Künste von Menschen oder Göttern geformt waren, habe ich nie erfahren. Hoch oben, zwischen ihren höchsten Ästen, schwebten große Raben.

Ich drängte mich in eine Reihe unter das Schattenvolk und schien eins mit ihm zu werden; so gelangte ich unbemerkt durch einen großen dreieckigen Eingang, der zu dem allergroßartigsten Anblick führte, in das Innere des Turms hinein. Es handelte sich tatsächlich um einen Versammlungsort: ein riesiger Raum, von Glasbänken gesäumt, die sich über die gesamte Breite erstreckten. Am anderen Ende dieser Halle gab es eine äußerst ungewöhnliche Konstruktion. Von dem Kristallboden bis zu einer beträchtlichen Höhe erhoben sich zwei große Säulen aus grob behauenem Stein – die eine mit leuchtendem Gold bedeckt und mit einem Bild der Sonne geschmückt, die andere mit einer Silberauflage, so daß sie dem Mond glich. An den Seiten dieser Menhire waren zwei Schlangen eingemeißelt, die sich vom Boden bis ganz nach oben wanden und dort unter einer Krone aus echten blauen Blumen zusammentrafen. Es gab noch einen einzelnen hohen Sitz oder Thron, der am Sockel jeder Säule aus dem gewachsenen Fels ausgehöhlt war ... auf dem einen saß ein goldgekrönter Mann und auf dem anderen eine silberbekränzte Frau. Um den Fuß und die Seiten jeder Säule wand sich eine Fülle von duftenden Ranken mit Blüten, die von der auffallendsten blauen Farbe waren, die ich je bei einer Pflanze gesehen hatte. Zusammen mit den herrlichen Steinsäulen schufen sie einen Anblick, der zu majestätisch war, um wirklich zu sein. »Das Feenreich«, war alles, was ich hervorbringen konnte, »... wie ein Märchen!«

Nun traten Männer hervor, weißgekleidete Männer, die in einem feierlichen Umzug gingen und mich in jeder Einzelheit an eine Abordnung von Druiden erinnerten. Dann, wie um diese Ähnlichkeit noch zu bekräftigen, entzündeten sie große karmesinrote Feuer in flachen Gruben, die in den Glasboden eingelassen waren, und während sie damit beschäftigt waren, rezitierten sie gemeinsam:

Dem wir zuerst in Kiefernwäldern dienten
Verbrenne auf deinem Haufen und leuchte zu deinem Ruhm!
Wir bitten dich um Gedeihen mit unseren bloßen Seelen
Durch unversengende Flammen
Treten wir auf die entzündeten Kohlen.

So schichtet den Altar von neuem auf mit Holz
Alle Köpfe seien erhoben ... streut Weizen und Roggen!
Gießt Trankopfer aus Wein auf die Feuerstelle
Daß wohlriechende Weihrauchwolken
Zum Himmel aufsteigen.

Wende alles Übel ab, Beschützer der Ställe
Ruhmreicher Sonnengott, Prinz der Leier!
Snowdon bezwingend mit duftender Harmonie
Pharao! Pharao! ... mit Feuer verehrt!

Ich war so gefesselt von der Musik und dem, was sich dem Auge bot, daß alle anderen in der Halle sich schon lange hingesetzt hatten, bevor ich zufällig einen Blick umherwarf. Bewirkt durch meinen ungünstigen und äußerst auffälligen Standort genau in der Mitte, erhob sich der goldene Mann auf dem Thron am anderen Ende der Halle plötzlich, deutete direkt auf mich und sagte:

»Junge – Fremder unter uns, komm nach vorne!« Seine Stimme und sein Verhalten waren es gewohnt, Befehle zu erteilen.

Augenblicklich wurde ich von zwei der weißgekleideten Gestalten behutsam ergriffen und entlang des Mittelgangs zu dem Thron hin geleitet. Wieder bemerkte ich den süßen frischen Duft der blauen Blumen, als wir näherkamen – und dann atmete ich schwer, denn ich erkannte plötzlich, daß es *blaue Rosen* waren! Ich hatte niemals zuvor tatsächlich eine gesehen und war mir niemals wirklich sicher, ob sie außerhalb der Legende überhaupt existierten – doch hier waren sie. Und welch ein Anblick: das tiefe Blau inmitten von Kristall und Stein und Feuer ....

Der Mann und die Frau waren beide von auffallend schönem Aussehen: er, mit seinen langen goldenen Gewändern und einem mit Edelsteinen geschmückten Diadem auf kastanienbraunem Haar; und sie, ganz in Silber mit juwelenbesetzter Krone auf pechschwarzen Flechten.

»Ich bin Arthur von Tintagel«, brachte ich vor, angespannt durch das lange Schweigen, »und ich bin in Euer Land gekommen von einem Grund getrieben, der über mein Verständnis geht ... aber bestimmt als Freund.«

»Wir wissen sehr wohl, wer du bist«, entgegnete der Mann, »und auch, daß du dich hier auf einer Hohen Suche der Meisterschaft von der Insel Mona befindest und Einsicht in die zweite Herausforderung eines Druiden suchst. Wisse, daß du in unserem Reich willkommen bist, Arthur von Britannien!«

»Höchst gnädig von Euch, mein Herr«, antwortete ich und verneigte mich tief. Der Mann setzte sich wieder hin.

»Ich bin Cadair Huon, genannt ›Der Mächtige Sonnenkönig‹: Herr des Winters – und dies ist meine Gefährtin, die gemeinsam an meiner Seite herrscht. Mit Absicht oder durch Zufall befindest du dich jetzt in der legendären Stadt *Caer Idris*, die tief in dem Berg liegt, den die Menschen ›Cerrig Edris‹ nennen. Mit eigenen Mitteln hast du den mystischen See *Neamhagas* überquert – was solchen wie dir gewöhnlich untersagt ist – und bist zum Kristallpalast der *Sidhe* gelangt. Jene, die vor uns sitzen, warten auf die Wiedergeburt in der äußeren Welt ... es sind Männer und Frauen, deren Glauben sie nach dem Tod zu diesem Heiligtum zwischen den Welten geführt hat, um Rat zu suchen. Jene in Weiß sind die Priester von *Pheryllt,* eines einstmals mächtigen Ordens in eurer Welt, die sich vor langer Zeit auf die inneren Ebenen zurückgezogen haben, damit ihre Arbeit nicht durch die unbedeutenden Launen der Menschheit behindert würde. Und dies ist unsere Welt.«

»Herr?« fragte ich und verneigte mich wieder. »Ich verstehe nicht, wie ich durch Eure Grenzen gelangte, und auch nicht, warum?«

»Das ist in der Tat ein ungewöhnlicher Kunstgriff des Schicksals«, sagte der König, »doch keiner ohne Bedeutung, des bin ich sicher. Unsere Stadt Idris ist nämlich für Menschen aus *Abred* nur an zwei Nächten des Jahres zugänglich: Sommersonnwende und Wintersonnwende, dem Vorabend vor dem längsten und dem kürzesten Tag. Und die heutige Nacht ist, wie du weißt, der Vorabend des kürzesten Tages. Wie du hierher gekommen bist? – Du bist auf dem Atem des Drachen geritten. Doch warum du hier bist, das ist eine ganz andere Sache, und wir werden dir dabei mit allen Mitteln helfen, die uns zur Verfügung stehen.«

Ich verneigte mich zum drittenmal, während die Dame mit einem Lächeln ihren Blick auf mich richtete.

»Und ich bin Cadair Cerridwen, Königin des Mondes und Herrin des Sommers. Vor vielen, vielen Jahren haben meine Propheten deine Ankunft vorausgesagt, und wir heißen dich willkommen wie vertrocknete Erde den Regen. Die Bäume haben schon vorher unsere Aufmerksamkeit auf deine Fahrt über den See gelenkt, und dadurch konnten wir zusammenkommen und darüber nachdenken, welchen Rat wir dir geben. Doch bevor dieser erteilt werden kann, zeige uns dein Symbol des Schicksals ... zeige uns deinen Ring!«

Zuerst verblüffte mich diese seltsame Bitte; es dauerte einige Augenblicke, bis ich begriff, daß sie den Ring meiner Mutter sehen wollten. Ich streifte ihn vom Finger und hielt ihn hoch, während sich ein leises Gemurmel des Erstaunens wie ein Wind in der Versammlung erhob.

»Ja – wir sehen tatsächlich den Ring deiner Vorfahren«, sagte der König. »Seit vielen Jahren ist er nicht mehr nach Snowdon zurückgebracht worden. Offenbar entgeht dir die Bedeutung dieser Handlung, während sie für uns ebenso klar ist wie unsere Stadt aus Glas. Warum ist das so?«

Wieder wurde ich durch eine unvermutete Frage überrumpelt, sagte jedoch: »Ich gebe bereitwillig zu, daß ich keine Antwort darauf habe, Eure Majestäten, und daß ich in der Tat nur einen einzigen Anhaltspunkt besitze. Als ich gestern von der Druideninsel hierher wanderte, traf ich auf einen Jäger, der sich nach der Herkunft meines Ringes erkundigte – und bei meiner Antwort dann zutiefst bekümmert wurde.« Bei diesem Bericht wechselten König und Königin Blicke des Erstaunens und schienen sich mit unausgesprochenen Worten zu beraten, bevor Cerridwen antwortete:

»Du hast also nicht gewußt, daß dieser Jäger, von dem du sprachst, niemand anderes als König Uthr selbst war? Und wie kannst du, oder irgend jemand sonst, dich nur über seine Reaktion auf deine Worte wundern?«

»König Uthr?« platzte ich unbesonnen heraus. »Meine Dame ... davon hatte ich keine Ahnung. Aber weshalb ... was würde die Nachricht vom Tode meiner Mutter für ihn heißen? Und welche Bedeutung hätte ein Ring, der ihr vor langer Zeit von einem Freier als Andenken gegeben wurde?«

»Andenken?« brauste die Königin auf. »In der Tat ein Andenken! Und ›Freier‹? Junger Mann – wenn das wirklich alles ist, was du bisher gelernt hast, dann wird es Zeit, daß dir etwas mitgeteilt wird. Dieser Ring, auf den du so beiläufig hinweist, liegt im Mittelpunkt deiner Hohen Suche.

Nun sag mir: Ist es dir gelungen, Uthrs Festung Dinas

Emrys zu finden oder nicht?«

»Nein, Eure Majestät«, antwortete ich leise und fühlte mich getadelt, »aber ich möchte sie immer noch finden.«

»Das mußt du auch«, warf der König mit Bestimmtheit ein. »Ich kenne keinen anderen Weg für dich, um deine Herkunft zu entdecken ... deine *Identität* in dieser Welt. Und die Lösung steht dicht bevor – sei dir dessen wohl bewußt.«

»Wir können dir jedoch nicht weiter raten«, fügte die Königin hinzu, »außer dir zu sagen, daß du dies alles und noch mehr begreifen wirst, bevor du Snowdonia verläßt – vorausgesetzt, daß du von nun an deiner Intuition unbedingt folgen wirst. Deine Hohe Suche wird bedeutungslos sein, sollten die letzten Einsichten nur im geringsten nicht deine eigenen sein. Verstehst du das?«

Ich nickte, denn dies war im Laufe der Jahre auch immer wieder Merlins Lektion gewesen. *Das* war es also: Wenn Einsichten einfach weitergegeben werden, haben sie keine echte Wirkung; sie müssen erworben und *selbst entdeckt* werden, um Wurzeln zu schlagen.

»Sehr gut«, meinte Huon. »Dann ist die Zeit gekommen, wo du uns verlassen mußt. Der Wintersonnwendtag nähert sich rasch seinem Ende, und das Tor zwischen unserer und deiner Welt schließt sich gemeinsam damit. Denke daran, Arthur, daß das Leben eines Mannes eine große Hohe Suche ist, um jenes innere Wissen zu bestätigen, mit dem er geboren ist.«

»Und sorge dich nicht«, fügte Cerridwen noch hinzu, so als könne sie meine Besorgnis erraten, »denn du wirst nicht zwischen den Welten gefangen werden. Britannien verlangt, daß du unverzüglich dorthin zurückkehrst, so daß du dich an unsere Ratschläge erinnern kannst, wenn die richtigen Zeiten dafür kommen. Denke bis dahin an das folgende: *Wenn du das ganze Universum zu verstehen suchst, wirst du überhaupt nichts verstehen ... sondern suche dich selbst zu verstehen, und du wirst dahin ge-*

langen, das ganze Universum zu verstehen. Zum Zeichen für meine Botschaft kehre in die Welt der Menschen zurück und überbringe dies.« Die Königin streckte die Hand aus, pflückte eine einzelne blaue Rose von den Ranken, die sich neben ihrem Thron hochwanden, und überreichte sie mir.

Ohne zu überlegen, griff ich danach und schloß meine Hand fest um den Stengel – ein scharfer Schmerz von einem der Dornen durchfuhr meinen Arm. Ich zuckte zusammen und sah, wie der Gläserne Palast mit all seinen Bewohnern plötzlich wie Eis vor Feuer wegschmolz und die ganze Stadt Idris innerhalb von Augenblicken zurück in die Glut des Drachenatems verschwinden ließ.

Ich wälzte mich herum und murrte, als das helle Sonnenlicht des Morgens zum Angriff auf meine Augen ansetzte. Dann lag ich eine Weile regungslos da, denn ich wußte nicht sicher, ob ich gerade aus einem Traum erwacht war oder gar nicht geschlafen hatte. So als würde ich versuchen, mich an irgend etwas Vergessenes zu erinnern, starrte ich auf meinen Ring – er war noch da, die goldenen Schlangen erwiderten meinen Blick. Doch in meinem Innern, nicht weit unter der Oberfläche, wußte ich, daß da noch irgend etwas anderes war.

Mein winziges Gläsernes Boot lag auf dem Boden zu meinen Füßen, und geistesabwesend streckte ich die Hand aus, um danach zu greifen. Plötzlich hielt ich inne und zog meine Hand nahe heran, um sie genau zu untersuchen. Blut! Dort an der Seite meines Zeigefingers sickerte es herab. Erinnerungen strömten wie verlorene Schatten in das Sonnenlicht zurück ... meine vom Schlaf noch schweren Sinne erwachten und schreckten hoch. Und dann rannte ich los. Unbesonnen lief ich bis zum Rand des kleinen Sees und blickte prüfend über seine Oberfläche: Keine Anzeichen für eine Insel, eine Burg oder ein Boot waren zu sehen. Mir sank der Mut, während ich langsam den Hügel hoch zurückging und das Lager abzubrechen begann. Wohin sollte ich jetzt gehen: Es stand fest, daß ich nicht nach Anglesey zurückkehren konnte, wenn meine Hohe Suche nicht erfüllt war, und auch nicht nach Newais, wo Merlin nicht mehr war.

»O ja ... Merlin!« ermutigte ich mich selbst laut, »... Merlin ist immer in der Nähe.« Dieser Gedanke war ein großer Trost für mich, als ich wieder meinen Weg entlang der alten römischen Straße aufnahm. Ich fand es erstaunlich, wie anders das Gelände bei Tag aussah, als ich unerwartet an eine Gabelung gelangte, die scharf von dem Hauptweg abzweigte und derart von Unkraut überwuchert war, daß ich am Vortag daran vorbeigegangen war, ohne sie zu bemerken.

»Vielleicht«, so dachte ich, *›wird dies irgendwo hinführen – endlich, um so viel Zeit aufzuwiegen die in tatenlosem Sichtreibenlassen und Träumen vergeudet worden ist.«* Und so war es tatsächlich ...

Nach einem einstündigen Marsch hatte sich der verfallene Weg zu einer guterhaltenen Straße erweitert, die sich in sanften Windungen zwischen grünen, von Bauernhäusern und Gehöften übersäten Vorbergen entlangschlängelte. Und vor dem Hintergrund von all diesem erhoben sich plötzlich die Umrisse einer großen Festung! Als ich näher kam, ließ ihr einsamer Anblick mein Herz heftig pochen: die hohen viereckigen Türme aus Stein und Holz ... die langen Giebelhallen mit herunterhängenden Bannern – und die Fahne! Eine kräftige Brise blies über die Weizenfelder, erhaschte die prächtige Fahne, hoch oben auf einem Mast, und offenbarte ihr Muster meinem Blick.

Da blieb ich zum zweitenmal an diesem Tag wie angewurzelt stehen und schaute ungläubig: Dort, im sonnendurchtränkten Glanz von Gold auf Rot, wehte das königliche Emblem von Dynas Emrys – das Abzeichen von Caer Wyddfa – ein Muster, das ich nur allzugut kannte. Ich blickte auf meinen Ring hinunter, und dann wieder hoch auf das wehende Symbol ... und noch einmal, doch bald war offenkundig, daß kein Irrtum möglich war: Die beiden Embleme waren in jeder Einzelheit identisch!

In den kurzen Minuten, die darauf folgten, fügten sich endlich lange Jahre der Rätsel, Erinnerungen und Verwirrung zusammen ... alles ergab plötzlich einen klaren Sinn: die endlosen Anspielungen auf meine Bedeutung, die geheimen Pläne innerhalb von Plänen, der Ring und meine Mutter – und mein Vater, Hochkönig von Britannien!

Dies, so spürte ich in meinem eigenen Bewußtsein, war die Antwort auf meine Hohe Suche: Endlich hatte ich verstanden, *wer ich war, und etwas von meiner Bestimmung im Leben.* Obwohl die Situation sogar noch weitere neue Fragen hervorgerufen hatte, konnten diese warten – es war durchaus genug für einen Tag, eine Identität geschenkt bekommen zu haben. Plötzlich wurde mir bewußt, was Merlin die ganze Zeit über meinte, wenn er gesagt hatte: »Anders als die meisten Menschen mußt du es lernen, dein Leben zwischen zwei Welten zu führen.« Meine Stellung schien klar zu sein: Ich sollte das äußere Leben eines Königs führen, während ich mir gleichzeitig das Herz und das Bewußtsein eines Druiden bewahrte.

Meine überschwengliche Begeisterung wurde unvermittelt durch einen ziemlich ernüchternden Gedanken unterbrochen: Was wäre, wenn das Emblem, die Abstammungslinie, alles ... von mir selbst erdacht wäre – ein grausamer Zufall? War dies bloßes Wunschdenken ... ein verzweifeltes Hirngespinst ... ein Wintersonnwend-Traum?

Ich ging hinüber unter die Fahne, bis ich deutlich den Wahlspruch lesen konnte, der so schön unterhalb der Drachen in die rote Seide gestickt war: *Y Ddraig Goch Ddyry Gychwyn,* was, wie ich wußte, die Bedeutung hatte: »Der Rote Drache ist unser Ansporn.«

»Unser Ansporn ...«, wiederholte ich für mich selbst, während ich noch einmal hinunter auf den Ring blickte, »... er muß *mein* Ansporn werden – und er wird es. Schließlich sagt Merlin: ›Man geht an das Wissen heran, wie man Krieg führt!‹« Wie als Antwort gelang es einem kleinen Gegenstand, sich aus den verborgenen Falten meines Gewandes zu befreien.

Dort, auf dem Boden zu meinen Füßen,
lag
die blaue Rose aus Caer Idris.

Lektion 20

Die Triskele-Steine

Als Anthropologen sehen wir uns nun der großen Wahrscheinlichkeit gegenüber, daß unsere entfernten Vorfahren tiefe und komplexe Kenntnisse über die Wechselwirkungen zwischen ihnen und ihrer Umwelt hatten, von denen wir heute nur dunkel etwas ahnen.

R. J. C. Atkinson, The Ley Hunter

In dem Romankapitel »Rose des Nordens« besucht Arthur die Stadt *Caer Idris* in der Anderwelt, wo er zum ersten Mal die »Großen Säulen von *Menw*« erblickt – die drei »bedeckten Menhire«, die so häufig in irgendeiner Form in der ganzen keltischen Mythologie auftauchen.

Wofür stehen diese drei »bedeckten Menhire«? Sie verkörpern, um es ganz einfach auszudrücken, den druidisch-keltischen Grundgedanken der »mystischen Unterteilung in Dreiergruppen«. Ein alter walisischer Lehrsatz besagt, daß »wahres religiöses Gleichgewicht durch die Vereinigung von drei ungleichen Teilen erreicht wird«. Die drei Säulen sind ein Beispiel dafür: Sie symbolisieren die männlich-weibliche Polarität, die durch ein drittes »unbekanntes« Element vereint wird. Sie sind eine erweiterte Form der »Drei Strahlen von *Awen*«.

Die drei hoch aufragenden Säulen waren aus unbehauenem Stein. Das obere Ende der rechten Säule war mit Gold überzogen, das der linken mit Silber; die mittlere »Säule des Gleichgewichts« war stets schwarz, sie stand für »das Jenseits«. Der Historiker James Bonwick bringt in seinem klassischen Werk *Irish Druids and Old Irish Religions* eine gute Beschreibung dieser Säulen:

> *Die Kelten kannten keine übermäßige Verehrung gegenständlicher bildlicher Darstellungen, ausgenommen den unbehauenen Stein, der mit Gold und Silber bedeckt war, was Sonne und Mond darstellte, und häufig von zwölf anderen Steinen umgeben war, die für den Tierkreis standen.*

Wir kommen nun zu der praktischen Anwendung. Eine der Beschreibungen, die im *Book of Pheryllt* in einem Kapitel zu finden ist, das neun Orakel behandelt, berichtet von der gebräuchlichen druidischen Praxis, »Steine der Betrachtung« zu verwenden, um Einflüsse aus der Anderwelt zu enthüllen.

In anderen Teilen des Manuskripts werden diese Steine als *Clacha-Brath* (»Urteilssteine«), »Ja/Nein-Steine«, »Schrittsteine« oder »Himmelssteine« bezeichnet. Doch die Symbolik ist für jede Namensform die gleiche: Sie werden als Manifestationen der drei Schwellen von *Morgendämmerung* (der goldene männliche Stein), *Abenddämmerung* (der silberne weibliche Stein) und *Mitternacht* (der schwarze unbekannte Stein) angesehen.

Das *Book of Pheryllt* erwähnt auch eine Reihe von Verwendungszwecken für eine kleine, tragbare Form der Steine. Sie wurden u. a. als »Schrittsteine« bezeichnet, weil sie zur Übung im »Flug des Geistes« verwendet wurden, dem heute als »Astralprojektion« bekannten Phänomen. Die drei Schrittsteine wurden an sorgfältig ausgewählte Stellen in der Nähe des Schülers gelegt – der silberne Stein immer am nächsten, dann der goldene und der schwarze am weitesten entfernt. Die Aufgabe bestand darin, den Anderwelt-/Geistkörper des Lehrlings so zu »programmieren«, daß er während des Schlafs die Position der Steine in der richtigen Reihenfolge ausfindig machen konnte, um die Fähigkeit zum »Flug des Geistes« zu erlernen. Daher erklärt sich die Bezeichnung »Schrittstein«. Eine andere Anwendung bestand darin, mit den Steinen »Orakelbäume zum Sprechen zu bringen«. Diese Methode ist als praktischer Teil dieser Lektion ausgewählt worden, und daher wollen wir nun direkt zur Anfertigung der *Triskele-Steine* übergehen.

Warum werden die drei Steine im *Pheryllt-Text* mit diesem Namen bezeichnet? Weil das oben abgebildete Symbol der keltischen *Triskele* die »dreieinige Manifestation« als spirituelle Grundlage der Steine versinnbildlicht. Die *Triskele* war die keltische Entsprechung zum modernen westlichen »Rad des Schicksals« oder »Rad des Lebens«, wie es im Tarot genannt wird, das für die unaufhörlich kreisenden Zyklen des Lebens und Schicksals steht. Die Steine waren daher ein druidisches Hilfsmittel, um die Richtung dieser Bewegung zu enthüllen.

Die einfachste Methode, sie herzustellen, besteht darin, sich drei kleine Steine zu beschaffen und sie anzumalen: einen golden, einen silbern und einen schwarz. Diese Methode ist zwar einfach, aber auch am wenigsten effektiv. Die energetischen Eigenschaften der Elemente Gold, Silber und Kohlenstoff haben einen recht großen Einfluß auf die Wirksamkeit der Steine und die Qualität der Antworten, die sie »anziehen«. Diese drei Substanzen sind mehr als nur willkürlich ausgewählte Mineralien. Sie sind ihrem Wesen nach mit den polarisierten Kräften verbunden, die sie verkörpern. Mit anderen Worten, *Tri*skele-Steine mit natürlichem Gehalt an Gold, Silber und Kohlenstoff sind am besten geeignet. Wenn Sie nicht die Möglichkeit haben, »echte« Steine zu benutzen, sollten Sie den verwendeten Farbpigmenten Staub oder Fellspäne aus Gold, Silber und Kohlenstoff hinzufügen.

Machen Sie eine Mineralienhandlung oder einen Edelsteinladen ausfindig, und sehen Sie sich dort nach geeigneten Stükken der folgenden Mineralien um:

HÄMATIT – für den silbernen Stein
PYRIT – für den goldenen Stein
OBSIDIAN – für den schwarzen Stein (oder Kohle)

Viele suchen sich ihre Steine auch gern am Strand. Sie werden dort Steine in jeder Farbe und Größe finden, obwohl es unwahrscheinlich ist, daß Sie hier auf Exemplare mit tatsächlichem Metallgehalt stoßen. Wenn Ihnen diese Vorgehensweise jedoch zusagt, dann wählen Sie als Ersatz Steine in den folgenden symbolischen Farben aus:

BLAU – für den silbernen Stein
GELB – für den goldenen Stein
SCHWARZ – für den schwarzen Stein

Wenn Sie Ihre Steine gefunden oder angefertigt haben, dann bewahren Sie sie in einem selbstentworfenen Beutel oder Kästchen auf. Gehen Sie bei ihrer Verwendung nach den folgenden drei Schritten vor:

1. Stellen Sie Ihre Frage.
2. Werfen Sie die drei Triskele-Steine auf eine gerade Fläche vor sich.
3. Deuten Sie die Steine. Der schwarze Stein ist der Indikator. Der Stein, der ihm am nächsten liegt, zeigt die Antwort an. Gold bedeutet »Ja«/eine positive Aussage, Silber bedeutet »Nein«/eine negative Aussage. Wenn alle drei Steine gleich weit entfernt voneinander sind, so wiederho len Sie den Wurf.

Wie bereits erwähnt, ist ein komplexeres, aber auch authentischeres Ritual, das die *Triskele-Steine* als »Baumorakel« einbezieht, im *Book of Pheryllt* enthalten. Diese Methode wird nun im Überblick vorgestellt, und der Leser wird aufgefordert, eigene Versuche mit dieser Symbiose aus Holz und Stein anzustellen.

• *Suchen Sie sich einen persönlichen Orakelbaum*, d. h. einen Baum an einem möglichst abgelegenen Ort, der irgendwie besonders auf Sie wirkt und Sie auf freundliche, wie sympathetische Weise zu »rufen« scheint. Für die Kelten waren »Orakelbäume« besondere Wesen, oft von unermeßlichem Alter, die als Mittler zwischen Göttern und Menschen wirken konnten und eine »Brücke zwischen Himmel und Erde« schlugen.

Wenn Sie kurz in der Tabelle »Die Persönlichkeit der Bäume« in Lektion 10 nachschlagen, werden Sie deutlich erkennen, daß bestimmte Bäume bestimmte Wesensmerkmale besitzen. Mit anderen Worten, bestimmte Bäume werden bestimmte Menschentypen anziehen – genauso wie Menschen untereinander Freunde finden, die ihnen sympathisch und seelenverwandt sind. Um einen solchen »sympathetischen« Orakelbaum zu entdecken, müssen Sie auf Ihrer Suche nur so offen und empfänglich wie möglich sein. Sie werden es spüren, wenn Sie auf den richtigen Baum stoßen.

- *Bringen Sie Ihre Frage vor den Orakelbaum.* Wählen Sie den Zeitpunkt dafür intuitiv aus (verschiedene Arten/Ausrichtungen von Bäumen sind zu bestimmten Zeiten/Phasen des Tages aktiver als zu anderen). Nehmen Sie die *Triskele*-Steine und die folgende druidische Räuchermischung sowie ausreichend Zunder mit:

Diese DREIFACHE MISCHUNG besteht
zu GLEICHEN Teilen aus
EICHENBLÄTTERN ODER -RINDE,
MISTEL und dem
KRAUT, DAS DER GOTTHEIT GEWEIHT
IST,
an die Sie sich wenden.

Schaffen Sie sich Ihren Platz für das Ritual in unmittelbarer Nähe des Baumes, denn die Steine müssen innerhalb seines Energiefeldes (seines Lichtschildes oder seiner »Aura«) zu Rate gezogen werden. Zünden Sie das Räucherwerk an einer sicheren Stelle an und lassen es lange genug brennen, so daß eine positive spirituelle Atmosphäre zu spüren ist.

Rufen Sie Ihre Gottheit an, damit sie ihren Willen durch den Orakelbaum verkündet. Der Leser muß verstehen, daß der Baum selbst nicht den erbetenen Rat erteilt, sondern lediglich als Kanal für die Gottheit dient. (Genau diese Bedeutung ist in dem Wort »Orakel« enthalten: »das, was für eine höhere Macht spricht«.) Stellen Sie Ihre Frage. Sie sollten sich auch über den Grund Ihrer Fragestellung im klaren sein.

Werfen Sie die Steine vor dem Orakelbaum, wenn Sie das Gefühl haben, daß der richtige Augenblick dafür gekommen ist. Werfen Sie nur, bis Sie eine Antwort erhalten, und wiederholen Sie den Wurf nicht in der Hoffnung auf ein besseres Ergebnis. Ein solches Vorgehen würde die Methode durcheinanderbringen und zunichte machen. Vertrauen Sie auf die erste Antwort.

21

Jenseits von Wort und Tat

Die Ausübung der Religion wird zerstört werden
Und Kirchen werden der Vernichtung preisgegeben.
Schließlich werden die Unterdrückten sich behaupten
Und der Grausamkeit der Fremden entgegengetreten.
Denn ein Eber aus Cornwall wird Hilfe leisten
Und ihre Nacken unter seinen Füßen zertreten.

Die zweite Prophezeiung Merlins

Nach meinem Besuch in der legendären Stadt Caer Idris machte ich mich auf den Weg gen Westen zurück nach Anglesey. Zum erstenmal trug ich das mir enthüllte Erbe meiner Geburt mit mir. Doch im Hinblick auf die Lösung meiner zweiten Hohen Suche der Meisterschaft war ich immer noch unsicher. Es verhielt sich nicht so, daß ich die Beweise angezweifelt hätte, die vor mir ausgebreitet worden waren – ich war wirklich dankbar dafür. Doch mit der Deutung verhielt es sich anders. Während der ganzen Rückreise zur Druideninsel konnte ich mir nur immer wieder die Frage stellen: Was würde Merlin über dies alles denken?

Wußte er davon ... oder würde er über meine Phantasieausbrüche lachen? Was auch immer der Fall sein mochte, sein Rat fehlte mir sehr, während ich mich der Insel näherte und nicht sicher war, welcher Empfang mich dort erwartete. In der Tat, so dachte ich, keine Frage wird jemals beantwortet, ohne daß nicht zehn weitere auftauchen und an ihre Stelle treten. Diese Gefühle brachte ich mehrere Tage nach meiner Rückkehr sogar gegenüber dem Erzdruiden vor, doch sie riefen dieselbe Art von vieldeutiger Reaktion hervor, die bei Merlin so gebräuchlich war: *»Beruhige deinen Geist, und warte auf die Antwort in Form von Abstraktion«*, hatte er gesagt. »Nur wenn dein Geist ruhig ist ... in Frieden mit deinem Schicksal, wird eine Antwort kommen.« Und so wartete ich – aber, um ganz ehrlich zu sein, gar nicht so friedlich. Rastlosigkeit und Ungeduld waren meine ständigen Begleiter.

Die Tage gingen rasch in Monate über, und die Wintersonnwende wurde bald von *Imbolc*, dem Vorabend des Februar, gefolgt, bis sich endlich die Frühlingsblumen zu zeigen begannen. Es war ein ereignisloser Winter gewesen, da der alte Erzdruide keinerlei Anstrengung unternommen hatte, mit mir ernsthaft über meine zweite Hohe Suche zu sprechen, und auch keine Anstalten gemacht hatte, mich mit einer weiteren zu beauftragen. Ich schloß daraus, daß er offenbar grenzenlose Geduld übte, auch wenn dies auf mich nicht zutraf. Dann kam das große Fest von *Beltane* heran, des ersten Tages der lichten Jahreshälfte – der Herr des Winters würde seinem Bruder, dem Herrn des Sommers, wieder die Herrschaft über das Land abtreten.

Am Morgen von *Beltane* erwachte ich spät, denn wegen der Festlichkeiten war ich fast die ganze vorangegangene Nacht aufgeblieben. Die Feier selbst war wunderbar: der Ritus der Feueranrufung in der Abenddämmerung (der immer noch, trotz seines fortgeschrittenen Alters, von dem Erzdruiden persönlich durchgeführt wurde), die Nacht des Feuerentzündens, das auf die Rituale folgende Festmahl – Frühlingspilze, Haferbrote, junger Käse und frischer Heidemet – alles war vorzüglich, denn die Brüder von Anglesey scheuten keine Mühe, darauf zu achten, daß an den hohen Festtagen für jede Einzelheit gesorgt war.

Da saß ich also, immer noch schläfrig, an meinem Schreibpult beim Fenster und bemühte mich ernsthaft, alles in mein Blaues Buch einzutragen, ehe ich es vergaß. Doch an jenem Morgen sollte es einfach nicht sein ... meine Augen kämpften träge gegen den hellen Sonnenschein an, und nach einer Weile glitt mir die Schreibfeder lautlos aus der Hand auf den Boden.

Ich erinnere mich, aufgeweckt worden zu sein durch das Gefühl von Wind, der heftig um mich peitschte, und von Steinen – feierliche graue Riesen unter einem stetig sich änderndem Himmel voller Wolken. Eine Zeitlang rührte ich mich nicht, denn ich war mir nicht sicher, ob ich schlief oder nicht; doch allmählich wurde offenkundig, wo ich mich befand. Stonehenge ... im Geiste war ich zurückgekehrt zum Tanz des Riesen ... auf die weite Ebene von Salisbury!

»Ich träume – ich träume nur«, war alles, was ich hervorbrachte, und dann, wie als Antwort, erhob sich eine dunkle Stimme von irgendwoher zwischen den Steinen.

»Das tust du«, sagte sie sanft und leise, »aber vergiß nicht, daß Träume die wahren Deuter unserer Wünsche sind.«

Ich suchte die riesigen Steinsäulen nach irgendeinem Anzeichen eines Körpers ab, doch da war nichts – weder eine Bewegung noch ein Geräusch außer dem Wind.

»Arthur von Britannien!« ertönte die Stimme wieder, doch diesmal von einer anderen Stelle. »Du wirst von Zweifel verzehrt – ich kann ihn überall um dich herum spüren ... kann ihn überall um dich herum riechen. Du hast die Furcht überwunden – die Götter haben es für richtig gehalten, dir dein Geburtsrecht zu enthüllen, doch du zweifelst. Gib den Zweifel auf ... unterwirf dich dir selbst. Für den törichten Jungen ist keine Zeit übrig ... wer sich unterwirft, herrscht! Habe Vertrauen, sei zuversichtlich – verlasse dich auf das, was du fühlst, und wenn du deinen inneren Widerstand nicht mehr ertragen kannst, dann kehre zu mir zurück ... kehre zurück ...«

Ein trübes Grau schien sich um mich wie eine Decke zu schließen, während die geheimnisvolle Stimme zwischen den Säulen widerhallte. Bald war jede Sicht ebenso wie das Gefühl von Boden unter meinen Füßen verschwunden, und willenlos fiel ich in einen traumlosen Schlaf.

Eine behutsame Hand schüttelte mich an der Schulter, und ich fuhr erschrocken aus dem Schlaf hoch. Das vertraute Gesicht des Erzdruiden Bradyn blickte mit einem Ausdruck der Besorgnis auf mich herunter.

»Welche Neuigkeiten gibt es, junger Arthur?« fragte er und beugte sich nieder. »Ich bin durch die Gärten gegangen und habe dich zufällig laut rufen hören, so als wäre der Teufel selbst hinter dir her. Irgend etwas von ... laß mich einen Augenblick überlegen ... oh ja: einer dunklen Stimme und Nebel?« Bei diesen Worten wurde die Erinnerung an meinen Traum plötzlich so klar wie ein Kristall, und mich schauderte.

»Mein Herr, ich ... ich habe eine erschreckende Vision gehabt – und weiß nicht, ob es eine Weissagung oder bloß ein Erschöpfungsschlaf war. Aber es war derart wirklich ... es schien so ...« Ich holte tief Atem und ging zur Tür hinüber.

»Arthur«, entgegnete er gütig, »bestimmt weißt du, daß zwischen der Welt des Wachzustandes und der Anderwelt keine genau festgelegten Grenzen existieren; beide müssen ernst genommen werden. Wer wollte sagen, ob diese Welt, in der wir jetzt stehen, wirklich ist, oder ob die Wirklichkeit beginnt, wenn wir die Augen schließen? Für einen Druiden ist es in der Tat etwas Törichtes, ›es ist nur ein Traum‹ zu sagen. Nun, beruhige dich ... und erzähle mir von dieser Vision.«

Langsam, und mit aller Beherrschung, die ich aufbringen konnte, berichtete ich von jeder Einzelheit meines Ausflugs. Der Erzdruide lauschte aufmerksam und erhob sich dann schwerfällig aus dem Sessel.

»Laß uns diese Angelegenheit draußen im Garten besprechen, wo Licht und Luft ist«, sagte er, und wir verließen das

Haus. »Es scheint mir, daß wieder die Zeit für dich gekommen ist, uns zu verlassen.« Und er blickte zu mir herüber und sah den Ausdruck von Schrecken, der sich in meinem Gesicht ausbreitete.

»Mein Herr – ich bin nicht darauf gefaßt, dies zu verstehen. Ich ... mir mangelt es an Erfahrung. Und ... ich bin mir immer weniger sicher, was wirklich ist und was nicht. Wie kann ich wieder aufbrechen, bevor ich weiß ... bevor jemand es mir erklärt?« Ich setzte mich auf einen großen runden Stein am Rande eines leuchtendgelben Narzissenbeetes und vergrub den Kopf in meinem Schoß.

»Arthur, Junge«, sagte der Druide und legte mir seine magere Hand auf den Rücken, »du bist selbst dein schlimmster Feind. Du erschaffst deine eigenen Beschränkungen durch Zweifel und Verwirrung. Wenn du eine Beschränkung akzeptierst, dann *wird* sie für dich zu einer! Laß mich dir etwas zeigen ... so etwas wie ein Spiel. Schau hier.«

Der alte Mann sammelte vier fingergroße Zweige und eine kleine Eichel vom Boden auf. »Nehmen wir einmal an, daß jeder dieser Stöcke ein Element darstellt und daß sie zusammen einen Kelch ergeben. Wir beginnen mit ›Feuer‹ auf der einen Seite und ›Wasser‹ auf der anderen; ›Luft‹ am unteren Ende, um eine Verbindung zwischen ihnen herzustellen, und ›Erde‹ als Fuß. Siehst du?«

Dabei legte er die Zweige auf den Weg vor uns und ordnete sie in der folgenden Weise an:

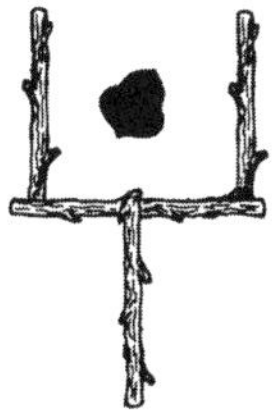

»Und diese Eichel, so stellen wir uns vor, verkörpert das ›Destillat des Geistes‹.« Damit legte er sie als letztes in die Kelchform hinein. »Nun«, erklärte er, »vergiß alles, was dich bedrängt, und konzentriere dich ausschließlich auf dieses Geduldsspiel. Dein Ziel ist, genau dieses Kelchmuster woanders nachzubilden, indem du nur zwei der vier Stöcke bewegst. Keine Fragen jetzt ... geh an die Arbeit!« Dann wandte er sich um und fing an, einige Blumenbeete von Unkraut zu befreien.

Es war leicht, sich in solch eine Sache zu versenken ... in etwas, was mir im Augenblick sogar noch verwirrender als das vor mir liegende Problem erschien. Ich arbeitete und arbeitete, versuchte es mit einer Kombination nach der anderen – mindestens eine Stunde lang -, konnte jedoch keine Lösung finden. Das Rätselspiel verlangte anscheinend, daß *drei* Zweige bewegt würden, um das Muster nachzubilden, und nicht weniger.

»Es geht nicht, Herr«, entschied ich am Ende mit Bestimmtheit, »es gibt überhaupt keine Möglichkeit.«

Der Erzdruide kam herbei und beugte sich nieder, um mein Werk zu betrachten. »Genauso wie ich es vermutete ... du hast deine Wahlmöglichkeiten hier beschränkt, wie du es auch im Leben tust. Beobachte nun, wie einfach die Lösung ist, wenn man nur dazu bereit ist, Zweifel auszuschließen und die Dinge von einer anderen Perspektive aus zu betrachten.« Er gab die folgende Lösung, wobei er nur zwei der Stöcke bewegte:

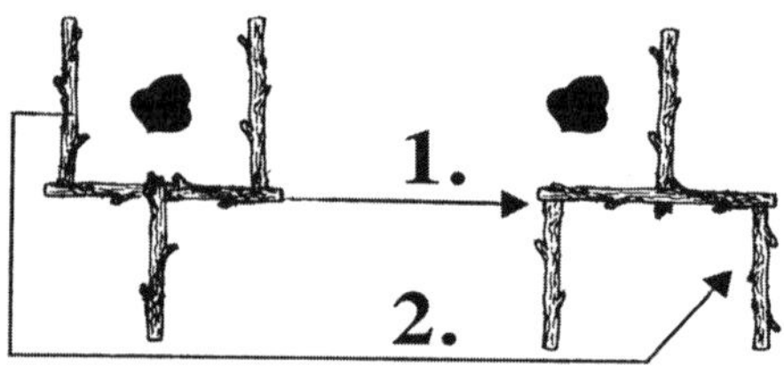

»Aber das ist nicht fair!« protestierte ich. »Die Eichel liegt nicht in der Mitte. Das ist nicht ...«, und dann verstummte ich. Plötzlich hatte ich den entscheidenden Punkt begriffen: Er hatte nichts davon gesagt, daß die *Eichel* nicht bewegt werden dürfe – tatsächlich hatte er sie überhaupt nicht erwähnt.

»Verstehst du?« sagte der alte Mann lächelnd. »Du bist nur gescheitert, weil du dein Denken begrenzt hast ... weil du deine eigenen Einschränkungen der Regeln vorausgesetzt hast. Für mich ist das Entscheidende – wenn es nicht schon allzu deutlich geworden ist –, daß du es lernen mußt, deine eigenen Regeln im Leben aufzustellen, denn, wie ich gesagt habe, wenn du eine Beschränkung akzeptierst, dann *wird* sie für dich zu einer. Du hast bereits deine Ängste aus der Vergangenheit ausfindig gemacht und deine Identität in der Gegenwart entdeckt. Was bleibt also übrig? Deine dritte Hohe Suche: ›Die Zukunft‹. Nun sieh, ob du dieses neue Prinzip auf die Frage deiner nächsten Suche anwenden kannst.« Und er kicherte in sich hinein.

Ich war ziemlich verlegen, vor dem Erzdruiden einen so schwachen Eindruck meines Scharfsinns geboten zu haben, und scheute es, mich weiter in eine andere Frage zu verstricken.

»Mein Herr – ich weiß es einfach nicht«, sagte ich eher abwehrend, erhob mich und begann umherzugehen. »Doch es wäre sicher hilfreich, wenn Ihr Lehrer hin und wieder eine oder zwei Fragen beantworten würdet, anstatt immer neue aufzuwerfen. Gibt es für einen Lehrling nie irgendeinen Seelenfrieden? In diesem Falle wünsche ich mir, daß Ihr mir zeigen würdet ...«, und ich biß mir auf die Lippen, weil meine Worte so unbesonnen geklungen hatten.

Anstatt zornig zu werden, seufzte der Druide bloß und winkte mir, zu ihm zu kommen und mich hinzusetzen.

»Innerer Frieden, Arthur, bedeutet nicht das Fehlen von Konflikten, sondern die Fähigkeit, damit umzugehen«, sagte er mit Bestimmtheit. »Doch laß mich dir eine kurze Geschichte erzählen, in der ein junger Mann vorkommt, der mich ein wenig an dich erinnert. Sie lautet folgendermaßen:

Es war einmal ein Lehrling mit einem Arm
Voll Schriftrollen,
Der fragte einen runzeligen alten Weisen:
»Meister, welches sind die Harmonien der Erde?«

»Komm!« sagte der Lehrer. »Wärme dich mit mir im
Sonnenschein, tauche mit mir ins Mondenlicht.«
Am Rande eines sanft dahinfließenden Stromes, wo
Wasserwanzen Ringe zwischen kleinen Wellen zeichneten,
Setzte er sich nieder und lehnte sich gegen den Stamm
Einer Weide, deren Äste eine Bühne für den Gesang
Eines Rotkehlchens waren. Der Meister schloß die Augen.

Mit großer Ungeduld stand der Junge da,
Bewegte sich im Kreis, haschte nach Zweigen,
Türmte Kieselsteine auf, blies auf einem Grashalm.
»Ich frage Euch wieder, Meister:
Welches sind die Harmonien der Erde?«
Ohne ein Wort erhob sich der Weise,
Stieß seinen Schüler in den Fluß und betrachtete
Das Schilfrohr, das zustimmend nickte.

Der alte Druide blickte zu mir herüber, um zu sehen, ob ich sofort etwas darauf zu sagen hatte, erhob sich dann steif und ging den Gartenweg entlang; ein Schwarm weißer Schmetterlinge flatterte hinter ihm her. Als ich ihn zwischen den Bäumen verschwinden sah, legte sich große Furcht wie eine Last auf meinen Geist. Konnte es wahr sein, daß mein eigener Widerstand die Ursache für meine Verwirrung war ... meine eigene Weigerung, die bequemen Begrenzungen loszulassen, die ich für mich errichtet hatte? Der Erzdruide hatte dies gesagt, und mein letzter Traum konnte auf keine andere Weise gedeutet werden. Und im Innern wußte ich, daß dies der Wahrheit entsprach.

»*Wer sich unterwirft, herrscht ...* «, zitierte ich die Stimme aus meinem Traum, als ich an einem schönen Frühlingstag von der Druideninsel nach Süden zog. In einem ehrlichen Versuch, diesen neu entdeckten Rat in die Praxis umzusetzen, hatte ich mein Schicksal in den Wind geschlagen und beschlossen, hinunter in das Sommerland zu wandern und von dort eine Richtung zu suchen. In dieser Zeit des Jahres, wo es nicht mehr soviel regnete, bereitete der Weg keine Mühe. Die meisten der sumpfigen Moorgebiete, die während der dunklen Monate unter Wasser standen, zeigten sich nun als üppige grüne Wiesen, die mit Maßliebchen und Butterblumen übersät waren und durchzogen von hellgelben Schlüsselblumen und wogenden Teichkolben entlang der tieferen Wasserläufe und Bäche. Nicht ein einziges Mal während meiner Wanderung fehlte es mir an Gesellschaft: Die Berghänge und kleinen Täler waren die sommerliche Heimat zahlloser Herden und ihrer Schäfer, die ihre Tiere nach draußen getrieben hatten, damit sie auf fruchtbarem Weideland grasten. Dann endlich, als wäre es vom Schicksal bestimmt und halb erwartet, tauchten in der Ferne die smaragdgrünen Hügel von Glastonbury auf – und inmitten von ihnen das Tal von Avalon.

Da das Land so trocken war, brauchte ich kein Boot für die Überfahrt auf die Insel herbeizurufen. Sorgsam, denn der Sumpf und Morast konnten immer noch gefährlich sein, wählte ich meinen Weg entlang der Pfade aus, die um das Gelände der Abtei verliefen, und wurde durch das Rauschen eines Wasserfalls zur Heiligen Blutquelle geführt. Dort saß ein Barde und spielte auf einer siebensaitigen Harfe diese alte Weise:

Der Uferstreifen, von Apfelbäumen gesäumt,
Wand sich an einer grünen Insel vorbei,
Eine flache blaue Bergkette
Ließ den offenen See dazwischen sehen.

Keine Spur der Erinnerung führte mich weiter,
Doch ich kannte den Weg gut,
Mit jedem Fußtritt
Wuchs ein Gefühl von Vertrautheit.

Etwas war gegenwärtig, zuerst fremd, aber bekannt,
Das mit mir als mein Führer ging,
Die Räder irgendeines vergessenen Lebens,
Zogen geräuschlos an meiner Seite.

War es ein schwach erinnerter Traum
Oder ein Blick durch vergangene Zeitalter?
Das Geheimnis, das die Berge bewahrten ...
Die Wasser erzählten es niemals.

Für die Dauer des nächsten Mondes lebte ich als Gast der Dame des Obstgartens in einer kleinen Hütte am Rande von Avalon. Obwohl ich »einen Mond« angebe, war dies schwer zu sagen, denn wie stets verging die Zeit in diesem verzauberten Land auf seltsame Weise.

Eines Tages, gerade nach dem Blumenmond, ging ich zufällig in den Obstgärten spazieren, als vor mir eine Gruppe von neun Damen sichtbar wurde. Als sie durch die Baumreihen näherkamen, wurden die letzten Reste der Apfelblüten von den Ästen zerstreut und rieselten im warmen Wind herab.

»Arthur – ich freue mich, dich an diesem Morgen zu treffen!« ertönte eine Stimme, die ich kannte, und die Dame vom See trat hervor. Sie entließ die anderen Frauen mit einer Geste und setzte sich anmutig auf einem tiefhängenden Ast nieder. »Nun sag mir, junger Druide, warum du beschlossen hast, deine Hohe Suche in Avalon zu beginnen – ein ziemlich merkwürdiger Ort, zu dem die Vaterschaft dich geschickt hat.«

»Sie haben mich nicht hierhergeschickt, Dame«, antwortete ich. »Ich habe das Bedürfnis nach Führung von innen, und diese hoffte ich hier zu finden ... wo eine solche Ruhe und Freiheit herrscht.«

Da lachte die Dame – ein langes melodisches Lachen, das mit einem Seufzer endete. »Ach ... das denkst du? Daß dies ein Ort der ›Freiheit‹ ist?« Dann lächelte sie. »Nun, ich stelle mir vor, daß Avalon als solcher angesehen werden könnte, obwohl ich Zweifel habe, daß meine Damen, die hier leben, so etwas sagen würden! Weißt du, Arthur, ebenso wie Avalon und Anglesey lange für zwei Hörner desselben Ziegenbocks gehalten wurden – in der Praxis gegensätzlich, aber nicht in der Grundlehre –, so hat dieser Ort lange für ›Beschränkung‹ gestanden, während die Druideninsel in einem symbolischen sonnenhaften Sinn ›Freiheit‹ bedeutet. Wenn du also hierherkommst, um Freiheit zu suchen, ist dies unter einem bestimmten Aspekt zum Lachen. Doch unter einem anderen Aspekt hat Avalon für eure Brüder stets eine besondere Lektion versinnbildlicht: *daß Freiheit ausschließlich aus Beschränkung hervorgeht. ›Wenn alle Möglichkeiten der Wahl genommen werden, bleibt ein vollkommener Weg übrig‹*, und dies ist die einzige Erkenntnis, die ich dir anbieten kann – Freiheit dadurch zu erlangen, daß du dich selbst beschränkst, daß du deiner Intuition und deinem inneren Wissen nachgibst.«

Eine Zeitlang sprach keiner von uns, wir saßen bloß da und dachten nach. Es schien mir, als würden sich die Augen der Dame nie von mir abwenden, so als würde sie erwarten, plötzlich die Klarheit eines Gedankens aufleuchten zu sehen.

»Natürlich gibt es den Sommersonnwendtag«, sprach sie dann weiter und lächelte wieder. »Wir von dieser Insel empfangen die Drei Erleuchtungen von *Branaen* an dem Blumenmond der Juno ... der für uns gerade vorübergegangen ist. Doch für die Druiden (und hier sah sie zu mir herüber, bis sie meinen Blick auf sich gelenkt hatte) verhält es sich anders. Bei der Morgendämmerung des längsten Tages haben sich die Druiden immer versammelt, um zu beobachten, wie die Sonne ihre Drei Erleuchtungen von *Awen* zurück über die Meere von *Annwn* und dann wieder in die Welt wirft ... um dadurch selbst erleuchtet zu werden. ›WEISSES LICHT‹, Arthur, das ist der geheime Schlüssel, der die eine Urform einschließt, auf der all unsere Lehren beruhen – eure und unsere. Da morgen das Fest von *Alban Heffyn* ist, kann vielleicht der Tag selbst hilfreich für dich sein ... doch laß das Gesicht dein Führer sein. Träume – dies ist ein Ort für Träume – ein Ort, um auf sie zu hören.«

»Das Sonnenfest ist morgen?« fragte ich bestürzt, denn jäh wurde mir klar, wie schnell die Wochen vergangen waren.

»Freilich«, antwortete die Dame ruhig, »doch die Ebene ist nicht weit von hier. Du könntest mühelos rechtzeitig dort ankommen.«

» Wo ankommen ... ?« wollte ich mich gerade erkundigen, doch statt dessen fügten sich die Einzelteile des Ratespiels zu einer klaren Erinnerung zusammen: mein Traum! Der Traum, den ich hatte, als ich nach Anglesey zurückgekehrt war – mit der Stimme! Und der Ort: Stonehenge, wo immer die Feiern zur Sommersonnwende abgehalten wurden. Ich zitterte, während mich eine kalte Woge der Erkenntnis durchlief. »Ich muß aufbrechen, Dame!« sagte ich laut, »... muß Stonehenge bei Tagesanbruch erreichen, irgendwie ... aus irgendeinem Grund.« Und zum ersten Mal wußte ich, ohne jeden Zweifel, daß ein Teil meines Schicksals vor mir lag. »Das verstehe ich«, entgegnete sie, »und mein Segen wird dich begleiten. Denke daran, Arthur, daß die Samen unseres Schicksals durch die Wurzeln unserer Vergangenheit genährt werden.«

Ich bedankte mich mit einem Nicken bei ihr und rannte, so schnell ich konnte, zur Hütte zurück.

Die Sonne ging unter, als ich von Avalon aufbrach. Glücklicherweise war ein Freund Merlins aus der Abtei so freundlich gewesen, mir ein Pferd zu leihen; daher konnte ich bis weit in die Nacht hinein eine gute Strecke zurücklegen und gerade, als der Himmel sich aufzuhellen begann, an den Rand der großen Kreideebenen gelangen.

Müde, aber erleichtert sah ich mich um. Irgendwie hatte ich mir vorgestellt, Menschenmengen zu erblicken, die sich in Erwartung jener ersten Drei Strahlen versammelten, welche bei Tagesanbruch auf den *Heffyn-Stein* fielen. Doch niemand war da ... auch kein Vogel oder andere Tiere, und ich wußte im Innern, daß irgend etwas sonderbar war. Nur ein dünner Nebel zog sich über die taufeuchte Ebene. Langsam schritt ich den breiten Zugangsweg entlang, bis ich unter den Wächtersteinen stand. Einen Augenblick lang glaubte ich, sich etwas zwischen den Steinen vor mir bewegen zu hören, kaum wahrnehmbar – ein schwaches raschelndes Geräusch. Ich blickte angestrengt in das graue Zwielicht hinein, doch da war nichts zu sehen; es war jedoch mit größter Gewißheit etwas *zu spüren*. Da standen die wuchtigen Steine, lebendig und vor Leben pulsierend – wie unruhige Soldaten, die auf einen Befehl ... auf eine Situation warteten. Die Luft über dem Kreis war schwer von angespannter Erwartung.

Ich hatte gerade angefangen, ein wenig ruhiger zu werden und mir alles als Einbildung zu erklären, als ich plötzlich etwas sah. So deutlich wie bei Tag bewegte sich eine große dunkle Gestalt rasch, fast anmutig zwischen zwei der weiter entfernten *Bluestones*. Dann war nichts mehr zu sehen. Da ich nicht wußte, was ich tun sollte, folgte ich einem Instinkt, ließ mich langsam gegen eine der Steinsäulen nach unten gleiten und blieb regungslos sitzen. Nach etwa einer Stunde der Untätigkeit waren meine Augen und Nerven durch das Beobachten und Warten ermüdet, und ich sank in einen angestrengten Zustand des Halbschlafs.

In meinem Traum standen die Steine still ... wie eine zeitlose Uhr, welche die Sonnenaufgänge mitzählte, während tikkend die Jahrhunderte verstrichen. Innerhalb des Kreises befanden sich auch Menschen: Männer in abwechslungsreicher Kleidung und von unterschiedlicher Kultur, heilige und auch weltliche Männer, doch alle durch den geheimnisvollen Ruf der Steine und der Jahreszeiten dorthin gerufen. Banner hingen rund um den Kreis, und vor den Riesen führte das Volk in fließender gelber und goldener Seide seltsame Spiraltänze auf – Sonnentänze, Tänze zur Verehrung von Göttern, die dem Namen nach lange vergessen waren. Alle warteten auf die Ankunft der Sonne zur Sommersonnwende, so als wären sie durch die Zeit an dieses eine Ereignis gebunden, das Ereignis, um das herum der gesamte Kreis vor Menschengedenken angelegt worden war.

»Artos ...«, kam es wie ein Flüstern aus der Dunkelheit, » ... Artos!«

Ich erwachte mit einem Ruck, mein Herz pochte heftig, und ich rappelte mich auf. Wieder konnte ich nichts erkennen, doch am Horizont war es schon so hell, daß die Dämmerung nicht mehr weit sein konnte. Einmal, während jener letzten unheimlichen Augenblicke des Wartens zwischen den Zeiten, hatte ich mir eingebildet, ein großes Geweih sich lautlos vor dem Himmel bewegen und dann verschwinden zu sehen.

»Es war also nur ein Hirsch!« sagte ich zu mir selbst, so als würde ich ein törichtes Kind schelten, und lief aufs Geradewohl weiter. Meine Haut prickelte, als ich durch den äußeren Steinkreis ging – und dann sah ich es wieder: einen großen Geweih tragenden Schatten, der sich hinter den Steinen bewegte.

»Hör mir zu ... horche!« sagte eine tiefe dumpfe Stimme. »Das Tor zu deiner Seele liegt in einem alten Wald ... suche es dort ... in einem alten Wald ... «, und sie wurde schleppend und verklang. Meine Aufmerksamkeit schoß im Umkreis hin und her und suchte nach dem Ursprung der Stimme, während ich mich ohne es zu merken zurück zum Altarstein bewegte. Dort stand ich, als plötzlich die ersten blutroten Strahlen des Sommers wie Speerspitzen über den Horizont schossen.

»Die Götter!« flüsterte ich leise. »Wer außer ihnen könnte hier gesprochen haben ... zu dieser Zeit, von Toren und Wäldern?« Ich blickte hinunter auf die Oberfläche des Altars, ein einzelner leuchtender Strahl von weißem Licht fiel darauf. Das Bild löste eine Erinnerung an mein Gespräch mit der Dame von Avalon aus ... was hatte sie gesagt? Jenes Licht, »WEISSES LICHT«, sei der geheime Schlüssel für die Urform hinter allen Mysterien des Druidentums ... und die Drei Erleuchtungen zur Sommersonnwende enthielten das verborgene innere Wesen von Licht selbst. Dann gaben mir in jenem Moment der Altar, die heiligen Strahlen, alles einen erstaunlichen Gedanken ein.

Ich wußte später niemals ganz genau, ob die Inspiration wirklich meine eigene war oder eine Hervorbringung des Augenblicks ... oder vielleicht der Götter selbst. Welchen Ursprung sie auch immer haben mochte, sie blieb in der Folge eine der einzigartigen und einflußreichsten Erfahrungen meines Lebens, dem es niemals an denkwürdigen Erfahrungen mangelte.

Ich griff an meinen Gürtel, band den blauen Lederbeutel auf, der dort hing, und zog vorsichtig das Gläserne Boot heraus: mein Geschenk von den Göttern, das mir vor Jahren an genau dieser Stelle zuteil geworden war. Aus irgendeinem Grunde verlangte mein inneres Selbst dringend nach diesem Zeugnis – diesem alleinigen Symbol, das alle Aspekte meines zukünftigen Schicksals in einem Zeitpunkt, dem gegenwärtigen Augenblick, miteinander verknüpfte. Ich konzentrierte mich auf meine Absichten, soweit mir dies möglich war, holte tief Atem und legte den Kristall genau in den Mittelpunkt des Altars, wo sich auch das Zentrum des Lichtes befand.

Dann taumelte ich, nach Luft ringend, zurück: Die Farben blendeten mich fast. Augenblicklich brach das Gläserne Boot den weißen Strahl in ein Spektrum leuchtender Farben, die dann die Form eines Regenbogens annahmen – verschiedene gewölbte Lichtebenen, die sich weit über die größten *Blatestones* hinaus hoch in den Himmel ausdehnten. Wieder gab ich einem instinktiven Gefühl nach, schaute nach oben und schloß die Augen – doch der Anblick des Regenbogens blieb weiter bestehen! *Ein wahres Zeichen der Magie ... er existiert in beiden Welten gleichzeitig!* dachte ich bei mir und streckte die Hand hoch in dem Versuch, nach einem Traum zu fassen. Doch anstatt eine feste Form zu berühren, wurde ich gerade nach oben in die Luft gezogen, so als würde eine höhere Hand meine eigene ergreifen. Plötzlich konnte ich den Wind auf meinem Gesicht spüren, der Boden entschwand unter meinen Füßen, und dann rief etwas laut: *Öffne deine Augen!*

Um mich herum war ein gedämpftes samtiges Blau – die Farbe von Frühlingsveilchen, die sich verflüchtigte und dunkleren und tieferen Farbtönen wich, als ich höher in die azurblauen Wolken emporstieg. Unmöglich, dies wahrheitsgemäß in Worten zu beschreiben ... ich hatte das Gefühl, als wäre ich ein Fels auf der Erde – oder unter Wasser – unsichtbar, uralt, sich vom Meeresboden zur Wasseroberfläche erhebend.

Ich bin ein Stein unter dem Meer, dachte ich und spürte mein eigenes unsichtbares Gewicht unter einem gefrorenen Meer aus Farben. Um mich herum schwammen betrachtend die alten Augen der Göttin – ihre schwatzende Stimme ein Murmeln aus tiefer Erde.

Violett wich einem dunklen Blau – fast schwarz, wie wilde Weinbeeren – der Farbe eines tiefen Sees an einem bewölkten Tag ... kalt, wie Wasser, das niemals die Sonne erblickt hat.

Ich bin die Tiefen des Meeres, dachte ich, während die Augen der Mutter – weise, voller Geduld und von tiefem Gefühl – weiterschauten.

Höher wurde ich getragen auf die dritte Stufe des Regenbogens, die Farbe wich einem helleren und kräftigeren Blau, mit Wellenkämmen, die lachten und an die Oberfläche wogten, unter den Sternen.

Ich bin eine blau schäumende Woge unter dem Mond, sprach ich zu mir, während eine Jungfrau leichtfüßig über das Meer tanzte und dabei Blumen auf der Wasseroberfläche verstreute.

Und die Blumen wuchsen, sie faßten Wurzeln und wurden zu großen Bäumen – grün und sehr alt, in einem Smaragdwald, der die Erde bedeckte. Dann, noch ehe ich sprechen konnte, kam eine Stimme – eine vertraute Stimme – aus dem tiefsten Dickicht des grünen Waldes und sagte: *»Das Tor zu deiner Seele liegt hier in diesem alten Wald«,* und Kernunnos, der große Geweih tragende Gott des Waldlandes, trat in mein Blickfeld. Ich hatte ihn schon einmal gesehen, mit Merlin in Stonehenge an dem Tag, als ich mein Gläsernes Boot bekam; und ich hatte seine Stimme am heutigen Tag im Morgengrauen gehört. Der Gott hob die Hand.

»Arthur, horche auf mich, denn ich bin Herne – der sowohl Jäger als auch Gejagter ist. Ich bin es, der von den Herren des Lebens als Wächter über dein Schicksal ausgewählt worden ist ... ich und die Bäume, deine Verbündeten, die eine Brücke zwischen Himmel und Erde schlagen. Höre daher auf mich, wenn ich sage: *Du bist ein smaragdgrüner Baum in einem Wald ... «* Und die grünen Tiefen verblaßten zu einem goldenen Dunst, während ich mich von der Erde in die Wolken erhob.

Gelbes Licht strömte herunter auf meinem Kopf wie goldener Regen, und die große Kugel der Sonne schwebte gewaltig und machtvoll vor mir – alles beherrschend, soweit das Auge reichte. Als ich mich an ihr vorüber und durch sie hindurch bewegte, tauchte eine andere vertraute Erscheinung vor mir auf: Lleu, der Sonnengott in goldener Rüstung und Gefährte von Herne. Sein leuchtendgelbes Haar breitete sich fächerförmig am Himmel aus – oder waren es die Sonnenstrahlen? – ich wußte es nicht zu sagen, doch sie schienen mich weiterzuwinken. *Ich bin ein gelber Tropfen der Sonne!* rief ich aus, aber ich hatte den goldenen Streifen bereits hinter mir gelassen, und ein vollerer, tieferer Farbton hatte seinen Platz eingenommen.

Orange! Ich schwamm durch ein wirbelndes Meer aus warmem Orange – der Farbe eines reifen Pfirsichs an einem Baum oder einer Kerzenflamme auf einem Fenstersims bei Nacht ... oder eines Herbstkürbisses, der aus einem Nest von verflochtenen Ranken hervorleuchtet. Ja! Dies erinnerte mich tatsächlich an meine Jahre der Erntezeit als junge auf Tintagel – und in einem Augenblick von Heimweh fragte ich mich, ob ich mein erstes Zuhause jemals wiedersehen würde. *Ich bin ein orangefarbener Kürbis auf einem Feld,* sagte ich mit einer von Erinnerungen gefärbten Stimme zu mir und gelangte dann in einen glühenden Bereich, der sich von den anderen unterschied und wo ich mich plötzlich nicht mehr weiterbewegte.

Ich war ganz umgeben von einem strahlenden Glanz. Er war rot, mit versengenden Hitzewellen, von denen der Raum flimmerte. Weit vor mir, in endloser Entfernung sah ich eine Tür – eine Flammende Tür, die sich weit in etwas so Schwarzes und Unendliches öffnete, daß ich irgendwie wußte: Dies war das Eingangstor nach *Annwn*. Ich stellte fest, daß ich mich langsam vorwärtsbewegte – vielleicht aus meiner eigenen neugierigen Ehrfurcht heraus oder durch eine Macht außerhalb von mir, doch bald stand ich direkt vor ihr.

Dann, von irgendwoher tief im Innern, kam das unhörbare Echo einer anderen Stimme – »unhörbar«, weil es keinen wirklichen Klang gab und auch ihr Geschlecht nicht erraten werden konnte. Es war tatsächlich eine Stimme jenseits von Worten oder irgendeiner Beschreibung. Obwohl wir nicht miteinander sprachen, flossen Gedanken und Gefühle in meinen Geist, ausgehend von einem einzigen Punkt aus reinem Weiß inmitten der alles-einschließenden Dunkelheit ... von einem Punkt im Jenseits.

Bilder, Orte, Szenen von vergangenen und noch kommenden Dingen blitzten vor meinem Auge auf. Hinter jener Flammenden Tür hatte »Zeit« keine feste Bedeutung mehr, da alles in einem zeitlosen Augenblick zusammentraf und verschmolz. Jeder Anfang und jedes Ende lag offen, enthüllt in jenem Raum. Das jenseits, »die große Schranke ... die Flammende Tür, die auf der anderen Seite des Meeres des untergegangenen Lyonesse liegt ... «, mein Bewußtsein schien von selbst zu sprechen, »... höre uns zu, denn die Zeit ist gekommen, daß du weißt! Lausche, Arthur ... denn alle Antworten auf alle Fragen ruhen hier, an der Quelle des Lichtes, an den eigentlichen Grenzen des menschlichen Denkens. Jenseits dieser Flammenden Tür ist alle Existenz in dem Weißen *Manred* vereint ... dem Ozean *von Annwn*, wo nichts außer dem Unendlichen verweilen kann. Doch wenn eine erwachte Seele sich vor der mächtigen Tür unterwirft ... der ›Dritten Tür‹, kann Erleuchtung gefunden werden, mit der man dann in die Welt der lebenden Menschen zurückkehren kann, zu ihrem Wohle. *Kontrolle aufzugeben ist die höchste Herausforderung für den spirituellen Krieger*, und du, Arthur, bist als solcher geboren. Als Druide erhältst du deine Inspiration von diesem Ort – dem Ort der Weißen Einheit, und daher trägst du das weiße Gewand! Doch als *König* in der unvollkommenen Welt der Menschen mußt du viele Farben tragen. Daher sagen wir dir jetzt dies: Vergiß nicht, daß die Stärke deines Lichtes und deiner Zielsetzung durch Vereinigung erlangt werden muß: die Menschheit zu vereinigen ... eine Widerspiegelung dieses einen Ortes zu sein, der alle Schöpfung verschmelzen läßt. Wenn dein Geist Kraft und Inspiration sucht, dann denke an dieses Licht, diese Weiße, in der sich alle Dinge verbinden. Unten in *Ahred* ist ›Farbe‹ bloß ein Grad der Unvollkommenheit, ein Bruchstück eines erleuchteten Ganzen. Nur auf den niederen Ebenen sind Dinge in dieser Weise auseinandergebrochen, allerdings zu einem göttlichen Zweck: die ›Leiter des Lichtes‹ ist eine Urform, die den Wissenden auf den Weg der Wahrheit zu führen sucht.

Dies ist das große Geheimnis der Druiden und aller wirklichen Weisen vor und nach ihnen. Daher soll dies deine Zukunft sein, Arthur von Britannien: dein Leben im Streben nach Einheit zu verbringen ... Menschen als Abbild der Sonne zu führen ... das Land zu säubern wie eine reinigende Flamme, welche die Herzen deiner Generation und künftiger Generationen läutert und verwandelt. Um dies zu erreichen, mußt du das Banner deines Vaters ergreifen – das Banner des Drachen –, während du dein eigenes Schwert suchst. Darin wird Herne dich leiten, wie auch Merlin, der Hernes Sohn ist. Deine drei Hohen Suchen der Meisterschaft: die Vergangenheit, die Gegenwart und die Zukunft, müssen nun in dir eins werden ... zu einem einzigen Gefühl von Zielbewußtheit: *›Erkenne dich selbst‹* muß das ganze Gesetz sein. Nimm diese Aufgabe an, und alle Generationen von jetzt an werden dich ›gesegnet‹ nennen. Geh nun. Kehre zurück in eine Welt, die dich braucht. Trage unser Licht in dir – vergiß niemals die Lektion, durch du gegangen bist, und durch die du nun herabsteigen mußt. *Aradach Fionn*, die Leiter des Lichtes, wartet auf dich!«

Meine Augen brannten und tränten so von dem Anblick der Flammenden Tür, daß ich sie schloß – was sich irgendwie richtig anfühlte. Das Meer von Rot und die stets gegenwärtige Leere umgaben mich noch immer. Einige Augenblicke lang kämpfte mein Geist mit der Frage, was ich als nächstes tun sollte ... *wie* war es mir bestimmt, wieder zu grünem Gras und dem Himmel zurückzukehren? Ich verließ mich auf die Lektionen, die ich gelernt hatte, holte tief Atem und zwang alles bewußte Denken zum Stillstand – und die Antwort stand vor mir: die Leiter! Die farbigen Stufen des Regenbogenlichtes ... meine eigenen Worte würden mich zurück nach unten bringen. Daher rief ich mit lauter Stimme in den Raum:

Ich bin eine flammende Tür!
Ich bin ein orangefarbener Kürbis auf einem Feld!
Ich bin ein gelber Tropfen aus der Sonne!
Ich bin ein alter smaragdgrüner Wald!
Ich bin eine blau schäumende Woge unter dem Mond!
Ich bin die purpurfarbenen Tiefen des Meeres!
Ich bin ein unter der Erde verborgener Stein!

Mit jedem Vers, den ich sprach, glühten die Farben und Bilder um mich herum – zogen mich hinab durch ihre Meere von Energie, bis ich wieder das Gefühl von festem Stein unter meinen Füßen hatte. Ich lächelte und schöpfte tief Atem, da ich wußte, daß ich mich wieder in Sicherheit innerhalb der vertrauten Grenzen der Welt befand ... und öffnete dann die Augen.

Es war immer noch frühe Morgendämmerung – vielleicht nur ein paar Augenblicke später, als ich oben von dem Altarstein herunterblickte, auf dem ich jetzt stand. Der Regenbogen war verschwunden, und das Gläserne Boot lag farblos zu meinen Füßen. Die großen *Bluestones* waren immer noch von Schatten umschlossen; nur ein paar schwache Lichtstrahlen fielen auf den *Heffyn*-Stein.

In der Ferne hinter mir flog plötzlich ein Schwarm von Raben mit zornigem Krächzen von seinem nächtlichen Schlafplatz auf. Ich drehte mich um, um zu sehen, was sie aufgescheucht hatte, und schluckte dann schwer vor Überraschung.

Dort, entlang der westlichen Horizontlinie, zog eine Prozession mit flackernden Fackeln – eine lange gelbe Linie vor dem dunklen Himmel, und sie kam den breiten Weg entlang auf den *Henge* zu!

Mein erster Impuls war, mich zu verstecken; doch eine andere Intuition, die tiefer und stärker war, befahl mir, dort zu bleiben, wo ich war. Die Fackeln wurden von keinen Stimmen begleitet – niemand sprach, doch in ihrer gleichmäßigen Gangart schien eine tiefe Zielbewußtheit zu liegen, und dies allein sprach für sich selbst. Lange Zeit konnte ich keine Gestalten erkennen ... konnte nichts anderes tun, außer die Flammen zu zählen, die etwa hundert an der Zahl waren. Als sie näherkamen, bemerkte ich, daß die Fackeln selbst eigene Stimmen erzeugten, während sie in der kühlen Luft rasch aufwärtszüngelten. Direkt vor den Wächtersteinen blieb die Gruppe stehen – und ein einzelner Mann schritt vorwärts in den Kreis hinein. Einen Augenblick lang konnte ich sein Gesicht nicht erkennen, denn die Sonne ging direkt hinter ihm auf. Dann hob er seine Fackel hoch.

»Merlin!« schrie ich laut zu ihm hinüber, ohne mich zu beherrschen. »Merlin!« und ich bückte mich, um von dem Stein hinabzuspringen.

»Nein! Warte ... bleib stehen!« wisperte er laut und machte mit der Hand eine Geste, die aber zu klein war, um von jenen hinter ihm bemerkt zu werden. »Heil, Arthur von Britannien!« rief er dann bewußt laut aus, kam herüber zu mir und wandte sich um. »Wir sind jene wenigen, die von Herne auserwählt wurden, das Geheimnis deines Geburtsrechtes zu bewahren, bis die richtige Zeit dafür da ist. Wir sind auch gekommen, um dir unsere Untertanentreue zu geloben, Arthur von Britannien, Prinz des Königshauses von Pendragon, damit klar sein wird, auf wessen Unterstützung du in den kommenden Jahren vertrauen kannst. Empfange nun unsere Beweise der Untertanentreue von jenen, die das Versprechen gegeben haben, dir zu dienen!«

Mit diesen Worten klopfte Merlin dreimal mit seinem Stab auf den Boden als Zeichen für die wartende Abordnung. Der erste, der vortrat, war der bejahrte Erzdruide von Anglesey, der segnend seine Hände ausbreitete und dann sagte: »Ich erscheine vor dir im Namen unserer drei Heiligen Inseln, um dir dies als symbolisches Zeichen für unsere vereinte Unterstützung zu überreichen.« Drei Novizen brachten eine große Leinenrolle herbei und breiteten sie vor mir aus. Darauf war mit leuchtendgoldenen Seidenfäden das Abbild des Roten Drachen von Britannien genäht, und darunter waren die Buchstaben »AR« gestickt – ich vermutete, daß sie »Artos Rex« bedeuteten. Dieses Banner wurde dann um den höchsten der *Trilithen* drapiert, so daß das Fackellicht darauf fiel und es zum Leben zu erwecken schien.

»In dieser mystischen Gestalt«, fuhr der Erzdruide fort, »ist das Feuer enthalten, wodurch du das Land umwandeln mußt. Was dich, Arthur, den Mann betrifft, so hinterlasse ich dir die folgenden Gedanken, die vor langer Zeit zwischen den grünen Hügeln und Tälern der Druideninsel niedergeschrieben worden sind:

Schwinge dich auf über die Illusion!
Die unbedachte Seele, der es nicht gelingt,
Mit dem spottenden Dämon der Illusion zu ringen,
Wird als Sklave der Illusion auf die Erde zurückkehren.

Um ein wahrer Meister des Schicksals
Zu werden,
Mußt du zuerst dein eigenes Selbst erkennen.
Wenn du zufrieden zwischen den Schwingen deines Drachen
ruhen kannst,
Der durch ewige Zeitalter weder geboren wird noch stirbt,

Dann werden die Schatten für immer verschwinden

Und das in dir zurücklassen, was weiß ... denn es ist
Wissen nicht von flüchtigen Leben der Illusion,
Sondern eines wirklichen Menschen, der war, der ist
Und der wieder sein wird -
Dem die Stunde niemals schlagen wird!

Langsam, mit der Hilfe zweier anderer, kehrte der alte Druide an seinen Platz beim Sommersonnwend-Stein zurück. Dann, in scharfem Kontrast zu ihm, trat eine andere Gestalt mit leichtem Schritt und einem Lächeln vor, welche die Jahre zurückdrehte – und in mir den Wunsch erweckte, auf sie zuzulaufen, sie zu begrüßen und dann an einen weniger feierlichen Ort davonzuziehen.

»Sei gegrüßt, Arthur – mein Freund!« sagte mein alter Gefährte Morfyn mit einer Handbewegung, »... oder sollte ich besser ›mein Lehnsherr und Prinz‹ sagen?« Er lächelte heiter. »Ich komme von der Insel Iona im Namen meines Lehrers, des Barden Lord Aneurin. Er ist nun zu gebrechlich für eine solche Reise, obwohl die heilige Flamme noch immer hell in ihm brennt. Ich bin damit beauftragt worden, dir dies zu geben!« Morfyn reichte mir ein sorgfältig beschriebenes Pergament hinauf, das ich entrollte und als Überschrift las: *Das Lied der Waldbäume* – ein seltenes, sagenumwobenes Lied, von dem es hieß, daß es die Bäume aus dem Schlaf weckte, und das nur den höchst vollendeten Barden anvertraut wurde. »Ich bin weiter damit beauftragt«, fuhr mein Freund fort, »dir zusammen damit die folgenden Worte zu übermitteln, die aus einer der Heiligen Triaden von Ynis Derwydd bestehen:

Mit diesen drei Dingen erlangt ein Herrscher die Liebe seiner Untertanen:

Willentlich durch das eigene Vorbild zu lehren
Einen guten Namen zu tragen
Schön zu singen.

Morfyn machte wieder eine Handbewegung und lächelte heiter; dann wandte er sich um und ging den Weg zurück in die Menschenmenge hinein. Nun wurde sein Platz von einem gedrungenen Mann in strenger Kleidung eingenommen. Er trug völlig schwarze Gewänder und um den Hals ein schimmerndes Silberkreuz. Sein Gesicht kam mir irgendwie bekannt vor, wie das eines Geistes oder Traumes oder einer verlorenen Erinnerung – bis er näher herantrat und sich bekreuzigte ... da erinnerte ich mich ohne jeden Zweifel: Illtud!

Der Freund meiner Kindheit war aus Tintagel gekommen! Sein Gesicht war düster und ernst; es zeigte wenig Ähnlichkeit mit dem Jungen, mit dem ich einst, auf unserem Weg zur Sonntagsmesse, über sonnenbeschienene Wiesen gerannt und getollt war.

»Möge die Liebe von Christus mit dir sein, Arthur«, sagte er mit zurückhaltender und vorsichtiger Stimme. »Da der Abt von Tintagel in den letzten Jahren übermäßig durch Gelübde gebunden ist, hat er mich gesandt, um dir als sein Vermächtnis, und im Namen unseres Ordens, der Brüder von St. Brychan, die Nachricht der Untertanentreue zu überbringen und dir dies zu überreichen.«

Illtud händigte mir einen Lederbeutel aus, der ein prächtig gearbeitetes Kreuz ganz aus Gold enthielt – ein Elementen-Kreuz der alten Art: mit gleichlangen Armen und von dem Sonnenkreis gekrönt!

»Sag dem Abt, daß dieses schöne Geschenk einen Ehrenplatz in meinem Hause einnehmen wird«, entgegnete ich mit gleicher Förmlichkeit. Nickend zog mein alter Freund das Kreuzeszeichen in die Luft zwischen uns und sagte:

Gewähre, o Gott, deinen Schutz
Und im Schutz Stärke
Und in der Stärke Verständnis
Und im Verständnis Wissen
Und im Wissen Gerechtigkeit

Und in der Gerechtigkeit die Liebe dazu
Und in dieser Liebe die Liebe zu allem Leben
Und in dieser Liebe des Lebens
Die Liebe zu Gott und zu allem Guten.

»Und von mir, Arthur, behalte das folgende im Gedächtnis: Alles, was notwendig ist, damit das Böse in der Welt triumphieren kann, ist, daß gute Männer nichts tun.« Dann trat er, mit einem merkwürdigen Stirnrunzeln und dem leisesten Anflug eines Lächelns, zurück.

Eine kleine Gestalt in einem weißen kapuzenartigen Überwurf nahm seinen Platz ein und schritt würdevoll und stolz den Zugangsweg entlang. Sie blieb stehen, reichte mir einen grünen Eichenzweig voller Mistel hoch und zog dann ihre Kapuze herunter. Da stand Ganymed und lächelte – der Junge-Druide, den ich vor Jahren im Neuen Wald getroffen hatte!

»Nun nennen sie dich also ›Arthur von Britannien‹!« sagte er leichthin. »Wir sind nicht überrascht, mein Freund ... Ich habe immer gewußt, daß du außergewöhnliche Ziele erreichen wirst. Was mich selbst betrifft, so bin ich nun als Inkarnierter Erzdruide für die Bretagne auf der anderen Seite des Meeres anerkannt worden. Möge es so sein, daß unsere neu gefundenen Stellungen niemals die Weisheit verdunkeln werden, die wir einst in den Wäldern miteinander geteilt haben – und daß unsere zwei Welten wie die Mistel auf der Eiche werden mögen: jede die andere in mystischer Vereinigung stärkend. Nimm nun diesen Goldenen Zweig als Zeichen entgegen, und denke daran, jeden Tag deines Lebens zu einem außergewöhnlichen Beispiel zu machen – vielleicht wirst du die einzige Bibel sein, die manche Leute jemals lesen werden!« Ganymed machte eine bewußt tiefe Verneigung. »Ich verneige mich vor dem Gott, der in uns allen lebt. Wer immer ihn mit irgendeinem Namen anruft, er wird unter diesem Namen erscheinen. Denke daran!«

Kaum war der Junge-Druide in das Dunkel zurückgetreten, als Ectorius sich auf den Altarstein zubewegte; die große Eule Noath saß auf seiner Schulter.

»Arthur – Freund und künftiger König!« rief er laut. »Wir überbringen dir ein Geschenk von dem König und der Königin von Caer Idris, den Herrschern der Gläsernen Länder«, und er händigte mir ein vortrefflich gebundenes Buch aus blauem Leder aus, auf dem die Blaue Rose von Idris gestaltet war – *The Book of Pheryllt* war in goldenen Buchstaben eingeprägt.

»Sie haben gesagt, dies sei eine Gabe seltener Weisheiten, die einem Druiden-König wie dir, der sein rechtmäßiges Erbe antritt, von Nutzen sein würden. Und das Feenvolk«, fuhr er fort, »die dunklen Leute der Stämme, die herkömmlicherweise nur die Herrschaft des Kristallturms geltenlassen – auch sie geloben ihr Ehrenwort, deine Krone vorbehaltlos zu unterstützen. Diese Nachrichten überbringe ich! Und meinen früheren Schüler in Kampfesfähigkeiten und Staatskunst möchte ich dazu auffordern: Sei gerecht gegenüber allen Menschen; verurteile den Fehler, aber nicht den, der ihn begangen hat. Sei demütig vor allen Menschen, denn wer zu gehorchen gelernt hat, wird wissen, wie zu befehlen ist!«

Dann, mit einer großen Geste vor allen Augen, zog Ectorius sein Schwert aus der Scheide heraus, legte es auf den Stein zu meinen Füßen und entfernte sich unter Verneigungen. Ein leises Murmeln erhob sich unter denen, die es gesehen hatten, während eine andere Gestalt in das Licht hineintrat.

Ich war mir niemals sicher, ob die ehrfürchtige Stimmung durch Ectors Geste entstanden war oder durch die königliche Präsenz von jener, die nach ihm kam.

»Arthur – welch eine Freude, dich wiederzusehen ... hier, innerhalb so kurzer Zeit!« Die Dame vom See hob den blauen Seidenschleier vor ihrem Gesicht hoch. Sie lächelte, und in diesem Augenblick schienen sich die Anmut und das Geheimnis des Mondes über alles zu senken.

»Ich entbiete dir die Loyalität von Avalon«, sagte die Dame, »und überbringe die Nachricht, daß das Schwert *Caliburn* darauf wartet, von dir als König an unseren Ufern angelegt zu werden. Ich hätte es selbst zu diesem Anlaß mit mir geführt, doch es ist durch heiliges Gesetz verboten, daß es Avalon mit irgend jemand verläßt, wenn er nicht gesalbter Herrscher beider Welten ist. Außerdem bin ich von Ihr, die unsere Hüterin ist, dazu ausersehen worden, ihr Sprachrohr zu sein und dir zu sagen: ›Wir werden in tiefe Wasser hineingeführt, nicht um zu ertrinken, sondern um uns zu reinigen.‹ Und so warten wir auf den Tag deiner Ankunft als Priester-König bei uns. Schiebe ihn nicht lange auf, Arthur, denn das Land blutet – und Avalon versinkt in Blut.«

Einige der Priesterinnen in ihrem Gefolge kamen herbeigeeilt, um den Schleier wieder über das Gesicht der Dame zu legen, und dann ging die Gesellschaft aus Avalon, in ihren anmutig schwingenden Gewändern, durch die Menge davon.

Danach näherte sich für eine Weile niemand dem Stein, und ich fragte mich schon, ob alles Notwendige gesagt worden war. Doch immer noch blieb jeder an seinem Platz – aufmerksam und erwartungsvoll. Als ich gerade hinabsteigen wollte, kam Merlin von hinten herbei; der alte Rabe Salomon flog über ihm und ließ sich auf einem kleinen *Bluestone* ein paar Längen von mir entfernt nieder, während der Druide sich der Versammlung zuwandte, seine Hände in die Luft erhob und ausrief:

Arthur:
Sohn von Ambrosius,
genannt »Uthr der Schreckliche«, und
Ygrainne aus dem Königlichen Haus von Cunedda!
Arthur:
Bruder von Ambros dem Jüngeren,

genannt »Aurelianus«, und
Mor-Gainne von der Schwesternschaft!
Arthur:
Neffe von Rigotamos,
genannt »Pendragon«, und
Moina aus dem höchst edlen Haus von Dumnonial
Arthur:
Enkel von Constantius,
genannt »Der Fromme«, und
Aurella aus dem Kaiserlichen Haus von Maximus!
Arthur:
Urenkel von Konstantin dem Dritten,
genannt »Der Thronbewerber«, und
Magnus Clemens Maximus, Kaiser der Westlichen Welt!

»Arthur Maximus Konstantin Pendragon, von einer langen Geschlechterlinie edlen Blutes abstammend, höre meine Worte: Ich, kraft meines Rechtes und meiner Autorität als Merlin von Britannien, verleihe dir hier und jetzt die Drei Bestätigungen eines Druiden: *zu wissen, zu wagen, zu schweigen.*«

Ich kniete auf dem Hochaltar nieder, während Merlin mir die Drei Strahlen auf die Schultern und die Stirn zeichnete. Dann wandte er sich wieder der Menschenmenge zu.

»Und vor euch, vor allen, die auf diesem Eiland des Mächtigen weilen, verleihe ich weiterhin dies: daß Arthur, dem rechtmäßigen Prinzen und Erben von Albion, die Drei Ehrenwürden eines gesalbten Priester-Königs gewährt werden – zu *bleiben, wo immer er hingeht; daß sein Rat allen anderen vorgezogen werde; daß keine blanke Waffe in seiner Gegenwart getragen werde*. Bestätigt nun dieses Gesetz!«

Dann breitete sich langsam Unruhe in der Versammlung aus. Männer traten vor (Kriegsherren und Stammesführer, nach ihrer Rüstung und ihrem Schmuck zu urteilen) und legten einer nach dem anderen ihre Schwerter auf den Stein zu meinen Füßen, wie Ectorius es getan hatte. Schließlich, als dort eine große Menge von Klingen aufeinanderlag, stampfte Merlin mit seinem Stab fest auf dem Boden auf und rief: »Heil Arturus: Rex Futurus ... Rexque Futurus!« Und sogleich wiederholten alle, die ihn gehört hatten, den Satz immer wieder, mit lauten und jubelnden Beifallsrufen, bis sich ein tumultartiger ohrenbetäubender Lärm – wunderbar mitzuerleben – wie in einem Begeisterungstaumel über die Ebene verbreitete. Nach vielen langen Augenblicken wichen die Freudenrufe dann einem erwartungsvollen Schweigen, und alle Augen richteten sich auf mich.

»Halte eine Ansprache!« hieß Merlin mich mit einem Flüstern über seine Schulter und machte mir mit einer Handbewegung Mut.

Das Blut toste mir wie Donner in den Ohren, während ich aus bloßer Willenskraft allein aufrecht dastand – und irgendwie wußte, was von mir erwartet wurde. Ich holte tief Atem, machte meinen Geist frei, räusperte mich ... und merkwürdigerweise kamen mir die Worte.

»Gutes Volk von Britannien, ich stehe vor euch nicht als Prinz für dieses Volk, sondern als einer von euch. Dies sind dunkle Zeiten für einen wie mich, um auf einen Thron berufen zu werden, doch soviel ist mir klargeworden: Wir sind nicht allein. Die Götter selbst stehen uns bei! Mit ihrer Hilfe werden wir die Dunkelheit besiegen, die sich jeden Tag wie eine Seuche in unserem Land weiter ausbreitet. Doch dafür müssen wir alle als vereinte Kraft standhalten: ein Land, ein Volk – und, durch die Gnade Gottes, ein Prinz!« Wieder gab es einen großen Aufruhr in der Menge. Ich blickte zu Merlin hinüber, der gleichzeitig erfreut und stolz aussah, mir aber durch einen Wink zu verstehen gab, daß ich fortfahren sollte. »Sprich weiter!« drängte er mich. »Verkünde eine erste Proklamation – das ist herkömmlicher Brauch.«

»Damit die Erinnerung an diesen wunderbaren Augenblick bewahrt wird«, setzte ich fort, »werden wir – ich und diejenigen, die gewillt sind, als Eckpfeiler meiner Sache verpflichtet zu sein – uns jedes Jahr am Vorabend des längsten Tages hier treffen, um an diesem Ort den Anbruch eines neuen Zeitalters zu erwarten: des Zeitalters von Arthur!« Wieder gab es laute Freudenrufe. »Und um uns und diesen unseren alten Begegnungsort weiterhin zu ehren, verfüge ich, daß wir als die ›Männer der Runden Steine‹ bekanntwerden – Hüter von Britannien und von allem, was edel und würdig ist. Durch uns wird Britannien standhalten!«

Danach wurde viel geredet und gefeiert – viele neue Gesichter, im Glauben zusammengeführt, viele alte Freunde, durch Hoffnung vereint. Jeder schien bestrebt, mich mit Namen zu begrüßen und irgendeine Botschaft zu empfangen, die er wiederum zu seinem Volk mit zurücknehmen konnte. Zwei aus dieser Gruppe wurden von Merlin selbst zu mir herübergeführt: ein Mann und eine junge Frau, die sich beide respektvoll verneigten.

»Ich gelobe Euch Treue, Prinz Arthur!« sagte der Mann, der mir dann als König Cador von Kelliwic vorgestellt wurde. »Und darf ich Euch mit meiner Stieftochter, der Dame Gwenhwyfar, bekanntmachen? Nun, da Eure Lehrjahre beendet sind, würden wir uns geehrt fühlen, wenn Ihr mit uns nach Kelliwic zurückkehren würdet, bis zu der Zeit, in der Ihr woanders gebraucht werdet. Ich habe auch einen Sohn in Eurem Alter, der sich wirklich über Eure Gesellschaft freuen würde ... und außerdem hat Herr Merlin diesen Plan als einen guten Weg vorgeschlagen!«

Und damit war es eine beschlossene Sache. Zu dem Zeitpunkt, als dies alles vereinbart und bestätigt worden war, hatte ein Großteil der Versammlung schon Abschied genommen. Auf der einen Seite flankiert von einem Krieger-König und auf der anderen Seite von der schönen Dame Gwenhwyfar, trat ich daher den Rückweg auf der breiten Zugangsstraße an. Innerlich fühlte ich mich verlegen und seltsam leer. Als ich mich umschaute, sah ich Merlin klein und allein zwischen den großen Wächtersteinen stehen und zum Himmel hochblicken – da konnte ich es nicht länger ertragen.

Rasch fand ich irgendeinen Vorwand, verabschiedete mich und rannte den ganzen Weg zurück, bis ich neben ihm stand. Der Druide blickte mich an und lächelte – ein trauriges Lächeln, voller Verzicht und Stolz. Dann legte er seinen Arm um meine Schulter und wies mit einem Finger hoch auf die alten Steine. Dort oben, vor dem grauen Horizont, standen fünf königliche Gestalten; ihre Gewänder wehten sanft im Sternenwind.

Ich erinnerte mich an sie alle mit Namen: die drei Göttinnen von Erde und Meer und die zwei Götter von Licht und Dunkel ... majestätische Silhouetten aus einer anderen Welt, einer anderen Zeit. Dann trat der Gott, den ich als Kernunnos kennengelernt hatte, der große Geweih-Tragende, allein hervor, und sein Bild schien zu wachsen, bis es den ganzen Himmel über uns ausfüllte.

»Höre mich, Prinz Arthur, denn ich bin Herne – von *den Fünfen* auserwählt, um dir folgende Botschaft zu überbringen:

Wir, die Götter, werden dir das Land geben;
Doch da unsere Hände es geformt haben,
Werden wir es nicht gänzlich verlassen.
Wir werden in dem weißen Nebel sein,
der sich an die Berge heftet;
Wir werden die Stille sein, die über den Seen weht;
Wir werden die Freudenrufe der Flüsse sein;
Wir werden das verborgene Wissen des Waldes sein.
Lange nachdem deine Kinder uns vergessen haben,
Werden sie unsere Musik auf sonnenbeschienenen
Hügelfestungen hören und unsere großen weißen Pferde

Ihre Köpfe von den Bergseen erheben
und den Nachttau aus ihren Mähnen schütteln sehen.
Am Ende werden sie erkennen, daß alle Schönheit
In der Welt zu uns zurückkehrt und ihre Kämpfe
Nichts als das Echo von unseren sind ...

Damit verblassten die Götter in die Dämmerung zurück. Wieder blickte Merlin mich an und lächelte. »Es wird Zeit für dich zu gehen, Bärenjunges«, sagte er gütig, »denn endlich sind die Tage der Wanderschaft und der Unschuld vorbei ... und die Zeit geht weiter.«

»Aber was ist mit Euch, Merlin? « fragte ich und fürchtete mich vor einer Antwort, die ich nicht hören wollte. »Wohin werdet Ihr gehen?«

»Ich?« kicherte er. »Nun, ich werde immer bei dir sein – in einer Welt oder einer anderen, mach dir darüber keine Gedanken. Doch für heute wartet eine neue Welt auf dich, und du darfst sie nicht länger warten lassen.«

So kehrten wir dem Osten zusammen den Rücken und gingen davon, um uns den anderen anzuschließen. So viele Gefühle kämpften in diesem Augenblick in mir: große Freuden und große Verluste und eine lange Liste unbeantworteter Fragen, die mir durch den Kopf jagten. Und Merlin wußte dies alles – dessen war ich sicher. *Doch es ist Zeit,* würde er sagen, *es ist immer Zeit!*

Und außerdem wußte ich, daß ich nicht allein war.

Dann lief ich lange Zeit schweigend weiter, dachte nach ... und blickte zurück, so als würde ich einem sterbenden Freund Lebewohl sagen, während Stonehenge meinem Blick entglitt – zurückglitt mit den Träumen meiner Jugend, eine Welt jenseits von Wort und Tat.

Lektion 21

Der Ritus der aktiven Tür

Das Wissen um die Vorgänge des
Hintergrundes hat meine Beziehung zur Welt
schon früh vorgebildet.
Im Grunde genommen war sie bereits
in meiner Kindheit so, wie sie noch heute ist.
Als Kind fühlte ich mich einsam,
und ich bin es noch heute, weil ich Dinge weiß
und andeuten muß, von denen die anderen
anscheinend nichts wissen und meistens
auch gar nichts wissen wollen.

C. G. JUNG[1]

[1] *Erinnerungen, Gedanken, Träume von C. G. Jung.* Olten 1992, S. 357.

In dem Romankapitel »Jenseits von Wort und Tat« findet Arthur heraus, daß Visualisierung tatsächlich »der Schlüssel zum Okkulten« ist, um die Worte von Israel Regardie zu zitieren. Hier wird eines der Grundprinzipien des gesamten Druidentums enthüllt: das Geheimnis der Farben und das seit langer Zeit ungelöste Rätsel der Verbindung der Druiden mit der Farbe Weiß, dem Glas und dem Bergkristall.

Für die Druiden lag die magische Wirkung von Glas – jener Substanz der Anderwelt, »die da und doch nicht da ist« – nicht im Kristall selbst, sondern in seiner Fähigkeit, weißes Licht in die Spektralfarben zu zerlegen. Wie wir vom Betrachten eines Regenbogens in der Natur her wissen, brechen sich die sieben Farben, aus denen sich das weiße Licht zusammensetzt, in der festgelegten Reihenfolge ROT – ORANGE – GELB – GRÜN – BLAU – INDIGO – VIOLETT.

Wie bereits erwähnt, pflegten die Druiden ihre religiösen Praktiken und philosophischen Lehren auf solche Gesetzmäßigkeiten zu gründen, die leicht in der Natur zu beobachten sind. Daher erscheint es nicht überraschend, daß das *Book of Pheryllt* erwähnt, die Reihenfolge der Spektralfarben sei von großer Bedeutung für die Druiden. Sie wurde, wie alle natürlichen Strukturmuster, als unmittelbare Widerspiegelung der »Verkörperung von Gottes Vollkommenheit« gesehen. Durch die Beobachtung der Gesetzmäßigkeiten in der Natur, so folgerten die Druiden, habe der Mensch das seltene Vorrecht, »etwas von Gott zu erkennen, der an sich unerkennbar ist«, wie es im *Barddas* heißt.

Das Pheryllt-Manuskript enthält auf den letzten Seiten den sogenannten »Ritus der Flammenden Tür«, wobei die Tür zweifellos identisch ist mit der im keltischen *Mabinogion* erwähnten »aktiven Tür«, die manchmal auch die »dritte Tür« oder die »starke Tür« genannt wird. Diese Tür existierte – unter welchem Namen auch immer – jenseits der Grenzen unserer Welt von *Abred* und für die Druiden »jenseits der sieben farbigen Lichter« *(Barddas, XVI)*. Diese Vorstellung steht im Mittelpunkt des Ritus, der in »Jenseits von Wort und Tat« beschrieben wird und hier zur leichteren Anwendung nochmals zusammengefaßt wird. Wenn man die alten Metaphern, welche die »keltische Tür zum Jenseits« umgeben, in den Jargon unserer Tage übertragen wollte, würde sie bestimmt als die »Tür über dem Regenbogen« bezeichnet werden.

Zur Vorbereitung auf das Studium des *Ritus der aktiven Tür* möchte ich dem Leser nahelegen, nochmals in Lektion 1 nachzuschlagen, wo der Begriff »Erleuchtung« behandelt wird – denn der Schlüssel zur erfolgreichen Anwendung dieses Ritus hängt von der Fähigkeit des Magiers ab, die folgenden archetypischen Bilder zu spirituellem Leben zu erwecken. Auch das erneute sorgfältige Studium des »Meisterplans der elementaren Entsprechungen« aus Lektion 3 wird empfohlen. Machen Sie sich gründlich mit den darin enthaltenen Verbindungen zwischen Farben und Elementen vertraut. Besorgen Sie sich dann ein sehr gutes Glas- oder Kristallprisma (ohne um den Preis zu feilschen!), um die sichtbaren und fühlbaren Farbenergien aus erster Hand studieren, untersuchen und erfahren zu können. Gehen Sie kreativ dabei vor.

Hier nun die Übertragung des RITUS DER AKTIVEN TÜR für den praktischen Gebrauch:

> Wählen Sie einen Ort, am besten im Freien, an den Sie sich zurückziehen können und wo Sie ungestört sind. Ziehen Sie Ihren Kreis und setzen sich bequem darin nieder. Wenn Sie möchten, können Sie passendes Räucherwerk verbrennen. Der »Schwellenrauch« (siehe Lektion 19) oder die dreifache Mischung (siehe Lektion 20) eignen sich ideal dafür. Der Kreis sollte dadurch vorbereitet werden, daß Sie den Ritus der Drei Strahlen darin ausführen. Schließen

Sie die Augen und zählen Ihre Herzschläge, bis sich ein geistiger Versenkungszustand einstellt. »Erleuchten« Sie dann die folgenden Verse, die Sie natürlich auswendig sprechen:

Der *Ritus* der aktiven TÜR:

Vers	*Symbolik*
Ich bin ein unter der Erde verborgener STEIN!	
Ich bin die PURPURFARBENEN TIEFEN des Meeres!	
Ich bin eine BLAU SCHÄUMENDE WOGE unter dem Mond!	
Ich bin ein alter SMARAGDGRÜNER WALD!	
Ich bin ein GELBER TROPFEN AUS DER SONNE!	

Ich bin ein ORANGEFARBENER KÜRBIS auf einem Feld!

Ich bin eine FLAMMENDE TÜR!

Wenn Ihr Anderwelt-Körper vor der »Flammenden Tür« steht, warten Sie, bis sie sich öffnet. Treten Sie dann hindurch, wenn Sie möchten, und gehen dabei nach dem *Ritus des Zugangs* in Lektion 13 vor. Wenn Sie zurück wollen, treten Sie wieder durch die Tür und kehren dabei die Verse und die Symbolik des Ritus um. Das Kapitel »Jenseits von Wort und Tat« enthält ein sehr gutes Beispiel für die Anwendung. Aus eigener Erfahrung und nach gemeinsamen Bemühungen einiger Schüler kann ich sagen, daß die in dieser Lektion enthaltene Belehrung von ihren Möglichkeiten wohl die tiefgründigste ist, auf die ich bei der Bearbeitung des *Book of Pheryllt* gestoßen bin.

Anhang

Câd Goddeu
Die Schlacht der Bäume

Die Wipfel der Buche
Haben jüngst erst geknospt,
Sind verändert und verjüngt
Aus ihrem welken Zustand.

Wenn die Buche gedeiht
Trotz Bannfluch und Litaneien,
Die Eichenwipfel sich verflechten,
Dann ist Hoffnung für die Bäume.

Ich plünderte den Farn,
Alle Geheimnisse ergründe ich,
Der alte Math ap Mathonwy
Wußte nicht mehr als ich.

Mit neun Arten von Eigenschaften
Hat Gott mich begabt:
Ich bin die Frucht von Früchten,
Gebrockt von neun Arten von Bäumen -

Pflaume, Quitte, Heidelbeer, Maulbeer,
Himbeer, Birne,
Schwarzkirsche und Weißkirsche
Und die Elsbeere sind Teil von mir.

Von meinem Sitz in Fefynedd,
Einer stark bewehrten Stadt,
Sah ich die Bäume und Pflanzen
Fort eilen.

Zurückweichend vor dem Glück
Wurden sie gern gefaßt
In die Form der Hauptbuchstaben
Des Alphabets.

Wanderer staunten,
Krieger waren erschreckt
Über das Wiederaufleben der Konflikte,
Von Gwydion ausgeheckt;

Unter der Zungenwurzel
Ein höchst schrecklicher Kampf,
Und ein anderer tobt
Hoch im Hinterkopf.

Die Erlen in der ersten Reihe
Begannen mit dem Gemetzel.
Weide und Eberesche
Traten verspätet in die Schlachtreihe.

Die Steineiche, dunkelgrün,
Hielt entschlossen stand;
Sie ist bewaffnet mit vielen Speerspitzen,
Die verwunden die Hand.

Unter den stampfenden Füßen der schnellen Eiche
Dröhnten Himmel und Erde;
»Mannhafter Wächter der Pforte«
Heißt ihr Name in allen Sprachen.

Groß war der Stechginster in der Schlacht
Und der Efeu in seiner Blüte;
Der Haselstrauch war Schiedsrichter
In dieser verzauberten Zeit.

Ungeschlacht und wild war die Tanne,
Grausam der Eschenbaum -
Weicht keinen Fußbreit zur Seite,
Direkt aufs Herz zielt er.

Die Birke, obwohl sehr edel,
Bewaffnete sich erst spät:
Ein Zeichen nicht von Feigheit,
Sondern von hohem Stand.

Das Heidekraut spendete Trost
Dem von Mühen erschöpften Volk,
Die ausdauernden Pappeln
Brachen oft in der Schlacht.

Etliche wurden verworfen
Auf dem Feld der Schlacht
Wegen der Lücken, die ihnen schlug
Des Feindes große Macht.

Sehr zornig war der Weinstock,
Dessen Helfer die Ulmen sind;
Ich preise sie vorzüglich
Den Herrschern der Reiche.

Starke Häuptlinge sind der Schwarzdorn
Mit seiner üblen Frucht,
Der unbeliebte Weißdorn
Mit ähnlichem Gewand.

Das rasch verfolgende Schilf,
Der Besenginster mit seiner Brut,
Und der Stechginster benahm sich wüst,
Bis er gezähmt ward.

Die Gaben verschenkende Eibe
Stand finster am Rand der Schlacht,
Und der Holunder, der langsam brennt,
Inmitten sengender Feuer.

Und der gesegnete Wildapfel,
Lachend vor Stolz,
Aus dem Gorchan des Maeldrew
Neben der Felswand.

Im Verborgenen blühen
Liguster und Geißblatt,
Unerfahren im Kampfe;
Und die ritterliche Kiefer.

Aber ich, wenngleich verachtet,
Weil ich nicht groß war,
Kämpfte, ihr Bäume, in Euren Reihen
Auf dem Feld von Goddeu Brig.[1]

---

[1] Diese Fassung des *Câd Goddeu* stammt aus Robert von Ranke-Graves *Die Weiße Göttin.* Sprache des Mythos. Reinbek 1985, S. 49-52. (Mit freundlicher Genehmigung von Mohrbooks, Zürich)

Die Rangordnung der Bäume im keltischen Britannien

Anführer:		*Bauern:*	
1. Eiche	ᚇ	6. Espe	ᚓ
2. Wildapfel	ᚊ	7. Esche	ᚅ
3. Erle	ᚃ	8. Kiefer	ᚐ
4. Weide	ᚄ	9. Weißdorn	ᚆ
5. Birke	ᚁ	10. Eibe	ᚔ
Büsche:		*Gesträuch:*	
11. Schwarzdorn	ᚎ	16. Efeu	ᚌ
12. Eberesche	ᚂ	17. Weinstock	ᚋ
13. Holunder	ᚏ	18. Schilf	ᚍ
14. Haselstrauch	ᚉ	19. Stechginster	ᚑ
15. Stechpalme	ᚈ	20. Heidekraut	ᚒ

ALPHABETE

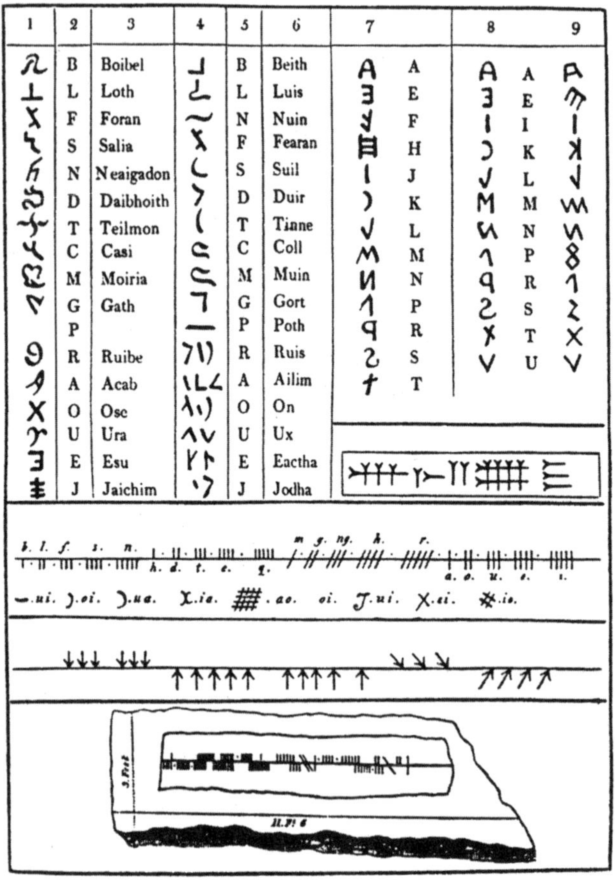

1 2 3 4 5 6 7 8 9
B Boibel B Beith A A
L Loth L Luis E E
F Foran N Nuin F I
S Salia F Fearan H K
N Neaigadon S Suil J L
D Daibhoith D Duir K M
T Teilmon T Tinne L N
C Casi C Coll M P
M Moiria M Muin N R
G Gath G Gort P S
P P Poth R T
R Ruibe R Ruis S U
A Acab A Ailim T
O Osc O On
U Ura U Ux
E Esu E Eactha
J Jaichim J Jodha

Die alten Weisheiten

Wer um die Gewohnheiten von Vögeln und Tieren weiß,
Wer sie durch Lied und Ruf unterscheiden kann,
Wer das quecksilberhelle Leben in den Bächen kennt,
Den Lauf, den die Sterne über den Himmel nehmen,
Hat vielleicht niemals zu einem Buch gegriffen,
Doch er teilt die Weisheit mit der Unendlichkeit …
Wer mit empfindsamer, gewandter Hand an jedem
Holzwerk arbeitet,
Der wird den Regen, das Sonnenlicht,
Den Sternenschein und den Tau aufnehmen,
Die in das Werden seiner Maserung Eingang fanden.
Wer Tag für Tag die Wohlgerüche des Waldes einatmet,
Der sollte groß und aufrecht, rein und gut werden.
Wer Gesellschaft in den Steinen und Zufriedenheit
In der Berührung von Ranke und Blatt findet,
Wer vor Freude einen Hügel erklettert und laut
ein Lied singt,
Wer das Gefühl des Windes liebt, wird keinen
Schmerz kennen,
Keine Einsamkeit, die jemals zu groß wird,
Denn nie wird er ganz verlassen sein …
Wer lange von diesen begleitet wird,
Hat an jeder alten Weisheit und Philosophie teil.

Alte walisische Versdichtung

Epilog

Die Welt, aus der die Geschichten kamen,
liegt immer noch in Sternennebeln ...

W. B. Yeats

Für diejenigen, die sich für das Thema Britannien, die Überlieferung um König Arthur (ob Dichtung oder Wahrheit), das Druidentum und die mystischen Lehren Merlins interessieren oder davon fasziniert sind, ist dieses Buch ein erstes seiner Art.

Merlins Vermächtnis befaßt sich mit einem einzigartigen Abschnitt der britischen Geschichte: der »Zeit der Sagen«, jener im Dunkel liegenden Periode des frühen Mittelalters, die häufig erwähnt, aber selten erforscht wird – und fast nie unter Heranziehung zuverlässiger historischer Dokumente. Dieses Buch beruht auf der Klärung und Wiedergabe verstreuter walisischer Volkserzählungen über die Jugend von König Arthur, zusammengestellt aus einer Vielzahl von Quellen. Sie alle handeln von der Lehrlingszeit des jungen Arthur unter der traditionellen Anleitung von Merlin, dem letzten der großen Druiden, der den Höhepunkt von Britanniens mystischer Vergangenheit verkörpert.

Bei mehreren Besuchen in England war ich beeindruckt von der großen Zahl von Erzählungen und Sagenfragmenten, auf die ich dort stieß: Im Unterschied zu dem Bild vom »Ritter in der schimmernden Rüstung«, das gegenwärtig die Arthur-Sage zumindest in den Staaten beherrscht, handeln sie von dem historischen Jungen-König des 5. Jahrhunderts n. Chr. Ich begann diese ungewöhnlichen Erzählstoffe zu sammeln, bis ein bestimmtes Muster deutlich wurde: 21 Themen, die immer wieder auftauchten. Außerdem fügten sich die Geschichten schon bald zu einer wenn auch groben chronologischen Reihenfolge, die auf einen gemeinsamen Ursprungspunkt, ein einziges Bezugssystem hinzuweisen schien. Um diese Zeit so genau wie möglich zu datieren, mußte ich die *Walisischen Chroniken* heranziehen, eine Reihe alter Abstammungstafeln, welche die Lebensdaten von Arthur mit 462 – 516 n. Chr. verzeichnen. Wohlgemerkt, von nun an beschäftigen wir uns nicht mit der populären sagenumwobenen Gestalt, die von den Verfassern mittelalterlicher Ritterromane geschaffen wurde, sondern mit der tatsächlichen, historischen Person Arthur, der in seiner Kindheit und Jugend in einer außergewöhnlichen und gut dokumentierten Beziehung zum Druidentum stand. Vielleicht wurde aus dem Jungen dann aufgrund dieser einzigartigen Gegebenheit eine legendäre Gestalt, die so überwältigend war, daß die Menschen seitdem niemals aufgehört haben, über ihn und seine Welt zu schreiben und zu träumen.

Was nun die Person von Merlin betrifft, so ist er die allgegenwärtige Kraft in diesem Buch. Sein Name ist in sechs der elf schriftlichen Quellen mit der Verwendung der Form »-lyn« verzeichnet. In ihnen allen tritt er offenkundig nicht als »Hof-Zauberer« auf, sondern als eine machtvolle mystische Gestalt: ein Druide, der letzte große heidnische Vertreter eines untergehenden Zeitalters, der seine traditionelle Verantwortung erfüllt, den jungen Arthur in einer Zeit von Aufruhr und Veränderung auf seine legendäre Königswürde vorzubereiten. Bemerkenswerterweise finden wir den frühesten Schauplatz der Handlung auf Tintagel in Cornwall – der in der Überlieferung seit langem als Geburtsort Arthurs gilt. Hier liegt auch eine Höhle, die seit undenklichen Zeiten den Namen des Druiden getragen hat.

Die Sorge um das Druidentum als nationales Erbe Britanniens, die Geschichte und die Gründe seines Niedergangs bestimmen den letztlich vorherrschenden Unterton der Berichte.

Ich habe mich, um einen Rahmen für dieses Verständnis zu schaffen, auf eine spätmittelalterliche Rekonstruktion des vielleicht berühmtesten Werkes über das Druidentum, *The Book of the Pheryllt*, bezogen.

Wie sein Begleitband mit dem Titel *Barddas*, wurde dieses Manuskript allem Anschein nach im 16. Jahrhundert aus einem weitaus früheren Werk Virgils zusammengestellt und gehörte einst zu der berühmten Bibliothek von Owen Morgan, einem selbsternannten Druiden des Viktorianischen Englands. Arthur wird natürlich kein einziges Mal im *Pheryllt* erwähnt, nicht einmal in Form einer Prophezeiung, da er das Produkt einer viel späteren Zeit ist; doch stimmt die Philosophie hinter diesem bemerkenswerten Werk ausgezeichnet mit der Thematik von *Merlins Vermächtnis* überein, und es war die Hauptquelle für druidische Inhalte in vorliegendem Buch. Als Linse benutzt, durch welche die Merlin/Arthur-Geschichten zu betrachten sind, und verschmolzen mit *Merlins Vermächtnis*, bietet *The Book of the Pheryllt* so der heutigen Welt einzigartige Ausblicke.

Die Druiden waren die Priester der Kelten. Die keltische Kultur Britanniens als Ganzes war traditionell matriarchalisch ausgerichtet, nicht aber die Religion des Landes. Das Wort *Druide* bedeutet in vielen Sprachen »Eichen-Mann«, wobei die Wurzel *dru* immer auf »Eiche« verweist, ihren heiligsten Baum, den »Königsbaum«. Die Druiden waren in einem Orden zusammengeschlossen und nannten sich selbst »Ursprüngliche Mystiker«. Ihre magischen Systeme waren so tiefgründig, daß die Menschheit seitdem unablässig darüber nachgesonnen hat. Für die keltischen Stämme waren sie die Ärzte, Gelehrten, Rechtsbeistände und Geistlichen, die Mittler zwischen Menschen und Göttern, mit Ehrfurcht behandelt und mit einer Macht ausgestattet, die der jeden Königs gleichkam. Diodorus Siculus schrieb in einem Bericht über sie: »Die Druiden sind die weise und allerhöchste Macht im Lande der Kelten. Alle staatlichen Angelegenheiten unterliegen ihrem Amt, und sie herrschen mit einem Eisenstab. Die Priester beziehen ihre gesamte Autorität aus übernatürlicher Billigung.« Es gibt beispielsweise dokumentierte Berichte über Druiden, die auf eigene Faust Kriege abwendeten, indem sie sich einfach schweigend, mit ausgestreckten Armen zwischen den gegnerischen Heeren bewegten. Da eines der wichtigsten Tabus der druidischen Lehre die Niederschrift ihres überlieferten Wissens untersagte, stammen die einzigen umfassenden schriftlichen Zeugnisse über sie von römischen Autoren – und damit von der Nation, welche die schlimmsten Anstrengungen unternahm, die druidische Religion zugunsten ihrer eigenen auszulöschen. Man könnte sich durchaus die Frage stellen, wie weit man der Genauigkeit solcher Berichte von »Feinden« trauen kann. Welche Voreingenommenheit auch immer bestanden haben mag – uns liefern diese Zeugnisse noch immer ein unschätzbares Bild, da nur wenige andere zum Vergleich vorhanden sind. Einige Eindrücke von Fremden, die das druidische Britannien besuchten, möchte ich anführen, damit ein besserer Überblick über Stellung und Funktion der Priesterschaft gewonnen werden kann.

»Die Druiden wurden vor allen anderen Priestern in hohen Ehren gehalten und besaßen Autorität in Frieden und Krieg.«

Posidonius

»In früheren Zeiten konnten die Druiden eingreifen und streitende Heere vom Kampf abhalten. So fügt sich selbst bei den wildesten Barbaren Zorn der Weisheit.«

Strabo

»Die Druiden preisen die Heldentaten ihrer berühmten Männer in epischen Versen und erbauen sich an den Erforschungen geheimer und erhabener Dinge. Sie bekennen sich zu der Unsterblichkeit der Seele und teilen pythagoreische Glaubensanschauungen. Sie sind vor allem bestrebt, die großen Mysterien der Natur zu erklären.«

TIMAGENES, ZITIERT NACH AMMIANUS

»Zu ihren fortgeschritteneren Dogmen gehört, daß sich die Druiden zur Unsterblichkeit der Seele bekennen und daß es ein Weiterleben in anderen Regionen gibt. Aus diesem Grunde begraben sie ihre Toten mit Dingen, die ihnen im Leben zu eigen waren, manchmal sogar, um damit den Abschluß von Geschäften, Zahlungen und Schulden aufzuschieben, bis sie wieder aus einer anderen Welt zurückkehren.«

AMMANAUS MARCELLINUS

»Die Druiden haben an ihrer Spitze einen, der bei ihnen die Hauptautorität besitzt. Wenn er stirbt, folgt ihm entweder der am höchsten Geehrte unter den anderen nach, oder er wird durch Abstimmung oder bisweilen sogar durch einen Wettstreit der Fertigkeiten gewählt.«

CARACTACUS

»Sie erörtern mit ihrer Jugend viele Dinge über die Gestirne und ihre Bewegungen, über das Ausmaß des Universums und unserer Erde, über die Kräfte und die erhabene Größe der unsterblichen Götter und geben ihr Wissen an die Jungen weiter.«

JULIUS CÄSAR

»Sie waren scharfsinnig im Wissen um die Sterne und deren Berechnung, und sie verwendeten Fernrohre, um die Magie des Mondes herabzubringen, indem sie sein Licht heller machten.«

DIODORUS SICULUS

»Die Druiden sind allgemein vom Kriegsdienst befreit, und sie zahlen auch keine Steuern wie die übrigen ... Durch solche Belohnungen angereizt, kommen viele aus eigenem Antrieb zu ihren Schulen oder werden von ihren Freunden und Verwandten dorthin geschickt. Es heißt, daß sie eine große Anzahl von Versen auswendig lernen; manche setzen ihre Ausbildung über zwanzig Jahre fort. Es ist auch nicht erlaubt, diese Dinge schriftlich festzuhalten, obwohl sie in fast allen öffentlichen und rechtlichen Angelegenheiten sowie bei privaten Belangen die griechischen Buchstaben verwenden.«

JULIUS CÄSAR

»Die Druiden machen die tiefsten Haine weit abgelegener Wälder zu ihrer Wohnstätte.«

LUKAN

»Die edelsten Jugendlichen folgten ihren druidischen Lehrern in verborgene Wälder nach.«

MELA, 45 N. CHR.

Als es den Römern schließlich gelungen war, die Druiden aus allen Teilen Britanniens auf deren heilige Insel Anglesey zu vertreiben, wurde der folgende Bericht von Tacitus unter dem römischen Heerführer Suetonius verfaßt, der von Cäsar im Jahre 61 n. Chr. den Befehl erhielt, »die Druiden endgültig und vollständig zu vernichten«:

»An den Küsten stand das gegnerische Heer mit einem dichten Aufgebot bewaffneter Krieger, während zwischen den Kampfesreihen schwarzgekleidete Frauen wie die Furien, mit aufgelöstem Haar und Fackeln schwenkend, umherliefen. Ringsumher versetzten die Druiden, die ihre Hände zum Himmel erhoben hatten und fürchterliche Verwünschungen ausstießen, unsere Soldaten durch den ungewohnten Anblick in Schrecken, so daß sie, als wären ihre Glieder gelähmt, regungslos und Verwundungen ausgesetzt dastanden. Dann, angespornt durch den Appell ihres Feldherrn und gegenseitige Ermutigungen, nicht vor einer Schar wahnsinniger Frauen zurückzuweichen, trugen die Römer die Standarten vorwärts, schlugen jeglichen Widerstand nieder und hüllten den Feind in die Flammen seiner eigenen Fackeln ein. Über die Besiegten wurde eine Kriegsmacht eingesetzt, und die heiligen Haine, die dunklen abergläubischen Bräuchen geweiht waren, wurden zerstört.«

ANNALEN, XIV, 30

Die Druiden waren in ganz Europa und in den Ländern des Orients wegen ihrer hervorragenden Schulen, Bibliotheken und Kollegien berühmt. Diese wurden als die bestmöglichen angesehen, und ihre Zahl soll seinerzeit in die Hunderte gegangen sein. Führend unter ihnen waren die Institute in Tara/ Irland und Oxford, auf Anglesey und Iona. Nur die vielversprechendsten Jugendlichen, die in der Regel aus den oberen Gesellschaftsschichten oder dem Adel stammten, wurden dafür ausgewählt. Die Ausbildungsmethode war einzigartig: eine ungewöhnliche Verbindung aus Naturphilosophie und Religion. Das folgende Zitat aus dieser Zeit beschreibt Julius Cäsars Beobachtungen über die druidischen Kollegien, die auch als *Cors* bekannt waren:

»Der Erziehungsapparat lag völlig in den Händen der Druiden ... Die obere Gesellschaftsschicht war begierig, ihnen ihre Kinder zur Unterrichtung zu schicken und in den Orden aufnehmen zu lassen. Solche Kollegien waren wie Klöster beschaffen. Es heißt, daß die Jugendlichen, die von den Druiden erzogen wurden, in die Abgeschiedenheit von Höhlen oder Wäldern gebracht wurden und daß ihre Schulung erst nach zwanzig Jahren abgeschlossen war. Von den jungen Druiden, die für besondere Aufgaben ausgebildet wurden, wurde verlangt, 20 000 Verse zu lernen, bevor ihre Erziehung beendet war. Es war diesen Kindern nicht gestattet, irgendeinen Umgang mit ihren Eltern zu haben, bis sie vierzehn Jahre alt waren. Dies war offenkundig eine gute Taktik, um sie an den Orden zu binden und zu verhindern, daß der Einfluß natürlicher Zuneigung mit seinen Interessen in Widerspruch geriet. Die Druiden ließen keine geteilte Herrschaft über den Geist ihrer Mitglieder zu.«

JULIUS CÄSAR

Was geschah nun mit den *Druiden von Anglesey* und den *Priesterinnen von Avalon*, als das christliche Zeitalter Einzug hielt? Ihrer Struktur entsprechend lösten sich die beiden keltischen Zweige in verschiedene Formen und Richtungen auf. Die überlebenden Druiden Suchten Zuflucht auf der kaledonischen (schottischen) Insel Iona, deren alter walisischer Name *Inis Druderiach* »Druideninsel« bedeutet. Sie gingen eine Verbindung ein mit den frühchristlichen Glaubensvorstellungen, wie sie dort im Jahre 563 n. Chr. von dem heiligen Columba eingeführt und verbreitet worden waren, und bildeten einen einzigartigen Orden, der als die *Kirche der Kuldeer* bekannt war. Diese »heidnisierte katholische Priesterschaft« war in Wirklichkeit die Fortsetzung einer traditionellen druidischen Lebensweise, doch mit christlicher Billigung. Weil die Druiden, die sich dort ansiedelten, vorhandene Übereinstimmungen in den Lehren aufs beste ausnutzten, bestanden die Kuldeer unbeeinträchtigt bis ins Mittelalter weiter, wozu auch der Umstand der geographischen Isolation beitrug. Von diesem Zeitpunkt an zwangen weitere christliche Verfolgungen die Kuldeer in die Verborgenheit, wo sie als *Gnostiker* (griech.: die, die wissen) bekannt wurden und halb geduldet mehr oder weniger bis heute weiterexistiert haben.

Als Folge dieser »Verschmelzung von Altem und Neuem« ist die christliche Kirche voller Riten und Rituale, die direkt auf druidischen Lehren beruhen: Zwei der offensichtlichsten sind die *Anbetung des Kreuzes* – ein altes druidisches Symbol für die Kreuzigung – und das heilige Sakrament der Kommunion, das unmittelbar auf das ältere Brot-und-Wein-Sakrament der Erde zurückgeht.

Wie war es möglich, daß die Christus zugeschriebenen Praktiken eine derart auffallende Ähnlichkeit mit den druidischen haben? Könnte es wahr sein, wie die alte englische Legende erzählt, daß Jesus als junge an die Küsten Britanniens kam, um in den alten Weisheiten unterwiesen zu werden? Dieselbe zeitlose Frage hat der visionäre Dichter William Blake mit unübertroffener Anmut vorgetragen:

Und sah man diese Füße einst
Auf Englands Hügeln sich ergehn?
Und ward das heil'ge Gotteslamm
Auf Englands frischen Auen gesehn?

Die *Mutterschaft von Avalon* andererseits wurde sofort in die Verborgenheit gezwungen. Das dramatische und plötzliche Ereignis, das den Orden von der Bildfläche verschwinden ließ, trug sich im Jahre 563 n. Chr. zu, als der heilige Columba auf päpstliche Anordnung den Steinblock auf dem Gipfel des *Tor* niederreißen ließ, um »den Berg von den Hexen zu reinigen«. Seit Anfang des Jahrtausends hatte es in Glastonbury schon eine christliche Kirche gegeben; doch jetzt wurde eine klösterliche Siedlung in dem Tal selbst errichtet und zwang zwei deutlich voneinander getrennte Welten dazu, von nun an die Hänge mit drei spiralförmigen Windungen zu teilen. Die esoterische Schriftstellerin Dion Fortune bemerkte treffend:

> *Die Abtei erhebt sich über heiligem Boden, geweiht durch das Blut der Heiligen; doch hier oben, am Fuße des »Tor«, ist die Stätte der alten Götter. Daher gibt es zwei Avalons: »die heiligste Erde Englands« unten bei den Wasserwiesen, und auf den grünen Höhen die feurigen heidnischen Mächte, die dem Herzen einen Stoß versetzen und es zum Brennen bringen. Und manche verehren das eine und manche das andere ... Im Zentrum des »heiligsten Boden Englands« erhebt sich der heidnischste aller Hügel. Denn der »Tor« bewahrt sich seine spirituelle Freiheit. Er hat nie ausgerufen: »Du hast mich erobert, o Galiläer!«*

Als ein geheimer Orden wurde die Mutterschaft dann zu den klassisch berüchtigten »Hexen«, die großes Wissen besaßen und stets Ehrfurcht (und auch Furcht) einflößten. Durch die grauenerregenden Verfolgungen der Inquisition und die Hexenjagden des späteren Mittelalters hindurch ist es der Mutterschaft gelungen, den weiblich-matriarchalischen Zweig der keltischen Naturreligion bis heute unter einer als *Wicca* bezeichneten losen Verbindung vor dem Vergessen zu bewahren.

Ein Kerngedanke der druidischen Religion, auf dem auch das vorliegende Buch aufbaut, ist der Begriff der universellen *Archetypen*. Die Archetypen als neueres Thema wurden von dem bedeutenden Psychologen und Mystiker C. G. Jung in zahlreichen Werken eingeführt und erforscht, von denen mich keines mehr fasziniert als die gnostische Abhandlung *Septem Serrnones ad Mortuos* oder »Die Sieben Reden an die Toten.«

In seinen Büchern hat Jung auf gründliche und interessante Weise alte Prinzipien ausgewertet, die der druidischen Priesterschaft in der einen oder anderen Version äußerst vertraut erschienen wären. Jungs Ansichten über die Unvorstellbarkeit Gottes und der Unendlichkeit zeigen eine enge Übereinstimmung mit Gedanken, die in *The Book of the Pheryllt* dargelegt sind. Jung unterteilte auch das Umfeld oder die Wahrnehmungswelt des Menschen in Licht und Dunkel und betonte, daß der Weg zu wahrem Wachstum »in der Natur von getrennten Wesen ... verschiedenartiger Entwicklung« liege. Für alle, die besonders an einem Verständnis des authentischen Gruppen-Geistes der Druiden interessiert sind, kann ich die erwähnten »Sieben Reden an die Toten« in *Erinnerungen, Träume, Gedanken* desselben Autors nicht nachdrücklich genug empfehlen.

Zur Begriffsklärung: Ein Archetyp ist im wesentlichen eine Erinnerung, die weiterbesteht, nachdem das Individuum oder die Gruppe, die sie hervorgebracht hat, nicht mehr existiert. Einige Autoren haben, um dies zu veranschaulichen, den Begriff »Gruppengedächtnis« geprägt, während jung selbst die Welt der Archetypen beschrieb als »ein übriggebliebenes Meer von Symbolen, das von der ganzen Menschheit geteilt wird, zu dem man gewöhnlich Zugang durch Träume oder veränderte Bewußtseinszustände erlangt und aus dem Kulturen Bilder beziehen, auf denen ihre Religionen begründet sind« *(Mysterium Coniunctionis)*.

Und woher stammen, nach Jung, diese Symbole? Vom Menschen selbst, im Verlauf seiner Entwicklungsgeschichte. Jede Kultur hinterläßt die »Eindrücke« ihrer allerheiligsten Symbole, die am stärksten durch intensive Emotion oder

Hingabe aufgeladen sind, ihre Gottesformen und ihre lebendige Mythologie.

Selbst nachdem die Kultur lange verschwunden ist, bleiben diese archetypischen Bilder intakt, wenn auch im Verborgenen ruhend, und können einfach dadurch wieder bewußtgemacht werden, daß man willentliche Energie in die immer noch existierende »Hauptverbindungslinie« lenkt, vor allem mittels visueller Vorstellungskraft. Es handelt sich hierbei um genau dieselbe »universelle Bildersprache«, auf die sich Merlin in seinen Lektionen bezieht. Dies läßt erkennen, daß die großartige Kultur der Kelten und Druiden – und auch des historischen Arthur, des *wirklichen* Menschen und seiner Taten – unversehrt inmitten vieler anderer ruht, sicher geborgen unter den Wogen des Jung'schen Meeres der Archetypen, und nur darauf wartet, erschlossen zu werden. Innerhalb dieses Gedankenreiches kommen wir schließlich zu der Absicht, die hinter diesem Buch steht.

In unserer gegenwärtigen abendländischen Kultur beobachten wir ein enormes Wiederaufleben des Alten in einem »Neuen Zeitalter«, das sich auch auf die keltische Vergangenheit und die Druiden gründet. Keltisch ausgerichtete *Wicca-Vereinigungen* entwickeln sich ebenso wie zahlreiche, das Druidentum erneuernde Gemeinschaften. Welche Bedeutung kann dies für uns alte Druiden, uns »archetypische Magier«, haben? Vielleicht, daß die Zyklen der Gezeiten viele Seelen an die Küste zurückspülen, die einst an dieser kostbaren Welt teilhatten und noch immer unkörperlich mit ihr verbunden sind. Wenn also solche Menschen oder Gruppen wieder Verbindungen zu diesem reichen Erbe herstellen würden, könnten alte Fragen gelöst und neuer, fruchtbarer Boden bereitet werden. Eine derartige Vorstellung ist weder übertrieben noch unmöglich, sondern sie beruht auf gesicherten Grundlagen der heutigen Parapsychologie. Wenn jeder, der eine Berufung zur keltischen Tradition spürt, dem nachginge, könnte der

Glaube seinem Herzen bald reale Erfahrung vermitteln.

Zwei charakteristische Merkmale machten die individuelle und unmißverständliche Prägung des Druidentums aus: Das eine war die Hingabe der Druiden an die Natur und das andere der Brauch der Lehrlingschaft. Diese stellte die einzige Methode dar, die Religion weiterzugeben, da ihre eigenen Gesetze die Niederschrift der heiligen Lehre verboten. Die Druiden waren der Überzeugung, daß eine Sache, sobald sie einmal in der begrenzten Form eines Schriftstücks existierte, angegriffen und entweiht werden konnte; deshalb legten sie so großen Wert auf Auswendiglernen und Einüben. Die Lektionen wurden persönlich vorgetragen, und der Schüler erhielt nur soweit Informationen und Hilfsmittel wie nötig, um die Antworten selbst herauszufinden. Darauf weist der druidische Grundsatz: »Unverdiente Lektionen führen dazu, vergessen zu werden« hin.

Das Wissen um dieses »Tabu des Schreibverbots« stellte mich als Autor lange vor ein offensichtliches Rätsel: Wie war ein authentisches Werk über die druidische Lehre in schriftlicher Form zusammenzustellen, *ohne* gegen den eben erwähnten Grundsatz zu verstoßen? Dieses Problem lastete mir lange Zeit schwer auf dem Gewissen, bevor sich eine Lösung zeigte – so als würde eine ganze Schar Druidengeister von droben zuschauen und abwarten, wie ich mit dieser schwierigen Frage wohl umging! Von Anfang an war klar, daß es nicht ausreichen würde, die Fragen und die Erkenntnisse einfach nebeneinander auszubreiten. Diese Lektionen waren ursprünglich dazu ausersehen, Kopf und Hände von Lehrlingen viele Jahre lang zu beschäftigen, und danach wären die Lösungen nicht nur einfach weitergegeben, sondern tatsächlich erarbeitet und *verdient* worden.

Außerdem wurde ich von den Hütern des *Pheryllt-Manu*skriptes in Oxford darauf hingewiesen, daß diese Sorge um die Verletzung der Lehre der Grund sei, weshalb das Buch nie zuvor in einer allgemein zugänglichen Publikation erschienen sei, »und das würde es auch niemals, wenn nicht ein geeignetes Vehikel dafür gefunden würde – eines, das die Druiden selbst gutheißen dürften«. Dies war ein großer Auftrag.

Im Laute der Zeit zeigte sich dann langsam eine Lösung: Ein erstes Buch würde, durch das einzigartige und authentische druidische Mittel der Interaktion zwischen Schüler und Lehrer, den Stil, das Gefühl und die Atmosphäre der Lehrlingschaft darstellen. Die »neuen« Volkssagen über Arthurs Jugend, die der Autor als Hobby in den vergangenen zehn Jahren gesammelt hatte, konnten dies als geeignete Rahmenhandlung ergänzen. Ein späteres Buch mit dem Titel *The Book of the Pheryllt* sollte nur den Originaltext in einer bearbeiteten Fassung enthalten. Dieser Band würde daher mehr ein »Handbuch für Lehrer« sein und sollte ausschließlich in die Hände von jemandem gelangen, der das Lehrsystem bereits durchgearbeitet hatte. Auf diese Art und Weise könnten Atmosphäre, Echtheit, Integrität und die druidische Lehrlingschaft beherrschende Gesetze in akzeptabler Form bewahrt bleiben. Denken Sie immer daran, daß Sie sich hier mit einer machtvollen archetypischen Welt befassen, wenn auch mit einem tatsächlichen Ort, der auf historischen Gegebenheiten beruht und sich lediglich auf eine andere Realitätsebene entfernt hat, doch immer noch existiert.

Diese Übungen können ganz eindeutig unterstützend darin wirken, Verbindungslinien zwischen sich und der speziellen archetypischen Welt zu errichten, zu der man gerade eine Beziehung herstellen will. Merken Sie sich jedoch den Grundsatz: Je mehr Ihre Lebensweise, Ihre Handlungen und Gedanken mit denjenigen des Archetyps übereinstimmen, zu dem Sie in Kontakt treten möchten, desto müheloser wird eine solche gewünschte Information zwischen den Welten fließen. *Gleiche Energie erzeugt Gleiches,* und dadurch kann man zu dem werden, was man denkt.

Wenn sich der Leser durch die geheimnisvollen Erfahrungen arbeitet, die in diesen 21 Geschichten enthalten sind, kann er tatsächlich, wenn er den Wunsch dazu hat, in einem traditionellen Sinne AUTORITÄT innerhalb des druidischen Systems aufbauen und damit Türen zu völlig neuen Bereichen wahrnehmbarer Erfahrung und Erkenntnis öffnen. Durch diesen höchst magischen keltischen Begriff bekommen Worte und Taten im Laufe der Zeit eine neue Bedeutung und Macht. Ein vorzügliches Beispiel dafür wäre einer der beiden alten »Zauber des Wirkens«, wie sie in den Lektionen weitergegeben werden. Für jemanden ohne Autorität in unserem archetypischen Reich sind diese Worte lediglich Worte, die gewissermaßen ohne tiefere Wirkung ausgesprochen werden können. In den Händen eines Druiden-Magiers, der Autorität über die Elementarreiche erworben bzw. aufgebaut hat, werden diese nun ausgesprochenen »bloßen Worte« in Werkzeuge verwandelt, die tatsächlich auf die physische Realität Einfluß nehmen können. Für diejenigen, die einer solchen Herangehensweise skeptisch gegenüberstehen oder für die derartige Begriffe völlig fremd sind, liegt die Lösung auf der Hand: Probieren Sie es aus, und sehen Sie selbst!

Schließlich soll der Leser sich dessen bewußt sein, daß die in diesem Buch beschriebene archetypische Welt nicht für jeden bestimmt ist – wie übrigens jedes andere religiöse System auch. Die großartigen, ehrfurchtgebietenden Ansichten über die Realität, Religion und Sexualität werden nur von ernsthaften Suchern ganz gewürdigt werden können – und wir könnten soweit gehen und sagen, nur von jenen milden Fanatikern, für die sie bestimmt sind. Für den einfach nur neugierigen Leser bietet dieses Buch einen wirklich einzigartigen Einblick in eine neue Sammlung historisch begründeter Arthur-Überlieferung: vielleicht ein frischer Lufthauch nach tausend Jahren vergoldeter Ritter und unglücklicher Jungfrauen.

Doch jene unter den Lesern, die in dieses Zeitalter auf der

Suche danach geboren sind, »noch einmal auf Englands Hügeln sich zu ergehen«, heiße ich von Herzen *wieder willkommen*. So wie es schließlich auch in der Bibel heißt: »Viele sind berufen, aber nur wenige sind auserwählt.«

Douglas Monroe
New Forest Centre
1. Mai 1991

Glossar

Abred
der Erste Kreis: Reich der Materie, unsere physische Welt

Annwn
Reich der tiefen Meere, aus dem alles hervorgeht und wo alles endet

Awen
altes walisisches Wort für »Inspiration« oder »Erleuchtung« (entspricht dem »Heiligen Geist«); für die Druiden manifestiert sich *Awen* in der Welt von *Abred* durch die drei ersten Sonnenstrahlen am Morgen der Sommersonnwende

Beltane
altes keltisches Blumenfest; der Abend vor dem 1. Mai und Maifeiertag; Beginn des Sommers und der lichten Jahreshälfte

Ceugant
Der Dritte Kreis: Reich der Unendlichkeit

Golden Pipes »Goldkamille«: heute ausgestorbene Kamillenart der Gattung *Matricaria Matricarioides*, dem Gott Lugh, der Himmelsrichtung Osten und dem Luftelement zugeordnet, mit starken magischen und heilenden Eigenschaften

Gwynydd
der Zweite Kreis: Reich der Glückseligkeit

Holeystone
engl. Wortspiel: wie eine Münze geformter runder Stein, mit einem Loch *(hole)* in der Mitte, der als heilig *(holy)* gilt; magisches Symbol der Meisterschaft über das Erdelement

Needles
auch *Needles of Ur:* alter Name der Kreidefelsklippen vor der Westküste der *Isle of Wight,* der alten »Dracheninsel«

Notfeuer
engl. *need-fires:* große Feuer, die an den hohen Festtagen der Jahreszeiten vom gewöhnlichen Volk errichtet wurden, um die Kräfte der Anderwelt abzuwehren, von den Druiden dagegen, um diese Kräfte zu beherrschen bzw. die Sonnenenergie anzuziehen

Pêlen Tân
wörtl. *Feuerkugel:* mundgeblasene Glaskugel in tiefdunklem Kobaltblau, von den Druiden bei Gruppenritualen an den hohen Festtagen der Jahreszeiten als magisches Werkzeug verwendet, um die Grenzen an der Schwelle zwischen dieser und der Anderwelt durchlässiger zu machen

Ogham
auch *Ogam:* keltisches Baumalphabet, von *Ogma Sonnengesicht* erschaffen; ursprüngliche magische Schrift der Druiden, bei

der für jedes Schriftzeichen entsprechend einer offiziellen Rangordnung ein Baum steht und deren Buchstaben zusammen die »Leiter Finns«, *Aradach Fionn*, bilden

Ovydd
auch *Uate:* erster Grad der druidischen Einweihung (grünes Gewand als Symbol für neues Wachstum), vor dem Rang des Barden (blaues Gewand als Symbol für Himmel, Harmonie und Wahrheit) und des Druiden (weißes Gewand als Symbol für Reinheit, Wissen und spirituelle Einheit)

Queste
die Hohe Suche: Visionssuche zur Erlangung der Meisterschaft eines Druiden durch Einblick in Vergangenheit – Gegenwart – Zukunft

Samhain
altes keltisches Totenfest, engl. *Halloween;* Abend vor Allerheiligen (L November), Beginn des Winters und der dunklen Jahreshälfte

Über das New Forest Centre

Wie bereits in der »Einführung« erwähnt, stammt das in den 21 Lektionen enthaltene traditionelle esoterische Wissen vor allem aus dem *Book of Pheryllt*. Der Autor macht dieses Wissen nun einem größeren Leserkreis zugänglich, um mit Hilfe der Informationen und geistigen Bilder Interesse bei all jenen zu wecken, für die weitere Studien über das geheime Wissen der Druiden nach authentischer Tradition von Nutzen sind. Für diese Leser sind die folgenden Erklärungen bestimmt:

Douglas Monroe hat neben der Arbeit an seinen Büchern dafür gesorgt, daß ein Ort geschaffen wurde, an dem die druidischen Lehren und Prinzipien zusammenhängend studiert und praktisch umgesetzt werden können. Dieser Ort trägt den Namen *New Forest Centre*. Es handelt sich dabei keineswegs um einen neuen Namen, denn sein archetypisches Vorbild ist der gleichnamige Wald, den es heute noch an der Südküste Englands oberhalb der »Dracheninsel« *Isle of Wight* gibt. Seit der Zeit der Sagen nutzten die Druiden von Albion diesen heiligen Ort als »Nabel zu Geheimnis und Initiation«, als Eingangstor zu den Elementarreichen der Anderwelt.

Der heutige *New Forest* ist ein greifbares Stück »archetypisches« Druidentum, Teil dieses alten Reiches und für die Nutzung durch westliche Druiden unserer Tage bestimmt, die altes Wissen nach authentischer Überlieferung erforschen möchten. Gegenwärtig gibt es viele druidische »Erneuerungs«-Bewegungen im Gewand der keltischen Tradition. Aus der Sicht des *Book of Pheryllt* sind diese jedoch *nicht druidisch*. Solche Systeme sind offensichtlich aus den Überresten der »Mutterschaft von Avalon« hervorgegangen – also dem matriarchalisch geprägten Wicca-Zweig des Druidentums. Der männliche gnostische Zweig hingegen ist, wie bereits in der

Einführung erwähnt, aus der alten Kuldeer-Kirche entstanden. Douglas Monroe hält die meisten heutigen Druiden für versteckte Wicca-Anhänger, während es früher klare Unterscheidungsmerkmale gab, welche die beiden Schulen deutlich voneinander trennten.

Das *New Forest Centre* ist daher als eine bewußt auf das ursprüngliche Druidentum orientierte Gegenbewegung gegründet worden, die dazu beitragen will, ein Bewußtsein von Echtheit und individueller Prägung des Druidentums wiederherzustellen. Nach eingehender Beschäftigung mit einem so authentischen Werk wie dem *Book of Pheryllt* hat der Autor festgestellt, wie weit sich das Druidentum von den Prinzipien seiner Gründungsväter entfernt hat. Fast alle heute existierenden keltischen Logen stützen sich auf eine in hohem Maße christianisierte Form des Bardentums, das im späten Mittelalter und in der Renaissance allgemein verbreitet war. Das *New Forest Centre* hat demgegenüber all jenen etwas zu bieten, die ahnen, daß am eigentlichen Druidentum noch »etwas mehr dran« ist.

Auf die im *Book of Pheryllt* beschriebenen magischen Übungen und Lehren trifft dies zu. Sie sind lebendig und kraftvoll. Zweifellos werden sie wesensverwandte Seelen – solche, die sich aus Druidenzeiten jetzt wieder inkarniert haben – mit einem vertrauten Werkzeug versehen können, und diese werden in der Lage sein, ihre einstige Autorität wiederzuerlangen. Dies ermöglicht ihnen das Gestalten einer vielversprechenden persönlichen Entwicklung. Wie ist dies zu erreichen? Jeder auf seinem eigenen Wege, durch das Mittel der Lehrlingschaft, und in Einklang mit dem ursprünglichen druidischen System.

Hier könnte der Leser zu Recht einwenden, daß sich die Zeiten geändert haben. Das haben sie in der Tat – im *New*

Forest Centre lebt jedoch eine ebenso kreative wie engagierte Gemeinschaft, die keine Mühe gescheut hat, die Methoden des *Pheryllt* jedem zugänglich zu machen, der bereit ist, an seiner persönlichen Entwicklung zu arbeiten. Abschließende Initiationen auf allen Stufen werden im Zentrum ebenso durchgeführt wie alle Bewertungen und »Hohen Suchen der Meisterschaft«.

Stb

Das Frühjahr 2004

Ted Andrews

Die Aura sehen und lesen

Feinstoffliche Energien wahrnehmen und deuten

ISBN 3-89767-400-9

Allan Kardec

Das Buch der Geister

Grundsätze der spiritistischen Lehre

ISBN 3-89767-411-4

Klaus Grochowiak
Susanne Haag

Die Arbeit mit Glaubenssätzen

als Schlüssel zur seelischen Weiterentwicklung

ISBN 3-89767-412-2

Claus Krämer

Die Heilkunst der Kelten

Eine faszinierende Reise in die Welt der Druiden

ISBN 3-89767-406-8

Max Freedom Long

Kahuna-Magie

Das Wissen um eine weise Lebensführung

ISBN 3-89767-409-2

Elisabeth Brooke

Kräuter helfen heilen

Wie man Tees, Tinkturen, Wickel und Salben selbst herstellen kann

ISBN 3-89767-407-6

Anton Stangl
Marie-Luise Stangl

Lebenskraft
Selbstverwirklichung durch Eutonie und Zen

ISBN 3-89767-419-X

Kyriakos C. Markides

Der Magus von Strovolos
Die faszinierende Welt
eines spirituellen Heilers

ISBN 3-89767-417-3

Zensho W. Kopp

Der große Zen-Weg
Der Weg zur Erleuchtung mitten im Leben
- Unterweisungen eines westlichen Zen-Meisters -

ISBN 3-89767-408-4

Douglas Monroe

Merlins Wiederkehr

Die verschollenen Schriften und Zauberbücher des großen Druiden

ISBN 3-89767-402-5

Barbara Marciniak

Boten des neuen Morgens

Lehren von den Plejaden

ISBN 3-89767-405-X

Barbara Marciniak

Die plejadischen Schlüssel zum Wissen der Erde

Unser Erbe, unser Wissen, unsere selbstgewählte Aufgabe

ISBN 3-89767-404-1

Peter Orban

Pluto

Über den Dämon im Inneren der Seele

ISBN 3-89767-413-0

Max Toth
Greg Nielsen

Die Kraft der Pyramiden

Die kosmische Energie der geheimnisvollen Bauwerke

ISBN 3-89767-420-3

Peter Orban

Die Reise des Helden

Die Seele auf der Suche nach sich selbst

ISBN 3-89767-414-9

Baird T. Spalding

Leben und Lehren der Meister im fernen Osten
Band 1-3

ISBN 3-89767-416-5

Heidemarie H. Pielmeier

Tarot
Deutungen für alle Kartendecks

ISBN 3-89767-415-7

Ted Andrews

Das Tor zu früheren Leben
Auf Entdeckungsreise in Ihre Vergangenheit

ISBN 3-89767-401-7

Bran O. Hodapp
Iris Rinkenbach

Weiße Magie
Rituale zur Abwehr dunkler Kräfte

ISBN 3-89767-410-6

Edward George Bulwer-Lytton

Zanoni
Ein spiritueller Entwicklungsroman

ISBN 3-89767-418-1